GIBERT  JOSEPH

LIBRAIRIE NEUF-OCCASION
PAPETERIE

BON DE GARANTIE
A conserver dans ce livre pour toute réclamation

Vendez toute l'année,
vos livres dans toutes spécialités !

PARIS
26-30-32-34, **BOULEVARD** St-Michel

CORRESPONDANTS :

CLERMONT-FD :
22-42, av. des Etats-Unis

DIJON :
16-22, rue des Forges
4, place des Ducs

GRENOBLE :
4, rue Béranger
7, rue des Bons-Enfants

LYON :
3, quai Gailleton
6, rue de la Barre

MONTPELLIER :
3, place des Martyrs de la Résistance

POITIERS :
Livres-Papeterie :
7-9-11, rue Gambetta
Diques : 4, rue St-Porchaire

MARSEILLE :
4-6-8, Bd Dugommier

SAINT-ETIENNE :
18, rue Pierre-Bérard

TOULOUSE :
3-21, rue du Taur
2 bis-17, rue des Lois

VERSAILLES :
34-36, av. de Saint-Cloud
62, rue de la Paroisse

Journal
d'une jeune fille
mal dans son siècle

Amélie Weiler

Journal
d'une jeune fille
mal dans son siècle

1840-1859

Texte établi par Nicolas Stoskopf
Préface de Philippe Lejeune

La Nuée Bleue

PRÉFACE

Le Journal d'Amélie Weiler réalise un double miracle.

Le premier est qu'il ait matériellement survécu. Et qu'au bout d'un siècle et demi, cette parole étouffée puisse enfin se faire entendre. Amélie Weiler est morte sans descendance en 1895. Ses cahiers ont dû être plusieurs fois menacés de destruction. Ils ont pu paraître d'abord trop proches, parlant d'un univers trop familier. Puis devenir si lointains qu'on ne savait même plus qui elle avait été. Des piles de cahiers dans un coin de grenier, cela se feuillette vite. On sourit, on baille, on passe. Souvent, on jette. Ils n'ont pas été jetés. Et ils ont enfin trouvé en Nicolas Stoskopf le lecteur ébloui qui a su les prendre en charge pour leur faire atteindre le public contemporain. Aujourd'hui nous sommes capables de voir dans ce texte plus qu'un document historique ou régionaliste : l'histoire tragique d'une femme à la recherche de sa liberté.

Dans le beau livre que l'on va lire, Nicolas Stoskopf a composé de ce journal une image à la mesure de nos curiosités et de nos passions. Car ces presque cinq cents pages ne sont qu'une petite moitié des cahiers retrouvés, moins encore par rapport aux cahiers écrits. C'est une fabuleuse trouvaille. Un vrai roman de Balzac, mais vécu ! Un spécimen d'une pratique très répandue à l'époque, mais dont il reste peu de vestiges : le journal de jeune fille. Comme Amélie Weiler ne s'est pas mariée, cela devient, au fil des ans, un journal de vieille fille. On la suit de ses dix-huit ans, ses premiers rêves, jusqu'à ses trente-sept ans, où elle est gouvernante dans une famille étrangère, perdue au fond de la Russie. Cela commence comme du Musset, cela finit comme du Tchekhov. Et le cœur se serre à penser que lorsqu'en 1859 son journal, pour nous, s'arrête, il lui reste, à elle, encore trente-six ans à vivre ! La fin du texte n'est pas, ici, tout à fait à la fin : il devait y avoir, après, un ou plusieurs cahiers. Mais un jour elle a bien dû s'arrêter, et accepter de survivre à son journal…

Car c'est cela, l'autre miracle : la manière dont le journal remplit le vide d'une existence, mais aussi l'arrache à l'insignifiance et lui donne une justification. Les jeunes filles du XIXe siècle sont comme des prisonnières qui attendent leur sentence : leur métier est d'attendre le mariage. Pour Amélie ce sera un suspense sans fin... Tenir un journal est une activité qui rythme cette attente. Un jour de désespoir, elle écrit : «Puisque je me sens les nerfs en émoi, je vais prendre ce journal au lieu de mon tricot. Ce n'est point que j'aie des notes intéressantes à faire : non, ma vie est un ouvrage à l'aiguille de longue haleine... » (31 mars 1857). Mais le journal n'est pas seulement un calmant, l'hygiène des vies vides, où l'on écrit d'autant plus que l'on vit moins. Il est un combat, une lutte pour prouver sa valeur, une revendication contre l'injustice du sort que cette société réserve aux femmes. Amélie aime écrire, et sait écrire. C'est une passion dévorante, le centre de sa vie. Créer chaque soir un univers de mots, c'est reprendre pouvoir sur une vie dont la maîtrise par ailleurs échappe. Amélie ne veut pas être réduite à tenir une maison, celle de son père ou celle d'un mari. Elle voudrait pouvoir vivre à son compte. Etre une personne. Devenir une femme de lettres. Autour d'elle on trouve que vraiment, c'est une prétention ridicule. Un jour son oncle, par indiscrétion, regarde son journal : lisez le récit qu'elle fait, dans le journal même, des discussions violentes qui s'en suivent (6 août 1846). Elle est sûre de son talent, et le plaisir que vous allez prendre à la lire lui donnera raison contre son oncle.

Vous lirez donc son journal comme un roman. Un roman d'analyse, qui démêle les sentiments d'une jeune fille, un roman de mœurs qui peint une ville, Strasbourg, une classe sociale, une époque. Ce qu'il y a de remarquable, c'est l'équilibre qu'elle établit entre son point de vue et le spectacle du monde. Et son art d'expliciter. C'est une fresque merveilleusement claire. J'ai lu d'autres journaux de jeunes filles du XIXe siècle : ils sont souvent elliptiques, mystérieux, parce que ces jeunes filles n'écrivent que pour elles. Elles se comprennent à demi-mots, ne se soucient guère de peindre. Sans parler des censures qu'elles n'ont même pas à s'imposer, tant elles vont de soi. Tout en étant confidentiel, le journal d'Amélie Weiler est fait, lui, pour être saisi par autrui. Elle pensait à un lecteur. Elle pensait à nous. Et ce qu'elle n'ose dire se laisse facilement deviner...

Mais un journal n'est pas exactement un roman. Ce n'est pas une fiction dont elle maîtrise l'intrigue. Pour elle qui l'écrit, c'est la palpitation même de sa liberté : en analysant ce qui s'est passé aujourd'hui, elle se prépare à vivre demain. Elle est tendue vers un avenir qu'elle ignore, et sur lequel elle souhaite agir. Alors que pour vous qui allez le lire, c'est le frémissement d'une tragédie : la suite du texte, déjà écrite (et, ici, déjà imprimée), scelle une destinée qu'ignore la narratrice. Cette liberté qui se débat dans un piège, vous allez la suivre avec l'œil du destin.

Et puis un journal n'a pas le même tempo *qu'un roman. Il prend son temps. Il n'a pas peur de la répétition, comme la vie même. Un lecteur de journal n'attend donc pas un événement à chaque page. Il accepte la lenteur. Elle lui permet d'atteindre à une sympathie plus profonde. Lire un journal est une aventure d'amitié. Vous devez vous recueillir, vous soustraire à votre propre temps pour le prêter à un autre. Le texte vous construit peu à peu la même mémoire, le même passé que la diariste, à laquelle vous finirez par vous identifier...*

*Aujourd'hui nous sommes prêts à une telle identification. Amélie Weiler est autant féministe que pouvait l'être alors une jeune fille bourgeoise. Sa révolte est certaine, même si elle reste, dans les actes, timide. Le refus du mariage la jette dans une vie sans issue, où l'amour est impossible, et l'accomplissement personnel, problématique. Mais son journal nous donne une remarquable analyse stratégique, une sorte d'«anatomie» du piège dans lequel sont prises les jeunes filles de cette époque. Dès les années 1840, son discours est proche de celui que tiendront par exemple Marie-Edmée Pau (*Le Journal de Marie-Edmée, *1876*), Marie Bashkirtseff (*Journal, *1887*) et Catherine Pozzi (née en 1882, Journal de jeunesse inédit). Dans* Le Moi des demoiselles *(1993), j'ai essayé de tracer, à partir d'une centaine de journaux conservés ou retrouvés, les différentes lignes que pouvait suivre l'écriture d'une jeune fille au XIXe siècle. Le journal d'Amélie Weiler vient compléter ce panorama en montrant à l'époque romantique les prémices de cet élan vers la liberté. Bienvenue à elle dans ce «cercle des jeunes filles disparues»...*

Philippe Lejeune

AVANT-PROPOS

La publication du *Journal* d'Amélie Weiler réalise le rêve d'une jeune fille qui se voyait en femme de lettres : « Obscur et ignoré dans sa jeunesse, pensait-elle qu'un jour son nom serait prononcé par bien des bouches et brillerait en tête de son manuscrit ? » se demande-t-elle ingénument le 2 février 1840 en commençant son journal. La réponse – « Ah ! loin de là, cette pensée n'est jamais entrée dans mon âme » – témoigne d'une humilité et d'une retenue de bon aloi, mais la question trahit bien les ambitions secrètes : Amélie écrit son journal pour qu'il soit lu. Lorsqu'elle l'avoue de façon explicite le 7 juillet 1842, c'est pour déplorer que l'aurore de cette vie, à laquelle elle aspire, s'avère « piteusement prosaïque », puis en 1843, pour l'inscrire définitivement au chapitre des illusions perdues. Pourtant, elle continue à écrire et finit par laisser une œuvre, probablement unique, ce *Journal*, tragique et romantique, qui dit la douleur d'un rêve brisé : six cahiers ont été conservés, datés de 1840 à 1859, écrits par une femme qui passe des dix-sept ans de son adolescence aux trente-sept ans de sa maturité. Il aura fallu un siècle et demi pour que le *Journal* d'Amélie Weiler sorte de l'ombre et soit publié.

L'histoire commence le 29 avril 1822 à Strasbourg, au 15 de la rue des Jardins, dans une maison aujourd'hui disparue, par la naissance d'Amélie Victoire Madeleine Weiler, fille aînée de Jean-Daniel Weiler et de Marie-Madeleine, née Faudel. Par ses origines familiales, Amélie paraît *a priori* très éloignée du monde des lettres : ses grands-parents appartenaient au milieu de la boutique, à cette petite bourgeoisie protestante de Strasbourg qui, regroupée depuis des siècles au sein de corporations, formait le noyau de la population locale. Chez les Weiler, on était boucher de père en fils et l'on se mariait avec des filles de boucher ; chez les Faudel, on était plutôt cafetier ou aubergiste, mais les schémas matrimoniaux étaient les mêmes. Aussi le mariage de ses parents le 21 juin 1821 ne constituerait qu'une entorse modeste à cette stricte endogamie sociale si le jeune marié, fils et petit-fils de bouchers, n'était avocat de profession, inscrit au barreau de Strasbourg depuis 1819.

A travers Jean-Daniel, la famille Weiler accédait à cette fraction de la bourgeoisie où les talents sont le meilleur gage de la position sociale. C'est sa mère, née Marguerite Salomé Schneegans (1768-1841), qui a été le véritable artisan de cette promotion : elle s'était en effet introduite, peut-être dans le sillage de son frère Jean-Daniel Schneegans, directeur de l'hospice des orphelins, dans les milieux lettrés protestants où elle rencontra les pasteurs Frantz et Boeckel, le juriste Georges-Daniel Arnold et le poète Ehrenfried Stöber ; elle s'y lia d'amitié avec le poète alémanique Johann-Peter Hebel (1760-1826) et lui confia, lorsqu'il prit la direction du lycée de Karlsruhe, l'éducation de son fils : Hebel écrivit alors à sa « très chère amie » des lettres pleines de chaleur et de délicatesse où, tout en donnant des nouvelles de son élève, il évoquait l'actualité politique et littéraire. A son retour à Strasbourg, Jean-Daniel Weiler entreprit des études de théologie, mais préféra finalement se tourner vers le droit.

Il ne fut pas le seul représentant de la famille à s'extraire de son milieu d'origine et à se mouvoir dans une société moins cloisonnée depuis la Révolution. Son frère cadet, Frédéric, fit quant à lui le trajet qui sépare la boutique du négoce et devint un homme d'affaires d'envergure : en 1837, il apporta cent cinquante mille francs en écus sonnants et trébuchants, un quart du capital, à la société Gustave Goldenberg & Cie formée pour exploiter la manufacture de grosse quincaillerie du Zornhoff près de Saverne. Il s'en dégagea en 1844 pour se consacrer à son établissement de Strasbourg, un moulin à huile équipé depuis 1842, le premier en Alsace, d'une machine à vapeur de 10 ch. Du côté maternel, on pouvait être fier de Georges-Louis Braun, grand-oncle et parrain d'Amélie, un lieutenant-colonel qui arborait la rosette de la Légion d'honneur : il la devait à quelques actions d'éclat dans les campagnes napoléoniennes, notamment sur la Bérésina où, à la tête de ses pontonniers, il construisit l'un des deux ponts qui permirent le passage de la Grande Armée. Quant à son neveu, Ferdinand Braun (1812-1854), il publia son premier roman à Stuttgart en 1840…

Ces réussites sont certes une illustration banale de la montée de la bourgeoisie, si typique de la première moitié du XIXe siècle, mais le contraste est tel, au sein de cette famille, entre l'immobilisme socioprofessionnel du XVIIIe siècle et la variété des destinées qu'inaugure la Révolution qu'on croirait être en présence d'un cas d'école. Les époux Weiler ont eu évidemment le souci de sauvegarder cet acquis culturel pour leurs enfants. Amélie, comme sa sœur cadette Emma, née en novembre 1826, reçurent une éducation très soignée qui n'avait rien à envier, semble-t-il, à l'enseignement masculin ni par la longueur de la scolarité, ni par son contenu. Grâce à quelques allusions trop rares, parcimonieusement distribuées dans le *Journal*, nous savons qu'Amélie Weiler a fréquenté à Strasbourg le pensionnat de mademoiselle Ehrmann, rue des Bouchers, où l'enseignement était assuré en partie par de jeunes pasteurs, avant qu'ils ne prennent en charge une paroisse. Elle y fut une excellente élève : ses compositions françaises étaient remarquées, à tel point que ses maîtres lui demandaient parfois de les recopier pour garder un souvenir. L'un d'entre eux, avoue-t-elle le 6 août 1846, alla même jusqu'à lui faire « des éloges exaltés », ce qui mit un peu d'orgueil dans son cœur et de jalousie dans celui de ses condisciples. Nul doute que ces premiers succès n'aient été déterminants dans la naissance d'une vocation littéraire. De même, ses lectures de jeunesse ont laissé une forte empreinte romantique sur son écriture et sur les thèmes de méditation que l'on retrouvera dans les premiers cahiers de son journal. Lorsqu'elle termine ses études à dix-sept ans, c'est-à-dire à l'âge aujourd'hui où l'on passe son baccalauréat, Amélie Weiler possède une culture, une maîtrise de la langue et une élégance de style qui lui donnent effectivement des raisons d'espérer.

C'est dans ce contexte et avec cet état d'esprit qu'elle débute son journal. Il est à cet égard éminemment symbolique que la première entrée soit consacrée à une visite chez madame Stöber, la belle-sœur du poète alsacien Ehrenfried Stöber, et à la description, encore malhabile, d'un intérieur bourgeois où trône une psyché... De la part de sa mère, qui l'encourage au départ dans cette voie, il s'agit davantage de contribuer à combler cette période de vacuité de la vie des jeunes filles qui s'écoule entre la fin de leurs études et le jour de leur mariage. Mais il n'y a pas nécessairement de contradiction entre les deux points de vue : en ce début d'année 1840, la mère et la fille peuvent nourrir de légitimes espérances quant à leur projet respectif, car leur mari et père est de plus en plus en vue à Strasbourg. Jean-Daniel Weiler s'est en effet lancé dans la lutte politique : il fait partie de l'opposition radicale qui mène la vie dure aux tenants de la monarchie censitaire. En juin 1840, soutenu par *Le Courrier du Bas-Rhin,* il est brillamment élu au conseil municipal dans la sixième section : avec 67 voix sur 125, il devance l'agent de change Fleischhauer, l'imprimeur Silbermann et le banquier Renouard de Bussierre. Sa fille Amélie, qui ne partage pas ses idées, prenant à l'occasion des positions nettement conservatrices, ne fait que de rares allusions à la carrière de son père, mais il est évident que celle-ci a des conséquences sur sa propre vie : elle est désormais la fille d'un notable qui appartient à l'intelligentsia protestante de Strasbourg. Madame Weiler quant à elle cherche manifestement à tirer parti de cette position et à marier sa fille à un jeune diplômé prometteur : le séjour d'Amélie en mai 1840 chez Sophie Roehrich, fille et sœur de pasteur, au cours duquel elle est présentée au pasteur Gustave-Adolphe Horning, n'a probablement pas d'autre but. Amélie, sans fortune, mais douée d'un esprit fin et cultivé, ne serait-elle pas l'épouse idéale d'un pasteur ? On verra, à la lecture des pages très naïves et charmantes qu'Amélie consacre à cette entrevue, que l'initiative était pour le moins prématurée.

Cependant Amélie Weiler ne sait pas encore qu'elle vit là le temps de son bonheur. Malgré la disparition du deuxième cahier qui couvrait la période de juillet 1840 à septembre 1841, nous savons qu'elle perdit en août 1841 cette grand-mère lettrée qu'elle aimait par-dessus tout et qui l'avait prise en affection, puis que sa vie a été en danger à la fin de l'été : « La mort n'a donc point voulu de moi », écrit-elle en commençant son troisième cahier. Sans que l'on sache s'il y a un lien entre les deux événements, elle subit une opération chirurgicale en décembre 1841. Mais c'est avec la mort de sa mère, le 27 janvier 1842, que sa vie bascule : la surprise est totale, personne apparemment ne l'ayant informée de la gravité du mal, la tuberculose, dont souffrait sa mère.

Or cette disparition laisse Amélie très seule. Son père ne s'intéresse guère à elle et n'a rien d'autre à lui offrir que la résignation ; il perdra de surcroît au jeu son crédit, au propre comme au figuré, si bien qu'en 1846, il ne se trouve plus parmi les candidats au conseil municipal. Sa sœur Emma n'a que quinze ans ; sa grand-mère Faudel est trop lointaine et peu sensible à la personnalité de sa petite-fille. Sans fortune et sans soutien, Amélie est vouée désormais à tenir le ménage de son père, rôle dont elle ne parviendra pas à s'affranchir avant 1858. Seul son oncle Frédéric s'intéresse encore à elle, mais ce qu'il lui propose, travailler à son comptoir, épouser un commis qui pourrait devenir son successeur, lui répugne profondément. A tort ou à raison, elle a l'impression de revenir à la case départ, à ce milieu de la boutique pour lequel elle éprouve avec une belle constance le plus grand mépris. Un peu plus tard, en 1847, le remariage de son oncle, dont elle et sa sœur étaient les seules héritières, sonnera le glas de ses espérances pécuniaires.

A l'âge de vingt et un ans, Amélie Weiler se trouve brutalement en porte à faux : l'éducation qu'elle a reçue est désormais en contradiction avec le rôle qui lui est assigné. Son histoire cesse alors d'être singulière : elle participe de celle de la condition féminine au XIXe siècle ; l'impasse dans laquelle elle se trouve est commune à toutes ces jeunes filles bien élevées et cultivées auxquelles la société n'offrait aucune perspective en dehors du mariage. Il ne faut pas s'étonner qu'à l'instar d'Emma Bovary, cette autre lectrice de Walter Scott, Amélie Weiler soit conduite à substituer les rêvasseries au prosaïsme du ménage. Son journal n'est plus alors l'expression d'un rêve d'écriture, mais devient progressivement le lieu de l'écriture du rêve.

Le changement de ton est sensible dès l'automne 1841 où la maladie de madame Weiler pèse sur le climat familial : à la fraîcheur et à la vivacité de la jeune fille, toute à la joie d'écrire ses premières pages, succèdent les couleurs plus sourdes que des réalités pesantes inspirent à sa plume. Il faut attendre l'été 1842 pour que le *Journal* trouve le ton, le rythme et le contenu qui seront désormais les siens. Cela ne signifie pas qu'Amélie ait trouvé son équilibre, ni que son journal soit guetté par l'uniformité ; bien au contraire, l'humeur d'Amélie est changeante, variant d'un extrême à l'autre, oscillant sans arrêt du spleen le plus sombre à l'exaltation la plus vive. C'est dans cette alternance que se construit moins la description d'une réalité vécue que le roman d'une vie.

Certes la chronique tient une place importante et donne à ce journal une bonne part de son pouvoir de séduction. Amélie Weiler raconte avec un évident plaisir les petits et les grands événements de la vie strasbourgeoise, elle emmène son lecteur au cœur de la société bourgeoise de son temps, elle l'entraîne aux eaux de Niederbronn ou dans des excursions empreintes de romantisme au Haut-Kœnigsbourg et dans le grand-duché de Bade. A ce titre, c'est un document rare qui enrichit notablement notre perception de la vie quotidienne à Strasbourg au XIXe siècle. Il apporte de précieux renseignements dans des domaines aussi divers que la vie théâtrale ou musicale, l'évolution du goût et de la mode, les comportements religieux, la sociabilité des jeunes gens, sans omettre les portraits, parfois sans complaisance, de nombreuses personnalités locales. A la rareté du document s'ajoute le caractère quelque peu insolite du séjour d'Amélie Weiler en Prusse en 1858-1859 lorsqu'elle entre au service d'un futur ministre des Finances, le baron de Patow, et devient la gouvernante de sa fille : cela nous vaut une étonnante description de la noblesse prussienne et de la caste dirigeante berlinoise. Tout cet aspect du *Journal* est servi par un incontestable sens du récit : Amélie Weiler regarde et nous donne à regarder, sans s'appesantir outre mesure. La rencontre d'un inconnu, le compte rendu d'un bal, le souvenir d'une promenade au Broglie sont autant de croquis enlevés et brillants. Quelque frustration que l'on ressente devant une description qu'on aimerait parfois plus approfondie, c'est bien cette légèreté du trait qui donne au journal tout son charme.

Amélie Weiler ne tombe cependant pas dans le piège de la mièvrerie. Son regard, tout en restant à la surface des choses et des êtres, n'est pas neutre. Elle prend parti, que ce soit pour manifester un enthousiasme juvénile ou pour exercer un esprit critique, souvent mordant, parfois méchant. La chronique prend de cette façon une autre dimension, y compris quand il est question des occupations domestiques les plus terre à terre : le rangement d'une armoire à linge ou le nettoyage traditionnel « de printemps » peuvent être traités avec la même passion qu'une visite princière à Strasbourg ou qu'un épisode d'une aventure sentimentale. De même, elle n'hésite pas à régler ses comptes, à « dégoiser sa colère » comme elle dit, avec une violence verbale qui peut aller de l'emphase, lorsqu'elle assimile les hommes à des « monstres plus hideux que le cerbère qui garde l'entrée du sombre empire de Pluton », à la vulgarité quand elle traite de « salope » une servante sans défense ou la femme d'un ministre des Finances. Expressions d'une légitime colère ou d'une jalousie irrépressible, exercices de style ou morceaux de bravoure, ce sont à chaque fois des pages singulièrement fortes où l'exaltation de l'écriture et la charge émotionnelle donnent du relief à une réalité infiniment plus commune.

La tenue d'un journal est en effet pour Amélie Weiler l'antidote de ce qu'elle appelle elle-même « une imagination vouée au pot-au-feu » : nourrie de littérature romanesque et douée d'une vive imagination, elle ne peut supporter la monotonie de sa vie quotidienne et le décalage persistant entre ses rêves et la réalité. Elle s'en plaint amèrement à de nombreuses reprises et cultive son malheur avec une sensibilité toute romantique : « Mon journal est comme le cœur d'une mère dans lequel on épanche ses peines et ses douleurs. » Mais cette mélancolie conduit moins Amélie à l'introspection ou à l'examen de conscience qu'à l'évasion et à l'imaginaire. Son journal est en définitive très peu intime et ne cherche pas, contrairement à beaucoup d'autres journaux de demoiselles, à progresser dans la connaissance du moi ou dans la recherche d'une vérité. Amélie Weiler écrit pour raconter des histoires, des histoires pour se souvenir, des histoires pour plaire, mais aussi des histoires pour mentir, pour se mentir à elle-même, lorsque la réalité devient trop pénible à assumer : elle écrit pour tenter de faire un roman d'une vie jugée trop peu romanesque. Et lorsqu'elle parle d'elle-même, c'est en prenant soin de se mettre en scène pour s'offrir sous un meilleur jour. Qu'elle le veuille ou non, et ses dénégations parfois violentes, toujours vertueuses, trahissent une certaine impatience, l'attente de l'homme est au cœur de ses préoccupations : or les demandes en mariage ou les présentations de prétendants lui paraissent toujours beaucoup moins intéressantes, quand elles ne lui répugnent pas, que les œillades d'un inconnu ou l'hommage d'un homme marié. Par un curieux renversement des rôles, la quête du regard masculin devient à partir de 1848 le thème essentiel du *Journal*. Amélie Weiler regarde qui la regarde et puise dans cet échange la matière d'une vie sentimentale riche en rebondissements, en tentatives de séduction et en désir, en ruptures et en retrouvailles, en désespoirs et en bonheurs. Mais là où les autres, autour d'elle, se marient, Amélie, toute à ses fantasmagories, reste dans « les ornières arides du célibat »... En revanche, cette quête incessante de l'inaccessible était sans doute le meilleur gage de la poursuite du *Journal*.

Lorsqu'elle termine son septième cahier, le 10 mai 1859, Amélie Weiler est à Brest-Litovsk où elle occupe un emploi de gouvernante chez monsieur de Reich. Elle se dit « malade de corps et d'imagination », mais rien n'indique qu'elle ait décidé de mettre un terme à son journal. Il lui est déjà arrivé à deux reprises de s'interrompre longuement : au moment du mariage de sa sœur, du 8 juillet au 1er novembre 1853, puis pendant cinq mois de mars à août 1855 où cet arrêt était motivé, nous dit-elle, par le manque d'événements intéressants à raconter. En Russie, où elle vient d'arriver, Amélie Weiler a au contraire beaucoup de choses à dire. Il y a tout lieu de penser qu'elle a dû continuer, mais que les cahiers ultérieurs ont été perdus, tout comme le deuxième.

Du même coup, l'histoire de sa vie s'arrête pour nous ce 10 mai 1859. Des trente-six ans qui lui restent à vivre, il ne subsiste plus que les quelques traces laissées par tout un chacun dans les archives administratives. On peut ainsi reconstituer à grands traits les étapes de l'histoire de sa famille : Emma, mariée depuis 1853 à Jean-Frédéric Brandhoffer, devint veuve en août 1865 ; Jean-Daniel Weiler, leur père, mourut dans la misère le 7 janvier 1871 : un certificat d'indigence exempta ses héritiers de déclaration de succession, ce qui nous prive de connaître le domicile d'Amélie à cette époque. Après l'annexion, Emma et son fils Hippolyte optèrent pour la France et s'installèrent au Havre où Hippolyte fit sans doute son apprentissage commercial dans la maison de négoce de Jules Roederer, ami de sa mère. Puis ils s'installèrent à Dijon en 1878.

Amélie mourut le 27 juin 1895, au 16, rue de la Madeleine à Strasbourg. Elle avait soixante-treize ans et vivait de ses rentes, ayant réussi à sauvegarder le pécule hérité de sa grand-mère Faudel en 1851. Sa succession, enregistrée à Strasbourg le 2 août 1895 (archives du Bas-Rhin, série 3 Q, registre n° 219, acte n° 238) se montait à 26 642 marks : un modeste mobilier, évalué à 200 marks, dont la plus belle pièce était un vieux lit entièrement équipé de 80 marks, un livret de caisse d'épargne de 600 marks, mais surtout quatre obligations sur des particuliers d'une valeur totale de 25 842 marks. Elles lui assuraient un intérêt annuel de 1 000 marks environ, soit un revenu légèrement supérieur à celui d'un ouvrier qualifié. Amélie Weiler fut inhumée avec son père au cimetière Saint-Gall. Curieusement, le monument funéraire, détruit dans les années soixante-dix, mais dont une photo a été conservée, portait une mention inexacte, laissant croire qu'elle était la femme de Jean-Daniel Weiler : « Amélie Weiler, 1822-1895, née Faudel-Braun ».

Sa sœur Emma hérita alors de ses biens, de son journal, mais aussi des lettres adressées naguère par Jean-Pierre Hebel à sa grand-mère. Hippolyte confia ces lettres au professeur strasbourgeois Ernst Martin qui avait épousé la nièce de Jules Roederer. Il n'est pas exclu qu'à cette occasion, il lui ait envoyé également le deuxième cahier du *Journal*, aujourd'hui manquant, où Amélie devait relater la mort de cette grand-mère et son émotion d'avoir hérité de ces lettres. Ernst Martin publia ces « Briefe von Johann Peter Hebel an Frau Weiler in Strassburg » dans le *Jahrbuch des Vogesen-Clubs* (vol. XII, 1896). Emma mourut à son tour le 6 novembre 1905 à Bâle, où elle avait suivi son fils l'année précédente, et fut enterrée avec son mari au cimetière Sainte-Hélène à Strasbourg. *Le Journal d'Alsace-Lorraine* du 11 novembre 1905 lui consacra une notice nécrologique. Son fils Hippolyte, alors âgé de cinquante et un ans, devint le dépositaire des papiers familiaux : il annota avec soin les photos, celles de sa mère et de son père, de son grand-père, de la maison où était née sa mère, des tombes familiales, mais aucun portrait de sa tante Amélie ne nous est parvenu. C'est aussi lui, à moins que ce ne soit sa mère, qui signala avec un gros crayon bleu les passages du *Journal* concernant Emma et Jean-Frédéric Brandhoffer, son mari. Qu'est devenu Hippolyte ? Il est probable qu'il n'a pas eu de descendants. Un rapide sondage dans l'annuaire électronique montre qu'il n'y a plus de Brandhoffer en Alsace ou dans la région parisienne. D'ailleurs, comment expliquer autrement que ces papiers soient revenus ensuite dans la famille Faudel ?

Le *Journal* d'Amélie Weiler est réapparu à la fin de l'année 1987 dans la salle des professeurs du collège de Wasselonne (Bas-Rhin). Il y a été apporté par Robert Bernhardt, agent technique, archéologue autodidacte, qui réalisait sa première trouvaille importante et me donna ainsi la chance d'éprouver cette grande émotion qui provient de la découverte d'un document rare. Robert Bernhardt est en effet allié aux Faudel par sa femme, née Christiane Faudel, arrière-petite-fille d'Auguste Faudel, cet enfant de trois ans dont Amélie s'occupe lorsqu'elle se rend à Wangen au chevet de sa grand-mère malade en 1850. Il avait trouvé le manuscrit au cours du rangement d'un grenier au milieu d'un fatras de vieux livres. Il exhuma également quelques papiers notariés et les photographies de la famille Weiler. On mesure le petit miracle dont Robert Bernhardt a été l'instrument : plus personne dans sa famille ne sachant qui était Amélie Weiler, il est probable que, tombant en d'autres mains, son journal aurait été, au mieux, dispersé chez un brocanteur, au pire, jeté avec d'autres paperasses. On le voit, l'espoir de retrouver un jour d'autres cahiers, pour l'instant manquants, est, compte tenu des circonstances, très mince.

Il s'est encore écoulé un peu plus de sept ans entre la découverte du manuscrit et sa publication : démarches diverses, long travail de transcription, recherches historiques. A l'automne 1990, Bernard Reumaux, rédacteur en chef de la revue *Saisons d'Alsace*, a accepté d'en publier un extrait, provenant du premier cahier, dans lequel Amélie fait un récit plein de vie des fêtes mémorables organisées à Strasbourg en 1840 lors de l'inauguration des statues de Kléber et de Gutenberg : c'était le point de départ d'une volonté d'éditer l'ensemble de l'œuvre. Il est vite apparu cependant qu'il serait nécessaire de réduire son volume : les six cahiers comptent ensemble 1864 pages de 35 lignes environ chacune, d'une écriture régulière et dense, fine et penchée, sans autres interruptions que l'interligne qui sépare les journées et de grandes croix noires dessinées au moment des deuils.

La publication d'un tel ouvrage suppose des choix : le respect du texte s'est accompagné d'un remaniement de la ponctuation qui ne correspondait plus à nos usages. Les allégements qui ont été effectués ont permis de rendre le texte plus attrayant : les comptes rendus de lectures, accompagnés de longues citations, les descriptions de paysages naturels, les lamentations redondantes, la simple mention des occupations de la journée lorsque celles-ci étaient dépourvues de valeur documentaire, sont autant de passages qui ont pu être supprimés sans trop de remords. Il a fallu également sacrifier ici ou là quelques récits bien menés, un bal, une promenade outre-Rhin, l'entrée d'un prince à Strasbourg, mais qui faisaient double emploi. Ainsi le manuscrit a pu être réduit de plus de la moitié. Dans l'ensemble, la prime a été donnée à l'inédit, au document, à l'enthousiasme plutôt qu'au spleen, au mouvement plutôt qu'à l'immobilité en évitant cependant que l'œuvre ne se réduise à un recueil d'anecdotes ou à une collection de morceaux de bravoure. Si Amélie parle un peu moins de son ennui et si son journal en devient plus alerte, on a en effet veillé à maintenir sensibles la succession des états d'âme, l'imbrication du quotidien et de l'événement, la perception du temps qui passe, toutes choses qui constituent la substance même d'un journal, sa matière première.

En publiant *Le moi des demoiselles* au printemps 1993, Philippe Lejeune a attiré l'attention sur les journaux de jeunes filles dont il a dressé le répertoire provisoire pour le XIXe siècle : aux cent six noms de sa liste s'ajoute maintenant celui d'Amélie Weiler. Dans l'ordre chronologique, elle se situerait parmi les premières. Elle est l'une des rares à être protestante. Elle rejoint Pauline Weill, dont le journal est inédit, pour représenter l'Alsace. Son journal est un des plus importants, tant par la durée de la rédaction que par son volume. Surtout, c'est un petit chef-d'œuvre qui consacre son auteur comme écrivain et lui ouvre les perspectives d'une carrière, hélas posthume. Bonne chance, Amélie !

Nicolas Stoskopf

Le lecteur trouvera en annexe un répertoire des familiers d'Amélie Weiler où ont été regroupés les renseignements biographiques concernant les membres de sa famille, ses amies ou ses relations régulières. Ils proviennent pour l'essentiel des registres d'état civil des archives municipales de Strasbourg.

Les notes placées à la fin du livre ont permis d'apporter un certain nombre de précisions historiques sur les personnes, les lieux, les événements ou les spectacles cités par l'auteur, de donner le sens de quelques termes rares ou tombés en désuétude de la langue française, ou encore de traduire et d'expliquer des expressions allemandes ou dialectales. Cette recherche a parfois buté sur les approximations de l'auteur dans l'écriture des noms propres. Elle a pu s'appuyer en revanche sur de remarquables instruments de travail, en français ou en allemand, parmi lesquels il y a lieu de distinguer le Nouveau dictionnaire de biographie alsacienne *(en cours de parution)* qui a permis d'identifier de nombreuses personnalités citées par Amélie Weiler.

Jacqueline Stoskopf s'est chargée de déchiffrer le manuscrit et d'en assurer la transcription.

Le fac-similé du manuscrit original et une épreuve dactylographiée plus étendue que la présente édition ont été déposés à la section Alsatiques de la Bibliothèque Nationale et Universitaire de Strasbourg.

1840

> *Il est un âge dans la vie où chaque rêve doit finir,*
> *Un âge où l'âme recueillie a besoin de se souvenir.*
> *Sois bonne, tu seras aimée,*
> *Sage, tu seras estimée ;*
> *L'estime et l'amitié ne vieillissent jamais.*

Est-il époque plus justement digne d'envie, plus poétiquement vantée que dix-sept ans ? L'éducation est achevée à peu près ; on ne suit plus que les leçons les moins indispensables. Plus de loisirs, plus de liberté d'une part, surtout quand les plaisirs bruyants du monde n'ont point encore troublé le calme de votre solitude, permet de définir davantage les impressions du moment, et même de tracer quelquefois sur le papier de ces réflexions intuitives auxquelles la jeunesse aime tant à s'abandonner.

La vie s'offre sous un aspect si riant aux regards d'une jeune fille. Mille fantaisies qui appartiennent encore à l'enfance captivent encore son esprit, mais déjà les réflexions deviennent plus sérieuses : l'enfant ne vit que du jour le jour, folâtre, toujours satisfait ; la jeune fille songe à son avenir. Sa franche imagination, que de tristes réalités n'ont pas encore froissée, lui retrace un monde plein de charmes, la berce dans un océan d'ineffables délices, et ces émotions vagues, intimes, qu'aucune langue ne sait exprimer, aucune plume définir, font palpiter son cœur. Plus nous avançons en âge, je l'ai vu dans mes lectures, je l'ai entendu mille fois répéter, et je commence à le comprendre, plus nous voyons s'évanouir une à une, de ces naïves illusions qui faisaient vibrer si délicieusement notre âme, nous voyons s'écrouler ces châteaux d'Espagne, doux passe-temps de notre adolescence. Plus libres quelquefois de notre sort, nous sommes obligées de le créer nous-mêmes. Des besoins réels, nos devoirs envers la société, les soins qu'exigent des êtres qui nous sont chers, mettent en œuvre toutes les ressources de notre âme.

L'expérience, une vie active, agitée, semée d'événements saisissants, de grandes infortunes souvent, mûrissent notre raison et développent nos forces morales et intellectuelles. Purifiées, perfectionnées, sanctifiées par le malheur et une religion consolante, il nous semble vivre d'une autre existence. Mais pourquoi alors ne pas reporter quelquefois nos pensées au temps de notre jeunesse, vers cette époque que les poètes ont appelée si justement le printemps de la vie ? Qui ne se rappellerait, sans une joie calme et sainte, mêlée d'un peu de mélancolie, une jeunesse paisible et pure ? Ah ! l'on ne saurait y être insensible à ce sentiment que le ciel lui-même a mis dans nos cœurs ! Mais en ayant quelques traits, quelques événements sous les yeux, tout chauds, pour ainsi dire, de date et de dénouement, il me semble que le charme redouble encore. Je n'ai point la prétention et je ne pourrai pas fournir des récits étendus, pleins d'esprit et d'intérêt. Quelques scènes de famille, la nomenclature d'occupations journalières, les causeries avec une amie, de ces réflexions qui se font jour, rapides et passagères comme l'éclair, dans une imagination de dix-sept ans ; de temps à autre la description d'une partie de plaisir, ou d'une soirée peu brillante il est vrai, mais d'autant plus intime et agréable, voilà tout ce que je prétends raconter. Ces récits tracés rapidement, au coin du feu, ne pourront avoir d'attrait que pour moi seule, et peut-être encore pour ceux qu'ils touchent spécialement. Ce fut une idée de ma mère ou peut-être mon propre besoin d'écrire, jointe à mon affection pour les Mémoires, qui me donne envie d'écrire ce journal.

Il y a de cela quelques années, je me rappelle avoir lu dans une feuille quotidienne un article intitulé « Fragments d'un journal ». Attirée d'abord par la lecture de détails assez insignifiants en apparence, le style simple et original finit par me plaire, et je continuai. C'était daté du XVe siècle. L'auteur, et c'était une jeune fille, avait noté minutieusement les occupations de ménage auxquelles elle s'était livrée du matin au soir. C'était du lard et du *porter* qu'elle avait fait acheter, des mets qu'elle avait préparés à la cuisine, elle avait donné un pence à la pauvre Anne qui s'était brûlé la main, etc. Ce petit tableau des mœurs anglaises, tracé avec une naïveté charmante, finit par m'absorber peu à peu. Mais combien mon intérêt ne s'accrut-il point quand, arrivée aux dernières lignes, je vis le nom d'Elisabeth Woodwille, de cette belle et infortunée reine, qui vint s'asseoir un moment sur le trône d'Angleterre pour épuiser toutes les souffrances, pour fournir à l'histoire un des plus lamentables et touchants exemples de vertus et de malheur. Qu'elle fut orageuse et pénible la fin d'une existence qui avait été si calme à son aurore, car rien dans ses méditations de jeune fille n'annonçait l'ambition qui si souvent est funeste.

Une autre fois je lus encore quelques pages d'un journal signé du seul nom d'Eugénie. Quelles observations fines et spirituelles dans un auteur de seize ans ! Et elle mourut à la fleur de l'âge cette jeune personne intéressante, dit celui qui publia cette partie de son manuscrit. Née au sein de l'opulence et d'une famille distinguée, douée d'un esprit supérieur, d'agréments physiques et de talents que la plus parfaite éducation avait développés, la mort devait briser cette jeune existence et cet être charmant ne devait paraître qu'un moment sur la terre pour y laisser l'éternel regret de sa perte.

Pour parler des Mémoires, avec quelle avidité n'ai-je pas lu ceux de madame Campan. Jeune fille dont les jeux amusaient Louis XV, amie de Marie-Antoinette, plus tard distinguée par Napoléon, elle fut la digne directrice d'Ecouen. Si jamais vie de femme fut agitée, brillante et orageuse, ce fut celle de madame Campan !

Mais je m'égare : je voulais écrire l'introduction de mon journal et je me suis laissé entraîner par mon admiration pour quelques femmes célèbres. J'ai parlé de journaux, de Mémoires auxquels beaucoup ont payé un juste tribut d'éloges, en tête de quelques pages biens pâles, bien frivoles et peu dignes d'attention. Quelle était donc son intention, pourraient se demander mes amis, si jamais un jour ils lisaient ces lignes ? Pourquoi ces pompeux tableaux de femmes et d'ouvrages remarquables ? Croyait-elle trouver quelque analogie entre son sort et celui de ces femmes ? Obscur et ignoré dans sa jeunesse, pensait-elle qu'un jour son nom serait prononcé par bien des bouches et brillerait en tête de son manuscrit ?... Ah ! loin de là, cette pensée n'est jamais entrée dans mon âme. J'écris pour le plaisir d'écrire, pour épancher mes pensées, comme je les épancherais dans le sein d'une amie discrète et intime. Pourquoi ne point se livrer à un innocent délassement ? Chacun selon sa force et ses moyens. L'enfant est-il à blâmer qui, en présence du tableau d'un grand maître, demande des crayons pour hasarder une ébauche ?

Dimanche 2 février

Je ne parlerai que du soir parce que c'est sur lui que je concentrai toute mon attention. Nous étions invitées, Grand-Maman, Maman et moi, chez madame Stöber, femme intéressante par le rôle qu'elle avait joué jadis dans le monde, par sa fortune et par ses malheurs. La position de son mari la mettait à même de rechercher les hautes sociétés. Sa maison était parfaitement tenue, ses soirées brillantes, et sa fille était un trésor de beauté, de grâces et de talents. Elle fut fêtée et adorée, mais hélas ! à vingt ans une cruelle maladie la ravit à ce monde, dont elle faisait les délices, et à sa mère au désespoir. Mais la fortune cessa bientôt d'être favorable à monsieur Stöber (peut-être trop d'opulence accéléra-t-elle sa ruine), il se donna la mort, et sa veuve, renonçant à une destinée qui avait été si brillante, se retira dans un modeste appartement dans la maison où habitait sa sœur. Maintenant elle vit sinon heureuse, du moins paisible, mais donnant chaque jour des larmes au souvenir de sa fille bien-aimée [2]. Ce fut donc là qu'elle nous reçut. Tout dans sa demeure respirait encore une certaine noblesse et une certaine élégance. Son lit, placé dans la première pièce, était entouré d'une draperie jaune ; une psyché, avec un grand sachet brodé dans le milieu, était placée dans l'embrasure de la fenêtre. Sur une table placée sous la glace, brûlaient deux chandelles dans des chandeliers d'argent. Elle nous fit placer nos manteaux sur le canapé du salon : à droite du canapé, une chaise ; à droite aussi un guéridon dans un des coins, le secrétaire dans l'autre ; venait ensuite, faisant le tour, la commode ornée comme le secrétaire de cassettes, de vases, de figurines, etc. Puis sous la glace, entre les deux fenêtres, une console avec une pendule, des rideaux blancs à bordures bleues ; au-dessus de la commode le portrait de monsieur, au-dessus du canapé celui de mademoiselle Stöber. Après avoir causé pendant quelque temps, l'on se mit à table. Je ne pus qu'admirer la grâce avec laquelle elle faisait les honneurs : tout, jusque dans ses moindres mouvements, avait de la noblesse et de l'aisance. Je remarquai aussi qu'il faut nécessairement mettre deux sucriers sur le cabaret et un flacon de fleur d'orange. Ses confitures étaient délicieuses, sa vaisselle bien belle et la symétrie observée exemplairement dans le service de la table.

Elle eut un mot aimable pour tout le monde. La soirée se passa gaiement. De mon côté, je jetai souvent de longs regards sur le portrait de mademoiselle Stöber. Quoique couvert d'une gaze blanche, je le distinguais assez bien. Elle est à son piano ; sa musique, c'est la *Dernière Pensée* de Weber. Sa robe bleue relève parfaitement la blancheur de ses bras d'une forme admirable ; ses cheveux blonds tombent en boucles sur son cou éblouissant ; de grands yeux bleus, garnis de cils noirs, pleins de mélancolie, une bouche petite, un nez retroussé complètent une des plus ravissantes figures de femme que j'ai jamais vue. Et mourir si jeune et si belle. Enfin à dix heures, l'on se sépara. En m'embrassant, madame Stöber me dit : « Maintenant, vous savez où je demeure ; revenez bientôt. »

Rien de remarquable ces jours-ci. J'ai été couchée pendant deux jours souffrant d'un mal de dents horrible. J'ai pleuré, j'ai craint une opération, car la gencive était considérablement enflée. Je ne pouvais plus ni respirer, ni tousser, ni éternuer, ni avaler, c'était lamentable.

Hier lundi 10 février, Sophie Gunther a passé l'après-dîner chez moi. Elle a chanté, je l'ai accompagnée sur mon piano. Nous avons causé beaucoup.

Mardi 11 février

Je me suis levée de bonne heure : j'ai brodé toute la matinée à mon cordon de sonnette. J'ai passé l'après-dîner chez une de mes amies. On a parlé du mariage de monsieur Chabert et de mademoiselle Rencker, et Frédérique m'a dit qu'on lui donnait pour cent mille francs de bijoux ; une broche seule doit revenir à dix mille francs. Nous avons touché du piano ; elle m'a prêté de la musique. A sept heures, je me retirai. Nous avons soupé chez Grand-Maman et à dix heures, je suis rentrée pour me mettre au lit.

Mercredi 12 février

Voilà donc pour la troisième fois que j'inscris ma journée et j'ai commencé mon journal depuis quinze jours ! Mais bon Dieu ! quand on mène une vie à peu près monacale, quand on habite une maison entourée de toutes parts de hautes murailles, quand on n'entend que de vagues descriptions de bals et de concerts, que peut-on noter d'intéressant chaque soir ? C'est toujours la même rengaine. Je me suis levée, j'ai déjeuné ; ah ! mais non, je me trompe, je n'ai point déjeuné, j'ai pris médecine aujourd'hui, puis je me suis promenée à grands pas dans la chambre. Grand-Maman est venue l'après-dîner. J'ai filé toute la soirée et j'ai reposé bien doucement toute la nuit.

Jeudi 13 février

Touché du piano pendant la matinée. A deux heures, je me suis mise en route pour aller chez le bon monsieur Jauch [3]. Les élèves qui joueront au concert jeudi prochain ont répété leur pièce de *Fra Diavolo* [4]. Le soleil éclaircit si bien la salle ; ces quatre pianos firent un effet charmant, et moi, je tombai dans une agréable rêverie, car la musique me fait toujours rêver, dont je ne sortis qu'au dernier accord. Je sus passablement ma leçon ; monsieur Jauch était de bonne humeur et, en descendant dans l'escalier, Hélène Matthieu me chanta à mi-voix une romance charmante, malgré la tristesse et la mélancolie qui règnent dans les prières adressées à Elvire. De monsieur Jauch, je fus chez ma bonne et spirituelle Grand-Maman Weiler. J'y restai près d'une heure et demie, c'est-à-dire jusqu'à la nuit tombante, avide de l'entendre parler. Il y avait soirée chez Grand-Maman Faudel. Madame Stöber, madame et mademoiselle Rauschenbach vinrent y prendre le thé. On fit la partie ; je gagnais au trente-et-un. La conversation tomba sur mademoiselle Cappelle [5] et l'on raconta plusieurs histoires de journaux. A dix heures, on s'embrassa et chacun rentra dans sa maison.

Vendredi 14 février

C'est demain la fête de Papa. Conformément à l'ordre de Maman, je lui prépare une belle tourte de viande. Mais déjà il m'a surprise dans quelques-uns de mes préparatifs : par exemple, il m'a vue nettoyer les raisins de Corinthe et il est entré inopinément dans la cuisine tandis que j'étais occupée à hacher la viande. Mais maintenant je sens le sommeil venir. Maman et Emma dorment sur le canapé. Bonsoir donc mon journal ; à demain soir !

Samedi 15 février

Commençons par le dîner. La tourte réussit parfaitement, mais aussi la pâte feuilletée me donna joliment d'ouvrage. Nous nous régalâmes tous : Emma a regretté d'avoir été obligée de manger seule parce qu'elle avait sa leçon de piano de midi à une heure. Papa en a mangé sobrement, comme il mange de toutes les pâtisseries dont il ne fait pas grand cas. Fr. Wurtz a envoyé son cadeau dans la matinée ; il consistait dans un kougelhopf, de la salade, des carottes, des navets, du poireau, du céleri, etc. Maman a donné un pourboire au porteur et lui a fait prendre un verre de liqueur.

Notre cordon avance : Emma a brodé le matin, moi l'après-dîner. A cinq heures, je suis allée chez le libraire chercher quelques livres pour la récréation de dimanche. Nous avons passé la soirée chez Grand-Maman Faudel. Emma, moi et les servantes, nous filions. Grand-Maman était dans son fauteuil, Maman tricotait, et notre joyeuse et instruite Bolack nous entretenait tantôt gaiement, tantôt sérieusement. Après nous avoir raconté plusieurs anecdotes qu'elle assaisonne de ces bons mots comiques dont elle abonde, nous vînmes à parler de l'histoire, et elle discuta, et elle jugea avec cette hardiesse et cette assurance qui lui sont naturelles. Elle soutint que Napoléon et Marie-Louise n'avaient point été bénis à l'autel et que Pie VII, prisonnier à Fontainebleau, donna le titre de Mademoiselle à Marie-Louise lorsqu'elle lui rendit visite avec l'empereur. Elle parla de Martin, du fameux paysan prophète, de l'intrigant Talleyrand dont les Mémoires sont conservés en Angleterre et qui selon ses ordres ne seront lus que dans trente ans. Elle nous dit que, sans doute, ils révéleraient des secrets de la plus haute importance et qu'elle serait heureuse de vivre encore trente ans pour en entendre parler.

Dimanche 16 février

J'ai été à l'église avec Emma. Papa est revenu du tribunal à une heure. Il a quitté avant la fin de la séance et il a dit que cette fille, ou plutôt ce monstre de dix-sept ans qui a empoisonné son père et ses deux frères, sera condamnée aux galères à perpétuité[6]. Mais à présent il faut que j'aille à mon piano. Quatre heures viennent de sonner à l'hôpital et à cinq heures nous irons chez madame Weber.

Vendredi 21 février

Hier le concert de monsieur Jauch a été ravissant. Nous sommes arrivées parmi les premières, Sophie et moi, et nous nous sommes placées sur la banquette rouge dans le fond de la salle en face de la lucarne. Les portes à

deux battants de quatre pièces autour de la salle étaient ouvertes, appartement spacieux pour contenir la foule, car il y avait foule, ce soir, de dames
parées et de *fashionables*. Le salon, parfaitement éclairé, brillait de jolis
visages et de toilettes assorties. A ma grande surprise, je ne vis qu'un lorgnon
en activité, et encore, il se dirigeait toujours du même côté, c'est-à-dire vers
le fond de la salle.

La sixième ouvrit la séance en exécutant un morceau de *Fra Diavolo* ; je
tremblais pour mes compagnes qui ont joué hardiment. Vint ensuite mademoiselle Tortel : elle s'avança vers le piano, sa main gauche dans celle de
monsieur Jauch, avec ses cheveux rasés sur le front et les tempes, et trois
boucles dans la nuque. Monsieur Pellizari [7] l'accompagna de son violon dont
il tire des sons si suaves et si purs. Un diro (italien) chanté par mesdemoiselles Claude et Labiff. Mademoiselle Labiff est une jolie personne aux yeux
noirs, aux cheveux noirs coiffés à la chinoise et retombant en boucles sur le
cou. Mademoiselle Claude parut comme d'ordinaire avec ses tresses à la
reine Berthe [8] et retenues chacune par une épingle à tête d'or. Une petite fille
d'à peine treize ans se mit alors au piano. Je l'ai déjà entendue il y a deux ans
et il me semble qu'elle est la fille d'un pasteur de campagne. Elle a parfaitement tenu tête à l'orchestre. Des applaudissements redoublés l'ont récompensée et j'ai remarqué même deux dames qui, tandis qu'elle jouait, la
louaient avec enthousiasme, puis applaudirent assez bruyamment. Un air
allemand que monsieur Grucker chanta avec une affectation assez bouffonne
et germanique n'eut pas autant de succès. Une jeune dame d'une figure jolie
et d'une tournure distinguée vint ensuite. A son jeu si souple et si ferme, à sa
grâce, à son assurance, à cette marche de *Norma* si brillamment exécutée, il
m'a semblé reconnaître une élève de monsieur Jauch. Vint alors Elisa Hervé,
la charmante reine du concert. Sa voix si agréable et si touchante s'est prêtée
parfaitement à l'italien, si harmonieux et si sonore. Je ne puis dire assez
combien elle était jolie en s'avançant vers le piano, avec ses joues rougies si
gracieusement, ses beaux cheveux bruns en bandeaux à la reine, sa robe rose
garnie d'un volant, son simple col en application [9], ses gants blancs et son
bracelet. Tous les regards étaient fixés sur elle et elle fut applaudie comme
elle méritait. Mademoiselle Kussnick, comme la plus forte pianiste, joua la
dernière. Je ne parlerai ni de mes émotions, ni de mes rêveries, ce fut un
moment de bonheur dans mon existence... Mais dix heures sont sonnées
depuis longtemps ; seule, je veille encore, je commence à avoir peur.

Lundi 24 février

J'ai eu une furieuse discussion avec Maman et Emma. Maman me dit que
mercredi il y aurait soirée chez madame Roehrich et que probablement je
serais invitée. Moi je m'ennuie toujours là-bas, car les personnes que j'y
rencontre ne sont point de ma trempe, ni de mon goût. Je dis cela tout haut.

Maman s'est fâchée : elle me soutint qu'elles étaient spirituelles, qu'elle serait heureuse si j'avais assez d'esprit pour m'entretenir avec elles ; moi de soutenir le contraire, de dire que je ne les aimais point ; elle de me gronder horriblement et de me dire que j'y irai à toute force. Je vais me coucher le désespoir dans l'âme : cela ne m'empêchera pas de rêver à ce que j'aime au monde et je vais prier le ciel de ne point permettre qu'on m'invite.

Samedi 29 février

Qu'arrive-t-il, ou plutôt qui arrive hier au soir ? Mélanie Koehler, et m'apportant quoi ? Une invitation pour dimanche : elle réunira au moins vingt de ses amies, et Emma et moi nous devons être du nombre. Et j'ai une joue enflée, dure comme la pierre, et taciturne comme je ne sais quoi, car voilà huit jours qu'elle me fait souffrir. Tous ces maux proviennent de ma maudite dent que j'irai faire extraire chez le dentiste incessamment. Je vois à peine pour écrire : j'ai la tête emmaillotée d'un large bandeau, d'un grand petit sac de sureau que je fais chauffer toutes les demi-heures et un bonnet de nuit par-dessus tout. Je crains des visites, je tressaille quand j'entends la sonnette et je suis contente quand il n'arrive personne pour nous. Aussi, quel air a-t-on dans un accoutrement comme le mien ?

Mais ce n'est pas encore la fin de mes infortunes. Jeudi, je n'ai pas pu aller chez monsieur Jauch, moi qui me réjouis toujours tant. Bolack est venue le soir ; elle nous apprit le jeu de patience et nous le ferons maintenant tous les soirs. Vendredi, j'ai eu encore une épreuve à subir : Sophie Roehrich est venue l'après-dîner sur l'invitation de Maman qui aime beaucoup me contrarier sur ce point-là. J'ai été obligée de rester avec elle trois mortelles heures. Bon Dieu ! Que vous dit-elle ?… Que lui dire ?… Elle m'a demandé quelles étaient mes amies intimes ; je les lui ai nommées. Elle m'a dit que mon caractère lui plaisait, que si un jour j'avais une discussion, j'aurais à la défendre, que j'étais son amie intime ; sur tout cela, je lui ai répondu : hm ! hm ! Puis elle m'a dit que son frère l'avait engagée à m'amener à Illkirch pour y passer huit jours. Maman s'est empressée de répondre : « Oui, Sophie, quand l'été viendra, elle ira avec toi. » Moi j'ai fait la mine sous mon mouchoir. Ciel ! je me réjouissais pour l'été, à présent je le redoute. S'il fallait quitter la ville où un aimant si puissant me retient, s'il fallait passer huit jours à cette odieuse campagne, dans sa société, j'en mourrais. Mais voilà des méchancetés. Au fond, elle m'aime cette pauvre fille. N'en parlons plus. Je ne me conçois pas.

Dimanche 8 mars

Je suis sortie ce matin pour la première fois au grand jour, sauf le bandeau sur la joue. Nous avons voulu faire une visite à l'oncle Fritz ; il n'était pas chez lui. Nous rentrons ; en passant le quai Saint-Thomas, j'ai aperçu monsieur Hornus : fameux par ses boucles noires, épaisses et soyeuses, il marchait devant nous. Plusieurs fois il a ôté son chapeau ; je ne sais si c'est pour faire admirer sa chevelure ou parce qu'il avait trop chaud au soleil.

Je couvrais tout tranquillement la table quand Emma vint à sauter en criant : « Adolphe Braun. » Papa de se glisser dans la chambre à coucher, car il ne voulait point le voir ; Maman de dire : « Impossible » ; moi, de battre des mains en riant à gorge déployée ; Emma de répéter : « J'ai bien vu ! » La porte s'ouvre... c'est lui. Il embrasse Maman ; à mon tour, sur le front, puis Emma. Il se met sur le canapé ; je ris, Emma de même. Il avait des boucles. Oh ! dans quel journal, sur quel modèle les avait-il prises ? Elles sont furieuses. Des sous-pieds, une anglaise je ne sais comment, point de gants, des mains calleuses. Il n'est pas resté longtemps, heureusement ; je ne lui ai pas parlé, outre le bonjour et l'adieu, et il ne m'a pas adressé la parole. Que le ciel le bénisse ! Le voilà de nouveau à charge de son père après avoir dépensé une belle somme. Mais je vais finir : il faut que je lise un peu aujourd'hui. Ce soir Henriette va revenir de Schilick [10], pourvu qu'elle m'apporte une bonne nouvelle. Je ne sais où reste Sophie Gunther : je ne l'ai pas vue depuis huit jours. Emma vient de rentrer ; j'ai été seule pendant quelque temps. Combien faut-il endurer de privations quand on ne se porte pas bien.

Lundi 9 mars

Je vis, je respire. J'ai été à l'air cet après-dîner. Mais c'était pour aller chez le dentiste. En y allant, nous avons rencontré madame Stöber et sa sœur :
« Pauvre Amélie, me dit-elle, vous avez la joue bandée.
— Et je vais chez le dentiste, madame.
— Cependant vous avez raison ; mieux vaut y remédier tout de suite. »
Puis elle me prit affectueusement par la main, et montant la rue avec nous, elle me dit : « A votre âge, les dents m'ont fait beaucoup souffrir : toujours des enflures, toujours des douleurs ; je passais une belle partie de mon temps chez le dentiste ; c'était là mon unique maladie, car du reste je ne pus jamais me plaindre quant à ma santé. Et cependant les dentistes étaient loin d'être habiles. C'est pour cela que je surveillais d'autant plus mes enfants : et mon fils a une des plus belles dentures qu'il est possible de voir. » Au haut de la rue, elle prit congé : « De la patience et du courage, ma chère, je viendrai vous voir un de ces jours. »
Nous nous acheminons donc vers la demeure de monsieur Lambert [11]. Nous voilà devant la porte fatale. Je tremble, mon cœur bat en montant dans l'escalier. Je pâlis quand monsieur Lambert ouvre la porte. Maman explique mon mal. Il prend son miroir magique, inspecte la dent : « Ah ! mademoiselle, il faut l'extraire, il n'y a pas d'autre moyen. Elle vous gâte la bouche, vous empêche de prendre soin des autres, et assurément vous rendez un mauvais

service à vos dents en la gardant plus longtemps. » Mais il y avait quelqu'un chez lui ; il nous pria de revenir mercredi si cela nous arrangeait. En me saluant, il me dit de prendre mon courage à deux mains. Je ne ferai pas de longues simagrées, mais j'ai peur assurément, car en descendant la rue, j'avais de grosses gouttes sur le front.

De monsieur Lambert, nous allons chez madame Weber ; nous tricotons jusqu'à quatre heures. Que ses fenêtres sont bien placées ! Toujours du beau monde qui passe et repasse : *fashionables*, femmes élégantes, jeunes personnes parées, jamais les toilettes ne furent aussi magnifiques que depuis quelques années. Nobles et roturiers rivalisent de luxe et d'élégance : il semble que les marchands de farine, les brasseurs, les boulangères, enfin je ne sais quels artisans encore, aient jeté le gant aux grandes dames ; les maris se ruinent à qui mieux mieux pour procurer des marabouts [12] à leur femme. On redoute de mettre le nez dehors si l'on n'est pas à quatre épingles.

De madame Weber nous sommes allées chez Grand-Maman Weiler ; Papa y est venu aussi ; nous avons causé ; nous sommes rentrées et en ce moment Maman gronde la servante. Ah ! je souffrirai jusqu'à dimanche, jusqu'à ce que la soirée Roehrich et ma dent ne me gêneront plus.

Jeudi 12 mars

Que j'ai souffert depuis quatre semaines ! Aussi, je me sens changée : je n'ai point ri aux éclats depuis. Le monde me devient indifférent, les personnes encore plus. Mon cœur est bouleversé, je ne sais quel mal me dévore ; je maudis notre demeure où l'on est comme en prison, et cependant un cloître… serait mon unique, mon meilleur refuge. A présent je sais ce que c'est que la souffrance, car j'ai souffert et je vais en parler, maintenant que je me sens un peu plus calme dans notre chambre si claire, si haute où l'on respire à son aise et où rien ne vient vous troubler, si ce n'est les pensées. Je vais écrire comme j'aurais écrit hier soir si ma faiblesse, mon découragement et mon agitation ne m'en eussent empêché.

Quelques mots d'abord comme introduction. Nous avons dîné chez l'oncle, Emma, ma chère Emma, et moi. J'y suis allée la première, elle est venue plus tard. En attendant l'oncle, j'ai lu quelques poésies de monsieur Paul Lehr : voilà quelques lignes qui m'ont frappée. La scène est aux enfers, un individu s'approche du grand Caton et l'apostrophe ainsi : « Salut confrère Caton », etc.

> *Je suis un fils de cette Germanie,*
> *Terre d'amour et de génie,*
> *Où, certes, je fis grand fracas.*
> *L'épouse d'un ami fut l'objet de ma flamme.*
> *Pour Charlotte, mon cœur comme un volcan brûla.*

Charlotte, l'héroïne du roman de *Werther* de Gœthe ; Pfeffel fit ces vers que Paul Lehr a traduits lorsque ce roman parut [13]. Et la petite-fille de la belle Charlotte fut en pension avec Maman [14].

A dîner l'oncle me dit :

« — Que tu as de belles bagues ! De qui sont-elles, s'il est permis de le savoir ?

— De mes grands-mères et de ma mère, répliquai-je souriante. »

La conversation roula sur toutes sortes de sujets. Il fut heureux de nous voir et nous engagea à revenir bientôt. En même temps, il nous fit présent de deux cols et de bas à jour de la tante.

O jour néfaste ! Jour à jamais gravé dans ma mémoire ! Jour de transes et de douleurs ! Ma dent est arrachée, mais comment ? Décidée à rassembler tout mon courage, à endurer les douleurs héroïquement, je pars escortée de Grand-Maman, Maman et la bonne madame Stöber qui a bien voulu nous accompagner. Emma est de la partie aussi, car monsieur Lambert en veut aussi à ses dents. Je monte l'escalier sans trembler. Je sonne : une charmante fille aux yeux noirs, veloutés, garnis de longs cils, au regard tendre, aux cheveux d'ébène, au teint blanc, aux dents fines vient ouvrir. « Monsieur est en haut », dit-elle. Nous arrivons dans l'élégant appartement. Monsieur Lambert est dans son laboratoire avec l'air sérieux d'un alchimiste : il salue et s'excuse, car il faut qu'il finisse. Elégant dentiste ! Il avait une robe de chambre à bouquets bleus à fond brun d'une étoffe magnifique doublée de velours et nouée par une cordelière. Mes yeux se fixent d'abord sur l'échafaud. Car vraiment, dans ce beau fauteuil, en face de cette toilette où est posée la cuvette d'argent, on n'est pas plus à l'aise que si l'on avait la tête sur le billot.

On commence par Emma, car elle demande le moins d'ouvrage. Elle pleure, elle tremble, je lui serre la main, Grand-Maman est à sa tête, Maman court dans l'autre chambre, puis quand les dents sont tirées, elle demande : « Est-ce déjà fini ? » Puis elle est joyeuse et part d'un grand éclat de rire. Monsieur Lambert lui donne la main et elle me fait place. Je m'assieds hardiment, la tête haute, la bouche ouverte. Mais les ah, les oh, les hi, les soupirs, les trépignements de monsieur Lambert me font pâlir et me donnent des vertiges. Si le dentiste a peur, grand Dieu, que doit devenir le patient ! Mais c'était digne de pitié : qu'on se figure une dent détruite, fracturée jusqu'aux racines, remplie d'une végétation de gencive et un abcès gros comme un œuf de pigeon ! C'est bien à se mordre les lèvres et à s'arracher les cheveux. Mais il est soigneux, Lambert : avec un petit machin pointu (je ne connais pas le nom de tous les instruments de chirurgie), il sépare les chairs. Ce n'était pas trop fort encore, mais à présent, il ébranle la dent. Ouille ! J'invoquais tous les saints. Je ne poussais pas un soupir, pas un cri, mais il me semblait mourir ! « Malheureuse, s'écrie-t-il, tu ne cèdes pas encore ! » Et la sueur ruisselait sur son front. Trois, quatre fois, il rejette l'instrument et le reprend encore. Maintenant, je sentis combien je pouvais endurer, car ce fut un martyre : toute autre se fût évanouie. Lui-même fut étonné de mon courage.

Il me dit que j'en avais comme un petit lutin. Tout n'est point fait : il tire enfin la racine, l'autre reste : « Elle est saine », dit-il. Au moins dix instruments sont entrés dans ma bouche, il a coupé la gencive avec des ciseaux, il a ouvert l'abcès avec un couteau. Et le sang coulait à grands flots : je pouvais à peine tenir le gobelet pour rincer la bouche. Ah ! que le ciel me préserve d'une opération semblable et béni soit le ciel qu'elle soit passée, car cette enflure aurait eu des suites fâcheuses. Si j'avais jeté des cris perçants, Emma et tous enfin auraient mieux compris mes souffrances et cependant j'ai enduré le martyre. Mais il fait nuit, laissons-là tomber sur le passé ! Espérons dans l'avenir, si Dieu le veut.

Mercredi 25 mars

Maintenant je puis me réjouir pour vendredi. Voilà bien du désagréable derrière moi : pour la seconde fois, j'ai été chez le dentiste et je suis restée l'âme plus satisfaite qu'il y a quinze jours. Il a inspecté mes dents : « Oh, cela va bien », dit-il. « Mettez-vous sur le fauteuil et nous allons plomber la dent ». Cela est bientôt fait, puis il nettoie les dents. Toute l'opération se passe sans douleur, mais elle est désagréable : la lime surtout me fait monter le sang au visage. Ma tête cède toujours. Monsieur Lambert dit que les coiffures des jeunes personnes sont désagréables pour les dentistes, et de ses mains blanches, il écarte mes bandeaux sans grande façon. Je ne puis que m'en louer, il est aimable et consciencieux, et il opère avec un soin infini. J'ai retenu toutes ses paroles et Maman l'a questionné à différentes reprises sur les moyens de conserver les dents : « Le sucre ne gâte point les dents. Moi-même je ne devrais plus en avoir, car pendant quelque temps, je n'ai vécu que de sucre. Les bonbons sont plus nuisibles. Ne mangez point trop chaud, brossez-vous les dents chaque jour, rincez la bouche après chaque repas et employez surtout une prodigieuse quantité d'eau que vous purifierez avec quelques gouttes d'eau de Cologne. » Après avoir promené son miroir dans ma bouche, il me dit : « Il y a de jolies dents dans cette bouche. C'est dommage : selon leur émail, vous ne devriez pas encore en avoir perdu. Mettez-vous-y de bon cœur, soignez-les, profitez de mes conseils et vous les conserverez longtemps ; car ce serait un meurtre, ce serait bien dommage. » Il nous a saluées sur cela. Nous sommes parties, moi heureuse, pleine de reconnaissance et d'admiration.

Avant-hier, on m'a annoncé deux tristes nouvelles : une de mes amies d'enfance, Adélaïde Gaeckler, qui occupait une place de gouvernante à Saint-Petersbourg, est dangereusement malade, si elle n'est point morte depuis. Pauvre Adélaïde : l'été dernier, elle me parlait avec tant de bonheur de la nouvelle carrière qui allait devenir son partage, d'une destinée qu'on lui avait dépeinte si brillante ; et mourir si jeune, après en avoir joui si peu, sous le ciel brumeux de la Russie, loin de sa famille et de ses amis. Une mort qui me va moins au cœur : monsieur Rouard, capitaine d'artillerie, qui avait autrefois logé chez Grand-Maman Weiler, dont la santé chancelante m'avait fait pitié et que sa grande fortune n'a pu sauver du trépas. Mais, au rouet ! j'ai écrit assez longtemps et je rends mes pensées avec difficulté.

Vendredi 3 avril

Laurette Pfeiffer est venue mercredi : elle m'a invitée pour dimanche à passer la soirée chez elle. Que toutes ces jeunes personnes s'habillent bien ! Elle est arrivée en chapeau blanc, un tour de tête de fleurs roses, et en souliers de velours.

Hier, à la leçon de monsieur Jauch, Laure et Hélène ont parlé de leurs toilettes d'été : Hélène aura une robe à deux volants, Laure n'en mettra qu'un, car, a-t-elle dit : « Comme je ne suis pas plus haute qu'une botte, un large volant me prendrait la moitié de la robe. » Elle se fera faire un chapeau de gros de Naples rose ou blanc, avec une voilette. Nous l'avons engagée à prendre un rose, car, avec ses cheveux noirs et son teint coloré, il doit lui aller mieux que le blanc. Quand j'entends ces jeunes personnes assortir d'avance leurs toilettes, je voudrais bien aussi leur parler de ma garde-robe, mais elle n'est guère bien montée. Nous avons juste passé l'été à Schilik ; je n'avais pas besoin de grand-chose pour traîner à la campagne, je n'ai donc rien ou peu. Voilà donc une double dépense à faire cet été ; mes économies ne sont pas très nombreuses, et certes, Maman n'est pas en humeur de se donner beaucoup de mal pour ma parure. Aujourd'hui déjà, j'ai eu une discussion pénible avec elle à cause de ma robe de gros de Naples que je voudrais mettre dimanche et qui est trop étroite au bas de la taille.

J'ai eu des moments de tristesse aujourd'hui ; je ne suis contente de rien, tout m'est indifférent, tout m'excède, hors ce qui ne m'excède pas. Ah ! Je ne puis continuer, j'ai le chagrin dans l'âme. A la fin de ce mois, j'aurai dix-huit ans : quel bel âge, quel heureux âge, quel âge romanesque digne d'envie ! Et moi, je n'ai pas la perspective d'un riant avenir. Quand je vois le temps s'écouler avec une rapidité effrayante, cela me rend je ne sais comment, pour ne pas dire folle. Et que me restera-t-il de la plus belle époque d'une vie de jeune fille ? Rien, rien que mes pensées, mes émotions que je mettrai sur cet album ; quoique bien pâles, bien faibles peut-être, j'aimerai à les relire si mes jours se prolongent au-delà de ma jeunesse !

Samedi 19 avril

J'ai fait ma communion hier avec Maman et Grand-Maman. C'est le plus beau jour, c'est le jour le plus propre à cette cérémonie, le Vendredi saint ! Aussi, beaucoup l'ont senti, car l'affluence fut nombreuse : cinq cent quatre-vingts hosties furent distribuées. J'ai été émue, j'ai été attentive, je puis le dire. Monsieur Bruch [15] avait un si beau sermon ! L'après-dîner aussi, je suis allée à l'église et il me semble avoir observé les devoirs religieux du Vendredi saint.

De longtemps, je n'ai pas été aussi matinale qu'aujourd'hui : à cinq heures et demie, j'étais sur pied. Aussi, j'avais de l'ouvrage : j'ai fait de la pâtisserie, fait le dîner, fait mon lit, cela va sans dire, nettoyé deux chambres, fait l'inventaire du linge que nous mettrons à la lessive, et fait les paquets.

J'ai été furieuse ce soir : Grand-Maman et Maman ont parlé d'éplucher du légume après le dîner demain et de je ne sais quelles affaires que nous aurons lundi. Eplucher un gros tas de pissenlits le dimanche, et le dimanche de Pâques : c'est indigne ! On travaillerait toute la semaine comme des forçats, l'on n'aurait ni sa tête, ni ses mains libres le jour du repos ! Et lundi, cette fête tant désirée qui fait le bonheur de la jeunesse de Strasbourg [16], je n'en verrai donc rien si je suis obligée de faire la lessive et de découdre les matelas. Ah ! Dieu ! Quelle triste vie quand il n'y a point de gaieté autour de vous, et que per-sonne ne veut comprendre qu'on aime le plaisir et les fêtes quand on est jeune.

Vendredi 24 avril

Je suis harassée, il me semble que tous mes membres sont rompus. Je ne tiendrai pas la plume longtemps. Quel temps magnifique ! Quelle lessive magnifique ! Notre linge ne m'a jamais paru aussi blanc. C'est agréable de pouvoir plier le linge dans une salle de rez-de-chaussée bien vaste, bien claire, de le suspendre dans un jardin exposé parfaitement au soleil, et de le voir sécher au bout d'une heure. Jamais je n'ai tant aimé notre maison qu'aujourd'hui. Tout allait si lestement ; j'étais heureuse de pouvoir exercer mes forces, car je tiens beaucoup à en avoir, et je commence à comprendre de quelle manière on peut se rendre utile.

Mercredi 29 avril

Je dois connaître cette date mieux que toute autre car, le 29 avril, c'est l'anniversaire du jour de ma naissance. C'est le dix-huitième, aujourd'hui. Dix-huit ans, juste ciel ! Me voilà donc arrivée à cette époque si redoutable et pourtant si belle ! à l'âge le plus fêté de tous les âges ! que j'aime uniquement et que je crains parce que, hélas ! il est si vite passé. Plus de jeunesse à vingt ans : la vie devient plus sérieuse, les relations plus sérieuses, les devoirs plus sérieux. Est-il possible de vieillir ? Vieillir, quelle énigme, quel mot incompréhensible à l'adolescence. Et moi qui me sens toujours la même depuis ma quinzième année, et cependant, j'ai vieilli de trois ans.

Ma dix-huitième année a commencé sous d'heureux auspices : ce matin de bonne heure, Emma est venue m'offrir un rouleau de serviette de son ouvrage, très joliment brodé sur stramin blanc ; Maman m'a donné une paire de jarretières, et en outre, elle nous a fait présent, à Emma et à moi, d'une bague charmante, ciselée, dans laquelle est enchâssée une des dents de perle de notre Hippolyte. Ce fut pour tous une joie mêlée de tristesse, nos larmes ont coulé ; Papa, Maman, ma sœur et moi, nous étions très émus... Mais je suis fatiguée à présent, j'ai aidé toute la journée à la lessive de l'oncle : porter de lourdes charges au quatrième étage et pendant huit heures consécutives, cela veut dire quelque chose.

Lundi 4 mai

Me voilà toute seule dans la chambre, de grand matin : tant mieux, personne ne m'interrompra. Il faut que je rassemble mes souvenirs. Où avons-nous donc été le jour de la fête du roi ? J'y suis : au Contades, chez Bonnard [17]. A vrai dire, c'est cependant ma promenade favorite quand il n'y a pas tant de beau monde. Il fait si frais sous ces dômes de verdure, sous ces marronniers en fleurs ; on glisse si légèrement par ces allées sablonneuses, on respire un air embaumé par le parfum des fleurs et celui des hommes et des femmes parées, et Bonnard a toujours d'excellentes provisions. Il y avait grand dîner dans la salle de rez-de-chaussée, les officiers de je ne sais quel quantième. Ils ont pris le café sur la grande place de gazon derrière l'étang et un colonel cria d'une voix bien intelligible : « Mettez tous vos garçons au trot pour que nous ayons le café à temps. » Le soir, nous avons vu, des fenêtres de Grand-Maman, les feux de Bengale de la cathédrale. Cette fois, ils étaient magnifiques. En voyant cette tour noire, se dessinant parfaitement sur un beau ciel d'étoiles, illuminée de la plate-forme jusqu'à la flèche, je me rappelai la fantastique cathédrale de la *Ballade de Lénore*, toute noire, toute brodée de feux. C'était un aspect superbe. Au quai en face, des lampions brûlaient au Séminaire ainsi qu'à d'autres maisons. A nos pieds, la rivière semblait immobile, chargée de bateaux, petits il est vrai, mais que l'imagination pouvait grandir. Les noires silhouettes des maisons se dessinaient dans les ondes... Je ne pouvais me lasser d'admirer, et le ciel, et la terre : il me semblait être au Havre ou à Paris près de la Seine : cette perspective m'en donnait une idée.

Cet après-dîner, je dois aider à la lessive de Grand-Maman Weiler ; bientôt, j'aurai plié le linge de toute la famille. Un nouvel empêchement pour ne point voir Sophie cet après-dîner.

Mardi 12 mai

La brise du soir est si fraîche, elle vient si doucement caresser mon front. Assise dans ma chambre près de la fenêtre, mes yeux plongent dans le jardin sur les arbres couverts de feuillage, sur les plates-bandes où quelques tulipes sont épanouies. Si l'air embaumé du printemps, la fraîche verdure, pouvaient dissiper les soucis, repousser les ennuis qui s'emparent du cœur, je n'aurais plus rien à souhaiter. Mais je n'ai plus un moment de liberté, que dis-je, un moment seul, où je ne sois pas obligée d'obéir à une triste nécessité qui me poursuit. Sans cesse, l'épée de Damoclès est suspendue au-dessus de ma tête, et je ne sais si sa chute serait le plus à redouter. Ce matin (Maman me coiffait), je songeais tranquillement à l'agréable après-dîner que j'avais passé chez Sophie. Journée de causeries intimes, de babillages à tue-tête, où nous nous sommes assurées réciproquement encore d'une durable et sincère amitié, car nous nous aimons : je la préfère à toutes mes autres amies, je lui dis mes secrets, mes peines, mes plaisirs. Jamais elle n'a trahi ma confiance et elle aussi n'a rien de caché pour moi. Or, je songeais donc paisiblement quand Maman m'apostropha par ces terribles paroles : « Sophie Roehrich est venue hier, il faut à présent que tu me fasses un petit sacrifice ! » La solution de l'énigme passa comme la foudre par ma tête : elle va à la campagne, je dois passer quelques jours avec elle. Et Maman consent... Non, je n'ose point écrire ma pensée ! Elle exige que j'obéisse, c'est un plaisir extrême que je lui fais, dit-elle, et elle sait que c'est mon tourment. Ah ! oui, mon tourment, je n'en connais pas d'autre. Partager pendant quelques jours la société, la demeure, le travail, le lit d'une personne à peu près en démence, et surtout quand mille liens du sang, mieux, de la reconnaissance, ne vous obligent, et donner à ce martyre le titre de quelques jours de réjouissance, est-il rien de plus horrible ? Serait-ce donc une expiation ? Ai-je commis quelque grande faute que j'ignore, ou ma mère cache-t-elle quelque secret dessein ? L'année dernière, c'était la même histoire : j'ai pleuré, prié, je lui ai exposé toutes les souffrances que cela me ferait endurer, elle a été inflexible l'année dernière, et cette année, elle est barbare.

Mercredi 13 mai

Illkirch, Illkirch, cette idée me rend stupide, ou folle, ou je ne sais... Ce matin, j'ai couru chez Grand-Maman Weiler, j'ai épanché mon âme dans le sein de celle que je révère uniquement. Au moins, je suis moins désespérée. Je le sens moi-même : elle ne peut détourner le coup. Froisser la volonté de Maman, c'est chose impossible ; Papa, qui veut absolument qu'on la ménage, qu'on épargne sa sensibilité, ne la contrariera pas sur ce point-là, si même il n'est point tout à fait de son avis. Et du reste que faire, puisque tout est décidé, et que même si le désespoir me rendait malade, on me ferait sortir du lit pour ne point manquer la précieuse occasion de perfectionner son esprit et ses facultés, comme on me le fait entendre, et surtout de jouir de l'air de la campagne ! Oh ! il est vivifiant dans le presbytère d'un village au milieu d'un cimetière. Ah ciel ! la tête me tourne, toutes mes idées se confondent, il faut que je ferme mon livre, car je ne sais où j'en viendrais encore.

Samedi 16 mai

Trois heures. Hélas, adieu, je pars pour Illkirch !

Jeudi 21 mai

L'épreuve est subie : je suis de retour depuis avant-hier. Mais surcharge de travail dès mon arrivée, je n'ai point encore écrit le moindre détail. Pour être plus libre, j'ai choisi l'heure du matin et je vais commencer.

Je partis le cœur gros de soupirs, les yeux mouillés de larmes ; non parce que les adieux furent touchants, car sans dire un mot, quand je fus prête, je pris d'une main la rampe de l'escalier, de l'autre mon sac suisse et je glissai en bas comme un spectre. Papa m'accompagnait. Dehors, la porte à l'air, je lâchai ma bile : j'ai dépeint chaleureusement tout l'ennui que j'éprouverai là-dehors, tout le chagrin que me causait l'inflexibilité de Maman. Il n'a pas répondu grand-chose, disant simplement que le changement d'air me serait favorable. Ah oui ! il a été excellent. Je suis hâlée comme une indienne et j'ai sur le front un magnifique coup de soleil.

Le chemin a été fait vite. Il faisait frais. La campagne était superbe : des maisonnettes semées au bord de la route, des champs cultivés, des prairies, des bouquets de bois dans tout l'éclat de leur parure printanière à notre gauche, les peupliers du canal s'étendant à perte de vue à notre droite, la voûte du ciel, variée comme la plaine, chargée de nuages sombres au nord, sereine vers l'ouest, où, au bout de l'horizon, le blanc de neige et l'azur semblaient toucher la verte cime des arbres, rendaient ce site vraiment pittoresque. Aucun incident remarquable pendant le voyage. Nous dépassons les limites de la garnison ; à cent pas de là, un soldat trottait paisiblement. Nous passons le pont du canal, voilà le village. Nous ouvrons la porte du cimetière, et le presbytère est devant nos yeux. Je tire le cordon. Sophie regarde par la fenêtre grillée, et, joyeuse, elle vient à ma rencontre. Comme d'ordinaire, et je ne puis le nier, madame Roehrich nous fait l'accueil le plus aimable [18]. Papa me présente, cause quelque temps, puis prend congé. Le second mot de Sophie est : « Viens voir la jolie petite fille », et elle me conduit au berceau où reposait l'enfant de son frère (à Barr, par parenthèse, avec sa femme), et j'en conviens, c'était un bonheur dans l'infortune, nous trois étions seules maîtresses de la maison. Pour le coup, je vois un marmot de quatre semaines, assez laid à tout prendre. Je n'ai jamais aimé les tout petits enfants. Cependant, j'ai vaincu ma répugnance et, souvent, je le portais sur mes bras, je préparais ses langes et sa nourriture.

Le soir vint, on mit la table. « Monsieur Horning tarde longtemps », fit madame Roehrich. Stupéfaite à ce nom, je questionnais Sophie et j'appris qu'il desservait l'église pendant l'absence de son beau-frère [19]. Un être amusant de plus, disais-je en moi-même, l'âme toujours encore farcie de méchanceté, mais j'eus tort. Il arrive. «J'ai l'honneur de vous présenter mademoiselle Weiler», dit madame Roehrich. Je m'inclinais, lui de même. Autant j'aime avec une amie de mon âge, et raisonnable avant tout, écouter et me mêler d'une conversation spirituelle, et me trouver dans la société de personnes plus âgées, autant il me fut pénible d'être condamnée au simple rôle d'auditeur. Sophie ne dit jamais rien, ou une bêtise. Une autre m'eût bien mieux mise à mon aise. Elle aurait parlé, elle aurait donné son avis, et se réglant l'une sur l'autre, bientôt nous aurions jasé avec liberté. Etrangère, voyant monsieur Horning pour la première [fois], je ne trouvais point nécessaire de lui adresser la parole. Madame Roehrich fut passablement froide à mon égard, et je le restai de même envers tout ce qui m'entourait : position pénible, et que je maudis plus d'une fois. Le fait est que le premier repas se passa de sorte qu'on aurait pu compter mes paroles. Après souper, il me dit :

« Etes-vous musicienne ?

— Je joue le piano, monsieur.

— Eh bien, continua-t-il en s'adressant à madame Roehrich, madame, engagez mademoiselle. »

Je protestai que je ne savais pas grand-chose. «N'importe», me dit-on. Je me mis au piano : quelques passages, une valse, un quadrille, furent bientôt au bout et je me levai, engageant Sophie à me remplacer. Ce ne fut pas elle qui s'y mit : c'était monsieur Horning. Il chanta en s'accompagnant. La voix ne manque pas de charme, mais il faut une application soutenue si l'on veut comprendre une seule parole. Avant tout, je veux tâcher d'esquisser son portrait. Ne vous déplaise, monsieur, c'est une idée que vous m'avez donnée vous-même. Le soir, à table, madame Roehrich dit que si elle revivait une fois, dès sa jeunesse, elle écrirait un journal :

« C'est intéressant, dit-elle, de relire après cinquante ans parfois, les relations de toute notre vie, de retrouver des noms qui s'étaient effacés de notre mémoire et dont ceux qui les portaient ont passé comme des ombres devant notre esprit.

— J'en conviens, dit monsieur Horning. Par rapport aux personnes, les albums sont intéressants, mais je ne trouve rien de plus pédant que de noter chaque soir ce qu'on a fait pendant la journée. »

Je souris en moi-même, je pèche donc de ce côté-là, pensai-je. Mais j'oublie monsieur Horning en m'occupant de lui. C'est un homme grand, maigre, d'une démarche grave et assurée. Des cheveux crépus, d'un blond un peu douteux, garnissant singulièrement une physionomie à laquelle des traits prononcés, pointus, de nombreuses taches de rousseur, des yeux perçants quoiqu'il dise être myope donnent une expression de sévérité repoussante au premier abord. La voix est agréable, modulée, vibrante surtout en chaire où il s'éleva au-dessus des prédicateurs ordinaires, tant par la profonde vérité de ses sermons, par une justesse de pensées et de sentiments, que par la chaleur de sa déclamation, et un accent frappant et pur. Saillant, enjoué dans la conversation, il ne pèche ni d'esprit ni de sentiment quand il s'adresse à ceux auxquels il reconnaît une certaine supériorité.

Ses conversations avec madame Roehrich qui, à vrai dire, est une femme unique, c'est là tout ce que je puis dire, car je n'en finirais pas si je voulais vanter sa gaieté, l'agrément, l'intérêt qu'elle sait prêter aux discussions les plus simples, le calme parfait avec lequel elle préside tout à la fois et la vérité frappante de ses réflexions, qu'a dû nécessairement faire mûrir l'expérience d'une vie remarquable sous tous les rapports. Enthousiaste admiratrice des beautés de la nature, elle parlait de son voyage en Suisse, et j'écoutais avec un intérêt toujours croissant. « Oui, dit-elle entre autres, en Suisse même, je me promettais déjà de ne jamais parler de ces scènes magnifiques. Qu'on en parle avec toute la chaleur, toute l'imagination, toute l'éloquence possible, elles resteront toujours bien au-dessus de toute idée et de toute parole humaine. »

Mais je n'en finirais jamais si je voulais parler de tout ce que j'ai entendu ; il est bon d'entendre de temps en temps des choses instructives et sensées pour avoir matière à réflexions quand on est seule ou guère mieux. La seule chose qui m'est pénible, et qui me fait redouter cette société, c'est de ne pouvoir, comme eux, parler de voyages, discuter sur des livres intéressants : je me trouve alors si ignorante, si stupide que j'en rougis. Que Sophie serait heureuse si elle avait toute sa raison ! Chaque jour, elle peut s'instruire et peu à peu, elle aussi, pourrait acquérir du tact et de l'éloquence. Quant à moi, les occasions sont plus rares : j'ai d'autres liaisons, je fréquente d'autres sociétés où la frivolité, et même la banalité, président à peu près à chaque conversation. Ce n'est pas étonnant alors si je me vois contrainte de me taire la plupart du temps, quand les discours s'élèvent au-dessus du diapason ordinaire. On ne peut pas prendre la lune avec ses dents. Ah ! la société de Sophie n'est pas du tout encourageante : elle, fille, sœur de la maison, reste silencieuse, et moi, l'étrangère, je parlerais à tue-tête ? Ah ! c'est un supplice. Autant j'admire la mère, autant je la redoute. Que pense-t-on de moi quand on me rencontre si souvent à ses côtés ? Et personne ne sait que ma mère m'y force. J'étais sérieuse à Illkirch, je pensais l'être aussi à mon retour. Je me promettais de faire la mine, de ne pas dire le plus petit détail... Impossible, la feinte n'est point encore entrée dans mon cœur et j'ai bavardé et ri comme à l'ordinaire.

Il est temps que je termine le récit mémorable de mes impressions et de mon malheur. Je me couchais le soir dans une chambre où j'étais seule, dans un lit où j'étais seule. Ma fenêtre donnait sur le cimetière. Un rapide frisson parcourut mes veines, mais je ne laissais point à la peur le temps de s'emparer de mes esprits. Je tirai les blancs rideaux, après avoir jeté encore un regard sur le ciel parsemé d'étoiles, je poussais le verrou, je me mis sur mon lit et, après cette réflexion — les morts sont-ils donc plus à craindre que les vivants ? —, j'éteignis ma lumière. Un paisible sommeil me tint assoupie jusqu'au matin. Je me levais à la hâte, je faisais mon lit, je me coiffais, je m'habillais et je descendais. A huit heures, nous étions à l'église. L'après-dîner nous avons fait une visite à Graffenstaden chez le frère de monsieur Horning [20]. Nous avons fait une promenade agréable dans la forêt, et le soir et la nuit arrivèrent promptement. A neuf heures, madame Roehrich donna le signal de la retraite et tout le monde se coucha sans se douter de la visite inattendue que nous aurions le lendemain.

Le matin de ce jour remarquable, nous avons travaillé sous le berceau du jardin. Après dîner, en compagnie de monsieur Horning, nous avons repris le chemin de Graffenstaden. En chemin, nous parlions de botanique, et il dit que monsieur Kienlen nous avait mal enseignées en pension. Je soutins le contraire, sans songer que cela pourrait tirer à conséquence. Arrivés à la maison curiale, nous nous établîmes un instant sur le petit monticule dans le jardin. Madame Horning vint s'y mettre avec nous. Son mari cueillit deux branches d'acacia et en offrit à Sophie et à moi. Nous redoutions un orage. Elle nous engageait de rester jusqu'à ce qu'il fût passé, mais peu à peu les nuages se dissipèrent, le tonnerre ne roulait plus que dans le lointain et nous prîmes congé.

A ce soir la suite de mes aventures, car maintenant, il faut que je me mette à l'ouvrage.

Huit heures du soir chez Grand-Maman.

Nous rentrons assez silencieux de part et d'autre. J'entre la première. Deux chapeaux, l'un de femme, l'autre d'enfant, étaient sur le piano : madame Boeckel était venue avec ses deux plus jeunes enfants et leur bonne. Je m'informe de sa santé, puis je vais faire quelques câlineries aux enfants. Marie surtout est charmante : figurez-vous une tête d'ange avec des grands yeux d'un bleu céleste, un front blanc sur lequel viennent onduler des boucles blondes, enfin un petit être vraiment enchanteur. Nos chapeaux traînaient sur le lit. Je propose à Sophie de les porter dans ma chambre, et nous montons.

Quelques minutes après, la cuisinière, tenant le petit enfant sur les bras, vient se précipiter à notre rencontre, tout essoufflée et tremblante : «Mademoiselle Sophie, devinez, il y a une personne étrangère en bas.» C'est, c'est, je le reconnaissais à peine, c'est monsieur Kienlen ! Un même cri, la même pâleur, je mets la main sur la rampe de l'escalier pour ne pas tomber. «Descendons», fit Sophie, éperdue. J'obéis par instinct. Monsieur Kienlen ici, lui qu'on n'attendait que dans quelques mois, auquel on ne songeait pas le moins du monde ; moi surtout, quand il partit, je pensais qu'il ne reviendrait pas avant trois ou quatre ans. Sophie entre la première, mes yeux avides plongent à travers la porte entrebâillée : c'était lui, le même que huit mois avant. Rien de changé : ni chevelure, ni moustache, ni toilette, ni figure, etc., etc. Il serre la main de Sophie, s'informe de nos santés et me prie de l'annoncer chez mes parents. Interdite, tremblante encore, tous les regards étaient fixés sur moi, sur elle aussi. Je réponds du bout des lèvres et en baissant les yeux. C'était tout pour le reste de la soirée. Croyant que, par ma froideur, je tâchais de repousser sans doute ses prévenances, il ne m'adressa plus la parole, et moi, de mon côté, je me renfermai dans un silence absolu. Toutes les langues étaient en branle ; la fumée des cigarettes, et peut-être la bière, animaient ces messieurs ; c'était une conversation infernale, si bien que plus d'une fois, je m'échappai sous un prétexte quelconque pour prendre le frais au jardin, pour calmer les battements de mon cœur. J'entendis parler de Tholuck et d'Emmerich, de Cuvier et de je ne sais qui [21]. Monsieur Kienlen raconta qu'un de ses parapluies était à Kiehl et l'autre à Kehl ; il parla d'Amsterdam, de Bonn et de l'île Heligoland ; de la mer, du coucher du soleil et de l'écume blanchissante ; de Berlin, sa ville natale. On le plaisanta sur sa toilette, qui à vrai dire était assez détestable ! A présent, c'est un Germain tout craché, un accent pur, mais frappant. Des *nich* (*nicht*) et des *is* (*ist*), des *nä* (*nein*), des *pittoresch* et des *Gott weiss wo*. Ce n'est point là une moquerie : avec toute la prévention possible, on ne peut nier que ce jeune homme a du génie, des connaissances étendues et de l'esprit social [22].

Le lendemain de ce jour fameux, où l'un des favoris des muses était rentré dans nos foyers, se leva calme et serein. C'était le jour du départ : quittais-je Illkirch avec tristesse, avec joie, empressement ou résignation ? Je n'en sais rien, mes idées manquaient de lucidité. Sophie venait avec moi, messieurs Horning et Kienlen étaient également de la partie. Je prends le bras de Sophie, messieurs les candidats n'avaient sans doute pas envie d'offrir les leurs. On passe le village : silence de part et d'autre. Mais à présent que nous avons laissé les maisons loin derrière nous, monsieur Kienlen s'approche de moi et entame une conversation assez insignifiante que je ne m'appliquais pas à entretenir avec chaleur. Bientôt, les questions, les réponses restent en suspens. Nous longeons le canal, nous trottons, précédées de nos cicérones qui semblent avoir oublié leurs compagnes de voyage. Un de ces insectes fluets, aux ailes diaphanes, volait sur le gazon, monsieur Kienlen se retourne : « Voilà une demoiselle qui s'appelle Sophie, ou Louise ou Caroline ! » « Aha ! » voilà la réponse...

Mais ce récit devient insipide ; suffit, je suis de retour et je me promets de mettre dorénavant tout en œuvre pour ne pas retomber dans le piège.

Vendredi 22 mai

Encore une journée d'écoulée. Le temps marche, marche sans s'arrêter. Le matin arrive, le soir nous surprend, et quand je me demande : qu'as-tu fait ? où as-tu été ? une voix répond : rien, rien ou guère mieux. Et cependant, je ne reste point oisive, je fais tous mes efforts pour m'appliquer. Mes six leçons de piano par semaine, quatre ouvrages de commencés, les occupations du ménage remplissent un certain laps de temps. Belle adolescence ! Jours heureux ! Illusions enchanteresses ! Ne vous réaliserez-vous jamais ? Pourquoi fuir si rapidement ? Que de rêves, que de pensées me passent par la tête sans qu'il me soit possible d'en mettre dans mon journal. Ah ! temps, trésor précieux, ralentis ta course ; n'emporte, n'efface point tout, laisse quelques sentiments au fond de mon âme ardente, verse dans mon cœur un baume consolateur !... Que je lise à présent, je n'ai point touché à un livre de toute cette semaine ; je voudrais repasser mes études de pension, mais quand, comment, c'est là la terrible question. Quelles *Erheiterungen*[23] m'égaient et m'instruisent ? Je vais m'absorber dans l'histoire de Vaubert et de Turtoni !...

Dimanche 31 mai

Que je suis paresseuse à écrire ! Je ne parlerai donc que d'hier, du soir que Bolack et nous avons passé chez Grand-Maman. Elle a de l'érudition, on ne peut le nier. Je ne sais comment nous venons à parler des couvents ; je dis que je déplore qu'il n'y ait point de cloîtres protestants, que j'ai envie de me faire recluse. « Va aux Trappistes, me dit Maman, tout le monde y est admis, on ne s'informe ni de son nom, ni de son âge, ni de sa religion » (mais dit pour moi, c'est un ordre trop sévère, et qui me paraît ridicule et même coupable). Un ordre, par exemple, comme Chaillot autrefois, ou les Ursulines de la Rochelle, ne me tenterait pas mal. Dans une paisible cellule, passant une partie de la journée en prières, élevant ses pensées vers le ciel, le cœur sanctifié, ayant rejeté loin de nous toutes les frivolités, toutes les passions mondaines, il me semble qu'on puisse attendre la mort avec moins d'inquiétude ; que la vie écoulée, présente à notre mémoire, nous remplisse de joie, car la religion guide nos pas. Nous n'emportons les malédictions de personne ; aucun poignant regret, aucun désir charnel ne vient troubler notre agonie. Ah ! si je pouvais dépeindre comme je les crois sentir, les charmes de la vie monacale. Que sais-je ? C'est peut-être une idée romanesque qui s'allie à ma vocation.

Lisez madame de Genlis : c'est une belle et vertueuse jeune fille qui, après avoir perdu son fiancé, fuit le monde parce qu'il lui paraît vide depuis la mort de celui qui avait reçu sa foi. C'est la plus intéressante de toutes les femmes qui, ne pouvant supporter le changement de celui qu'elle avait uniquement aimé, auquel elle avait sacrifié son honneur, sa réputation, va pour jamais s'enfermer dans le couvent des Carmélites. C'est La Vallière, idole d'un grand roi, touchante victime de l'amour le plus profond et le plus dévoué : ta conversion, les nobles qualités de ton âme, ont expié tes faiblesses et l'histoire t'a rendu justice. Celles qui t'ont succédé ont jeté sur Versailles un éclat vif, éblouissant il est vrai, mais qui ne vaut pas cette timide lumière que tu répandis comme une douce étoile, l'étoile de Louis XIV.

Dans Balzac, c'est madame de Beauséant, l'une des reines du monde, qui va s'enfermer à Courcelles en Normandie, prier, pleurer jusqu'à ce qu'il plaise au ciel de la retirer de cette terre.

Elle est plus étonnante, la conversion de madame Louise de France : elle n'avait point de fautes à expier. Ce fut pure vocation. Bolack me dit que le roi de Suède, Gustave-Adolphe, vint la visiter dans son abbaye : elle le conduisit par tout le cloître, et comme elle avait un pied souffrant et qu'elle montait les marches avec difficulté, le roi lui demanda si, en lui offrant son bras, il ne péchait point contre les règles de l'Ordre. « Je n'ai jamais lu dans nos statuts, répondit-elle, qu'il était défendu de refuser le bras d'un roi », et ce disant, elle posa le sien sur celui de Gustave-Adolphe.

A un autre jour, mes réflexions, mon bavardage. Maman et Emma m'attendent chez Grand-Maman : nous irons au Contades pour y souper. Je ne puis me livrer à mes compositions cœur et âme, c'est ou bien une occupation, ou un divertissement qui m'appelle autre part.

J'ai rêvé cette nuit encore : un songe, ah ! que je voudrais voir réalisé.

Vendredi 5 juin

Un regard, un seul regard, mais tout chaud et plein d'âme ! Nous revenons de chez Grand-Maman Weiler où nous étions, Grand-Maman, Maman et moi. Que j'étais heureuse de revoir ma chère Grand-Maman ! Nous avons parlé des bruits, des nouvelles qui circulent en ville. Elle nous a raconté de l'ancien temps, de sa jeunesse, de ses grands-parents. Elle a une fort jolie cuiller à ragoût : elle vient de dire que chaque fois, en la voyant, elle se rappelle combien elle aimait à discuter dans son jeune âge ; c'est-à-dire, elle ne soutenait jamais que les choses dont elle était parfaitement convaincue, mais alors elle les soutenait, le monde dût-il s'écrouler. Voilà l'histoire de la cuiller : son oncle, monsieur Weiler, l'aimait beaucoup. Un jour qu'elle avait remporté quelque prix à l'institut, il la conduisit, pour récompense, avec quelques-unes de ses amies, au spectacle. On jouait une pièce fort belle, fort en vogue et de plus très morale, ce jour-là. Grand-Maman, jeune fille de quinze à seize ans alors, y prêta une attention profonde. Une scène surtout lui parut remarquable et elle la retint presque par cœur. Quelques jours après, elle brodait auprès de sa grand-mère et de sa mère. L'oncle vint se mettre dans le cercle et on parla de la pièce et de la scène qui avait frappé Grand-Maman. L'oncle dit : « Dans cette scène, un tel a dit ceci, une telle a dit cela », et il déclamait quelques tirades. Grand-Maman, qui avait les paroles gravées dans la mémoire, était bien sûre du contraire, et elle soutint : « Mon oncle, dit-elle, vous vous trompez, ce n'est pas ainsi », et à son tour, elle récita quelques phrases. « Mais ma nièce, que penses-tu, où as-tu la tête ? Ce que tu viens de répéter ne se trouve point dans toute la pièce. » Elle de continuer à soutenir qu'elle avait bien entendu. A la fin, sa grand-mère se fâcha : « Ce n'est pas à toi de disputer de la sorte ; respecte le jugement des personnes plus âgées. » Sa mère lui dit à l'oreille :

« Prends garde, tu finiras mal avec ton esprit de contradiction.

— Mais Maman, je suis si intimement convaincue de la vérité ; autrement, je ne disputerais pas. »

Enfin l'oncle, s'exaltant de plus en plus, mais sans perdre sa gaieté : « Eh bien ! si cette jeune personne ne veut point s'avouer battue, je m'en rapporterai à des témoins. »

On fit chercher les deux amies qui l'avaient accompagnée : elles confirmèrent les paroles de Grand-Maman. Cela ne suffisait pas. On envoya au spectacle : les rôles des personnages figurant dans la scène en question furent copiés et mis sous les yeux de l'oncle, de la nièce et de la société enfin. Il fut donc prouvé que l'oncle se trompait et que Grand-Maman avait eu raison. « Heureuse mémoire », s'écria-t-il, charmé malgré sa défaite, « elle mérite une cuiller d'argent ». Quelques jours après, il lui donnait une superbe cuiller à ragoût.

Je l'ai bien examinée à présent : elle est faite depuis plus d'un demi-siècle, mais elle est lourde, massive, c'est tout un lingot d'argent. Quel beau souvenir ! Elle porte deux S entrelacés, c'est le nom de ma bonne Grand-Maman [24].

J'aime assez à disputer, moi ; j'aime aussi les cuillers à ragoût d'argent, mais pas moyen d'en gagner quand même on discuterait, jaserait à perdre la voix. Les oncles comme celui-là sont rares et le deviennent tous les jours davantage.

Encore un mot sur l'oncle de Grand-Maman. Il avait cinq frères, encore tous placés honorablement et l'un, par parenthèse, n'était ni plus ni moins peintre de Sa Majesté Louis XVI et de la reine Marie-Antoinette [25].

Ah ! que je suis fière, ah ! que je suis fière, comme dit la romance, d'avoir des ancêtres aussi distingués. Strass, qui découvrit ces pierres brillantes qui imitent si bien les diamants, est l'oncle de mon bisaïeul [26]. Le château de Pfeffingen sur les confins de la Suisse fut, dans le moyen âge, habité par les chevaliers de Pfeffingen, dont l'arbre généalogique porte de si beaux noms ; ce sont également nos aïeux. La mère de Grand-Maman Weiler est née Pfeffinger. Après la décadence de la chevalerie, le titre de noblesse, le *de*, fut retranché. La révolution de quatre-vingt-neuf vint, on n'y songea plus, mais sur l'argenterie de Grand-Maman, qu'en partie elle hérita de ses grands-parents, se trouvent encore les armoiries des preux de Pfeffingen : c'est une tête de Maure sur un banc de sable, les yeux couverts d'un bandeau et entourée d'une couronne de laurier ou de chêne.

Un philosophe, un Bias ou je ne sais quelle autre bête, que dirait-il de ces lignes, de l'orgueil que m'inspire le sang qui coule dans mes veines ? O superbe gloire, ô néant des vanités humaines ! pourrait-on s'écrier avec madame Cottin. Mais moi, je répète en attendant l'âge qui m'instruira : ah ! que je suis fière !...

Jeudi, nous étions au Contades, Grand-Maman, Maman et moi, chez Lips [27], dans la salle gothique. Assises à une fenêtre ouverte donnant sur le Contades, nous prêtions, du moins moi, une oreille attentive à la musique. C'est là cependant la plus agréable des promenades. Mais que la ville s'embellit ! Le Broglie, la mairie entourée d'un grillage sur lequel figurent, de distance en distance, des cornes ou des vases étrusques, il me semble, d'une superbe dimension, méritent d'être loués. Strasbourg s'embellit de jour en jour. A propos de cela, je me rappelle un article du *Figaro*, intitulé « Attention ! » et que je vais essayer de transcrire : « Le préfet de police continue à embellir la capitale ; il prie les Parisiens de ne pas se trop impatienter des mares, tas de pavés, précipices, lampions éteints et invalides endormis. On a dépassé cent cinquante rues nouvelles ; deux cent trois sont défendues aux voitures. Paris s'embellit de jour en jour. »

Mardi 9 juin

Les statues de Kléber et de Gutenberg sont debout, Dieu merci, mais voilées de grosse toile. Deux places belles, la place d'Armes et celle du Marché-aux-Herbes [28]. Il n'est bruit que de la fête de Gutenberg. Les journaux surnagent, débordent d'articles plus longs les uns que les autres. Envois de Paris, achats dans tous les magasins de Strasbourg pour compléter les costumes des hommes et des animaux qui figureront dans le cortège. Les garçons tonneliers s'exercent à une danse qu'on dit remarquable. Moi qui ne lis pas les gazettes en ce moment, je ne connais pas les expressions de tout cela. Le concert à la Réunion [29] sera beau, dit-on. Les Durrbach y chantent ; je pense n'en rien voir, mais je dois cesser, Emma m'appelle au piano.

Dimanche 21 juin

J'ai pleuré aujourd'hui ; après l'église, je voulais faire une visite à Sophie : elle n'était pas chez elle, donc je suis allée chez Grand-Maman Weiler. Maman y est venue à peine y étais-je. Nous avons parlé d'Hippolyte, de la mort des enfants pieux et sages. Grand-Maman nous a lu quelques pages sublimes qu'elle a extraites des œuvres d'auteurs immortels. Nos larmes ont coulé. Oh ! je ne puis la voir pleurer, ma bonne Grand-Maman, sans me sentir émue jusqu'au fond de l'âme. Son éloquence est si persuasive, si pleine de vérité et de résignation, et quand elle me dit qu'elle m'aime du fond du cœur, je suis tentée de me jeter à ses genoux...

J'ai quelquefois d'étranges sensations. Hier au soir, nous avions cousu toute la journée. Maman voulait prendre l'air encore, Grand-Maman est venue avec nous. Nous traversons la rue Brûlée, le Broglie, la place de la Parade, la rue de la Mésange. La mairie est superbe à présent : la cour bitumée, parsemée d'orangers en fleurs, est éclairée par le gaz. Le ton de l'hôtel fait ressortir davantage les hautes fenêtres. Devant, sur le Broglie, la façade est imposante, digne vraiment du prince Max qui y résidait : un perron à grillage, moitié bronze et moitié doré, des urnes, des orangers. C'est un quartier noble que le Broglie : à côté de la mairie, le café Adam avec ses balcons illuminés et sa foule joyeuse ; dans la rue de la Mésange, ces bonbons, ces sucreries curieuses sous cloche, dans des vases étalés dans la boutique des confiseurs avec toute la séduction possible, multipliés par de grandes glaces, illuminés capricieusement par des lampes ou des becs de gaz. Sur la place d'Armes, Kléber semblait dominer le rendez-vous des braves, et le théâtre, le théâtre que je fréquente rarement, il est vrai, mais que j'en aime davantage, car je voudrais être dame pour avoir une loge au spectacle.

Or donc, hier, en voyant toutes ces merveilles, en contemplant ce beau ciel étoilé aux nuages de pourpre et d'azur, plus beau encore que la lueur du gaz et des bonbons, quand de temps à autre la fraîche brise du soir venait m'apporter quelques sons d'une musique se faisant entendre soudain, quand je voyais une foule élégante, parfumée, glisser sur les trottoirs, je me croyais à Paris, mes rêves, mes amours, mes espérances. Paris que j'aime sans l'avoir jamais vu, que j'aimerais voir une fois dans ma vie avec ses merveilles, ses glorieux souvenirs, et Versailles, résidence des grands rois, pour en graver le souvenir éternel dans ma mémoire et mourir satisfaite. Alors mon cœur bat plus vite, mille idées vagues se pressent dans ma tête, des émotions indéfinissables m'agitent ; je voudrais un autre monde, une autre existence, je rêve une vie pleine de charmes. Des histoires entières, les tableaux les plus séduisants se succèdent dans mon imagination, je suis heureuse un moment, mais bientôt, cette lumière de bonheur se dérobe, est voilée de nouveau, et je retombe dans la réalité.

Hier, Papa nous a confirmé une triste nouvelle que nous appréhendions tous : les parents d'Adélaïde Gaecker viennent de recevoir la certitude de la mort de leur infortunée fille ; des lettres du monsieur, de la dame, du médecin, ont confirmé la mort d'Adélaïde, morte non point il y a quelques semaines, mais déjà au mois de mars. Ainsi, pendant quatre mois, ses malheureux parents étaient dans une affreuse perplexité, espérant encore quand déjà elle n'existait plus.

Lundi 22 juin

Dieu soit béni ! l'orage a passé. Le ciel est sombre encore, mais espérons que le péril a cessé de planer au-dessus de nos têtes. Quelle grêle affreuse ! On aurait dit le dernier jour. Des morceaux de glace gros comme des œufs, d'un poids unique, ronds, transparents, avec une espèce d'œillet au milieu. Moitié Strasbourg a ses fenêtres sans vitres, ses toits dégarnis. Les rues regorgent de morceaux de verre et de fragments de tuiles. Partout des lamentations, partout des énumérations : nous n'en avons plus que quatre entières, nous avons deux cents vitres de cassées, nous soixante, nous trente-huit, nous vingt. Et les vitriers se remuent gaiement dans leurs boutiques. Jamais ils n'ont eu fête si complète. De nos jours, que l'égoïsme domine, il est permis de se réjouir du mal d'autrui pourvu que la bourse se garnisse.

Passent encore les tuiles et les vitres, quoique déjà on évalue leur perte à cinquante mille francs, c'est au moins réparable, mais les fruits abattus ne se laissent pas remettre sur les branches, la moisson détruite ne se relève plus, la vie ne se rend plus, car l'on assure qu'il y a eu quelques morts, et les blessures aussi sont souvent incurables.

Quant à nous, nous n'avons pas de vitres cassées, grâce aux murs qui nous entourent de toutes parts, mais le pauvre jardin fait peine à voir : en marchant, les pieds s'embarrassent dans les branches des poiriers, des pommiers et des mirabelliers que la grêle a abattues. Les fruits promettaient de paraître si beaux et en grande quantité : quelques minutes ont suffi pour anéantir toutes nos espérances. Destin des choses humaines ! Impénétrabilité des décrets de la Providence ! Maman, pendant l'orage, a eu un moment d'angoisse ; tout à l'heure, avant la grêle, nous étions elle et moi dans le nouveau logement de Grand-Maman : en voyant le ciel s'assombrir, nous commençons à mettre nos chapeaux pour gagner la maison encore à sec, mais déjà des tourbillons de poussière s'élèvent et font tomber les paniers des marchandes. C'était plaisant de voir ces dames en souliers de couleur chercher un asile dans les maisons voisines, mais quand ces énormes grêlons commencent à tomber, quand on entend les bruits des vitres tombant à vingt pas, alors le sourire s'efface, l'on se recueille et l'on prie.

De quelques jours, la conversation roulera sur les vitres cassées. Les propriétaires enragent : déjà j'en sais un qui, pendant l'orage, demandait, s'informait à droite et à gauche s'il était obligé de faire réparer celles de ses locataires.

Mardi 7 juillet

Il fait frais au-dehors. Je viens de chez Grand-Maman où j'ai été chercher Maman. Grand-Maman a un joli logement bien vaste et bien commode ; la vue sur la place n'est pas mal non plus. Dames parées, professeurs, pasteurs, enfants et artisans, tout y passe et repasse du matin au soir. Saint-Thomas en face, avec ses tourelles élancées, ses galeries gothiques, n'est pas un vis-à-vis désagréable non plus : on peut sans crainte avoir ses rideaux ouverts. Mais Maman et moi nous regretterons toujours cette magnifique vue sur tous les ponts, depuis celui de Saint-Thomas jusqu'au pont Royal, dont elle jouissait au quai dans la maison Moll. A la fenêtre, surtout le soir, on respirait un air si pur, le ciel se voûtait si majestueusement au-dessus de votre tête qu'on croyait habiter un tout autre séjour. Il faut se résigner à tout ; soumettons-nous à cette privation car, dans la jeunesse, ce sont les privations petites qui vous préparent aux grandes.

J'ai tripoté dans la cuisine toute la matinée : nous avons fait la confiture de cerises. Papa a trouvé que nous n'étions pas assez soigneuses parce que nous avions fait des taches sur le plancher ; à midi, tout avait disparu, la confiture était dans les vases et le plancher nettoyé, et il nous en félicita.

Vendredi 17 juillet

De très bonne heure aujourd'hui, nous avons reçu une triste et effrayante nouvelle. Le jeune Rettey, théologien, en chambre garnie chez Grand-Maman Weiler depuis trois ans, a tenté de s'asphyxier hier au soir. Ce matin à sept heures, la femme Hartong est venue demander Papa, disant que Grand-Maman avait à lui parler. A deux heures, j'y suis allée avec Maman et voici quelques détails sur l'événement. Ce jeune homme, nous dit Grand-Maman, est d'une famille honnête de Montbéliard, parent des Duvernois. Il payait régulièrement son loyer et si quelquefois Grand-Maman lui faisait quelques représentations, soit qu'un soir il fut rentré un peu tard ou autre, il les écoutait toujours patiemment et répondait de bon cœur : « Cela n'arrivera plus, madame Weiler. » Depuis quelque temps, il est vrai, elle s'était aperçue qu'il arrivait de temps à autre des notes, des billets, soit du tailleur, du cordonnier, etc., mais sachant qu'il recevait son argent avant les vacances, et comme il y a quinze jours, il lui avait dit qu'il partirait bientôt, elle ne s'était pas inquiétée davantage et ne l'avait pas tourmenté quant à l'acquittement de son loyer.

Hier au soir, c'était à huit heures, madame Gerhardt du corps de logis en face, au-dessus de l'appartement de laquelle habitait monsieur Rettey, vint lui dire que le matin il leur manquait un petit tonneau où l'on mettait les charbons, qu'à midi on l'avait retrouvé à sa place au grenier et qu'il venait de disparaître à nouveau. Que je n'oublie point, le matin, il avait emprunté un soufflet à la cuisine des Gerhardt, et Catherine, qui lui fait sa chambre, avait dit le jour auparavant que ses malles et sa commode étaient vides et qu'il n'avait plus en fait d'habits que ce qu'il portait sur le corps. Un éclair passe par la tête des deux femmes. Grand-Maman prend la clef (il y en a deux pour la chambre de monsieur Rettey), monte chez lui, veut ouvrir, mais trouve la seconde clef tournée intérieurement. Elle appelle : personne ne répond. Elle frappe à coups redoublés, tout reste morne. Elle pose la main sur la serrure, elle est chaude, elle touche la porte, chaude également ! Il est peut-être mort déjà, pense-t-elle, et elle frissonne. Que faire ? La maison est en danger, le feu peut éclater à chaque instant. Elle veut faire enfoncer la porte, tous les locataires accourus disent qu'on ne peut le faire sans la police. Mademoiselle Berg, sœur de madame Gerhardt, court chez le commissaire. Il était neuf heures du soir et ce fut avec grand-peine qu'elle obtint deux gardes de police, qui l'accompagnent. Ils heurtent : « Au nom de la police, monsieur, ouvrez ! » Point de réponse.

Et qu'on s'imagine pendant cet intervalle l'anxiété toujours croissante de ma pauvre grand-mère de soixante-seize ans. Ce fut sa rare fermeté qui la soutint. Un des gardes-police passe le bout de sa canne à travers la fente de la porte et s'apprête à la faire sauter quand une voix lamentable s'écrie : « Attendez, attendez que j'aie mis ma chemise. » On tire le verrou : on se précipite dans la chambre. L'infortuné, tout nu, à demi suffoqué, chancelle, entrouvre la bouche et semble boire à longs traits l'air qui pénètre. On l'habille. Voyant Grand-Maman : « Et vous aussi, madame, vous contribuez à me rendre malheureux », et les paroles de César : « Et toi aussi, mon fils Brutus ! » vinrent à l'esprit de Grand-Maman. Heureusement il faisait nuit. Il fut emmené sans insulte et sans éclat.

Grand-Maman est dans une affreuse perplexité, sans aucune relation avec la famille du jeune homme, et qui sans doute l'accueillerait mal, car on dit que sa marâtre, avec laquelle il ne fut jamais bien, amincit encore les secours annuels qu'il recevait de la maison paternelle. Lui-même voudra-t-il, pourra-t-il y retourner, couvert de honte, bourrelé de remords ? Non certes ! Complètement au dépourvu, délaissé, sans vêtements, tourmenté par des créanciers peut-être, quel affreux avenir ! La mort ne vaut-elle pas dix fois mieux et le malheureux n'y fut arraché que pour voir redoubler l'horreur de sa position. Ah ! que je le plains, sans l'avoir connu, sans avoir vu ses traits qui devaient porter l'empreinte de la mélancolie. Jusqu'à ce soir, Grand-Maman ne savait rien sur son compte. Quelle nuit doit-il avoir passée à l'Aubette !

J'ai vu ses chambres. Les planchers tout souillés de poussière et de charbon ; dans la plus grande pièce, une commode vide, une malle vide, un canapé, une bibliothèque, une table, dessus quelques papiers, quelques livres épars, une cannette vide, un verre à moitié plein de bière, un reste de pain et le malheureux tonneau aux charbons. Dans l'autre chambre, celle où il voulait mourir, quelques livres encore, une petite armoire, et le lit où il s'était couché. Près du chevet, il avait placé un petit poêle, depuis longtemps gardien du corridor : là, il avait soufflé le charbon et la tête penchée dessus, il avait attendu la mort qui devait finir, et sa peine, et ses malheurs. Pauvre monsieur Rettey, il me fait tant de peine, sans cesse il m'est présent à l'esprit. Cette malheureuse affaire me brouille la tête au point de ne plus savoir ce que j'ai fait de ma semaine et que d'ailleurs, je n'ai pas envie de récapituler.

Mais j'ai un remords sur le cœur. Hier l'oncle Fritz a eu la complaisance de nous mener Emma, Alphonsine Pfeiffer, moi et sa cuisinière à Hangenbieten à la magnifique campagne de monsieur Steinheil [30]. Le presbytère est tout près de l'entrée du château. En passant, j'y vis une dame et deux demoiselles, les deux Ungerer et leur mère [31]. Elles, sans doute, m'aperçurent également. J'ai trotté dans les jardins de trois jusqu'à sept heures ; j'ai eu bien des moments à ma disposition, mais soit paresse, soit timidité parce que je ne connaissais nullement la famille Ungerer, je n'ai pas été visiter Henriette qui cependant m'avait tant priée de venir la voir. En repassant le soir, j'éprouvai un sentiment pénible en voyant la maison ; Henriette et Sophie étaient à la fenêtre, elles me saluèrent tristement, moi j'étouffais un soupir et si la voiture n'avait pas roulé si rapidement, je leur aurais crié pardon. En rentrant, Maman m'a fait des reproches affreux et je fus préoccupée une partie de la soirée.

Le comte Etienne de Marmier, le petit-fils du duc de Choiseul, est mort. Grand-Maman Weiler vient de nous communiquer la triste nouvelle qu'elle a reçue elle-même d'un officier arrivant de Paris. Son nom me rappelle une des plus belles époques de mon enfance, de cet âge heureux où la possession d'une peinture, d'un rien vous comble de joie ; où l'on sait, et avec avidité, chaque historiette, chaque anecdote et qui se gravent alors dans la mémoire pour ne plus jamais s'en effacer. Jeune lieutenant d'artillerie, Etienne de Marmier vint occuper, avec Eugène Barral du même régiment, un logement garni de plain-pied avec celui de Grand-Maman. Quelques mois après, les jeunes militaires repartirent. Un an plus tard, le régiment fut remis en garnison à Strasbourg. Monsieur de Marmier revint seul chez Grand-Maman ; il était souffrant, malade. N'ayant point de pièce vacante, elle lui céda une de ses chambres, se restreint dans sa chambre à coucher et eut pendant une année entière des soins que la plus tendre mère n'eût point surpassés. Monsieur de Marmier eut pour elle la plus profonde reconnaissance, le respect d'un fils. Il l'appelait sa mère, sa providence. Enfant, je me rappelle, c'était son titre, ses richesses, son uniforme qui faisaient mon admiration. Plus tard, j'aimais en lui sa bonté, sa générosité et je lui sus gré surtout de la tendresse, de la vénération qu'il eut pour celle que j'aime uniquement. Sa convalescence fut longue, mais sa santé fut remise ; il fit la guerre en Belgique, reçu l'épaulette de capitaine et fut à Paris embrasser ses parents. Avant de quitter Strasbourg, il dit à Grand-Maman : « Madame, vous avez été tout pour moi ; vos bontés m'ont sauvé la vie ; permettez-moi de vous écrire quelquefois et si jamais ma mémoire vous manque, mon cœur ne vous manquera pas. »

Il lui a écrit : oh ! que je voudrais lire ses lettres si elle les a conservées. Et maintenant il n'existe plus. La mort n'a point reculé devant le petit-fils du duc de Choiseul, devant les richesses, la jeunesse, les brillantes qualités, les vertus. Pauvre Etienne de Marmier : j'ai pâli en apprenant sa mort. C'est comme s'il était de ma famille. Je puis me rappeler encore vaguement ses traits : yeux noirs, cheveux noirs, moustaches je crois. J'ai quelques souvenirs de lui encore, de petits dessins, de ses cartes de visite et des manchettes qui avaient été les siennes et qu'il laissa à Grand-Maman en partant. Hier précisément, je les avais quand Grand-Maman me parlait de lui, je les ai ôtées de suite en rentrant et mon plus grand soin désormais sera de les conserver précieusement ; en les portant je me rappellerai toujours le vertueux petit-fils du duc de Choiseul, ma chère Grand-Maman et les plus beaux jours de mon enfance.

Lundi 20 juillet

Le soir est si frais après l'orage ; à l'instant, accoudée à la fenêtre, je respirais l'air à longs traits, j'aurais voulu me lancer sur la cime des grands poiriers du jardin pour me baigner dans le feuillage inondé de pluie. J'ai fait une promenade agréable ce soir avec Maman, Emma et Sophie. En sortant par la Porte de l'Hôpital, nous avons rencontré monsieur et madame Kohler, leur fille et monsieur Jaeger, son fiancé. Monsieur Jaeger est un jeune théologien que j'ai vu beaucoup chez les Durrbach il y a deux ans[32]. Il débutait dans la même pièce que moi alors que nous passions toutes nos soirées d'hiver à jouer théâtre. Oh ! quel joyeux, quel bon temps ! J'avais seize ans, deux de moins qu'à présent. Ces jeux, bouts-rimés et avis surtout, cette musique, ces danses, ce théâtre, c'était enivrant. J'entendais parler d'amour pour la première fois ; j'apportais toute ma curiosité de seize ans, toute l'avidité d'une âme qui commence à s'ouvrir à de douces et flatteuses paroles qui frappaient droit sans blesser. Mais je ne dois plus y songer, ni à seize, ni à dix-sept ans, ni à ma jeunesse enfin : tout passe, tout bonheur n'est que d'un instant ; la félicité s'envole, il n'y a que le chagrin, la déception qui restent. Je reviens sans cesse à ma rengaine, mais je suis convaincue aussi que chaque jour elle devient d'une plus effrayante vérité.

A propos, une nouvelle. Une de mes anciennes amies de pension, Caroline Huss, maintenant madame Hatt, est accouchée vendredi d'un garçon auquel elle donnera le nom de Philippe, celui de son père[33]. Sophie a vu la layette du jeune prince : elle est ample et magnifique et la jeune mère a payé vingt-deux francs deux petits béguins brodés garnis de dentelle, de satin et doublés de bleu et de rose. Tout se marie, c'est unique ! aujourd'hui mademoiselle Hecht, demain mademoiselle Amélie Schoucheid de dix-huit ans et dont le futur, monsieur le capitaine Falconnet, en a trente-six. La semaine passée, c'étaient mademoiselle Wachter et monsieur Petit, dans trois semaines, Madeleine Kirchner et monsieur Hatt.

Vendredi 24 juillet

Je suis au comble du bonheur ! Je suis folle ! J'ai sauté à deux pieds de haut ! En un mot, j'ai les lettres du comte de Marmier. Cet après-dîner chez Grand-Maman Weiler où nous étions, Maman et moi, je la priai de me montrer une lettre de monsieur de Marmier. Elle ouvre son secrétaire, en tire un portefeuille, me présente les lettres en question et me fait cadeau en outre de la plus magnifique correspondance. Elle brille de beaux noms, par exemple : Montagnier, colonel du onzième de dragons ; vicomte de Foucault, chef de bataillon d'artillerie du sixième ; de Prailly, attaché à l'état-major ; de Blois de Lacalante de l'état-major du deuxième d'artillerie ; Auricoste de Lasarque, capitaine du sixième d'artillerie ; Etienne Choiseul de Marmier, lieutenant du sixième d'artillerie. Tous officiers supérieurs logeant chez Grand-Maman tour à tour et qui, après avoir quitté Strasbourg depuis longtemps, l'assuraient encore de leur respectueuse et sincère amitié ! Tout à l'heure, elle le disait elle-même : « J'ai joui de beaucoup d'honneurs et d'attentions respectueuses », et elle en est moins fière que moi. Elle m'a prêché l'humilité et me reproche d'avoir trop d'orgueil. Mais cet orgueil que je sens dans mes veines, est-il coupable? Oh non! il ne peut l'être. Je suis fière de mes ancêtres, d'un nom sans tache et des hautes relations de ma famille. Chères lettres, que vous me rendez heureuse! Je n'ai fait que vous parcourir, mais je vais vous relire l'une après l'autre, puis vous prendrez place dans un portefeuille bleu garni d'or et de rubans raisin de Corinthe, également un souvenir de ma bonne Grand-Maman, et où je conserve déjà plusieurs papiers précieux qu'elle m'a donnés, écrits en partie de sa main. Et si le ciel m'accorde la vieillesse, que je serai heureuse de relire ces feuilles, de repasser dans mon âme ces souvenirs de mon adolescence, de m'initier, pour ainsi dire, aux pensées de ma noble, adorable, respectable grand-mère, de lui vouer des larmes d'admiration et de reconnaissance en parcourant ces écrits qui lui furent chers, à elle aussi. Voyant mon délire, c'est là le mot, et m'entendant dire: «Quand je serai vieille, avec quel plaisir je relirai ces lettres!», Maman me disait: «Tu en seras moins émue. Chaque âge a ses jouissances, ses émotions! Un jour peut-être, tu riras de ta joie d'aujourd'hui...» «Non, jamais», murmurais-je tout bas, et je devins triste. Emile Deschamps a donc raison en disant: «Fraîches illusions de la jeunesse! vagues enchantements! délicieuses rêveries! devriez-vous donc nous quitter avant la vie, et quand vous nous quittez, que nous reste-t-il encore à perdre pour mourir?...»

Mais j'ai dix-huit ans à peine; les menaces du poète ne m'épouvantent pas encore. Repose en attendant, mon journal, toi l'un de mes plus doux passe-temps. Premier né de ma Muse, un frère va te succéder, mais tu as la même part à mon amour, je t'aime, je te baise.

(FIN DU PREMIER CAHIER)

1841

La mort n'a donc point voulu de moi cet automne ; quoiqu'elle en moissonne tant d'autres, me voici debout encore, et je vais commencer le troisième tome de mon journa [34]. Chaque fois que je finis le précédent, que je le rejette pour en prendre un autre, c'est comme si j'avais terminé une période de ma vie, et que je vais en commencer une nouvelle, et dernière peut-être ! Voici devant moi bien des pages, et qui pourront contenir bien des pensées : Dieu sait si je dois toutes les remplir.

En reprenant cet album, auquel depuis quelques semaines je n'ai plus touché, j'ai balancé longtemps : j'hésitais à m'y remettre. En parcourant la première partie surtout, j'ai trouvé tant de paroles superflues pour dire une misère, ou du moins une vétille, la nomenclature d'occupations si ordinaires et si prosaïques, ou bien la mesquine description d'une toilette ou d'une promenade – notes et détails qui présentent si peu d'intérêt qu'il ne vaut point la peine de les surmonter d'une date ou moins encore de les mettre sur le papier. Et cependant, je me l'explique facilement. D'où faut-il que je prenne des récits intéressants ? Mon existence n'est-elle pas tout isolement et solitude ?

En commençant ce journal, j'étais plus jeune de deux années : la nouveauté du travail m'attirait si fort que je ne vis jamais de quelle manière je le faisais. Avec le temps, les sentiments s'émoussent et changent. Il m'est impossible de me complaire, comme alors, dans l'énumération des travaux de la journée, ou dans l'expression de vœux naïfs pour l'avenir et dont la réalisation se fera éternellement attendre.

C'est que ce plaisir vif et insouciant de jeune fille, depuis quelques mois déjà, commence à s'amortir ; quoique le cœur en gémisse et saigne, la raison rejette les illusions dont le filet doré enlaçait la première adolescence, et l'esprit, à mesure qu'il s'éclaire, commence par se faire au contact des froides péripéties de la vie quotidienne. Mais en sentant sa position réelle, quel vide affreux dans l'imagination ! Tout, tout n'est qu'illusion, tout n'est que chimère ! dussé-je le dire mille fois encore, dussé-je ne prononcer que ces mots comme le trappiste son *Momento mori*.

Jeune ingénue, jeune fille candide, bannis loin de ton âme tes rêves naïfs, ils ne seront jamais que rêves. Calme les élans de ton imagination, ils ne feraient qu'égarer ta raison, et tu marcherais plus longtemps les yeux couverts du bandeau de la crédulité. Tes plus beaux projets d'avenir, tes plus brillantes espérances, rejette-les dans le néant du passé, jamais tu ne seras écoutée, jamais tu ne pourras donner la vie à tes pensées. Tes sentiments les plus tendres, refoule-les dans ton cœur, crains de les laisser s'exhaler, on te traiterait d'insensée et l'on jetterait sur toi un ridicule plus cruel que la mort. Et toi-même, jeune fille, qu'es-tu sur la terre et à la terre : une apparition, un rêve, une ombre ? Dès que les portes du cloître se seront refermées sur toi, ou que tu te seras endormie du sommeil éternel, l'oubli voilera ton tombeau, ton souvenir disparaîtra de la mémoire des vivants, ainsi que le sourire s'efface, ainsi que meurt sans laisser de trace le chant d'un oiseau dans les bois.

L'âme la plus froide peut-elle rester impassible à cette voix de l'expérience ; en face de cette conviction terrible, que peut-on dire, que peut-on faire ? Prier, pleurer, gémir jusqu'à ce qu'il plaise au Ciel de vous retirer de ce monde qui ne peut vous donner un complet bonheur. Oh ! alors, il faut varier de travail, varier d'occupations pour que le désespoir ne vous tue point, pour que l'on ne soit pas tentée à tout instant de s'écrier : « Rêver, c'est une chimère ! Rêver le bonheur, c'est une folie. » Moi, j'ai renoncé à tout dans ce bas monde, sans avoir jamais eu en partage des agréments brillants, j'ai joui, il me semble, en reportant mes regards sur le passé, d'une enfance paisible comme tant d'autres enfants encore : ce n'est donc point à cette époque que l'on peut établir une différence entre mon existence et celle de la plupart de mes compagnes. Mais dès aujourd'hui, la main du sort pousse une barrière, je vois ma vie en deux phases, d'un côté les roses du passé, de l'autre, les épines de l'avenir.

Or, avec ces dispositions de l'esprit, faut-il alors écrire, peut-on faire des feuilles dont les récits riants puissent plus tard vous procurer un soulagement, ou du moins une distraction, qui vous égaient dans l'âge mûr, ou même la vieillesse, en vous retraçant une jeunesse folâtre et insoucieuse ? Par la triste température qu'il fait toujours, je me vois continuellement à peu près retenue dans nos quatre murailles, et au soir d'une journée passée solitairement, que faut-il dire ? Les réflexions qu'on a faites seraient trop longues et trop monotones. On peut réfléchir toujours, même en ne voyant rien, mais en voyant très peu, il est impossible de faire de comparaison ou d'émettre un jugement ; on ne pressent rien, on n'est jamais intrigué, jamais dans l'attente ou en suspens, et cela met déjà une trêve à la variété des idées. Si même, quelquefois, une pensée qui vaudrait la peine d'être conservée vous passe par la tête, d'autres viennent la chasser, le soir arrive, et l'on ne sait plus rien tant passent rapidement, comme les bouffées du vent dans le feuillage, les pensées à la surface de l'imagination d'une jeune fille !

Je le vois, la raison m'ordonne de dire adieu à cette époque pleine de doux enchantements où nous nous passionnons à la lecture d'un mauvais drame, où nous croyons pleurer d'amères larmes sur le roman que nos yeux parcourent, tandis qu'elles ne tombent que sur celui qui est écrit au fond de notre cœur. L'expérience nous apprend le doute ; mais en disant adieu aux illusions, il faudrait dire adieu également à la jeunesse. Si fort qu'on se raidisse contre, elles vous reprennent toujours, lors même que momentanément, et l'espérance, l'espérance si souvent trompeuse, mais toujours consolante, vous en fait entrevoir parfois encore la réalisation possible, quand tout autour de vous cependant refroidit les plus ardents élans de votre âme. Oh ! pourquoi une imagination active et une existence de solitude sont-elles donc si étroitement unies dans ce bas monde ? Aux esprits calmes et indifférents, la position, le temps, n'est rien, la journée est tout ; aux imaginations vives, rien n'est plus affreux qu'une existence où le lendemain se traîne semblable à la veille, dont toutes les époques ne se datent qu'avec des chiffres, et où l'impression ne laisse jamais un souvenir.

Au printemps, je me souviens, en voyant les premières feuilles aux arbres devant ma fenêtre, j'attendais le retour de la belle saison avec cette impatience joyeuse et presque fiévreuse qu'on met à attendre le retour d'une amie chérie ; je faisais mille projets tous humbles et simples : aucun n'a été réalisé. L'été fut triste et pluvieux ; j'ai devant moi un automne et un hiver plus tristes encore et dont aucun événement intéressant ne viendra interrompre la monotonie. Si du moins encore nous habitions un quartier vivant, si notre appartement donnait sur la rue, je verrais quelques ridicules ou quelques objets d'admiration ; je ferais quelques remarques, je peindrais le dehors puisque je ne trouve rien à dépeindre dans l'intérieur. Voilà ma seule espérance encore, changer de demeure ! Sans par là se procurer des plaisirs, on aurait du moins quelques distractions. Dans cette unique attente, je continue d'écrire, ne dussé-je chaque soir ne marquer que l'heure de mon réveil et celle de mon coucher, du moins je ne perdrai pas l'habitude de tracer des caractères et je conserverai l'orthographe !... Il faut être arrivée à un grand découragement moral pour concentrer tout son bonheur à venir à l'unique espoir de changer de demeure !...

Ici, dans ma chambre, à ma fenêtre, à la dernière lueur du jour, quand je vois le ciel au-dessus de ma tête, quand je sens la brise du soir caresser mon front, je suis plus calme, plus résignée. Je crois alors qu'il est un remède plus efficace encore à tous les ennuis, une grande et unique consolation à toutes les souffrances humaines : on change aussi de demeure mais pour la dernière fois, et l'on quitte cette terrestre demeure pour un séjour resplendissant et bienheureux. Oh ! cette idée ne m'épouvante guère ; elle me sourit comme la lumière sourit au prisonnier, j'oublie ma jeunesse pour rêver, non les joies profanes de ce monde, où rien n'est pur, mais les joies divines de l'éternité. Que le Seigneur me pardonne si je me laisse trop abattre ; non, je n'ose dire : le malheur m'accable ; d'autres encore peuvent me croire heureuse mais que je suis loin de ressentir cette paix de l'âme que le bonheur seul peut donner !

Au sein de notre maison monacale, je puis me faire aux austérités du cloître, car je n'ai point encore perdu de vue une cellule, mais avant de quitter pour jamais le monde, je voudrais du moins le connaître, je voudrais emporter du moins un souvenir qui m'accompagnât dans l'isolement pour le rendre moins amer.

Dimanche 19 septembre

Bonheur et malheur, joie et tristesse, plaisir et souffrance ne forment qu'une même chaîne qui enlace la société ! Actuellement, une heureuse étoile s'est levée au-dessus de Strasbourg ; toute la ville est dans l'attente joyeuse de la fête de demain, fête célébrée à l'occasion de l'inauguration du chemin de fer de Strasbourg à Bâle. Depuis quelques jours, nous sommes assaillis de billets et d'invitations : Papa, comme conseiller municipal, doit assister à toutes les cérémonies. Le ministre des Travaux publics est arrivé avant-hier ; hier, le conseil municipal et les adjoints ont été lui rendre visite. Je viens de lire le programme de la disposition de la fête. A deux heures, un convoi énorme composé des autorités municipales de Mulhouse, Colmar et Strasbourg arrivera à Koenigshoffen et prendra place dans les voitures parties en file de Strasbourg pour les recevoir ; puis on visitera l'exposition de peinture de l'association rhénane dans les salons du château. A quatre heures, il y aura une réunion à l'Hôtel de Ville ; à cinq, banquet à la Halle-aux-Blés ; à neuf heures du soir, bal à la salle de spectacle. Malgré notre billet d'invitation, nous ne serons pas du bal, notre deuil ne nous permet pas de paraître, même dans une loge [35]. Je ne manquerai pas de nouvelles cependant, si toutefois je suis avide d'en entendre : Ernestine y va et elle n'est rien moins que paresseuse en descriptions et détails. Que de dames et demoiselles en émoi à l'heure qui se fait : c'est à qui éclipsera l'autre. C'est inouï que de voir réunies dans un bal tant de femmes parées ou qui du moins s'imaginent l'être : les miroirs les trompent toutes ; en s'y voyant, chacune se croit belle ou pour le moins jolie ; il n'y a point d'horreur qui ne croit oser montrer un peu de prétention, et cependant, que les jolies femmes sont rares !

Mardi 21 septembre

La fête a été des plus animées. Comme lors de celle de Gutenberg, nous avons vu défiler le convoi du haut du troisième de la maison Strohl : musique militaire en tête, l'étendard de la ville soutenu par deux soldats du régiment d'artillerie, posés sur un char tout orné d'arbustes et dont le fond était couvert de mousse ; puis une file de cinquante équipages dont la moitié était les omnibus de toute la ville [36], tous surmontés de drapeaux ; les militaires fermaient également la marche. Voilà tout, ce n'était pas merveilleux, mais c'était joli. De l'illumination le soir : la cathédrale éclairée par des lances à feu de couleur, une colonne de gaz avec cette inscription : « La ville de Strasbourg à Nicolas Koechlin [37] ». Sur la place du Théâtre, une queue de voitures depuis le Broglie jusqu'à l'entrée, une foule immense et curieuse de voir descendre les danseuses : voilà ce que j'ai vu.

Je suis à présent à recueillir les nouvelles de ce que je n'ai pas vu. Papa était, à Koenigshoffen, du banquet, et a jeté un coup d'œil dans la salle de bal ; je suis donc tout près de la source pour apprendre tout ce que l'on peut apprendre. Quant au bal, je n'en veux rien savoir ni aujourd'hui, ni demain, ni après-demain. Quelque résolution que l'on prenne, quelques combats que l'on se livre, quelque forte que l'on croie être, on sent à la moindre occasion que l'on est jeune encore et que l'on n'est point encore aussi stoïque que votre destinée l'exige. Je crois pouvoir avouer sans rougir qu'hier, en voyant porter deux délicieuses robes de bal, j'ai éprouvé un violent serrement de cœur, et que le soir, appuyée sur le bras de Grand-Maman [38] et de ma sœur, en voyant ce théâtre illuminé et cette file de voitures contenant tant de jeunes filles palpitantes de joie et d'attente, ces jeunes danseurs tirant leur montre et disant impatiemment : « Sommes-nous donc encore loin de l'heure ? », les larmes me vinrent aux yeux, et que je me mis à en verser avec tant d'abondance que je craignis d'être montrée du doigt malgré l'obscurité dans laquelle je tâchais de rester. Et cependant, je ne suis pas avide de triomphes et de bruyantes distractions ; je m'imaginais que des fleurs et des rubans me pareraient comme toute autre, que cet hiver, j'entendrai parler de tant de bals encore et que, hélas ! je ne serai d'aucun. L'année prochaine, qui sait ! on est plus vieille d'une année. Faire son entrée dans le monde à vingt ans ? On doit être lasse de plaisirs alors sans même en avoir jamais goûté. Je me voyais déjà ridée, les cheveux blanchis, sans avoir paru à un bal. Oh ! je crois que je serais devenue folle au beau milieu de la foule si nous n'avions entendu craquer les feux de Bengale, et que ces couronnes brillantes d'étoiles de toutes les couleurs, que je voyais à peine à travers mes larmes, n'eussent fait trêve à mon désespoir. Dieu soit loué ! la journée est passée, et pour ceux qui ont dansé, et pour ceux qui ont pleuré.

Samedi 16 octobre

Six heures à peine, et la lampe brûle déjà. Le froid est grand aujourd'hui ; encore quelques jours, et s'il continue, l'on ne pourra plus rester sans feu dans les chambres. Le vent mugit au-dehors avec force, fait battre les volets, siffle dans les cheminées et les corridors, frappe aux vitres comme un importun qui veut entrer, et agite les arbres de notre pauvre jardin, qui jaunit à vue d'œil et commence par faire une bien triste mine. C'est une de ces lamentables soirées d'automne comme on en trouve tant dans les romans d'Ann Radcliffe, mais qui sont plus agréables dans les livres qu'en réalité.

A la suite d'une légère discussion avec ma sœur, ma mère a trouvé bon de me dire qu'elle serait contente d'être débarrassée de moi, et que je devais aller dans la pièce voisine avec cet embêtant journal qu'elle se promet bien de brûler un de ces jours. Ce n'est point assez de me gronder moi-même toute la sainte journée, on menace encore cet inoffensif journal qui ne fait de mal à personne, que j'aime plus que mainte mère n'aime son enfant, et qui est mon unique consolation dans des jours si pauvres d'harmonie.

Me voici exilée dans ma chambrette qui, toute simple qu'elle est, a cependant quelque part aux affections d'un cœur, qui, bien jeune, dut apprendre à souffrir, à se résigner et à se replier en lui-même. J'ai mis tout l'ameublement sens dessus dessous pour trouver de quoi placer commodément ma chandelle, et je suis établie à ma chiffonnière, sur laquelle je puis à peine placer mon journal et mon bras droit, comme un pauvre prisonnier qui écrirait sur la pierre de son cachot. N'importe, lorsqu'on est seule, les pensées tombent plus librement sur le papier, mais quand la cause de l'isolement est la mienne, elles ne veulent point devenir gaies. Cruel destin ! trouver tant de froideur et de sévérité dans ceux qui nous sont les plus proches sur cette terre et que l'on voudrait aimer de toutes les puissances de son âme.

Vendredi 22 octobre

Au diable les prophéties du calendrier de cent ans, qui nous promettait un si bel automne ! Le feu pétille dans le poêle, l'on supporte si bien sa douce chaleur car le froid est piquant aujourd'hui.

Nous avons eu une fiancée dans la maison : mademoiselle Pauline Lauth est promise à monsieur Meyer, pasteur à Paris [39]. Notre dernière espérance de déloger est détruite, puisque Papa est inflexible jusqu'à présent, et ne veut point dénoncer à madame Lauth [40]. Nous espérions que, si jamais Pauline se mariait, elle prendrait notre logement pour rester dans la maison de sa mère et qu'alors, force nous serait de décamper. Maintenant, elle quitte Strasbourg pour jamais, et nous restons et ne gênons personne. Les fiançailles seront célébrées dans un mois ; c'est un grave mariage, des fiancés sérieux, d'un âge mûr, et piétistes. Depuis deux jours que le mariage est décidé, les visites arrivent en foule, la sonnette va toute la sainte journée. Que d'affaires, que de cérémonies, que de tracas, que de bruit, que de train pour une chose dont le résultat est si incertain et si hasardeux. Sera-t-on heureuse, ne le sera-t-on pas ? Grande et vaste question : bénies celles qui n'ont jamais besoin de se l'appliquer.

Dimanche 24 octobre

Pendant que tout le monde est à l'église, je vais profiter du silence pour faire quelques lignes, car ce n'est point vivre que de ne jamais dire ce que l'on fait de son temps. Il suffit qu'il soit dimanche pour qu'il pleuve et qu'il fasse sombre ; l'eau est tombée toute la nuit et le ciel est si gris que je crois bien que nous aurons encore une averse. Selon toute probabilité, je ne mettrai pas le pied dehors de toute la journée, nous ne sommes pas invités et nous passerons la soirée chez Grand-Maman à moins qu'on ne vienne nous inviter encore.

Dix heures seulement ; voici toute une journée que je passerai selon mon goût, et j'aime mieux m'occuper seule à la maison que de m'ennuyer ailleurs. Sous ce rapport, j'ai une ressemblance de caractère ou de penchant, je ne sais comment dire, avec feu ma Grand-Maman Weiler : elle vivait sédentairement et solitairement, non par faute de connaissances, car elle en avait beaucoup, mais par goût, et je crois que ce qui l'occupait dans la solitude et remplissait ses heures m'occupe également.

C'est décidé, nous ne délogerons jamais. Hier, après le dîner, nous nous sommes plaintes, Maman, Emma et moi, du froid mortel qui existe toujours dans la salle à manger malgré un feu d'enfer, de l'humidité et des inconvénients du logement en général, et surtout de la triste exposition qui ne vous permettait de voir que des toits et des murailles. On a pesé le pour et le contre : nous avons trouvé cent raisons contre, Papa n'a voulu souscrire à aucune et, à la suite d'un long débat dans lequel nous avions épuisé toute notre éloquence, il a fini par s'emporter, par dire qu'il était las de ces éternelles récriminations, que c'était, non comme nous le soutenons, un logement diabolique, mais au contraire, un logis fort commode et fort spacieux et qu'aucun de nos cent mille arguments ne l'obligera à le quitter. Maintenant, il faut se résigner et se taire à moins d'irriter Papa chaque et chaque jour. On ne vit qu'une fois, et par le plus singulier et le plus inconcevable caprice, nous sommes obligées de passer cette pauvre vie, déjà si vide de jouissances, dans une prison dont la mort seule viendra nous délivrer.

Et hier encore, la mauvaise humeur que j'emportais à la suite de la discussion à table fut augmentée encore par une vive altercation que j'ai eue avec Maman au sujet de mes lectures. Madame Schneegans, que nous avons été voir dans l'après-midi, m'a parlé de la *Corinne* de Madame de Staël que toutes mes amies ont lu à quinze ans, dont on parle si souvent, et que Maman trouve bon de m'interdire à dix-neuf. Maman prétend que dans sa jeunesse, elle n'en a lu que la moitié parce qu'elle s'en était ennuyée ; si c'est donc si peu dangereux pour qu'on s'arrête à moitié chemin, pourquoi alors m'en défendre la lecture ? Je ne suis point exaltée cependant : c'est le beau style d'un auteur qui m'enchante, qu'il dépeigne une vérité, un fait historique ou une situation romanesque, je vois assez clair, il me semble, les froides réalités de la vie ordinaire pour ne point me faire illusion et me perdre en espérances brillantes, mais trompeuses. Avec le livre, je pose l'extase et l'enchantement, et je redeviens prosaïque comme tout autour de moi. Plus que toute autre, je pourrais lire, il me semble, ce que l'imagination d'un auteur peut lui dicter de plus brûlant et de plus exalté ; mon existence n'est-elle pas tout isolement et solitude ? Il n'y a pour moi, dans le monde, pas plus de danger que pour une recluse au fond de son couvent ; mes pensées ne dépassent point les murs de ma prison, et la vivacité d'imagination peut-elle être dangereuse quand personne n'est là pour la comprendre ? Ce n'est point assez que de rester étrangère à tous les plaisirs de mon âge, on veut encore jeter un manteau de glace sur mes émotions les plus innocentes et qui seules, cependant, pourraient encore embellir ma vie.

Oh ! que j'aime entendre mugir le vent ; je me console avec ces châtelaines du Moyen Age, palpitantes colombes, donnant de l'aile contre les murs de leur castel et n'ayant pour toute distraction que leur aiguille et leur livre de prières.

Vendredi 29 octobre

Hier, j'ai eu un après-dîner agréable chez Sophie Braunwald, où s'est trouvée également Sophie Gunther ; on ne s'ennuie jamais chez Sophie Braunwald, dont la gaieté folle et l'humeur originale dérideraient le front le plus soucieux. Le temps était superbe, une vraie journée de printemps : pendant deux heures, nous nous sommes promenées, bras sous bras, dans les allées du jardin, nous dilatant aux rayons du soleil d'octobre perçant le treillage vide de fruits, et regardant filer les bateaux sur la rivière qui baigne le mur du jardin. Quelle vie paisible, cependant, dans ces maisons paroissiales si vastes et si commodes. Que la chambre de Sophie, surtout, est jolie avec son parquet ciré, ses meubles de bois de noyer et les tableaux qui garnissent la tapisserie. Le soir, elle travaille, elle écrit et lit à la lueur de la lampe jusqu'à onze heures, minuit, toute seule, entendant mugir le vent dans les tourelles de Saint-Thomas.

Aujourd'hui, et le temps, et la journée, ont été tout autres. Par une pluie affreuse, j'ai eu l'avantage de me démener au marché avec notre cuisinière, traînant un énorme panier rempli de provisions de tout genre et de tous prix ; j'ai cependant eu, malgré le désagrément de la crotte, l'avantage de m'entendre appeler madame de presque tous mes débiteurs, sans doute à cause de la voilette dont j'ai garni mon chapeau, car je ne veux point croire du moins que depuis quelque temps, j'ai vieilli si fort que l'on me titre ainsi à cause de ma figure ; toutefois, j'ai trouvé que ce titre, qui fait l'unique ambition de tant et tant de jeunes personnes, ne m'arrangeait pas aussi bien que celui de mademoiselle.

Est-il rien de plus singulier et de plus inconcevable cependant que les goûts et les caprices humains ? Aujourd'hui, nous nous ennuyons et nous sommes las d'une chose qui a fait notre félicité hier. Moi, dont la solitude fait d'ordinaire le bonheur, j'ai maugréé d'ennui de me trouver seule avec mon ouvrage tout l'après-dîner, sans pouvoir échanger une parole et sans voir âme qui vive. Et cependant, je voyais sur un ciel gris filer des nuages gris comme une troupe d'oiseaux de mer au sombre plumage, et sur ce fond terne se dessinaient la longue toiture de l'hôpital et la tour aiguë et bizarre du

Calendrier. Je voyais le jardin, au sol noirci par la pluie et jonché de feuilles jaunies, et dont les arbres prennent les teintes variées et bizarres de l'automne ; les cris des petits oiseaux, seuls, interrompaient le silence de cette solitude de mort. Souvente fois, déjà, un tel mélancolique spectacle a fait plus d'effet sur mon âme que les paroles les plus consolantes, ou plutôt les mieux faites pour consoler ; mais aujourd'hui, par l'humeur la plus étrange que je conçois fort aisément, mais que je ne voudrais pas m'expliquer, j'aurais voulu reculer ou mieux encore, franchir ces murailles, courir et la ville, et les champs pour voir... oh ! je ne sais ni quoi, ni qui ; je retiens ma plume, je ne voudrais point qu'un indice, qu'un soupçon, qu'un nom m'échappât : dans un autre moment, je serais trop honteuse, peut-être, de le retrouver ; et s'il avait été ainsi que je le souhaitais, j'aurais rencontré, j'aurais vu une chimère, un rêve, une illusion, une apparition, une image qui m'aurait fait, et beaucoup de bien, et beaucoup de mal. Du bien, parce que de longs vœux eussent été exaucés, du mal, parce qu'elle aurait pu me paraître charmante, qu'une joie trop délirante se fût emparée de moi et que d'un moment, d'un jour à l'autre, dans quelques semaines, dans quelques mois, dans un an, je puis être désillusionnée. Non, désillusionnée n'est point le mot, mais anéantie, brisée, atterrée. Et je n'attends, ni plus ni moins, que ce coup cruel. Ah ! que je m'arme, et de patience, et de résignation, et d'abnégation pour le supporter car, de plus, il pourra m'arriver encore d'être obligée d'écouter cette terrible et cependant si courte formule, le front calme, le sourire sur les lèvres, pour ne point trahir ce que je voudrais ignorer moi-même, tandis que tout mon être sera bouleversé.

Oh ! pourquoi les sentiments ne changent-ils point comme on change de vêtement ? Que ne peut-on les détruire et les oublier comme on brûle une lettre à laquelle on ne veut pas répondre, comme on oublie la date d'un jour qui n'amenat dans votre vie aucun événement intéressant. Mais Dieu les a mis dans nos cœurs et les a faits implacables, et pour nous punir, et pour nous consoler.

Un autre jour, me souviendrai-je encore de mon dégoût de solitude d'aujourd'hui ? Peut-être ne ferai-je pas d'aussi brillantes imprécations ; je ne me les rappelle plus toutes, quoique à peine une heure ne soit passée dessus ; elles étaient trop nombreuses également pour n'en pas oublier beaucoup, mais un moment, en face du ciel gris, je me suis crue, par la volonté d'un génie ennemi, exilée dans un pays de nuages, ou renfermée dans un manoir suspendu au-dessus des abîmes comme l'aire d'un vautour, ou bien encore, reléguée dans une île solitaire ou dans un cloître de l'ordre le plus sévère... et demain, demain, sans doute, je ne demanderai rien de plus que cette solitude qui me cache tout et dans laquelle je me cache à tous.

Avant de prendre mon journal, j'ai quitté ma fenêtre où je m'étais accoudée pour respirer et soupirer à mon aise ; on aime bien encore respirer l'air tant qu'il est possible, mais les brouillards sont fatals à la rêverie. Maintenant, la lune donne à travers les jalousies ; que de changements dans la nature, et qu'ils se font moins douloureusement que dans le cœur !

Vendredi 5 novembre

L'après-dîner a été gai hier ; nous avons fait une délicieuse promenade avec les dames des familles Boeckel et Schneegans. Maman, retenue à la maison par une toux assez violente, n'a pas été de la partie. Le temps était délicieux : un peu de bise, mais d'une agréable fraîcheur ; il faut cela avec les feuilles qui jonchent la terre et les mille couleurs dont sont revêtus les arbres. L'herbe est fraîche encore, les prés sont d'un beau vert, mais les arbres ne porteront plus guère longtemps leurs panaches rouges ou jaunes. Qu'il faisait bon cependant sur cette grand-route du Rhin où nous marchions, huit de front et presque seules. En rentrant par la Citadelle et par les remparts, nous avons vu exercer les militaires, et en passant près de la caserne des canonniers, j'ai ouï, comme au vol, un délicieux passage de la *Norma* dit par un cor, et s'échappant, comme par enchantement, du sein de ce bâtiment à l'aspect si régulier.

Aujourd'hui, c'était encore une journée de solitude et d'isolement ; les brouillards sont restés tout le jour, et leur voile brumeux enveloppait les toits voisins, et l'hôpital et la tour du Calendrier se dessinaient sur le ciel uni comme de noirs fantômes.

Mais j'écris trop longuement ; on vient de me dire que ce journal, si sot, me faisait perdre un temps immense, qu'il vaudrait mieux filer ou tricoter, ou faire je ne sais quoi. Il faut que je cesse et le cache pour ne pas lui préparer un sort affreux ; mon unique conversation avec moi-même et mes souvenirs va donc également être interrompue. Hélas ! pourquoi faut-il donc que je sois sur cette terre ?...

Mercredi 10 novembre

Cinq heures du soir.

Nous sommes dans l'attente de notre soirée ordinaire du mercredi : nos invités, la famille Weber et Grand-Maman, peuvent arriver à tout instant. Il y aura donc un peu de causerie autour de notre lampe et de notre tapis vert, et de la partie si l'oncle Adolphe vient à temps. Que je plains Maman d'être retenue dans nos murs par cette maudite toux : le temps est délicieux depuis trois jours. Cet après-dîner, j'ai couru la ville pour faire ma digestion ; on trotte si bien sur le pavé propre et sec, les mains dans son manchon, et couverte de son manteau de flanelle dont la douce chaleur fait du bien à toutes nos veines. Si l'on veut s'édifier des modes nouvelles, qu'on aille courir la ville à présent, c'est le moment : les élégantes brillent aux rayons du soleil de novembre. Le velours fait fureur cet hiver, disent les journaux de mode, et j'approuve le choix des grandes dames, car rien n'est plus noble et plus royal que le velours. J'ai vu des toilettes riches et charmantes, mais qui me pèseraient, il me semble ; j'aime tant à être à mon aise dans un costume bien simple.

Un coup de sonnette, c'est quelqu'un pour nous ; cache-toi, mon journal.

Lundi 15 novembre

La journée d'hier était on ne peut plus silencieuse et plus solitaire. Maman ne sort pas encore, Emma était en soirée, et moi, j'ai passé ma journée à lire, à écrire un rêve de mon imagination, qui m'a déjà pris bien du temps, mais que je voudrais terminer au plus vite, et que je conserverai comme un souvenir de ma jeunesse. Quoique je ne sorte guère, je me donne cependant assez de mouvement ; puisque Maman ne peut quitter la chambre, c'est sur moi que reposent tous les soins du ménage : je suis sur pied la majeure partie de la journée, courant d'une chambre à l'autre, fermant et ouvrant les armoires, portant les ordres du salon à la cuisine.

La mort est impitoyable cet automne ; la fièvre nerveuse surtout fait d'affreux ravages. Une de nos plus jolies victimes, sans contredit, est mademoiselle Elisa Hervé, dont l'enterrement a eu lieu avant-hier [41]. Que ne fait cependant la position sociale ! Mainte jolie jeune fille, d'honnête famille bourgeoise, meurt : son nom, son âge, sont mis dans les *Affiches*, sur la liste des autres décès, et c'est fini par là. Ceux qui lisent son nom pour la première fois n'apprennent jamais si celle qui le portait était jolie ou laide, spirituelle ou sotte. Mais pour les filles des grandes familles, il en est autrement : les journaux disent que tout Strasbourg pleure la perte d'une de ses plus belles, vertueuses et distinguées demoiselles, Elisa Hervé. Que ses amis, que ceux qui l'ont connue lui rendent justice entre eux, mais pourquoi parler au nom d'une ville de soixante mille âmes, pourquoi tant de bruit après la mort qui en fait si peu ? Mademoiselle Hervé a été louée pour sa modestie, mais si effectivement elle ignorait qu'elle avait quelque avantage physique sur d'autres, pourquoi cette expression moqueuse de sa bouche, qui allait si mal avec l'éclat de ses beaux yeux ?

Mardi 16 novembre

La première neige est tombée dans la nuit ; quand, ce matin, la bonne est venue tirer nos rideaux, j'étais toute stupéfaite de voir, de mon lit, les toits comme saupoudrés d'un sucre tout aussi fin que celui que j'ai pilé aujourd'hui pour la tarte de biscuit du dessert. Malgré le froid et la neige, je suis beaucoup trop échauffée dans le moment pour écrire davantage. Que, toutefois, je n'oublie pas de dire que c'est aujourd'hui le cinquante et unième anniversaire de la fête de mon père.

Mardi 23 novembre

C'est ma fée protectrice qui m'a sans doute inspiré l'idée d'aller au bain ce matin : que je suis calme, reposée et rafraîchie maintenant ! Quelle différence quand je compare la soirée d'hier et celle d'aujourd'hui : hier, quelle agitation, quelle fièvre, quelle folie, quelle envie de rire et quelle tête brûlante ! Je me faisais peur à moi-même, j'attribuais cette irritation nerveuse à la visite que j'avais faite à Hélène Matthieu, à la conversation que nous avions eue, et à une question de mon médecin qui m'avait mise hors de moi. Mais je vois que tout ne provenait que du sang qui affluait vers ma tête, car je me rappelle tout aussi vivement qu'hier, Hélène, sa conversation, la question du médecin, et je reste calme, mon sang circule pacifiquement et mes joues sont fraîches et froides... Vive le bain !...

Jeudi 2 décembre

Rapidement encore quelques mots avant le coucher : mademoiselle Pauline est mariée, c'est ce que je voulais écrire mardi et que je n'ai pas trouvé le temps de dire. Il y a eu beaucoup de monde à l'église ; je m'y suis rendue avec ma sœur, mes deux amies Sophie. Mademoiselle Lauth est venue à l'autel vêtue d'une simple et austère toilette, robe de soie noire, écharpe noire, col avec une belle dentelle et rien dans les cheveux. Si monsieur Haerter [42] avait pu dire son sermon en allemand, il eut été très édifiant, mais de la sorte, il a eu à lutter avec les difficultés de la langue. A onze heures, il y a eu dans la maison grand déjeuner de famille, et à une heure, les nouveaux mariés sont montés en voiture pour gagner Mulhouse, leur première station.

Hier, j'ai passé mon après-dîner avec Sophie Gunther, chez Sophie Braunwald, pour nous rendre à sept heures, cette dernière et moi, à la soirée de madame Lauth où se trouvaient réunies les familles Lauth et Boeckel. J'étais curieuse de suivre la conversation et le ton d'une soirée du grand monde, mais à défaut de place, nous avons été reléguées, nous quatre demoiselles y compris Julie Boeckel et Emma, dans une chambre à part où nous avons eu le loisir de faire nos farces comme d'ordinaire. Cependant, nous avions l'insigne avantage d'être servies de temps à autre par monsieur Max [43], ce qui est bien une compensation à l'isolement.

Dimanche 5 décembre

Mon pauvre doigt brûlé ne tiendra pas la plume longtemps. Décidément, je n'écrirai plus que le dimanche : ma mère attribue ma distraction habituelle à tout ce que j'écris et «incessamment, me dit-elle, je brûlerai toutes ces bêtises». Au fond, je ne perdrai rien à la chose : que faut-il que j'écrive, sinon que je suis sur pied tout le jour, que je fais la cuisine, que je balaie et brosse, et qu'après m'avoir échinée tout le temps, je suis grondée pour le plus léger oubli ? Heureusement encore que je n'ai pas eu le loisir d'écrire vendredi, car il m'eût été impossible de mettre un frein ni à ma langue ni à ma plume :

j'aurais laissé échapper tout ce que j'avais de douleur et de rancune dans le cœur, et en le retrouvant dans un moment de calme, j'eusse été affligée de m'avoir laissée trop abattre. J'ai tant été grondée pour rien à peu près, j'ai tant pleuré ; j'ai souhaité être morte et couchée dans mon tombeau.

Vendredi 10 décembre

C'est assez de ma mère souffrante toujours, je n'ai point été malade, moi, malgré la semaine de repos que j'ai accordée à ma plume. Ce n'est point non plus pour écrire une chose intéressante que je tire mon album de sa cachette : je crois remplir simplement un devoir en faisant quelque chose pour le développement de ma réflexion et de ma mémoire, et pour un avantage futur peut-être, en tâchant de conserver mon écriture. Ce journal, c'est mon tribunal à moi, auquel je rends compte de l'emploi de mes heures.

Qu'ai-je fait de cette semaine qui en contient un si grand nombre ? J'ai eu la visite de quelques-unes de mes amies, j'en ai été voir d'autres ; j'ai vu Hélène Matthieu, Rosalie Durrbach et mes deux Sophie. J'ai soutenu une vive discussion avec Maman qui m'a refusé la lecture d'*Isabel de Bavière*, de Dumas, qui cependant doit être très intéressante puisqu'elle-même y est absorbée des heures entières, tournant sans cesse les pages sans détourner les yeux. J'ai été sermonnée, grondée, blâmée comme d'ordinaire ; à Dieu ne plaise, que je tâche de récapituler tout ce que j'ai souffert d'ennui et de surcroît d'occupations. Pourquoi me faut-il avoir du goût pour une étude sérieuse, une conversation solide et instructive ? Pourquoi, en pension, mes maîtres ont-ils mis au haut de mes devoirs des « très bien » qui m'ont encouragée, qui m'ont fait aimer par-dessus tout la littérature, l'histoire, la poésie ? Et faudra-t-il que j'oublie ce que j'ai acquis par des années de travail et d'application ? Non, non, je n'ai point encore renoncé à tout projet, comme j'ai dit adieu à bien des espérances : une place de gouvernante, d'institutrice, voici ce qu'il me faut. Dût-on m'en offrir une en Sibérie, j'irais ! Le jour n'est peut-être pas très éloigné. On m'a répété hier que j'avais si bonne mine, que j'engraissais à vue d'œil : je n'ai point osé répondre que j'étais étonnée de ne point me voir maigrir et pâlir, ballottée comme je le suis entre tant d'indifférence, de sévérité et de tourments.

Il faut que je cesse : à chaque mot que j'écris, je crois m'arracher une veine du corps.

Lundi 13 décembre

C'est tout comme si j'étais exilée, détenue dans une prison ou dans une forteresse, n'importe, je puis me croire au Spielberg, à Sainte-Pélagie, n'importe le nom, partout où l'on ne voit que des murailles, où l'on est obligée de travailler tout le jour, sans pouvoir y aller de bon cœur, et où l'on est traitée avec sévérité. L'idée de me trouver dans un cloître ne veut, seule, point entrer dans ma tête, car il me manque la consolation de l'église où l'on va prier, le silence et le recueillement dans la cellule, et le calme qui n'est que sous le voile.

Tout à l'heure encore, mais non, non, je veux oublier autant que possible, ma mère m'a grondée en termes… elle n'oserait les dire à la dernière des servantes. Comment puis-je être gaie et joyeuse comme mes amies qui possèdent l'affection de leur mère ? La mienne me reproche un cœur de pierre ; s'il était moins sensible, ces mille traits trouveraient-ils chacun leur but ? Que n'est-il plus dur, peut-être me plaindrais-je moins. J'ai beau faire des efforts, un sentiment d'aversion qui date de tant d'années ne se laisse pas détruire et ne fait qu'accroître. Pourquoi le ciel donne-t-il des enfants à celle qui ne sait point les aimer ? Puisse Dieu me tenir compte, un jour, de la douleur poignante qui, à chaque reproche injuste, tombe sur mon cœur.

Jeudi 16 décembre

Hier, nous étions avec madame Weber et ses filles voir l'exposition au palais [44] : que de jolis ouvrages, que de beaux dons en argenterie, en porcelaine, en cristal ! Pourvu que nos billets soient des gagnants [45]! J'ai vu un guéridon charmant, qui se placerait si bien dans un des coins de ma chambre ! Je poserais dessus volontiers la charmante cassette de Sa Majesté la reine : c'est une boîte de palissandre à serrure, avec une peinture sur le côté de devant, et au haut, une guirlande de myosotis avec cette devise *Pour mes Pauvres* ; je l'aimerais surtout puisqu'elle vient de Paris.

Sophie Braunwald m'a fait part d'une nouvelle fort consolante et dont elle-même est enchantée : on crée en France, je ne sais dans quelle province, un couvent pour filles protestantes. Elles ne prononceront point de vœux, pourront rester autant qu'il leur plaira, et soigneront les malades et les prisonniers. C'est donc un asile qui me restera toujours et qui s'ouvrira pour moi dès que je voudrais m'y rendre [46].

Samedi 18 décembre

Opération [47].

1842

Jeudi 20 janvier

Béni soit Dieu! béni soit monsieur Stoeber[48]! l'opération a merveilleusement réussi! Maintenant je suis heureuse et n'ai plus à demander au ciel que
la guérison de Maman, dont l'état nous cause de grandes inquiétudes.

La perdre, ô l'idée affreuse! J'ai tant souffert, pourrais-je supporter encore
un tel malheur? Dieu qui est si bon, serait-il donc sourd à nos prières?

Jeudi 27 janvier

Jeudi 27 janvier 1842   ✝   **Onze heures et demie du matin**

Notre Mère

Samedi 12 mars[49]

Plus de mère, hélas! ce mot renferme toutes les douleurs. En peu de jours,
j'ai beaucoup gémi, beaucoup souffert, beaucoup appris; j'ai la mémoire de
toutes ces émotions douloureuses, je les sens toujours, mais je n'ai ni la force
ni le courage de les dire.

Mercredi 16 mars

O ma mère, ma mère chérie! ne te réveilleras-tu plus? Ne reviendras-tu
jamais? Pourquoi nous as-tu abandonnées, nous, pauvres enfants, si jeunes
encore et si ignorantes? Plus de mère, faut-il le croire!... Tout le passé n'est-
il pas un affreux rêve? Est-ce bien notre mère que nous avons vue d'abord
souffrante, puis mourante, puis blanche et glacée... Ce long cercueil, orné de
guirlandes et de couronnes, nous enlevait-il pour jamais celle qui nous a
donné le jour?

Si l'on me l'avait prédit il y a quelques années, si l'on m'avait dit : « Enfant, un malheur funeste te surprendra dans la fleur de ta jeunesse, à dix-neuf ans, tu verras les planches du cercueil se fermer sur ta mère... Pauvres sœurs, vous serez seules au monde avec votre père et la mère de votre mère », j'aurais maudit cette voix prophétique qui m'eût semblé vouloir détruire mon bonheur.

Qui aurait dit, quand, le jour de la mort de ma grand-mère, je traçai sur mon journal cette croix, lugubre arrêté, malheureuse ! ce n'est point la dernière. Aurais-je cru que six mois après, j'en ferais une pareille pour Maman, une plus lugubre, une plus triste ? Quand nous retournerons au cimetière, nous trouverons la tombe de mon frère et tout près, deux tombes nouvelles, dont l'aspect de la plus fraîche surtout fera saigner nos pauvres cœurs.

Je suis trop triste encore ; je sens que toutes les larmes que contiennent mes yeux n'ont pas encore coulé, et lorsque enfin elles commenceront à tarir, le chagrin et les regrets n'en deviendront que plus profonds, car perdre sa mère, hélas ! voir mourir sa mère à cet âge, c'est la plaie la plus profonde que Dieu puisse frapper au cœur d'une jeune fille. Si je dois survivre à cette cruelle épreuve, que le ciel me donne tout le courage qu'il lui est possible de donner, autrement le désespoir va s'emparer de moi et ma vie s'en ira avec ma raison.

Chaque jour, à toute heure, j'ai cent choses sur le cœur que je voudrais verser dans celui de Maman ; il me semble devoir la retrouver le soir en rentrant ; je veux lui demander conseil ; je ne crois pouvoir me déterminer pour la chose la plus insignifiante sans avoir pris son avis, et quand le sentiment de ma position réelle me revient, je me demande s'il sera long encore, ce temps de doute et d'irrésolution, s'il est bien éloigné encore, le jour de notre réunion où toutes mes peines et mes angoisses trouveront leur fin.

Et cependant, quand je pense qu'elle ne devait plus guérir, que si ses forces eussent surmonté sa dernière maladie, sa santé chancelante se serait traînée quelques années encore, un an ou deux ans peut-être, et alors, elle eut succombé... Oh non ! non ! si, cependant, nous ne devions pas garder notre mère chérie aussi longtemps qu'elle a gardé la sienne, le ciel a eu pitié de nous et d'elle en abrégeant ses souffrances. Elle a beaucoup souffert, elle a souffert longtemps, mais il y a des souffrances plus terribles et plus cruelles encore.

Mercredi 25 mars

Il pleut, il neige, le jour baisse. Le triste temps qui vous retient dans les murailles. Demain, nous irons à l'église, ma sœur et moi, voir faire leur confirmation à notre cousine Julie Weber et à notre amie Mélanie Koehler : l'église, c'est le lieu le plus convenable où désormais nous puissions paraître, malheureuses enfants que nous sommes. Quel avenir, grand Dieu ! rien de plus affreux qu'une espérance anéantie, foudroyée, rien de plus triste que la réalité quand on est d'âge de la connaître et d'en comprendre tout le malheur.

Quelles révélations m'a-t-il fallu entendre ! Insensée qui refusais de croire aux avis furtifs que l'on me donnait dans le temps. Où les choses tourneront-elles ? Je suis abattue, brisée ; ô ma pauvre mère, maintenant je conçois cet abattement constant qui ne la quittait pas, même au milieu de la société la plus gaie et la plus folle. Pourquoi, seulement après sa mort, m'instruit-on de ce que j'aurais dû connaître dès longtemps ? Mille souvenirs confus reviennent à mon âme pour la troubler ; je n'ose songer à ma mère sans un serrement de cœur, sans que les larmes ne me viennent aux yeux. J'ai tant pleuré dimanche, quand j'étais seule, que je sentais ma tête s'égarer. Je croyais avoir pleuré tout ce que j'avais de larmes le jour de la mort de ma mère, le jour des funérailles. Ce n'est pas tout encore, les pleurs qui viennent maintenant et viendront encore sont mêlés d'amertume et de pensées déchirantes ; les premiers étaient de douleur, à l'aspect d'un être aimé froid et inanimé, les autres sont de désespoir et de chagrin.

O Dieu bon et miséricordieux, retransporte-moi dans le temps de mon enfance, à cet âge heureux où le présent n'a point d'inquiétudes, l'avenir point de craintes ; ou pour le moins, donne-moi son insouciance si je dois vivre et vivre quelques années encore.

Dimanche 10 avril

Après une interruption de quinze jours, je reprends mon journal par une froide matinée d'avril. Nous rentrons de l'église, ma sœur et moi, et selon toute probabilité, nous ne sortirons plus de toute la journée : il fait trop froid pour se promener et nous avons trop d'occupations à la maison pour faire des visites. Que de travaux, que de peines, que de soins dans cet énorme local dont la moitié suffirait pour trois personnes, car depuis la semaine passée, Grand-Maman est réinstallée dans son logement ; elle vient faire ses repas avec nous, mais nous ne l'avons pas auprès de nous toute la journée. C'était une triste nuit que celle que nous avons passée, la première fois depuis deux mois, sans elle. Elle pleurait, nous pleurions, on eût dit un adieu éternel.

Et nous ne sortirons pas de cette triste maison, si fatale à notre famille : nous y sommes entrés cinq, maintenant nous sommes trois encore, et Dieu sait pour combien de temps. Papa nous a autorisées à chercher un logement ; nous avons couru pendant quelques semaines, ne craignant ni froid, ni grêle, ni pluie, ni vent, perdant un temps immense, chargeant tous nos amis de faire des perquisitions pour nous, mettant en émoi ciel et enfer, faisant nos plans, plaçant nos meubles et divisant nos chambres, et lorsque enfin nous croyions avoir trouvé ce qu'il nous fallait, lorsqu'il s'agissait d'une résolution définitive, lorsque toutes nos courses allaient être couronnées de succès,

Emma et moi avons eu la fatale pensée de vouloir parler à Papa, pour entendre son dernier avis et obtenir son consentement. Nous attendons jusqu'à dix heures du soir qu'il soit rentré, nous croyons choisir bien favorablement notre temps puisque personne ne viendra nous interrompre. Il vient, nous lui parlons du logement en question, de tous les agréments qu'il semble offrir, il ne répond rien. Nous insistons, nous disons qu'il est temps de se décider, qu'autrement il sera trop tard, qu'il ne faut point laisser aller la chose, qu'il aille voir le logement à son tour ; mais tout à coup, sa colère éclate. Oh ! je veux passer sous silence cette scène : je ne me souviens que trop bien, pour jamais l'oublier, de la nuit d'angoisses qui la suivit. Il suffit : à deux genoux, nous avons promis, Emma et moi, de ne jamais plus vouloir parler de déloger...

O second étage de la maison de l'Homme-de-fer, toi que nous habitions déjà en pensée et en imagination, pourquoi avons-nous appris que tu étais vacant ? Que de joies, que de plans détruits, anéantis. Je n'y pense plus maintenant.

Les premiers instants d'abattement et de désespoir passés, on peut se résigner à tout lorsqu'on le veut. Pour écarter les pensées tristes ou folles, je m'occupe toute la journée et Dieu merci ! le travail ne me manque pas ; nous sommes à la veille de la lessive. Mon oncle va s'absenter pour quelques jours : dès que les occupations de lessive me le permettront, j'irai à son comptoir pour surveiller et aider en son absence, et dans la rue des Serruriers[50], l'ennui ne vous gagne pas.

Jeudi 21 avril

Ce n'est pas pour écrire longtemps que j'ouvre mon journal. Je suis au comptoir depuis trois jours, copiant des lettres de change, faisant des calculs ; je ne manque pas d'ouvrage grâce aux bons soins de monsieur Seeger.

Il fait chaud aujourd'hui, le jardin fait plaisir à voir, les arbres sont si beaux sous leur jeune feuillage. La lune paraît au ciel, le soleil couchant dore les toits de l'hôpital. Ah ! le mal de dent horrible, qui me tourmente depuis trois jours sans discontinuer, et la nuit, ô quelle douleur, je la vois s'approcher en tremblant car je ne trouve pas de repos au lit.

Mardi 26 avril

C'est une date que je dois connaître mieux que bien d'autres, car c'est celle de mon jour de fête : aujourd'hui, Amélie. Le triste jour, la triste fête. Personne n'est venu m'embrasser, personne n'y a songé, ni père, ni grand-mère, ni oncle, ni sœur, ni amie. Dans trois jours, l'anniversaire du jour de ma naissance : comment sera-ce alors, y pensera-t-on comme on y a pensé aujourd'hui ? Vingt ans, bon Dieu ! la jeunesse est à son déclin, la fraîcheur et l'insouciance s'en vont ; je me sens maigrir, je me sens vieillir, et de chagrins et de regrets.

29 avril 1842

Vingt ans aujourd'hui !... De tous les anniversaires du jour de ma naissance, c'est celui dont je me souviendrai toute ma vie : c'est à sa veille que j'ai été pour la première fois pleurer sur la tombe de ma mère. Triste jour, triste passé ! avenir plus triste encore. Heureuses les jeunes filles qu'en ce jour leur mère embrasse, moi personne ne m'a embrassée, personne ne sait que je suis née il y a vingt ans aujourd'hui, personne n'a fait un vœu pour mon bonheur, personne excepté ma mère peut-être...

Oh ! pauvre journal, avec quels sentiments je t'ai commencé, avec quels sentiments je continue d'écrire. Je suis jeune encore, mais je ne dois plus l'être ; quelle triste chose que la vie quand l'avenir vous fait trembler.

Samedi 7 mai

Je n'ai plus que deux minutes pour dire que nous allons nous coucher, Emma et moi, afin d'être sur pied demain à cinq heures du matin, car à six, nous partons avec notre bon oncle pour Offenbourg. Je me réjouis comme une folle pour rouler en voiture dans mon délicieux duché de Bade, que je n'ai visité de longtemps, et surtout au mois de mai, sous les arbres si beaux de leurs blancs bouquets et de leur frais feuillage. Pourvu qu'il ne pleuve point, car alors, adieu plaisir et voyage !

Dimanche 8 mai

De longtemps, je n'ai été toute prête et tout en toilette le dimanche matin à sept heures. Il n'en est rien de notre partie de plaisir : l'oncle nous a fait dire que le temps est trop variable, que le vent soufflait trop fort et qu'il ne voudrait pas que l'une ou l'autre prît froid. Maintenant nous irons à l'église et nous aurons une longue journée à notre entière disposition. Ah ! qu'il fait bon le matin, quand l'aube dore la cime des arbres et le haut des toitures, quand les oiseaux font retentir l'air si pur de leurs joyeux cantiques du matin, quand les gouttes de rosée brillent sur chaque feuille et chaque brin d'herbe, et que tout autour de vous est calme, silence et fraîcheur. Mais voici le soleil qui vient ; que n'a-t-il pas donné ainsi ce matin, nous serions loin, déjà nous aurions passé le Rhin !

Je lis de nouveau depuis quelques jours. Monsieur Seeger a eu la bonté de me prêter un roman historique fort intéressant : *Schloss Liechtenstein* de Wilhelm Kauff ; c'est là ma lecture du comptoir, que je fais l'après-dîner quand il y a du repos et du silence, mais à la maison, j'ai caché dans mon armoire le charmant roman de madame de Krüdener, *Valérie*. J'en suis folle, je le dévore, je regrette seulement de ne pouvoir le copier tout entier et d'être obligée de le parcourir à la hâte, car j'ai bien peu de moments libres à la maison. Que j'aime maintenant les Suédois, les froids rivages de la Scanie et ce vertueux, malheureux et tendre Gustave, et cette jeune et charmante Valérie.

Vendredi 27 mai

Oh ! le sommeil et l'ennui viennent me chercher jusqu'au fond du comptoir où je suis toute seule, où je suis clouée au grand pupitre vert, penchée sur les gros livres de ventes, de caisse, de copie, d'effets, que sais-je enfin. J'ai grande soif de ma demeure de nouveau, quoique je n'y aie point cette exposition vivante, ces nombreux passants qui, de leur regard curieux, semblent vouloir percer les vitres ; mais je laisse tant de travail en retard. Voilà six semaines déjà que je viens chaque jour dans la maison de mon oncle et depuis quinze jours, depuis le départ de monsieur Seeger, j'y suis, du matin à huit heures, à sept heures du soir. Depuis tout ce temps, je n'ai reçu chez moi aucune de mes amies, ni ne les ai été voir qu'à la dérobée pour ainsi dire, et cela encore rarement.

Je vais parler un peu de la soirée d'hier soir que Papa a tâché de nous rendre aussi agréable que possible. Je suis rentrée du comptoir un peu tard comme c'est mon habitude ; nous avons fait toilette à la hâte, Emma et moi, puis nous sommes allés jusqu'au faubourg de Saverne. Là, nous avons pris l'omnibus pour être rendus le plus tôt possible au débarcadère : à huit heures moins le quart, le convoi est arrivé et, malgré les désastres du chemin de fer de Versailles qui m'avaient laissé une si grande peur dans l'âme [51], j'étais si enchantée en voyant cette machine volante que je n'eusse pas hésité à m'y mettre si on me l'avait proposé. C'est un spectacle curieux que de voir, du haut du belvédère du jardin Lobstein, cette foule de voyageurs se précipitant des wagons pour remplir les omnibus qui, par douzaines, font station au débarcadère. Nous avons marché dans les rails pendant quelque temps ; nous avons vu le soleil se coucher, le ciel était magnifique, j'avais peine à en détourner les yeux parce que, lorsque je me trouve au beau milieu de la nature, je respire plus à l'aise, mais je me sens plus disposée à la tristesse et à la mélancolie. La nuit tombait déjà lorsque nous nous sommes mis à table pour manger des biftecks pour notre souper. Il faisait nuit quand nous sommes arrivés à la porte de la ville. A neuf heures, nous avions quelques pas encore jusqu'à notre maison : ô surprise ! que voyons-nous, qu'entendons-nous ? Des lumières brillent sur la rivière d'où s'échappe une musique délicieuse ; une barque marchait lentement, entourée de plusieurs petits bateaux. La foule encombrait le pont, les quais, beaucoup de jeunes filles surtout, avec leurs amoureux. Tous se récréent aux sons de cette musique vraiment magique, et moi, je restais rêveuse debout près de ma sœur et de la bonne : pendant toute une heure, j'étais heureuse, je rêvais un autre monde, une autre vie, mais quand le bateau magique se fut éloigné, quand je n'entendis plus ces accords qui avaient remué toutes mes fibres, j'eusse voulu me précipiter dans ces ondes, maintenant si tristes et si mortes.

Jeudi 16 juin

Nous revenons du bain froid, ma sœur et moi ; nous nous sommes fait accompagner par la servante. En rentrant, nous avons senti un grand appétit, un verre de gelée de groseilles n'a pas suffi, et pour profiter de l'absence de madame Lauth, nous sommes entrées en franc-voleuses dans le jardin pour cueillir les fraises que la sécheresse empêche de devenir belles et grandes. Avec une joie d'écolier, nous avons porté notre butin dans la salle à manger ; le buffet a fourni vin, sucre et cannelle : c'était un goûter parfait et je suis assez enfant pour raconter cette escapade.

Mardi 28 juin

Je reviens du comptoir de mon oncle où j'ai passé ma journée, moitié de bonne, moitié de mauvaise humeur, parce que jamais je n'ai plus rien à écrire. Je voulais lire, j'oubliai d'emporter mon *Werther*, parce que neuf heures étaient déjà sonnées à l'hôpital, et que j'avais fait toilette à la hâte. En arrivant, l'oncle m'a reproché de ne pas être venue hier avec Emma puisqu'il nous attendait : incidents au nombre de deux, qui m'ont rendue boudeuse jusqu'à onze heures environ, heure à laquelle j'ai lu la gazette et où monsieur Seeger est venu me parler de la foire du Contades et de la musique.

La foire, je l'ai vue hier, je me suis enivrée au son de cette musique de saltimbanques, que l'on entend dans chaque tente où il y a quelques curiosités à voir. Rien ne me tente cependant, ni la représentation de la translation des cendres de l'Empereur, ni les figures de cire, ni l'esquimau et le jaguar, ni le théâtre de singes enfin. Je ne voudrais voir danser que la troupe vénitienne, seule rivale des Arabes et des Bédouins. Le dehors du cirque, déjà, est arrangé et décoré avec tant de bon goût et de décence qu'à en juger du dehors sur le dedans, l'on ne doit pas se repentir d'y être entré, d'autant plus que dans tous les journaux, l'on a annoncé que : *La mère sans danger y conduira sa fille.* Il faudra, pour y être conduites, que nous fassions un peu la cour à l'oncle.

Pour les boutiques ordinaires, rien ne vous attire : c'est comme toujours les mêmes petits objets de luxe, ou de ménage, ou d'ennui, à prix fixe ; en sucrerie, les mêmes cochonneries de bonbons communs. Il n'y a que les pains d'épice qui soient appétissants, et encore faut-il connaître les boutiques pour en trouver de frais. Nous n'avons fait honneur qu'aux gaufres, assez bonnes, que l'on mange toutes chaudes, saupoudrées de sucre, que vendent les marchandes de Hollande, dont le costume, et surtout la coiffure bizarre, attirent sur elles plus de regards curieux que de gros sous dans leur poche. C'est une coiffure qui rappelle tout à la fois le casque du chevalier et la coiffe de la religieuse : ce sont des dentelles blanches tombant en barbes sur les épaules, et retenues autour de la tête par des plaques de cuivre et d'étain. Comme souvenir de ma première visite à la foire, j'ai, au quatrième doigt de la main gauche, une bague noire de coco ciselée de fleurs et de feuilles, ouvrage des malheureux galériens de Brest. Cette bague noire, cette bague de deuil et de tristesse, mouillée de plus d'une larme de repentir, convient mieux à ma situation actuelle et à l'état de mon cœur que mes bagues d'or, et je ne la quitterai plus à moins qu'il se fasse un grand changement, car hier, après l'avoir passée au doigt en rentrant de cette foire où j'ai eu quelques instants de joie, j'ai fait une démarche, un détour, une promenade pour découvrir quelque chose, et elle a été infructueuse comme tant d'autres déjà qui l'ont précédée. C'est une petitesse que je devrais arracher de ma pensée, mais tant qu'il me reste une ombre d'espoir, je n'ai pas le courage de le faire.

J'entends rentrer ma sœur, elle m'apporte ses manchettes achevées. Que j'ai vu de jolies broderies hier à la foire, dans la boutique de cette lingère de Nancy ! des cols, des pèlerines, des manchettes à ravir. J'ai couru grand risque de me ruiner en broderies ; si ma bourse avait été assez bien garnie pour fournir le montant d'un mouchoir, je ne serais pas revenue les mains vides, j'en ai vu un si joli, de mousseline batiste, à rivière, brodé dans les quatres coins : c'est une fantaisie qu'il faut que je satisfasse pour avoir également un souvenir de Nancy.

Sept heures déjà ! vite, que je ferme mon journal, il faut que je coure encore un peu la ville.

Vendredi 1ᵉʳ juillet

Je ne sais pas ce que j'ai fait pour attraper, en été, une toux violente et un gros rhume qui me fait constamment le mouchoir en main, dont le continuel frottement m'ouvre le nez et les lèvres. Ce qu'il y a de plus positif, c'est que je viens de passer ma journée au comptoir où j'ai tricoté comme une folle pour les beaux yeux et les beaux pieds de ma sœur, que la chaleur est tuante, qu'hier nous avions vingt-sept degrés et aujourd'hui pour le moins autant, sinon plus. J'ai le mal du pays après l'eau, mais avec mon enrhumement, je ne veux pas me hasarder dans la rivière de peur d'attraper quelque mal grave.

Jeudi 7 juillet

Que de devoirs pèsent maintenant sur moi ! Je pense souvent que c'est une croix trop lourde pour mes épaules de vingt ans. Personne, personne ne m'assiste de son conseil : c'est là tout ce que je regrette. Je n'exigerais pas même que l'on partageât mes travaux. Grand-Maman nous a abandonnées, ne s'inquiète plus de nous : c'est là le mot, je n'en trouve pas de plus doux. Devoir est un mot que bien peu, hélas ! connaissent dans notre famille, et je remercie le ciel qui ne m'a point accordé un esprit supérieur qui dédaigne les avis de tous les autres, mais qui m'a donné la faculté de comprendre ce mot sans lequel il n'y a point de prospérité, ni sur la terre, ni dans le ciel.

C'est maintenant la saison de faire des provisions pour l'hiver, comme par exemple les confitures : que je vais avoir de peine et d'embarras jusqu'à ce qu'elles soient faites. Que je suis encroûtée dans les détails de ménage ! Vie de femme de lettres que j'avais rêvée dès mon adolescence, ton aurore est piteusement prosaïque ! Je suis honteuse, pour moi seule quand, en lisant, je trouve un nom historique ou littéraire bien connu et que je ne sais plus à qui le donner. Tout à l'heure, en lisant dans mon *Musée des Familles*, j'ai trouvé les noms d'Appelle et de Sapho : j'ai bien réfléchi dix minutes avant de pouvoir me ressouvenir que le premier était un peintre célèbre dans l'Antiquité et la seconde une femme poète qui a fait des vers brûlants. Il m'arrive comme aux vieilles femmes : je perds la mémoire, moi qui l'avais si fidèle autrefois ; il ne manque plus que les cheveux blancs pour que ma métamorphose soit complète, car ajoutez à ceci un dégoût du monde, des hommes, et de tout enfin, peut-on encore vous appeler jeune ?...

Puisque je viens de parler de confitures, et que je ne voudrais point que toute ma science allât en déconfiture, je vais essayer de traduire cette pensée de Werther dans sa dernière lettre à la belle Charlotte :

« Quand, un beau soir d'été, tu graviras la montagne, alors souviens-toi de moi ; pense que de fois je montai la vallée, et alors jette tes regards sur le cimetière, sur ma tombe où, aux rayons du soleil couchant, le vent fait mouvoir les hautes herbes. J'étais tranquille en commençant, et maintenant, je pleure comme un enfant parce que tout ceci prend vie autour de moi. »

O l'infortuné Werther ! pourquoi le malheur s'attache-t-il toujours aux âmes les plus distinguées ?

Dimanche 10 juillet

Nous avons vu une éclipse de soleil fameuse vendredi. Les deux journées d'hier et d'avant-hier étaient pleines d'occupations importantes.

Aujourd'hui, le temps est triste ; nous avons été à l'église, Emma et moi, puis nous avons fait une visite à mademoiselle Pauline Schneegans. En revenant, nous avons rencontré Papa qui nous a fait faire un tour de ville. Maintenant, les cloches sonnent pour les élections : jusqu'à ce soir, nous apprendrons qui a remporté la palme, ou le maire, ou monsieur Martin qui est venu hier trois fois dans la journée pour parler à Papa[52].

Quel mélancolique ciel ! Les nuages gris et blancs filent sur le fond d'azur du ciel. Que j'envie ces légères vapeurs ! En face de moi, j'ai la tour du Calendrier et les toitures de l'hôpital ; pas une feuille ne remue dans le jardin, on n'entend que le croassement des corbeaux qui volent tout près de nos fenêtres, qui se plaisent à décrire de longs circuits au-dessus du jardin, et à se poser sur les cheminées voisines et sur la tour. Ajoutez à tout cela le tintement des cloches, et ma sœur et moi, seules dans la maison. N'est-ce point à faire perdre la raison à de plus vieilles têtes ? Non, vraiment, je ne crois pas habiter une cité de soixante mille âmes, je me crois exilée dans quelque manoir féodal par la volonté d'un redoutable ennemi ; je ne jouis d'aucun des avantages des femmes de la ville et il me manque encore ceux qu'avaient les châtelaines : la chasse à cheval, les tournois et le luth. Malgré toutes mes occupations, l'ennui me consume et me tue.

Mardi 12 juillet

Que Dieu me prenne en pitié ! j'ai le cœur si lourd. Aujourd'hui, j'ai été en proie déjà à tous les sentiments qu'il est possible d'éprouver : mon oncle veut m'enrôler dans ses affaires, il veut me faire un avenir en me mettant dans le magasin d'huile qu'il compte établir, où je serai obligée de tenir les livres et de vendre de l'huile !... Et pour obvier à ces belles et poétiques occupations, il me faudra quitter la maison de mon père pour celle de mon oncle, autrement je serai perdue dans les bonnes grâces de mon oncle, et je dois parler à mon père le plus tôt possible. Pourvu que mon père n'y consente point. Mille fois plutôt, j'irai chercher mon existence en pays étranger, en devenant gouvernante d'enfants chez quelque famille honorable, que de ne m'occuper du matin au soir que d'huile, de tourteaux, de navette, de chiffres, d'intérêts et de cinq pour cent. Je reviens du comptoir où l'oncle m'a fait cette proposition : les larmes m'en sont venues aux yeux et cependant, je n'ose point dire non, ce serait trop cruellement mettre mon avenir en jeu.

Alexandre Dumas m'a consolée aujourd'hui : je lis *Isabel de Bavière* et je m'enchante à la lecture de ce style admirable qui fait passer à mes yeux des scènes si lamentables, si mélancoliques et d'un si puissant intérêt.

Vendredi 15 juillet

Le duc d'Orléans est mort ! Triste et déplorable nouvelle que nous avons refusée de croire, hier à trois heures de l'après-dîner, et qu'à six du soir, on lisait déjà dans chaque rue. Nous attendions à Strasbourg le duc et la duchesse pour le 25 juillet. Déjà, on avait fait des préparatifs, le programme des fêtes qu'on leur donnerait, et maintenant, comme le dit le préfet du Bas-Rhin dans sa proclamation aux Strasbourgeois :

« Le deuil remplace l'allégresse, la mort a enlevé le fils aîné de la patrie. Aujourd'hui, les destinées de l'avenir sont concentrées autour d'un berceau : qu'il soit protégé par la sagesse du roi et par l'union du peuple, que sur la tombe du noble père du comte de Paris, les partis abjurent leurs dissentiments et, qu'au milieu de la douleur commune, l'attitude calme et digne de la France prouve une fois de plus qu'elle est grande dans les malheurs qui la frappent ! »

L'événement a eu lieu à la sortie du bois de Boulogne près de la porte Maillot : le duc d'Orléans a fait une chute en voulant s'élancer hors de sa voiture que les chevaux emportaient. Infortuné prince ! périr d'une mort si funeste à trente-deux ans. J'ai toujours envie de pleurer : c'est comme si j'avais perdu quelqu'un de ma famille.

Mardi 26 juillet

Il faut que je m'arrache de ma chiffonnière pour parler de mon voyage. Je n'ai plus eu, samedi au soir, le temps d'écrire. Nous partons pour Niederbronn, ma sœur et moi, rejoindre notre oncle et revenir avec lui lundi. C'étaient deux journées d'agrément comme nous n'en aurons point de longtemps, deux journées d'une vie de princesse.

Nous sommes parties dimanche matin à six heures, dans la voiture de l'oncle, avec son domestique. La matinée était belle, mais très fraîche. Malgré nos manteaux que nous supportions parfaitement, nous nous serrions dans le fond de la voiture pour nous garantir de l'air le plus possible. A neuf heures, nous étions à Haguenau ; le domestique, après avoir fait donner de l'avoine au cheval, nous a conduites au café Bliefeld où nous voulions demander une chambre à part pour faire notre déjeuner : voyant que la salle était vide, nous entrons et nous nous plaçons à une table. La vue des tasses et de la corbeille de gâteaux nous fit grand bien, car l'air vif du matin avait aiguillonné notre appétit : nous étions dans les dispositions nécessaires pour faire un repas copieux quand la conversation du cafetier qui, en sa qualité de maître de la maison, crut sans doute qu'il devait en faire les honneurs en nous prouvant qu'il savait causer, vint renverser notre calcul. Avant tout, il me donna le titre de madame, ce qui, déjà, fit passer un sourire sur mes lèvres et un dépit dans mon cœur, puis il parle des élections, des cabales et des intrigues qu'elles produisent toujours, de la mort du duc d'Orléans, des puissances étrangères. Puis, s'adressant à Emma, il lui dit qu'il lui semblait devoir connaître ses yeux. Le gros joufflu avait envie de savoir qui nous étions et nous ne l'avions pas de le dire. Il demande si nous sommes arrivées avec la diligence, nous répondons : « Non, avec notre propre voiture » ; il nous demande pour qui nous sommes en deuil, nous disons : « Pour notre mère. » « En ce cas, dit-il, aucune de vous n'est mariée encore. Ah ! c'est un bel état que le célibat, un excellent état ! » et cent bêtises pareilles. Je n'en pouvais plus, il ne me servait de rien de mordre mes lèvres jusqu'au sang, je me tournais pour me moucher et cachais ma tête dans les pots de fleurs qui garnissaient la fenêtre pour ne pas lui rire au nez. Emma s'est remise la première et a commencé par demander à qui appartenait la maison en face ; nous nous hâtons de payer notre écot, nous sauvant, le morceau de gâteau encore en main, pour échapper aux poursuites de ce gaillard, comme dit Emma. De tout le voyage, c'était l'aventure la plus remarquable.

A midi et demi, nous étions à Niederbronn. L'oncle était allé à notre rencontre par l'ancienne route et nous arrivions par la nouvelle : les dix minutes que nous mettions à l'attendre furent employées à poser nos quelques effets, principalement notre toilette de nuit, dans la commode de la charmante chambrette, à rideaux rouge et blanc, à la tapisserie blanc et bleu, au lit à rideau, qui nous était destinée. Avec quel regret j'ai quitté cette chambre dont la croisée donne sur la promenade fraîche et verte, où circule tout le monde. A peine avions-nous le temps de dire bonjour à l'oncle, car déjà la cloche sonnait pour le dîner. Nous avons dîné à la table d'hôte du Wauxhall. En entrant dans la salle, la première personne qui vint à moi fut Ernestine Sattler et madame Heckmann. Malheureusement nous n'avons pu nous placer l'une près de l'autre, car l'oncle, qui était vice-président, a pris une place au bas de la table pour être avec nous. En face de nous se trouvait la famille Walter, établie à Geisselbronn. La figure de madame Walter m'a beaucoup intéressée, et plus encore celle de mademoiselle Anna Passavant, sa sœur : c'est une charmante blonde au teint blanc et pur, aux yeux bleu foncé, à la bouche gracieuse et garnie de dents magnifiques. J'aimais surtout à entendre cet allemand de Francfort, leur ville natale, et je le comparais à notre maudit dialecte strasbourgeois. La musique vint ensuite. Ce que j'ai trouvé joli, c'étaient, comme ornements de la table, des bouquets de fleurs dans des verres de champagne géants. Nous avons mangé comme on mange à table d'hôte, salissant une assiette avec une bouchée de légume ou de viande et joignant aux soufflages du dessert deux verres de champagne avec lequel l'oncle a eu la bonté de nous régaler. Après le dîner, nous sommes restés assis devant le Wauxhall, l'oncle et monsieur Steinheil buvant le café et nous, regardant le monde et riant de la conversation et du costume de monsieur Pfaehler qui s'est chargé du rôle de dire des douceurs à toutes les dames. Aussi son costume s'allie-t-il parfaitement avec son rôle : s'il n'avait soixante-quinze ans, des cheveux blancs et des rides, il serait séduisant dans son frac noir, son jabot à dentelle, ses bagues et sa chaîne d'or à laquelle pend un magnifique flacon.

Nous voulions faire une partie à âne mais malheureusement, ils étaient tous pris ; l'oncle a fait atteler donc une voiture et, en compagnie de monsieur Steinheil, nous sommes allés au Jaegerthal, cette vallée sauvage et romantique dont j'aurais voulu voler, pour les prendre avec moi, les forêts de sapins et de bouleaux, les bassins d'une eau si pure que les arbres s'y reflètent comme dans un miroir, les puits artésiens, les sources serpentantes à travers le gazon et les fleurs odoriférantes. En face de ce manoir qui domine la vallée, il me revint en mémoire tous ces souvenirs poétiques et chevaleresques que les historiens et les poètes nous ont transmis. En voyant ce soleil mourant dont les derniers rayons coloraient encore la cime des hautes sapinières, je songeais à Werther et je compris plus vivement que jamais cette idée qu'il exprime si éloquemment : *Pleure, nature, ton fils, ton amant va mourir !* Oui, la nature, dans son muet langage, a toujours quelque chose à dire aux âmes tendres et profondes.

Il était trop tard pour visiter le château ; nous sommes revenus à Niederbronn par la nuit tombante. Après avoir fait quelques tours dans la promenade, nous avons pris un potage et des glaces à la vanille grâce à la galanterie de monsieur Steinheil, et pour le bouquet, nous avons été voir le bal : il n'était point édifiant, il ne dansait pour ainsi dire que des juifs. En fait de toilette, je n'en vis aucune qui me fit plaisir. Mademoiselle Half, que j'ai vue beaucoup dans les concerts de monsieur Jauch, était assez bien quoique fort simple : une robe de mousseline blanche à plis, une ceinture écossaise à longs bouts et rien dans les cheveux. Une autre dame juive, assez jolie femme, dansait en bonnet, en crispin noir sur une robe blanche. Il y avait deux jeunes personnes en mousseline laine ; une autre portait une guirlande de flots roses dans ses cheveux, faisant assez mauvais effet. Une demoiselle, plus près de trente que de vingt ans, était coiffée à la Ninon, et sa taille était serrée dans un corsage plat, et des manches pareilles de poult-de-soie. En fait de danseurs, il n'y avait que des caricatures : ce n'était point la peine de s'arrêter longtemps, aussi ne sommes-nous restés qu'une demi-heure environ sur notre banquette de velours. En rentrant, je restais encore à la fenêtre pour écouter la musique et admirer le Wauxhall tout illuminé qui semblait un palais magnifique dominant une forêt.

Le matin, nous avons baigné, bu de l'eau et mesuré la promenade au pas de charge. Madame Heckmann et Ernestine s'y trouvaient également et nous avons pu causer. Le déjeuner s'est fait dans la salle de la maison Vingtcélius ; puis après, nous sommes allés voir la Halle et nous avons fait un petit tour de promenade aux environs. Que de changements, que d'embellissements dans ces lieux depuis les huit années que je n'y étais, mais aussi j'y retrouvais un souvenir douloureux que, hélas ! je ne rencontre que trop souvent sur mon passage : la dernière fois que je les vis, c'était avec ma mère, et maintenant !...

A dix heures on célébrait un service funèbre pour le duc d'Orléans et à onze heures était l'enterrement du colonel Matthieu venu de Deux-Ponts pour mourir à Niederbronn.

A onze heures notre voiture attendait devant la porte ; nous y sommes montés après avoir pris congé de notre hôtesse et ce ne fut pas sans regret que nous dîmes adieu à ces montagnes, à ces lieux où nous venions de passer deux si heureux jours.

A trois heures, nous étions à Brumath où nous avons fait un excellent dîner à l'hôtel de la Fleur ; quand, au sortir de Brumath, je vis la tour de notre cathédrale, je sentis un mouvement de joie tant on aime à revenir au foyer paternel quelque agréables que soient les lieux que l'on quitte pour lui. La plus agréable partie de la route, sans contredit, est le chemin qui conduit par la forêt de Haguenau où l'on roule à l'ombre pendant une heure sur une route parfaite et entre des arbres magnifiques.

A sept heures du soir, nous étions rentrées dans notre demeure cloîtrale où j'ai trouvé de suite tant d'occupations que ce n'est qu'au soir du lendemain de notre retour que j'ai pu entrer dans quelques détails de notre voyage et partie de plaisir.

Dimanche 7 août

Dumas dit de Jean sans Peur, duc de Bourgogne :

« Le duc s'était de nouveau abandonné à cette apathie inconcevable dont quelques exemples se retrouvent dans la vie des hommes les plus braves et les plus actifs, et qui, presque pour tous, a été un signe augural que leur heure suprême allait bientôt sonner. »

Il y a loin de moi au duc de Bourgogne, mais ce que Dieu accorde aux grands et aux puissants, le refuse-t-il donc tout à fait aux petits et aux faibles, et serait-il donc impossible qu'il existât quelque sympathie entre deux êtres humains quelque différente que soit la position qu'ils occupent dans le monde ?

Mon apathie n'a jamais été si grande, mon courage jamais si petit, ma foi n'est jamais tombée aussi bas que ces jours-ci. Jamais aussi je n'ai été ballottée entre tant de sentiments, d'avis et de conseils divers. Je dois me prononcer sur mon sort, je dois prendre une résolution : mon oncle voulait me faire un sort en me faisant entrer dans son magasin d'huile, mais pour cela il faudrait prendre un engagement de beaucoup d'années, ne plus voir personne, ne plus sortir que parfois le dimanche. J'ai parlé à Papa, il me dit d'y entrer pour le commencement, mais que plus tard, quand ma sœur sera rentrée de pension, je lui serai nécessaire pour lui apprendre à faire le ménage, enfin que sais-je. Au milieu de tous ces débats et réflexions, le temps passe et nous restons toujours au même point. Papa paraît préoccupé, l'oncle me fait la mine, dit à d'autres personnes que je ne témoigne aucune joie de la proposition qu'il m'a faite, et pour dire vrai, il voit clair, car j'irais à la mort tout aussi volontiers qu'au magasin d'huile. C'est tout comme si l'on voulait me faire épouser un homme que je déteste : mille fois plutôt la mort qu'un pareil esclavage. Et cependant, quand je pense que je resterai encore long-temps dans ces murailles, faisant le ménage en n'en recueillant aucun fruit, ne vaudrait-il pas mieux accepter l'offre de l'oncle, car si nous l'indisposons contre nous, gare et malheur à nous ! Pourquoi ne veut-on point me faire prendre une place de gouvernante ? J'en ai parlé hier à mon père, je lui ai dit qu'un jeune homme est libre de choisir la profession pour laquelle il se sent du goût : pourquoi, moi, ne me laisserait-on pas libre dans mon choix ? Que toute ma vie est gâtée s'il ne me laisse partir. Il m'a répondu que c'était montrer peu d'attachement pour lui et pour ma sœur en voulant les quitter. Mais, bon Dieu ! ce n'est point quitter le monde que d'aller à cent lieues, ou peut-être moins loin encore, et d'ailleurs, j'ai peut-être plus besoin de suivre ma vocation que ni mon père ni ma sœur n'ont besoin de mes services. Je le vois bien, on ne me donne que réponses évasives, mon père ne veut point se prononcer d'une manière formelle et, tandis que je suis là, rêveuse et soucieuse, attendant de jour en jour, de mois en mois une réponse décisive, je donne mon cœur à ronger au chagrin et à l'ennui.

Lundi 15 août

Nous avons déjà fait une lointaine expédition ce matin : nous avons déjeuné sur le belvédère du jardin Lobstein, près du chemin de fer, et nous avons vu partir trois convois et arriver deux. Quoique je serais fort tentée de voler une fois ainsi à travers terres, je ne vois jamais partir de convoi sans ressentir une crainte secrète et sans songer aux malheureuses victimes du chemin de fer de Versailles. Nous sommes rentrés en omnibus et, après le dîner, nous étions si lasses, Emma et moi, que si nous n'avions eu un ouvrage pressé, nous aurions fait une longue méridienne. Nous sommes seules comme hier, mais quand nous savons que nous partons le soir, nous prenons assez gaiement notre parti dans notre solitude. Tout à l'heure (car dans le moment nous ne sommes point en querelle et en dispute) les éclats de rire ont fait passer le sommeil et moi, ma bourse terminée, je prends mon journal et Emma écrit à son amie Amélie qui est au Ban de la Roche.

J'écris pour dire que je n'étais pas heureuse dans mon expédition d'hier : Sophie était de la partie, nous étions donc à marcher nous quatre, les seuls gens comme il faut au milieu de cette foule dont les deux tiers étaient ivres, fendant à grand-peine cette populace attroupée autour de boutiques où s'étalaient de méchants bonbons tout poudrés de poussière et autour de tables où, pour un sou, l'on peut gagner un verre ou une porcelaine. Malgré la foule, les cris, la chaleur et la poussière, j'eusse marché de bon cœur si mon attente avait été couronnée de succès, mais après avoir eu toute la peine du monde à déterminer ma société de passer par où je voulais, quand j'arrivais, le cœur palpitant de joie, près de cette maison rose entourée d'arbres verts, je n'aperçois, au lieu de cette tête de chérubin à l'expression si angélique et si languissante, au lieu de ces mains à défier celle d'une vierge de Raphaël, qu'une grosse et lourde vieille tête passée à travers la porte qui me fit une belle grimace, sans doute pour remplacer le gracieux sourire et le regard tendre que j'eusse obtenus s'il avait été là. C'est fini encore pour cette année car je ne crois pas qu'une étoile heureuse me ramènera encore par le même chemin, si toutefois je vais encore au même endroit.

Que je suis insensée ! j'écris ce que je ne devrais pas penser peut-être et encore moins dire, mais je ne trahis rien du reste ; je ne mets aucun nom ; d'ailleurs pense-t-il encore à moi comme je pense à lui ? Je n'ose presque le croire : l'inconstance et l'oubli sont si grands dans les hommes, je suis si jeune encore et la vie m'a déjà tant appris. Non, cependant, si je l'avais vu une première fois depuis tantôt trois ans, je n'eusse été ni plus ni moins coupable que je ne le suis à présent. Qu'aurais-je fait ? Je lui aurais jeté un regard et un sourire, bien rapides encore, et c'eût été pour trois ans peut-être encore, ou pour jamais. Dieu, pour dédommager les femmes de l'injustice des hommes, leur a donné la faculté d'aimer mieux. Je n'oublie pas. Si je lui fais tort en pensant que je suis oubliée, qu'il me le pardonne. Sinon, si je ne me trompe pas, eh bien ! je n'en mourrai pas car je n'ai point de certitude et vivre dans l'incertitude, c'est à peu près espérer !...

Samedi 20 août

Oublions, oublions, c'est là le mot fait pour moi.

J'ai eu de grandes et graves occupations hier : nous avons couru les marchés avec notre cuisinière, ma sœur et moi, nous avons confit pour l'hiver des pêches au bain-marie, que sais-je enfin ! Nous avons rafistolé et repassé nos vieux collets de crêpe. Oh ! si toutes les jeunes filles s'entendaient comme nous à l'économie ! les frais de notre toilette ne ruineront jamais notre père : nous faisons, sans secours de lingère et de couturière, tout ce que nous pouvons arranger nous-mêmes et, quoique nous soyons toujours mises aussi simplement que possible, personne ne pourra nous dire que nous sommes nonchalamment costumées. Maintenant, il faut que je cesse, je suis tout en fièvre tant j'ai poussé vite ma plume. Il faut que je me mette en route avec Emma pour aller prendre notre croisée chez les Pfeiffer, car le duc de Nemours arrive à quatre heures en notre cité, et nous voulons le voir descendre à l'hôtel de la Ville-de-Paris ; et comme moi, je ne dois jamais avoir de joie complète, il m'est venu hier une enflure à l'œil gauche qui m'empêche de voir bien clair et qui ne me défigure pas peu.

Dimanche 21 août

J'ai vu le duc, me disais-je hier au soir, mais que beaucoup ont été trompés dans leur attente ! Ce n'est point ce beau prince qu'on nous annonçait, ce n'est plus ce beau jeune homme que j'ai vu il y a douze ans, aux longs cheveux blonds et bouclés, au visage gracieux, au teint de jeune fille : la beauté passe-t-elle si vite, si peu d'années font-elles un si grand changement ? Le duc de Nemours n'a que vingt-huit ans et on en lui donnerait plus de trente-six. Il porte les cheveux courts (ils sont d'un blond presque doré), une jeune-France [53] et des moustaches ; il a le visage long et maigre, le nez aquilin mais d'une forme peu agréable, les yeux d'un bleu foncé. Je ne sais si c'est son teint habituel ou s'il a attrapé un coup de soleil en route, mais il avait le nez et les pommettes fort rouges.

J'ai vu le duc, me dis-je maintenant ; il n'est point cependant aussi laid que je le jugeais hier : il y a de la douceur dans ce regard, de la bonté dans ces traits, et c'est la douleur de la mort de son frère qui lui donne cet air chagrin et le fait paraître plus âgé qu'il n'est.

Ce matin, à sept heures, nous étions postés, Papa, Emma et moi, sur le trottoir du pont du Corbeau, ou plutôt du pont d'Austerlitz, pour voir passer, en calèche attelée de quatre chevaux blancs, le prince qui se rendait au Polygone. Nous sommes rentrés pour faire notre déjeuner et j'ai cédé aux instances de ma sœur pour aller voir la revue, quoique ni elle ni moi ne fussions ni coiffées, ni lacées, ni habillées. La chaleur était affreuse, la foule encombrait les avenues du Polygone : ce n'était que voitures, chevaux, gens qui se heurtaient tout autour des arbres qui forment l'enceinte de la place. On avait noué une grosse corde qui, allant d'un tronc à l'autre, faisait une barrière qu'il n'était point permis d'outrepasser. Or, je ne me figurais pas ainsi la chose : de temps à autre, quand les troupes se mettaient en mouvement et changeaient de place, l'on apercevait l'état-major, mais il était impossible de distinguer le prince. Malgré la chaleur, malgré la poussière qui vous faisaient souffrir horriblement, on n'y pensait pas quand les manœuvres commençaient tant le spectacle était beau : les coups de canon étaient terribles et faisaient trembler les spectatrices nerveuses ; pour moi, ils me faisaient un bien inexprimable et il ne me manquait qu'un cheval, un uniforme et des armes pour me précipiter au beau milieu de ces braves ! On voyait le feu briller comme l'éclair dans cette fumée qui obscurcissait le ciel ; ces nombreux bataillons se perdaient sur cette vaste place, et chevaux et cavaliers semblaient immobiles comme des statues au milieu des nuages, puis tout à coup retentissaient les fanfares, on entendait les airs de commandement des généraux et des capitaines. Oh ! rien de plus beau cependant que la gloire militaire, rien de plus brillant qu'une épaulette et un schako à tresse d'or. A ma gauche, j'entendais des militaires parler de la campagne de Grèce de 1829, et Napoléon, Alexandre, tous ces grands généraux, ces foudres de guerre, me vinrent en mémoire : il me semblait les voir commandant les batailles, bravant et défiant la mort.

La revue terminée, notre rentrée ne se fit pas si heureusement ; la chaleur était tuante, mon châle m'écrasait, mon chapeau ballottait continuellement sur ma tête, mes cheveux mal serrés dessous tombaient sur mon front et sur mon cou, l'enflure de mon œil me faisait souffrir affreusement, je la sentais grossir et la conviction me venait que je devais bien avoir l'air d'une folle. Quelque peu vaniteuse que l'on soit, c'est là une pensée que ne supporte pas légèrement une jeune fille, c'est une pensée qui vous brûle comme le fer rouge : ainsi suis-je rentrée d'une prodigieuse mauvaise humeur, maudissant la chaleur, la poussière, le bruit, la foule et ne me sentant consolée un peu qu'en voyant le prince pour la troisième fois, saluant gracieusement la foule. C'est la première fois de longtemps que je me suis coiffée le dimanche après-dîner à deux heures ; eau de Cologne, éponge, savon, tout a été mis en œuvre pour enlever les traces noires qu'a laissées sur mes épaules ma chemisette de crêpe qui déteint à faire plaisir. La brosse a enlevé des nuages de poussière de nos chapeaux et de nos châles car, depuis une heure, c'est-à-dire le dîner, nous sommes occupées à réparer le désordre et le dégât de notre toilette. Oh ! que ce compère-loriot me fait souffrir ; je me fais peur à moi-même quand je me regarde dans le miroir : il est si gros, si rouge, j'ai envie de me coucher pour ne plus être tentée de sortir. Oh ! quel tourment, toujours souffrir, toujours.

Mercredi 31 août

Il pleut à verse. Monseigneur l'ancien évêque de Strasbourg, Marie François Le Pappe de Trévern, est mort à Marlenheim ; dans le Palais, il est exposé sur un lit de parade. Nous étions sur pied à minuit, il brûlait au Faubourg-de-Pierre. Madame Boigeol d'Héricourt [54] est venue nous voir hier. Je dois passer mon après-dîner chez Sophie Braunwald. Trois heures déjà, il faut que je parte ; je n'ai guère envie de me présenter en société avec ma joue enflée.

Au soir à huit heures.

C'était un après-dîner remarquable. Nous parlions chez Sophie de l'incendie de la nuit : l'une a tremblé en entendant le premier coup de tocsin, l'autre ne s'effraie jamais. Tout à coup : pam ! pam ! et la conversation reste suspendue, les bouches béantes et, de suite, un horrible bruit dans les rues : c'était encore le tocsin. Sophie Braunwald propose de monter au haut de la tour de Saint-Thomas. Autant je restais impassible et dormeuse cette nuit, autant je m'effraie maintenant : j'étais pâle, les jambes tremblantes. Je gagne le haut de la tour comme une vieille femme, me cramponnant à la rampe de l'escalier ; l'incendie a éclaté encore dans le même quartier. Nous voyons une épaisse fumée et, au fur et à mesure qu'allait le vent, la flamme briller au-dessus des toits. Qu'un incendie est à la fois terrible et beau à voir ! Beaucoup ne dormiront point tranquilles cette nuit et je serai du nombre car à chaque coup de cloche, je crois encore entendre le tocsin.

Le soir, j'étais avec mes deux amies, Sophie et la vieille bonne d'Edouard Braunwald, au Palais. Dans le même corridor que j'ai passé naguère pour voir ces charmants tableaux, je me suis arrêtée devant un cercueil surmonté d'un dais noir à plumets blancs, pour jeter un rapide regard sur un cadavre affreux que l'on ne croirait jamais avoir été animé du souffle de la vie, la mitre sur la tête, la crosse à la main et revêtu des habits pontificaux. C'est l'évêque de Strasbourg autour duquel des prêtres ignorants bourdonnent de lamentables prières, et qu'une foule curieuse, crédule et insipide vient bénir, ou maudire, ou révérer.

Ma sœur perd patience : elle a sommeil. Bonne nuit et que Dieu nous garde.

Mardi 6 septembre

Cet été est pour moi une saison de malheurs. Dimanche, jour néfaste : je fouillais dans mes choses précieuses, en voulant replacer une cassette, je fais tomber le joli coffret de Paris que m'a envoyé ma tante ; le dessus du couvercle et le côté se brisent et moi, je me mets à fondre en larmes. Où pourra-t-on réparer ce charmant bijou si ce n'est à Paris ? C'est à devenir folle ! Depuis trois ans, je le tiens soigneusement enveloppé de papier, ne voulant le placer sur aucun meuble de crainte qu'il n'eût quelque dommage et maintenant... Pourquoi me les a-t-il fallu relire, ces fatales lettres ? Mon cher coffret ne serait pas brisé. Rien que désagréments, je ne sais plus de quoi me consoler.

Mercredi 7 septembre

Il fait toujours beau temps et chaud ; Dieu merci, il ne manquerait plus qu'une température triste pour me rendre le cœur aussi petit qu'un grain de moutarde. Nous avons été nous rafraîchir au bain froid, Sophie Gunther et moi. J'ai passé mon après-dîner chez elle et ce soir, en rentrant, Sophie Braunwald et moi avons fait un grand détour pour voir chacune une maison : elle a eu plus de bonheur que moi, elle a vu ce qu'elle voulait voir et je n'ai rencontré que des jalousies fermées. Jalousies, je n'ai jamais senti comme aujourd'hui combien ce terme est technique.

Mardi 13 septembre

Je reviens avec Emma de chez Sophie Braunwald, où j'ai passé mon après-dîner à coudre avec elle dans leur délicieux jardin où les treilles sont si chargées de fruits que, sans bouger ni se lever, on n'a qu'à étendre la main pour cueillir du raisin. Elle brodait des pantoufles pour son frère Edouard, je travaillais à mes bonnets de nuit de jaconas et, entremêlant notre travail de causeries frivoles et sérieuses, sans nous en douter, nous avons vu arriver le soir. Quelle bonne vie que l'on mène cependant dans ces maisons paroissiales et malgré cela, ni Sophie ni Henriette n'épouseraient de pasteur. Il faut que les commères jasent à Strasbourg, cela est vrai depuis longtemps et restera toujours vrai : hier au soir, Sophie Braunwald m'a dit, et sa sœur a confirmé ses paroles, que quelqu'un leur avait dit : « Monsieur Seeger épousera mademoiselle Amélie Weiler, c'est une affaire arrangée ; l'oncle de la jeune personne ne voulait organiser le magasin d'huile que pour l'y placer ! » Une affaire arrangée ! ces mots m'ont outrée, je me mis en colère et je pouffai de rire à la fois ; je ne sais point ce qu'un jour il me reviendra de fortune, mais quelque pauvre qu'elle soit, mademoiselle Weiler ne souffrira jamais qu'on arrange son mariage. Si je ne trouve personne au monde qui sache m'aimer pour moi-même et qui ne croira point faire de bonne spéculation en m'offrant son nom et sa main, eh bien ! je resterai fille. Mieux vaudra sans doute en tous les cas conserver son indépendance. Car j'espère bien que dans notre siècle de lumières et de progrès, on ne marie plus une jeune fille contre le vœu de son cœur, et plutôt que de me laisser traîner à l'autel, je saurai trouver un asile et du repos dans la rivière qui coule à deux pas de ma demeure. « Et que dit-on de moi, ai-je demandé à Sophie, me croit-on instruite de ce beau projet ? » « La jeune personne ne s'est pas encore déclarée. » A la bonne heure, ces mots m'ont rassurée : ainsi on prendra mon libre avis, si jamais tous ces commérages ont quelque fond de vérité. Mais j'en ai assez : c'est s'étendre longuement sur un on-dit, projet ou mensonge. Si un de ces jours je rencontre monsieur Seeger, je ne pourrai m'empêcher de rire en songeant à l'affaire arrangée.

Mercredi 14 septembre

Je suis folle, je suis heureuse, la servante va à Schilick pour y faire quelques emplètes : elle me rapportera des nouvelles.

Huit heures du soir.

Tout est fini, je suis triste jusqu'à la mort ! Il a quitté Strasbourg pour Bischwiller. Mes pensées chercheront maintenant cet endroit que je n'ai jamais vu. J'ai entendu dire que Bischwiller était un endroit de mauvaises mœurs ; il va donc se perdre, lui au front si pur et si candide, aux yeux si doux, et qui sera plus en danger que tout autre. Que je le plains, que je me plains moi-même de ne pouvoir oublier son image ! Qui des deux est le plus à plaindre, je ne le sais. Si mes prières avaient quelque influence... Sont-elles donc égoïstes, peut-être n'est-ce que pour moi que je voudrais qu'il restât pur ? Non, non et ne dussé-je jamais le revoir, que Dieu ne laisse point tomber dans l'abîme de la corruption et des vices de ce monde une âme revêtue d'une forme si belle. Pourquoi lorsque alors, dans ces temps heureux, je savais que j'étais l'objet de son admiration, de son amour peut-être, restais-je si calme et presque indifférente, et maintenant qu'il est perdu pour moi, pour jamais peut-être, qu'il m'a sans doute oubliée, je tâche de ressaisir tous ces souvenirs épars et flottants. Suis-je donc comme tant d'autres, n'est-ce donc que la vanité qui parle en moi, et me repentirai-je de n'avoir pas mieux assuré mon triomphe alors qu'il était en mon pouvoir de le faire ? Plût à Dieu que je ne fusse pas ainsi !

Jeudi 15 septembre

Que de choses j'aurais à écrire encore, et déjà il est si tard. Emma vient de se coucher, elle n'a pas voulu attendre que j'aie écrit ma journée. C'est la première fois de ma vie que j'ai traversé les remparts au clair de lune. Nous étions chez Grand-Maman cet après-dîner, mademoiselle Fettinger y travaillait, nous sommes rentrées sous son escorte, mais avons filé le long des quais et pris les remparts pour rentrer par la porte de l'hôpital. Eh ! qu'il faisait bon ! qu'il faisait frais ! que cette promenade nocturne m'a mis de calme dans l'âme ! Seules sous ces arbres, sous ce ciel étoilé, nous marchions en causant ; j'aimais à fouler le gazon, à voir les rayons bleuâtres de la lune se projeter sur la route que nous suivions. La lune est l'astre chéri de Juliette, c'est l'astre qui porte la paix dans le cœur de ceux qui aiment. Au petit Polygone [55], nous avons passé devant les canons et la sentinelle qui faisait les cent pas le fusil sur le dos. Je ne suis point des plus poltronnes, mais, pour tout au monde, je ne voudrais pas faire la veille de nuit sur ces remparts solitaires où se dessinent des ombres fantastiques. Que les militaires sont braves ! de tout temps, j'ai eu une prédilection pour les soldats, les défenseurs de la patrie et de tout ce qui est noble et grand. Dumas a raison en disant : *Ce sont les cœurs de lion, les hommes de fer qui seuls savent aimer* !

Que tout est silencieux autour de moi : le piano s'est tu au second étage, je n'entends que le bruit de la pendule et celui de ma plume qui court sur le papier. Seule je veille dans la maison, je regarde par la fenêtre, la nuit plane sur le jardin, un secret frisson me passe par les veines, je n'ai plus le courage de rester levée.

Samedi 17 septembre

Que quelqu'un dise maintenant que je ne m'occupe point du ménage! voici depuis deux jours que je ne sors de la cuisine et que je ne fais que cirer, frotter, balayer, nettoyer. Hier, j'ai fait cuire de la confiture, j'ai couru les marchés, j'ai pelé des noix et des poires la moitié de l'après-dîner. Au beau milieu de mon travail, quand j'étais là près de l'âtre, les manches retroussées jusqu'au coude, vêtue d'un gros tablier de cuisine bleu, le visage en feu, regardant pétiller le feu et bouillir la confiture dans la marmite, la sonnette

se fait entendre et je vois entrer un monsieur fort élégant que je prends
d'abord pour un mylord ou quelque baron qui s'est trompé de porte et croit
entrer chez notre voisin, monsieur Renouard, le banquier [56]. Je fais semblant
de vouloir passer le corridor pour ne point le laisser arriver jusqu'à la
cuisine ; l'inconnu à la belle barbe, aux cheveux bouclés, ôte son chapeau. Ce
n'était ni un baron ni un mylord, mais bien un jeune homme qui a fait ses
études de théologie, notre cousin Ferdinand Braun [57]. Je le fais entrer au
salon ; nous causons, il me débite quelques compliments qui me font sourire,
il me parle d'un ouvrage qu'il va publier sur l'Alsace et dans lequel paraîtront
aussi des demoiselles de Strasbourg. Il parle de musique et m'engage de
toucher du piano ; j'ouvre au hasard un morceau de *Norma*, mais à peine
arrivée à la quatrième ligne, Papa arrive, vite j'échangeai ma place au piano
pour celle au foyer ; cependant, il eut encore la politesse de me dire adieu.
Demain, il repart pour Paris.

Dimanche 18 septembre

Oui, je suis exaltée, on me l'a dit souvent et je ne voulais le croire. Mes
maîtres, en pension, me reprochaient de trop aimer ce qui est excentrique : je
croyais qu'ils me faisaient tort. Mon imagination s'échauffe trop vite : c'est là
mon bonheur et mon malheur tout à la fois, car il m'arrive souvent d'interpréter fort poétiquement l'action d'un autre et, plus tard, le mouvement de délire
passé, je m'aperçois qu'elle n'a été dictée que par un motif très prosaïque ou
même le simple hasard, et je gémis longtemps de ma présomptueuse erreur.
Il me faut si peu pour rêver, pour mettre en élan toutes mes pensées, tous
mes souvenirs et toutes mes espérances. Pourquoi les clairs de lune, auxquels si peu prennent garde, me font-ils une impression si grande ? Hier au
soir par exemple, j'étais accoudée à ma fenêtre et ne pouvais me résoudre à
la quitter, et cependant je ne voyais qu'un jardin solitaire, une tour, quelques
toits surmontés de blanches cheminées et au-dessus de tout cela, le ciel où
brillait la lune entourée de nuages de toutes les formes et de toutes les
couleurs. J'étais là, abîmée dans une contemplation et dans une rêverie
profondes, ayant perdu le souvenir de ma vie actuelle, et ma pensée voyait
d'autres sphères, d'autres mondes et d'autres êtres que ceux que, sur cette
terre de déception et d'amertume, nous appelons des hommes. Soudain je
jetai les yeux autour de moi : toutes les fenêtres que je pouvais voir de la
mienne étaient closes ; çà et là brillait encore une lumière mais personne ne
vint comme moi admirer les reflets du soir. Ils dorment en paix, me dis-je, la
beauté de la nuit ne les tient pas éveillés, et je me mis à plaindre les âmes
tranquilles que rien n'émeut, ni agite. Insensée ! n'est-ce pas moi qu'il faut
plaindre avant tout car le moment d'extase passé, je me sens si malheureuse
de la réalité. Moi qu'une soirée sereine dans une étroite enceinte rend si
heureuse, que deviendrais-je en face de ces spectacles sublimes de la nature

et de l'art dans ce beau pays d'Italie, sur lequel j'ai déjà lu tant de pages éloquentes : mon âme ne pourrait renfermer tant d'émotions, je mourrais d'extase et de ravissement.

A vingt ans, la raison doit venir et, je le sens, je ne suis plus crédule, mais si dans mon extrême jeunesse, j'avais été dirigée par une main moins sage, si j'avais eu une position plus indépendante et plus brillante, de la beauté, de ces talents qui enchantent, si j'avais rencontré sur mon passage de la sympathie et de l'amour réel, je serais devenue la plus légère des femmes, c'est-à-dire légère, je me serais perdue dans l'esprit des gens froids et positifs en m'abandonnant avec trop de vivacité aux premières impressions et aux premiers sentiments de mon cœur. Mais il n'en a pas été ainsi et maintenant que ce bandeau de prestige et d'illusion est tombé de mes yeux et que je comprends la vie telle qu'elle est, égoïste et prosaïque, je suis heureuse d'avoir eu en partage une vie aussi solitaire et de ne point m'avoir attiré des torts qui n'auraient eu de compensation que dans la félicité d'un instant.

Mardi 27 septembre

Demain aura lieu la première assemblée de ce fameux congrès scientifique. Peu m'importe ce que diront les savants d'autres lieux, mais quant aux célébrités de notre ville, j'aurais du plaisir à les entendre si cela était possible. Je dévore d'avance la relation de toutes ces conférences et peut-être, ô bonheur, y trouverais-je un nom et plus encore que le simple nom. Pourvu que je ne me fasse pas illusion ! Il y aura des fêtes encore, des bals, des réceptions, des parties sur le chemin de fer. Tout ceci ne m'intéresse guère parce que je suis certaine de ne pas en être ; je préfère encore n'en rien vouloir savoir, de dépit plus que d'indifférence

Jeudi 29 septembre

Aujourd'hui, j'ai mis l'adresse d'une lettre, j'ai écrit de cette même plume que je tiens à la main un nom ! O pourvu que Sophie ne me trompe pas, pourvu que ce programme des *Jeunes libérés* [58] parvienne à son adresse, sinon je me suis donnée de la peine pour rien et me suis rendue ridicule aux yeux de mon amie. Que je voudrais remettre moi-même ce bulletin ou, plutôt, être le témoin invisible quand on le recevra. Jettera-t-on un regard sur l'adresse ? Dira-t-on peut-être : mademoiselle Braunwald a une jolie écriture, car l'on sait que la lettre vient de la maison du pasteur Braunwald, et l'on ne saura, ni ne devinera jamais, que cette adresse a été écrite derrière Saint-Nicolas par une folle, ou plutôt une malheureuse pour laquelle tourne en chagrin tout ce qui fait la joie et le bonheur des autres. O bêtise, ô enfantillage, il faut bien que jeunesse se passe en folies et en inconséquences, mais pas en faiblesses.

Il est temps que ce bavardage finisse, mon devoir m'appelle à la cuisine : notre cuisinière est de noces, je vais donc préparer le souper pour ma charmante sœur et pour ma bouche à moi.

Jeudi 6 octobre

J'ai beaucoup à dire de trois jours. Mercredi, j'ai fait avec la famille Heckmann un grand tour de promenade : nous avons été jusqu'au fond de la Robertsau voir le canal et le pont de fer pour revenir par l'Orangerie, Ernestine et moi marchant les premières, causant à tue-tête et plus d'une fois rappelées par la voix de sa mère parce que, dans l'ardeur de notre conversation, nous nous étions engagées dans une route que personne ne voulait prendre. C'est qu'Ernestine me parlait des soirées dont elle était : description de figures, de beautés et de toilettes, détails de conversations qu'elle attrapait par bouts, litanie de compliments que les danseurs débitaient à leur danseuse, elle n'en pouvait plus finir et je l'écoutais avec cette avidité à la fois curieuse et triste des gens qui voient bien la coupe des plaisirs circuler de main en main, mais auxquels il n'est point donné de l'approcher jamais de leurs lèvres.

Cependant, je ne puis pas me plaindre sans cesse. Aujourd'hui, j'ai eu une journée passable. A midi, nous avons été avec Papa à la cathédrale pour voir la merveilleuse et magnifique horloge de monsieur Schwilgué : malheureusement nous étions arrivés trop tard pour pénétrer jusqu'à l'horloge et pour voir, au coup de midi, paraître l'un après l'autre les douze apôtres. Nous avons dû nous contenter d'entendre le cri trois fois répété du coq. Après, nous nous sommes acheminés vers la Finckmatt pour voir les exercices gymnastiques des militaires. Il y avait une estrade préparée pour les messieurs et les dames, et nous avons pu voir à notre aise sans être obligées de rester debout. C'était un spectacle aussi varié qu'amusant. Je n'ai point le loisir de m'étendre sur ces divers tours de force ; d'ailleurs je ne saurais point de quels termes me servir pour expliquer ce que j'ai vu : c'était une longue corde tenue par deux cents hommes à peu près. Au cri de l'officier commandant : « Luttez », chaque partie tire de son côté, mais cette corde grosse comme mon bras se rompit et fit tomber tous les lutteurs, à la grande hilarité des spectateurs. Il y avait victoire des deux côtés ! Des coureurs qui semblaient voler sur le gazon, poursuivis par vingt de leurs compagnons, des sauts par-dessus une haie, un mur pris d'assaut, les évolutions des chasseurs d'Orléans et tout ceci entremêlé de délicieuse musique. En rentrant, la chaleur était horrible, la foule se pressait si fort que nous avons mis toute une heure à attendre avant de pouvoir traverser le pont, mais ce n'était point payer trop cher l'avantage d'avoir ri de si bon cœur. J'ai les joues toutes brûlantes encore.

Les deux Braunwald, Sophie Gunther et Julie Boeckel ont passé l'après-dîner avec nous : nous avons fait de la musique, causé et ri que j'en ai la tête toute bouleversée. J'entends rentrer mon père, il faut que je ferme mon cahier, il va m'envoyer dormir : hélas ! s'il savait que de fois je ne dors pas.

Samedi 8 octobre

Non, il n'y a point de mots pour exprimer ma tristesse : Grand-Maman ! non, je ne veux point dire ce qu'elle est !... Est-ce là la protection, les soins qu'elle nous a promis après la mort de notre mère ? Ne pas plus s'inquiéter de nous que si elle ne nous avait jamais connues... Depuis trois semaines, elle n'a point mis le pied dans notre maison ; elle ne pouvait point venir il y a quelques jours, mais maintenant que la femme d'Auguste est relevée, rien ne l'empêcherait de venir si elle nous portait quelque intérêt. Nous sommes en lessive maintenant et jamais je n'ai senti comme aujourd'hui que je suis toute seule. Quelle grande corvée que cela est. Moi, enfant pour ainsi dire, je dois commander à de vieilles laveuses qui feront tout le contraire de ce que je leur dis quand j'aurai tourné le dos. A peine suis-je au linge sale pour compter la lessive et faire mes paquets que l'on me fait descendre pour quelque personne qui vient m'entretenir de choses désagréables ou ennuyeuses. Aussi ma pauvre tête et mes malheureuses jambes souffrent si fort depuis quelques jours qu'il me semble quitter le lit après une longue maladie. Jamais la vie ne m'a paru plus triste, je fais tous mes efforts pour refouler mes larmes. Et les soirées durent toujours au Château ; elles sont si gaies, dit-on. Corinne Grün est venue me dire, à une heure, que sa mère s'offrait de nous chaperonner ce soir : j'ai tout à la fois envie d'accepter et de rester à la maison, car moi qui ne dois jamais jouir d'un plaisir sans mélange d'ennui, j'ai un bouton à l'œil qui me pique joliment et me défigure tant soit peu. Cinq heures déjà ; Papa ne rentre pas et cependant, nous ne pouvons aller sans son consentement.
Sept heures du soir.
Nous voici prêtes pour aller au Château en robes de mérinos noir, en cols de dentelle et un bracelet de cheveux au bras : c'est tout. Mais maintenant que ma crainte de refus possible de la part de Papa est évanouie, j'en éprouve une autre : il me semble que dans mon simple costume, je vais paraître bien ridicule au milieu de si brillantes toilettes.

Dimanche 9 octobre

Quoique hier au soir Emma et moi ne nous soyons couchées qu'à minuit, nous n'avons point cependant manqué l'église : hier, la danse, aujourd'hui le recueillement, mais puisque j'ose le dire — la franchise est peut-être le plus grand mérite de toute ma personne — je ne veux point nier qu'aujourd'hui, tout en écoutant fort attentivement le sermon de monsieur Bruch, il est passé dans mon âme quelque souvenir de la soirée d'hier. Je ne peux point me plaindre, je ne me repens pas d'avoir été au Château quoique j'aie, à mon entrée, éprouvé un violent serrement de cœur à l'aspect de ce salon éclairé et rempli de femmes qui toutes, au premier abord, me paraissaient si jolies et si bien mises. Je me suis divertie comme je ne l'ai fait de longtemps et ne le ferai peut-être de longtemps plus. J'avais peur de faire tapisserie parce que je ne voyais aucun cavalier de ma connaissance qui viendrait m'engager par pitié. Il paraît cependant que malgré ma toilette sombre et simple, mon enflure et mes couleurs, car j'avais très chaud dans mon costume d'hiver et nous n'avions pas cru que l'on danserait, je n'étais pas tout à fait détestable, car j'ai dansé tout ce que je pouvais danser, c'est-à-dire depuis mon arrivée au salon jusqu'à mon départ.

Mon plus beau danseur était, sans contredit, monsieur Charles Knoderer : coiffure, figure, taille et toilette, tout en lui est distingué. J'ai dansé la première contredanse avec un étudiant en médecine dont j'ignore le nom, mais qui m'a dit que ce n'était point la première fois qu'il avait l'honneur de me voir ; je le regardai, étonnée : c'était celui-là même qui est venu avec monsieur Stoeber pour mon opération. De tous mes danseurs, c'est celui avec lequel j'aurais causé le plus longtemps possible ; j'étais encouragée par sa voix douce, sa figure intéressante et la politesse de ses manières. Madame Grün, à la droite de laquelle je me trouvais, reçut les salutations de plusieurs jeunes gens et, chose heureuse, pendant qu'ils lui parlaient, je sentais qu'ils me regardaient attentivement et venaient m'engager plus tard. C'est ainsi que je dansai avec monsieur Gross, le fiancé congédié de Pauline Haeffner, et monsieur Heidenreich, pharmacien : c'est un bon danseur mais malheureusement il jugea à propos de me parler son allemand de Wissembourg qui me fit une impression désagréable et me rendit à peu près muette.

Ah ! que les femmes du grand monde sont heureuses, qu'un bal est beau et surtout lorsque l'on peut, par une toilette gracieuse, faire ressortir ses avantages. Je ne voudrais point danser chaque soir, mais une fois par semaine ne serait pas trop, il me semble. Une des plus jolies femmes était madame Eschbach quoique cependant ce ne soit pas une figure selon mon goût : elle a de beaux cheveux, des yeux magnifiques, un teint frais, mais un petit nez retroussé d'une forme comique qui donne une expression désagréable à toute sa figure. Elle portait un bonnet charmant, que l'on nomme je ne sais trop pourquoi marmotte [59], et une robe de poult-de-soie couleur noisette. Les belles femmes sont rares à Strasbourg selon mon avis, quoique je n'aie encore vu en ma vie celles d'aucun autre pays, sinon les types idéals de mes rêves, mais je crois qu'hier tous les hommes pouvaient convenir avec moi qu'il n'y avait pas une beauté. Mademoiselle Grimmer, vue d'une certaine distance, paraît fort belle au premier abord : elle a une taille parfaite, un pied mignon, des cheveux d'un beau blond, une admirable fraîcheur ; sa robe de crêpe noir portée par-dessus une jupe de satin noir faisait ressortir davantage encore la blancheur de son col vraiment magnifique, mais ses traits, quoique assez fins, ont une expresssion de bonhomie tant soit peu niaise.

J'en ai assez dit ; ma sœur me rappelle que Papa a promis de nous mener à la dernière séance du Congrès scientifique de France et il va venir nous prendre. Que je suis avide de ces discussions et curieuse de voir ces figures savantes.

Six heures du soir.

Je sors du congrès tout émue et tout enchantée. J'ai passé deux heures dans une halle à rideaux rouges pavoisée de faisceaux de drapeaux, ornée d'une tribune verte, remplie de chaises et de banquettes que sont venus envahir des savants de tous les pays de l'Europe et même des Américains. Eh bien ! ces deux heures m'ont réconciliée avec les hommes, car je viens d'entendre que la poésie et l'élévation d'âme ne se sont point encore retirées de cette terre. J'ai entendu parler tous les hommes de talent et de quelque célébrité de notre ville ; les secrétaires de chaque section ont lu leurs procès-verbaux. De toutes ces différentes figures, trois, et deux surtout, me sont restées en mémoire : monsieur Eschbach, le mari de la belle danseuse d'hier, a une assez belle figure, un organe agréable et parle un français très pur [60].

C'est la première fois que j'ai entendu parler en public notre célèbre rédacteur du *Courrier du Bas-Rhin*, monsieur Boersch. Quelle belle et imposante figure : je ne pouvais me lasser d'admirer cette taille élevée et bien prise, cette barbe soignée, l'émail éblouissant de ces dents, le feu de ces grands yeux noirs, ces gestes spontanés du cœur si l'on peut dire ainsi, pleins de grâce et de noblesse. J'écoutais avec ravissement le timbre de cette voix sonore, j'étais saisie du sens vrai et pathétique de ses paroles, de cette richesse d'éloquence et d'imagination. A plusieurs reprises, les applaudissements couvraient la voix de l'orateur : ainsi je me figure Alcibiade et Démosthène entraînant leur auditoire par le charme de leur éloquence. Monsieur Boersch fut interrompu quelquefois ; il y eut des altercations, quelques étrangers élevaient la voix. Monsieur Buss, un professeur de Fribourg [61], se mit à crier : «Jé demande la barole, jé vé faire un observation, jé né vé pas entrer dans le discoussion », mais la réplique de monsieur Boersch fut si prompte qu'elle suspendit le lourd Allemand au milieu de sa phrase. Monsieur Boersch parla d'une association scientifique entre l'Alsace et l'Allemagne, et parla, je ne sais comment dire, d'arrière-pensée. Un fougueux politique allemand, exilé depuis quelques années, nommé Rauschenstatt s'écria : «Arrière-pensée, non, il n'y en a point, cela n'est point vrai», et son apostrophe fut couverte d'applaudissements. Il y eut d'autres cris, d'autres reparties encore. Emma était dans les transes et me disait en me poussant du coude : «Amélie, je pars. Que je plains monsieur Boersch ! » Moi, je le voyais répondre et se débattre avec plus de joie que jamais [62].

Après monsieur Boersch, ce fut un Parisien qui monta à la tribune et certes, monsieur Boersch ne pouvait être mieux remplacé. C'était un jeune littérateur, le vicomte de Lavalette, le même qu'hier au soir monsieur Heidenreich m'a fait remarquer dans notre contredanse, et dont la figure lui paraissait si originale. Je ne partage point l'antipathie de mon danseur pour les Parisiens, au contraire, je les adore et surtout monsieur de Lavalette. Hier déjà, sous cette physionomie rêveuse, dans ce regard mélancolique et profond, je devinai le poète ou le littérateur. C'est un lion [63], mais une enveloppe d'élégant sied doublement à un homme de génie : monsieur de Lavalette a les mêmes avantages physiques que monsieur Boersch, cette même bouche garnie de dents magnifiques qui plaît tant dans un orateur, une voix sonore et agréable : que j'aime cet accent français pur, ce parler gras qui remue toutes vos fibres. Il portait une cravate rouge qui s'alliait à merveille avec ses cheveux et sa barbe d'un noir de jais et relevait la pâleur de son teint. Mais c'est à son discours que je veux en venir : il roulait sur la liberté de la presse, sur le mal qu'elle a fait et sur le bien qu'elle pourrait faire. « Chaque jour, dit-il dans sa brillante improvisation, vous jette du poison dans vos salons, sur vos tables, et enlève à vos femmes leur vertu et à vos filles leur innocence. Il y a quelques semaines seulement, un homme d'esprit et de talent a publié un de ces ouvrages immoraux qui remue toute la fange de la société et dans lequel on s'est adonné à toutes les débauches de l'imagination. » Bonne leçon à celles qui aiment à envenimer leur âme en lisant en cachette de mauvais romans ! Il a parlé encore de Dieu qui est la source de tout ce qui est beau, qui a donné le génie aux hommes comme les étoiles au firmament [64]. Que sais-je encore... J'espère que l'on mettra sous presse tous ces discours car sans cela, j'en voudrais éternellement à ma mémoire infidèle qui n'a point retenu ces belles et poétiques images qui m'ont si fort attendrie. J'étais folle en rentrant, je ne pouvais me lasser d'élever aux nues le discours du vicomte. Papa souriait en me disant : « Il parle bien, mais c'est du parisien, c'est extrêmement fleuri. » Cela est vrai, mais si vous donnez à vos parterres les fleurs que Dieu fait croître, ornez votre esprit de fleurs de votre langue maternelle.

Monsieur Jullien, vénérable professeur de Paris à la tête entourée d'une auréole de cheveux blancs, demanda à son tour la parole : il remercia les Strasbourgeois de l'accueil amical qu'ils avaient fait à ses confrères et les dames en particulier, dont l'aimable présence avait encouragé les débats. « Honneur aux femmes, disait ce charmant vieillard, elles sont les nourrices et les institutrices de l'enfance, l'émulation de la jeunesse, les confidentes de l'âge mûr et les consolatrices de la vieillesse », et mille choses touchantes et aimables encore, auxquelles les hommes, juste cette fois, répondirent par de bruyants applaudissements et les dames par une inclinaison de tête. Il y eut encore des discours d'adieu et de remerciements de monsieur Hepp, secrétaire général, Silbermann et du président [65].

Ce soir, il y a soirée et bal au château. Demain, on s'embarquera pour Mulhouse sur le chemin de fer et ainsi se terminera la dixième session du Congrès scientifique de France ; la onzième aura lieu à Angers en 1843.

Je ne suis qu'une ignorante mais je regrette de n'avoir pas assisté aux séances précédentes. Je n'ai point perdu un mot aujourd'hui, bien des choses me sont restées en tête, mais je n'ai point la facilité de les dire. Je bâille tout de beau : il me manque deux heures de sommeil de la nuit passée et je cours réparer le temps perdu.

Lundi 14 novembre

Nous allons au Palais pour entendre chanter : nous avons pris un abonnement pour le quatrième trimestre et maintenant du moins, nous aurons une soirée agréable chaque semaine à moins que les morceaux de musique et de chant ne soient horriblement mal exécutés.

Notre dimanche d'hier a été fort paisible : Mélanie Koehler et les Weber sont venues passer la soirée avec nous et, à neuf heures, nous nous sommes couchées pour dormir comme des blaireaux jusqu'à sept heures du matin.

Mercredi 23 novembre

J'ai l'humeur méchante ce soir ; elle ne m'est pas tombée des nues : c'est ma bonne amie qui me la cause. Aujourd'hui, notre réunion ordinaire était chez moi. Sophie Braunwald, à deux reprises, m'a demandé mon journal ; j'ai fait quelques difficultés pour le lui montrer, disant que je la connaissais trop bien pour le lui montrer en pleine sécurité, qu'elle l'emporterait ou le déchirerait peut-être.

«Eh ! comment, je n'ai donc pas ta confiance, s'est-elle écriée.

— Non, car jusqu'à ce jour, vous n'avez rien fait qui l'ait méritée !»

Je dis ces mots en riant, n'y attachant pas grand sérieux, mais par parenthèse, voulant lui faire comprendre qu'elle n'a pas toujours été aussi franche qu'elle aurait dû l'être, ou même que nos relations l'eussent exigé. Ce propos, peut-être parce qu'elle l'a trouvé vrai, l'a outrée au point qu'elle n'a plus ouvert la bouche, qu'elle ne répondait plus à mes questions, qu'elle détournait ses yeux quand les miens les rencontraient, que sais-je... Au goûter, elle n'a rien accepté, a serré son ouvrage, pris son chapeau et son manteau et s'est enfuie, repoussant toutes les avances que je lui faisais. Heureusement, Sophie Gunther a tout vu, tout entendu, elle me défendra si c'est nécessaire. Je la voyais bouder sérieusement ; d'abord, je n'y avais pris garde car je connais son humeur capricieuse, je voyais que son front ne se dériderait plus, mais jamais je ne me serais imaginée que par la nuit close, elle s'enfuirait de chez moi à toutes jambes comme si on l'en chassait et proférant des menaces. Si j'ai bien compris, elle ne mettra plus le pied dans ma maison.

Mardi 29 novembre

Mademoiselle Hickel, une charmante, spirituelle personne, cousine de Sophie Gunther, nous a introduites hier, Sophie, Emma et moi, dans la salle du Palais. J'étais, comme toujours, satisfaite de la musique ; cependant, il n'y avait pas de morceaux nouveaux : c'étaient ceux qu'on a chantés il y a quinze jours. La conversation de mademoiselle Hickel m'a amusée autant que la musique. Comme cela se fait d'ordinaire en pareille assemblée, on promène les yeux d'une personne à l'autre et l'on tâche de trouver une jolie figure, mais on dirait qu'elles deviennent plus rares de jour en jour. Dans cette réunion de toutes, pour ainsi dire, les demoiselles comme il faut et honnêtes de Strasbourg, il n'y a pas une beauté, bien moins, une beauté accomplie. « Voyez, me disait mademoiselle Hickel, toutes ces jeunes personnes : il y en a quelques-unes qui sont bien, mais on ne peut pas dire qu'il y ait parmi elles une jolie personne ; les plus belles femmes de Strasbourg sont, la plupart, des dames mariées dès longtemps. De mon temps, il y avait dans les familles Hoffmann, Pilard et Grandpré, des demoiselles d'une beauté ravissante, et maintenant, on ne voit plus de figure qu'on leur puisse comparer. »

Mademoiselle Débenesse est fort jolie, du moins le soir, et vue de loin ; elle le serait davantage encore si, de sa bouche, elle ne faisait une grimace qui gâte ce que l'expression de sa figure a d'angélique : je suis folle de son profil grec, de ses boucles blond cendré, arrangées avec une grâce extrême. C'est, selon mon goût, la perle de la société, quoique la première fleur de beauté et de jeunesse soit passée pour elle : mademoiselle Débenesse est une demoiselle de vingt-quatre à vingt-six ans. En second rang, je place madame Stöber, quoique hier au soir, elle ne m'ait pas paru aussi belle que la première fois. Son mari passe pour un très bel homme, mais je trouve que mademoiselle Hickel a raison en disant de lui : « C'est une figure que la barbe embellit ; sans elle on ne la remarquerait pas. » De monsieur Poncet, on ne peut pas dire qu'il soit bel homme : ses traits n'ont rien d'extraordinaire, mais j'aime l'expression de ses yeux noirs surtout quand, en chantant, il les jette de côté et d'autre avec tant de feu et de langueur tout à la fois. Ses cheveux flottants et séparés sur le côté siéent merveilleusement à son front quand il s'y forme quelques plis dans un passage difficile et qui monte haut. Tout le monde y est maintenant j'espère, c'est-à-dire les personnages les plus distingués. Il ne me reste plus qu'à dire que mademoiselle Gérard porte une coiffure, des boucles d'homme, qui enlaidit encore sa figure qui n'a nul charme ; que mademoiselle Schaal, qui a une voix d'alto magnifique, gagnerait à ne pas être vue.

Mercredi 30 novembre

Si aujourd'hui il y a huit jours, je ne m'étais pas brouillée avec Sophie Braunwald, ou si plutôt, elle ne m'avait pas fait affront en s'enfuyant à pas de loup, à l'heure qu'il se fait, je ne serais pas chez moi, mais bien dans sa chambre à tapisserie bleue ; je serais du cercle qui est formé autour de la table, travaillant à la clarté de la lampe. Si elle cherchait un prétexte pour rompre, eh bien ! je ne l'en empêcherai pas et saurai me passer de son amitié ; si elle a envie de se réconcilier, qu'elle vienne me le dire : c'est moi qui ai reçu la plus grave offense, je ne ferai pas la première les avances, je ne suis pas censée savoir qu'il y a aujourd'hui réunion chez elle parce qu'elle a trouvé bon de ne pas venir me prévenir. Mon père est instruit de toute l'histoire. A table, il m'a demandé :

« Iras-tu chez Sophie ?

— Non, ai-je répondu en ajoutant mes réflexions.

— Ah ! ah ! dit-il, voici de la fermeté de caractère.

— Oui, ai-je répondu, il faut en avoir dans ces choses-là ; quand une fois j'ai rompu, c'est pour tout de bon, je ne renoue plus. »

Sophie Gunther a passé chez moi à trois heures, elle voulait m'emmener à toute outrance, mais j'ai résisté et ai fini par lui faire partager mon opinion et lui faire admettre que j'avais raison de ne pas faire le premier pas.

Vendredi 2 décembre

J'ai pris mon courage à deux mains : j'ai demandé une leçon de piano à mon père. Il m'a autorisée à en prendre et veut même prendre des informations sur la maîtresse que je lui ai indiquée. Maintenant il m'est permis d'espérer. C'était un souhait qui m'oppressait : vingt fois déjà, j'avais cette prière sur les lèvres et je n'osais parler. Dieu m'a inspirée ce soir.

Mardi 6 décembre

La soirée d'hier était parfaitement amusante. Mademoiselle Hickel nous accompagnait. Rien de plus curieux que de voir toutes ces chanteuses étaler leurs grâces et tâcher de faire ressortir tous leurs avantages. Il y avait là des demoiselles qui n'ouvrent pas la bouche et qui sont là simplement pour se montrer et pouvoir dire : « J'ai été là. » Une de mes antipathies, mademoiselle Breithaupt, n'ouvrait pas la bouche et se contentait de regarder çà et là et de causer avec ses voisines.

La première rangée de chaises est occupée par la haute volée, par ces femmes qui prétendent donner le ton à la réunion ; de beaux modèles en vérité ! Il y en a qui ont des manières si détestables et si communes qu'elles vous font horreur et pitié. Mesdames Kern et Martin veulent-elles peut-être être rangées parmi les lionnes de Strasbourg ? En ce cas, elles sont dans leur rôle. Rien de plus insipide que les éternelles contorsions de madame Kern : à chaque note qu'elle prononce, sa tête fait un bond ou un mouvement, pour mieux dire, de l'épaule gauche à l'épaule droite et vice versa.

Rien de plus disgracieux que l'attitude de madame Martin, les jambes croisées ; je l'ai trouvée bien en la voyant pour la première fois, mais depuis que j'ai remarqué le regard sardonique de ses petits yeux, je ne la regarde qu'avec indignation. Hier, par exemple, j'ai vu que tous ses regards s'arrêtaient sur moi ; vite, j'ai tâché de mettre dans mes yeux toute l'expression de dédain et de moquerie dont je suis capable et j'ai eu la satisfaction de la voir regarder ailleurs.

Mademoiselle Débenesse serait plus jolie encore et se ferait admirer davantage si elle ne faisait de ces minauderies qu'elle s'imagine être charmantes, mais qui, à tout œil impartial, font l'effet d'une grimace, et on pourrait les interpréter ainsi : « Je suis jolie et veux le paraître autant que possible. »

Mademoiselle Schaal est laide et raide, mais sa voix est magnifique ; il vaut mieux qu'elle reste comme elle est que de devenir maniérée comme sa sœur, madame Kern.

Mademoiselle Hecht, sans être jolie, plaît infiniment : sa figure calme et sérieuse, la simplicité de ses manières font plaisir à voir au milieu de tant de coquettes. Elle avait une capote de mérinos rouge cerise, garnie de boutons de nacre, des bandeaux à la reine et un bonnet d'une forme tout originale et paysanne, mais qui lui seyait parfaitement bien : il était de tulle et garni tout à l'entour de deux rangs de dentelle froncés sur les oreilles et dont les bouts se rejoignaient dans la nuque.

Et maintenant, j'ai assez écrit.

Samedi 10 décembre

Je vis toujours solitaire, abandonnée. Deux fois déjà, j'ai rappelé à Papa qu'il m'avait promis de s'informer pour une leçon de piano : il ne m'a pas donné de réponse ; il faudra que je parle pour la troisième fois.

J'ai deux choses à dire encore : Sophie Braunwald est réconciliée ; on dit dans la ville que je suis dans le magasin d'huile de mon oncle. Que ces bruits m'ennuient ; j'ai envie de mettre à la porte de sa maison un écriteau avec ces mots : « Mademoiselle Weiler n'est pas céans ! »

Mademoiselle Pauline Schuler se marie avec un agent de change de Colmar ; on m'a encore parlé d'autres mariages, mais je ne sais plus de qui. Partout la joie, partout le bonheur, partout excepté dans nos murailles.

Mercredi 21 décembre

Mes joues brûlent, je suis en fièvre, je chante comme une folle, parcourant à grands pas ma chambre où je suis seule. Mes deux amies Sophie viennent de me quitter ; je leur ai lu quelques pages de mon journal, des lettres, nous

avons fait de la musique, causé et ri et c'est là ce qui me met ainsi hors de moi.
Je suis toujours folle, inconséquente.

Aujourd'hui, par exemple, à deux heures, je rentrais chez moi, venant
d'accompagner jusqu'à la porte de la pension Emma et la petite Pauline
Boeckel. Un inconnu à barbe noire et en casquette marchait devant moi ; je
le vois se retourner à chaque instant et tout à coup, se rapprochant de mon
côté, il me dit en allemand, du plus bel accent du monde : « Où allez-vous
promener ainsi ? » Il est inutile d'ajouter que je passai outre sans tourner la
tête, mais je ne pus m'empêcher de rire. Ma figure épanouie excita l'attention
de deux filles en bonnet, causant au milieu de la rue ; elles me regardèrent
avec un sourire et d'un air étonné : ce regard curieux m'indigna et me rendit
à moi-même. En fermant la porte de ma maison, je me retournai et je vis mon
malencontreux inconnu, dressé au coin de l'église et me suivant des yeux.

Noël approche, il faut que toutes ces folies disparaissent, il est temps de se
recueillir. Ce sont de beaux et tristes jours : beaux pour tous, tristes pour
ceux qui regrettent des êtres chéris et qui sont obligés de se dire : « L'année
dernière, ceux qui nous ont précédés au ciel se réjouissaient encore avec
nous. »

Jeudi 22 décembre

Le sort est jeté : je n'aurai point dans ma chambre, servant de carreau de
pieds, la charmante broderie de Sophie représentant Hermann et Dorothée
de Goethe. Le tirage a eu lieu l'après-dîner, dans leur salon, en présence de
quelques amies de Sophie. Le petit Edouard a tendu sa main mignonne dans
une corbeille d'osier et en a retiré le fameux billet : c'était le 224 ! Et
maintenant, ce travail qui a pris à Sophie des nuits entières va passer dans
des mains étrangères. Après le tirage, nous sommes allées en bande nombreuse visiter la foire de Noël où, quoique nous fussions sept demoiselles,
nous n'avons fait d'autres emplettes que quelques douzaines de pains d'épice
de Gertwiller. Il y avait beaucoup de monde, des dames comme il faut, des
étudiants polissons et des officiers, des bonnes d'enfants et des gens communs. Les boutiques sont garnies comme d'ordinaire, la boue abondante
comme toujours à Noël. Nous sommes rentrées par la nuit tombante, après
avoir fait deux fois le tour.

Vendredi 23 décembre

J'ai couru la ville tout le jour, d'abord avec Sophie Gunther, ensuite avec
Sophie Braunwald. J'ai vu sonner l'horloge de la cathédrale, j'ai passé devant
une maison, j'ai acheté une papeterie pour les étrennes de ma charmante
sœur. A la foire, où Sophie Braunwald m'a entraînée malgré moi, j'ai reçu

quelques respectueux saluts. Sous les arcades, un petit jeune homme, qui m'a très attentivement regardée à la foire, est venu serrer mon bras en me disant : « Ma belle ! » Mon voile l'a sans doute induit en erreur et il croyait s'adresser à quelqu'un d'autre. Rien de plus effronté que les jeunes gens de Strasbourg : ils ne peuvent voir passer de jeune fille sans la faire rougir sous leur regard fixe et indiscret. Qu'on se cache sous un voile ou que l'on aille le visage découvert, on n'y échappe pas…

Jeudi 29 décembre

Nos étrennes nous sont arrivées de la part de Grand-Maman et de la tante, en belles pièces blanches et en bonbons délicieux dont, chaque jour, nous croquons une partie. L'oncle nous a demandé ce qui nous ferait plaisir pour nos étrennes, nous lui avons dit que, parce que nous sommes en deuil, nous ne désirons rien, et qu'au printemps, nous lui demanderons nos étrennes. La veille de Noël, j'ai donné mon cadeau à ma chère sœur, il a été reçu avec joie et la mienne n'a pas été moins vive à la vue d'une modestie délicieuse qu'elle m'a donnée : c'est une broderie fine et charmante sur laquelle je l'ai complimentée à force de caresses et de baisers.

Hier, j'ai passé mon après-dîner chez Sophie Gunther où nous avons ri, causé de maris et d'avenir. Mes amies m'ont dit que je jugeais les hommes trop sévèrement et qu'avec mes convictions et mon exaltation, je ne serai jamais heureuse. Elles ont surtout blâmé ma résolution « de renoncer à l'amour tel qu'on le lit dans les poètes ou tel qu'on le trouve dans ses rêves, d'accepter la vie telle qu'elle est et d'être décidée de ne faire qu'un mariage de convenance ». Mille fois plutôt supporter l'indifférence et l'infidélité d'un homme que vous estimez, mais pour lequel vous n'avez pas plus d'amitié qu'il ne faut, que de se voir oubliée et négligée par celui que vous aimez de toutes les puissances de votre âme, et auquel vous avez rapporté toutes vos pensées et toutes vos actions. Mais me voici lancée dans le chapitre du mariage ; on pourrait croire que j'y réfléchis quelquefois : tous ceux qui me connaissent savent combien il me tente peu.

J'ai pris ce matin ma deuxième leçon de piano. Je ne rêve que musique, je chante des gammes à tue-tête. Mademoiselle Stuttgé est aimable et douce, elle m'a déjà fait chanter une romance. Je craignais que ma voix ne fût fausse, mais il n'en est rien ; au contraire, elle est forte et pleine et, si je m'applique, peut devenir jolie. Maintenant mon vœu de quelques années est réalisé, j'ai des leçons de chant et de piano, je ne désire plus rien, c'est-à-dire avec ardeur, quoiqu'un piano nouveau et beau mettrait le comble à ma félicité.

J'ai tant d'ouvrage à terminer encore cette année. Tout à l'heure, je viens de donner à Sophie Braunwald le dernier baiser en 1842.

Samedi 31 décembre

C'est là ma dernière ligne : adieu, année abreuvée d'amertume, jours affreux parmi lesquels était le dernier jour de ma mère. Oh ! que l'avenir vous fait peur quand le passé vous a fait verser tant de larmes. Que Dieu soit avec ceux que j'aime, qu'Il leur fasse de longs et heureux jours et pour moi, j'implore de Sa clémence le courage qui fait accepter avec résignation les vicissitudes de cette vie, et la paix de l'âme au milieu de l'orage.

1843

Mardi 3 janvier

La nouvelle année se date pour moi par deux soirées de fêtes. Samedi soir, j'ai vu, des fenêtres de madame Strohl, le cortège industriel, brillant de bannières et de torches en l'honneur de Schwilgué, qui a doté notre Alsace d'un magnifique chef-d'œuvre. Ce cortège, beaucoup l'ont encore vu avec moi, mais toute la ville n'a pas été de la soirée dansante et musicale de madame Grün. Il y avait réunion nombreuse de jeunes demoiselles. On a commencé par le tirage d'une loterie au profit de quelques pauvres familles, puis dansé jusqu'à onze heures du soir.

Le nombre des cavaliers était très petit, vu celui des demoiselles : nous étions donc obligées de danser entre nous, ce qui donne toujours lieu à quelques jalousies et quelques dépits d'amour-propre, non point qu'il vous faille un cavalier pour danser gaiement, mais on n'aime pas voir les autres vous enlever votre part à la couronne d'hommages.

Hier, la soirée de musique et de chant de l'Académie était parfaitement belle, encouragée par la présence de l'évêque, de son vicaire, de Schwilgué et de sa famille. Monseigneur était satisfait surtout de la cantate en l'honneur de monsieur Schwilgué, son coreligionnaire, chantée par un chœur magnifique de voix d'hommes. L'évêque a trente-six ans, dit-on, mais les cheveux blancs viennent-ils déjà à cet âge [66] ? Il a les traits grossiers quoique la figure assez spirituelle. J'ai fait remarquer à Sophie Gunther la figure fine et expressive du vicaire, et elle m'a répondu que c'était dommage pour un si bel homme d'être condamné au célibat.

Aujourd'hui, j'ai chanté ma romance avec assez de justesse. Dans trois mois, me dit mademoiselle Stuttgé, je pourrai chanter à l'Académie. C'est plus qu'il ne faut pour être heureuse et pour dormir d'un sommeil paisible.

Vendredi 13 janvier

Avec chacun de mes jours, je vois s'évanouir une de ces naïves illusions qui berçaient mon enfance et mon adolescence. Oh ! que le monde réel est loin du monde de mes rêves. Si peu de leçons suffisent pour vous ôter la foi de vos premières années. Heureux ceux que la main miséricordieuse du Seigneur reprend de cette terre à la fleur de l'âge, avant de les avoir fait passer jusqu'au bout cette école amère qu'on appelle la vie. Dieu de bonté, j'ai vingt ans et, déjà, je vous ai prié en grâce de reprendre ce don de la vie que vous seul dispensez et avez le droit de reprendre, selon les décrets de votre sagesse infinie. Ah! que je suis coupable! que je suis à plaindre plus encore qu'à condamner...

Mes amies me le disent toujours, que jamais je ne pourrai être heureuse, que jamais je ne serai heureuse si je ne laisse de côté mon exaltation de sentiments, romanesque comme elles disent, mes illusions sur les choses matérielles et ordinaires, ma sévérité pour les hommes en général. Quand je suis gaie, je le suis trop follement ; quand j'ai des sujets de peine, je me laisse trop désespérer. J'ai quelquefois de ces pensées qui, j'en suis sûre, ne viennent jamais à mes amies, dont je suis fière et qui deviennent pour moi un trésor douloureux dont je ne voudrais donner de part à personne. Je plains souvent mes amies parce qu'elles savent se réjouir d'un rien, d'une petitesse que, lancée dans le superbe dédale de mes rêves, je n'honore pas de la moindre attention. La plupart du temps, je les envie parce qu'elles sont heureuses de jouissances légères, d'habitudes douces que je conçois sympathiques, avec des goûts modérés, mais auxquelles je ne puis et ne pourrai jamais me faire.

Je n'ai jamais cherché la vérité que dans les nuages. Mon ignorance et ma maladresse dans les choses les plus ordinaires et les plus prosaïques de la vie sont si extrêmes qu'aux yeux des âmes communes et uniquement remplies de ces futilités, je dois passer pour la créature la plus ignorante et la plus stupide. Ma sœur, comme mes amies, a un calme d'imagination, une tranquillité d'âme malgré sa vivacité d'esprit et de caractère, qui lui fait accepter avec joie et résignation toutes les joies banales et toutes les contrariétés prosaïques de cette vie. Il n'y a que les contrariétés ordinaires contre lesquelles je me révolte et que je ne puis supporter, mais je me jette au-devant, et à corps perdu, de ces secousses morales qui brisent le cœur.

Mardi 17 janvier

Julie et Pauline Weber nous quittent, il y a une demi-heure. Nous avons causé, tapagé comme des folles. Elles m'ont narguée sans cesse avec un jeune homme à barbe noire qu'elles prétendent que j'aime. J'ai grande envie de le nommer, mais non, je ne le ferai pas : ce sont des bavardages d'enfants ou plutôt de jeunes filles, et je ne voudrais pas paraître y attacher la moindre importance.

Hier, la soirée au Palais était divertissante : on a réélu un nouveau comité, il y a eu lecture des comptes, des observations, des réclamations, des applaudissements et des mots pour rien. Mais ce qui m'a fait plaisir entre tout était le duo des *Huguenots* chanté par monsieur Poncet et madame Martin. Ce pauvre monsieur Poncet me fait pitié quand je le vois, malgré sa richesse : si jeune encore, et déjà si fané ! Sa voix ne tient plus qu'à une mince corde, il ne la conserve qu'à force des soins qu'il lui donne. Il était si joli garçon autrefois ; maintenant, il est pâle et maigre comme un spectre. Il ne plaît que lorsqu'il chante et qu'il dit : « Je t'aime », avec un geste passionné.

Faut-il croire à tous ces bruits qui courent sur madame Martin ? Elle ne peut se résoudre à quitter Strasbourg parce que ce serait quitter monsieur Poncet. Il a vingt-deux ans, elle, trente passés ; à quelques années près, elle pourrait être sa mère. Si elle l'aime, c'est très malheureux et très coupable. Que je plains ce petit ange à la tête blonde, cette petite Martin qui, un jour, devra rougir pour sa mère !

Jeudi 19 janvier

L'oncle Schneegans est mort hier au soir à neuf heures. C'est un triste événement auquel on s'attendait depuis quelques mois.

Le tirage de la loterie de mademoiselle Ehrmann a eu lieu cet après-dîner. J'ai retrouvé dans sa salle quelques-unes de mes anciennes amies de pension. Il y avait des objets charmants, nous avons gagné sept ou huit lots pour des étrangers, pour ainsi dire, mais excepté l'oncle Weiler, aucune des personnes de notre connaissance auxquelles j'aurais souhaité un joli lot n'a été heureuse.

Mademoiselle Stuttgé est ou malade, ou m'a oubliée : je l'ai vainement attendue ce matin. Sous un rapport, je n'en suis pas fâchée car je suis très enrhumée, j'aurais mal chanté. Ce rhume qui dure depuis huit jours m'empêche de chanter mes gammes et d'exercer mes romances. Cette négligence forcée me rend de mauvaise humeur.

Oh ! que notre petit chat est à croquer dans la corbeille ronde où il vient de se blottir. Delille a chanté en vers charmants les grâces et les vertus de sa chatte, mais assurément sa chère Raton n'était pas plus douce que notre délicieuse Minette et n'avait pas de minois plus spirituel, ni de plus moelleuse gorge d'hermine.

Vendredi 27 janvier

Il y a un an jour pour jour, à midi, ma mère se mourait !... O pauvre mère ! je la verrai toujours sur son lit de mort, horriblement pâle, les lèvres bleues, le regard terne et fixe. Ma grand-mère, mon père, ma sœur et moi étions près de son lit, sanglotant dans cette chambre mortuaire. Et déjà, le premier anniversaire de ce jour affreux, de ce jour de désespoir et de larmes qui nous a ravi pour jamais en ce bas-monde celle dont nous aurions encore si grand besoin de l'amour, des conseils et des bonnes leçons. N'est-ce point un songe, est-ce bien ma mère que j'ai vu mourir et emporter dans la froide demeure du tombeau ? Je doute quelquefois encore de la triste réalité : il me semble qu'elle va revenir, que nous avons assez longtemps gémi et pleuré sans elle.

Vendredi 3 février

Je vais parler de ma soirée d'hier pour me consoler des ennuis d'aujourd'hui. Il y avait grand cercle chez madame Stöber : son fils, beau comme un ange, sa bru, belle comme une madone, madame Vallée et son fils, fougueux et éloquent collégien qui se prépare pour l'école de Saint-Cyr, madame Rauschenbach et encore quelques autres dames. Après un brillant goûter, dont madame Stöber la jeune a fait les honneurs avec grâce, on a fait la partie. J'ai eu l'avantage d'être placée à côté de monsieur Stöber et en face de sa femme que j'ai pu admirer à mon aise. Oh ! je ne peux pas dire combien je suis folle de ces magnifiques yeux bleu foncé, si rêveurs et garnis de longs cils noirs, de ces sourcils parfaitement arqués, de ce front pur, de ces cheveux châtains si fins et si soyeux, de ces dents de perle et de ce teint calme. Monsieur Stöber vaut bien sa belle femme ; il a de beaux yeux languissants, un nez grec admirable, des dents blanches, une barbe superbe et un air de bonté, de distinction et d'élégance tout à la fois. Il est arrivé de Sélestat hier au soir : personne ne l'attendait. Il a baisé sa femme sur les deux joues ; c'était charmant entre ces deux beaux jeunes. Jamais je n'aurais cru qu'il était si gai. Il nous a fait rire comme des folles ; en jouant il regardait mes cartes, me donnait des conseils et, comme je me ruinais en tenant la banque, il me dit : « C'est bon signe quand les demoiselles sont malheureuses au jeu. Réjouissez-vous, mademoiselle, vous aurez un bonheur inouï en ménage. »

Nous sommes en préparatifs de bal : demain soir, à l'heure qu'il est, nous danserons dans le salon de mademoiselle Ehrmann. J'ai cousu tout le jour ; que de choses à préparer quand même on fait la plus simple toilette du monde. Pour tout autre bal, je ferais mes préparatifs avec plus de joie et plus d'agitation. C'est sans doute le dernier bal de pension dont je serai ; je n'en étais pas depuis trois ans, je veux profiter de l'invitation pour danser encore une fois dans ces salles où j'aimais tant à travailler et à écouter mes maîtres.

Le vent souffle affreusement. La cloche de neuf heures sonne et le sommeil me gagne. Pourquoi rester levée quand un si bon lit vous attend ?

Dimanche 5 février

Hier au soir à cette heure, nous dansions chez mademoiselle Ehrmann. C'était un bal de pension, jeunes filles dansant avec jeunes filles, dont je n'ai pas lieu d'être mécontente. J'étais plus gaie que je ne pensais l'être, vu surtout le mal de gorge et le mal de jambes que j'avais avant d'y aller. En dansant tout a disparu, et je crois effectivement que la danse est le meilleur remède pour mes maux physiques, pour ce que j'appelle mes tourments moraux également, car en dansant, je suis loin de ces souvenirs qui me tourmentent.

La soirée était honorée de la présence de madame la préfète[67] et de son époux, auquel j'aurais bien aimé demander pourquoi il avait trouvé bon de m'oublier, lors de son bal, sur son billet d'invitation qui portait le nom de Papa seul ; d'une baronne russe et de sa fille dont je ne pouvais me lasser d'admirer l'air de distinction.

Mardi 7 février

Je suis en émoi, j'ai de grands préparatifs à faire : une toilette de bal, mais une véritable toilette de bal, à soigner. Papa, mon cher Papa, m'a fait admettre à ce fameux pique-nique[68] où l'on s'amuse parfaitement, auquel prend part une bien bonne société. La couturière a déjà la mousseline claire et unie pour ma robe. Je n'osais presque pas demander d'être admise et maintenant que le pas est fait, je crois avoir fait une imprudence. Je crains d'être obligée de faire tapisserie car il y aura des demoiselles bien prétentieuses et bien lancées dans le monde, qui captiveront tous les danseurs.

Vendredi 10 février

Quatre heures, encore quatre heures et je danserai ! Je me réjouis comme une folle, j'ai peur, je ne peux attendre l'heure et cependant, je voudrais pouvoir rester à la maison. Je crois que je ne serai pas trop mal dans ma robe de mousseline claire, à corsage plat, avec une berthe garnie d'une ruche de tulle et des perles dans les cheveux, mais que je serai vite éclipsée ! Il y aura des jeunes filles qui ont une réputation de beauté. Personne ne me connaît : si je danse, ce sera par pitié.

Je vais, je viens, je ne fais rien qui vaille, j'ouvre mon piano, je prends mon aiguille, un livre, je rejette le tout. Oh ! que j'ai peur de faire tapisserie ! Si mon entrée dans le monde est malheureuse, on ne m'y verra plus. Demain, je saurai si désormais je dois me réjouir pour un bal ou ne plus y penser. Sophie Gunther viendra m'habiller, elle me consolera.

Hier j'ai dansé, ainsi qu'Emma, jusqu'à minuit, chez madame Stammler. La société était charmante, composée de demoiselles et de tout jeunes gens, mais dont quelques-uns me dépassaient de deux têtes. J'ai dansé sans cesse, on m'a même fait quelques préférences. Je suis enchantée surtout de mon charmant, spirituel et bon petit danseur Gustave Lauth.

Un jeune homme blond, assez bien et d'une douce figure, nommé Barth, est venu m'engager souvent. Ma sœur, avec laquelle il a dansé autant qu'avec moi, m'a dit que dans une contredanse, il me suivait toujours des yeux et lui a dit : « C'est mademoiselle votre sœur : elle danse très bien. » Sans doute il me regardait avec des yeux trop indulgents ; pourvu que ce soir, quelques danseurs soient encore de son avis. Ce jeune homme a eu hier le titre de vicomte de Lavalette car il portait un gilet comme le littérateur : c'est la mode à Paris, car il m'a dit qu'il en venait. Louise Eissen était la seule en blanc : c'est une danseuse assez jolie. Je lui envie surtout le calme de son teint !

Samedi 11 février

Hier à cette heure, je m'habillai. Je me suis rendue au bal assez de mauvaise humeur, mécontente de ma coiffure et de ma robe que je trouvais trop décolletée. Au bras de monsieur Knoderer, j'entrai dans la salle ; nous arrivions un peu tard et je ne trouvai plus de place à côté d'Ernestine avec laquelle j'étais venue. Madame Weber me fit placer près de Julie qui avait déjà sa carte toute remplie de noms. Je ne connaissais, à l'exception de deux ou trois, aucun danseur. Toutes ces demoiselles avaient déjà des engagements. J'avais peur, je voyais que personne ne s'avançait vers moi. Enfin, un jeune homme vint me demander une contredanse et me dit d'inscrire sur mon carnet le nom de Steiner. Monsieur Bergmann vint m'engager pour les préliminaires et ainsi m'arrivèrent les danseurs. Monsieur Reinhardt me parut le plus aimable : c'est lui qui m'entretint avec le plus de soin, aussi je le vis arriver avec plaisir pour la seconde fois et lui accordai de suite « la petite valse que je devais avoir pour lui ».

Les plus beaux danseurs étaient, selon mon avis, deux élèves en médecine, messieurs Hornus et Wurtz. Monsieur Wurtz est noir, bien fait, et a des traits très fins avec des yeux très éveillés et très mutins. Monsieur Hornus a de longs cheveux bouclés, des yeux grands, mélancoliques, et l'air, la tournure et les manières d'un vrai gentilhomme. Mademoiselle Grimmer, qui est reine partout où elle va, avait une tunique, une berthe avec deux rangs de dentelle, et du velours dans les cheveux. Mademoiselle Reinhardt était trop élégante pour cette soirée assez simple en général ; elle avait une rose blanche sur chaque manche, un bouquet pareil sur le devant. Il y avait très peu de perles et de velours, beaucoup de fleurs, pour la plupart fort laides. Une seule rose blanche était jolie, mais je l'aurais vue de meilleur œil sur la tête d'une demoiselle que sur celle d'une dame. Ernestine et les demoiselles Fabre étaient fort simples.

Je me suis parfaitement divertie, je n'ai jamais fait tapisserie, mais je ne puis pas dire que je conserverai longtemps d'agréables souvenirs : il n'y avait là personne qui m'ait fortement intéressée. Mon amour-propre n'a point non plus été grandement flatté. Tout ce que ces danseurs savent dire à une inconnue est que la musique est parfaite, ce qui par parenthèse est vrai car elle vous entraînait, que le salon est trop chaud, que le parquet est glissant, qu'il y a beaucoup ou peu de bals cet hiver et mille banalités auxquelles on répond par des banalités semblables ou des monosyllabes.

Enfant, l'on se fait une idée trop romanesque des bals ; en général, comme tout dans la vie, le bal a aussi ses illusions et ses déceptions. Pourtant, je puis dire avec franchise que j'ai eu une soirée parfaitement gaie et, en dansant, je me disais : « Je danserai ainsi chaque soir. » A trois heures, je dénouai mes cheveux et mes perles pour dormir d'un paisible sommeil jusqu'à neuf heures du matin.

Mardi 14 février

Je sens bien que j'ai dansé trois fois la semaine dernière. Dimanche, chez madame Weber, la soirée a duré jusqu'à une heure et l'on s'est séparé en disant : « Il est lundi. » On a dansé avec le piano ; il y avait de petits garçons et de petites filles, des dames, et j'ai retrouvé trois de mes danseurs du pique-nique, messieurs Bergmann, Grün et Karth. Le premier m'a dit qu'il était question d'un second pique-nique et que son logement était à la disposition de ces dames. Le second est mon danseur de galops. Le troisième s'empresse auprès de Julie Weber, ses yeux ne la quittent pas, il est enchanté de ses reparties, il lui débite les compliments les plus galants. « J'ai une mère, Louisa, lui a-t-il dit, qui a des yeux noirs et brillants comme les vôtres. » Il n'a pas tort, elle est fort jolie le soir : ses grands yeux noirs et son beau front la parent à merveille, mais je lui souhaiterais en outre une autre denture, une bouche plus petite, un peu plus d'embonpoint, des pieds et des mains moins grands et plus gracieux.

J'ai été voir Laurette hier : elle prépare sa toilette pour le pique-nique de la ville de Mutzig. J'aimerais bien en être aussi, mais si Papa me permet d'être encore de celui de la maison Weber, je suis contente et n'ose pas demander la permission de danser trois fois.

Dimanche 2 avril

Dernièrement, j'ai rencontré, chez madame Rauschenbach où j'ai été tricoté de la dentelle, mademoiselle Strohl, assez aimable, instruite et qui veut se placer comme gouvernante. Nous avons parlé de madame de Staël, de Schiller, de Goethe et du charmant roman de madame de Krüdener, de *Valérie*. Madame Strohl a accueilli d'un sourire moqueur mes exclamations d'admiration sur les tendres et poétiques lettres de Gustave, s'est formalisée de ce que j'avais lu *Werther* de Goethe, mais cependant m'a dit qu'elle avait connu encore des bonnes amies de Goethe qui a été à l'université de Strasbourg. Elle m'a dit ce que j'ai entendu déjà cent fois, que rien n'était plus dangereux pour une jeune fille déjà exaltée que la lecture des romans, m'a raconté qu'une dame de ses amies était venue la voir pour lui parler d'un roman et lui a dit qu'on avait tort de le lire car le caractère du héros est si noble et si élevé que tous les maris sont des rustres auprès de lui. J'ai répondu que mon exaltation me mettait à l'abri de tout danger, qu'elle me déterminait même à ne me marier jamais car un mari, tout bon qu'il est, ne serait jamais la réalisation de mon idéal.

Il y a un an à cette époque, j'écrivais au comptoir de mon oncle et je m'extasiais à la lecture de *Valérie*! Que le temps vole! je voyais avec effroi s'approcher le vingtième anniversaire du jour de ma naissance, ma vingt et unième année est près. Je serai majeure dans un mois ; cela veut beaucoup dire. Je suis calme, je l'attends sans joie et sans effroi. Qu'elle passe vite ou lente, cette jeunesse qui n'est plus une jeunesse, qui a reçu un terrible coup par la mort de ma mère! Autrefois, je disais : quand j'aurai vingt et un ans, je serai gouvernante, personne ne me retiendra, je partirai. Je n'ai plus de volonté maintenant.

Jeudi, nous avons passé la soirée chez la bonne madame Rauschenbach avec la belle madame Stöber, sa sœur Adèle Vallée qui sera tout aussi belle qu'elle, et plusieurs autres dames. Que cette jeune dame Stöber est vive, spirituelle et enfant tout à la fois! quel heureux caractère! Cette femme n'a jamais passé par l'école du malheur, sans cela, elle ne ferait pas tant d'enfantillages.

Le ciel redevient sombre, nous ne ferons pas de promenade. Comment tuer notre après-dîner dans ces murailles, Emma et moi? Elle demande à lire toutes les bêtises que je viens d'écrire, je crois que la plupart de mes pages méritent bien ce titre.

Dimanche des Rameaux, 9 avril

Ma sœur a fait sa confirmation. Quel jour à la fois triste et solennel! Elle s'est agenouillée à l'autel, pâle d'émotion et blanche comme un ange. J'ai beaucoup pleuré, je songeais à notre mère, à notre frère qui nous voyaient sans doute et qui priaient avec et pour nous.

Vendredi 21 avril

J'ai de grandes occupations de ménage : la lessive commencera demain. Nous avons des préparatifs de toilette à faire, toute notre garde-robe à restaurer, renouveler, rafistoler. Si Dieu le veut, nous quitterons le deuil pour le premier mai. Depuis, j'ai acheté un châle pour consacrer et bien placer les étrennes de deux ans. J'ai culbuté les magasins de toute la ville pour trouver quelque chose de frais, de nouveau et de distingué. Je suis satisfaite de mon choix quoique j'aie balancé deux jours entre un châle mille fleurs de Picquet et un renaissance d'Exel [69] : le dernier l'a emporté.

Jeudi 25 mai

Cinq heures déjà à l'hôpital ! Les heures passent vite, même dans notre solitude. J'ai été à l'église ce matin : ma sœur est retenue dans la chambre par une légère indisposition.

Hier, j'ai passé l'après-dîner chez Sophie Braunwald avec Sophie Gunther. Sophie Braunwald est toujours gaie et toujours folle. Elle a une correspondance très étendue qui n'est soumise à aucun examen ; tous les tiroirs de son secrétaire sont bourrés de lettres qui lui arrivent des quatre parties du monde et dont beaucoup sont d'un style charmant. Le lundi de Pentecôte, elle partira pour Spire avec le bateau à vapeur. On lui a déjà annoncé qu'on organiserait quelques fêtes et quelques parties de plaisir en son honneur. A Spire, on danse deux fois par semaine ; sa toilette l'occupe beaucoup car, dit-elle, «je veux paraître avec avantage et surtout oublier en Allemagne mon affreux dialecte strasbourgeois». Sophie Gunther et moi sommes revenues chez nous toutes tristes : notre vie est si uniforme en comparaison de celle de Sophie. Elle reçoit de si jolis présents, mais je suis ingrate, j'oublie que madame Rauschenbach nous a donné des ombrelles à l'anglaise délicieuses, ornées d'une cordelière et d'un anneau où passe le doigt.

Nous venons de rire, Emma et moi : elle m'a parlé du jeune Stammler qui, dit-elle, a pour moi une singulière affection, ainsi qu'Alphonse Koehler qui pourtant, selon les apparences, semble être refroidi depuis quelque temps. «Viens, dit-elle, je vais faire l'énumération de tous ceux qui ont eu de l'attachement pour toi.» J'ai retranché quelques noms de sa liste parce que je ne veux pas être plus crédule qu'il ne faut ! Quelques souvenirs agréables se réveillent, je vais m'y livrer, on se sent heureuse si peu d'instants.

Vendredi 26 mai

Quelle singulière nouvelle : j'en ris toujours. A deux heures, Sophie Braunwald est entrée chez moi avec ces mots : «Mademoiselle, je viens vous faire compliment parce que vous êtes fiancée avec monsieur Seeger.

— Folle, lui ai-je répondu.

— Non, non, je ne plaisante pas, c'est de ma grand-mère que je tiens cette nouvelle ; elle vient de m'apostropher en me disant que "monsieur Weiler (mon oncle) arrange le mariage. Il donnera à sa nièce son commis, son magasin d'huile et le logement que je quitte. Amélie ne t'en a-t-elle rien dit ?"»

Sophie a répondu : « Non et quand même, je ne trahirais rien, d'ailleurs tous ces bruits ne disent rien ; plus d'une fois, Amélie est allée en voiture avec son oncle et monsieur Seeger. (Mais je n'ai vu ni l'un ni l'autre depuis un siècle.)

— Mais, continuait la vieille madame Braunwald, quel âge a-t-elle donc ?

— Bientôt vingt-cinq ans !

— Oh ! alors, c'est plus qu'il n'en faut pour entrer en ménage... »

Quelle singulière nouvelle, je le dis encore. Sophie m'a protesté qu'elle n'inventait pas cette histoire, mais cela n'empêche pas qu'elle soit un faux bruit. Le dirais-je ? Quoique ce bavardage, qu'il ait un fond de vérité ou non, ne me cause ni joie ni crainte, j'y pense plus que je ne le devrais raisonnablement et déjà, je me vois mariée de force ou par persuasion, ce qui est pis encore !...

Mais non, non, je suis majeure et tout doit échouer contre ma volonté. Oh ! que je suis enfant ! mais ce sont là les erreurs dans lesquelles tombe une imagination oisive.

Mon agitation s'est calmée ! Adieu, troisième tome de mon journal, toi qui renfermes tant de déraisons, je ne veux point te quitter sans être raisonnable et paisible.

(FIN DU TROISIEME CAHIER)

A la vue de ce grand cahier vert [70], ma sœur m'a demandé si je comptais remplir encore toutes ces pages. Elle craint que je ne me marie arrivée à peine au quart, et alors, adieu journal ! Ce n'est point ma crainte, mais de quoi les remplir, c'est là l'importante question : de jérémiades ou de bêtises ? Les unes sont aussi insupportables que les autres. Mes journées sont si uniformes que leur détail ne peut, plus tard, guère m'intéresser moi-même. Si je ne me sens pas le besoin d'écrire mes impressions et mes rêveries parce qu'elles ne sont plus ni profondes ni vives, du moins mes notes seront pour moi un travail de conscience : je rendrai compte à Dieu de l'emploi de mes heures, je lui dirai mes plaintes et mes défauts. Mon bonheur est de voir le ciel, les étoiles du firmament, d'entendre le chant des oiseaux, de respirer les parfums de la nature ; ma passion, la musique et la lecture des grands poètes ; mes affections, mon père et ma sœur, et mon unique ambition et le but de ma vie, de me consacrer uniquement à l'étude, aux arts et à l'instruction de la jeunesse. O sublime profession d'instituteur, d'institutrice ! qu'il est doux de communiquer aux autres, à de jeunes enfants, le trésor d'instruction que l'on s'est acquis soi-même à force de zèle et d'application. Je ne suis qu'une ignorante, mais je ne voudrais point emporter dans la tombe, pour moi seule, le peu que je sais.

Autrefois, aux jours de mon adolescence, lorsque mon imagination fraîche et vive tombait d'illusions en illusions séduisantes, j'ai rêvé un bonheur factice, une félicité qui n'existe point dans ce monde. J'ai perdu ces vaines espérances, le rude contact des circonstances mesquines et ordinaires m'a ôté la foi de mes premières années. Mon compte est fait avec le monde : je ne trouve point parmi les mortels l'idéal, l'ange de mes rêves, et puisque ce bandeau de prestige et d'illusion est tombé de mes yeux, mon cœur a rejeté tous ses désirs mondains, et toutes les facultés de mon âme se tournent vers un noble et utile but : une place de gouvernante est mon rêve de tout le jour. Si je ne me laisse pas rebuter par les difficultés inouïes de mon chant, c'est pour posséder un talent d'agrément qui pourra m'être de quelque utilité.

Tout à l'heure, je m'étais assise à ma table pour tracer quelques lignes d'introduction au quatrième tome de mon journal. On frappe à ma porte : c'est Frédérique Durrbach qui vient me faire ses adieux. Son sort est fait, elle a été recommandée à une des premières familles d'Allemagne ; incessamment, elle va partir pour remplir la place de gouvernante auprès des trois jeunes enfants du baron de Mecklembourg. Le baron, qui est fort riche, habite avec sa famille, toute l'année, une campagne à une lieue de Stralsund. Les lettres les plus aimables de ses futurs maîtres lui promettent la plus heureuse existence. Le baron lui a écrit qu'il a une bibliothèque magnifique et une galerie de tableaux. Frédérique a pris des leçons de dessin quatre heures par jour depuis trois mois : elle pourra copier des tableaux de maître. Elle emporte avec elle tous ses livres de pension, ses dessins et des toilettes plus jolies que celles qu'elle portait ici. Elle a un engagement de quatre ans ; alors elle reviendra à Strasbourg, en visite ou pour rester. Si dans cet intervalle sa place ne lui convenait plus, elle pourrait partir chaque jour. Elle espère revenir avec une petite fortune : c'est là un point essentiel auquel il faut songer tout en voulant suivre sa vocation. Ses appointements sont fort beaux : elle aura neuf cents francs la première année, mille l'année suivante si elle remplit consciencieusement ses devoirs et sera augmentée d'année en année. On lui envoie cinq cents francs pour faire le voyage : elle le fait avec mademoiselle Vierling, demoiselle spirituelle et instruite qui va à Lübeck pour prendre les bains de mer. Elle s'arrêtera dans chaque ville qui en vaut la peine pour voir les spectacles et tout ce qu'il y a de remarquable, et fera un journal. Ah ! que je voudrais, comme elle, me faire un recueil d'impressions de voyage. On voyage, on vit deux fois quand plus tard on les relit. Ainsi lui ai-je dit :

« Tu pars, heureuse, mille fois heureuse enfant !

— Comment heureuse ? m'a-t-elle répondu, je croyais que tu allais me plaindre parce que je vais m'éloigner de ma famille et de tous ceux que j'aime.

— Moi, te plaindre ! une place de gouvernante est mon unique rêve et celle que tu dois remplir surpasse toutes mes idées et toutes mes espérances. Si mon père le veut, dans six mois, je suis près de toi : une fois en Poméranie, tu me procureras une place.

— Quoi ! tu quitterais ton père et ta sœur ?

— Je ne les quitterais que lorsque je saurais ma grand-mère près d'eux ; et d'ailleurs, que font les distances ? On peut revenir d'un jour à l'autre, on ne quitte pas le monde en allant à cent lieues.

— Tu ne veux donc pas te marier ?

— Je n'en veux pas entendre parler. Pourquoi déjà enchaîner mon existence à celle d'un homme dont rien ne me conviendrait, ni le caractère, ni l'extérieur, ni la position ?

— Tu penses comme moi. Je ne fais pas vœu d'un célibat éternel ; dans quatre ans, je ne serai pas encore trop vieille pour me marier.

— Oui. Quelquefois l'on risque de faire un mauvais mariage à vingt ans tandis qu'à vingt-six, on trouve un parti avantageux. D'ailleurs, à Strasbourg, nous, jeunes filles de la bourgeoisie, n'avons guère l'occasion de prendre des manières distinguées. Dans nos relations habituelles, nous n'avons point de modèles, et lorsqu'une fois par an, nous nous trouvons dans un cercle un peu distingué, nous sommes gauches et mal à notre aise. Ce n'est que parmi les étrangers de haute condition que nous pouvons acquérir cet usage du monde, ce ton aisé qui ne peut que nous embellir.

— Si tu le permets, m'a dit Frédérique, je t'écrirai quelquefois.

— J'allais t'en prier : c'est un bonheur que tu m'accorderas. Si ta place te convient, j'en solliciterai une pareille.

— En tout cas, j'en procurerai une à ma sœur Emilie et alors, si ta résolution reste inébranlable, vous ferez le voyage ensemble. Qu'il me serait doux d'avoir auprès de moi une sœur et une amie !... »

Ma résolution est prise dès longtemps : il ne me manque plus que la liberté de la suivre.

J'ai cherché longtemps une épigraphe pour mon journal : je me suis arrêtée à cette pensée de Gustave : *Pourquoi me tourmenter du lieu où je passerai quelques jours ?* Elle me vient souvent quand mes projets et mes plans, hélas ! inexécutables viennent m'assombrir l'âme. Elle est triste, mais elle est vraie ; elle exprime la mienne. Gustave se sent malade et mourant, je suis dans la fleur de la santé ; son existence est brisée, la mienne me tourmente nuit et jour. Je voudrais avoir des ailes pour m'élancer dans l'espace. Depuis tantôt deux ans, je dis sans cesse : « dans quelques mois, je ne serai plus ici ». Quelle folie ! Cela me cause bien des tourments et cependant, ne suis-je pas comme rivée au sol de l'Alsace ? Qui sait si la mort ne viendra pas bientôt mettre fin à mes projets insensés ? Je me tourmente et vis d'amertume au lieu de jouir paisiblement de mes derniers beaux jours, peut-être.

Vie de femme de lettres, vie de gouvernante, vous m'ôtez ma vie à moi !...

Mardi 6 juin

La Pentecôte s'est annoncée pluvieuse : avant-hier, le temps était très peu engageant aux parties de plaisir. Nous avons été au Contades entendre la musique.

Hier, nous avons passé notre journée dans le duché de Bade. Papa nous a pour ainsi dire fait marcher de force. Le ciel était sombre, je n'avais nulle envie d'aller courir sous le parapluie; nous avons pris l'omnibus jusqu'à Kehl. Nous avions en chemin une scène à la fois divertissante et alarmante: nous étions au fond de l'omnibus, un jeune Allemand vint se placer près de la portière et fumer sa pipe. Arrivent deux couples grotesques: une femme querelleuse crie qu'elle n'entre pas dans cet omnibus, qu'il est trop bas, qu'on y étouffe. Son mari lui donne un coup qui la fait tomber sur la banquette, de l'autre main, il abat la pipe de l'Allemand qui ne comprend pas la chose ainsi et lui rend injure pour injure. Papa est obligé de s'en mêler et de les faire taire. A Kehl, il y avait foire: foule malgré le temps assez menaçant et grand étalage de joujoux, de pains d'épice, de gâteaux et de choses utiles. Plus d'une jolie Badoise vient à la foire de Kehl faire l'emplette du ruban dont elle ornera son bonnet et de la chaussure qu'elle mettra à danse prochaine. Nous craignions le bruit et la foule à Kehl, nous nous dirigeons vers Sundheim. Entre Kehl et Sundheim, les prés sont magnifiques: vaste ruban bariolé de toutes les couleurs. Au bord de la Kinzig qui coule paisible et claire dans cet agreste paysage, les canards et les oies se dilataient au soleil et leur blanc plumage contrastait agréablement avec le vert gazon. Le temps était devenu superbe, l'air rafraîchi par les pluies nous faisait grand bien, les montagnes se dessinaient, claires, à l'horizon. En chemin, nous nous plaisions à cueillir de grandes marguerites, à les effeuiller et à dire pour chaque feuille: « Je t'aime, un peu, beaucoup, passionnément, point du tout. »

A Sundheim, où nous arrivons avec un appétit tant soit peu agacé par le grand air et la longueur de la course, nos anciens hôtes ne tenaient plus auberge. Force nous fut de chercher fortune à Neumühl chez notre ancien ami Haemher. Nous avons fait honneur au dîner qu'on nous a servi et qui s'est fait attendre assez longtemps, et surtout à la carpe frite que l'on mange avec une satisfaction infinie dans les lieux de sa naissance.

Une nombreuse compagnie de Schilick est venue s'asseoir à la même table que nous où déjà nous avaient précédés le professeur Richard [71] et sa famille. Il y avait quelques dames et beaucoup de jeunes gens, entre autres le jeune Barth, le vicomte de Lavalette de la soirée Stammler, nommé ainsi à cause du gilet qu'il portait, dont à l'expression de sa physionomie j'ai remarqué qu'il reconnaissait ses anciennes danseuses. Nous avons fait un tour de promenade avec cette société. Le vicomte ne pouvait s'empêcher de nous regarder sans cesse et de s'approcher de nous aussi souvent que possible. C'était à peu près notre seul divertissement, les oscillations de ce jeune homme, car les dames qui me semblent tout à fait Schilick ne se souciaient pas de causer avec nous et nous, de notre côté, n'étions guère disposées à leur faire des avances.

A huit heures, nous étions sur le pont du Rhin, très satisfaits de notre journée. Après m'être abîmée dans le spectacle magique du Rhin et de ses côtes, après avoir jeté un coup d'envie sur le point de l'horizon où le matin j'avais vu disparaître le bateau à vapeur qui emportait Sophie Braunwald vers Spire, je me disais en soupirant que j'aimerais éperdument voguer sur ce majestueux fleuve et que cela n'arrivera que lorsque je serai gouvernante. Frédérique Durrbach part demain ; près de sa mère, je l'ai attendue une heure laissant chez moi Laurette et Alphonsine. Je ne l'ai plus vue ; j'ai vu ses toilettes et les présents qu'elle porte à ses élèves.

Mercredi 14 juin

Puisque tout dans ce monde n'est qu'horreur et chimère, je ne veux point m'en occuper et retremper mon âme à de saints souvenirs : je suis tout à ma grand-mère, à ses affections douces et vraies. Tout à l'heure, à la dernière lueur du jour, lorsqu'un dernier reflet pourpré du soleil dorait encore les cimes des maisons, je me suis mise à ma fenêtre pour être tout à l'air et à la nature. J'ai ouvert ma boîte à lettres d'où s'exhale un double parfum de violette et de souvenirs. Je suis folle de ces lettres, je les adore, je les porte sur mon cœur, je les relis avec un sentiment ineffable de bonheur. Pas un mot d'amour profane : c'est le langage de la pure et simple amitié. Et près de mon lit, ces petits tableaux, je les regarde toujours avec des yeux ravis. O temps heureux de l'enfance ! doux souvenirs de jeunesse, votre voix seule n'est point sans pouvoir sur une âme sensible. Sans vous et sans l'espoir d'une bienheureuse éternité, de quoi se consolerait-on ? De quoi vivrait-on ? De déception et d'amertume.

J'ai été voir Sophie après dîner. Nous avons parlé mariage. Elle m'a dit que Pauline Haeffner était folle de son beau fiancé. Elle porte constamment son portrait dans sa poche pour le baiser à chaque instant. Monsieur César en fait-il autant de celui de Pauline ? Elle lit ses lettres cent fois par jour, elle les baise et y puise la vie. O l'insouciante, l'heureuse, la stupide jeune fille ! elle croit qu'il n'existe que pour elle, qu'il n'a jamais existé que pour elle ! Pauvre enfant, défie-toi de ces menteuses promesses, de ces faux serments d'amour. On dit de ces choses sur le compte de monsieur César que Pauline, dans sa sainte erreur, ne croira jamais, mais qui à sa place m'épouvanteraient si fort que je préférerais me retirer dans un cloître au lieu de vivre avec monsieur César.

Que les jeunes filles sont peu difficiles et peu scrupuleuses ! Trop heureuses de trouver un mari, de pouvoir jouer à la madame, elles s'attachent à un homme, de bonne foi, souvent sans s'inquiéter de comment il a vécu, croyant reconnaître aux plus légers, aux plus banals hommages, l'ardeur d'un amour qui durera pour l'éternité. Que ce doit être un immense malheur de voir plus tard qu'elles seules avaient aimé et que leur tendresse n'est payée que par l'ingratitude et l'infidélité de celui auquel elles demandaient le bonheur de ce bas-monde. On est si sévère pour les jeunes filles : elles doivent apporter à l'époux de leur choix un cœur pur qui n'a jamais aimé. Le plus innocent propos, la plus légère inconséquence de leur part jette quelquefois un blâme sur toute leur vie. Les calomnies de leurs ennemis, car qui n'en aurait point, flétrissent la réputation de vertu la mieux méritée. Et alors, adieu considération, adieu espoir d'un établissement convenable : on les fuit comme les lépreux ; les autres femmes se couronnent de leurs torts et étalent avec hauteur leur froide ambition et leur réputation d'austérité.

En est-il de même pour les hommes ? Que la société est de travers ! Il faut déjà qu'ils se soient traînés dans la fange pour avoir perdu toute considération. Ils dépensent les plus belles années avec d'impudiques courtisanes : ces créatures ont leurs premiers hommages, leurs premières pensées, reçoivent les tribulations de leurs premières amours. Et on les excuse, on les justifie encore ! Alors, rassasiés de plaisirs, blasés sur tout, ayant perdu la fraîcheur et la vigueur de la jeunesse, ils songent à se marier. Les uns sont difficiles, ils veulent une épouse d'une réputation sans tache, qui soit jolie, spirituelle, pleine de talents et qui surtout ait une belle dot. Chez d'autres, l'argent fait tout et ils ferment les yeux sur bien des désavantages physiques et moraux.

Une femme ne doit songer qu'à être une ménagère habile, épouse constante et sensée, bonne mère. Elle ne doit aimer qu'avec mesure les plaisirs du monde, les toilettes et le luxe, et doit accepter avec résignation et douceur les infidélités et les brusqueries de son mari et seigneur. C'est là ce que je sais déjà à vingt ans, à cet âge où l'on peut vivre encore d'illusions.

Si toutes les jeunes filles réfléchissaient à la marche du monde et des choses, elles agiraient tout autrement : au lieu de songer au mariage, avec un peu de sentiment et de juste orgueil, elles rejetteraient avec horreur ce joug qui enchaîne l'amour d'une jeune fille au cœur indifférent d'un homme qui a vidé jusqu'au fond la coupe des folles joies. Il paraît qu'elles craignent le ridicule de vieille fille et que c'est le titre de madame qui séduit la plupart d'entre elles et la liberté de porter des toilettes interdites aux jeunes filles.

Il y a des exceptions parmi les hommes, mais elles sont rares. On ne peut jamais dire d'un homme qu'il n'a jamais aimé que celle qu'il choisit pour épouse. Et l'idée de n'avoir pas été l'unique objet de l'amour de celui que j'ai seul aimé gâterait tout mon bonheur. D'ailleurs, je serais trop défiante et trop incrédule pour croire jamais les protestations les plus passionnées, et la jalousie est, dit-on, le plus cruel de tous les tourments.

Dans quel chapitre me suis-je lancée ? Toutes mes réflexions viennent du mariage projeté de Pauline et de sa tendresse déplacée.

Samedi 17 juin

L'étoile du soir qui brille au ciel vient de disparaître derrière l'hôpital ; rien ne retient plus à la fenêtre, tout est sombre et silencieux. Nous avons cousu tout le jour ; je suis tout heureuse de ma journée, de ces mille et mille petites choses terminées. J'ai pris le frais sur le petit balcon. La lanterne éclaire le recoin entre l'église et notre maison. Les passants sont rares dans la rue qui, à cette heure, ne sert qu'à quelques furtifs rendez-vous. Parfois un officier et sa belle viennent s'arrêter pour échanger quelques mots bien bas, bien bas, à quelques mètres de notre maison, pour disparaître ensuite derrière l'église...

Sophie Braunwald est de retour de Spire où elle s'est divertie comme une folle. Elle n'a fait que danser, écouter de la musique, courir après le roi de Bavière qui était à Spire en même temps et qui lui a adressé la parole au bal. Elle ne peut dire assez combien les officiers allemands sont de beaux hommes, excellents danseurs, et portent un bel uniforme. Elle passera l'hiver à Spire pour bien jouir de toutes ces fêtes. L'heureuse fille !

Mercredi 5 juillet

Jamais je n'ai été si prosaïque, si occupée de frivolités que cette semaine. Hier j'ai, pour ainsi dire, perdu ma journée : à une heure, nous avons pris notre ouvrage pour aller chez Grand-Maman dont les fenêtres donnent sur la foire. Il faisait si chaud, nous avons tant causé que nous n'avons rien fait.

Aujourd'hui, de bonne heure, nous sommes allées acheter nos robes de barège [72] que nous avons achetées et laissées au moins cent fois dans la pensée ; encore n'avons-nous que la mienne : il faut que monsieur Julliard [73] fasse venir la même étoffe de Paris pour qu'Emma ait la pareille. Dans cinq jours, nous serons satisfaites. Je voudrais une pèlerine de dentelles. Hier, j'ai été chez ma lingère sans la rencontrer ; aujourd'hui, elle est en couches et ne peut pas me donner audience. J'ai acheté de la soie pour des gants de filet longs que je veux finir dans huit jours, du satin rouge pour me broder un petit sac avec des perles d'acier, et qui doit être fini et pendre à mon bras dimanche. A ajouter : mes six leçons de chant et de piano par semaine. Tout ceci remplit bien mes heures et ne me laisse guère de loisir pour une lecture ; aussi je ne lis que les décès, les mariages et naissances.

Samedi 8 juillet

Ma sœur est née pour s'occuper uniquement de manchettes : elle ne fait que les raccommoder, changer et garnir. Quant à moi, je suis toujours affairée, pressée ; je me donne de trop grandes tâches pour pouvoir les remplir. Ma pensée travaille davantage que mes mains ; je ne m'occupe pas exclusivement d'une chose, je mets tout en œuvre, je veux être à la fois ménagère, lingère, femme de lettres et artiste.

Ce soir, nous avons fait un tour avec notre père ; nous avons suivi la grand-route hors la porte de l'Hôpital. Le suave parfum des tilleuls a rajeuni tout mon être et je conçois maintenant que ma tante avait envie de pleurer lorsque les tilleuls séculaires du rempart sont tombés sous une hache destructive. Nous avons cueilli des bleuets dans les champs ; que j'aimerais à me parer pour un bal d'une douce guirlande de bleuets ! cette humble fleur des champs me siérait bien mieux que toutes les perles et les nœuds de velours que j'ai portés cet hiver. Moi qui me pique de connaître l'histoire, la géographie, la littérature, un peu de physique et de botanique, qui connais la généalogie et la biographie de tous les héros fameux et fabuleux, je devrais être honteuse d'avouer que même si je vis encore un demi-siècle, je ne saurais jamais distinguer le froment du seigle et de l'avoine.

J'ai des nouvelles de Frédérique Durrbach par son père ; nous l'avons rencontré à notre promenade, je lui ai demandé des nouvelles de sa fille : elle a écrit, elle a fait le plus beau et le plus intéressant voyage du monde. Le baron de Mecklembourg vit dans une de ses terres et compte deux à trois cents chevaux et vaches dans ses écuries. Ses trois élèves, dont l'aîné a treize ans, apprennent avec facilité et savent déjà beaucoup de français. Elle leur donne six leçons par jour et passe le reste de son temps à courir dans les vastes jardins en robes d'indienne et boit du lait à discrétion. On fait cinq repas par jour en Poméranie et son maître l'engage à bien manger pour engraisser. Elle va partir avec sa famille pour l'île Rügen où ils passeront l'été ou l'hiver, je ne sais, à Putbus où réside un prince, parent de la baronne ; alors, elle mettra ses jolies toilettes.

Dimanche 9 juillet

Nous avons passé l'après-dîner chez Sophie Braunwald dans leur adorable jardin. Sur ce jardin donnent les fenêtres de deux jeunes gens qui logent chez eux dont l'un, monsieur Oscar de Hoeslin, a figuré à notre pique-nique de l'hiver et m'a fait danser plusieurs fois. Henriette Schneegans, née en 1806, aime, disent les folles Braunwald, monsieur de Hoeslin qui commence par répondre à son amour. Il reste à la maison quand elle y reste, descend au jardin lorsqu'elle s'y trouve, lui fait des lectures, ne parle que de Hebel[74], le parrain et le poète favori de Henriette, lui offre des cerises dans sa casquette, qu'elle mange avec empressement.

Sophie m'a dit qu'il les peignait toutes trois ; elle nous a entraînées, sa sœur, Emma et moi, dans la chambre de monsieur Hoeslin lorsqu'il était sorti. Effectivement, sur une feuille de papier est représentée la treille ; sur le banc sombre sont assises Henriette en deuil, reconnaissable au premier coup d'œil, pèlerine arrondie, cinq boucles sur chaque tempe ; Sophie en rose, pèlerine à coins aigus, costume et coiffure parfaitement reproduits ainsi que la robe bleue à corsage plat et les bandeaux d'Henriette Braunwald. Que ce jeune homme a de bons yeux et un talent d'observation ! S'il n'est amoureux de la figure d'Henriette, il l'est de son esprit. Sophie dit que cela finira par un mariage : nous verrons. En attendant, c'est divertissant, mais j'ai des remords affreux : nous sommes entrées si inconsidérément dans la chambre de ce jeune homme ; c'est mal. Que la curiosité est coupable lors même qu'elle ne vous fait voir que le portrait d'une autre ! Nous n'avons fait que rire et notre pauvre tante Schneegans, qui est si bonne et si affectueuse, qui est souffrante, croit sans doute que nous nous sommes diverties à ses dépens. Ah ! que je sens de remords ; il faut que je l'aille voir pour lui demander pardon.

Vendredi 11 août

Il pleut de nouveau ; les beaux jours ne sont jamais de longue durée. Hier, le temps était superbe, nous aurions tant aimé aller au Contades, Emma et moi, pour entendre la musique et voir une fois le beau monde. Papa était au conseil et nous n'avons malheureusement pas de mère pour nous accompagner. Dans les choses les plus graves comme dans la satisfaction de nos plus simples désirs, c'est notre regret de tous les instants d'être ainsi seules et, pour ainsi dire, abandonnées.

Sur la terrasse de notre jardin, au pied des murs qui nous environnent de tous côtés, nous nous sommes occupées de travaux à l'aiguille. De temps à autre, je laissais tomber mon ouvrage pour regarder la voûte azurée du ciel, les arbres, les toits éclairés par le soleil, et soupirer et dire : «Ah ! que la solitude fait à la fois de mal et de bien. »

Le soir, je montai pour toucher du piano ; Sophie Braunwald vint pour me dire, je n'ose pas encore le croire..., qu'elle vient d'accepter une place à Lübeck !... J'étais prête à me trouver mal : elle, une place ! elle, partir, et pour trois ans ! Le temps brise donc une à une toutes les liaisons qui me sont chères ; il ne me laisse qu'amertume et désespoir. Toutes mes amies se placent, suivent leurs goûts et leur vocation ; moi seule, je suis comme rivée à Strasbourg telle qu'une plante dont la racine ne peut se détacher du lieu où le hasard l'a jetée. Sophie partira dans huit jours. Elle ne se prépare à rien ni ne passera d'examen : elle n'aura qu'un peu de français à enseigner aux enfants de la maison. Elle part joyeuse et confiante, heureuse de quitter Strasbourg qu'elle a en horreur et espérant faire son chemin en Allemagne. La même maison cherche une seconde demoiselle ; si je pouvais partir ! si on me laissait partir ! Je puis user de ma majorité, mais s'expatrier, quitter sa famille, chargée des malédictions d'un père, en aurai-je le courage ? En dois-je avoir le courage ? Comme lors du départ de Frédérique Durrbach, mes douleurs se sont ravivées, de nouveaux combats troublent mon âme. Depuis hier, je n'ai plus un moment de repos : en imagination, je prépare mon petit trousseau, j'emballe mes livres, je ne sais si je veux emporter tous les tomes de mon journal ou si je veux le laisser à Strasbourg. Je voyage, je fais des notes, je publie des mémoires intéressants. Il me faut l'espace, l'air de l'Allemagne, j'étouffe en Alsace.

Ce soir, j'étais chez les Weber, on jouait du piano ; en entendant les jolis airs du *Chalet*[75], de *Lucie*, je me disais : « Je les saurai aussi, mais ce n'est qu'en Allemagne que je les jouerai bien. »

Comme la pluie tombe, quelle sinistre nuit ! Hier au soir, la lune brillait si belle. J'entends un bruit singulier dans le corridor, je vais tourner la clef, que j'ai peur !

Lundi 14 août

Hier au soir, j'étais si calme et si heureuse, je suis si troublée ce soir. Nous sommes rentrées de Kehl à neuf heures du soir, après avoir vu débarquer au grand Rhin les voyageurs qu'amenait le bateau à vapeur. J'éprouvais une telle envie de voyager en voyant cette rumeur, en entendant ces différents accents. Qu'il serait curieux de connaître les cent motifs qui amènent ces cent passagers ! La soirée était si belle, le Rhin si majestueux, l'air du soir si frais. Voguer sur un grand fleuve, c'est là mon unique désir ! Sophie Braunwald aura ce bonheur ; je reviens de chez elle : elle part jeudi à six heures du matin. Ses meubles sont encombrés de linge et de livres, sa malle et ses cartons préparés dans un coin. Elle emporte le portrait de son frère, quelques tableaux qui ornaient sa chambre à Strasbourg pour en orner celle qu'elle habitera à Lübeck et qui donne sur la mer. Elle a été assaillie de présents et de souvenirs ; ses tantes lui font de magnifiques cadeaux : l'une lui donne un châle tapis de pure laine, l'autre une chaîne d'or, la troisième une jupe de piqué, la quatrième un tablier de gros de Naples orné de franges et d'une cordelière. Sa mère lui a acheté une robe de soie noire pour quatre-vingts francs avec laquelle elle portera un mantelet garni à la vieille. Elle va être sous-maîtresse dans un pensionnat. La tête me tourne, j'ai la fièvre quand elle me dit : « Je resterai deux ans à Lübeck, j'apprendrai l'anglais et le hollandais : de Travensünden à Londres, il n'y a que quinze lieues par mer. Je m'engagerai chez une famille anglaise pour six mois seulement et quand j'aurai vu Londres et Paris, je reviendrai à Strasbourg. »

Je viens de parler à mon père : ma résolution l'a d'abord fait sourire, puis affligé. Ah ! je n'en sais rien : si l'on ne me laisse pas partir, je deviendrai folle.

Mercredi 17 août

Nous jouissons du duché de Bade et le duché de Bade jouit de nous. Hier, nous avons fait une partie d'après-dîner avec les familles Weber et Dreifus à Marlenheim, petit village à une lieue et demie de Kehl. A une heure, par un temps superbe et une chaleur affreuse, nous avons pris l'omnibus qui nous a déposés à Kehl ; de Kehl à Marlenheim, on chemine sur la grand-route entre de belles étendues de prés, mais que nous n'étions guère disposés à admirer, accablés comme nous étions par la chaleur. Nous marchions en trois troupes : nos messieurs ouvraient la marche, puis venaient nos deux dames ; ensuite nous, quatre enfants ou plutôt demoiselles, qui volions des fruits comme de véritables gamins. Tout est utilisé dans le duché de Bade : les grand-routes sont bordées d'arbres fruitiers immensément chargés. J'accrochais les branches avec mon parasol et Julie et Pauline n'avaient qu'à étendre le bras pour se remplir les poches. Il fallait bien que ces pommes, dures comme la pierre et aigres comme je ne sais quoi, nous dédommageassent de la chaleur et de la longueur de la course car la route faisait d'éternels zigzags, on dirait pour que les distances paraissent plus grandes.

Nous avons fait notre goûter dans une chambre d'auberge bien propre, riant comme des folles des plaisanteries de messieurs Weber et Dreifus et faisant honneur aux poissons frits au beurre, délicieux, et aux stroubes qu'on nous a servis. L'aubergiste est encore garçon, le service était lent : ces dames répétaient cent fois qu'une femme était indispensable dans ce ménage et que nous devions tâcher de plaire à ce jeune homme.

De Marlenheim à Kehl, nous nous sommes fait conduire dans un char à banc attelé d'un vigoureux cheval ; nous étions dix sur six bottes de paille qui nous servaient de sièges. La soirée était magnifique. A notre approche, deux lièvres ont pris la fuite. J'éprouve une joie d'enfant quand je vois du gibier, ces agiles habitants des forêts et des champs. Le soleil s'est couché avec gloire en laissant au ciel de magnifiques traînées de pourpre. Nous sommes rentrés par une nuit d'étoiles.

Madame Dreifus, américaine de naissance, élevée en Angleterre, a passé encore quelques années dans un pensionnat de Paris. C'est une femme très intéressante qui cause parfaitement, a beaucoup d'esprit et d'instruction. Elle paraît laide au premier abord, mais elle est élancée et bien faite, elle a un maintien plein de majesté, ses mouvements ont cette nonchalance et cette grâce reconnues aux créoles. Elle nous a parlé de l'Angleterre, des magnifiques nuits de l'Amérique. Elle dit que la lune est bien plus belle et plus éclatante en Amérique, que plus d'une fois, sur le bord de la mer, elle lisait et écrivait des lettres au clair de lune. L'étoile du soir y est beaucoup plus brillante : souvent, elle jette des reflets dans les eaux. Trois fois, madame Dreifus a passé l'Atlantique. Il y a dix ans, elle a vu l'Amérique pour la dernière fois. Je ne conçois pas qu'une créole puisse vivre dans notre pays de brouillards.

Vendredi 19 août

Sophie nous a quittés ; je lui ai fait tresser une bague de mes cheveux avec mon nom sur une plaque d'or. Adieu maintenant réunions dans leur charmant jardin où nous nous divertissions comme des folles. Elle m'a dit en partant de venir la rejoindre bientôt. Plût à Dieu que cela advint ; je me sens trop malheureuse et déplacée ici. Quelques années d'absence vous font si bien sentir le bonheur du foyer paternel que l'on y revient et meilleure et plus digne de lui.

Mercredi 23 août

Sans amour-propre et sans prévention aucune, je me flatte d'être très laborieuse et de ne jamais perdre de temps. J'ai passé l'après-dîner d'aujourd'hui en visite chez les dames Koehler, celui d'avant-hier chez les Weber. Julie, qui n'a pas dix-huit ans, aura dans six mois toute sa provision de bas pour la vie ; elle pourra entrer en ménage chaque jour. J'ai vingt-deux ans et je n'ai encore, dans le carton de ma chère Grand-Maman Weiler, qu'une unique et seule douzaine de paires de bas dont je dois la majeure partie à l'activité et au zèle de ma pauvre mère qui, hélas ! ne soignera pas mon trousseau, et dont chaque jour je déplore plus amèrement la perte. En voyant tricoter mes amies, en les voyant faire leur linge, je me disais : « Pourquoi tant me hâter, moi ; ces jeunes filles songent au mariage ; je n'en saurai jamais rien, toute ma vie j'aurai le temps de me soigner mes bas. » J'ai changé d'avis : si je pars dans quelques mois en qualité de gouvernante, je n'aurai point à l'étranger le loisir de travailler beaucoup pour moi ; du moins, je serai tranquillisée, sous ce rapport, de trouver mon trousseau de vieille fille en règle à mon retour dans la patrie et je jouirai d'un paisible repos bien mérité dans mes vieux jours. Mélanie Koehler a des chemisettes charmantes, des manchettes par douzaines et des mouchoirs ravissants. Toutes ces choses font venir l'eau à la bouche à la jeune fille la plus raisonnable et la plus philosophe.

Lundi 4 septembre

Le mois de septembre nous console des tristes jours de mai et de juin : les adieux du soleil sont plus sereins que ses premiers rayons.

En robe blanche, ce qui prouve la douceur de la température, nous avons fait hier un tour de promenade charmant ; après avoir passé l'allée de la Robertsau et le majestueux pont de fil de fer du canal de l'Ill au Rhin, on arrive au Contades par la charmante promenade du Wacken. Henriette Braunwald, revenue de Spire depuis deux jours, était avec nous. Tout en cheminant dans les allées sablées, entrecoupées de touffes d'arbres, elle me parlait de sa sœur heureusement arrivée au lieu de sa destination.

Sophie a traversé la mer du Nord sans le mal de mer ; tout l'équipage en souffrait à l'exception de quelques messieurs et de cinq dames au nombre desquelles était Sophie. Elle ne peut dire combien elle reçut une impression profonde à l'aspect des vaisseaux et en se trouvant sur mer, en ne voyant que ciel et eau. A Lübeck, elle fut reçue fort gracieusement par le pasteur Münzenberger qui la chaperonna jusqu'à Moellen où est le pensionnat. Elle passe six heures de la journée avec les jeunes demoiselles, à donner et à prendre des leçons ; le reste du temps, elle est libre de l'employer selon son bon vouloir. Si elle veut s'occuper du ménage, elle le peut : on fait la cuisine pour une grande table. Sinon, elle se retire dans son appartement dont une chambre donne sur le lac et l'autre sur la forêt. Elle passera un an à Moellen. Si sa place ne lui convenait plus, monsieur Münzenberger se chargerait de lui en procurer une chez quelque famille anglaise ou russe et, munie de la langue anglaise et hollandaise, trois mille francs par an ne lui manqueront pas.

Frédérique Durrbach n'est pas aussi heureusement établie : elle s'ennuie à mort dans une terre près d'un petit village. Elle croyait briller à l'île Rügen : ses maîtres sont partis seuls en lui laissant la charge de quatre enfants. Elle me disait avec orgueil en partant : « Mes maîtres sont si riches et si brillants que, sans aucun doute, je pourrai disposer d'un équipage et que j'aurai une femme de chambre à mon service. » Il me semble que dans sa condition, le titre de gouvernante n'est qu'un enjolivement de celui de bonne d'enfants. Voilà ce que c'est que de se flatter d'espérances orgueilleuses ! la déception est bien cruelle. Certes, lorsqu'une jeune personne va, pour gagner sa vie, faire une éducation en pays étranger, elle est coupable en s'imaginant qu'on lui rendra les honneurs dus à une grande dame.

La sœur Augustine, sous-maîtresse dans un pensionnat plus que modeste à Turckheim, est plus résignée qu'elle qui voudrait revenir chaque jour, quoique plus à plaindre encore. Elle a deux cents francs par an, a pour toute nourriture des choux et des haricots, partage sa commode avec une autre et ne peut mettre sous clef même ses lettres qui sont à la merci de tout le monde. Elle enseigne le français à des filles d'artisans : « L'homme, *der Mensch* ; comment dites-vous *Mensch* en français ? » et ses dociles élèves lui répondent : « le bœuf » !... Elle a eu pour sa fête un crispin de gros mérinos noir, doublé de percale verte avec un passepoil bleu : production d'un goût allemand pur...

La belle perspective du sort de Sophie me donne de l'envie. Faut-il donc que je meure à Strasbourg sans que je puisse exécuter le projet qui fait l'unique soutien de ma vie ? Un jeune homme suit librement sa carrière ; il demande l'immensité aux mers quand la terre lui est trop étroite. Suis-je donc enchaînée dans cette triste demeure ? Ne dois-je jamais voir les navires qui rapprochent les mondes, le bruit des vagues ne doit-il jamais frapper mon oreille ? Ne verrai-je point les merveilles de mon Créateur, moi qui en serais touchée plus que toute autre. Quand je pense cela, quand je pense aux beaux souvenirs que Sophie rapportera dans sa patrie, mon sang circule plus vite dans mes veines, je brûle et je gémis tout à la fois.

J'ai peut-être toutes les qualités qui font une bonne ménagère, une femme ordinaire qui ne reconnaît que l'accomplissement de ses devoirs de femme. Et qu'est-ce que les hommes, égoïstes tyrans, appellent-ils devoirs de femme ?

Je n'en ferai jamais usage si l'on bouleverse le plan de ma vie ; je ne serai plus ni ménagère, ni savante, ni virtuose : je deviendrai automate. Quand je me reporte aux temps de mon enfance, au temps heureux que je passai en pension, je crois entendre encore quelques louanges sur mon zèle et mon goût pour l'étude. Pendant un temps, j'étais la savante de ma classe. Quelques maîtres m'ont demandé, pour souvenir, des copies de quelques compositions pour lesquelles je fus comblée d'éloges. Je n'ai jamais ce qu'on appelle brillé ; j'avais toujours un goût passionné pour la lecture. Je suis fort difficile pour le choix de mes livres : un mauvais auteur m'aurait privée d'un temps précieux. J'avais la mémoire heureuse, je brodais mes essais littéraires de faits historiques cités à propos. Ma mémoire si bonne et si fidèle s'en ira comme celle d'une vieille femme, faute d'être exercée.

J'ai pour la musique plus de goût et de passion que de dispositions réelles ; une voix d'un joli timbre, claire et souple, mais rebelle et qui ne veut, ou ne peut, trouver l'intonation. Ma persévérance acquerra ce que la nature a donné largement aux autres et dont souvent ils ne font point usage. L'accomplissement scrupuleux des détails de ménage, qui font le bonheur des âmes ordinaires qui laissent dormir leurs plus belles facultés, ne peut s'allier qu'à un certain point à la vie dont je rêve.

Ah ! qu'on me laisse partir : c'est ce que je soupire chaque soir et chaque matin. Qu'on n'étouffe point cette étincelle d'imagination qui est le flambeau de ma vie.

La lecture de *Corinne* [76], quoiqu'elle me remplisse d'ineffables émotions de bonheur, ajoute encore à ma tristesse et à mes vœux ardents. Corinne, la brillante Corinne, se mourait sous le ciel brumeux de l'Angleterre ; elle sentait son génie s'affaiblir. Pour le ranimer, il lui fallait le beau soleil de l'Italie : elle quitta sa famille, changea de nom et se fit passer pour morte en Angleterre. Comme cette femme supérieure, je me sens mal à l'aise dans les lieux que j'habite. Je n'ai pas soif d'applaudissements et de triomphes, d'ailleurs, je n'ai aucun talent qui me les vaudrait, mais mon âme a besoin de développement.

Jeudi 7 septembre

Nous revenons de chez la tante Schneegans : nous avons passé l'après-dîner à tricoter dans le jardin, à l'ombrage de la treille. Que je regrettais Sophie dont la gaieté aurait encore animé notre cercle ! Sa mère m'a dit qu'elle se trouvait fort bien, mais que cependant, elle avait écrit que l'on n'avait qu'un chez-soi.

Ce soir, lorsque nous partions, monsieur Braunwald est venu au jardin. Il nous a dit que demain, les demoiselles qui se vouent à l'instruction de la jeunesse seront examinées par les professeurs, à l'académie. La commission est fort sévère cette année ; sur soixante-six candidates, vingt-cinq seulement ont obtenu leur diplôme. Que l'on exige d'instruction dans une pauvre femme ! Il est presque impossible de ne point perdre la tête en face du public et de ces cinq rigides professeurs qui se font encore une gloire d'intimider et de harceler ces malheureuses jeunes filles. Alors les travaux et les veillées de quelques années n'ont abouti qu'à la honte de vous faire recommencer.

Monsieur Braunwald m'a rassurée en me disant que celles qui voulaient se placer en France comme gouvernantes, ou dans les pays étrangers, n'avaient point besoin de passer d'examen à moins que les maîtres ne l'exigeassent, ce qui est rare. Après-demain, nous apprendrons ce qu'on dira d'Emilie Durrbach.

Dimanche 10 septembre

Je sens en moi, dans les replis les plus profonds de mon être, un sentiment, une agitation, une bizarrerie qui ne me permettra jamais d'être heureuse dans le sens que le monde attache à ce mot. Tout ce qui fait la joie des autres me paraît si petit et si mesquin ! Quel mal inutile les hommes ne se donnent-ils pas pour obtenir un misérable résultat ! Quoique je voie très peu de monde, il me semble que je ne connais que des femmes médiocres. Quelques-unes sont spirituelles, mais elles ont un genre d'esprit qui ne peut être celui de Corinne, et dont je ne conçois pas comment il peut charmer. Ce n'est que dans les livres que j'entends louer Schiller, Racine, Goethe, Walter Scott, madame de Staël, madame de Krüdener. Elles ne peuvent être toutes aussi prosaïques qu'elles le paraissent. Craignent-elles donc de paraître ridicules et exaltées en disant tout haut leur admiration et leurs sentiments, et de ne point trouver de mari ?... C'est là le grand mot, le grand mal, la grande peine, le grand désir qui les agite toutes. Un mari ! la belle chose, et encore ce qu'on appelle de nos jours un bon mari, un excellent parti. Un mari ! quel bien désirable, qui leur donne une jolie corbeille, de beaux meubles pour orner leur salon, de charmantes porcelaines pour parer leur table qu'elles aiment voir chargée de bonne chère ; qui leur donne le bras à la promenade, les conduise en voiture ou au spectacle, dans une société, un concert où ils iront en maudissant tout bas leur corvée conjugale ou rien, rien de tout cela s'il leur plaît, et elles diront toujours avec suffisance : « mon mari». Leur cher mari leur fera mille infidélités par an et malgré cela, elles aiment cependant avoir un mari. Il aimera ses maîtresses cent fois plus que sa femme qui s'est faite la compagne de ses bons et de ses mauvais jours, et sa femme, aveuglée, préférera encore le sort de femme abandonnée à celui de fille indépendante.

Je ne suis pas si philosophe que je préférasse un chenil et des haillons à une position avantageuse, mais je ne suis pas non plus assez frivole et assez superficielle pour sentir les puissances de mon âme contenues par de brillants colifichets et des plaisirs passagers. Tout ou rien : jamais, jamais de tendresse partagée ! mille fois un cœur libre, un cœur qui n'a jamais connu le bonheur de l'amour pour ne point éprouver les tourments de la jalousie que l'on dit atroces.

Je voudrais changer la société. Tout le monde s'accorde à dire que, de nos jours, aucune femme ne peut se vanter d'avoir son mari pour elle seule. Les femmes honnêtes et pleines de talents et de mérite se font, à mon avis, un tort impardonnable aux yeux des mauvais sujets mêmes en s'unissant trop légèrement à une position sociale. On ne doit point désirer davantage, mais bon Dieu ! aimer et ne se sentir récompensée de tout son amour que par l'infidélité de celui qu'on aime, est-ce supportable ? Elles paraissent par là beaucoup plus frivoles et moins dignes qu'elles ne le sont en unissant leur vertu au vice.

Si jamais je me mariais, si jamais j'aimais, au moindre indice d'infidélité ou de froideur dans celui que j'aurais choisi pour époux, je le dégagerais de ses serments en lui rendant toute sa liberté et tous ses dons. Je préférerais vivre dans le coin le plus retiré de la terre que de me voir supplantée par une rivale et d'attendre toute ma vie un retour d'amour, car, dit-on, l'amour éteint est comme la cendre froide : il ne se ranime plus.

Les heures se succèdent à la cloche de l'hôpital tandis que j'écris ; je suis bien loin de ce que je voulais dire : ce sont là de ces réflexions qu'il est sans doute ridicule d'écrire, mais qui me passent par la tête comme bien d'autres dans le cours monotone et régulier de mes journées ; d'ailleurs, le papier ne trahit pas. Je m'ennuie partout, excepté à mon piano où j'éprouve encore le plus de regrets parce qu'il est mauvais et ne rend pas la musique comme je la sens, et que j'ai été forcée de négliger pendant trois ans qui hélas ! ne se laissent plus récapituler, excepté *Corinne* à la main qui me fait éprouver à la fois tant de douleurs et de consolations et d'admirations. Pauvre jeune fille qui entendait au milieu de ses tourments d'amour une voix divine lui dire : «*Infortunée ! encore ces jours d'agitation et d'amour, et je t'attends dans le repos éternel.*» On ne peut lire sans larmes une telle histoire. Dieu me préservera jamais d'un tel sort.

Le ciel s'obscurcit. Quels tristes nuages, quelle solitude autour de moi ! Les hirondelles, ces amies de Bernardin de Saint-Pierre, volent à l'envi autour de la tour du Calendrier.

Ma chère sœur, je vais te chercher, qu'il me tarde de te revoir, toi, mon unique consolation. Mon amour pour ma sœur, ma passion pour la musique, ce sont là mes deux préservatifs contre la folie. Bon Dieu ! pardonnez à votre humble servante de murmurer contre vos décrets et d'avoir trop souvent si peu de courage dans les contrariétés de cette vie. Je l'ai dit l'autre jour à Emma : ma tête travaille sans cesse et n'aura de repos que lorsqu'elle sera couverte de terre.

Mercredi 20 septembre

C'est la saison des lessives : nous sommes réclamées de toutes parts. Hier, nous avons aidé chez l'oncle. Que je maudissais ces prosaïques occupations ! il me semble que lorsque je ne lis pas *Corinne* ou que je ne suis pas à mon piano, je perds mon temps.

Le cours de monsieur Boymond [77] recommence ; j'en suis heureuse car mademoiselle Villot est malade depuis quelques jours, de sorte que je fais peu de musique. Monsieur Boymond m'a accueillie par un serrement de main fort tendre et s'est informé si j'avais bien passé mes vacances.

Sophie Braunwald écrit à ses parents, dans sa dernière lettre, qu'elle prend des leçons de piano et s'exerce quatre heures par jour, et monsieur Deisting lui promet un piano quand elle jouera un morceau à quatre mains avec mademoiselle Klempau, cette jeune personne qui est institutrice ainsi que Sophie et qui lui donne des leçons de piano en échange de leçons de français. Un nouveau piano, j'en attends d'année en année ; j'ai vu celui de Sophie Faudel dimanche et des larmes envieuses me sont venues aux yeux. Si l'argenterie que je possède suffisait, je la vendrais pour réaliser la somme de six cents francs, je commanderais à Frost [78] un joli piano à six octaves et demi, avec une jolie boîte d'acajou, pour n'en devoir merci à personne. Il est certains cas dans la vie où l'on trouve la fortune le plus désirable de tous les biens. Mon pauvre piano ne supporterait pas quatre heures d'exercice par jour.

Samedi 23 septembre

Malgré moi, je ne serai jamais ni poète ni artiste. Ma mère n'est plus ; c'est à moi de marcher sur ses traces et de bien soigner le ménage de mon père. Les provisions d'hiver m'occupent beaucoup. J'ai en outre une grande tâche : une paire de bas bien fins que je veux à toute outrance terminer avant notre lessive qui va se faire dans une quinzaine.

Monsieur Lauth est revenu aujourd'hui de son tour d'Allemagne, notre maison se ranime. Ce matin, on a apporté à Papa quelques lithographies dont l'auteur est un Polonais : une vue de Cracovie, les portraits de Charles XII, Jean III Lobieski qui a la plus belle et la plus noble figure, et porte ce manteau de fourrure polonais gracieux que je ne vois jamais sans émotion, et de quelques poètes polonais. L'une des lithographies représente, au cimetière de Genève, une tombe : celle de Claudine Potocka. Un saule pleureur retombe sur la pierre funéraire entourée d'un grillage ; la pleine lune s'est levée au ciel et ses rayons se projettent sur le tombeau. Qui est Claudine Potocka ? Une femme de lettres, je pense [79]. Que la terre doit être légère quand on laisse sur elle le retentissement d'un nom illustre !

J'aime les Polonais : c'est une nation de braves. Qu'est devenu ce Joseph Kotarski, cet officier polonais qui était si aimable pour moi quand j'avais dix ans, qui baisait mes cheveux, mon front et mes mains en me disant : « *Pinkna Amélie* » ?

Dimanche 1er octobre

Le premier octobre nous est venu pluvieux ; il fait très frais, tout a l'air triste. Adieu maintenant aux promenades du soir.

Nous avons fait quelques visites sous le parapluie ; chez les Weber, on nous a fait un séduisant tableau du parti brillant que mademoiselle Amélie Zetter, que nous avons vue chez eux il y a deux ans, a fait à Saint-Dié. Elle est maintenant la plus élégante femme, possède le plus beau salon meublé à la Louis XIV, déjeune dans son lit, fait sa toilette à onze heures et passe le reste de la journée à faire des visites avec son mari. Monsieur Onésyme Lave est dans les Eaux et Forêts, porte un uniforme brodé d'argent, est beau et bon comme un ange et obéit comme un enfant aux volontés de sa femme. C'est là tout ce que j'ai appris d'intéressant aujourd'hui. Notre cousin Louis Braun est venu nous voir pour nous annoncer qu'il va se placer maintenant chez le jeune Saum.

Mademoiselle Villot m'a apporté deux morceaux nouveaux : un air de *la Muette de Portici* et un pot-pourri des plus jolis airs de *Robert*. Ce matin je n'ai fait que jouer celui du chœur des buveurs. Un bon piano, un bon piano et le don de l'intonation, voici les deux vœux qui me remplissent l'âme, qui me réveillent le matin et me poursuivent jusque dans mes songes.

Samedi 11 novembre

Depuis quelques nuits, je me réveille de très bonne heure ; au lieu de rêver paisiblement et de jouir du demi-sommeil qui vaut encore plus que le sommeil profond, je prépare un discours tonnant avec lequel j'apostropherai ma servante qui est d'une impertinence, d'une paresse et d'une coquetterie inexprimables depuis un temps. Elle me met hors de moi ; si je ne parviens pas à la faire chasser, elle me donnera des attaques de nerfs. Je me tourmente en plans et combinaisons, et en idées extrêmement prosaïques et insipides.

Autrefois, quand je ne dormais pas, je récitais tout bas quelques beaux passages, quelques beaux vers de Schiller, de Racine, de Dumas ou quelque autre maître de la littérature : je ne lis plus assez pour les avoir présents à ma mémoire et d'ailleurs, plus je cherche à m'éloigner du monde poétique et idéal que je rêvais autrefois et dans lequel je vivais, plus mon existence habituelle me reste supportable. Jamais je ne m'étais imaginé que les circonstances ordinaires et banales de la vie eussent tant d'influence sur l'imagination.

Dimanche 3 décembre

La mort est encore entrée dans notre maison et en a frappé la maîtresse : madame Lauth est morte dans la nuit du vendredi. Voici le troisième cercueil qui, dans l'espace de peu d'années, passera sous le portail : cela fait frémir ! Notre maison devient de plus en plus triste et déserte.

Mercredi 6 décembre

Au clair de lune, nous nous sommes acheminées hier au soir vers la maison de madame Weber pour prendre notre première leçon de danse : elle est composée de quatre jeunes gens et de quatre demoiselles qui rivaliseront à danser la polka et la scottish avec grâce.

Monsieur Boymond m'a dit aujourd'hui que mon chant va bien pour peu que je chante avec courage ; je commence à revivre et à espérer, mais bon Dieu ! quelles longues études me faut-il encore jusqu'à ce que je puisse chanter devant une société composée de sévères et bons juges. En commençant il y a tantôt un an, j'espérais briller à l'époque qu'il est. Présomption des présomptions !

Cet après-dîner, j'ai pris mon ouvrage de tapisserie et suis allée travailler chez ma tante Lisette. Elle m'a fait la nomenclature de tous les mariages qu'elle a dû faire dans sa jeunesse et savait sur chaque prétendant un commentaire qui m'amusait fort. Chose curieuse, rester célibataire quand, trente fois, on a eu l'occasion de se marier ! Pourtant, comme a dit ma tante, les hommes de son époque étaient tous aussi libertins et aussi égoïstes qu'à la nôtre, et une jeune fille vertueuse et raisonnable ne se décidait qu'après de longs combats. De tous ses adorateurs, elle eut préféré un officier allemand en retraite qui avait équipage et vivait en particulier dans la superbe vallée de la Kinzig. Elle fit sa connaissance aux eaux de Griesbach, mais sa mère et son oncle l'entourèrent si bien et reçurent si malhonnêtement le prétendant qu'il ne se déclara qu'à un de ses amis. Ma tante entendit la conversation au bain, au travers d'un mur bien mince, et retourna à Strasbourg le cœur gros de la certitude d'avoir été aimée d'un honnête homme, dont elle eût volontiers partagé l'existence et qu'elle ne devait plus revoir. C'est ainsi que des parents égoïstes empêchent le bonheur de leurs enfants...

Samedi 16 décembre

Comme l'oiseau, qui longtemps emprisonné brise ses fers, étend ses ailes et s'élance dans l'espace, ainsi j'ai pris chapeau, voile, manteau et manchon, et ai déserté nos murailles.

La foire de Noël étend sur la place d'Armes ses boutiques garnies de bonbons, de joujoux et de ces mille petits colifichets qui sont le paradis de notre enfance ! Que je voudrais pouvoir retourner à cette époque de la vie où votre jeune cœur palpite de joie à l'aspect d'un sapin ceint d'une couronne de bougies, aux branches duquel se balancent des rubans et des bonbons, où l'on remercie tout bas le divin enfant de Marie pour le cortège charmant de présents qui l'entoure à son arrivée sur la terre ! Nous sommes proches des plus douces et des plus belles fêtes de l'année, de celle de Noël et du jour de l'an.

Vendredi 22 décembre

Cette semaine n'offre rien de remarquable. Mardi, j'ai été voir Pauline Haeffner qui m'a conté tout le roman de son amour, qui m'a lu les lettres de son Edouard : quelle histoire ! cela arrive une fois par siècle. Lorsque Pauline avait dix-sept ans, monsieur César la rencontra pour la première fois dans la rue, sans savoir qui elle était, et jura en lui-même de n'épouser jamais que cette jeune fille inconnue. Les yeux séduisants de Pauline ont fait bien des malheureux. Combien de déclarations d'amour lui a-t-on faites ? Un soir, au bal, elle perdit un flot de satin rouge qu'elle portait à son cou et ce flot fut pris par un jeune homme, un fils du duc de Berry je crois, qui le conserve encore aujourd'hui dans sa commode comme une sainte relique.

Les mamans courent la ville pour soigner les étrennes de leurs jeunes familles. A la leçon de chant, ce matin, j'ai tremblé de nouveau comme une feuille. Que me sert de m'évertuer ; si je ne me défais pas de cette odieuse peur, je ne chanterai jamais devant le monde.

Lundi 25 décembre, Noël

Tout est couché dans la maison ; c'est le moment de recueillir ses pensées. Les enfants seuls sont dignes de cette pure et sublime fête de Noël. Aux jours de mon enfance, j'étais plus rieuse et plus recueillie dans ce jour le plus beau de l'année. Hier au soir et ce matin, j'ai lu pourtant mes prières avec un grand recueillement, mais dans la journée, je me surpris plusieurs fois dans des réflexions mondaines que je repoussai avec force. Lors même que l'on mène une vie pure de toute souillure, l'on perd toujours, en avançant en âge, de ce charme innocent de pensée qui caractérise l'enfance. Un front enfantin seul est digne de la couronne des chérubins.

Dimanche 31 décembre

Une fusée vient d'éclater dans la rue. Nos présents terminés attendent, dans leur enveloppe de papier de soie, le premier janvier : encore trois heures et nous entrons dans la nouvelle année. Ainsi se remplissent les pages qui font le livre de la vie. Le temps, à tire d'aile, nous conduit de la préface à la fin.

Dans mon enfance, en ce jour, la joyeuse attente du lendemain et de ses baisers, et de ses souhaits, et de ses présents, m'ôtait le sommeil de la dernière nuit de l'année. Depuis que le malheur aux ailes noires a passé près de moi, je me réveille le premier janvier le cœur serré et les yeux humides ; j'avais une mère, un frère, une grand-mère : un triple baiser me manquera demain, hélas ! hélas ! Mais non, je n'ai pas encore tout perdu, il me reste un père, une sœur que j'adore. Que Dieu, qui ordonne le cours des années, me les conserve toujours, ou s'il plaît à sa volonté que l'un de nous quitte la terre, que ce soit moi qu'il choisisse, que je sois la première : c'est là mon unique et dernière prière en cette année, et que je lui adresse au ciel étoilé, son domaine.

O lune douce et paisible qui, peut-être, est le séjour des âmes pures de ma mère, de mon frère, que tes doux rayons portent dans mon cœur quelque consolation céleste pour supporter les vicissitudes de la vie, combattre et faire le bien.

Bénissant et louant le Seigneur pour les bienfaits de l'année écoulée, j'implore sa paternelle clémence pour l'année à venir et attends calme et consolée 1844.

1844

Mercredi 10 janvier

Dix jours déjà écoulés de l'année nouvelle et ma plume n'a point encore accordé à ce 1844 ni un accueil gracieux, ni un accueil lamentable. Depuis, mes journées étaient bien remplies de travail, de réflexions, de danse, de musique et de soirées agréables. Le soir, trois fois par semaine, au clair de lune, nous recevons la leçon de danse où nous nous divertissons comme des fous et des folles. Hier, madame Grün a donné une soirée à la joyeuse société des danseurs et des danseuses ; la danse et la jeunesse, quels grands biens !

Jeudi 11 janvier

Le temps est délicieux, le pavé si blanc et si sec que l'on vole par-dessus. Nous avons fait, cet après-dîner, l'emplette de robes d'indienne à palmettes, ma sœur et moi, accompagnées de notre grand-mère.

Aujourd'hui, mademoiselle Villot m'a apporté une romance que je lui ai demandée et que nous chantons chez monsieur Boymond : *La Fille de l'exilé*. Quelle belle mélodie ! je la chanterai toujours quand j'aurai le cœur triste, elle me soulagera. J'ai un crève-cœur cependant : j'ai entendu dire que, depuis dimanche, circulait la liste du pique-nique qui aura lieu samedi en huit et sera composé de la même société comme l'hiver dernier. Jeudi déjà ! Julie Weber, Adèle Stammler sont inscrites et l'on ne m'a pas encore présenté de liste ; je ne suis point assez importante pour que l'on ne puisse pas m'oublier, mais si l'on songe aux autres, si l'on lit leurs noms sur la liste, on devrait aussi y trouver mon nom obscur. Pourquoi ne veut-on pas de moi cette année ? J'ai beau me creuser la tête : est-ce un oubli ? Est-ce une vengeance ? Est-ce du mépris ? Pourquoi l'aurais-je mérité ? Je ne danserai donc pas cet hiver ; c'eût été la seule occasion convenable et elle fuit loin de moi comme les ombres de la lanterne magique.

Hier, à la leçon de danse, nous avons eu une conversation très animée, nous quatre demoiselles, avec Charles Grün et Ami Bourdillon, américain de naissance, d'une très petite taille, de beaucoup d'esprit et de malice, des yeux noirs les plus spirituels du monde et du pied mignon d'une poupée. Il cause à ravir, était catholique et s'est fait protestant éclairé, a quitté la Martinique à huit ans, a été au collège à Bordeaux puis à Toulouse, est maintenant, à vingt-deux ans, commis chez monsieur Ehrmann et pensionnaire chez le pasteur Rieder [80]. Il y a six ans déjà que j'ai fait la connaissance de ce jeune homme : c'était dans une partie au mont Sainte-Odile. Julie Weber parlait de la rupture du mariage de mademoiselle Ehrmann et de monsieur Kamp- mann que tout le monde prévoyait, et que personne n'avait pu comprendre. Monsieur Bourdillon dit d'un air mystérieux : « Je sais pourquoi il s'est rompu, je le sais de bonne source : mademoiselle Ehrmann croyait que monsieur Kampmann ne lui demandait que de l'amitié ; comme elle apprit qu'il lui demandait plus, elle en a été dégoûtée. Monsieur Kampmann faillit mourir en apprenant, aux eaux de Niederbronn, que les cents mille francs de mademoiselle Mina lui échappaient sans retour. »

Ami Bourdillon paraît charmé de l'enjouement et de la personne mignonne et légère de ma sœur Emma. C'est lui qui se désole quand il ne peut danser la polka avec elle, qui rit le plus de ses bons mots et qui est toujours du même avis.

Lundi 15 janvier

Pour nos étrennes, nous avons eu, de Grand-Maman, des chapeaux de poult-de-soie rose bien frais et bien coquets : nous les avons mis hier pour la seconde fois et avons fait quelques visites par le beau froid qu'il faisait. En premier lieu, nous étions voir notre maîtresse de pension, mademoiselle Ehrmann, qui est fort occupée dans le moment de sa loterie au profit des pauvres et a dans son salon une exposition en miniature qui, dans son élégance petitement proportionnée, ne le cède en rien à celle du Palais.

De mademoiselle Ehrmann, nous étions chez madame Hepp, cette amie d'enfance et de jeunesse de ma mère, qui, depuis si longtemps, nous repro- chait notre négligence. Longtemps, nous sommes restées à causer près du poêle dans nos fauteuils ; je croyais sentir ma mère autour de moi en voyant, en entendant celle qui l'avait si bien connue et tant aimée. Madame Hepp est une de ces femmes intéressantes qui parle comme un livre parce qu'elle a vécu dans la haute société, est touchante parce qu'elle a fait l'expérience de la vie et a connu le chagrin qui a blanchi avant le temps ses cheveux. Personne ne retrouverait dans cette femme pâle et amaigrie par la souffran- ce, la svelte et légère jeune fille, reine il y a vingt ans à tous les bals dont elle était, par sa danse ravissante et gracieuse. Douze fleurs formaient sa couronne de mère, la mort en a moissonné quatre : huit fils la nomment leur mère. Cette femme si bonne et si aimable nous a fait promettre de venir la voir souvent. Elle m'a tutoyée à l'instant parce que je suis fille de son amie et qu'elle n'a point de fille à laquelle elle puisse donner ce nom familier. Elle fera mon éducation si je vais la voir souvent. Elle n'aime point que les jeunes filles prennent la vie d'un côté trop sérieux ; tout cependant n'est pas couleur de rose : il faut quelquefois des orages pour rendre le ciel plus pur, mais quand on s'est habituée à ne tout voir que par un prisme brillant, la désillusion est trop amère.

Que j'aime écouter cette femme ! dans ses discours respire la sphère dans laquelle elle a vécu, noble et élevée. Sur sa commode, à côté d'un pot de lierre, se trouve placé un vase de riche porcelaine avec une cruche : ses douze enfants y ont été baptisés, il n'est pas permis de le remplir d'autre eau ; c'est pour toute la famille un meuble sacré.

Samedi 20 janvier

Je suis folle et heureuse ; le roi de France ne me vient pas au coude : nous sommes du pique-nique, nous danserons ce soir, Emma et moi. Notre cousin Louis vient de prendre déjà ses engagements. Une jeune fille n'éprouve jamais d'émotion plus vive que l'attente d'un bal. Malgré mes vingt et un ans, je saute comme une enfant à l'aspect de ma robe de mousseline blanche à grands plis, de ma ceinture nuancée et de ma couronne de nœuds bleus que je poserai sur mes cheveux blonds. C'est là tout ce que je sais dire de raisonnable pour aujourd'hui.

Dimanche 21 janvier

Elle est passée déjà cette nuit pour laquelle nous avons fait tant de préparatifs, dans l'attente de laquelle nous avons éprouvé tant de tressaillements et de battements de cœur. Rien n'est long comme l'espérance ; le plaisir comme le bonheur passent, je dirais, avec une vitesse douloureuse à l'âme. Parler des milles petites inquiétudes que l'on éprouve en attendant sa coiffeuse qui arrive toujours, ou trop tôt, ou trop tard, ou quelque objet de toilette qui ne peut être fini qu'à la dernière minute serait trop long et trop ennuyeux. Grâce aux secours de notre bonne couturière Mélanie, nous étions prêtes avant l'heure fixée et ce ne fut qu'en me sentant rouler dans la voiture que je pus me réjouir de bon cœur.

Nous croyions arriver des premières : la salle était déjà remplie lorsque nous arrivâmes. Quelques nouveaux personnages exceptés, c'était la société de l'année dernière. A peine sur nos banquettes que nous étions déjà entourées de danseurs qui remplissaient nos carnets de leur nom ; impossible de faire tapisserie. Tous mes danseurs se plaignaient de la musique qui était « trop vite et assommante », disaient-ils. Un petit jeune homme fort aimable, qui m'indiqua le nom de Knoderer, m'engagea pour la polka : il ne savait que la simple et me demanda beaucoup d'indulgence en me reconduisant à ma place. Ma sœur Emma fait des conquêtes ; en ma qualité de tutrice de ma séduisante sœur, il faut que je double de vigilance et de bonnes leçons. Je ne savais prendre de maintien assez sévère pour imposer le respect au jeune Pasquay [81] que nous ne connaissions que de vue et de nom, qui venait lui parler quatre fois par heure ; il lui demandait son éventail, la suppliait de lui accorder une danse, de le débarrasser de ses maux de tête et mille autres fatuités pareilles.

Dans toute cette salle remplie de jeunes filles en toilettes blanches et généralement simples et gracieuses, mes yeux cherchaient vainement un beau visage. Ernestine Sattler, Adèle Stammler, Lina Schreider sont assez bien, mais infiniment loin de la beauté que cherchent nos artistes et que vantent nos poètes. Mademoiselle Lobstein serait assez jolie sans un air de prétention et d'affectation ridicule. Julie Weber a des bras, des mains, des pieds, une taille élancée disgracieux au possible, mais ses cheveux, ses yeux et son front sont incomparables. La belle taille et le col magnifique de madame Broistaedt, l'année dernière encore mademoiselle Grimmer, faisaient d'elle, à mon avis, la personne la plus remarquable du bal.

En tremblant, je demandais à mes danseurs amis quelle heure nous avions. Les heures s'envolaient ; à deux heures et demie, monsieur Weber nous fit partir malgré nos instances. Ma description commence à s'endormir. Ah ! mon lit m'attend. Après le bal, on sent toujours un certain abattement qui s'appelle fatigue : je vais dormir de bon cœur.

Vendredi 2 février

Je suis d'une humeur si massacrante aujourd'hui que je cherche vainement partout le repos et le calme. Un blâme, une parole désobligeante de ma sœur ou de quelque autre, une maladresse, une impolitesse de la part de ma servante me mettent hors de moi. Je me fais peur à moi-même, je vieillis et je maigris, on me donne partout le titre de *madame* et cela augmente mes tourments.

Que je me réjouis peu pour le bal de demain ! nous serons en soirée chez le maire : c'est beaucoup d'honneur d'avoir été invitées, je n'y pensais pas encore. Notre oncle Frédéric veut bien nous mener au Bal des pauvres qui se fera dans huit jours ; il nous établira dans une loge, espérant que l'on viendra nous y chercher pour danser ; d'ailleurs, il y aura au bal ses quatre commis : force leur sera d'engager les nièces de leur patron et ils le feront de bon cœur.

Demain soir, à l'heure qu'il est, je danserai ; peut-être les sons de la musique ramèneront-ils un éclair de joie sur mon front ? J'ai parlé de mes peines, je me sens soulagée maintenant. Mon journal est comme le cœur d'une mère dans lequel on épanche ses peines et ses douleurs.

Dimanche 4 février

La neige étend partout son tapis éblouissant ; seules et tranquilles près de notre feu, ma sœur et moi nous racontons les nouvelles du bal. Que d'embarras, que de préparatifs pour quelques heures fugitives ! J'ai été honorée et très fatiguée de l'honneur insigne de danser avec le jeune fils du maire ; si la politesse pouvait remplacer une bonne danse, monsieur Frédéric Schutzenberger aurait la palme !

A la mairie, il y avait nombreuse société : les mamans en robes de soie, en pèlerines de dentelle, en gros bracelets d'or que leur envient toutes les jeunes filles, et en bonnets ravissants, occupaient un côté de la salle ; de l'autre, les jeunes filles, en robes de mousseline blanches ou roses avec de longues ceintures flottantes, feuilletant leur carnet pour accorder une danse qui leur était demandée humblement. J'étais bien la plus âgée de ces jeunes personnes, pourtant je me suis divertie plus que je ne l'espérais. Ami Bourdillon, le charmant Américain, a été empressé comme d'ordinaire auprès de ma sœur. J'aimais à les voir, ces deux petits personnages de la même taille, si légers, si gracieux, leurs yeux spirituels illuminés de bonheur. Si parfois je rêve encore, c'est pour ma sœur ; elle entre dans l'âge des illusions, moi dans celui du réveil, douloureux souvent.

Louise Eissen, si jolie et si pleine de talents, m'a dit hier qu'elle venait de causer avec le jeune Pasquay, un des adorateurs de ma sœur, et qu'il lui avait dit qu'autrefois, il rêvait, mais que maintenant, il n'y avait plus que la réalité qui le rendait heureux. Comme moi, Louise est du même avis : pour tous le même destin, pour l'un plus tôt, pour l'autre plus tard.

Un bon danseur est, selon mon avis, un être adorable ; j'aurais volontiers remercié Emile Durr, Gustave Lauth, de l'honneur qu'ils m'ont fait de danser la valse avec moi ; on ne tient plus à la terre quand le bras posé sur l'épaule d'un bon danseur, enlevée pour ainsi dire par l'orchestre, l'on suit toutes les cadences d'une valse délirante. C'est un suprême plaisir, il fait étinceler les yeux et bondir le cœur.

Depuis que je connais un peu le monde et ses fêtes, je ne dédaigne plus l'hiver avec ses bals : la jalousie me les faisait mépriser avant d'en avoir joui. Le jeune Américain a appris au bureau de mon oncle que nous serions au bal au profit des pauvres ; il nous a instamment prié de lui accorder quelques danses : prière que j'accorde volontiers à un si bon danseur !

Dimanche 11 février

Vive l'hiver et les joies du bal ! elles sont mon partage maintenant. Je vis comme une reine, j'apprends à connaître le monde et ses fêtes, et ni mon cœur, ni mes yeux ne les dédaignent point ; mes premiers pas dans ce monde que les piétistes méprisent m'ont si bien réussi ! Je passe l'hiver le plus gai de

ma vie sans doute, et le plus heureux malgré les accès de désespoir qui me
prennent souvent ; quand au bal l'on sait sourire et que la musique vous
enivre, l'on n'est pas tout à fait malheureuse.

Hier, nous avions commandé notre coiffure pour six heures ; sept heures
moins le quart sonnaient à l'hôpital, et elle ne venait point. A sept heures et
demie, la voiture devait nous prendre ; ma résignation faiblit, je me croyais
oubliée par la coiffeuse, obligée de rester à la maison. Mes mains tremblantes
dénouaient mes cheveux : impossible, je ne pouvais poser moi-même ma
délicieuse guirlande verte. Je me mis à pleurer et à crier: «Ah ! disais-je en la
regardant, ce soir peut-être aurais-je paru avec avantage ? J'ai ressenti
quelques mouvements de vanité et, pour punition, je dois rester à la maison. »
Ah ! que je souffris dans cette attente cruelle pour une jeune fille. Pourtant,
la coiffeuse vint ; la toilette fut faite à la hâte. Les jeunes commis de mon
oncle vinrent lorsque je passais ma robe : nous ne nous permîmes même plus
un coup d'œil au miroir. En voiture, je pris quelques engagements avec
monsieur Seeger, le premier commis de mon oncle. Au bras de mon oncle,
Emma à celui de monsieur Seeger, nous entrâmes dans la loge. Laurette
Pfeiffer s'y trouvait déjà avec son père et son frère. Je dansai la préliminaire
avec monsieur Seeger qui ne valse pas, en Allemand qu'il est, mais en
commençant sans mesure et sans joie, ni peine.

De toutes mes amies que je voyais au pique-nique, il n'y avait personne ; la
haute volée dans les loges et la toute petite bourgeoisie, pour ne point dire la
populace, dans la salle. En entrant dans cette salle splendidement éclairée
par le gaz, en voyant ces festons de feuilles qui ornent les colonnes, les
parures éclatantes des femmes, en entendant les sons enivrants d'une
musique vraiment divine, l'on ressent une émotion, je dirais presque solennelle : on croit entrer dans un palais magique. L'aristocratie fut souverainement dédaigneuse et ne se déplaça que pour danser les quadrilles. Laurette,
Emma et moi, nous permettions encore les valses pour faire le juste milieu de
l'aristocratie et de la populace qui dansait les galops et les polkas à se tuer.
Dans la foule des danseurs, j'en vis quelques-uns du pique-nique qui ne se
remuaient pas ! A qui auraient-ils pu s'adresser ? Grâce à Charles Grün, je
me trouvai une fois dans un noble quadrille : il y avait madame Chabert en
robe de satin bleu, madame Boireau en robe de velours, mademoiselle
Champy, mademoiselle Rencker, jeunes et jolies femmes dont j'admirai les
parures et les figures aériennes. Quel contraste entre ces femmes et les
créatures qui, affublées de fleurs et de rubans, la tête toute cachée d'ornements, se balançaient grotesquement aux bras de leurs indignes danseurs.
Je pris en pitié cette belle musique gâtée par ces danses plus que disgracieuses.

A peine étions-nous installées dans notre loge qu'arrivaient nos jeunes
danseurs, tels que le gentil Américain, Ami Bourdillon, Gustave Stammler,
Fritz Faudel, Reinhardt, etc. Je fus très circonspecte en accordant mes
engagements, je refusai plusieurs même en disant que tout était pris, car

j'avais aperçu d'autres danseurs en lesquels j'espérais. Je m'amusais extrêmement à voir notre loge toujours remplie de jeunes gens qui nous suppliaient
de leur accorder une danse. Mademoiselle Oesinger et mademoiselle Koehler,
qui à l'exemple de son amie veut jouer la demoiselle de haute volée, ne virent
pas auprès d'elles un tel empressement. Je regardais danser quand quelqu'un
se pencha près de moi et une voix me dit en m'appelant par mon nom :
« Mademoiselle, permettez que je vous engage pour ce galop. » C'était Hornus,
le bel étudiant en médecine, Hornus que toutes les femmes et les jeunes filles
de Strasbourg regardent avec admiration. Je ne dansai pas le galop, j'inscrivis
une valse dans mon carnet. Il resta près de moi à causer pendant une demi-
heure. Je m'abîmai dans la contemplation de ce visage parfait, de cette beauté
mâle qui est la réalisation d'un idéal, dans le regard séduisant de ces grands
yeux noirs qui ont fait tant de victimes. Je suis trop insignifiante pour pouvoir
prétendre aux hommages d'un homme aussi distingué, mais je dis comme
bien d'autres jeunes filles : « Gloire et honneur à celle qu'il choisira un jour et
qui aura son amour ! » Les regards envieux d'Hortense et de Mélanie, tout
aristocrates qu'elles sont, le dépit secret de Laurette piquaient mon amour-
propre ; causer avec ce charmant jeune homme plein d'esprit est un bonheur.
Il me dit « qu'il était heureux de se trouver dans ma loge, du moins l'on peut
causer, même si c'est de choses indifférentes quand on n'aime pas là-bas être
écouté de tous côtés ». Il me demanda si je n'avais point de frère et mille choses
agréables qui ne ressemblaient pas le moins du monde à un compliment, mais
que j'écoutais comme un sermon religieux. Puis, à son bras, je descendis pour
valser : il danse aussi bien qu'il est beau et ses boucles châtaines flottent
comme une auréole autour de son front. « N'est-ce pas, me dit-il, quel bonheur
de danser tout près de l'orchestre, on est enlevé de terre. » Une des gloires de
ma vie fut la valse avec Hornus ! Ah ! que nous sommes faibles, nous pauvres
jeunes filles, mais je ne suis pas seule à rendre cet hommage à l'homme le plus
distingué pour sa beauté et son amabilité. Il est pauvre et sa pauvreté lui
prête un nouveau charme : « Dans un habit râpé, a dit dernièrement une
demoiselle, il marche comme un sultan. » J'étais fière d'être sa danseuse une
fois en ma vie : il est si remarquable que les hommes eux-mêmes lui rendent
hommage et le suivent partout des yeux. Si, une fois, je devais aimer, il
faudrait que cet homme eût quelque chose de Hornus ; autrement, je n'aimerais jamais.

A minuit, mon oncle nous fit quitter la salle pour nous faire souper au
foyer. J'avais promis cotillon à Hornus. Monsieur Pfeiffer insistait pour que
nous descendions au foyer, monsieur Hornus lui dit : « Vous ramènerez ces
demoiselles, n'est-ce pas ? Nous prierons monsieur Weiler de revenir », et en
disant cela, il avait les yeux si doux et si suppliants que je me disais : « Beau
jeune homme, il est temps que je te perde de vue. » Au pique-nique, je le
reverrai encore ; daignera-t-il danser avec moi ? Les hommes sont si faux et
si trompeurs, dit-on. Une âme mesquine peut-elle se cacher sous une forme
si parfaite ?

Nous fîmes un souper fort gai au foyer : le punch nous anima et en regagnant notre maison, nous remplissions notre corridor d'éclats de rire et de gaieté.

Aujourd'hui, accoudée à ma fenêtre, je regardais le ciel, je voyais une belle figure dans les nuages : là serait sa place. Souvenirs de bals, vous alimentez la vie tout aussi bien que la danse même.

Lundi 12 février

J'ai relu ce que j'ai écrit hier : je devrais arracher la page qui concerne le beau Hornus ! Mais non, qu'elle reste. Toutes les jeunes filles qui le connaissent pensent ce que j'ai dit à mon journal. Je ne suis point coupable d'avoir été enchantée comme tant d'autres.

Aujourd'hui, les souvenirs du bal sont déjà plus vagues et plus flottants ; dans quelques jours, ils se seront effacés de ma mémoire peut-être, mais l'on dit que toute sa vie, l'on peut vivre de souvenirs. Je me suis permis de regarder le bouquet qui me parait, ma ceinture de satin rose et la guirlande verte posée sur mes cheveux : j'ai senti une douce émotion.

Dimanche 24 février

Mes moments étaient si comptés la semaine passée que je n'ai pu donner quelques pensées à mon journal. Rarement je suis satisfaite du travail de la semaine. Hier au soir, je me suis couchée le cœur si léger : j'avais été laborieuse au-dessus de mes espérances. Je m'accommode facilement de la vie du grand monde ; je ne partage pas les idées de nos piétistes qui entendent sous le nom de péché tout ce qui est bal, musique, spectacle et toilette, mais je m'accommode aussi d'une vie paisible et variée d'occupations utiles ; il n'y a que la monotonie qui me soit insupportable. Dans le fond, je suis pieuse malgré les idées mondaines et profanes qui m'assaillent souvent. Quand le soir je rentre du bal, la fatigue, la distraction d'esprit, l'éblouissement des sens ne me permettent plus de me recueillir et de prier. Après une journée passée dans les peines de la vie, je lis les magnifiques et sublimes prières de Witschel avec autant d'extase et d'admiration que toute autre jeune fille lirait en cachette un roman exalté, et je me dis : « Ah ! rien n'est plus pur que l'amour de Dieu, rien au monde n'est admirable qu'une piété et qu'une résignation à toute épreuve. »

Ce matin, j'étais à l'église française [82] avec ma sœur ; en levant les yeux de dessus mon cantique, je vis, sur la tribune sombre, une tête bouclée penchée tantôt comme en méditation, relevée souvent languissamment : c'était Hornus. En sortant de l'église, Adèle, qui s'y trouvait aussi, vint à moi et me lança ces trois mots : « Il va passer » ! Ma sœur eut l'audace de regarder en arrière : il était sous la porte de l'église, tourné de notre côté et nous suivait des yeux. Je me trompe peut-être en pensant qu'il a pour moi une certaine amitié qui ne ressemble en rien à de l'admiration, mais dont je me flatterais infiniment. Quand, seule près de ma fenêtre, occupée de mon aiguille, je regarde filer les nuages, mille souvenirs charmants passent devant mon imagination ; je me retransporte dans la salle du spectacle : je suis au Bal des pauvres, dans la loge dont la porte s'ouvrit pour Hornus. Je le vois toujours appuyé contre la colonne, penché vers la chaise où j'étais assise, ses yeux noirs brillants d'esprit et de langueur abaissés vers les miens. Que de regards étaient dirigés vers notre loge ! Cette soirée, précédée de larmes, fut un triomphe.

Dimanche 14 avril

Aujourd'hui, la journée a été bien triste : il a plu à verse depuis le matin. Emma et moi étions chez Grand-Maman où nous avons tricoté, lu, regardé les passants et les voisins. En face de ses croisées, un peu plus élevées, sont celles d'une salle de lecture dans le café du Miroir. Nous travaillions dans l'embrasure de la fenêtre ; tout à coup j'éprouvai, je dirais ce chatouillement, ce malaise que l'on sent lorsqu'on se voit observée attentivement. Je poussai Emma ; un monsieur d'une fort belle figure, jeune et à l'air assez distingué, était collé à l'une des fenêtres du casino, posait les doigts sur sa bouche et semblait me percer des yeux. Cette contemplation éternelle m'embarrassa, l'envie de rire me gagna, je me mis à causer avec ma sœur et ma grand-mère qui, de dessous ses lunettes, jetait de grands yeux à cet indiscret observateur. A cause de lui, je ne me souciais pas de quitter ma fenêtre où je voyais très clair et où je m'amusais à voir circuler le monde. Du coin de l'œil, je l'observai : il s'en aperçut sans doute, tout aussi bien que je m'apercevai de lui, et en fut encouragé. Il prit des gazettes, s'établit à la croisée face à face avec la mienne et fit une lecture très distraite pendant trois heures pour le moins. Quand je levais les yeux pour regarder dans la rue, je voyais ses yeux vifs et noirs attachés sur mon visage, suivre mes moindres mouvements. Je quittais la fenêtre, j'y revenais poussée par une coquetterie ou plutôt une bêtise féminine dont les jeunes filles les plus posées ne savent quelquefois se rendre maîtresses. Quand sa lecture fut terminée, il fuma un cigare, fit cent fois le tour de la salle et revint sans cesse à la fenêtre pour darder ses regards sur nous. Je fus assez sotte pour m'amuser de son manège ; il se moqua sans doute, tout en lui lançant des regards de feu, de l'imprudente qui ne lui ferma pas les rideaux au nez. Je suis curieuse si, dans la semaine ou en huit jours, je reverrai encore cette figure vraiment expressive.

Dimanche 21 avril

J'étais à l'église française avec ma sœur. Faut-il l'écrire ? C'est une inconséquence : n'importe, je veux délivrer ma conscience du remords qui lui pèse depuis ce matin. Lorsque j'avais fait ma prière, quand je m'assis, je regardai autour de moi tout en feuilletant mon cantique. Devant nous, quatre à six bancs étaient remplis de dames très élégantes. En face de l'autel, les jeunes pensionnaires de monsieur Goguel [83] remplissaient beaucoup de bancs : je vis mon ancien instituteur au milieu de ses élèves. Derrière ces jeunes gens, je distinguai une figure souffrante et expressive. Pendant que l'on chantait, quand devant moi s'écarta un peu un chapeau élégant couvert de plumes ou de fleurs, j'eus l'inconséquence, le tort, le péché, la curiosité, comme l'on voudra bien appeler ce mouvement, de porter mes yeux du côté où j'avais vu quelqu'un, et chaque fois, je vis ces adorables yeux noirs aux regards si parlants et si mélancoliques tournés vers moi. L'examen était le même de part et d'autre : pour un homme, c'est excusable dans une église, pour une jeune fille, il est coupable. Je fis cette faute trois fois, trois fois je le regardai ; deux fois étaient de trop, que faire de la troisième ?... Malgré cette distraction, je ne perdis pas un mot du sermon quoique les phrases rabâchées et mâchées de monsieur Himly [84] m'ennuient à l'excès. En sortant de l'église, nous prîmes la porte la plus voisine de notre maison, je sonnai, je me retournai vers la rue : il passa, quoiqu'il ne prenne jamais ce chemin-là, tourna la tête vers nous et salua avec empressement. C'était pour nous voir qu'il tourna le coin de l'église. Je n'écrirai pas son nom ; il est étudiant en médecine, il est aimable et beau, il est venu dans ma loge au Bal des pauvres, il y est resté longtemps. Il paraît souffrant, il est pâle et maigre, il se traîne. Ah ! que je l'admire et le plains.

Cet après-dîner, nous avons fait un tour de promenade avec Papa. Les campagnes s'embellissent de leur printanière parure : que les arbres sont beaux de cette tendre et jeune verdure, de ces bouquets de fleurs d'une blancheur pure et presque céleste ! En marchant sur le jeune gazon, les yeux ravis par tout le bonheur qui vous entoure au sein des champs, en sentant la brise parfumée du printemps passer sur mon front, je rêvais à celui qu'on ne peut oublier, que j'ai revu ce matin, et tout bas, je priais Dieu de m'ôter la vie, ou de telles pensées, car je veille sur mon cœur comme sur un sanctuaire : il faut que la main de Dieu le reçoive pur et sans souillure.

Il ne m'aime pas, il en aime une autre : c'est une simple curiosité, ou sa bienveillance et son amabilité ordinaires qui le poussent quelquefois par hasard vers moi, et aujourd'hui, j'ai si souvent porté mes pensées vers lui : je rêvais que par mes soins de sœur et amie, je ramenais sur ses joues pâles les fleurs de la santé et que je rendais à sa démarche languissante l'allure vive de la jeunesse. Que cela est ridicule et romanesque, ou plutôt que cela est coupable ! Maintenant, ma confession est faite, je me sens soulagée et réconciliée avec moi-même, je ne m'aveugle point sur mes torts : s'ils m'en viennent, il me vient aussi le courage de les réparer et de les corriger. Dix heures ! au lit et du repos.

Mardi 29 avril

Quelle date ! quel coup d'éclair passe par mes esprits ! j'ai vingt-deux ans aujourd'hui. C'est encore de la jeunesse, mais pour trois années seulement encore et qui seront bien vite écoulées. Hélas ! le printemps de la vie passe aussi vite que la fleur des arbres, mais sans qu'il apporte pour moi la réalisation des doux rêves de ma première adolescence.

Hier, les dames Stammler nous ont conduites dans leur jardin où les eaux murmurent, où le printemps jette ses lilas, ses tulipes et ses pervenches, où les hannetons bourdonnent sous les châtaigniers en fleur. Nous avons joué aux quilles, à l'attrape, nous avons fumé un cigare, le premier en ma vie. J'ai des goûts d'amazone : la chasse, les chevaux, la bière et les cigares feraient mon bonheur !

Vendredi 3 mai

Je voulais écrire ; le sommeil me gagne et disperse mes souvenirs. Le premier mai, le jour de fête du roi, était radieux : un temps magnifique favorisait les coups de canon, les sonneries, la parade et les courses des chevaux. A la fenêtre, chez les Stammler, nous avons admiré la parade, la musique a enivré nos oreilles. C'est un beau coup d'œil que les militaires ! Le pasteur Edel [85] était dans notre croisée et s'extasiait sur la bonne grâce et la jolie toilette et figure de la cantinière des tirailleurs. Les cordons d'or et les épaulettes brillantes des officiers d'artillerie font mon admiration : « Si j'étais homme, me disais-je, je n'ambitionnerais au monde que cet uniforme et la gloire qu'il donne sur le champ de bataille. » Et les chevaux ! quelles nobles et gracieuses créatures ! Une des félicités de ma vie serait de me lancer sur un cheval arabe pur-sang.

Le premier mai, j'ai encore lu chez ma grand-mère *Woodstock* de Walter Scott. J'ai revu l'inconnu aux yeux noirs : il était dans la salle du café du Miroir, à la fenêtre en face, lisant jusqu'à la nuit tombante et jetant de furtifs et excessifs regards sur ma sœur et moi qui lisions dans l'embrasure de la croisée.

Demain, nous repasserons notre lessive : ce sera encore une rude journée, mais dimanche, pour m'en consoler, j'aurai le concert de monsieur Boymond.

Lundi 13 mai

Un tour de promenade dans la fraîche campagne de mai, quelques courses par la ville, un peu d'ouvrage à l'aiguille et ma leçon de chant chez ce charmant monsieur Boymond qui a les dents de perle et les cheveux blond cendré et bouclés les plus séduisants, le sourire le plus gracieux et l'amabilité et politesse française la plus exquise du monde : voilà mon 13 mai.

Vendredi 17 mai

En m'accompagnant à la leçon de chant, monsieur Boymond m'a fait observer qu'en chantant une romance, il ne fallait pas que l'on soit si strict en mesure. « Prenez votre temps, m'a-t-il dit, pour respirer car je vous rattraperai toujours ; je vous suivrai vraiment partout ! » et après ces paroles obligeantes, il me regarde, sourit et sourit longtemps en regardant ses notes.

J'ai fait un tour de promenade, je viens de rentrer : la campagne est si belle, l'air du soir est si doux après les travaux du jour. J'ai encore fait un pas décisif aujourd'hui : j'ai donné le livret à notre domestique impertinente dont nous tolérons les défauts depuis cinq ans et qui m'a fait enrager, et privé du sommeil de quelques-unes de mes nuits. A la Saint-Jean prochaine, elle décampera malgré mon père, malgré tout ; c'est encore un poids de moins sur les épaules.

Je vais dormir car demain, je veux être à mon tricot près de la fenêtre à cinq heures du matin.

Dimanche 19 mai

Il a plu tout à l'heure. J'ai fait quelques visites cet après-dîner et puis je suis allée chez Grand-Maman avec mon Walter Scott et mon tricot ; l'inconnu s'est retrouvé dans la salle de lecture, il y est resté de trois heures à sept heures, lisant dans l'embrasure de la fenêtre vis-à-vis, changeant quelquefois de place, faisant le tour de la salle, toujours ses yeux ardents qui font baisser le regard tournés vers moi. J'ai fait une conquête, c'est évident : ce manège dure depuis trois ou quatre dimanches, et il m'amuse extrêmement ; ce jeune homme a l'air très doux et très honnête, personne ne m'a honorée de tant de regards passionnés et sérieux tout à la fois.

Lundi 27 mai

Le lundi de Pentecôte est bien triste : il pleut, il fait froid comme en mars. Avec l'ouvrage, nous irons passer l'après-dîner chez les Weber, c'est la seule distraction que nous aurons. Aux heureux temps de mon enfance, quand mon grand-père vivait encore, nous faisions chaque lundi de Pentecôte une partie de plaisir au Durrbach, ce délicieux et romanesque vallon du duché du Bade. On partait le matin à quatre heures ; nous enfants, ne fermions presque pas l'œil la nuit. On déjeunait en route et l'on arrivait pour le dîner dont l'ornement principal étaient des truites que l'on pêche dans les sources limpides qui coulent des montagnes et que l'on nous servait accommodées de toutes les manières. Nous nous régalions surtout aussi de poulets frits et de certains plats doux que l'on ne trouve qu'en Allemagne. Que j'aimais gravir les montagnes, visiter les ruines de l'antique château du Stauffenberg ; enfant déjà, je recherchais avec avidité les souvenirs des temps féodaux, et l'aspect des ruines, qui, au temps de leur splendeur, servaient de demeures aux belles châtelaines et aux preux chevaliers, faisait palpiter mon cœur. Je dis comme la romance : « Le temps que je regrette est le temps qui n'est plus. »

Dimanche 2 juin

La duchesse de Kent, la mère de la reine d'Angleterre, a passé avant-hier par notre ville. L'oncle Weiler a fait l'acquisition d'une vaste maison. Notre cousin Oscar Strohl troque sa plume, ses chiffres et sa place au pupitre de négociant contre le sabre et la giberne ; aujourd'hui, il est parti pour l'école de Phalsbourg. Ce sont là d'importantes nouvelles. Grand-Maman va mercredi avec l'oncle Adolphe à Niederbronn ; si Dieu le veut, nous passerons huit jours avec elle, Emma et moi.

Jeudi 6 juin, Niederbronn

Je n'ai plus eu, à Strasbourg, le temps d'écrire : nous partons, nos malles sont prêtes.

Au second étage d'une petite maison charmante, fort proprette, située près de la promenade, dans une chambrette tout à fait jeune fille, nous sommes établies depuis hier au soir, ma sœur et moi. Le rez-de-chaussée de cette maison qui appartient au docteur Kandel est habité par Grand-Maman et l'oncle Adolphe, qui ont eu la bonté de nous emmener à Niederbronn où nous passerons huit jours avec eux. Nous sommes arrivés ici par un voyage rendu assez pénible par les cahotements d'une mauvaise diligence, et une chaleur et une poussière excessives ; nous sommes descendus à l'hôtel de la Chaîne où nous nous sommes fait servir à souper. Nous riions sous cape, Emma et moi : je ne croyais pas que c'était moi, Amélie, qui me trouvais dans ce salon éclairé par un carcel magnifique, à cette table ornée de bouquets dans des vases de cristal. En mangeant de bon appétit ce potage, ces côtelettes frites sur le gril, ce poisson en sauce blanche, ce pudding anglais et ce dessert, je songeais à l'extrême simplicité de nos soupers paternels et strasbourgeois où manque le changement d'assiettes et le laquais prévenant, et je pensais que la vie de grand seigneur ou de grande dame en voyage ne me conviendrait pas mal.

Par la saison peu avancée, il n'y a presque personne ici ; une seule dame qui me semble étrangère était à la source ce matin. Je n'ai pas encore bu d'eau ; j'en prendrai demain. Le souvenir de Niederbronn m'était peu agréable : je suis tout à fait réconciliée maintenant avec ce lieu délicieusement romantique et paisible où l'on a fait depuis quelques années des embellissements étonnants.

Ce matin, à neuf heures, après le déjeuner, nous avons pris nos ouvrages, nos fidèles tricots et nous sommes allées en tabliers et sans châles, accompagnées de l'oncle Adolphe, sur une montagne peu élevée appelée ici le Herrenberg, où l'on arrive par une allée plantée de jeunes châtaigniers. Une espèce de péristyle surmonté d'un toit de chaume ; çà et là des bancs sont établis pour l'agrément des baigneurs, séduisants sièges de repos, au milieu des touffes d'acacias, de sapins, d'ormes, de bouleaux et de noisetiers. J'étais enchantée de me trouver dans ce lieu charmant à une heure aussi matinale. D'un œil ravi, je contemplais tantôt les belles maisons de Niederbronn qui s'étendaient à nos pieds, tantôt les sombres sapinières qui couvrent les montagnes et à leurs pieds, la richesse des champs cultivés. A notre droite, bordée de jeunes peupliers, s'étend une prairie où coule un ruisseau ; à gauche, plus loin, l'on voit un jardin soigné qui étale ses fleurs de toutes les couleurs et de tous les parfums. « Qu'il fait délicieux ici, m'écriai-je, j'y viendrai tous les jours tant que je serai là, le matin de bonne heure ; si je savais peindre, je viendrais ici avec mes crayons pour prendre ce charmant paysage. J'apporte mon journal demain pour m'inspirer là et décrire ces alentours. » Mon oncle se moqua de moi :

« Pour imiter madame Pichler, me dit-il ? Elle est fameuse pour les descriptions de montagnes et de vallons.

— Moi, j'adore madame Pichler, j'adore son *Agathoclès* [86], j'ai fait de lui mon compagnon de voyage. »

Demain, *Agathoclès* en main, j'irai sur le Herrenberg, j'envierai moins le sort de Calpurnie qui le soir, sur les terrasses parfumées par les orangers et les lauriers-roses de Nicomédie, écrit à son amie Sulpicie.

J'ai établi ma petite table près de la petite fenêtre de ma petite chambre. La croisée donne sur la promenade et les montagnes : quand je lève les yeux, je ne vois que ciel et verdure ; en face de moi, le Wauxhall ; derrière lui à gauche, j'aperçois les ruines du château de Wasenburg, à peine remarquables sur cette vaste chaîne de montagnes. Ainsi disparaissent les ouvrages des hommes. Les ruines n'en sont qu'un point imperceptible dans l'immensité de la création. Un arbre croît au sommet des ruines ; graine apportée sans doute par la bise, cet arbre donne au château l'air d'un casque surmonté d'un plumet : emblème de chevalerie que chaque été fait revivre.

L'orage a grondé sur ces montagnes tandis que j'écris : la pluie tombe. Je descends, je vais rejoindre ma famille dont je me suis séparée pour une heure pour écrire la première journée de mon séjour dans ce vallon bienheureux.

Samedi 8 juin

Avec le souffle de l'air pur des montagnes, la tranquillité et le calme du bonheur glissent dans vos veines. Le matin, quand je me lève après un long et profond sommeil, mon premier mouvement est de me jeter le haut du corps par la fenêtre et de dire bonjour aux montagnes. Ensuite, je passe ma capote et mon crispin et je descends à la promenade avec mon oncle et ma sœur pour boire l'eau. Le monde arrive peu à peu : le lendemain de notre arrivée, nous étions presque seuls ; maintenant, la diligence nous a déjà amenés plus de baigneurs. Cependant, ce n'est pas encore de la foule et l'on peut aller partout en grand négligé sans rencontrer âme qui vive, ce qui est d'un grand avantage pour les femmes peu coquettes et paresseuses à s'habiller comme moi.

Ce matin, Emma et moi avons pris cinq verres d'eau minérale, mesurant après chaque verre toute l'étendue de la promenade à grands pas. Là où il y a dix ans, l'on marchait dans les ordures des bestiaux, l'on circule sur des allées sablées au milieu du parfum des roses et des acacias. Les derniers verres d'eau s'avalent toujours péniblement et le besoin du café se fait sentir. Madame Kandel, qui est une femme fort aimable et une ménagère parfaite, nous fournit du lait délicieux et l'on mange ici des gâteaux en forme de cercle excellents. Après le déjeuner copieux, nous nous coiffons ; ensuite, nous allons avec notre ouvrage, en société de mesdames Kramp et Schneegans, nous placer sur quelque banc situé romantiquement soit au Herrenberg où nous étions ce matin, soit près des forges où hier nous avons tricoté quelques tours dans la forêt en société d'un petit hoche-queue ravissant qui sautillait et s'agitait devant nous. A Strasbourg, je regardais avec ravissement ce bas que j'ai fait dans des alentours si pittoresques en comparaison des quatre murailles.

Ce que les romanciers nous offrent à chaque bout de champ dans leur production, j'en jouis maintenant pleinement et réellement. Hier, après-dîner, nous avons fait l'ascension d'une montagne appelée « les trois chênes », à cause de trois arbres majestueux qui s'y élèvent. Les sources qui descendent des montagnes et roulent sur les cailloux, les myosotis aux yeux bleus célestes qui croissent sur les bords, l'eau blanche et écumante qui fait aller les marteaux des forges, les tas de *Schlacken* [87] qu'il faut franchir, l'allée bordée de peupliers, les vertes prairies dont les fleurs aux milles nuances brillent comme les pierres précieuses de la boutique d'un lapidaire, la route bordée de peupliers, les talus de grès, les bruyères, la mousse des montagnes, le parfum des pins qui, comme les candélabres portent les bougies, élèvent l'extrémité de leurs branches qui est toujours d'un vert plus tendre, les ormes au tronc majestueux et séculaire, les bouleaux à l'écorce blanche élancés et sveltes, le chant du rossignol et le cri du coucou, la pente rapide où l'on glisse sur les fines aiguilles des sapins que le vent fait tomber, rien ne manquait. Et cette satisfaction du chrétien qui peut se dire : « Tout ceci est à moi. Dieu a créé ces merveilles pour les grands et les petits, pour les riches et les pauvres. »

Je n'ose songer sans tristesse à mon retour dans les tristes murs de Strasbourg, où la vie s'écoule sans que la plupart de ses habitants n'apprennent à louer leur Créateur dans ses œuvres. Il me semble qu'en quittant ces montagnes, je dois quitter vie, bonheur et prospérité. Mais j'ai encore huit jours devant moi pour bien en jouir. J'espère faire encore un tour aujourd'hui : l'air des chambres me pèse ici, il me semble être la fée ou le génie de ces montagnes et je ne me sens heureuse que dans mon domaine aérien et montagneux.

Mercredi 12 juin

Malheureux ceux qui souffrent ! Qui m'eût dit hier au soir, quand je m'endormis, radieuse de notre délicieux voyage au Baerenthal, rêvant monts et vaux, que je me réveillerais avec des crampes aiguës et que je me traînerais à la promenade, pâle comme une ombre ? Mon mal s'est apaisé un peu : c'est pour cela que je viens écrire ma journée d'hier et ressaisir les souvenirs qu'elle m'a laissés, si toutefois ma tête pesante me laisse énoncer une idée claire et compréhensible.

Une famille parente de mesdames Kramp et Schneegans demeure au Baerenthal : monsieur Herbster est surveillant dans les forges. Ces deux dames ont eu la bienveillance de nous y mener ma sœur et moi. Nous sommes parties à dix heures du matin dans une légère voiture attelée de deux chevaux vigoureux, conduits par un excellent cocher. Je n'entreprendrai pas de décrire toutes mes extases, tout mon bien-être en roulant dans cette contrée sauvage et montagneuse où l'on arrive de vallée en vallée pittoresque, tant serrées par les montagnes qu'on n'espère plus en sortir quand, tout à coup, au détour d'une route qui passe sur les rochers dans la forêt, l'on arrive dans un bassin plus romantique encore. C'est une émotion toute particulière et bienfaisante, un sentiment inné qui ne peut s'exprimer par les paroles. Je suivais des yeux avec ravissement les variétés des lieux. C'est le mois où les genêts, les enfants de ces montagnes, sont dans leur plus belle fleur : ces épaisses touffes d'un jaune vif superbe se détachent sur le gazon et entre les arbres comme les fusées d'un feu d'artifice sur le ciel de la nuit. Les maisonnettes disséminées aux pieds des montagnes, dans les pâturages où broutent de temps à autre une vache, quelques brebis, des chèvres, où est étendue une pièce de toile, ouvrage d'hiver de ces obscures et paisibles montagnardes, de grandes roches d'une forme bizarre jetées çà et là par la main de Dieu et dont les anfractuosités servent quelquefois d'asile à de malheureux mendiants, donnent à ces vallées un attrait singulier.

J'aime à voir les ondulations des blés et des hautes herbes sur lesquels passe le souffle du vent. A midi, nous arrivions au Baerenthal. La famille Herbster, composée des parents, de deux filles dont l'aînée a dix-sept ans, et de deux jeunes garçons, nous reçut avec une aimable hospitalité. Un dîner parfait et que l'on ne s'attendait pas à trouver dans cette vallée solitaire nous fut servi dans une chambre d'une extrême simplicité, sur des couverts et du linge damassé d'un goût parfait. Les deux jeunes filles, en bonnes ménagères, nous reçurent en blancs tabliers de cuisine et firent le service de la table d'un air dégagé rien moins que montagnard. Le dîner se composait uniquement des productions du Baerenthal : il était si excellent que je ne puis m'empêcher d'en faire la nomenclature, tout enfant que cela est ! Une soupe aux écrevisses qui vivent en quantité dans les sources du vallon, du bœuf excellent avec de la verdure du jardin, des épinards et des œufs frits. Pour le second service, on nous offrit un jambon exquis, de la salade et un plat de magnifiques écrevisses qui furent louées et croquées à l'unanimité, de la crème aux amandes et un kugelhopf fait par l'aînée des jeunes filles, qui reçurent force compliments. Le dessert se composait de cerises et de confitures auxquelles on ne toucha plus.

Après le dîner, l'on se mit en route pour le château de Ramstein. D'abord monsieur Herbster nous fit entrer dans les forges : le bruit de ces lourds et massifs marteaux, la lueur rougeâtre du feu, ces barres de fer rouge lancées à terre avec des pinces et que l'on retire d'entre les manivelles, les figures hâves et pâles des ouvriers donnent aux intérieurs des forges l'aspect d'un Tartare. Nous passâmes près de deux étangs ; près de l'un d'eux est une petite cabane où la femme d'un pauvre ouvrier fut accouchée de tri-jumeaux il y a quelque temps. Nous entrâmes pour voir ces malheureuses créatures : deux garçons et une fille reposaient dans le même berceau. Nous laissâmes un don à cette pauvre mère qui se tenait au berceau, pâle et décharnée comme une ombre ; un enfant de quatre ans jouait dans la chambre, un autre de deux dormait sur le lit. Quelle misère dans cette chaumière !

Le château de Ramstein est taillé en partie dans le roc : des restes de pans de muraille s'élèvent encore au-dessus de cette énorme masse de rochers ; impossible de monter jusqu'au haut, nous nous contentâmes d'en faire le tour. Un escalier taillé dans le roc est encore bien conservé ; il existe encore une cave très vaste. Le roc contient beaucoup de sel, il est d'une belle teinte rose. Quelques cailloux, souvenirs du déluge sans doute, y sont attachés çà et là comme des coquillages, mais le temps, les orages travaillent à abattre cette puissance rocailleuse. Quelques siècles encore et cette masse qui nous semble si formidable, aura disparu sans laisser de trace comme le château fort élevé sur son faîte, jadis redoutable asile des guerriers. Monsieur

Herbster est un homme fort instruit : j'aimais à causer avec lui des temps féodaux.

Au Baerenthal, dans les prairies maigres, croissent certains joncs qui fleurissent : ces fleurs sont absolument comme des plumes et les fauvettes des bois viennent les chercher pour en tapisser leur nid. A une grande distance l'on voit de ces raies blanches qui, de loin, paraissent comme des plumes dispersées. Près du château, nous avons cueilli des bouquets de fraises que nous mangions avec satisfaction. A notre retour, le café était servi. Après nous être réconfortés, nous prîmes congé de nos aimables hôtes. Nous rentrâmes par Philippsbourg qui est encore dans le département de la Moselle et par les forges de Moutterhausen. Le soleil se couchait radieux derrière ces montagnes et de loin, en passant, nous saluâmes les superbes ruines du château de Falkenstein, dorées par ses rayons mourants.

Demain, nous irons à âne, ce qui m'empêchera de dormir la nuit tant je me réjouis !...

Samedi 15 juin

J'étais si paresseuse hier que je ne me suis point donné la peine de faire des notes. Mon oncle et ma sœur écrivent tous deux dans le moment ; le grincement de trois plumes donne du courage et de l'envie.

Notre partie à ânes avant-hier s'est faite heureusement sauf deux chutes assez ridicules. Montés, l'oncle Adolphe, madame Schneegans, Emma et moi, sur nos coursiers à longues oreilles - deux, les plus forts, portaient un collier de grelots - nous confiant à la sauvegarde de deux petits bambins armés de bâtons, nous nous sommes acheminés vers le château de Windstein, en passant par le Reisacker. L'ardeur du soleil faisait beaucoup souffrir nos ânes que les coups de bâton de nos guides ne parvenaient qu'à grand-peine à faire marcher au trot dans la plaine ; nous aurions volontiers essayé le galop, mais il n'y avait pas à y songer.

Au beau milieu de la forêt, dont j'admirais les délices, mon âne, nommé Marguerite, se coucha le plus gracieusement du monde ; je ne me levai pas de suite parce que ma jambe droite était embarrassée dans les cornes de la selle : j'étais par terre, mon ombrelle ouverte et je criais aux guides de le faire relever. Ils n'y réussirent pas ; force me fut de me lever et de marcher quelque temps car je craignais une seconde chute qui eut pu devenir plus dangereuse que la première. Deux minutes après, Moorel, l'âne de mon oncle, charmé sans doute par le bon exemple, essaya aussi de se coucher ; l'oncle sauta lestement par terre, coupa une branche et le châtia si bien que l'envie dût lui passer d'être paresseux une seconde fois. A tout prendre, le flegme de ces animaux m'était insupportable, soit dans la plaine, soit en gravissant la montagne : leur trot est toujours le même, cela ne m'arrange pas, moi qui aime faire aller tout au galop.

A cinq heures, nous arrivâmes au pied du château de Windstein. Un garde forestier avec sa famille est établi dans la partie habitable du château. L'étable, la cuisine aux rayons chargés de belle porcelaine, une chambre dont les meubles élégants contrastent avec le dehors sauvage de l'habitation sont taillés dans le roc comme la majeure partie du château. Nous nous aventurâmes jusqu'au bout, précédés de notre guide, par un chemin périlleux qui me fait frissonner quand j'y pense. Suspendus au-dessus du précipice, nous nous cramponnions au rocher pour franchir d'étroites et hautes marches. La montée se fait encore assez facilement, mais en descendant, quand les yeux mesurent la profondeur de l'abîme... le cœur me battait pour tous et je priais tout en me laissant glisser. Quelques embrasures de fenêtres, des portes, de petites marches, quelques murs formés de pierres de granit magnifiques, un puits tout au sommet, deux donjons sont encore bien conservés. Nous passâmes deux petits ponts vermoulus jetés sur les abîmes ; peut-être que de là, des mains impitoyables lançaient une malheureuse victime dans les profondeurs de l'abîme où elle arrivait brisée. L'aspect de ces châteaux éveille tant de souvenirs !... A la vue d'une fenêtre, d'une marche, d'un donjon, mon imagination enfante tout un roman.

Nous revînmes par le sauvage et romantique Jaegerthal où est le château de monsieur Eugène de Dietrich. Comme il y a deux ans, j'admirai cet étang où les arbres se mirent et cette forêt d'arbres magnifiques.

Hier au soir, avant de me coucher, j'ouvris ma fenêtre, je regardai les montagnes, le ciel clair et serein ; la brise du soir murmurait dans le feuillage des arbres des allées voisines, l'étoile du soir, derrière le château de la Wasenburg, brillait d'une douce et lumineuse clarté. Je songeai avec tristesse que, dans deux jours, je dirais adieu à ces montagnes où les étoiles me semblent plus belles, l'air du soir plus doux que dans les tristes murs dans lesquels je vais m'ensevelir de nouveau pour longtemps. Que dix jours passent vite quand l'on n'a qu'à lire, admirer le monde, boire et manger, courir les forêts et les montagnes, et dormir !

Mercredi 26 juin

Enfin je trouve un instant pour dire mes joies, mes amertumes, mes espérances et mon désespoir. Trois événements remarquables ont signalé ma vie depuis mon retour du bienheureux Niederbronn : le présent d'une délicieuse robe de mousseline laine à grands carreaux de la part de mon oncle, le présent d'un piano au son moelleux et flûté de la part de mon excellent père, le départ de notre servante coquette et impertinente qui m'a échauffé la bile encore la veille de son départ et l'arrivée de notre nouvelle cuisinière de seize ans qui a la meilleure volonté du monde, mais qui ne sait ni rincer un verre, ni tenir le balai, ni essuyer une assiette. Depuis huit heures du matin, je suis autour d'elle et lui enseigne, pour ainsi dire, à marcher et à respirer.

O mon beau piano, est-ce ainsi que je dois jouir de toi ? Fonctions de ménage qui ne s'alliez pas avec les beaux arts, pourquoi donc êtes-vous nouées à ma vie pour en détruire tout le charme ? Que n'ai-je plus ma mère ! que je suis malheureuse et délaissée !

Lundi 5 août

Les couleurs rosées de mon teint commencent à pâlir, mes bras n'ont plus cette rondeur qu'ils avaient aux bals de l'hiver passé. Il est vrai qu'à vingt-deux ans, la fraîche fleur de la jeunesse doit être passée, mais il en est trop tôt encore pour le dépérissement.

Il y aura tantôt trois ans que je pleure la mort de ma mère ; c'est un chagrin pour toute la vie, mais aussi la résignation ne me manque point quoique, à de fréquents intervalles, les douloureux souvenirs viennent n'ouvrir cette plaie à peine cicatrisée. Les embarras du ménage pour une jeune personne sans expérience, les soucis de la vie quotidienne, depuis trois ans déjà, ils sont mon partage et mes jeunes épaules et ma bonne volonté n'y ont encore faibli. Il y a longtemps aussi que mon oncle m'a éclairée sur la position incertaine de mon père. Le respect doit me fermer la bouche, mais les pensées viennent sans qu'on les appelle, et que de fois je dis tout bas : « Ah ! qu'un homme est coupable en laissant végéter une si belle intelligence. Esprit, loyauté de caractère, connaissances étendues, travaux et veilles d'une studieuse adolescence, à quelle fin mènerez-vous ? N'auriez-vous donc servi qu'à précipiter avant le temps, dans la tombe, une femme de mérite et à rendre malheureux d'innocents enfants ? Ah ! mon père, je ne parle point pour moi-même, mais devant le tribunal de Dieu, quel compte lui rendras-tu de cette vie dont l'oisiveté et la funeste passion du jeu empoisonnèrent la plus belle moitié, quel compte rendras-tu à ce Dieu qui versa dans ton âme ses plus riches dons ? » Ce sont là de ces réflexions qui tant de fois troublent le sommeil de mes nuits. Je fais depuis longtemps d'amères comparaisons entre le sort de mes amies et le mien, mais je prends aussi la résolution de ne tout devoir un jour qu'à moi-même et je ne perds point de temps précieux.

Ces rêveries de la première jeunesse, ces tressaillements d'un jeune cœur qui commence à s'ouvrir à la vie, ces tableaux de bonheur dignes d'envie qu'enfante une fraîche imagination n'approchent plus de mon âme, ma raison de vingt-deux ans les bannit pour toujours. Que ne le dirais-je tout haut, les titres d'épouse et de mère n'existeront jamais pour moi ; il est vrai que l'intérêt, que la vile soif d'argent fait beaucoup de mariages qui souvent, par la suite, deviennent heureux. Il y a encore des mariages d'inclination, mais ils sont rares. Une fille sans fortune et sans beauté n'a rien à espérer. Ma figure est peut-être plus agréable que laide, mais je suis loin d'avoir ces charmes qui éblouissent et qui subjuguent, et qui assurent le bonheur de mainte jeune fille sans dot. J'ai un peu d'ambition ; il est vrai qu'avec le temps, elle sèche mesquinement dans un cœur de femme qui ne peut point donner la vie à ses pensées, mais une position ordinaire, un artisan ne me conviendrait pas. Jamais je n'aurais la faiblesse d'oublier ce que je me dois et de risquer mon avenir dans un mariage d'inclination qui ne me donnerait pas aux yeux du monde une position honorable. Quand on connaît un peu les hommes, et je les juge impartialement, il faudrait trouver dans l'un de ces mortels égoïstes et tyranniques des qualités bien brillantes pour se laisser éblouir follement, et si je ne puis réunir amour pour moi et honneur devant le monde, je ne bouderai jamais mon titre de vieille fille si jamais le ciel me donne la vieillesse.

Mon cœur est donc plus calme que jamais il fut; l'illusion ne m'aveugle plus : mon réveil s'est fait, je suis résignée, j'appréhende à peu près le sort qui m'attend, mes espérances de la vie sont si modestes que le malheur seul, dont Dieu veuille me préserver, puisse le troubler. J'attends l'avenir avec résignation, le présent m'ennuie souvent horriblement, le passé me donne de doux et de douloureux souvenirs. Le jour baisse, il est sept heures à peine, nous nous rapprochons de l'automne ; vie abreuvée de tant d'émotions, que tu passes vite, comme le feuillage d'été !

Mardi 28 août

Que de bizarreries dans la vie ! quels privilèges, quelle supériorité le talent ne donne-t-il pas. Hier matin, je me suis extasiée en entendant jouer sur le piano les magnifiques variations de Kalkbrenner sur le cor des Alpes. Ce morceau était joué sur notre piano par un beau jeune homme aux boucles châtain, à l'habit élégant, qui exécute comme un Mozart et un Beethoven, qui est le meilleur élève de monsieur Berg [88]. Ce jeune homme est le frère de notre servante, c'est le fils du maître d'école de Niederhausbergen. Quand le piano fut fermé, quand le jeune artiste nous eut quittées, je repris le chemin de la cuisine, je montrai à sa sœur à faire une sauce au beurre.

Lundi 2 septembre

Il faut jouir encore du mois de septembre, de ces jours que le soleil d'automne inonde de ses rayons les plus beaux.

Hier, nous avons eu une journée de plaisir comme nous n'en avions guère encore cet été, par les pluies continuelles qu'il faisait : à onze heures, nous avions fait notre dîner à dix, nous nous sommes acheminés vers Kehl, les familles Weber, Dreifus et nous. A une heure, nous étions dans la salle d'attente du débarcadère de Kehl. C'était pour la première fois que nous allions en chemin de fer, Emma et moi ; aussi étions-nous impatientes d'essayer notre premier voyage. Nous avions le projet d'aller à Offenbourg et de là, à pied, à Ortenberg où un baron russe a fait construire un magnifique château dans le style gothique.

On voyage délicieusement en chemin de fer : arbres, maisons, prés, tout semble voler. Le maintien raide et grave des gardiens nous faisait pouffer de rire et les diverses figures des individus qui voyageaient avec nous excitaient notre curiosité.

De Kork, la vue est déjà charmante et je me sentais prise par un bien-être délicieux en me rapprochant des montagnes. Le débarcadère d'Appenweyer est de fort bon goût. A chaque station, diligences et wagons se vidaient pour être repeuplés par une troupe joyeuse et voyageuse. Offenbourg est une jolie petite ville entourée de jardins et qui a des maisons agréablement bâties : on construit dans le moment une prison à l'une des extrémités de la ville où la vue sur une campagne magnifique attend les détenus.

D'Offenbourg, nous fîmes route à pied jusqu'à Ortenberg, nous amusant à ramasser les pommes tombées des arbres richement chargés : c'est notre louable divertissement des grandes routes toutes les fois que nous visitons ce bienheureux duché de Bade.

A Ortenberg, il y avait fête : l'on dansait dans l'auberge où nous nous arrêtâmes. Nous avons pris place au jardin sous un berceau où l'on avait vue sur la montagne et le château vers lequel nos jambes ne nous portaient plus. Nous fîmes un goûter auquel nous jeunes filles, surtout, fîmes un honneur plus que délicat et féminin : en un clin d'œil nous avions dévoré, c'est le mot, une omelette, des poulet frits délicieux avec de la salade, des cervelas tout chauds du pays, du fromage et des pains croquants qui sortaient du four. Quelques jeunes gens vinrent sous le berceau avec leurs danseuses qu'ils régalaient de bonnes rasades de vin ; les musiciens vinrent aussi dans le jardin et nous dansâmes sur le gazon une valse et une polka nationale.

A quelque distance d'Offenbourg, nous entendîmes la sonnette qui appelle les voyageurs pour le départ : nous pressâmes le pas. Second coup, nous courûmes ; troisième coup, nous arrivâmes tous essoufflés et en nage au débarcadère : il était temps. Ce fut un convoi monstre jusqu'à Appenweyer, le trajet se fit avec une lenteur excessive. La soirée était magnifique, le soleil se couchait derrière les montagnes de l'Alsace en laissant au ciel de longues traînées de pourpre, et la lune se levait radieuse aux montagnes du duché de Bade. Tout en voyant disparaître comme par enchantement les objets loin desquels nous étions entraînés, je voyais avec délice la nuit s'étendre sur le paysage et revêtir son manteau d'étoiles.

Le Rhin présente la nuit un spectacle imposant ; nous fîmes encore une halte avant de le franchir : nous nous rafraîchîmes de bière à Kehl et toute la société devint de si bonne humeur que l'on se mit à « polker » à neuf heures du soir au clair de lune sur le pont du Rhin. Cela m'est arrivé la première et peut-être la dernière fois en ma vie. A dix heures, nous étions rentrés, radieux de notre partie dans ce pays de bonheur. Les omnibus qui roulaient sur la route sombre avec leurs lanternes faisaient un effet charmant ; près de la porte d'Austerlitz, nous les vîmes arriver au nombre de sept, regorgeant de monde qui, comme nous, s'était fait un heureux jour par ce temps magnifique de l'autre côté du Rhin, que je prônerai toute ma vie.

Lundi 7 octobre

Que nous nous souviendrons longtemps, ma sœur et moi, du beau dimanche d'octobre que nous avons passé si joyeusement à Mundolsheim. Samedi matin, j'étais en grand négligé, assise près de ma chiffonnière, lorsqu'on vint frapper à la porte : c'était un des commis de mon oncle qui venait nous inviter, en son nom, aux vendanges de Mundolsheim. J'acceptai l'invitation avec reconnaissance, hautement et faisant un peu la mine sous cape, parce que je ne m'imaginais pas m'amuser beaucoup avec des paysans. Certes, je ne rêvais pas une société élégante, un dîner selon les formes et un bal champêtre improvisé.

Samedi soir, Papa vint nous dire que l'invitation venait de la part de madame Sainguerlet que j'avais déjà rencontrée chez les Pfeiffer et qui est fort liée avec cette famille. Ma sœur, qui est toujours lente lorsqu'il s'agit d'aller quelque part et qui veut toujours mettre ce qui lui va le moins, n'en finissait pas ; j'étais enrouée, je criais pour la faire dépêcher, il y eut une discussion au sujet d'une pèlerine blanche dont je voulais me parer et qu'elle voulait laisser dans son armoire pour ne point risquer de la chiffonner. Je finis par lui céder et nous arrivâmes toutes les deux assez échauffées chez madame Sainguerlet.

La campagne était magnifique, l'air était d'une tiédeur d'été ; quelques chasseurs parcouraient les champs, et les clochers de Mundolsheim et des trois Hausbergen se dessinaient sur un ciel d'une pureté radieuse. Tout en roulant dans le char à bancs, nous apprîmes que nous rencontrerions mesdemoiselles Pfeiffer, leur père, leur frère, mademoiselle Klein, aimable jeune personne amie de cœur de Laurette, les demoiselles Faudel, qui n'arrivèrent qu'après le dîner avec leur mère, monsieur et madame Schaeffer, monsieur et madame Martha, jeunes mariés de quelques semaines, et quelques jeunes professeurs du collège.

La matinée se passa dans les vignes où ces messieurs s'empressèrent de nous cueillir les plus beaux raisins. On regagna le village par un chemin très agréable à travers les collines. On avait loué deux salles à l'auberge de l'Etoile, celle de danse ordinaire des paysans et une autre où se faisait le dîner.

L'oncle arriva à midi avec monsieur Seeger, son premier commis qui, à table, fut placé entre ma sœur et moi. Vis-à-vis de moi étaient monsieur Schaeffer et sa femme, cette jolie Elise Jauch qui, à dix-neuf ans, s'est mariée à un beau jeune homme de vingt-deux ans. Oh ! le charmant couple : je ne pouvais me lasser d'admirer ces beaux enfants aux formes d'anges. Elle portait un fichu de mousseline blanche à nœuds roses et l'un de ces nœuds était attaché par le portrait de son mari.

Ce fut un service magnifique auquel vieux et jeunes firent honneur. Pour le dessert, on nous servit des bonbons magnifiques. On but des santés et les vins excellents firent sentir leur essence dans la tête des jeunes gens qui se répandirent en flots de paroles, de chansons un peu libres et de gestes bruyants. Maurice Jauch, Sainguerlet et Schaeffer, dont la jeune femme cherchait en vain à apaiser la gaieté, faisaient un tapage affreux et des plaisanteries qui nous mettaient sur les épines. « N'est-ce pas, me dit-il une fois, que j'ai une gentille femme. Monsieur le maire et monsieur le curé me l'ont donnée. » Une autre fois, il dit à mon voisin, monsieur Hurstel : « Mariez-vous, monsieur, c'est un état très agréable. » « Je ne suis pas pressé », répondit-il, et ma sœur eut la malice de me dire plus tard qu'il m'avait regardée. Les beaux vers de l'infortuné Gilbert furent indignement parodiés : « Au banquet de la vie, infortuné convive, j'apparus un jour et je meurs », criait Schaeffer et il ouvrait la bouche pour avaler un énorme morceau de pâté ; « et je meurs », répétait-il en vidant un verre de bordeaux que deux fois sa jeune femme lui avait arraché des mains.

Ce pauvre monsieur Seeger, dont l'accent et les manières allemandes provoquaient l'hilarité des rusés collégiens, dut entendre plusieurs fois des mots satiriques qu'on lançait sur le compte de ses compatriotes. Laurette, Gabrielle Klein et moi-même nous empressâmes de nous lever de table : nous avions déjà trop entendu et la gaieté des jeunes gens allait croissant...

On fit un tour dans le village, on se mit en manches courtes et bientôt, l'on monta à la salle de danse. Monsieur Hurstel ne quittait pas mes côtés et m'engagea pour la première valse avant de monter. La chaleur était excessive. Peu à peu, tout le village arriva, et surtout la partie féminine, pour voir danser les citadins. La musique était on ne peut plus rustique : galop, valse, polka, tout se dansait sur la même mesure. Les Français ne savaient pas la valse ; monsieur Seeger ne savait rien et se laissait tomber par bonds comme un fou, de la grandeur de ses six pieds. Monsieur Hurstel seul valsait assez bien. Il m'a fait la cour tout autant que monsieur Martha la faisait à Gabrielle ; il obéissait avec une soumission extrême au moindre de mes désirs quoique j'eusse soin de ne point en exprimer trop. Je dis que j'aimais le cotillon, il en organisa un en me demandant presque à genoux la permission de le danser avec moi. Le soir, quand je montai en voiture avec l'oncle, ma sœur et monsieur Seeger, il se mit près de la portière et nous fit le plus respectueux salut d'adieu.

J'ai toujours soin de ne jamais être trop aimable pour qu'un fat puisse s'imaginer que ses compliments et ses empressements me sont agréables. Je dis en plaisantant, de monsieur Hurstel, qu'il m'a aimée pendant un jour, ce que madame Laffarge disait sérieusement de monsieur de Violaine. Telles sont les conquêtes que femmes et jeunes filles disent faire dans le monde : les empressements, ou moins encore, la simple politesse d'un homme pendant un dîner ou un bal.

C'était un bal d'automne très gai ; le ciel favorise les innocents plaisirs de la jeunesse. Hier, il faisait le temps le plus magnifique du monde ; aujourd'hui, la pluie est tombée par torrents.

J'oubliais d'écrire que mon oncle m'a fait danser une valse, que le soir, en descendant de voiture, monsieur Seeger m'a offert son bras jusque chez nous, et que, chemin faisant, il nous a entretenues de café pur sans mélange de carottes et de ses cors aux pieds. Tant de prosaïsme peut-il s'accorder avec une barbe jeune-France, des dents si blanches et des yeux si noirs ?...

Dimanche 20 octobre

Enfin je respire ! car de toute la semaine, je ne vivais qu'à demi. La lessive est passée, sauf le repassage, et c'est un mot qui renferme une consolation inouïe. Notre linge a séché au milieu des brouillards d'automne qui altèrent malheureusement un peu son éblouissante blancheur, mais il n'y a pas à lutter contre les intempéries des saisons.

Aujourd'hui, nous avons plié du linge jusqu'à la nuit tombante, depuis neuf heures du matin ; je ne voudrais pas beaucoup de pareils dimanches dans l'année. Nous avons eu hier en cure les chemises de Papa : c'est un des ouvrages les plus longs et les plus ennuyeux, mais la couturière qui nous aide est une personne très intéressante qui cause bien. Une agréable conversation nous a fait oublier la monotonie de notre ouvrage : elle nous a entretenues surtout des cures merveilleuses d'un fameux médecin d'ici, dont tout le monde parle, dont les malades sont enchantés et dont la réputation s'accroît de jour en jour. Nous l'avons connu dans notre enfance, nous avons fait avec lui mainte partie de cartes et de loto. Il demeurait chez notre bonne Grand-Maman Weiler qui l'affectionnait comme un fils. Que nous étions loin alors de soupçonner un homme célèbre dans cet étudiant en médecine si rieur et si enfant ! Telles sont souvent les relations de la vie : elles se rompent lorsqu'elles pourraient devenir agréables.

Vendredi, l'après-dîner, nous avons été avec Grand-Maman, Emma et moi, dans la nouvelle maison de l'oncle pour voir et admirer les machines à vapeur, les chemins de fer en miniature, les huileries, les presses, les pompes qu'il a fait construire avec une célérité qui n'appartient qu'à lui [89]. L'oncle nous a conduites pendant quelque temps, de bâtiment en bâtiment, dans son vaste établissement ; mais bientôt des courtiers sont venus réclamer sa présence et il a chargé monsieur Seeger de faire les honneurs à sa place. Dans la sphère où il vit journellement, quand il parle d'affaires et d'industrie, ce jeune homme si peu à la mode dans un salon n'est pas désagréable à entendre. Maurice Jauch n'aurait pas lancé des sobriquets aussi malicieux sur un nœud de cravate religieusement noué si monsieur Seeger avait eu dimanche une cravate de soie noire, rattachée par une épingle d'or, comme il en portait avant-hier au lieu de la cravate de jaconas méthodiquement nouée

dont il s'était affublé pour un dîner! A chacun son élément : très peu
échappent au ridicule quand ils en sortent.

Mercredi 29 novembre

Les jours de gala vont commencer pour ma sœur ; une danse nouvelle, la
mazurka, sera de mode cet hiver. La société de l'hiver dernier se réunit de
nouveau ; deux jeunes gens y manquent pourtant : Charles Grün qui est à
Lyon et Gustave Stammler qui est venu nous faire ses adieux ce soir et qui,
samedi, se met en route pour l'Ecole polytechnique. Ils partent tous, nos
jeunes danseurs ; encore un admirateur de moins pour les bals de l'hiver :
c'est un jeune homme timide, mais de moyens. « C'est pour un an que je vous
dis adieu, mesdemoiselles », disait-il en partant. Ma sœur prétend qu'il avait
la voix émue. Le temps passe vite, mais pourtant une année est longue et
féconde en événements. Qui sait lequel des trois reverra l'autre ? Une visite
d'adieu me laisse toujours quelque tristesse.

Samedi 7 décembre

Mon cousin Louis Braun est venu cette semaine nous présenter sa fiancée :
c'est une jeune fille de dix-neuf à vingt ans, très petite, très pâle et très
aimable. Demain, il y a grand dîner de famille chez l'oncle le Major ; j'en serai
pour y représenter mon père et ma sœur, et j'aurai l'occasion de porter un
jugement plus certain qu'après une première entrevue d'un quart d'heure,
sur celle que mon bon cousin a choisie pour compagne de ses beaux et
mauvais jours.

Huit chefs arabes voyagent, avec sept domestiques et deux interprètes, par
la France sur l'invitation du gouvernement français. Ils sont à Strasbourg
depuis quelques jours. Hier, le théâtre regorgeait de monde ; on a joué *Joseph
en Egypte* et les Arabes se trouvaient dans une loge décorée de velours rouge.
Hier, à deux heures, il y avait parade en leur honneur : tous les huit ont passé
la revue avec le général. L'un d'eux, d'une taille gigantesque, donnait le bras
à monsieur de Koenigsegg [90]. Quelques-uns avaient de fort beaux costumes :
il y avait un manteau violet brodé d'or, un bleu brodé d'argent, magnifiques.
Leurs turbans et leurs burnous blancs perçaient à travers les haies des
militaires et formaient un contraste heurté avec l'uniforme français.

Nous étions chez les Stammler pour voir la parade. Arabes, état-major,
musique, Adèle ne voyait rien, elle ne voyait que Hornus qui passait et
repassait devant la maison ; une seule fois seulement, je le vis tourner vers
la fenêtre que nous occupions ses beaux yeux noirs pleins de langueur et de
malice. Adèle, ne t'abuses-tu pas ?...

Mardi 17 décembre

Enfin je parviens à arracher à la fuite rapide de mes jours un moment de calme et de tranquillité pour le consacrer à mon journal. Ma sœur est à la leçon de danse. Pauline Haeffner vient de nous quitter ; elle est toujours la même : confiante dans l'avenir, heureuse de sacrifier à un mariage d'inclination sa patrie, sa famille, ses relations d'amitié.

J'ai vu il y a quelques jours, c'était un dimanche (il est un peu tard pour rassembler mes souvenirs) deux fiancés : mon cousin Louis et mademoiselle Julie Friedel. Il y avait dîner de famille chez l'oncle ; la fiancée a trois frères dont l'un est marié, deux sœurs dont l'une est mariée. J'étais placée entre elle et son frère aîné. Un joli bouquet se trouvait sur son couvert : mon cousin le prit et le lui offrit avec courtoisie. A table, ils étaient l'un près de l'autre et partageaient avec tant soit peu d'affectation le moindre brin de viande, le plus petit soufflage. Sans cesse, il passait son bras autour de sa taille, la baisait sur les joues, au front, lui prenait la main. De si triviales caresses sont-elles la preuve d'un véritable amour ? Je ne puis le croire : un sentiment profond, dans un cœur délicat, doit dédaigner ces banales manifestations ; le cœur et les sens ne peuvent point aimer de la même manière. Un bonheur si ordinaire ne ferait jamais mon envie. Je me trompe peut-être, l'amour réciproque de mon cousin et de sa fiancée est sans doute le plus heureux de tous : il n'a souffert ni sacrifices ni combats, il peut durer longtemps puisque aucune lutte ne l'a jamais ébranlé.

Lundi 23 décembre

Le dieu de l'hyménée a tourné son flambeau vers notre famille : notre cousin est fiancé, une de mes cousines vient aussi d'engager sa parole de jeune fille. Vendredi soir, Papa nous a apporté la nouvelle qui ne devait surprendre personne, parce que depuis longtemps on voyait la chose venir, et qui pourtant, comme toutes celles de ce genre, cause une vive sensation.

Julie Weber, qui comme ma sœur vient d'atteindre le mois passé sa dix-huitième année, est promise avec monsieur Bergmann, l'associé de son père. C'est un jeune homme de vingt-sept à vingt-huit ans, grand, bien fait, aux couleurs roses et d'une jolie fortune.

Indulgence envers tout le monde, indulgence surtout pour ses cousines, mais sans jalousie et sans partialité, je ne cesse de me demander : ce jeune homme qui prône tant les bonnes ménagères, d'une propreté si recherchée dans sa toilette, n'a-t-il jamais vu les pieds énormes, les mains démesurément longues aux ongles dégoûtants et mal soignés, la tenue négligente, les épaules voûtées, la bouche grande et garnie de dents plombées de Julie ? Elle est avare, paresseuse en tout ce qui ne concerne pas les petits colifichets qu'elle confectionne pour elle-même en flétrissant leur fraîcheur dans ses doigts, joignant aux folies pardonnables de son âge une mauvaise humeur extrême, envieuse des plus légères perfections de ses amies. Par quelle lorgnette les hommes voient-ils donc souvent les femmes ? Mais je n'oublie pas que sa taille dépasse celle des autres femmes, que ses yeux noirs, ses sourcils qui forment sur son front deux arcs d'une pureté admirable, sont incomparables : c'est peut-être plus qu'il n'en faut pour séduire.

Adèle Stammler a appris, par l'entremise de Corinne qui se fait la confidente de toutes les amours, que Hornus fait tout son possible pour la voir, que son image le suit jusque dans ses rêves et qu'elle est son émulation de tous les jours. Chose incompréhensible à mes yeux, mais le monde n'est-il pas composé d'incompréhensibilités ? Je puis me tromper mais je serais portée de croire que, sous la forme gracieuse de Hornus, se cache une âme distinguée, et que sous la figure assez commune d'Adèle réside, avec une certaine dose de bonté peut-être, parce qu'elle aime avec désintéressement, un esprit qui ne dépasse pas les bornes de la médiocrité.

On ne peut me reprocher d'être pédante ; dans mon journal, et le sort de tous les journaux est d'être égoïstes, je m'occupe bien plus des autres que de moi-même. Il en est ainsi de toute ma vie : la destinée des autres m'intéresse plus vivement que toutes les circonstances qui me regardent personnellement.

Mardi 31 décembre

Encore quelques heures et l'année sera finie ; une nouvelle période de ma vie va commencer. Depuis tantôt trois années, c'est peut-être le dernier jour de décembre qui doit me réjouir le plus : mes jours de solitude vont finir, ma sœur rentre à la maison pour toujours. Maintenant, nous resterons ensemble longtemps si Dieu le veut.

A mesure que l'on avance dans la vie, les pensées et les espérances qui s'attachent à l'avenir deviennent plus calmes, je dirais plus froides et plus indifférentes. Je ne suis plus comme autrefois, désireuse de lever le voile qui couvre l'année qui va commencer. L'expérience de la vie donne la résignation : Dieu disposera de mes jours, je saurai me soumettre à ses décrets. J'ai un motif de satisfaction réelle en entrant dans l'année : cela me suffit. Adieu cette année encore aux rêves, aux illusions mondaines.

1845

Mardi 7 janvier

Il y a un proverbe qui dit : «Araignée du soir, espoir ! » Salut à l'année nouvelle ! j'y ai fait mon entrée sous de si heureux auspices que si sa fin et son milieu ressemblent à son commencement, il ne me restera rien à désirer.

Tout l'été passé, j'avais une douce souvenance des plaisirs de l'hiver ; les augures sont favorables : peut-être que celui-ci sera tout aussi heureux que le dernier. La soirée de samedi chez madame Grün était fort gaie et parfaitement composée. Le dernier mot de ma sœur et le mien, avant d'entrer dans une salle, est toujours : «Nous sommes comme des horreurs, personne ne nous engagera.» Il est vrai que samedi, nous étions très simples : rien dans les cheveux, nos robes de barège, nos pèlerines blanches garnies de belles dentelles, héritage de notre mère, et des nœuds roses de ruban de gaze. Personne n'avait moins que nous : quelques-unes avaient plus, mais en me comparant aux autres, j'étais satisfaite de ma toilette. On se réunit là à huit heures, on se sépara à une heure ; l'on dansa aux sons du piano. Il y avait les mamans, quelques jeunes dames avec leur mari, des jeunes gens, y compris ceux de la leçon de danse, et des jeunes demoiselles, toutes assez jolies.

Mercredi 8 janvier

Si la fiancée de mon cousin ne s'était pas blessée à l'œil, à l'heure qu'il est, nous aurions chez nous en son honneur nombreuse société. A la semaine prochaine donc ce jour de réjouissance et de corvée tout à la fois.

Nous avons appris hier une bien triste nouvelle : madame Boeckel, la femme du médecin, est morte subitement, laissant à son mari désolé six enfants en bas âge [91]. Pauvre mère, malheureux orphelins !

Jeudi 16 janvier

Dieu merci, notre réunion est passée ! Hier, à l'heure qu'il est, je n'étais pas aussi calme ; j'avais à soigner le service. Le service de douze personnes n'est pas extraordinaire, je l'avoue, mais quand on a une grand-mère maussade qui ne fait que gronder au lieu de vous diriger par ses conseils, une sœur qui ne se remue ni ne se déplace, une servante maladroite, il y a de quoi vous donner un peu de mauvaise humeur. Mes préparatifs étaient si bien faits, le service allait si mal que je n'ai pu me consoler de toute la nuit ; je me jetais de côté et d'autre dans mon lit en murmurant : « Quelle ennuyeuse soirée ! qu'on ne me parle plus d'en jamais donner chez nous. » Il faut pourtant que malgré le dépit qu'elle m'a laissé, je parle un peu de la manière dont elle s'est passée.

Les demoiselles Friedel, Louis, Corinne, Adèle et Emilie Lauth, Léonie Strohl et sa mère, sont venues à huit heures avec leur ouvrage ; on a causé en tricotant. Après le souper, on a fait de la musique et dansé jusqu'après dix heures.

L'œil de la fiancée est remis ; heureusement pour elle, l'accident n'était pas grave. Généralement, je crois qu'elle aime faire parler de soi. Plus j'apprends à la connaître, plus je plains mon cousin. Plaindre, ce n'est peut-être au fond pas le mot : il m'est suggéré par ma manière de voir les choses. Mon opinion n'est pas celle de beaucoup sans doute, mais à mes yeux, tout homme est à plaindre dont la femme est agacée lorsqu'elle tricote quelques tours de suite, ne sait pas coudre parce que le médecin lui a défendu d'apprendre, que la danse fatigue, qui ne peut monter trois étages sans faire de halte sur chaque palier, qui, à vingt ans, ne connaît pas les localités de la cuisine paternelle au risque de se crever un œil en se jetant sur une portière de l'âtre dont elle ignorait l'existence, qui a froid par une température d'appartement étouffante, qui ne supporte pas le pâté froid excepté la gelée qu'elle mange pour tous, que la crème à la vanille, les soufflages aux amandes et un verre d'eau fraîche incommodent. Peut-on faire à un tel point l'embarras de son petit soi-même ! c'est par trop d'airs de princesse pour la fille d'un tanneur qui a été élevée du milieu des peaux à corroyer, des mottes et de l'odeur du cuir ; quoique aisé, son père ne dédaigne pas, à soixante ans, le métier qui a fait vivre sa famille et semble tout aussi versé dans son commerce que sa fille peu propre à conduire un ménage avec sagesse, ordre et économie, cette précieuse parure d'une jeune fille à la veille d'entrer en ménage. Ce bon Louis ne voit-il pas tout cela ? Ce n'est pourtant pas la beauté de sa fiancée qui l'éblouit et l'aveugle.

Singulier contraste des sentiments humains ! Que ces mots : « nous délogeons, nous quittons cette triste demeure » m'eussent remplie de joie il y a trois ans ! Eh bien ! ce vœu alors si ardent va être rempli : monsieur Lauth veut faire de grandes réparations dans le logis que nous occupons et que nous sommes obligés de quitter à Pâques. Ni les larmes d'une épouse, ni les prières de deux filles n'avaient pu fléchir mon père : il n'écoute que la voix de la nécessité.

Pour moi, le temps le plus triste de ma jeunesse s'est passé dans ces murs ; je désespérais de n'en plus jamais sortir et je m'étais résignée. Mes jours de solitude et de délaissement ont duré trois années ; je les ai endurés, d'abord avec larmes et peines, puis avec calme et courage. Ma sœur est rentrée ; depuis quelques jours à peine, je ne songeais plus que nous habitions une des plus tristes maisons de la ville lorsque la nouvelle vint que nous devions la quitter : elle m'a plutôt effrayée que réjouie.

Lundi 27 janvier

Deux souvenirs de bal sont venus se joindre et flottent devant mon imagination : il y a huit jours avait lieu le bal de monsieur Lauth, adjoint au maire et membre du conseil municipal. De ce bal brillant, il ne me reste plus que le souvenir d'une société bien choisie, d'une bonne musique, de quelques danseurs de haut parage, d'une collation magnifique, de glaces au chocolat, aux framboises, à la vanille, de fruits confits, de marrons glacés, d'aspics et de soufflages ravissants dont la profusion remplissait les plateaux que l'on vous présentait après chaque danse, et d'un compliment que m'a fait monsieur Pick sur ma manière de danser le galop.

Les souvenirs de notre charmant pique-nique, dont je suis depuis trois heureuses années, sont plus vifs encore quoique quarante-huit heures passées dessus leur aient déjà pris un peu de leur premier coloris. Pour cette soirée, pour laquelle on a toute une année pour se réjouir et dont le souvenir dure presque une année, nous avons fait l'achat de robes neuves roses, de batiste écosse, que nous avons fait faire à corsage plat avec une berthe de même étoffe que nous avons festonnée avec galop dans l'espace de deux jours. Un nœud rose devant, un nœud de velours noir dans les cheveux et des bandeaux lisses, telle était notre toilette, la plus simple qui ait paru au bal.

Nous entrâmes dans la salle avec madame Sattler et sa fille, moi avec monsieur Knoderer qui m'avait offert son bras. A peine assises, les danseurs arrivaient en foule pour prendre leurs engagements, nos crayons allaient sans cesse et, en quelques minutes, nos carnets étaient remplis de noms.

La société était charmante ; moins de raideur que l'année dernière : je crois que le divertissement fut général. Ces quelques heures qui vous causent tant de tressaillements, qui vous laissent tant d'émotions fuient, rapides comme tout ce qui a l'apparence du bonheur, et ne vous laissent que... le souvenir doux et heureux quand il ne s'y mêle pas de regret. Quel est donc l'état de l'âme quand le temps de la jeunesse est passé ?

Mardi sera encore un jour de bonheur : il y aura soirée monstre dans la magnifique maison de monsieur Arnold [92], concert avant le bal ; il y aura des officiers, des autorités de Karlsruhe, de Riquewihr. Mais j'ai peur, je sens que j'ai à l'œil droit une douleur, j'aperçois avec effroi une enflure ; que les deux nuits que nous avons encore à passer me délivrent de ce mal : c'est mon vœu le plus ardent !

Samedi 1er février

On paie quelquefois bien cher quelques heures de plaisir. La soirée de mercredi était si brillante ! j'étais tout entière au bonheur de la danse et depuis, je souffre nuit et jour de maux de dents affreux dont la violence aiguë couvre mon front de sueur et bannit la nuit le sommeil de mon lit où je gémis comme une âme en détresse.

Dans le moment, je jouis d'un peu de repos et je vais le mettre à profit en tâchant de ressaisir mes souvenirs et de les mettre en réserve pour l'avenir, car nulle part je ne fais de plus sérieuses réflexions qu'au bal, et pour chacun, je me dis : «Ne sera-ce peut-être pas le dernier ?» Ce serait une vérité à laquelle il me serait douloureux de croire.

En parlant d'une soirée, il est indispensable de parler de la toilette dans laquelle on y est apparue. Pour me conformer à cet usage, je dis que nous avions des robes de mousseline blanche, des berthes de dentelles, un bouquet composé d'un camélia blanc, de magnifiques roses, de violettes de Parme et de pois de senteur pourprés. Emma, du jais blanc dans les cheveux, moi coiffée de ma couronne verte que je portais pour la première fois au Bal des pauvres et pour laquelle j'ai une affection toute particulière.

C'était une magnificence, une réception échappée, pour ainsi dire, au cercle des soirées aristocratiques. Les reflets des lustres et des lampes relevaient magiquement la richesse, le luxe de cette maison qui ne date que d'une année et qui est construite avec un goût parfait et suave. Nous arrivâmes à sept heures ; des tapis couvraient les trottoirs et toutes les marches des escaliers étaient ornées d'orangers. Les vitraux à couleurs du péristyle faisaient un effet charmant dans cette mer de splendides lumières. Les dames remplissaient deux salles ; les messieurs, celles du milieu. A chaque bout de cette enfilade de salons resplendissants, une large glace reflétait toute cette richesse de tableaux, de candélabres chargés de bougies, ces toilettes de femmes, ces frais visages de jeunes filles, cette mer de têtes d'hommes dont les regards curieux parcouraient les rangs des danseuses. Devant une de ces glaces, au milieu de tentures rouges, étaient placées deux statues ; devant ces statues, le piano. Ce fut mademoiselle Villot qui, la première, fit entendre sa voix ; il y eut un duo de flûte et piano, un de violon et piano. Monsieur Grucker chanta une romance. Le concert dura jusqu'à dix heures et alors, chaque cavalier vint offrir le bras à une demoiselle pour la conduire au second étage où les musiciens attendaient.

Mais au milieu de tout ce luxe, de ces visages épanouis, le cœur se serrait, les yeux se remplissaient de larmes : le maître de cette belle maison, le père du fiancé de cette aimable et douce Julie Lehmann ne verra sans doute pas l'été. Il appuyait à la console sa taille longue et sèche, ses yeux éteints ; son visage hâve, sa maigreur extrême ne donnent que trop de probabilité au jugement des médecins. Mélancolique aspect ! un moribond qui s'entoure, pour la dernière fois sans doute, des plaisirs bruyants de la jeunesse et de la vie.

Ce fut au bras de monsieur Seeger, auquel Papa avait procuré une invitation, que je fus introduite dans la salle de danse. Naturellement, je dansai la préliminaire avec ce bon et complaisant jeune homme qui ne semble pas s'apercevoir de l'indifférence qu'il nous inspire, à ma sœur et à moi. Je ne pouvais éviter de danser avec lui ; pourtant, je me permis de lui refuser le cotillon en lui disant que j'étais engagée, sauf plus tard à le voir en faisant tapisserie. Une fois dans la soirée, il vint s'asseoir à côté de moi en écartant d'un grand coup de main sur la banquette ma robe et celle de ma voisine. J'eus l'impertinence, en devinant son intention, de lui dire : « Que cherchez-vous ? » Il n'y prit ombrage et me parla d'un ton bénin de la satisfaction que je devais éprouver de quitter notre triste maison. Une fois, en galopant avec lui, le cordon de mon soulier s'était défait ; il me demanda de l'air le plus soumis s'il devait l'arranger : que cette question, de la part de tout autre que lui, vous paraîtrait insultante !

Les parures des jeunes filles, quoiqu'elles aient des nuances très prononcées, se ressemblent en général toutes : toujours des fleurs, des robes de mousseline blanche ou de balzorine [93] de couleur emprisonnant des tailles plus ou moins sveltes, élancées ou petites. On avait fait beaucoup de bruit du joli visage de la fille d'un capitaine des pontonniers : mademoiselle Perrine a une petite figure assez pleurnicheuse et insignifiante ; cependant elle est grande, assez bien faite et a de beaux cheveux bruns que devait relever la plus singulière coiffure : c'était un chou de faveurs roses d'où pendait une touffe de rubans bouclés qui lui cachaient presque l'œil droit. Madame Broistedt avait une robe de gros de Naples blanche avec un grand volant, une berthe toute composée d'entre-deux richement brodés, un nœud de satin rouge attaché par une broche de diamant et sur la tête, une espèce de bandeau de velours rouge brodé de perles d'or. Plus gracieuse encore était la toilette de ma cousine, madame Braun : robe de gros de Naples lilas, broche d'or, berthe de dentelle, rouleau de velours rouge formant une rosace d'un côté de la tête et dont les bouts venaient gracieusement tomber sur le cou. Madame Karth, nouvelle mariée aussi, a dans ses toilettes le type des petites villes : surchargée d'ornements, je l'ai vue deux fois déjà porter dans ses cheveux à la fois du velours, des dentelles et des fleurs.

Quant aux danseurs, c'était à peu près la société du pique-nique, quelques officiers exceptés et un jeune lieutenant d'une assez jolie figure qui conduisit le cotillon et fit danser de nouvelles et charmantes figures.

Une fois que l'on a été à quelques bals, l'on ne craint plus de faire tapisserie, l'on distribue ses engagements avec un discernement et un aplomb unique et l'on répond d'un air de reine aux compliments et aux questions des danseurs. Corinne Grün, Emma et moi occupions un coin de la dernière salle, trio toujours entouré de jeunes gens dont l'éloquence ne tarissait point. Que ces petites aventures de bal ont de charme dans le moment même ; que, plus tard, elles vous paraissent insignifiantes !

Monsieur Hornus était de nouveau le roi de la fête ; je m'arrêtai avec mon cavalier près de l'embrasure d'une fenêtre occupée par plusieurs dames et je les entendis s'écrier : « Quel est donc Hornus ! Sa taille élancée, ses manières distinguées, sa belle et noble figure le font remarquer entre tous, mais malheur à celle qui croit à ses paroles flatteuses, à ses regards séduisants ! » Il me demanda une contredanse, un cotillon. Pendant la contredanse, il causait toujours : « Le temps court, dit-il entre autres, quand on danse et il court aussi lorsqu'on a une agréable conversation. » En me reconduisant à ma place il me dit : « Maintenant, je n'ai plus d'espoir que dans le cotillon, mais la consolation sera encore de bien longue durée. » J'étais triomphante ; je racontai à Corinne toutes les choses aimables qu'il avait dites. Plus tard, elle sut m'en dire autant qu'il lui avait débitées sur le même ton. O perfidie des hommes ! malheureuse celle qui s'y laisse prendre. Peut-être à titre d'amies d'Adèle, Hornus nous a-t-il prises en grâce ?

Monsieur Frédéric Arnold valse à ravir ainsi que monsieur Roessel, le notaire, qui ne fait jamais de belles phrases, mais dont j'aime la conversation raisonnable et la bonne danse. Monsieur Petitville[94], l'artiste, est un être insupportable ; il voulut à toute outrance me fermer un bracelet qui m'était tombé pendant le quadrille et que je dérobai à sa vue en le cachant dans une main et en disant qu'il était cassé. Un officier des pontonniers, monsieur Abry, me fit danser une valse ; son affreux français m'épouvanta ; je me figure toujours qu'un jargon et des épaulettes ne peuvent marcher de pair.

Le plus jeune des messieurs Roessel fait toujours la causette avec Emma dont la légèreté en dansant est prônée par tous les cavaliers. Quelques branches de verdure étaient tombées des bouquets des demoiselles ; il en présenta une à ma sœur en lui disant de la mettre dans son album, non comme souvenir de lui, mais comme un souvenir du bal. Naturellement, elle la refusa et, plus tard, il vint lui dire qu'il l'avait jetée aux pieds d'une demoiselle.

Au milieu de la soirée, Papa nous fit descendre pour voir la salle. Quel aspect éblouissant ! sur les tables de jeux brûlaient des bougies par vingtaines. Devant la glace d'une largeur extrême, deux candélabres de bronze étaient posés sur une console de marbre entourée de dorures. La tapisserie est de velours violet, brodée de fleurs d'or, un tapis de velours rouge à grandes étoiles recouvre tout le parquet ; aux fenêtres des draperies de damas violet, des rideaux de tulle à grands pois, des stores de mousseline à riches broderies ; des chaises en bois d'ébène à forme gothique recouvertes de velours noir, des fauteuils à broderies antiques. Ajoutés à tout ce luxe, les plateaux remplis de fruits confits et de soufflages dont les couleurs éclatantes défient celles des fleurs, la dinde truffée, les gelées d'orange, les gaufres de crème fouettée, le punch, l'orgeat et une délicieuse musique font de cette soirée une de celles dont le souvenir ne s'effacera pas si vite. Monsieur Hornus a dit qu'un bal est une distraction de quarante-huit heures et j'ajoute que le souvenir en peut durer presque une année.

Jeudi 27 février

Plus nous avons à lutter contre les contrariétés de cette vie, plus s'émoussent les ailes de notre imagination. Heureuses les jeunes filles qui ne vivent que de musique, de peinture, de broderies et de livres ; malheureuses celles qui ont appris ce que c'est que l'art culinaire, du raccommodage, de faire les lessives.

Notre sort est jeté quant à notre demeure : nous avons loué dans la rue du Bouclier, rue assez triste et silencieuse, dans une maison nouvellement bâtie, mais qu'habitent douze ménages, un appartement assez joli, en bon état, de six pièces. Comme en toutes choses, ce logement a sur quelques avantages plus d'un inconvénient, mais après avoir mesuré la ville de long en large, lu force affiches, écriteaux, donné commission à Pierre et à Jean, pénétré dans plus d'un ménage, tantôt dans l'intérieur d'une *Fraubas*[95] strasbourgeoise où règne un ordre, une propreté recherchés, où de vastes armoires renferment du linge pour toute une génération, tantôt dans celui d'une Française vive, bavarde, indolente ménagère dont les quelques malles sont à moitié pleines d'un linge mal soigné, c'était ce que nous avons trouvé de plus convenable faute de mieux. Bientôt, dans quatre semaines, nous quitterons pour jamais cette demeure que nous habitons depuis dix-huit ans, triste en général par elle-même et triste surtout puisque ma mère et mon frère y ont exhalé le dernier soupir.

Aujourd'hui, j'ai fait quelques visites avec Emma. Le matin, les manches retroussées pour laver la vaisselle, cirer les souliers, l'après-dîner le châle et le voile brodé pour faire des visites : la vie offre des contrastes bien heurtés.

Dimanche 30 mars

Le premier pas du déménagement est fait : hier, nous avons vidé nos armoires dont tous les rayons étaient arrangés avec un soin minutieux. Les mains calleuses des menuisiers déplacent ces meubles derrière lesquels se trouve une poussière de dix-huit ans. Demain et après-demain, nous aurons de rudes journées puis viendra la lessive, les raccommodages, suspendus maintenant, le nettoyage de tout le vaste appartement que nous allons occuper. Puis après tous ces tracas, j'espère avoir un peu de repos et un peu de temps pour mon pauvre piano délaissé. Que dis-je ! du repos ! l'on ne jouit jamais d'un complet repos sur la terre. Ah! que de fois je souhaitais de reposer dans mon lit de terre.

Tout à l'heure, j'étais près de la fenêtre avec ma sœur; l'air est si doux aujourd'hui, le soleil si serein. En regardant le ciel, les arbres qui bientôt vont se verdir, la tour du Calendrier, l'hôpital sur la longue toiture duquel les corbeaux sont perchés sans cesse, je pensais avec tristesse que c'était le dernier dimanche que je verrais en ma vie ce mélancolique entourage qui se prêtait si bien autrefois à mes rêveries de jeunes fille. Que de fois ai-je souhaité de quitter cette maison et peut-être viendra un jour où je regretterai son calme et sa solitude.

Lundi 7 avril

Rue du Bouclier.

Enfin! je respire un peu, je reviens à moi-même, j'ai le temps de réfléchir où je suis et comment j'y suis venue. Depuis huit jours, nos effets voyagent : ils arrivent de derrière Saint-Nicolas en traversant le pont, en longeant le quai Saint-Thomas, dans la rue du Bouclier au premier étage d'une vaste maison occupée de tant de familles dont je ne connais pas même tous les noms. Quelle animation, quel bruit en comparaison du silence plus que claustral qui régnait dans notre ancienne demeure! On entend ici de la musique du matin au soir: il y a chœur de pianos. Chaque étage est habité par plusieurs ménages dont chacun compte parmi ses meubles un piano. Certes, le nôtre fera moins de bruit.

Depuis huit jours je n'ai plus touché d'aiguille : j'aide les menuisiers, j'emballe nos choses pour les déballer dans le nouveau logis, je range, je place des clous, j'ai de graves délibérations avec ma sœur pour classer notre linge, nos garde-robes, nos meubles de la manière la plus commode. Aujourd'hui, c'était le tour du bureau de Papa et certes, la besogne n'était pas petite jusqu'à ce que cette infinité de livres fut rangée avec ordre sur les rayons. Tout en époussetant éditions nouvelles et vieux bouquins, j'ai découvert de véritables trésors qui, cet été, seront une source de délassement. Mais quand lirai-je? La lessive, le nettoyage sont à la porte; avant trois semaines, je n'aurai pas encore de repos.

Hier, nous avons fait nos visites dans la maison. Pendant toute la semaine, nos voisins ont pu nous voir en bonnet de nuit du matin au soir et en peignoir d'indienne, un vieux petit châle croisé et un tablier d'une fraîcheur assez équivoque.

Dimanche, après nous avoir rafraîchies au bain, nous avons fait toilette; le costume de Cendrillon fit place à une toilette de demoiselle. Avant de frapper à une porte, nous ne faisions que rire de notre métamorphose. D'abord, nous avons été voir la maîtresse de céans, madame Pichand, qui parle des affaires comme un homme, dont le mari est fournisseur d'équipements militaires et qui dirige elle seule trois cents ouvriers. Puis, au-dessus d'elle dans le bâtiment de la cour qui donne sur le jardin, mesdames Donné et Kramp, maîtresses de pension. Je ne sais pourquoi, sous l'image d'une maîtresse de pension, je me figure toujours une femme spirituelle, gracieuse, causant bien. Il serait naturel que celle qui doit faire l'éducation des jeunes filles, c'est-à-dire développer en elle les germes des vertus privées et des agréments sociaux, fut le modèle des qualités qui doivent se former sous son égide, pour ainsi dire, sacrée. Mademoiselle Kramp nous fit un accueil assez froid : il est vrai que ces visites d'étiquette toute pure sont toujours plus ou moins gênantes et ennuyeuses des deux côtés. Pourtant, nous ne connaissions pas plus ni monsieur Strohl, ni monsieur Lemaire, ni monsieur Roederer et toutes ces personnes étaient aussi aimables et aussi expansives qu'il est permis de l'être lors d'une première entrevue. Chez monsieur Strohl, nos fûmes reçues dans un joli salon meublé de velours rouge par ses filles, dont la cadette est mariée et mère de deux garçons assez laids.

Il y a longtemps que Sophie Gunther me vantait la toilette élégante, l'usage du monde et la jolie figure de madame Schmidt. Je suis de l'avis de Sophie quant aux deux premiers points, mais je trouve madame Schmidt plus laide qu'agréable ; sans la robe de soie rayée, le beau collet, le bracelet d'agate rouge, les magnifiques épingles jumelles qu'elle portait, elle m'eût semblé détestable. Je préfère mille fois la figure de sa sœur qui est tout aussi aimable qu'elle et me paraît plus simple et plus bonne.

Monsieur Roederer parle avec assez de grâce : que de bien ne font pas aux jeunes gens quelques années passées à Paris ! Sa fille de dix-sept ans est fraîche sans être jolie, semble très douce et s'occupe beaucoup de musique. Madame Roederer est très aimable et nous dit en partant qu'elle serait charmée que sa fille fît notre connaissance.

En dernier lieu, nous fûmes chez monsieur Lemaire, professeur au collège. Madame Lemaire est bien faite, élancée, gracieuse comme le sont presque toutes les Françaises : elle avait une robe couleur tourterelle avec une pèlerine de velours de la même nuance. Elle est pâle et semble déjà passée ; ses cheveux sont d'un noir de jais, ses grands yeux noirs garnis de longs cils qu'elle baisse et relève d'une manière tout à fait attrayante ; elle a la bouche très petite et la pince plus petite encore en parlant. Lui est un bel homme dans la fleur de l'âge ; ses yeux, ses cheveux sont aussi noirs et aussi beaux que ceux de sa femme. En causant, il nous a appris qu'il quitterait, avec sa famille, Strasbourg dans quelques mois : « C'est le troisième voyage que nous faisons ainsi, dit-il ; cinq mois après notre mariage, nous avons été appelés du fond de la Lorraine dans la Bretagne, ma femme et moi. » Il a un organe uniquement agréable, mais un sourire fin tant soit peu malicieux accompagne presque toutes ses paroles ; ce sourire doit lui être particulier car je le lui ai vu déjà quand, tout seul, il se promenait sur la terrasse vis-à-vis nos fenêtres. Monsieur et madame Lemaire ont trois petits enfants dont les deux aînés jouent toute la journée dans la cour, au jardin, sur la terrasse, véritables anges aux grands yeux noirs, aux cheveux châtains bouclés et séparés sur le front le plus innocent et le plus pur. Que de fois je m'oublie près de la fenêtre à les caresser du regard : ils sont si beaux, si ravissants dans leurs jeux innocents.

Le Contades était animé hier de promeneurs qui cherchaient le soleil, l'air frais du printemps, et de promeneuses qui étalaient leurs fraîches toilettes. Quelques danseurs nous ont saluées dans cette vaste salle de la nature, plus lumineuse par les rayons du soleil printanier que ne l'est une salle de danse par l'éclat des lustres et des lampes.

Dimanche 13 avril

Monsieur Strohl et sa fille viennent de nous rendre visite. Toutes ces personnes que nous avons vues dimanche dernier viendront aujourd'hui et seront reçues dans une salle à manger sans rideaux, avec un buffet d'une couleur altérée.

Hier, nous avions bien des tracas de ménage. J'envie mademoiselle Roederer qui le matin à sept heures déjà, est assise à son piano. A en juger par la marche des choses, je n'aurai plus jamais le loisir de faire de la musique : de gros paquets de linge sale encombrent le salon et la poussière couvre mon joli piano au son si agréable.

Le matin de bonne heure, madame Lemaire se promène déjà sur la terrasse avec ses beaux enfants. Nous venons de leur parler dans le jardin ; ma sœur a donné une petite boîte à Félicie, c'est le nom de la petite fille qui n'a que trois ans. De suite l'enfant a demandé aussi un joujou pour son frère Prosper, qui nous a dit qu'il avait de beaux soldats qu'il rangeait en bataille, et que parmi eux était le duc d'Aumale. La femme du duc s'accroche à son cheval et demande qu'on ne lui fasse pas de mal : délicieux babil d'un enfant de quatre ans !

Aujourd'hui, je me propose de rester chez moi, de lire un peu puisque dans la semaine, je ne puis disposer d'un instant. Que je respire à l'aise ici ! Souvent dans notre ancienne demeure, la peur venait me prendre quand j'étais seule dans la maison : ici, la cour est toujours animée, chaque jour j'aperçois de nouvelles figures. C'est une maison dans le genre de celles de Paris et surtout ce qui concerne les appartements : chaque petit coin a été mis à profit. Tout est si petit, si resserré, les chambres, la cuisine, la cave, le bûcher que pendant les premiers jours, nous ne savions nous retourner. Maintenant que la plupart des choses sont à leur place, je me trouve fort à l'aise et ne regrette plus nos grands corridors qui avaient leurs agréments comme leurs courants d'air.

Dimanche 20 avril

Ici, je ne crains jamais de rester à la maison le dimanche ; la rue n'est pas des plus animées, mais pourtant il y passe toujours quelqu'un : l'on ne s'y croit pas isolé du monde entier comme derrière Saint-Nicolas. De plus, la maison est toujours animée, il y a toujours dans la cour des scènes amusantes. Souvent les pensionnaires viennent s'ébattre dans le jardin en se donnant des airs de prudes et de recluses ou en paraissant telles qu'elles sont, des jeunes filles gauches, folles et ennuyées. Au milieu de la cour se trouvent des étables surmontées d'une terrasse : les étables sont la demeure des chevaux et coursiers de monsieur Hummel, pâtissier, paysan parvenu. Un domestique, soldat en congé probablement, à en juger par ses grosses bottes à la Souvarof, au nez épaté, est occupé tout le jour à les harnacher, nourrir, nettoyer. Quand il fait beau, il met la selle à deux magnifiques chevaux bais et monsieur Hummel et son fils, lourdaud de dix-huit ans, font leur promenade à cheval.

Plus que les pensionnaires, les chevaux, les professeurs de la pension, les ouvrières en guêtres et en cols, les servantes avec leurs baquets d'eau sur la tête, les tanneurs avec leurs peaux, les petites dames bourgeoises du troisième, les ouvriers de notre plus proche voisin, facteur de pianos, le commis de monsieur Roederer, le bonnet blanc commandeur de madame Pichand, le nez retroussé de son fils, le tablier de cuisine de sa mère, le gilet sale de son mari, l'éternelle musique de la famille Roederer, j'aime les délicieux enfants de madame Lemaire. Je suis triste le soir quand la pluie les a empêchés de descendre à la cour. Quelles divines figures ! les anges ne peuvent être revêtus d'une forme plus belle. Que ces grands yeux noirs ont déjà d'expression et de malice. Félicie surtout a des regards enchanteurs ; je raffole de ses cheveux bruns bouclés et qui couvrent de moitié son délicieux visage, de ce petit col blanc, de cette bouche rosée garnie de petites dents blanches comme des perles. Je ne puis assez les voir, les admirer. Cette ravissante jeune créature n'a que trois ans ; son frère en a quatre, il est presque aussi beau et plus doux, plus familier.

Dimanche 4 mai

Ce matin, nous avons été voir l'oncle et son nouveau logement, et son jardin entouré d'une balustrade neuve. Nous sommes allées à dix heures, Emma et moi : il était sorti. En l'attendant, sa cuisinière nous a fait voir les chambres, la cuisine dont l'âtre est tout aussi beau et aussi économique que le nôtre. Lorsqu'elle tirait du four un gigot de mouton pour nous le faire voir, une porte s'ouvrit, un jeune homme d'une haute taille passa et nous lui rendîmes son silencieux salut : c'était monsieur Seeger, le premier commis. Elle nous fit aller au jardin pour nous faire voir la salade et les pois verts qu'elle a plantés et qui poussent à faire plaisir. Le petit jardin est assez bien distribué : quatre carreaux bordés de buis entourent une rosace où l'on a mis un rosier et encore quelques plantes, qui pousseront des fleurs si elles le veulent bien et si la vermine ne les dévore pas à leur naissance. Pendant que nous causions et que nous regardions, monsieur Seeger y vint aussi, en chapeau, en gilet clair, en pantalons jaunes, une grosse canne à pomme d'argent dans la main. Il nous demanda si le jardin nous plaisait et il dit encore plusieurs choses que j'ai oubliées. L'oncle, qui survint, parla de planter une vigne sauvage et des noyers dans un recoin qui n'a pas de soleil. Il veut aussi essayer d'y mettre des pommes de terre (j'entendis dire à monsieur Seeger, des pommes de terre pour quarante-quatre sous).

Nous étions devant une plate-bande couverte de feuillage de violettes ; je dis que j'apercevais aussi des feuilles de fraisier et je les montrais du bout de la canne de mon ombrelle. Monsieur Seeger voulut en faire autant et sa canne et mon ombrelle se heurtèrent avec bruit dans le feuillage ; confuse, je donnai un coup de la main droite à mon anglaise et la fis voler d'un autre côté. Quoique monsieur Seeger ait quelques ridicules prononcés, c'est un bon jeune homme à tout prendre, complaisant et prévoyant à l'excès. En le voyant, ce qui pourtant n'arrive que quelques fois par année, je ne puis jamais m'empêcher de me souvenir que le monde, dans son commérage, me le donnait pour époux : cela me paraît toujours extrêmement ridicule. Pourtant, quoique nous soyons toujours disposées à nous moquer de lui, surtout Emma devant laquelle personne ne trouve grâce, il me fait pitié maintenant. Déjà cet hiver, au bal des Arnold, je le trouvais bien changé et il me disait lui-même qu'il était malade. Pour un jeune homme de vingt-cinq à vingt-sept ans, il a l'air si dégoûté de la vie et si triste que cela ne peut s'expliquer que par la perte de la santé. Je l'ai toujours vu pâle, mais jamais il n'avait les yeux si mélancoliques, ni la figure si sérieuse.

De l'oncle, nous étions à l'église française où ne manquent jamais ni mademoiselle Adèle Stammler, ni monsieur Hornus qui y vont ni pour monsieur Frey, ni pour monsieur Himly, ni pour monsieur Boissard, et principalement Adèle car il me semble que monsieur Hornus prête encore assez d'attention au pasteur, tandis qu'Adèle ne fait que tirer son écharpe et tourner la tête du côté de celui qui l'aime tant, et qui devient maigre et pâle à force d'attente et d'espoir comme le pauvre monsieur Seeger.

Aujourd'hui, j'étais par hasard derrière Adèle ; Hornus nous a remarquées, Emma et moi, car je l'ai vu plusieurs fois tourner les yeux vers nous. Cela veut dire que je les tournais aussi vers lui, je le confesse, mais je ne me permets jamais cette satisfaction tant que durent le sermon et la prière car alors, j'ai les regards fixés sur le pasteur, mais tandis qu'on chante le cantique et qu'on se lève et se rassied, ce qui me paraît une faute moins coupable que pendant le sermon. Et chaque fois que cela m'arrive, je l'avoue dans toute la candeur et la simplicité de mon âme, je me dis : « Quelle belle et expressive figure, la plus spirituelle, la plus noble que j'aie jamais vue !

Qu'Adèle est heureuse, que j'envie son bonheur car l'âme de Hornus a des ressources plus exquises encore que sa figure est gracieuse. »

Dimanche 8 juin

La saison des promenades du soir est revenue. Jeudi et vendredi, nous avons fait un tour d'une heure et je ne puis dire combien je me sens heureuse et respire librement au milieu de la campagne, sous les arbres couronnés de leur beau feuillage, dans les champs, cette mine végétale du laboureur, au milieu des hautes herbes émaillées de fleurs. Maintenant que le calme est rétabli dans notre ménage, nous menons une vie assez douce quoique nous soyons accablées d'ouvrage, et d'ouvrage ennuyeux car c'est du linge à raccommoder. Nous ne perdons pas une minute de la journée : nous nous levons à quatre heures et demie du matin pour tricoter jusqu'à l'heure du déjeuner car nous voudrions tâcher d'en finir. Deux ballots de toile nous attendent dans l'armoire patiemment depuis près d'une année et il faut absolument que, cet été, ils soient métamorphosés en taies d'oreiller et de traversin, en chemises et en bonnets de nuit.

J'aime beaucoup notre logis : nous avons suffisamment de place pour nos trois personnes et l'on ne s'y perd point comme dans celui que nous occupions jadis. J'aiguillonne sans cesse ma sœur, la servante, pour maintenir la plus grande propreté possible. Hier matin, j'ai mis de l'ordre à la cave, au bûcher car selon mon avis, ces deux dépendances nécessaires d'un logis doivent être soignées comme le salon même, dans un ménage bien ordonné. Le soir, je me suis promenée avec une satisfaction inouïe dans nos chambres soigneusement époussetées, cirées, frottées et j'ai été au bain avec Emma pour nous rafraîchir et pour me purifier de la poussière que mon fanatisme de propreté attire journellement sur mon cou. J'avais pris dans ma baignoire le *Journal des Demoiselles* et je parcourais rapidement l'histoire d'Anne Boleyn, l'une des six femmes d'Henri VIII, qui mourut plus infortunée encore que Catherine d'Aragon qu'elle avait supplantée.

Madame Lemaire cause à ravir. Chaque soir, quand l'air est doux, nous allons sur la terrasse qui est un lieu de rendez-vous très agréable : nous y trouvons quelquefois madame Lemaire qui fait les frais de la conversation, ordinairement, madame Roederer et sa fille, madame Gulu et sa fille, la veuve d'un capitaine. De tout temps, j'ai recherché les femmes françaises : sans esprit souvent, elles en ont les apparences et leur causerie et leur ravissante langue française plaît toujours.

Pauline Haeffner va nous quitter dans quinze jours, les bans sont publiés. Mercredi, nous étions réunies chez Sophie Gunther. Mercredi prochain, ce sera chez moi et puis aura lieu une longue séparation : Iserlohn est à quatre-vingts lieues et, quoique en chemin de fer le trajet se fasse dans un jour, une femme attachée ne le fera pas de sitôt. Pauline est triste, préoccupée. Jusqu'à présent, sa gaieté n'a jamais été troublée par l'idée d'une séparation qu'elle ne prévoyait que bien loin dans l'avenir, mais maintenant que le moment cruel approche, car il l'est toujours lorsqu'on se sépare pour toujours de sa mère, de ses frères, de ses sœurs, de tous ses amis, même pour suivre celui qu'on aime, la tristesse lui est venue et la rend sérieuse. Fasse le ciel qu'elle devienne heureuse, car quitter sa patrie, sa famille pour ne trouver que le malheur, ô sort déplorable ! dont Dieu veuille la préserver !

Jeudi 26 juin

J'ai reçu hier les adieux de Pauline dont le mariage s'est fait aujourd'hui. C'est ainsi que le sort me détache une à une de toutes mes affections ; il ne me reste plus que Sophie. De mes relations d'amitiés, il ne me laisse que souvenirs.

Hier après-dîner, nous avons été, Sophie et moi, embrasser Pauline pour la dernière fois et lui porter un don d'amitié : un éventail orné d'une peinture et de ciselures et un carnet de bal. Pauline était très émue quoique son front rayonnait de bonheur quand ses regards rencontraient les yeux ardents de son fiancé. Nous étions en cercle dans l'embrasure d'une croisée, j'étais en face de monsieur César et je pus examiner, sans qu'il s'en aperçut, celui que Pauline a nommé l'arbitre de sa destinée. Il a vingt-huit à vingt-neuf ans, il est grand, robuste, il a le teint très coloré, le profil saillant, d'assez beaux yeux bruns, le front élevé, un nez aquilin tourné vers le côté gauche, une bouche toujours souriante garnie de belles dents blanches, une barbe rousse et des cheveux blond cendré. Ses manières sont libres, tout à fait allemandes, ses attitudes disgracieuses et communes. C'est pour la seconde fois que je le vois et, chaque fois, je ne puis m'empêcher de lui trouver un air et un accent juifs. Il demanda à madame Buttner, une amie de Pauline et de Mathilde, si elle lui avait inspiré du courage. « Pauline croit, lui répondit-elle, que tout ce qu'elle laisse ici lui sera remplacé par vous ; sans cette espérance, elle ne pourrait pas quitter. » « Oh ! oui, ajouta Pauline, sans cette idée, on ne prendrait de sa vie une telle résolution… »

Sophie et moi fîmes notre révérence, Pauline nous reconduisit pour la dernière fois jusqu'au bas de la maison paternelle et nous nous séparâmes en pleurant, en nous embrassant mille et mille fois, en nous serrant les mains pour ne peut-être jamais nous revoir sur le seuil de cette même porte que nous quittions si souvent avec des éclats de folle gaieté.

Depuis trois semaines que le jour du mariage est fixé, les ouvrières étaient occupées du trousseau de Pauline qui s'en occupait elle-même depuis deux ans, ainsi que sa bonne mère qui préparait tout et la dispensait de partager ses travaux. Les malles qui contiennent le linge, les lits sont déjà expédiés. Monsieur César a déjà fait l'acquisition du mobilier, des draperies. Un beau piano réjouira Pauline à son arrivée. Après un voyage des plus agréables et quelques semaines d'agitation, elle arrivera à Iserlohn où l'attendent l'amour, le repos et le bonheur si Dieu le veut.

Mardi 8 juillet

Dimanche, mademoiselle Roederer est venue nous chercher pour passer l'après-dîner chez elle. Il y avait encore deux jeunes filles dont l'une, excellente pianiste, avait déjà, il y a six ans, fait sensation au concert de monsieur Jauch : elle s'appelle Louise Mehl, est fille du pasteur de Dettwiller et amie d'enfance de mademoiselle Roederer. Elle a passé une année en Allemagne, va repartir pour la Hollande et puis pour Paris. Je reconnaissais à peine dans cette jeune fille de dix-sept ans bien mise, dégagée, la chétive enfant mal arrangée qui, il y a six ans, s'évertuait à son piano et qui me semblait si malheureuse du sort qu'un père sévère lui avait fait choisir malgré elle et dont maintenant elle s'applaudit. Ses yeux noirs pétillent de malice.

Le fils Roederer, arrivé du Havre depuis quelques semaines, nous a régalés aussi de morceaux de violon. C'est une famille toute musicienne et, surtout par la présence de mademoiselle Mehl, la conversation a été toute musique. Monsieur Roederer est un jeune homme très laid, mais qui a l'air spirituel et cause avec la grâce française. Mais que j'aime mademoiselle Roederer ! quelle aimable et simple jeune fille, née à Paris, élevée pour ainsi dire en Suisse et qui a rapporté à Strasbourg un naturel de modestie et de franchise que le monde n'a pas encore altéré. Que je l'aime ! elle est si innocente et si raisonnable.

Madame Roederer voulait nous emmener avec ces demoiselles pour promener. Papa s'y est opposé : nous avons été obligées de quitter la société, à notre grand regret, pour griller et nous ennuyer hors la porte Blanche que nous n'avons pourtant pas dépassée de beaucoup parce que nous avons été rappelés en ville par la fumée d'un incendie. Nous avions des bottines neuves couleur marron, et nos robes de bal roses, nos mantelets neufs ; c'était ennuyeux de les promener dans la poussière hors la porte Blanche.

Mademoiselle Roederer est à son piano depuis six heures. Je vais m'habiller, puis en faire autant : ah ! pourquoi n'ai-je pas un seul talent ?

Lundi 21 juillet

Hier, nous avions un beau dimanche : nous avons été à l'église française avec mademoiselle Roederer qui aime entendre monsieur Frey autant que moi. A deux heures, nous nous acheminions avec monsieur Stammler et sa fille vers leur jardin. Emma et moi avions emporté nos dentelles ; Adèle nous fit une lecture d'un poète allemand, Schulze [96]. Nous étions établies près de l'eau, sur le pont. Quelquefois nous nous promenions dans le jardin anglais, nous nous reposions près de l'étang et nous faisions de fréquentes libations aux groseilliers dont les grappes purpurines étanchaient la soif, cueillies par nous-mêmes et portées du buisson à la bouche. Adèle ne nomme plus aucun nom, mais les roses de son teint se sont fanées : elle est la plus mélancolique fleur du jardin de son père.

Nous portâmes chez nous de grands bouquets : les branches de sapin surtout vont orner mon vase pendant quelques semaines.

Que la vue de cet ancien jardin Baldner [97] me remet en mémoire les plaisirs de mon enfance. Là où avec Adèle, son frère, ses sœurs, nous jouions aux quilles, était autrefois une petite ménagerie : les cages de tourterelles, d'un hérisson, d'un chevreuil. Sous les grands châtaigniers où ne bourdonnent maintenant que des hannetons et des moucherons étaient, il y a douze ou quinze ans, établis des tables et des bancs où venaient se reposer une foule oisive et endimanchée, avide de spectacles de jongleurs, d'un ballon lancé dans les airs, de feux d'artifice et surtout de glaces, de kugelhopfs, de pâtés froids et de poissons frits qui sortaient de l'excellente cuisine de Baldner. Le chevreuil, les oiseaux, les cygnes, gracieux habitants de l'étang, l'escarpolette qui se balançait sous les arbres faisaient la fête des enfants. Au milieu du jardin, sur une assez vaste pelouse, se trouve une maisonnette isolée. Je me souviens, devant cette maison, par un beau dimanche d'été, un jongleur en costume oriental jouait avec ses boules, ses paumes et ses foulards, puis une corde fut tendue, des saltimbanques vinrent y danser, hommes, femmes et enfants annoncés chacun par leur nom par le bouffon de la troupe. Mais soudain, sa voix devint respectueuse en annonçant madame Saqui. Col et bras nus, fardée, coiffée de plumes et de fleurs, une femme s'élança sur la corde, dédaignant le secours du balancier et émerveilla la foule par sa grâce, sa légèreté, ses poses enchanteresses, ses tours merveilleux : c'était la maîtresse de la troupe, elle avait soixante-deux ans !

Dimanche 27 juillet

Avant-hier au soir, nous sommes restées sur la terrasse jusqu'à dix heures avec monsieur et madame Lemaire, les dames Roederer. On a parlé de pâtés de foie gras et de truffes. Monsieur Roederer le fils, à neuf heures sonnantes, qui causait à monsieur Lemaire, s'approcha des dames en disant : « Je vais aller là-bas ("au casino", nous dit sa mère), bonsoir mesdames, dit-il en s'inclinant, si je n'ai plus le plaisir de vous voir demain, je vous souhaite une bien bonne santé jusqu'à l'année prochaine. » Hier à quatre heures, il est reparti pour Le Havre. C'est un jeune homme de vingt-huit à vingt-neuf ans, d'une fraîcheur incomparable, même un peu excessive, mais auquel on donne quatre à cinq ans de moins qu'il n'a. A tout prendre, sa figure est laide, mais il a un parler charmant, il joue le violon avec un sentiment, une expression indéfinissable et il semble aussi bon frère qu'il est fils respectueux. Je ne l'ai jamais vu autrement avec son père que bras dessus bras dessous. Il a été fort aimable avec ma soeur ; peut-être trouvera-t-elle maintenant un peu de vide dans ses promenades sur la terrasse.

Samedi 9 août

Nous revenons du bain où j'ai passé trois quarts d'heure dans ma baignoire, m'abandonnant à ce calme délicieux que le contact du frais élément fait couler dans vos veines. Que j'aime les bains : ils fortifient et rafraîchissent le corps comme la musique et la lecture dilatent l'âme.

Hier, nous avons fait quelques courses, quelques emplettes, ma soeur et moi, et nous avons passé deux heures chez la tante Schneegans avec notre tricot. Nous avons profité d'un rayon de soleil pour respirer l'air, car depuis dimanche, la pluie nous tenait confinées dans la maison. Chez la tante, on a parlé de mademoiselle Rachel, la fameuse tragédienne qui est dans nos murs depuis quelques jours et ne donnera que quatre représentations, dit-on. Cinq francs d'entrée, c'est là la grande question qui nous épouvante, nous, bourgeois. Pourtant, je les donnerais volontiers pour ma part si je les avais, mais j'ai gaspillé mes étrennes pour ma toilette, de la mousseline, de la dentelle, j'attends encore une note de ma lingère et je doute qu'il me reste de quoi payer mon entrée, car je renoncerais volontiers à un col ou à un ruban pour voir une fois en ma vie Andromaque, Iphigénie, Monime, Bérénice dont, au temps de mon adolescence, je mêlais les noms à mes prières. Papa veut nous faire faire une partie de plaisir en chemin de fer dans le duché de Bade ; je me passerais bien de visiter le Erlenbad pour voir Rachel et garder un souvenir pour toute ma vie, mais ces conditions n'arrangeront peut-être pas mon père [98].

Mercredi 13 août

Hier, à dix heures du soir, je revenais du spectacle avec ma sœur et Grand-Maman où nous avions entendu mademoiselle Rachel dans *Marie Stuart*. Depuis sept ans je n'avais vu le spectacle ; peut-être serais-je sept ans encore sans le voir, à moins qu'une fameuse actrice ne revienne au milieu de ses voyages s'arrêter chez nous et faire briller son talent pour emporter quelques couronnes provinciales et nous laisser de longs souvenirs.

Je ne sais juger d'après les règles de l'art, mon goût seul a dirigé mon jugement et à côté de l'admiration profonde, fiévreuse, que m'inspirait le talent de mademoiselle Rachel, je m'emportais, je gémissais de la voir si piteusement entourée. Je n'ai jamais vu, et rarement encore, que le théâtre de Strasbourg. Je trouve les décors abominables, les sujets de la troupe détestables. Pour moi, dont l'imagination est pourtant fort vive, il n'y avait point d'illusion : vainement je tâchais de me persuader que je voyais Elisabeth, l'altière reine d'Angleterre, Leicester, le brillant et noble lord, Burleigh, le sévère conseiller de la reine, Paulet, l'intègre geôlier, Mortimer, plein de vigueur, de jeunesse, de fanatisme, d'amour pour sa belle reine captive. Ah ! Schiller, Lebrun a traduit tes vers sublimes, mais l'ouvrage de Lebrun, comment est-il rendu ? Pitié !... que j'étais émue en lisant la tragédie de Schiller, je saisissais bien l'âme de ces beaux vers, je les voyais bien ces personnages illustres, dans leurs passions, leurs haines, leurs vengeances et leurs dévouements.

Pour rêver le palais d'Elisabeth, le parc et le château de Fotheringhay, prison de Marie, toujours belle, toujours reine dans sa prison, il ne me fallait point quelques mauvaises peintures. Qu'ai-je vu hier en exceptant mademoiselle Rachel, Marie Stuart, et monsieur Randoux, le comte de Leicester ? De tristes acteurs auxquels j'aurais voulu souffler dans le cœur le sens des paroles sublimes que leurs lèvres nous récitaient parce qu'ils sont payés pour nous les dire et que leur âme mercenaire ne comprenait point.

Mademoiselle Rachel est d'une taille moyenne, très maigre, très pâle. Elle a les traits fins, les yeux petits, et bruns, et creux, mais ils grandissent et pétillent de feu quand elle s'anime, de belles dents blanches. Pour le rôle de Marie Stuart, elle portait une robe de soie bleue rayée d'or, un manteau de velours noir et rayé d'or, un collier de médaillons dont une chaîne tombait jusqu'à terre. Un long voile de tulle descendait de sa coiffe de velours, un diamant ornait son front. Quand elle est condamnée à mourir, elle change de costume : elle est vêtue d'une simple robe noire dont la pèlerine est entourée d'un ruban bleu. Un chapelet magnifique pend à sa ceinture, un bonnet blanc couvre sa tête et elle a gardé son voile blanc. Un acteur venu de Paris avec mademoiselle Rachel a fait le rôle de Leicester : il s'appelle monsieur Randoux [99], paraît jeune et beau, a un organe intelligible et sonore, et est digne de partager les premiers rôles avec mademoiselle Rachel. C'était lui qui, après elle, m'a fait le plus de plaisir : il réalise effectivement l'image du beau, du brillant et noble lord. Il portait des pantalons de satin blanc, un habit rouge éclatant, rayé d'or, un manteau de velours amarante rayé d'or, doublé de moire blanche, un béret de velours rouge orné de plumes, la grande croix, les ordres d'Angleterre sur la poitrine, le ruban bleu de l'ordre de la Jarretière au genou et le poignard à manche d'argent et d'ivoire au côté.

La reine Elisabeth avait une robe de soie rouge brodée d'or, un manteau blanc, un béret de velours rouge orné de plumes blanches et, au contraire de Marie, elle portait des gants. Lord Burleigh, Paulet étaient en velours violet ayant chacun un collier de médaillons, Anna Kennedy en velours noir, Melvil et Mortimer en noir.

Après Randoux, celui qui faisait le rôle de Paulet me fit le plus de plaisir : c'était une prononciation intelligible, le véritable ton du geôlier sévère, mais de l'homme loyal qui n'ouvrira ses portes qu'à la justice et non à l'assassin. Melvil, homme un peu lourd et grasseyant fortement, remplit encore son rôle avec assez de dignité et prononça sa bénédiction d'un ton de ferveur qui fit sensation.

Rien de plus pleurnicheur qu'Anna Kennedy, madame Muttet, la femme du directeur, rien de plus ridicule que monsieur Léon, lord Burleigh, excellent vaudevilliste dit-on, mais dont le ton comique dans les situations les plus graves, les phrases et les mots coupés à chaque syllabe ne rendaient aucunement le caractère historique bien connu de Burleigh. Rien de plus ennuyeux que la reine Elisabeth : au seul nom, on se figure une femme de génie, de volonté de commandement, altière et fière fille d'Henri VIII, frappant la terre de son pied au milieu de ses fameux conseils avec ses lords et proférant le juron si connu de son père. La plupart du temps, on ne comprenait point l'actrice. Elle dit à Leicester qui, en employant tout l'empire qu'il a sur elle, l'a amenée par ruse dans le château de Fotheringhay, d'un ton presque pleureur : « Leicester, vous savez sur mon cœur quel est votre pouvoir. » Ce n'était point la manière habituelle d'Elisabeth. Elle plut assez dans la fameuse scène où elle signe l'arrêt de mort de Marie, où elle rejette trois fois la plume et où l'insulte que lui a faite la reine d'Ecosse de la nommer fruit de l'adultère lui fait étouffer tous les sentiments d'humanité et de justice. Mortimer n'avait point, comme le peint Schiller, assez d'enthousiasme, de passion, de fougue. Et surtout, le défaut que je trouve à nos acteurs de province, c'est de ne jamais songer assez aux spectateurs, de parler au-dedans de la scène au lieu de se tourner vers le public. Ainsi, lorsque Mortimer confie ses projets de délivrance de Marie à Leicester, au lieu de parler à l'oreille du comte en se plaçant derrière lui, il le masque à moitié et ne nous laisse rien comprendre.

Pourtant, malgré mille sujets de critique, le plaisir d'avoir entendu mademoiselle Rachel me laissera de cette soirée un long souvenir. L'on croyait que Marie Stuart serait sa dernière représentation ; le directeur a annoncé pour jeudi *Virginie* et pour dimanche, *Phèdre*. Mademoiselle Rachel remplira le rôle de Phèdre et monsieur Randoux celui d'Hippolyte. Ce rôle est son triomphe, car la fureur la rend sublime. Pour la voir une dernière fois, je me résignerais volontiers à faire la queue encore une fois pendant une demi-heure, à m'ennuyer pendant deux mortelles heures d'attente jusqu'au lever du rideau, dans une chaleur étouffante, au milieu du bruit, des gens qu'on regarde pour ne pas dormir et qu'on s'ennuie tant de regarder.

Vendredi 23 août

Hier après-dîner, nous avons assisté à une fête du pensionnat Goguel. Madame Hepp a eu l'obligeance de nous inviter chez elle où nous avons trouvé quelques dames et plusieurs demoiselles avec lesquelles nous sommes descendues au jardin. Il y avait concert dans une des salles de la maison : cette salle était tendue de draperies rouges et blanches, des guirlandes de

fleurs allaient en festons d'une colonne à l'autre et entouraient les noms de
Virgile, Racine, Boileau, Descartes, Molière, etc. Il y a eu quelques morceaux
de violon, le premier acte de *La Dame blanche* [100]. Il y avait des voix de jeunes
garçons aussi claires que des voix de femmes : si l'on n'avait point été
prévenu, l'on s'y serait trompé !

Beaucoup de messieurs se tenaient dans le jardin. Monsieur Goguel y était
tout le temps. Il a donné autrefois des leçons chez mademoiselle Ehrmann ;
toutes ces demoiselles raffolaient de lui. Un jour, il laissa une paire de gants
qu'on couvrit de baisers et qu'on s'arracha. Quant à moi, le seul défaut que je
lui trouvais, c'était trop de patience et d'indulgence pour des jeunes filles qui
perdaient la tête et rougissaient en lui récitant quelques vers et qui faisaient
mal leurs devoirs et oubliaient leurs leçons en regardant trop souvent la jolie
figure de leur jeune précepteur. Il y a de cela six à huit ans. Je reconnus de
suite monsieur Goguel qui, au premier abord, ne semble pas changé : ses
grands yeux noirs ont le regard sérieux comme autrefois, ses cheveux blonds
lui donnent un air de première jeunesse, mais ils ne sont plus bouclés comme
ils l'étaient. Une pensée unique, grave, semble l'occuper toujours et donne à
sa physionomie un air sérieux et intéressant à la fois. Il était vêtu de noir de
la tête aux pieds et avait le chapeau sur la tête, il souriait amicalement à ses
élèves, était aimable envers tout ce monde, mais ne semblait voir personne.

Le concert terminé, les dames se retirèrent, nous remontâmes dans le
salon de madame Hepp pour voir les apprêts de la collation. Un immense fer
à cheval de cent soixante-deux couverts était dressé dans la cour. Domestiques et cuisinières apportaient des plats de jambon, de gigot, de langue
fumée, des gâteaux de prunes, de mirabelles, de pommes, dix à douze
saladières, autant de kugelhopfs, des fruits pour le dessert que mademoiselle
Ritter, la ménagère, prenait de leurs mains et posait symétriquement sur la
table. Quand tout fut placé, elle s'approcha de monsieur Goguel ; aussitôt on
entendit quelques coups de cloche et toute la bande affamée que toute
l'autorité de mademoiselle Ritter avait à peine su contenir jusque-là envahit
les bancs et s'attabla à qui mieux mieux. Les pères de plusieurs élèves, les
maîtres, quelques anciens élèves étaient au centre de la table du festin. On
avait placé deux vases de fleurs devant monsieur Goguel. C'était un plaisir
de voir comme ces jeunes estomacs engloutissaient cette confortable collation. Monsieur Goguel ne but qu'un verre d'eau, émietta son pain et mangea
un morceau de gâteau. Du haut de notre second étage, je croyais voir une
fourmilière : ces trois cent vingt-quatre mains allant des plats à l'assiette et
de l'assiette à la bouche faisaient un singulier effet. On porta un toast à la
santé de monsieur Goguel : par un mouvement rapide et spontané, tous
étaient debout, chacun voulait toucher de son verre celui de son bien-aimé
maître. En un quart d'heure, le repas était terminé, tout avait disparu
jusqu'à quelques miettes qui remplirent à peine un saladier.

Nous dîmes à madame Hepp que nous allions quitter lorsque nous étions
en chapeau, Emma et deux demoiselles qui faisaient le même chemin que

nous. Madame Hepp avait quitté le salon ; son fils Alfred se mit à l'appeler. Je lui dis de ne point la déranger et d'avoir l'obligeance de lui dire adieu pour nous. « Eh bien ! mesdemoiselles, dit-il, je sais que ma mère a l'habitude de vous embrasser ; si vous permettez, je la remplacerai », et comme nous nous approchions de l'escalier en riant : « puisque vous ne voulez pas me prendre pour ma mère, souffrez que je vous accompagne », et il nous reconduisit avec sa grâce habituelle jusqu'à la grande porte. C'est un jeune homme qui cause parfaitement, a de la tournure et l'air d'un jeune seigneur, une jolie figure, une taille élancée, une danse admirable et toutes les apparences d'esprit jointes à un usage du monde et une courtoisie exemplaire quoique un peu railleuse : il ne faut point trop s'y fier.

Lundi 25 août

Aujourd'hui à deux heures, je sortis avec Emma pour acheter du fil et des aiguilles ; en entrant dans la rue des Serruriers, j'aperçois Frédérique Durrbach. C'était comme une apparition. Je fis une exclamation, elle me dit qu'elle était ici depuis trois semaines, mais qu'elle repartirait pour changer de place. Je lui demandai pourquoi elle ne m'avait jamais écrit, elle me répondit qu'elle n'eût fait que m'ennuyer parce qu'elle ne se plaisait pas. Pauline Haeffner doit arriver ici vers la fin de septembre pour passer quelques semaines. Sophie Braunwald, dont de tout temps je détestais les récits mensongers, mais dont j'aimais la gaieté et l'esprit, est de retour depuis quelques mois. Je ne la vois plus, elle est perdue de réputation ; depuis son départ, toute la ville est instruite de ses amours avec un ouvrier cordonnier. Tomber aussi bas, je ne l'en aurais jamais cru capable quoique toujours elle me parût inconséquente, légère, cavalière. Sophie Gunther et moi l'évitons.

Les voilà donc toutes de retour, celles qui étaient parties pour chercher le bonheur ; elles ne l'ont point trouvé, elles reviennent plus malheureuses qu'elles n'étaient parties, elles reviennent désillusionnées. Je ne sais si cela peut aussi s'appliquer à Pauline. Le temps, ce grand dépositaire de nos destinées, nous l'apprendra.

Lundi 1er septembre

Mon occupation la plus intéressante de la semaine est de voir des servantes, de prendre des renseignements sur elles et d'apprendre que celles dont la figure m'eût convenu courent les danses publiques, ont des amants et ne rentrent plus quand on les laisse sortir. Oh ! que la race humaine est basse. Clouée sur ma chaise dans la chambre soigneusement proprette de la loueuse jurée, à chaque bruit de la porte, j'aperçois une nouvelle figure et je choisis entre elles l'idéal qui habitera mon toit peut-être trois mois. Je leur récite mon chapelet ; ma sœur surtout se met à rire quand elle m'entend demander à chacune si elle connaît les poissons, si elle sait dresser la volaille vu que ce sont les deux choses qui sont le moins servies sur notre table, mais c'est de la réponse affirmative ou négative que je pars pour fixer les gages que je veux donner. J'annonce à toutes que je suis fort difficile quant à la propreté. J'examine si leurs vêtements répondent à ce goût inné que la plupart disent avoir et que l'on ne rencontre presque dans aucune. Je regarde si leurs mains sont soignées autant que peuvent l'être celles d'une femme condamnée à de rudes travaux, si leurs doigts paraissent habiles, effilés. Après vingt interrogations, je n'en suis pas plus loin qu'à ma première : mêmes réponses, mêmes talents et véridiquement même ignorance et mêmes défauts. Demain, je recommence de plus belle. J'ai vu deux sujets qui paraissent avoir quelques-unes des qualités que je cherche : il me reste donc de me décider pour l'une ou pour l'autre.

Mercredi 17 septembre

Lundi matin, Julie Weber s'est mariée : noce d'une cousine dont nous n'étions pas à cause d'une brouillerie qui durera toujours selon les apparences, causée par un bavardage d'enfant. Les nouveaux mariés feront un beau voyage par l'Allemagne, la Belgique, Le Havre et Paris et ne reviendront qu'en six semaines pour prendre possession du premier étage de la maison paternelle. Ils ont été mariés chez eux. Adèle et Corinne, comme amies, ont assisté à la cérémonie. Cette dernière est venue nous donner quelques détails : elle nous a dit que Julie était parfaitement belle dans sa robe caméléon et dans sa berthe de dentelles.

Lundi soir, nous avons eu une scène désagréable avec la servante qui a été impertinente à l'excès et a rempli l'escalier d'exclamations grossières en se retirant dans sa chambre à neuf heures du soir. Je lui ai parlé haut, ainsi qu'Emma ; pourtant, lorsque je l'eus perdue de vue, je ne croyais pas avoir eu de colère. Malgré le calme que je croyais avoir, je ne m'endormis qu'à onze heures et cette scène peut m'avoir fait plus de mal que je ne pense. Je souffre d'un mal de dents horrible, c'est de la fièvre, je l'ai éprouvé hier à la même heure : mes nerfs sont dans une agitation extrême, tout mon sang afflue vers la tête, il me semble que le cerveau va se briser.

Dimanche 19 octobre

Une corvée de ménage est faite, la lessive est passée. Jeudi, les repasseuses ont fait le dernier acte de cette importante et coûteuse comédie. Vendredi, nous avons rangé nos trésors dans l'armoire ; la nuit nous a surprises, nous n'avions pas encore fini. Le lendemain de bonne heure, nous avons fait la clôture. Tout en rangeant avec un ordre, un soin minutieux, nous nous disions : « Nous sommes des pécheresses : quel temps précieux nous perdons à ranger ces chiffons, nous risquons d'être punies pour attacher tant d'importance aux choses de ce monde. Cette armoire qui renferme nos hardes est notre idole : quand tout y est bien casé, nous nous croisons les bras et nous l'admirons. Peu s'en faut que nous ne nous prosternions d'admiration. »

A travers tous nos tracas qui me faisaient oublier le monde, une nouvelle m'est parvenue et m'a frappée : Corinne est venue nous dire en confidence que monsieur Hornus avait demandé la main d'Adèle que son père a refusée au jeune homme en lui disant de regarder la chose comme impossible et de n'y plus penser. Triste et sèche consolation pour un cœur amoureux ! Pourtant, il reste à savoir si monsieur Hornus ne l'est pas autant de la dot que de la personne. Monsieur Stammler a fait à son fils et à sa fille la confidence de la demande en mariage. Je n'ai pas encore pu apprendre ce qu'Adèle a répondu : elle a été nous voir depuis, mais accompagnée de sa sœur cadette. Je n'ai pu lui faire aucune question et, d'ailleurs, peut-être j'éviterai de lui en parler, la chose est trop délicate.

Pour le premier novembre, nous avons la promesse d'un bal : monsieur et madame Grün célébreront le vingt-cinquième anniversaire de leur mariage. Il y aura grande fête à l'hôtel de la Maison-Rouge, monsieur Hornus sera des danseurs.

Samedi 1ᵉʳ novembre

Ce soir est le bal ; je n'éprouve ni joie ni peine, j'y vais d'aussi bonne ou aussi mauvaise grâce que j'y allais ces jours-ci avec la brosse, le plumet, le balai et le cirage. Comme toujours, lorsqu'il s'agit d'aller quelque part, notre toilette est le sujet de débats violents et ce n'est qu'au dernier instant que nous nous décidons pour telle ou telle coiffure. J'avais l'idée de mettre des fleurs fraîches parce que la saison en donne encore, sans néanmoins vouloir les payer cher à un horticulteur. Ma sœur approuva cette idée : nous convînmes d'aller en demander dans un jardin près du cimetière de Saint-Urbain. Hier, ma sœur raccommoda sa robe blanche jusqu'à la nuit tombante : la course fut remise à aujourd'hui après l'église. Nous nous levâmes tard, la servante fut aussi en retard. Emma bouda d'abord parce qu'elle n'avait pas eu assez de temps pour passer son éponge sur sa figure et sur ses oreilles : elle voulut rester chez elle pour attendre le menuisier. J'allai seule à l'église. Je lui proposai de se trouver à la porte de l'église à la fin du sermon (car aujourd'hui c'est la fête de la Toussaint et de la Réformation). Elle refusa. En quittant l'église où je n'avais pas l'ombre de recueillement, je me dirigeai seule vers le cimetière, rabaissant mon voile sur mon visage. Un épais brouillard enveloppait la campagne, la terre était humide et recouverte d'une couche de feuilles jaunes qu'aplatissaient les pieds des passants. Quelques figures passèrent à côté de moi et me regardèrent avec étonnement ; je continuai mon chemin en baissant la tête comme une coupable. J'entrai au cimetière, je frappai à la porte du fossoyeur : il était à faire sa toilette et me reçut d'un air grognard. Néanmoins, il se mit à couper quelques fleurs et entra au milieu des tombes. En l'attendant, je fis de singulières réflexions : ces fleurs cueillies sur les tombes et qui, ce soir, devront orner nos têtes, ces brouillards et cette solitude au milieu desquels je venais les chercher… Mon homme revint : il portait un gros bouquet dont je prévoyais que la moindre branche ne pourrait point servir. Je le remerciai et en le quittant, je pensai que j'avais fait une course perdue. La fleuriste me dit qu'elle ne voudrait point se servir de ces fleurs communes et après une discussion des plus chaleureuses, nous achetâmes quelques aunes de ruban de velours cerise que la coiffeuse roulera dans nos cheveux et qui, peut-être, n'ira pas trop mal avec des robes de mousseline blanche.

Dimanche 2 novembre

La lassitude de mes jambes me prouve pleinement que la montre marquait quatre heures moins le quart lorsque nous rentrions du bal ce matin. C'était un bal d'automne délicieux. Nous avons dansé beaucoup et avec plaisir, Emma et moi, quoique nous fussions arrivées dans la salle de réception des dernières et dans un état d'agitation causé par le retard du cocher et une mésaventure de gants qu'il nous fallut faire échanger à la dernière minute et mettre à l'hôtel, dans une salle à côté.

Bientôt pourtant, ce nuage d'humeur que vous laissent de telles choses disparut aux sons d'une musique délicieuse et au milieu de ces railleries, de ces causeries, de ces observations de bal. La salle était vaste, le parquet excellent, le nombre de danseurs plus grand que celui des danseuses, la collation magnifique. On se sépara tard, c'est là un point essentiel pour que le plaisir soit complet. Toutes les places étaient prises lorsque nous arrivâmes. Une seule banquette était encore vacante devant l'orchestre, ce fut là que Papa fut obligé de nous placer : d'un côté, il y avait un espace vide, de l'autre elle avoisinait une autre banquette occupée par quelques dames, entre autres madame Weber et madame Bergmann, sa fille, desquelles nous ne nous souciions pas de nous rapprocher de sorte que pendant la soirée, sans les visites de Corinne, d'Adèle et de Fanny Wagner, nous nous trouvions assez isolées. Cela fait un peu mauvais effet, mais nous en fîmes, surtout Emma, nos observations malignes d'autant plus à notre aise. Jamais je n'ai été aussi gaie ni aussi heureusement insouciante ; plusieurs fois, je mordais mon mouchoir et mon éventail pour ne point éclater de rire.

Il y avait profusion de choux de velours dans les cheveux. Je ne sais si l'art des bergères de Gessner [101] manque tout à fait à nos coiffeuses. La prochaine fois que je danserai, je laisserai de côté tout ornement ; peut-être réussirai-je à bannir toutes ces guirlandes, ces fleurs, ces touffes, ces choux, ces nœuds, ces réseaux, qui il est vrai relèvent peut-être l'éclat de mainte belle chevelure, mais rendent volumineuse à l'excès la bosse la plus régulière.

Une idée de madame Lemaire m'a passé par la tête plus d'une fois pendant la durée du bal : « Les hommes sont de bien mauvais garnements, je m'en moque souverainement. J'en jouerai de tous comme un jongleur de ses balles.» Le moyen de les faire rentrer sous terre..., il est, je crois, tombé en partage à ma soeur ; je ne puis me juger moi-même, mais je serais étonnée autant que désolée si jamais homme se vantait de m'avoir ravie par une fadaise ou un mensonge, de m'avoir fait plaisir par un éloge ou un compliment. Si je n'ai point comme Emma le don de la repartie, je n'ai pourtant point, j'espère, l'air de la crédulité. J'ai cru remarquer qu'Ernestine et les demoiselles Fabre avaient l'air rayonnant en parlant à des danseurs quoique ces demoiselles aient la renommée d'être fort réservées et de fort bon ton dans leurs discours. Leurs regards donc trahissent ce que leur bouche n'ose confirmer.

Corinne, Adèle, Emma et moi nous sourions aussi, mais il me semble que c'est le sourire de l'ironie et non du ravissement qui accueille les paroles d'un indiscret jeune homme. On dit les demoiselles capricieuses ; les hommes selon moi ne leur cèdent en rien. Messieurs Lauth, Hepp sont excellents danseurs. Ils me font toujours danser et cela me réjouit : je leur accorde volontiers les premières danses. Messieurs Capaun, Durr, Friedel, Grün font également leur devoir, car j'appelle devoir de politesse de faire danser l'amie d'une sœur. Il y a encore quelques lourdauds, pitoyables danseurs, que je rencontre chaque hiver dans le monde, que je renvoie aux numéros neuf ou dix qu'on ne danse jamais, qui néanmoins les griffonnent sur leurs cartes et ne se laissent pas rebuter à tout jamais par ce mot bref, « tout est pris », qu'ils doivent entendre souvent. En fait de danse, point de pitié. On ne va pas au bal pour faire une œuvre de charité.

Il est neuf heures passées, je vais chercher le sommeil de la nuit passée que la danse remplaçait. Je me suis divertie malgré quelques petits désagréments. Si quelques-uns vous renient, d'autres vous recherchent. Un jeune chirurgien de Toulouse d'une famille noble, Brat de l'Etang, me fit danser souvent dans le cotillon. A chaque instant il voulait faire tour ; nous nous accordions si bien ! il valse à ravir. L'uniforme du bon Gustave Stammler a fait embarras, ou plutôt, sa première apparition au bal. Pourtant, il lui allait passablement. C'est un jeune homme modèle. Ma sœur lui a demandé s'il se plaisait à Paris : « Mademoiselle, lui dit-il, il n'y a que ceux qui ont mauvaise conduite qui se plaisent à Paris. »

Assez de bal, maintenant, le lit.

Jeudi 6 novembre

Que j'aime la campagne en automne ! En été, une épaisse feuillée borne la vue à certaine distance ; en automne, on dirait un plus vaste horizon. L'air était doux, le ciel serein. Enveloppées dans nos manteaux que nous avions pris par précaution, Grand-Maman, Emma et moi nous sommes dirigées vers Lingolsheim où nous avons fait une commande de chanvre et pris de ces gâteaux renommés, tressés à trois brins, connus de tous les voyageurs que leur route mène par ce village [102].

Dans cette course d'une lieue et demie, j'ai eu des transes mortelles : à plusieurs reprises nous avons rencontré des bœufs et des vaches qui m'ont fait franchir le fossé et courir dans la prairie ou bien chercher asile dans une maison, quelque inoffensivement qu'ils passassent sur la route. De mon plus long souvenir, j'avais une peur extrême des bêtes à cornes. Enfant, elles étaient mon rêve sinistre et je crois bien que jamais je ne parviendrai à maîtriser ma peur en apercevant une grosse tête armée de cornes menaçantes.

Lundi 15 décembre

Que je suis incompréhensible, inconcevable, ennuyeuse et paresseuse ! des huitaines, des quinzaines se passent sans que je ne fasse une simple note, que je n'écrive un mot sur ce même journal auquel j'étais si assidue, impatientant souvent même ma mère, quand je le commençais.

Dimanche 28 décembre

Aujourd'hui, j'ai passé un dimanche à ma guise, chez moi, à mon piano, avec Walter Scott qui me charme dans l'histoire de la jolie fille de Perth, et pour bouquet de ce jour consacré à mes goûts, je fais une note dans ce journal qui me semble abandonné. Le temps me passe vite quoique je n'en jouisse pas. Mes journées sont uniformes, la description de l'une d'elles peut chaque soir se répéter pour longtemps.

Les dames Roederer sont, ainsi que Grand-Maman, les seules personnes que nous voyons chaque semaine. Nous avons passé chez madame Roederer le soir de Saint-Etienne, madame Roederer et moi tricotant des dentelles, Emma un bonnet sous sa direction et sa fille brodant un mouchoir au point de chaînette.

Aujourd'hui, nous avons été avec Emma Roederer (car maintenant que le mot « tu » a mis plus d'intimité entre nous, je ne la nommerai plus que par son prénom) à l'église française. Avant d'aller au sermon, elle nous a consultées sur le choix d'un châle qui l'occupe depuis six semaines ; elle en a fait venir chez elle de tous les magasins de nouveautés de la ville et finira peut-être par ne rien prendre. Elle penche maintenant pour une rayure assez insignifiante et assez chère, mais j'espère que le bon goût de son père la dissuadera de payer soixante francs pour un châle qui n'en vaut pas plus que quarante.

Mercredi 31 décembre

Ce sont les dernières lignes que ma main aura tracées cette année. Nous l'avons terminée avec joie, mais d'une joie calme et paisible, en réunion avec Sophie et Caroline. Un baiser d'amie a signalé notre séparation dans l'année qui va finir, un baiser d'amie sera le sceau de l'année qui commence. Que Dieu bénisse et protège, et conserve toute ma famille, surtout mon père et ma sœur qui me sont les plus proches sur cette terre !

Demain, j'espère se voir renouveler pour moi, chez ceux qui me sont plus éloignés, les sentiments d'amitié et de bienveillance qu'ils m'ont témoignés jusqu'à ce jour !...

1846

Lundi 6 février

Emma m'a apporté une singulière nouvelle : Henriette Schneegans lui a dit qu'on la pressait de toutes parts de commencer une école de petites filles. Comme elle n'ignore pas qu'il y a quelque temps j'aurais trouvé un bonheur extrême à me placer comme gouvernante, elle pense que je pourrais m'associer à elle, passer mon examen et instruire les enfants sous la protection de son âge et de son nom. Emma a répondu qu'elle doute fort que ce poste de maîtresse d'école, bien différent de celui de gouvernante d'enfants d'une grande maison, dût me sourire, mais qu'elle m'en parlerait. Elle m'a parlé : réflexion faite, cela ne me tente pas.

Arbitre de ma vie ! quelle était son aurore ? quelle en sera la fin ? Une espérance, mais une seule et unique espérance vit toujours au fond de mon cœur. Elle est sans doute trompeuse : l'accomplissement ou la déception déciderait de mon sort. Mes jours ressemblent à une nacelle ballottée par les vagues ; l'espoir de ma vie flotte dans le doute, l'incertitude et l'illusion.

Lundi 9 mars

Le jour le plus agréable, le plus remarquable de la semaine, c'est le dimanche. Je vais parler de mes deux dimanches et les comparer l'un à l'autre : je passai l'un à la cuisine, l'autre à l'église.

Hier il y a huit jours, entre neuf et dix heures du matin, Emma et moi quittions, par le temps le plus chaud, la maison en manteaux. Ces manteaux cachaient nos peignoirs d'indienne et nos petits fichus de calicot blanc : nous allions chez l'oncle où nous devions dîner avec Papa et où nous devions aider à faire les beignets qui composent le dessert ce jour-là [103] dans chaque maison de Strasbourg et des villages de l'Alsace.

La sueur au front, je travaillais la pâte. A midi, la ménagère de l'oncle découvrit son pot de graisse, remplit la poêle. La pâte, qui depuis était levée, fut étendue sur une planche. Avec un grand couteau trempé de farine, on coupa de petits morceaux, on trempa les mains dans la farine, les arrondit, les étendit et les posa dans la graisse fumante. Armée d'une grande cuiller, l'une les aspergeait, les retournait, les retirait de la poêle pour les poser sur un égouttoir. De l'égouttoir, on les mettait dans un panier long tapissé de feuilles de papier gris et on les saupoudrait de sucre. Deux portions furent envoyées en ville, une troisième fut mangée à table et louée unanimement, une quatrième fut portée par nous, chez nous, une cinquième resta au ménage de l'oncle. C'étaient les premiers beignets que nous faisions, il est vrai sous la direction d'une habile cuisinière, et les meilleurs que nous ayons jamais croqués !

Après le repas, pour dissiper les fumées du champagne, on se promena dans la cour inondée du soleil printanier et dans les vastes bâtiments. Le soir, une lecture termina les plaisirs de la journée.

Hier, nous avons fait tout le contraire : toilette, visites et promenade. Le matin, nous avons entendu monsieur Bruch ; l'après-dîner, avec la famille Roederer, le fameux Lacordaire, jésuite carmélite ou dominicain qui prêche à la cathédrale chaque dimanche à une heure, tant que dure le carême [104]. Quelle éloquence, quel discours savant, quel feu, quelle véhémence, quel français pur, quelle voix intelligible ! je n'ai pas perdu une syllabe. On voyait au sermon beaucoup de protestants. A une heure moins le quart, toutes les chaises étaient prises : force nous fut de rester debout. On dit que Lacordaire ne peut prêcher qu'une fois par semaine car il est obligé de se reposer au lit pendant quelques heures après son discours. Sur le Broglie, on ne parlait que de lui. Tout ce qui passait près de vous le nommait ; j'entendis dire à plusieurs messieurs : « Il a la voix cassée. » Pauvres gens ! était-ce là tout le souvenir qui vous était resté ?...

Lundi 16 mars

Je suis calme maintenant plus que je ne l'étais hier en sortant de la cathédrale où, par une mystification et par une saleté qui n'a pas de nom, l'on ne nous laissa passer que du côté où l'on ne comprit pas une syllabe du discours de Lacordaire. Je l'ai vu, cet homme qui possède à un degré supérieur le don de l'éloquence. Un quart d'heure après la fin du sermon, il sortit par la porte de l'horloge en chapeau à trois cornes, un manteau noir jeté par-dessus sa robe blanche, longeant le mur du collège pour éviter la foule et arriver par le chemin le plus court à l'évêché.

« Il est superbe ! » nous disait hier madame Lemaire qui attendait près de nous ; sa figure n'est pas belle, elle est spirituelle et malicieuse, voilà tout. Je me souviendrai longtemps de ces curieux qui attendaient sur les mêmes marches que nous : un singulier hasard nous réunit pour voir passer Lacordaire...

Je suis plus calme que cette nuit où je souffrais le martyre pour avoir bu du café chez madame Stöber : je ne pus dormir une minute. C'est un supplice affreux que d'être couchée sur les plumes et de ne pouvoir trouver le sommeil.

Jeudi 7 mai

Vive la propreté et maudit soit son esclavage ! Je ne sais plus rien qu'épousseter les chambres, balayer, frotter, cirer les meubles avec trois torchons, deux de toile, l'autre de soie, essuyer les tapisseries avec un balai emmailloté d'une toile, laver les fenêtres, les lambris à deux grandes eaux en changeant quatre fois de torchon, nettoyer les tableaux, les dorures, défendre à ma servante de prendre un linge pour un autre, un balai pour un autre, lui dire d'ôter les souliers pour entrer dans les appartements, de ne point toucher les portes sur ou sous les serrures, de faire cuire le cirage pour nos planchers.

Depuis dimanche, je ne suis plus coiffée. Nous nous lavons le soir, Emma et moi, car nous étoufferions la nuit sous le masque de poussière qui nous couvre le visage. Je ne respire, je ne rêve, je ne fais que nettoyer, c'est là mon univers du moment ; j'ai oublié qu'il en existe un autre.

On me dit de mettre les couverts, il est neuf heures du soir. Depuis cinq heures du matin, nous sommes en activité, nous n'étions assises que pour deux repas qui ont duré chacun un quart d'heure.

Jeudi 4 juin

Je me lève à cinq heures sonnantes du matin pour parler du lundi de Pentecôte que le soleil a inondé de ses plus glorieux et chauds rayons.

Sept heures sonnaient à Saint-Thomas lorsque nous descendions le quai pour chercher un omnibus dans la rue d'Austerlitz. Nous avions le projet de prendre le convoi de huit heures pour aller jusqu'à Appenweier et de là, à pied, à Durrbach. Depuis le grand pont du Rhin jusqu'au débarcadère, il y a une demi-lieue ; je pressais le pas, je courais, Papa nous suivait lentement en disant de ne pas nous hâter. A dix minutes du débarcadère, nous entendons le cri de la locomotive : il est parti ! Désolation d'Emma et de ma part. Pour ne pas attendre le convoi de onze heures, nous prenons celui de neuf et des billets pour Odersweier, pour aller de là au Hubb-bad. En chemin, je me disais : « Quelle fameuse invention que les chemins de fer : franchir tant d'espace en si peu de temps, cela me va particulièrement qui trouve chaque trajet trop long et qui montais en diligence comme à peu près à l'échafaud. On élève des statues de toute part, on décore tout le monde, honneur avant tout à celui qui, le premier, a eu l'idée d'un chemin de fer ! »

A côté de moi était un jeune artiste de Strasbourg, monsieur Wissand [105], qui s'assit en disant : « Je vais crayonner des individus que je viens de voir. »

En dix minutes, jusqu'à l'ébranlement de la machine, il esquisse le portrait d'un marchand hongrois vendant des souricières. Ce jeune artiste est fort pâle, fort spirituel. Il a des yeux noirs à longs cils recourbés fort malins. Sa jeune femme était en face d'Emma et s'appelle Amélie. Il s'informa plusieurs fois de sa santé et lui recommanda de ne point s'appuyer pour éviter les secousses. A Appenweier, cette agréable société nous quitta.

Un chemin semblable à celui d'Offenbourg à Ortenberg mène au Hubbad. En arrivant au village, composé seulement de peu de maisons et dont l'établissement des bains est la moitié, on nous apprend qu'il y aura grande réunion de chanteurs venant de plusieurs petites villes d'Allemagne. Quatre longues tables étaient dressées au jardin ; autant dans la salle de l'hôtel. Après nous être rafraîchis de bière qui est fort bonne, nous fîmes le tour du jardin et nous montâmes sur la montagne au pied de laquelle il est situé. Nous cueillîmes un bouquet de fleurs roses aux petits calices délicieusement mouchetés et nous rentrâmes au jardin en admirant la campagne d'une comtesse de Manteuffel, qui est à vendre. Au jardin, nous nous assîmes sur un banc et nous eûmes le loisir d'admirer ou plutôt d'observer, car pour moi je ne les admire pas, les dames allemandes attablées ou circulant en étalant toutes leurs grâces germaniques. Cols et bras nus, boucles et écharpes flottantes, chapeaux chargés de fleurs et de rubans, robes roses à grands volants que l'on voyait aux plus jeunes demoiselles, colliers, gros bracelets, yeux toujours tendres, poses toujours languissantes. Les hommes aussi mal costumés que les femmes, raides, empesés, mais ayant toujours l'air amoureux de la femme à laquelle ils s'adressent.

Tout à coup, on entendit de la musique : les chanteurs arrivaient précédés de leurs bannières magnifiquement brodées. On avait élevé une tribune dans le jardin pour le chef d'orchestre. On attendait beaucoup d'un chœur d'hommes de trois cents voix, mais une seule des six chansons fit effet au grand air : les autres se perdirent trop. Le chant terminé, on se dirigea vers les tables. Les chanteurs avaient tous des bouquets sur leurs chapeaux. A table, j'avais à côté un vieux lourdaud de la campagne, Emma, un personnage suffisant en lunettes. Papa était au milieu ; en face, des Allemands aussi. Au jardin, je n'avais aperçu que quatre Strasbourgeois : messieurs Herrenschmidt et Lauth, de nos danseurs, étaient du nombre.

On fut à table pendant une heure et demie devant son pain, sa serviette et son couvert sans que rien n'arrivât. Les convives qui avaient été patients pendant cinq quarts d'heure, s'impatientèrent : presque tous les hommes frappaient leurs verres de leurs couteaux, ou avec leurs cannes, ou sur la table. On cria « soupe » comme au spectacle « musique » : c'était un carillon épouvantable ! Les sommeliers passaient impassiblement par la salle, nous faisant passer sous le nez les plats destinés aux chanteurs qui furent servis les premiers. Un des voisins d'Emma, le médecin, car en Allemagne on n'entend jamais que le titre, se lève, cherche deux portions de potage pour son voisin et pour lui. Tout à coup, un jeune homme s'approche de nous avec deux assiettes en disant : «Il faut servir les dames avant tout.» C'était monsieur Jacques Lauth. Une demi-heure avant la société, nous mangions la soupe ; c'était plaisant. Le service était pire que mal : des trente sommeliers qui desservaient, on n'en voyait que quatre dans la salle. Les mets étaient mal apprêtés ; il y en avait en abondance, mais servis en désordre avec une lenteur extrême, les plats doux avant les viandes. Grâce à l'attention de messieurs Herrenschmidt, Lauth et Schwartz qui nous servaient comme des sommeliers et qui partageaient avec nous ce qu'ils dérobaient à la cuisine, nous et nos voisins, auxquels par politesse nous cédions les plats, étions les mieux servis. Je me mettais à rire chaque fois que ces messieurs passaient derrière ma chaise en chantant : «à la maraude, à la maraude» en se dirigeant vers la cuisine. Ce ne fut que vers la fin du repas que mes vis-à-vis allemands se dégourdirent, s'aperçurent qu'ils étaient en face d'une demoiselle et m'offrirent quelquefois d'un plat avant d'en prendre eux-mêmes. C'était à l'occasion du chevreuil : j'avais sur mon assiette sel, poivre et huile, le vinaigrier étant resté devant quelqu'un. Voyant que je ne remuais pas le bras quoique mon assiette fût remplie, mon vis-à-vis regarda plus attentivement et me présenta le vinaigrier avec une grâce vraiment française. C'était un fort bel homme qui m'adressa plusieurs fois la parole. Lorsque des musiciens vinrent sur le balcon et jouèrent de belles valses, il remuait les épaules en mesure, nous regardait en disant : «On devrait ôter ces tables, la danse vaudrait mieux que le repas.» Puis, se tournant vers son voisin : «Dans cette salle, j'ai dansé désespérément, ici», dit-il en touchant la table. «La jeune fille avec laquelle je dansais...» Je n'entendis point la fin de la phrase, il baissait la voix.

Pour rentrer avec l'avant-dernier convoi, nous quittons au dessert. Nous n'avions pas de temps à perdre. En chemin, nous nous retournâmes plusieurs fois en signe d'adieu ; le Hubb-bad est assis au bas des montagnes qui forment un magnifique amphithéâtre. Rien de plus charmant que, lorsqu'en roulant dans les wagons, quand tout danse autour de vous, on voit en s'en rapprochant les montagnes se dégager.

Le convoi était immense. Nous retrouvâmes dans le même wagon messieurs Lauth et Schwartz. Papa fit ses remerciements à ces messieurs qui s'étaient donné tant de mal pour nous. C'est un vrai plaisir que de voyager en si nombreuse compagnie. A Kehl, il y avait foire : les marchands forains pliaient bagage lorsque nous passions. Nous rentrâmes en omnibus où l'on était obligé de se précipiter pour trouver place. Il y avait dedans entre autres un petit chien, une vieille dame et en face d'elle, un être ennuyeux, un homme qui ne faisait qu'agacer la gentille petite bête. Emma qui ne peut se trouver dans la même chambre qu'un chien, mourait de peur ; plus elle se crispait, plus ce grand imbécile faisait remuer le chien. Cela dura presque tout le temps ; j'étais heureuse en voyant la voiture s'arrêter.

Nous nous couchâmes en rentrant pour oublier dans un long et paisible sommeil les fatigues et les plaisirs de la journée. Qui ne se divertirait pas sur les bords du Rhin par une magnifique journée ? Il faudrait être brouillé avec la nature entière et le genre humain.

Dimanche 14 juin

J'étais si occupée toute la semaine que je n'ai pu prendre une demi-heure pour écrire combien, dimanche dernier, j'étais enchantée de *La Flûte enchantée*.

Papa nous a conduites au spectacle pour voir la troupe allemande [106] qui est fort bonne. Les farces et les chansonnettes de Papageno m'amusaient délicieusement. Tout le monde est enchanté de mademoiselle Weichselbaum ; il est vrai que dans le rôle de la Reine de la Nuit, elle ne chante point de grands airs, mais je trouvai qu'elle descendait lourdement de son trône, et qu'en réponse aux applaudissements du public, elle fit une révérence empesée et disgracieuse. Elle était vêtue de noir et portait sur sa robe de soie une longue robe de crêpe ouverte dont elle tenait toujours les pans. Elle n'a pas chanté une note sans lever comme en balance tantôt le bras gauche, tantôt le bras droit armé de ce pan de crêpe. Même en posant les mains sur le cœur ou sur la poitrine, elle n'a pas lâché cette maudite robe. Il paraît que c'est un geste particulier aux Allemands de tenir en chantant quelque partie de leur vêtement, car je le remarquai à plusieurs autres sujets de la troupe quoique à un moindre degré.

Mademoiselle Rudersdorf, Pamina, qui a fait son début dimanche, est une jeune et jolie personne de la figure la plus agréable et souriante du monde, mais sa voix est dure, criarde. Le ténor, monsieur Lehman, a une belle voix ; sa haute stature, ses larges épaules, sa figure un peu commune effacent un peu l'illusion qu'il doit inspirer : ce n'est pas ainsi qu'on se figure Tamino, jeune et beau prince envoyé par la Reine de la Nuit à la recherche de Pamina, sa fille qu'un nègre a enlevée. Monsieur Reichel, basse-trille de la cour de Hesse-Darmstadt, représentait Sarastro, le supérieur d'un ordre religieux. Quelle voix rare et magnifique ! ces sons puissants semblaient être plutôt comme un rugissement éloigné dans le désert que de provenir d'une poitrine humaine. Quel homme colossal ! Il y a des hommes superbes dans la troupe mais il les dépassait tous de la tête : c'est un Hercule chantant. Rien de plus beau que le costume pourpre et or du nègre Monostatos, de plus léger que ses jambes quand il danse la fameuse danse aux clochettes.

C'est une pièce délicieuse, pleine de scènes variées et divertissantes ; une musique charmante et des couplets que l'on retient toute sa vie : véritable pièce allemande !

Ce matin, nous avons déjeuné chez Lips et nous sommes rentrés par la Robertsau pour bien jouir de la belle matinée d'été. Lorsque nous faisions un tour de jardin et que nous regardions la statue de la déesse de la Raison qui était à la cathédrale en 1793, Emma nous pousse tout à coup en disant :

« Papageno ». Effectivement, monsieur Collin passait dans le même paletot gris dans lequel il reparut sur la scène à la demande du public. Il se dirigea vers une petite colline entourée d'arbres, il la franchit comme sur la scène, celle où l'attend la corde, mais au lieu de la corde, il y avait là mademoiselle Weichselbaum, deux de ses compagnes et encore un acteur. Plus tard, lorsque nous étions assis sur un banc au Contades, nous les vîmes se diriger vers Schilick.

Emilie Lauth va se marier : elle est venue nous annoncer jeudi qu'elle épouse son cousin, monsieur Jacques Lauth, le même qui a eu de si bons soins pour nous à la table d'hôte de la Hubb [107]. Elle paraît fort calme ; elle a dit en confidence à Emma qu'elle avait beaucoup de peine à se décider. C'est un mariage de convenance : les parents des deux jeunes gens ont pesé, compté d'abord les dots, puis on leur a fait accepter la proposition de réunir ces deux riches dots.

Vendredi 19 juin

Je viens de quitter mon lit à quatre heures : au lieu de prendre mon tricot comme à l'ordinaire, il faut que je lâche la mauvaise humeur qui me suffoque depuis trois jours et qui me rend jaune et maigre. Mercredi, nous avions la couturière pour faire quelques réparations dans de vieilles robes que nous finirons cet été. Cette fille travaille si mal qu'on est obligée de la surveiller constamment, de la diriger, elle qui devrait vous soulager, que tout l'ouvrage est à refaire. Premier sujet de chagrin !

Après une longue attente, madame Pichand [108] a fait enfin blanchir ma cuisine ; on a achevé hier matin. La servante nettoie maintenant et s'y prend plus mal encore que notre petite couturière malgré ma colère, mes leçons, mes remontrances. J'ai envie de la plonger dans un baquet d'eau et de lui ouvrir les yeux et l'entendement au moyen du sable, de la brosse et du torchon dont elle ne sait pas se servir. Cette fille me fait enrager ; un de ces jours, je lui dirai de retourner à son village pour y rêver en sécurité à ses amours passées, présentes et à venir. Car dimanche, en revenant de ma belle promenade matinale, j'ai été obligée d'éplucher les légumes, et comme je lui reprochais son manque de tête, elle m'avoua qu'une histoire qui l'avait tourmentée extrêmement l'avait rendue pendant quelque temps tout à fait confuse !... « Eh bien ! lui dis-je, si c'est passé, que vous sert d'y songer ? Vous vous rendez ridicule aux yeux de tout le monde et vous n'êtes bonne à rien ! » Que l'on me vante encore l'innocence et la simplicité des campagnards ! c'est à la campagne que se passent plus de mauvais romans que dans l'imagination de Dumas, de Victor Hugo et de Paul de Kock. Une villageoise n'est bonne à rien toute sa vie : dans son adolescence, la réalité de ses amours la tourmente, dans son âge mûr et sa vieillesse, le souvenir.

Dimanche 21 juin

Je commence à croire que c'est par jalousie que je disais que monsieur Hornus et Adèle ne s'accorderont jamais. Pour faire un heureux ménage, il faut que la femme soit inférieure au mari ; ceci serait le cas, mais Adèle est si bonne, si attachante, très raisonnable dans ses goûts, laborieuse, désintéressée parce qu'avec sa grande fortune, elle ne vise point à un vil mariage d'argent, une dot égale à la sienne, mais simplement à en rendre heureux un jeune homme pauvre, sans position. Si monsieur Stammler accepte monsieur Hornus pour gendre, Adèle deviendra une femme estimable : tous les germes de vertus que la nature lui a donnés, elle les développera pour rendre heureux son mari, pour devenir utile dans son ménage. Si la volonté de son père lui ordonne d'étouffer son amour, elle sera toute sa vie distraite, rêveuse, malheureuse, indolente et indifférente à tout. Que le pouvoir de l'amour est puissant : je le vois à ma pauvre amie !

On lui reproche quelques inconséquences, mais tout ce qu'elle dit, tout ce qu'elle a fait n'est rien en comparaison de la honteuse conduite de Pauline Knoderer qui se donnait de si beaux airs d'indifférence, de froideur et de vertu. Cette demoiselle de vingt-cinq ans s'est perdue de réputation en faveur d'un étudiant en chirurgie, monsieur Brat de l'Etang, de vingt et un ans, d'une famille riche de Toulouse, laid, petit (je l'ai vu au bal des Grün ; alors elle était calme encore en sa présence : personne ne se fût douté de rien), mais aimable, spirituel dit-on, et passionné à ce qu'il paraît. Billets doux égarés, non cachetés, que d'autres ont pu lire, baisers et signes aux fenêtres, rendez-vous dans la ville, dans la maison du jeune homme, elle s'est prêtée à tout. Quel avilissement aux yeux des autres ! quelle honte et quels remords ne l'accableront-ils pas plus tard si tout sentiment d'honnêteté et de pudeur n'est point entièrement étouffé dans son cœur. Ses parents ont refusé leur consentement pour cette union. Elle quittera sans dot, dit-on, avec le jeune homme, la maison paternelle, Strasbourg, pour le suivre.

Chez Adèle, c'est le premier amour qui agite son cœur. Elle me l'a avoué dernièrement : une passion et surtout la première, nous dit-elle lorsque nous étions assises, elle, ma sœur et moi sous les châtaigniers du jardin anglais, peut, il est vrai, s'endormir, mais jamais s'effacer entièrement du cœur et de la mémoire. Comme Frédéric Soulié dit si poétiquement de Diane de Chivry [109] : « Monsieur Hornus emportera la fleur de l'âme d'Adèle ; il a eu son premier amour. »

Il n'en est point ainsi de Pauline : c'est pour la seconde fois que l'amour lui fait éprouver ses fureurs. Il y a dix-huit mois à peu près qu'elle voulait à toute force épouser monsieur Schaumas que captivait sa dot. Les parents des deux jeunes gens s'opposaient réciproquement au mariage. Après la rupture, elle voulut s'empoisonner ; cette fois, elle se fera enlever ! Que l'amour est avilissant dans une jeune fille quand il éclate avec transports et fureurs, quand il est dépourvu de cette délicatesse, de ces combats qui rendent une passion comprimée intéressante et excusable.

Lundi 29 juin

Que sont devenus les soucis, les tourments, les agitations qui m'accablaient ces jours passés, qui me rendaient insupportable à moi-même, à ceux qui m'entourent, et me faisaient de la vie un pesant fardeau ? A cette heure tranquille du matin, je suis calme, un paisible sommeil a éloigné mes ennuis. Il est vrai que peut-être mon imagination hélas ! autrefois trop exaltée, trop enthousiaste, trop poétique, donne trop d'importance, prête de trop sombres couleurs aux ennuis et aux contrariétés de la vie par lesquels il nous faut tous passer.

J'ai vécu d'illusions et de beaux rêves ; j'étais oublieuse et négligente à l'excès pour les choses réelles et matérielles. Toutes les espérances de ma jeunesse se sont évanouies ; j'ai été forcée par les circonstances à quitter mon sentier vaporeux pour le sentier rude et prosaïque de l'existence quotidienne. Je me suis réveillée, j'ai prêté l'oreille à la voix de la raison : elle a tiré un voile sévère et sombre sur les poétiques tableaux qui berçaient mon âme. Je suis redescendue en moi-même, j'ai saisi avec force tout ce que j'ai en moi et qui s'accommode le mieux avec la vie humaine, j'ai tâché de devenir soigneuse, bonne ménagère, bonne cuisinière, difficile à l'excès quant au linge blanc (ceci, je l'étais dès le berceau), grondeuse et sévère pour les laveuses, les servantes, minutieuse quant au frottage des planchers, au cirage des meubles, au nettoyage du cuivre, de l'étain, des chandeliers, des casseroles de fer, au récurage d'un baquet, exigeante dans la préparation des mets, non pour moi, mais pour mon père et ma sœur coureuse de marchés. J'aime les vitres bien claires et bien lavées, les lambris brillants, la propreté, de l'ordre excessif au bûcher, au linge sale, à la cave. Dans les armoires au linge, aux habits, aux porcelaines, aux joujoux, il faut que les rayons soient même rangés avec grâce pour plaire à l'œil.

Quand le dîner a été bon, quand les planchers et les meubles sont luisants, quand la cuisine est rayonnante comme une étoile, ces occupations-là me donnent une satisfaction inouïe. Mais cela ne va pas toujours : il y a des instants dans ma vie où des plans de nourriture m'excèdent infiniment. Je voudrais retomber dans mon insouciance d'autrefois ; je me retiens, je ne suis point encore tout à fait guérie. J'ai toujours eu en horreur le mariage parce qu'il traînait à sa suite une quantité de soins matériels. Un ménage à diriger, à soigner, quel ennui ! et pourtant il est devenu mon partage sans que je passasse par les lois de l'hymen. Ma mère n'est plus ; je suis l'aînée, il faut que je la remplace, il faut dans le ménage de mon père de l'ordre, des soins, de l'activité, de l'économie. Que cela a coûté des efforts quand on n'a vécu que de poésie !...

Dimanche 5 juillet

Je n'ai pas été à l'église aujourd'hui. Mauvaises ménagères que nous sommes malgré nos éternelles reprises, nous avons achevé ce matin (en nous levant à quatre heures et demie par parenthèse) le linge qu'il faut cette semaine à la cuisine.

Grand-Maman et l'oncle Adolphe nous ont fait une proposition qui ne se refuse point : c'est d'aller avec eux aux eaux de Niederbronn dont nous avons gardé toutes les deux de si agréables souvenirs. Le départ était fixé à vendredi prochain, mais Grand-Maman nous a dit hier que probablement il sera différé de quelques jours. Nous travaillons comme des ouvrières à la journée afin de fournir le linge, le ménage en notre absence et de préparer pour nous-mêmes les choses indispensables. Vendredi, nous avons fait notre confiture de cerises mélangées de cerises aigres et de framboises qui a réussi parfaitement. La semaine prochaine, ce sera le tour de la gelée de groseilles et d'un petit savonnage pour emporter bien blancs et bien frais nos cols, nos jupons, nos pèlerines.

(FIN DU QUATRIEME CAHIER)

Niederbronn, 22 juillet 1846 [110]

J'attendais le grand air, les sapins, les montagnes, un vaste horizon pour retrouver la tranquillité de l'âme, l'enthousiasme, les inspirations de la jeunesse. J'ai retrouvé ces montagnes dont je rêvais si souvent depuis que je les avais quittées, j'ai retrouvé tout ce que je pouvais retrouver, mais non ce que j'espérais si ardemment trouver.

On dit que l'adolescence est l'âge des passions, le calme suit le printemps de la vie ; mon adolescence est passée, je ne suis pas calme encore et je n'ai jamais eu de passions. Qu'est-ce qui me tourmente donc ? Pourquoi n'ai-je jamais eu l'insouciance des jeunes filles de mon âge ? Quel est le fantôme ennemi de mon repos terrestre qui me poursuit toujours ? Seraient-ce des remords ? Mon imagination m'a souvent conduite très loin… mais mes actions, ma vie, ont été pures autant que peuvent l'être celles d'une mortelle, d'une créature imparfaite : aucun souvenir ne me fait rougir. Si je n'ai pas eu de commun avec d'autres jeunes filles l'insouciance, j'avais en partage avec elles leurs petites folies pardonnables, leurs moments d'irréflexion, de paresse parfois, leur manque de respect, souvent malheureusement, à leurs parents, à leurs maîtres.

Quand je repasse dans ma mémoire tous les jours de ma vie de vingt-quatre ans, j'y trouve bien des pages noires de deuil et de larmes. J'ai pleuré des malheurs réels, des pertes irréparables, mais j'ai versé des larmes aussi sur ceux qui viendront, que je vois approcher sans qu'aucun effort, qu'aucun sacrifice de ma part ne puissent détourner, mais qui aussi ne seront jamais amenés par ma faute.

J'ai déjà souvent pensé ainsi : ceux dont la vie doit être courte ne se sentent pas à l'aise dans cette habitation terrestre qui ne leur appartiendra pas longtemps, et si le ciel leur a donné une imagination impétueuse, ardente, ils dévorent leurs jours d'avance ; dès qu'ils savent rêver, ils ont assez vécu. A la fleur de la jeunesse, ils se sentent partir : la terre ne peut plus rien leur donner.

L'aspect du ciel, de l'infini, le silence religieux d'un cimetière ont pour moi un charme mélancolique indéfinissable. Alors mon âme n'appartient plus au corps : je rêve l'éternité, Dieu, son trône lumineux, sa sentence et son pardon, puis m'apparaissent, rayonnants, ma mère, mon père, tous ceux que j'ai aimés ; je jouis de la félicité des bienheureux !...

Jeudi 23 juillet

Pour écrire, je m'échappe de la chambre où Grand-Maman est occupée de son tricot, Emma de sa broderie, l'oncle, de ses vues pittoresques d'Alsace. Dans la chambre de l'oncle, au second étage, on écrit plus librement.

Depuis les quatre jours que nous sommes ici, nous n'avons point encore fait d'escapades extraordinaires. J'ai fait quelques raccommodages : mon ombrelle, ma robe, mes gants étaient endommagés. Ma dentelle avance, mais quoique j'aie apporté beaucoup d'ouvrages dans une boîte bleue sortie des mains habiles de ma chère Grand-Maman Weiler, et soigneusement pourvue de tous les instruments nécessaires, je n'ai pourtant pas eu le but de broder, de faire des dentelles, des bas en venant ici.

Quelques petites visites au Herrenberg qui n'est qu'à deux pas, une promenade dans la forêt la plus voisine près des forges, voilà tout ce que nous avons fait en quatre jours par le temps le plus magnifique du monde.

Monsieur Boeckel nous a prescrit de faire la cure : Emma en est à son septième verre d'eau et à son cinquième bain. Moi, je ne commencerai que demain : je boirai beaucoup, je me baignerai à satiété, je mesurerai le matin la promenade de long en large. J'aurai été ici pour quelque chose au moins si, par la paresse de Grand-Maman et l'état vraiment faible et maladif de l'oncle Adolphe, je ne cours pas les montagnes aussi souvent que je le voudrais.

Il y a ici beaucoup de baigneurs, beaucoup de luxe et de toilettes. Le bel été a amené à Niederbronn beaucoup d'individus d'Espagne, d'Angleterre, de Russie, d'Allemagne, de la France. Le monde brillant n'arrive à la source qu'après huit heures, heure à laquelle nous la quittons. Nous n'allons point à la table d'hôte. Dans la modeste maison de monsieur Kandel que nous habitons, il n'y a que de la petite bourgeoisie comme nous ou même au-dessous de nous. Dans nos échappées furtives, Grand-Maman évite si bien la rencontre de tout être humain que ce n'est que de loin, derrière nos rideaux, que nous entrevoyons ces robes de soie, ces mantelets de dentelles, ces chapeaux élégants.

Notre logis n'est pas aussi agréable qu'il y a deux ans : nous n'avons pu obtenir qu'une chambre pour Grand-Maman, ma sœur et moi. Je partage le lit d'Emma et ces mauvaises couchettes, surtout partagées, vous donnent plus de mal que de repos : le matin, je me lève plus harassée, plus brisée que je ne m'étais couchée. J'ai souffert le martyre les premiers jours, du lit d'abord et d'un mal de poitrine, suite d'échauffement et d'enrouement, qui me faisait songer au tombeau. Depuis hier, je me sens soulagée, mais mes jambes sont encore extraordinairement lentes et paresseuses.

Il y avait foire hier. Grand-Maman et Emma qui s'accordent parfaitement en prosaïsme me faisaient enrager avec leurs emplettes de prunes sèches, de haricots, de concombres, d'œufs, leurs mesurages de toile. Toutes ces belles choses vous poursuivent assez dans la vie pour qu'il soit inutile d'aller à leur rencontre quand on est quelque part pour son repos et son plaisir. Je suis si heureuse d'être dispensée pendant trois semaines d'idées de cuisine que cette idée seule me donne déjà un peu de gaieté. Mais quoique hier je n'aimais pas me débattre avec les paysannes, je ne manque pas de me bien bourrer l'estomac de pains croquants en forme de cercles, de gâteaux que je trempe à chaque déjeuner dans deux bonnes tasses de café et de lait délicieux, gras et doré comme du beurre.

Mardi 28 juillet

Grâce à l'air des montagnes, aux bains d'une heure que je prends à cinq heures du matin, à l'eau de la source qui est, pour mes organes faciles à émouvoir, un purgatif excellent et dont je bois huit verres, un visiteur importun qui m'accablait quotidiennement en ville ne me retrouve plus ici : c'est le mal de tête. Mon cerveau est actuellement libre, dégagé ; il m'est possible de voir, de sentir et de penser. Mes jambes se sont aguerries, mon front est serein, uni, léger, mon teint calme et frais. Si cette vie agréable frisant un peu la fainéantise se prolongeait, je rattraperais quelque chose de mes dix-neuf ans, bienheureuse époque de fleurs et de fraîcheur.

L'heure la plus agréable de la journée est pour moi celle que l'on passe à la promenade, allant de long en large, tantôt vite, tantôt lentement, aux sons de la musique, dans le sable ou sur la route durcie, au soleil ou à l'ombre, pour digérer les verres d'eau que distribuent les quatre échansons villageois de la naïade bienfaisante. L'été, propice aux bains minéraux, amène chaque jour de nouveaux baigneurs. Il y a ici de grands personnages avec laquais et équipages : beaucoup moitié Metz et moitié Nancy, beaucoup de rubans rouges, des juifs en masse, des prêtres et des sœurs grises. A mon déplaisir secret et ouvertement prononcé, je ne circule pas au milieu de la foule autant que je le voudrais. Grand-Maman et Emma, qui ne s'accordent jamais mieux que dans une chose qui me contrarie, ont dans leurs allures sur la promenade quelque chose de l'ours poursuivi par les chasseurs et la meute : elles recherchent les sentiers isolés, les broussailles, les bosquets. Rien de plus intéressant pour moi que d'étudier tous ces visages, que de regarder cette foule qui va, vient, se presse, se coudoie et passe devant vous comme une pelote de fil qui glisse en se déroulant et qui se resserre de nouveau ou s'agite comme par le coup de la baguette d'un enchanteur. Le magicien qui la remue est la source de la santé, l'eau minérale, car il n'y a ici que de rares fraîches apparitions ; on ne voit que des visages hâves, pâles, jaunes ou boutonnés, portant l'empreinte des maladies ou d'odieuses passions, des démarches lentes, des membres paralysés.

En fait d'anciennes connaissances de 1844, j'ai revu monsieur Martinet, officier marié depuis, qui se promène avec sa jolie femme, le clerc de notaire dont la ressemblance avec notre cousin Louis est frappante, marié aussi, mais qui n'a pas fait un choix aussi agréable. Monsieur de Varren, aussi jaune, aussi maigre, aussi seigneurial, aussi intéressant qu'il y a deux ans, mais sans sa femme dont la beauté angélique me laisse un si long souvenir. N'existerait-elle plus ? Aujourd'hui, je suivais des yeux sa taille noble et élancée, sa démarche vive, élégante, militaire ; j'éprouve toujours un senti-ment de pitié quand je rencontre le regard mélancolique de ses yeux noirs comme l'aile du corbeau. Emma et moi lui trouvons une ressemblance avec le comte de Lara.

Parmi ces figures niaises, plates, bigotes, communes, sournoises et pleines de bonhomie des prêtres, il y en a un dont la robe est la plus négligée, le chapeau le plus râpé de tous ses confrères, mais dont la physionomie fait émotion : ses yeux ont quelque chose de la puissance de l'éclair, des cercles de toutes les couleurs forment une prunelle sombre qui se meut dans un fond de blancheur éblouissante. Le regard de cet homme est parfois si sombre et si rêveur qu'il semble défier les hommes, le ciel, la terre, l'univers entier, l'immensité, l'infini. Jamais je n'ai vu de tels regards, jamais je ne les oublierai. S'il est vrai que les yeux sont le miroir de l'âme, que cette âme doit avoir de profondeurs, de passions, de combats, de foi et de doutes, et de force de volonté et d'énergie ! Emma veut découvrir le presbytère de ce prêtre et devenir une de ses brebis. Quelle finesse pour exprimer l'admiration !

Il y a quelques jours, nous nous fîmes remarquer l'une l'autre près de la galerie qui entoure la source, avec trois dames, l'une jeune, deux âgées, et un jeune homme de vingt ans environ que j'ai surnommé la perfection de la beauté masculine. Comme la mère d'Henrik dit de son fils, il n'y a que le pinceau d'un Corrège qui pourrait retracer ces yeux bleus plein d'expression, cette chevelure soyeuse, abondante, d'un blond cendré, ces sourcils qui forment un arc si parfait, ce profil grec, ces lèvres de corail, ombragées d'une belle moustache, ces dents de perle (cette fois, le terme est technique), cette fraîcheur de l'adolescence. Aujourd'hui, je l'ai vu parler à une jeune fille jolie comme une fleur du printemps, au teint pur comme celui d'une Anglaise. Ils se souriaient en causant : elle a les lèvres et les dents aussi belles que lui. Ils semblaient les admirer réciproquement : c'était ravissant.

Les Strasbourgeois se font remarquer par leurs gros pieds chaussés de bas blancs et de pantoufles, les hommes par leurs vestes et leurs paletots disgracieux, les femmes par leurs châles de mousseline de laine posés volumineusement sur les épaules.

Une dame française a une grimace souriante repoussante, forcée. Une Française également, mais juive, a un sourire éternel, gracieux si l'on veut, mais il donne, je trouve, une expression voluptueuse à sa figure. Une Strasbourgeoise a un sourire stupide de satisfaction que lui donne une position aisée. Son mari, ex-tisserand de toile d'emballage, se promène en veste et en pantoufles de haute-laine, gesticulant, criant, bavardant, trouvant fort peu extraordinaire d'être ici, lui qui, avec cinquante mille francs de fortune, est dans la brillante position de visiter toutes les eaux minérales thermales et sulfureuses d'Europe et qui est enchanté d'entendre sa jeune femme parler français, qu'il a oublié, et de la voir faire conversation avec tous les épiciers, les restaurateurs, les maîtres-tailleurs et cordonniers aristocrates du faubourg de Saverne qu'il habite.

Madame Valée et sa fille sont des aristocraties de la promenade de Niederbronn. Ces dames sont pour nous d'une amabilité parfaite et nous ont offert dimanche passé de nous chaperonner au bal si nous nous décidions d'y aller. Grand-Maman nous promet cette réjouissance pour dimanche prochain. Dernièrement, en allant du côté des forges, nous rencontrâmes les dames Valée en société d'un monsieur à l'air distingué, militaire à grandes moustaches, qui le matin ne manque jamais la promenade. Il porte toujours un paletot de coutil clair, une casquette pareille d'une forme gracieuse un peu extraordinaire. Il est fort maigre, a le teint un peu bronzé : nous l'avons surnommé le tigre à cause de son teint, de la couleur de sa forte moustache et de ses pommettes saillantes, nous lui trouvons quelque ressemblance avec le favori féroce de monsieur Martin.

Dans la feuille d'annonce où se trouvent tous les noms des étrangers qui arrivent, nous avons lu celui de monsieur de Prailly, commandant d'état-major de Metz, logeant chez monsieur Salaté, médecin. Il y a dix ou douze ans, monsieur de Prailly, alors lieutenant d'artillerie, demeurait dans la maison de Grand-Maman Weiler ; parmi les lettres qu'elle m'a données, il s'en trouve une de lui. « C'était un jeune homme fort aimable », disait ma grand-mère. Je ne me souviens pas de sa figure : peut-être le reconnaîtrais-je en le voyant ? Je fixe particulièrement mon attention sur les rubans rouges : il y en a un en chapeau blanc, pas trop vieux encore, qui regarde particulièrement Emma. Il n'est pas mal de figure et le trait le plus saillant de sa physionomie est qu'il a l'air de sourire du nez. Serait-ce peut-être l'aimable monsieur de Prailly ? O mer de conjectures dans laquelle je me noie !...

Une grande société à ânes vient de passer : madame Valée, gracieuse en pèlerine noire, bras nus. La perfection de la beauté, le jeune homme, était du nombre.

Nous sommes ici pour l'air, pour l'eau, les bains, non pour les plaisirs : c'est toujours quelque chose. Quel contraste aussi entre notre toilette et celle de ces jeunes filles. Nous pourrions en faire aussi en mettant ce que nous avons de plus beau quoique, pourtant, elle courrait le risque d'être éclipsée, mais à quoi bon se tourmenter quand on est quelque part pour son repos. Chaque matin après le déjeuner, nous allons au Herrenberg dans la plus simple toilette du monde nous asseoir sur un banc et broder. Je raffole de mon col au point de chaînette et de la vue sur les montagnes et sur Niederbronn que je domine sur mon banc.

J'écris sur mes genoux : on met la table pour le souper, il est temps que j'en finisse, ma plume commence à s'émousser.

Mercredi 29 juillet

Sept heures du soir.

A trois heures du matin, dispute au lit à cause de la couverture qui ne couvre pas les deux, à cause des coussins affaissés. A la promenade, œillades et admiration. Au Herrenberg par un vent affreux, broderie du col, point de chaînette dont nous raffolons. Après le bœuf et les pommes de terre, continuation de la broderie.

A cinq heures, ascension de la montagne aux trois chênes. Odeur aromatique, délicieuse, pénétrante, ravivante des sapins, chemin glissant bordé d'arbres nains, lézard passant sa tête effilée sous un bloc de rocher couvert de mousse. Au sommet air vif, vue étendue : au bout de l'horizon, la cathédrale, colonne grisâtre au milieu des brouillards qui enveloppent la Forêt-Noire, clochers et villages, forêts, champs, ceinture bariolée, arbres disséminés dans la plaine comme un immense troupeau, montagnes dorées par les rayons du soleil. Sur le tronc du grand chêne, papillon aux couleurs marron, pourpre et or. Sur un banc, découverte d'un billet plié en quatre et posé dans un creux. Ce billet contenait quatre couplets exprimant ennui, soupirs et désirs : ils sont intitulés *Despératio*. Il y a quelques jours, la perfection de la beauté fut aux trois chênes avec trois dames, à âne. Il y a laissé un souvenir évoqué par un souvenir : nous le soupçonnons être l'auteur de ces quelques vers.

Descente rapide dans le sable et les aiguilles des sapins ; sentier serpentant à travers fossés et broussailles, passage au milieu de deux troupeaux : celui de l'animal que saint Antoine s'était choisi pour compagnon et de l'oiseau qui sauva le Capitole. Deux hochequeues fuyant à notre approche le bord du ruisseau, des oies qui roulent sur le sable et sur les cailloux. Poussière épaisse sur la route royale, aspect des montagnes, du marteau, d'une barque glissant sur l'eau tranquille et laissant une trace argentée. Rencontre des vaches, mon rêve sinistre !

Jeudi 30 juillet

A dix heures moins le quart, cette nuit passée, nous étions couchées toutes trois : je dormais selon mon habitude, Grand-Maman se plaignait de la chaleur, Emma remuait ses bras, ses pieds, ses coussins, sa couverture. La voix de ma grand-mère me réveilla en sursaut : « Filles, que faites-vous, nos lits remuent ? » Je n'avais rien senti d'un tremblement de terre [111].

Samedi 1ᵉʳ août

Chaleur d'août excessive ! on ne voudrait que dormir, et baigner, et boire.

Jeudi 6 août

Malgré les sarcasmes de l'oncle Adolphe qui a eu l'impardonnable indiscrétion de lire dans mon journal que j'avais maladroitement oublié sur la commode, qui s'est moqué de mon style et de mon écriture, je ne me dégoûterai cependant pas de faire des notes quoique j'avoue de bon cœur que pour tout autre que moi, elles doivent être de la dernière insignifiance. Il trouve mille fois plus intéressants les longs détails des lettres un peu commerciales de son patron : il peut avoir raison. J'en ai lues, je ne les ai pas trouvées de mon goût, mais les goûts sont très différents et quelquefois très faux. Je me rappelle fort bien qu'en pension, mes compositions ont toujours fait plaisir à mes maîtres, que j'ai été obligée d'en copier quelques-unes pour leur laisser un souvenir. Il est vrai que peut-être j'ai eu le malheur de n'avoir pour compagnes d'études que des ignorantes et, alors, il n'y aurait point de mérite à faire un peu moins mal et d'obtenir les premières places. Un maître sans goût lui-même peut louer un devoir que vingt autres trouveraient détestable.

J'ai manqué à la modestie en me défendant ; c'était le seul moyen, en parlant au nom de mes maîtres, que je jugeais capable de convaincre monsieur Faudel que son jugement ne m'alarmait point, que je savais à quoi m'en tenir par ce qu'on m'avait dit. Il m'a répondu que l'on pouvait acheter les louanges d'un maître. Je lui prouvai que c'était une infamie, une absurdité qui ne peut jamais se glisser dans un pensionnat de jeunes filles. Il continua que quelquefois, c'était partialité ou bien un sentiment un peu prononcé pour une jeune élève. Quant au premier point, je sais parfaitement que peu de maîtres ont eu d'extrême partialité pour moi : outre mes devoirs que je faisais consciencieusement, strictement, avec joie et facilité (il faut en excepter pourtant l'arithmétique, la géographie et les modèles de calligraphie) et pour lesquels on ne pouvait sans injustice me refuser des bonnes notes méritées, je n'ai jamais eu la politesse, la volonté et l'empire sur moi-même d'être aimable pour ceux qui ne m'inspiraient guère de confiance, de respect et d'admiration.

Quant au second point hélas ! il se peut appliquer à un seul peut-être... Sa grande jeunesse, quoique son génie lui tint lieu d'expérience et d'une longue pratique, et celle de son élève peuvent l'excuser. Dieu lui pardonne si ses éloges exaltés me faisaient peut-être trop ardemment désirer sa présence, s'ils mettaient un peu d'orgueil dans mon cœur et faisaient pâlir pour moi l'amitié de mes compagnes.

Mon oncle n'a jamais eu beaucoup d'affection pour l'aînée de ses nièces. En ville, je le vois rarement, mais ici nous avons eu déjà des discussions fort vives et celle d'avant-hier surtout était telle que je me suis promis intérieurement de ne plus jamais en recommencer une pareille quoiqu'il y eût défaite plus de son côté que du mien parce que ma raison, quoiqu'elle déraisonne souvent, me dit qu'il juge trop le monde en négociant, qu'il mesure trop les circonstances d'après les doit et avoir et les pour cent. Quoique je lui aie disputé pied à pied chaque satire, chaque argument, chaque raisonnement, quoique je l'aie retranché par ma hauteur, mon obstination à défendre ma manière de voir, mon impertinence, au point de ne plus lui laisser que la colère, l'injustice et l'injure, je ne lui répondrai plus jamais, tant que je suis ici, que par des monosyllabes. Qu'il se moque toujours de ma toilette, de ma chaussure, de mes raccommodages, de mon goût pour la musique et la lecture, qu'il critique et trouve fausses mes citations historiques pour les approuver dix minutes après, qu'il se moque de mon teint, de mes cheveux, de mon point de chaînette, je le laisserai parler : peut-être qu'il se lassera lui-même en s'écoutant toujours seul.

Il riait impertinemment, grossièrement, de mon style et de mon écriture ; cela ne m'offensait point, je pensais secrètement qu'il avait raison peut-être, je faisais semblant de me défendre tout en tâchant de continuer la plaisanterie. Mais ma patience et mon respect furent à bout lorsqu'il me dit que l'argent tenait lieu de tout auprès de tous : considération, vertu, réputation, talents, grâces, éducation, instruction, qu'une jeune fille sans argent n'était rien malgré mille qualités estimables, qu'une fille de boutique sans mœurs ne sachant faire que des chiffres et des calculs, vendant au profit de sa poche, au préjudice des acheteurs, une aune de drogue, valait dix fois une jeune fille instruite, réservée, bien élevée mais ne gagnant pas d'argent !... « Quelle horreur ! quelle bêtise ! quelle absurdité, m'écriai-je. Chaque jeune fille est-elle placée de manière à gagner de l'argent, cette idole, ce dieu ? » Cette fille de boutique si estimable sur laquelle je m'acharnai si fort, c'est sa cousine Emilie que les hommes trouvent belle, que les femmes trouvent effrontée et fuient. Je me suis permis de la blâmer et surtout sa mise que je trouve coquette, déplacée pour une fille de sa condition. Rien n'est au-dessus d'un négociant, d'une fille de boutique coquette, d'une conduite équivoque, mais sachant bien vendre !... Qu'il le dise cent fois encore en ma présence, il ne m'échappera plus la moindre exclamation. Cela a révolté tout mon sang, c'est assez d'une fois ; je ne suis point à Niederbronn pour cela : l'effet de l'eau et des bains pourrait être contrarié. Ainsi, Racine et Schiller, Bellini et Mozart auraient dû étouffer les élans de leur génie, se faire commis ou garçons de boutique et tricher le public.

Vendredi 8 août

Je n'ai plus qu'une minute pour écrire un mot : nous partons demain à six heures du matin. Adieu Niederbronn, adieu sources, adieu montagnes.

Mardi 12 août

Depuis trois jours, nous sommes ici : les trois semaines passées si agréablement et si paisiblement ne m'apparaissent plus que comme un beau rêve trop vite, hélas ! disparu. J'étais heureuse de revoir mon père ; j'ai revu ma chambre, mon sanctuaire de jeune fille avec joie, j'y respire plus en liberté que dans l'appartement de madame Kandel, plein comme l'arche de Noé de deux bois de lit, trois baignoires et de quatre personnes qui s'y tenaient pendant le jour. Je retrouve ici mon piano, mes livres, mais outre cela, je n'ai rien désiré voir. J'ai fait ma visite aux armoires, au bûcher, au grenier, à la cave, au linge sale où de grandes taches d'huile, faites par la maladresse de ma représentante, me frappèrent agréablement. Je l'appelai de suite pour les faire couvrir de terre glaise. Il faut toujours que les impressions désagréables suivent la félicité. Mais je veux laisser cela et ne songer qu'à Niederbronn, à notre voyage.

Vendredi soir, je me jetais en désespérée sur le bord de la fenêtre, j'étendais les bras en saluant pour la dernière fois le ciel qui se voûte sur Niederbronn, les sapins, les peupliers de la promenade, le petit angle de montagne dont l'aspect m'avait si souvent réjoui le coeur.

Le lendemain à sept heures du matin, nous étions embarqués ; après avoir roulé sur la route pendant trois heures, ces montagnes que nous avions courues la veille encore fuyaient, déjà bleuâtres à l'horizon. Par Reichshoffen, Gundershoffen, nous arrivâmes dans la longue forêt de Haguenau. Nous, les deux soeurs, nous trouvâmes mal en route comme il nous arrive toujours en voiture ; nous nous faisions pitié l'une l'autre en nous voyant pâles, livides presque. La forêt, l'odeur des pins nous furent de quelque soulagement. En voyant les champs de houblon et puis Haguenau, j'étais contente en pensant que nous approchions de Marienthal où nous voulions nous arrêter pour faire reposer et nourrir nos chevaux d'abord puis dîner nous-mêmes et visiter Notre-Dame-de-Lorette de l'Alsace.

L'auberge A la Charrue est en face de l'église : en dix pas, l'on quitte le pied de l'autel pour la table de l'aubergiste. Il y avait service lorsque nous arrivâmes. Quoiqu'il n'y eût ce jour-là aucune fête de saint ou de sainte, la foule était si grande que les marches extérieures étaient couvertes de pénitents. Devant se trouvent des boutiques où l'on vend des amulettes, des médailles, des rosaires bénis. Près de ces biens spirituels sont aussi des choses matérielles : des marchandes de gâteaux et de fruits se sont établies et à chaque coup de sonnette qui retentissait de l'église, elles s'agenouillaient auprès de leurs poires et de leurs gâteaux en faisant le signe de la croix. Nous nous approchâmes d'une porte : que de regards vagues, hébétés, fixés sur cet autel, sur cette image de la Vierge et sur ce prêtre. Ce rosaire qui tourne entre les doigts semble le mouvement obligé causé par le fouet d'un tyran ; le mouvement de ces lèvres d'un sens et cette tête de l'autre est tout aussi peu celui de la ferveur et de l'attendrissement. Si jamais la religion protestante ne paraissait plus assez consolatrice, trop simple, trop élovéc, l'aspect des catholiques réunis dans leur temple suffirait pour vous dégoûter, et de leur foi, et de leurs usages ! Sur ces visages, qu'ils appartiennent à la classe cultivée où à celle du peuple, n'importe, tant de stupidité et d'incrédulité se mêlent à la bigoterie et à la haine de tout ce qui ne fait pas la croix, dont ils ont tous l'expression.

Lorsque nous eûmes regardé à loisir, quand la foule se fut écoulée, l'image de la Vierge, les ex-voto infinis, les petites figures de cire dégoûtantes que l'on offre sur l'autel accompagnées de trois sous de monnaie, visité la chapelle assez simple et d'assez bon goût élevée par messieurs Renouard de Bussierre et Ratisbonne, protestant apostat et juif converti [112], nous entrâmes dans le jardin qui appartient au presbytère : il est élevé, vaste, on y jouit d'une vue magnifique sur la forêt, sur la route royale. Il a une serre remplie de fleurs rares, des lauriers-roses et des grenadiers magnifiques ; un paon se promenait devant la maison, mais une certaine négligence, un manque d'ordre se trahissaient comme partout dans les habitations catholiques. Plus que toutes les merveilles que les fidèles vont admirer à l'église de Marienthal, je contemplais une branche de verveine dont le pourpre vif éblouissait ma vue et une fleur de cactus dans la serre. Je ne pouvais me détacher de cette merveille.

A table, je me réconciliai un peu avec les catholiques en entendant mes compagnons de voyage faire l'éloge, non pas de la soupe maigre qui était mauvaise, mais d'une omelette de pommes de terre exquise, d'une carpe frite accompagnée de salade que nous dévorâmes avec plaisir : nous faisions maigre avec plaisir. Le café nous fut servi dans des tasses charmantes ; on avait un soin de nous donner la plus belle vaisselle réservée d'ordinaire aux grands personnages.

Weyersheim, Hoerdt furent bientôt franchis. La cathédrale nous indiquait que nous allions atteindre le lieu de notre destination. Hœnheim, Bischheim, Schilick, puis Strasbourg. Que l'atmosphère lourde de la ville accable vos sens et vous fait tourner le cœur lorsqu'on a respiré longtemps un air pur ! c'est là la première impression désagréable qui vous frappe au retour.

Lundi 17 août

Il y a huit jours que nous sommes ici : peu à peu, je me suis remise aux tracas, aux ennuis de ménage, et depuis deux jours, je ne me sens pas trop mal, ni tant dégoûtée de la vie.

Vendredi, j'ai fait travailler ma servante tout en partageant ses travaux. Le balai à la main, nous sommes entrées d'abord dans les deux caves car j'ai un compartiment tout exprès pour le vin, mes œufs confits, mes petits haricots fins, mes cornichons superfins, mes betteraves sang-de-bœuf, mon beurre fondu doré et ma graisse d'oie blanche comme de la cire. Personne ne pénètre dans ce saint office que moi, ou, sous mes yeux, le balai de ma servante quand il doit enlever les toiles d'araignées et nettoyer le terrain des pierres et de la chaux qui tombent de la voûte. Après avoir mis ordre au garde-manger, assigné sa place à chaque pied de salade, chaque carotte, chaque brin de poireau, après avoir prêché l'ordre, l'exactitude, l'économie avec les légumes dont pas une fève ne doit pourrir dans un coin, car ils sont les dons du ciel et c'est l'offenser que de les gaspiller, mon voyage est allé au linge sale, c'est-à-dire à la mansarde où j'ai balayé ; de là, au bûcher où j'ai fait ranger le bois, arroser, balayer. Du bûcher, nous sommes descendues dans une autre espèce de petit bûcher qui ne contient pas de bois, mais toutes sortes d'instruments de propreté tels que le sable blanc et rouge, la chaux que je vais abolir dès qu'elle sera usée, la terre glaise, les *schaftring* [113], le cirage, les fers à repasser, la machine à nettoyer les couverts. Après avoir rangé, épousseté, balayé, j'ai recommandé comme précédemment de respecter consciencieusement, immuablement, scrupuleusement les arrangements que je venais de faire : de replacer chaque objet dont on se serait servi à la même place que je lui avais donnée sans dévier d'une ligne. Malgré les sarcasmes de ma sœur qui se moque toujours de mes allures de cendrillon et de mon goût pour les tripotages dans les coins et recoins et les chenils, je n'aurais pas donné pour le plus élégant chapeau du monde (les miens ne sont pas mal fanés) ces deux heures de remuage, de balayage, de poussière et de mains noircies.

Le premier dimanche passé à Strasbourg fut très agréable ; nous fûmes à Kehl avec la famille Roederer, y compris le fils qui me fait l'effet d'écouter Emma avec joie et intérêt. J'eus le plaisir de voir le Rhin que j'aime tant. Emma Roederer et moi vidâmes trois verres de bière, dimension chopine : on n'en rit pas peu et on nous offrit de nous conduire. Que j'adore cette famille ! Monsieur Roederer, le père, est plein de vivacité, de feu, d'esprit, d'agrément et d'instruction ; madame Roederer est douce, bonne, respectable ; Emma est charmante d'amabilité et de malice. Quant au fils, je le souhaite pour mari à Emma Weiler. C'est une pensée qui m'occupe fort.

Samedi, il y avait fête ; cependant ni les noms de Napoléon et de la Vierge ne m'ont empêchée de repasser, de raccommoder et de monter des rideaux. Vers le soir pourtant, nous nous sommes mises en toilette pour monter à la cathédrale avec Papa, messieurs Roederer et Emma. Il y avait beaucoup de monde. Peu s'en fallut que nous ne vîmes un incendie : il brûlait dans la cheminée de monsieur Ratisbonne. Une épaisse fumée s'élevait, la flamme brillait, le gardien accourait avec son drapeau rouge, les uns criaient : « au tocsin », les autres prêchaient le silence des cloches, mais le gardien, voyant que le feu diminuait, rentra son drapeau en disant : « Nous avons l'ordre de ne point sonner l'tocsin quand il brûle dans la cheminée d'un boulanger. » Monsieur Jules Roederer accompagna ces paroles d'un : « c'est juste » qui faillit faire saigner ses lèvres.

Le coucher du soleil était magnifique : des raies d'or marquaient au ciel la place où il venait de fuir derrière les montagnes, semblable à un globe de feu. Au loin, le Rhin semblait un large réseau d'argent. Kehl, avec ses maisonnettes blanches et roses, apparaissait de loin comme un troupeau immobile. En tournant mes regards vers la ville, je cherchai un lieu intéressant ; ils tombèrent sur l'hôpital civil et la tour du Calendrier : ô mes anciens entourages, que je vous regardai avec amertume !

En chemin, je proposai d'entendre la musique sur la place d'Armes ; soit indifférence, soit paresse, ma proposition fut rejetée. Force me fut de me contenter d'un tour sur la terrasse où j'eus l'aspect d'un magnifique ciel d'étoiles et où Emma Roederer recommença ses leçons d'astronomie.

Lundi 5 octobre

Mes joues sont brûlantes ; il y a dans la maison des contrariétés pour ma lessive : le pensionnat me dispute un jour, je serai obligée de faire laver le dimanche par complaisance ou par nécessité de céder au plus fort. Je viens de parler à l'une des maîtresses ; elle était debout dans la cuisine auprès de ses deux servantes qui soupaient ou dînaient. Elle a jugé à propos de leur demander comment on pourrait s'arranger. Tout en m'efforçant de rester calme et polie, j'étais furieuse contre ces deux gueuses auxquelles j'aurais voulu crever à l'une ses deux yeux gros, stupides et catholiques, et à l'autre, son long nez rechignant. Cette espèce d'inquisition devant ces deux bonnets de coton que la doléance de leurs maîtresses fait parler en juges révolta tout mon sang. Je ne dormirai pas cette nuit, je ne rêverai que lessive, servante, poison avec lequel je voudrais purger l'univers de toute créature ennuyeuse.

Jeudi 22 octobre

Tout à l'heure, les repasseuses viendront prendre leur café sur la table où j'écris : la journée va finir heureusement.

Recueillons mes notes : depuis dix jours, j'étends, je plie, je range, je serre, je raccommode. Demain, après-demain, la semaine prochaine, je serrerai, je rangerai, je raccommoderai ; je raccommoderai jusques à quand ? Tout l'hiver, tout le printemps, toute l'année : dans mon existence, il n'y a plus rien au-delà. Quelle vie ! pour compensation, les ennuis que me donne ma servante, les dégâts qu'elle commet à mes meubles, à mes ustensiles de cuisine, à ma vaisselle. Pas d'agrément pour moi, aucun excepté celui de ranger demain mon armoire à moi, d'y serrer mon linge frais.

Dimanche soir, nous avons fait une partie de nain jaune et de *schwarzer Peter* chez madame Roederer. Monsieur Roederer fils a voulu faire les moustaches d'Emma, il prétendait avoir mis de la fantaisie dans une mouche et glissait à ma sœur le valet noir pour avoir le plaisir d'effleurer ses joues avec le bouchon noirci. En entrant au salon, il nous accueillit par cette phrase : « C'est la première fois, mesdemoiselles, que j'ai le plaisir de vous voir depuis mon retour », à laquelle aucune de nous ne fit réponse. Il vient de s'associer à un négociant de Mulhouse qui, avec sa femme très élégante, dîne chez eux.

Mardi 3 novembre

Depuis tantôt quinze jours, je n'ai pas pris le loisir de remplir une page de ma jolie écriture de chat, mais en ouvrant ce journal où il manque bien des journées, le premier mot qui me frappe est le nom de celui dont je veux parler. Pour parler du mariage de monsieur Jules Roederer que sa sœur vient de nous annoncer, je veux oublier mon linge blanc dont je suis folle, mes armoires bien rangées, toutes nos chambres frottées, cirées, enlustrées grâce au travail d'une semaine de toute la force de six bras de femme, mais ce ne sera pas pour longtemps.

Cette affaire importante qui l'a ramené du Havre après avoir débarqué à peine n'était donc qu'un mariage qui se tramait. D'après tout ce qu'Emma nous a dit et conté, j'en retire deux clauses : la fiancée est riche et laide. Elle lui fut proposée par son associé dont elle est la nièce : il valait bien la peine de se déplacer pour pareille spéculation. J'en veux à Emma quant au mystère dont elle s'est enveloppée jusqu'à présent.

Dimanche, nous avons passé la soirée chez elle. Madame Roederer avait fait sa malle, devant partir le lendemain. Du ton le plus insouciant du monde, Emma demande à sa mère s'il était décidé qu'elle l'accompagnerait avec son père ; elle savait déjà, la petite artificieuse, par une lettre de son frère, qu'elle était invitée. D'ailleurs, pour se présenter dans cette famille, l'une des plus considérées de Mulhouse, je suppose qu'elle n'aura pas mis la robe brune de stoffe qu'elle avait tout à l'heure.

Les parents de mademoiselle Emilie Mantz, c'est le nom de la fiancée, ont une maison magnifiquement montée. Il y a trois demoiselles et un fils ; les deux aînées ont été dans un pensionnat à Paris pendant un an. Elles prennent des leçons de musique, de dessin et d'anglais. La fiancée a dix-huit ans. Emma ne pouvait, à ce qu'il paraît, faire l'éloge ni de son esprit ni de sa beauté : elle a rabâché sur l'éducation parfaite qu'elle a reçue, sur l'amabilité de son caractère. Elle nous l'a dépeinte silencieuse, mais gagnant toujours davantage quand on apprend à la connaître. Elle dit qu'elle n'est point jolie. Si déjà elle veut empêcher que nous nous fassions illusion, je conclus de cette précaution qu'elle est passablement laide et pas plus haute qu'une botte, Emma dit plus petite qu'elle, et je range Emma du nombre des plus petites femmes que j'aie jamais vues.

Voici donc la grande nouvelle que monsieur Roederer est venu constater de sa personne dimanche soir, arrivant de Mulhouse à neuf heures comme une bombe pour repartir le matin à sept. Je lisais tranquillement mon *Kenilworth* [114] quand nous entendîmes frapper un coup à la porte et quelqu'un sauter dans l'escalier ; au-dessus une porte s'ouvrit, plusieurs exclamations partirent à la fois. Deux minutes après, nous distinguâmes sa voix et de cette singulière visite, nous augurâmes à peu près la vérité.

Cet après-dîner, nous travaillions ensemble avant l'arrivée d'Emma, ma sœur me disait : « Si c'était sérieux, je n'en parlerais pas ; si le loup (c'est le sobriquet qu'elle lui avait donné) ne m'épouse point, je n'en veux pas d'autre. » Je répondis : « Il me conviendrait aussi : il est laid, mais il a la taille si bien faite, un port si jeune, un air de fraîcheur incomparable, de belles dents, un organe si agréable, un bel accent, de bonnes manières. Il a l'air si bien né et si bien élevé ; partout on se ferait fête de l'admettre. » Orgueil présomptueux, jugement dangereux !

Pendant les deux heures qu'Emma fut assise près de nous, nous jouâmes une comédie parfaite : elle n'a pu se douter qu'elle nous enfonçait l'aiguillon dans le cœur. Quand elle fut partie, Emma fit vœu de célibat, moi d'accepter le premier venu ; nous partîmes d'un éclat de rire en faisant projet d'abstinence, de jeûne, de solitude, de pèlerinage, de deuil. Pauvres filles que nous serions si c'était une déception réelle ! « L'imposteur, le flatteur, le trompeur », disait Emma. Je répétais ces épithètes comme un écho. « Quand je me rappelle les phrases qu'il m'a faites cet été, ces causeries sur la terrasse », disait-elle. Une fois, nous y travaillions, il resta trois heures près de sa fenêtre sans bouger ; que de regards lancés vers notre croisée. J'avoue qu'en passant, il m'a plu ; plus encore à ma sœur. Quoique si différentes dans nos goûts, nous avions le même sous ce rapport. Il me semble qu'en comparaison de lui, tous les autres jeunes gens que j'ai connus dont des rustres ! Je me trompe peut-être ! parce qu'il m'échappe et le voyage au Havre aussi, je le trouve plus aimable qu'il ne m'a jamais paru : c'est de l'amour-propre blessé.

Ma couturière m'a envoyé ce soir ma robe de mérinos noir, demain elle viendra essayer la nouvelle. J'ai un col à monter, des rideaux neufs à faire : ils ont un dessin charmant. A toutes ces choses qui m'occupent, je me sens déjà guérir : je n'ai peut-être pas été blessée. Retournons à mes livres, à Walter Scott, à mon piano, à mes aiguilles ; c'est plus de dédommagement qu'il ne faut pour un cœur d'homme rebelle. De tout temps, j'ai su me maîtriser, je ferai l'accueil le plus gracieux du monde à cette fiancée que j'ai maudite un instant. Quelle folie de nourrir un rêve de quelque nature qu'il soit, de se faire illusion dans ce monde où tout n'est que désillusion, de donner le nom d'ingrat à quelqu'un qui ne vous avait rien promis ! Je me guéris, j'oublie, je le sens ; demain, je trouverai ridicule d'avoir pu m'émouvoir d'une semblable nouvelle.

Mercredi 11 novembre

Lundi, je suis montée de bonne heure chez Emma pour l'aider dans la fabrication d'un plum-pudding et dans les apprêts de la table qu'elle couvrait pour la fiancée de son frère, arrivée dimanche avec ses parents. Je coiffai Emma, je l'habillai puis je m'enfuis par l'escalier de derrière. Ma sœur travaillait dans la chambre à demeure ; je m'assis près d'elle, près de la fenêtre. Un chariot était arrêté dans la cour devant l'entrée. Pour arriver à l'escalier, il fallait faire le tour du camion. Grâce à cet incident, nous aperçûmes la petite taille, le chapeau de velours noir et le crispin de la fiancée à laquelle son prétendu donnait le bras de l'air le plus gêné du monde et tirait de la main gauche, tout en marchant, le gant droit. A sa contenance, on voyait qu'il se croyait observé. Chose étrange ! Après avoir conduit sa fiancée en haut, il revint pour chercher son père à son comptoir. Il le laisse monter, se place sur la première marche, passe son mouchoir sur sa figure et regarde ma sœur qui ne sait où tourner les yeux. Emma m'a fait rire toute la journée en me répétant à chaque instant : «Mais as-tu bien vu cette tête rouge, gênée ? Pourquoi n'as-tu pas mis de poison dans le plum-pudding ? A ta place, j'aurais tâché de le voir pour lui dire : "Voyez, quoique vous m'ayez trompée, je suis encore assez généreuse pour préparer un mets qui doit flatter le palais de ma rivale !"

Emma Roederer a eu l'attention de nous faire goûter ce que nous avions pâtissé ensemble. Nous n'eûmes ni le plaisir ni le chagrin de voir le fiancé : il était parti pour accompagner à Mulhouse la famille Mantz qui l'avait accompagné à Strasbourg. Eternels accompagnements ! on l'enlace de telle sorte qu'on dirait qu'il y a du danger là où il serait seul !...

Mercredi 30 décembre

Adèle est fiancée à Hornus !... Qui l'eût dit, qui l'eût cru ! Il est fou de bonheur, elle a les joues rayonnantes de fraîcheur. Voilà tout ce que j'ai le temps de dire pour le moment. Une petite histoire suivra un de ces jours.

1847

1er janvier

Depuis longtemps, j'attendais un instant pour parler un peu de l'histoire de Hornus et d'Adèle. Dimanche passé, nous nous étions habillées assez joliment. Toute la matinée, j'étais tourmentée du désir d'aller voir les Stammler. Après le dîner, je persuade Emma de m'accompagner. Nous allons, nous sonnons : Fanny vient nous ouvrir la grille, nous reçoit d'un air étonné, nous précède et nous annonce sous la porte. Adèle nous dit bonjour gracieusement, nous fait asseoir. Je crois m'apercevoir que nous gênons ou que nous dérangeons ; je le dis tout haut en demandant si elles n'avaient point l'intention de sortir. « Non, disent toutes les deux, Papa n'est point là et nous restons à la maison. » Nous gardons nos manteaux, mais nous ôtons les chapeaux. Nous causons ; Adèle est distraite : quand on lui demande une chose, elle dit d'abord : « je n'en sais » ou « oui » tout court. Une minute après, elle se ravise et vous donne la réponse qu'on demandait. Parfois il lui échappe un singulier sourire.

Sur ces entrefaites, le père Stammler arrive, nous regarde avec étonnement, parle du froid et entre au salon. Deux minutes après, j'entends deux voix d'hommes : qui monsieur Stammler nous amène-t-il ? La porte s'ouvre : il amène Hornus que j'entends parler allemand pour la première fois et auquel je ne trouve pas le langage distingué. Monsieur Stammler le nomme déjà le gardien de ces quatre demoiselles et lui indique un siège en face de Fanny et de moi ; Adèle était dans la croisée, Emma entre elle et Hornus. La conversation s'anime, on parle allemand d'abord, puis français. J'oubliais de dire que lui, principalement, nous engageait de rester lorsque nous voulions quitter et qu'il eut l'obligeance de m'ôter le manteau et de le porter sur le canapé. Quand j'ôtai ma cravate de cachemire, il me dit : « Cela donne chaud, il faut s'en débarrasser. Ah ! si vous n'aviez pas quitté cette cravate, nous n'aurions pas vu cela », en regardant mon ruban de velours rouge avec le cadenas orné d'un rubis. Il éprouva un plaisir extrême à regarder Emma, à l'entendre et à la faire causer. Vingt fois, il tourna les yeux vers elle en lui disant : « Racontez-nous encore, racontez-nous. » En les voyant ainsi l'un à côté de l'autre, je pensais qu'ils avaient à eux deux les quatre yeux les plus expressifs et les plus malicieux du monde.

Je suis si heureuse de voir couronnée par le mariage une passion qui dure cinq années. Quand, à Pâques, Hornus et Adèle seront mariés, Corinne, Emma et moi, nous n'aurons plus rien à penser, plus rien à nous dire.

Ce même soir, le oui solennel fut donné. Adèle pleura beaucoup. Le fiancé promit d'être un second fils pour monsieur Stammler, serra cordialement la main du frère en signe de remerciement pour son active intervention, embrassa le père et, le soir en quittant, attira Adèle vers lui, laquelle d'abord retira la tête, et lui donna le premier baiser.

Il avait déjà dîné dans la maison à midi. A notre arrivée, on le cacha sans doute au salon, et la préoccupation d'Adèle avait pour objet le bel oiseau emprisonné. Le hasard nous amena deux fois dans la maison d'Adèle le jour où furent décidés les deux événements les plus remarquables de sa vie : la demande en mariage et le consentement. Le jour solennel viendra bientôt.

Mardi 12 janvier

Deux pauvres femmes venues aujourd'hui pour chercher des bons pour bois nous regardaient attentivement Emma et moi qui travaillions près de la fenêtre. J'avais une robe noire et Emma une robe bleue. L'une d'elle me dit : « Vous devriez vous habiller l'une comme l'autre, on vous prendrait pour des jumelles. » Et l'autre ajouta : « Que ces demoiselles se ressemblent ! » Bonnes gens qui trouvent de la ressemblance entre des cheveux bruns et des cheveux blonds, de grands yeux et de petits yeux, un visage rond et un visage ovale, un teint rose et un teint brun, un nez gros et un nez fin, une jolie petite bouche et des lèvres trop grosses !...

Mardi 26 janvier

Samedi, j'ai vu chez madame Grün, en tout petit cercle, Hornus et Adèle. Corinne et nous nous réjouissions comme des folles pour les voir et les observer. La tenue réciproque de ces deux fiancés est parfaite en présence du monde : point de baisers, point de triviales caresses, point de chuchotements. Hornus a l'air trop surhumain pour cela et Adèle, malgré tout l'amour qu'elle lui montre depuis des années, serait pourtant trop réservée pour les tolérer. De là, Corinne juge qu'il n'a point de passion pour elle parce qu'il est tout aussi aimable ou qu'il a l'air d'être plus aimable avec nous, amies d'Adèle.

La première fois que je les vis ensemble, c'était un dimanche, j'emportai aussi cette conviction : j'aurais désiré les regards de Hornus plus passionnés, plus souvent tournés vers Adèle, mais je suis revenue de cette idée. J'ai si peu de jugement et d'expérience dans ces choses-là !

Samedi, il a dansé avec chacune de nous : avec Adèle d'abord, puis moi. Après le départ des fiancés et de Fanny, nous sommes restées nous trois, Corinne sur un tabouret, Emma sur une chaise, moi renversée dans un fauteuil pour faire nos remarques et s'écrier : « Ah ! qu'il est beau. Ses yeux sont comme en émail, disait l'une, qu'ils sont expressifs ! » « Que son nez a une forme charmante, s'écriait l'autre, il est comme d'albâtre ». « Que son front est magnifique », ajoutait la troisième. Nous étions ravies tout en disant qu'au monde il n'y avait point de malice et de finesse d'esprit comparables aux siennes.

Lundi 8 février

La nuit a passé sur tout ce qui alourdissait ma tête quand je la déposai brisée sur l'oreiller. A l'heure qu'il est, je pourrais croire que j'ai fait un sinistre rêve si toutes les paroles affreuses qu'il m'a fallu entendre ne retentissaient pas sans cesse à mes oreilles.

Il y a quelques jours, il vint de la part de l'oncle une lettre pour mon père. Plus que l'adresse, les mots de « mon frère, chez lui »... Une émotion inaccoutumée se peint sur le visage de mon père. Il entre au salon pour lire cette lettre mystérieuse. Ma sœur et moi nous regardons d'un air étonné. « Je parie, lui dis-je, qu'il s'agit d'une chose excessivement grave : Papa voit son frère chaque jour, l'oncle a recours à une lettre, quelle est donc la chose qu'il ne peut lui communiquer verbalement ? Cette lettre me prouve une espèce de contrainte, de gêne qui ne peut avoir qu'un motif funeste : je suis sûre qu'il veut épouser Hannchen et qu'il n'ose le lui dire en face. » Pressentiment hélas ! trop vrai. Hier, sous le sceau du secret, nous avons appris de Marguerite qu'elle allait quitter son maître qu'elle sert depuis dix-huit ans pour ne point le voir sous ses yeux contracter ce mariage infâme. D'abord, elle ne voulait rien dire, mais ses gestes désespérés, ses airs mystérieux, ses soupirs, son visage décomposé nous firent douter d'un secret fatal et l'arracher enfin à sa discrétion qu'elle brûlait de violer.

Hannchen est une fille bavaroise de vingt ans passés, belle, coquette, agaçante, qui a été en service dans la maison l'été passé sous les ordres de Marguerite tout autant que sous ceux de mon oncle. Dès les premiers jours, la perspicacité de Marguerite, qui est grande, la condamna comme une fille de mauvaise vie, comme une aventurière courant le monde, ne professant ni religion ni métier certain, jouant le luth quand l'occasion se présentait, faisant des œillades aux hommes, ce qui arrivait à toute heure. Au bout de trois mois, elle la congédia, dégoûtée au contraire de son maître de ces dents de perle qu'on montrait toujours et de ces manières libres qui eurent un si profond admirateur. De la maison qu'elle quitta en servante congédiée et où elle rentrera en souveraine, à moins qu'une foudre vengeresse ne l'anéantisse avant que cette créature n'en franchisse le seuil, elle fut fille de brasserie à la Lanterne.

Un soir, en rentrant de la promenade, nous vîmes un homme en grand chapeau de paille rôder autour de la maison : c'était mon oncle. Il la retira de là pour la mettre en chambre et le bruit fut répandu par elle qu'il allait l'épouser. Actuellement, elle est en pension à Barr où il va la voir en compagnie d'un de ses amis. On dit que la femme de cet ami, dont je tairai le nom jusqu'à plus de certitude, s'occupe sérieusement de la nécessité de ce mariage. Complaisance déshonorante et vile pour une femme qui a des prétentions à la considération.

« Pauvres demoiselles, nous dit Marguerite, les larmes aux yeux, que je vous plains et votre malheureux père ; c'est donc pour de la canaille que cet oncle que vous allez perdre a travaillé ! Cette fortune considérable [115] va tomber dans les viles mains de cette créature et de ses frères musiciens ambulants. Ceux qui déjà savent cet affreux secret vous connaissent assez pour savoir que ce ne sera que la honte dont se couvre votre oncle qui vous fera gémir et non le bel héritage qui vous échappe et qu'il vous avait promis. Ces bijoux, ces diamants, ces parures de votre tante, cette misérable les portera : cette idée me fait frémir. »

Toutes les trois nous étions debout, elle se lamentant de ce qu'elle nous avait trahi ce qu'elle devait nous cacher encore, Emma les larmes aux yeux, moi pâle comme une trépassée. « Quelle horreur ! quelle honte ! quelle infamie, disais-je ; nulle puissance humaine ne me fera donner le nom de tante à celle qui ne pourra que le déshonorer. Mon oncle a-t-il perdu la raison ? Peut-il, pour les beaux yeux d'une rusée friponne, dont apparemment la résistance a été l'un des plus grands moyens de séduction, braver le mépris du monde et rompre toutes relations sociales avec les honnêtes gens ? Cette femme n'apportera à son foyer que la honte et la malédiction. »

« Figurez-vous, nous dit la Marguerite, qu'il m'a dit : "Vous l'avez fait porter des baquets de lessive sur la tête ; moi je la conduirai en équipage. Plus mon frère et vous se meurent de rage et de jalousie – je voudrais rapporter son expression à lui –, plus elle me devient chère ". » A quel excès il est déjà avili ! Je le sais depuis quatre ans, mon oncle n'a jamais eu ni moralité ni principes, mais à cinquante-deux ans, couronner par une telle infamie une vie de parjures et de libertinage, c'est tomber plus bas à mes yeux que la brute qui végète dans la fange !

A mesure que j'écris, il me semble que je rêve, je ne crois plus à ce que lisent mes yeux. On m'a dit hier que tout espoir était perdu : tant que mon père ne nous a pas parlé, il m'en reste toujours encore. Perdre le seul appui qui nous reste dans notre famille déjà si réduite, je ne puis me faire à cette idée quoique mon unique prière au ciel maintenant soit qu'il sème une haine, une discorde éternelle entre ces deux cœurs de frères qui ne pourront plus s'appartenir. Ombres heureuses de ma grand-mère, de ma mère, de mon frère, de ma tante, ramenez à Dieu ce cœur égaré ou vengez-vous de celui dont le déshonneur retentit jusqu'à vous. Non, je ne survivrai point à la honte de voir un membre de mes proches s'incliner devant cette misérable : plutôt la mort et le tombeau ! Si l'on essayait de m'y forcer, Dieu me pardonne les excès dont je serais capable.

Mardi 9 février

Pour chasser un peu les tristes tableaux que je me fais de cette indigne alliance, je veux songer à deux autres fiancés dont l'union se contractera sous des auspices bien différents. Dimanche, en quittant Marguerite, nous sommes allées voir les Stammler qui nous leur avaient fait promettre notre après-dîner de dimanche. Les joues en feu, la tête au faubourg National, nous arrivâmes dans leur salle à manger. Heureusement Fanny était seule ; nous eûmes deux heures pour nous remonter autant que possible. Fanny, toujours souffrante, ne cause pas beaucoup. Elle avait sur sa chiffonnière l'*Histoire de la Révolution française* par Vivien avec gravures [116]. Je m'extasiai sur l'image de Marie-Antoinette sans bien voir précisément le portrait de cette reine si célèbre pour sa beauté et ses malheurs. Après quatre heures, la porte s'ouvrit, une petite ronde parut coiffée d'un chapeau gris : c'était Adèle qui revenait du petit Rhin avec son père, monsieur Hornus et monsieur Hertlé.

Il faut que je dise en passant qu'Adèle a confié à Corinne qu'elle désirerait beaucoup avoir une de ses amies auprès d'elle dans les environs de Wissembourg. Cette idée sourirait également à monsieur Hornus qui tâcherait (et à lui rien n'est impossible) de faire un mariage entre une amie d'Adèle et un de ses amis.

Monsieur Hertlé est médecin ; il lui serait facile de trouver à s'établir dans les environs, ce serait un parti convenable et les vœux d'Adèle à ce sujet se sont tournés vers moi. Elle parlait de l'inviter pour que l'on se voie. Dimanche eut donc lieu une entrevue. Je réprimai avec peine un éclat de rire en le voyant entrer et en entendant son nom que j'avais deviné, lorsque monsieur Hornus eut l'obligeance de nous le nommer. Ma malicieuse sœur prétend avoir remarqué, quand Hornus s'approcha d'elle pour lui dire bonsoir, qu'il tourna la tête vers moi avec un signe qui disait à monsieur Hertlé : « celle-là ». Monsieur Hertlé est allemand d'origine, il parle le français passablement, il a des gestes, des attitudes disgracieuses, les traits tirés, l'air usé, les rides d'un vieillard quoiqu'il doive être jeune encore. Telle est l'impression qu'il m'a faite ! Quelles idées dois-je avoir éveillées en lui ?

Pour en revenir à notre dimanche, bientôt monsieur Stammler partit avec l'ami : il ne nous resta que Hornus, c'était assez. Il est enchanté d'Emma ou, plutôt, il n'est pas content quand il ne l'entend pas causer. Il s'occupe si fort d'elle qu'il oublie la présence de sa fiancée qui a eu l'imprudence de lui dire qu'il abusait de l'amitié. Il est vrai qu'elle avait des motifs pour se plaindre, mais à sa place, je ne l'eusse pas fait de cette manière. Il se mettait auprès d'Emma le plus près possible, lui faisait sur sa figure, sur sa danse, les compliments les plus exagérés.

A la nuit tombante, nous allions quitter : lui le premier ne le souffrit point et offrit de nous reconduire chez nous à sept heures. Catherine apporte de la lumière, Adèle des confitures, on se met à table pour goûter. Il se place entre Adèle et Emma et donne à cette dernière des portions énormes de confiture. Il dévore tout avec un appétit de loup : cette faim et ce poétique visage formaient le plus singulier contraste. Ce fut après le goûter qu'Adèle, sur un signe de Fanny qui indiquait qu'il se rapprochait toujours plus d'Emma, osa se plaindre. Il devint muet et rêveur pour quelques instants, puis se ravisa et se mit à nous conter de ses voyages, de ses aventures de jeunesse, des fêtes de village qu'il avait vues. Pendant ses récits, il s'était imposé la tâche de ne regarder qu'Adèle. Ces regards forcés, qui n'étaient rien moins que de la tendresse, nous faisaient rire Emma et moi. A sept heures, Catherine nous reconduisit ; depuis, je n'ai vu ni Adèle ni lui.

Mercredi 10 février

Nous sommes dans les préparatifs pour le bal Arnold. Je suis en partie joyeuse, moitié dans les transes. Depuis dimanche, c'est peut-être l'effet de la nouvelle agréable, je suis tourmentée par une diarrhée qui ne m'a jamais été plus importune qu'aujourd'hui. Je me suis mise à la diète, j'ai renoncé à l'eau, mais je crains bien que malgré ma sobriété, je n'obtienne une soirée gâtée.

Dimanche 14 février

Tandis que ma sœur a soin de nos scorsonères et qu'elle s'occupe des apprêts d'une sauce au beurre bien dorée et bien moelleuse, je veux me souvenir un peu du bal de mercredi qui, quant au point essentiel pour moi, s'est passé heureusement. Il est vrai que j'ai été sage : j'ai évité les sirops, le pâté froid, la galantine, la salade de pommes de terre. J'ai vécu sobrement de glaces, de soufflages, de macarons, de tourtes au biscuit glacées au punch, de fruits confits, de potage et de punch pour la clôture.

Nous étions en rose, Emma du velours noir bordé de lacets d'or dans les cheveux, moi, ma guirlande verte dont chaque feuille est un souvenir. Quand je comparais la toilette d'Emma aux autres, je trouvais que pour n'avoir point fait de dépense, elle était des plus jolies.

Sur une banquette près du poêle, nous avions choisi notre place avec Corinne qui était en blanc avec une églantine rouge dans les cheveux, un nœud de couleur pareille, satin et velours ; une ceinture comme le nœud serrait sa taille svelte et les longs pans flottaient sur sa robe de mousseline. Ernestine Sattler avait la plus gracieuse toilette : robe de balzorine bleue avec beaucoup de plis étroits, nœud et ceinture bleu et blanc, boucle de nacre, berthe en application, velours noir dans les cheveux.

C'est un examen curieux et de longue haleine que toutes ces toilettes qui ont un point de ressemblance général et dont aucune ne ressemble à l'autre dans les détails. Les demoiselles Fabre, qui nous détestent rien que de nous voir et pour lesquelles nous éprouvons une aversion semblable, ont la manie de se mettre avec originalité et mauvais goût. Quant à ce dernier point, ce n'est pas leur but, mais c'est le jugement de toutes celles qui voient clair. La cadette a une petite figure de poupée assez rose et insignifiante, mais mademoiselle Emilie est franchement laide et pâle comme une statue sur un tombeau. Pour remplacer la beauté, elle veut se donner des mines spirituelles et mordantes, et tout en dansant à la manière des filles des employés de tabac avec lesquelles elle est très liée, elle fait des grimaces qui donnent le mouvement de hacher à ses yeux, à son nez et à sa bouche. Ma sœur a remarqué avec beaucoup de justesse qu'en dansant et en tournant dans le galop, elle vous fait l'effet d'enfoncer ses dents dans l'épaule de son cavalier.

Madame Heidenreich est la plus naturelle de ces trois sœurs ; elle est moins enthousiaste, moins minaudière, mais hélas ! quoique sa fille Lucie soit, dit-on, d'une beauté transparente, quoique le nom d'Edouard soit prononcé dans la famille comme celui d'un saint, la pauvre jeune femme n'a fait que perdre dans ces heureux liens : elle a maigri, pâli encore si cela lui était possible. Sa bouche a grandi, ses dents et ses lèvres se sont noircies et ce col qui faisait mon admiration et qui rayonnait de blancheur a pris une teinte bleuâtre.

Je gémissais encore pour un autre col d'albâtre que des ravages, je ne puis dire du temps parce que cette femme n'a pas vingt-cinq ans, je ne sais enfin des ravages de quoi... Pourtant la taille de madame Broistedt est toujours incomparable : je ne connais à personne ce maintien plein de noblesse et de grâce : elle était comme une reine dans sa robe noire, sa coiffure de dentelles et de velours noir avec quatre roses d'un côté. Sa sœur, madame Pick, était en noir également, mais sa tournure est déjà plus ordinaire et elle a eu le tort de choisir une coiffure aussi pointue que son nez. Mademoiselle Grimmer, la cadette, avait l'air d'une petite nourrice de village métamorphosée en demoiselle ; sa figure a une expression stupide qui nuit à la finesse et à la régularité de ses traits.

Julie Boeckel, héritière de deux cent mille francs de fortune, avait l'air d'une fille de boutique portant sur elle le contenu de dix cartons. Elle veut se donner une contenance aisée en riant souvent et un accent français en prononçant l'« e » comme l'« ai ». Sa cousine Emilie a une assez jolie figure, mais qui ne se remarque pas.

Marie Christmann, une toute jeune fille, avait une jolie robe bleue et un camélia blanc dans les cheveux. Sa figure plaît beaucoup au premier abord, mais en la considérant quelque temps, on se sent tentée de lui présenter un lavabo : ses narines éternellement rouges vous font craindre un saignement de nez.

Madame Arnold était fort élégante, mais jamais je ne puis m'empêcher de penser que c'est son beau-père qui a choisi sa toilette.

Une jeune demoiselle, qui ressemble à son frère comme deux gouttes d'eau, fut pour moi une consolation : je pensais que quoique je m'échauffe, la rougeur de mon teint n'égalerait pas celle du sien, même tant qu'elle serait calme.

Après avoir fait le tour de toutes les banquettes, comparé l'une à l'autre chaque figure, je me disais : « Quelle misère ! il n'y a donc ici aucune parfaite beauté, pas un visage même qui ne fixe les yeux pour longtemps. »

Dimanche 7 mars

Mardi, on a dansé chez Emma, d'abord aux sons de la pochette de monsieur Dubois, puis au son du violon d'un musicien roux. La collation fut servie par le domestique de monsieur Mantz, ce qui donna à cette soirée assez simple au fond un relief de grande maison. Il est étonnant combien un domestique bien façonné parle en faveur de ses maîtres.

Monsieur Mantz, âgé de vingt ans, est le frère de la fiancée [117]. Il est atteint d'un accès de mélancolie et passe quelques semaines, au retour d'un voyage en Allemagne qui devait le distraire, dans la maison de monsieur Roederer. Son médecin, monsieur Boeckel, a dit en confidence à Papa que cette maladie était dans la famille. Emma nous a décrit la fiancée comme fort tranquille et fort silencieuse : qui sait si l'on ne craignait pas pour elle ce mal héréditaire ? Peut-être y avait-il déjà quelques symptômes et c'est pour le prévenir qu'on l'a jetée dans les bras de monsieur Roederer avec toute sa richesse et ses dix-huit ans. — Pas de pitié ! revanche aux traîtres ! —

Mercredi 24 mars

La moitié de notre matinée s'est passée à ranger l'argenterie et la vaisselle de notre soirée d'amies d'hier. Nous avons profité encore de la présence de la servante pour rendre à nos *fraubas* les soirées tricotantes et mangeantes qu'elles nous avaient données cet hiver.

On s'est réunis à sept heures autour de la lampe et de la table ronde comme celle du roi Arthur, et l'on a travaillé jusqu'à huit lorsque j'ai fait servir le thé. J'avais de la besogne à table à servir une tourte aux amandes et une pyramide de meringues montées. Que je déteste ces petits appétits à la mode pour lesquels le morceau le plus minime est toujours encore trop grand ! En général, j'abhorre les airs et avant tout, ceux que la bourgeoisie veut singer. L'argent fait beaucoup dans le siècle où nous sommes, mais pas tout quoi-qu'on dise. Quand, dans une petite réunion, je vois mesdames Lauth, Grün, Wagner, Braun et Friedel en robes de soie bouffantes, ne tenant un ouvrage que pour le tenir, comme elles disent, parlant bal et spectacle dans leur accent strasbourgeois, plaçant de temps à autre quelques phrases accrochées ou empruntées, faisant semblant d'ignorer jusqu'au moindre détail de ménage, se levant à huit heures passées du matin, n'aimant pas le travail, passant leurs soirées à lire ou plus encore à ne rien faire, je songe involontairement ou plutôt spontanément au sac de farine, aux caisses à légumes secs qui font remarquer la maison de l'une, aux mottes et aux peaux ensanglantées qui encombrent l'entrée de la maison paternelle de l'autre, aux gros sous, aux chopines de bière débordantes, à la fumée de mauvais tabac au milieu de laquelle végète la mère de la troisième. De la farine, des lentilles et des pois, des mottes et des peaux fraîches, une odeur de bière et de tabac et des nausées aristocratiques !

Dimanche 28 mars

Ma petite servante blonde et coquette, qui m'a donné tant d'impatiences, m'a quittée vendredi avec un serrement de main amical et deux larmes aux yeux auxquelles j'ai répondu par deux larmes aussi en pensant qu'après tout, c'eût été une assez bonne créature si elle avait eu moins de coquetterie, de malpropreté et de négligence.

Cette femme de ménage si ardemment désirée est ici, mais quel sujet ! c'est cette figure sournoise et hypocrite de la Marie de Brumath et cette manie de parler sourdement et de murmurer lorsqu'on a tourné le dos. Maladresse et malpropreté extrêmes. De plus, je la crois voleuse ; voilà de nouveau sur le tapis les défauts que je croyais avoir bannis, accompagnés de plus grands encore dont je n'avais pas à me plaindre. Hier, à peine cette insolente était-elle dans la maison pendant deux heures que déjà, elle me dit qu'elle ne pouvait point travailler en ma présence, que ce n'était point le premier plancher qu'elle relavait et que personne encore n'avait observé comment elle s'y prenait. Il faudra en finir avec cette friponne-là qui nous a promis les plus belles choses du monde et qui ne sait rien faire : elle est aussi gauche et aussi raide qu'un bœuf qu'on aurait détaché de la charrue. Emma l'a surnommée l'éléphant ferré. Quand elle est par terre, elle ne sait plus se relever : ce sont des membres raidis par le maniement de la pioche, de la pelle et de la faux.

Dimanche 25 avril

Lessive avec ses tracas et ses ennuis, armoires rangées avec satisfaction, raccommodages forcés et pressés, repasseuses avec leur dîner confortable et leurs fers bruyants, pluie, manque d'air dans les greniers, rideaux et chemises d'homme comme à l'envi pour ne pas nous laisser une heure de repos, tout ceci est passé et m'a pris une quinzaine. Restent encore les chambres à nettoyer, autre quinzaine, puis sera passée, j'espère, cette période du printemps remarquable et tant redoutée dans les vrais et anciens ménages strasbourgeois.

Je disais hier à ma sœur, en rangeant mon armoire à moi avec une joie frénétique, que je n'éprouvais de félicité qu'en voyant ce rayon garni de piles de chemises comme mesurées par le compas, ces robes pendues aux crochets dans l'ordre des saisons, ces cartons pleins de bas fins tricotés de mes mains, cette boîte, trésor de magnifiques dentelles, héritage de ma feue grand-mère, ce paquet de coton jumel dont je ferai des bas encore que je blanchis déjà en imagination, ces camisoles de nuit, ces jupons de toutes les étoffes rayonnants de blancheur, amidonnés, pliés, recouverts soigneusement d'une toile verte, ce rayon élevé où le linge en réserve, les doublures de soie et de mousseline-laine, les vêtements chauds d'hiver sont enveloppés symétriquement dans un drap, ce sac à fourrures noué d'un cordon tricolore, ce plateau de porcelaine avec un bouquet si finement peint qu'on est tenté de le prendre en main et d'y sentir ; également souvenir de ma grand-mère, ce grand portefeuille contenant mes papiers précieux, les quatre tomes de mes mémoires, si ce titre n'est pas extravagant pour quelques notes griffonnées. L'aspect de cette armoire renfermant mes trésors est pour moi ce que le spectacle, les concerts sont pour d'autres : c'est un objet de passion [118].

Samedi 1er mai

Adèle est partie ! Adèle est mariée... et Corinne est triste ! Je crois, et on le dit, que Corinne aimait aussi Hornus. Aujourd'hui, elle est venue pour nous faire ses adieux. Lundi, elle ira à Bade, au milieu de l'été à Schinznach, en automne à Oberbronn : elle passe chaque été à la campagne, dans les voyages, mais au contraire des années précédentes, elle a parlé cette fois sans joie, je trouve même avec tristesse, de ses projets. Ses yeux semblaient dire : «Et malgré cela, je ne me rapproche pas de lui.» Elle est triste et changée, et je crois soupçonner, ou je me tromperais excessivement, ce qui pourtant ne m'arrive pas trop, la vraie cause de son air sérieux. Si je ne faisais qu'écouter les bruits qui courent, je n'en douterais pas un instant, mais je méprise et je dédaigne aussi longtemps que possible l'avis du public, la voix du monde.

Au milieu des tracas de nos nettoyages, nous nous sommes débarbouillées pour nous mettre deux fois en grande toilette : une fois pour une soirée d'amies chez Adèle, le lendemain jeudi matin pour assister à la cérémonie de son mariage. Nous perdons par son éloignement une amie que nous aimions à cause de son cœur attachant et qui nous chérissait tendrement. Si pendant ces jours passés, une pensée lucide me traversait l'esprit, c'était bien le souvenir d'Adèle ; je la suis dans son voyage d'amour : pour elle, c'en est bien un. Chère et bonne amie, ne puisses-tu jamais verser des larmes de regret sur un sentiment si profond et si tendre. Que l'aimable compagnon de tes jours te fasse jouir, surtout toi qui lui a voué toute l'affection de ta jeunesse, de toutes les ressources de ses heureuses qualités et de ses agréments personnels.

Je le sens aux larmes que j'ai versées le jour de leur mariage, que mon cœur sera souvent auprès d'eux. Ils sont tous deux si jeunes, si beaux et si aimables ! L'histoire de leur amour m'a tant occupée que leur image sera toujours présente à ma pensée.

Mardi 11 mai

Pour reposer mes yeux qui se sont fatigués aujourd'hui sur mes mouchoirs fins, je veux écrire et tâcher de ressaisir le fil de mes histoires. J'en étais à l'armoire au linge : cette armoire au linge ou plutôt le jour remarquable où nous la remplissons de ses chers trésors a l'aimant extraordinaire de nous attirer une invitation de la part de madame Roederer.

Il nous arrive de ces invitations de huitaine en huitaine, de quinzaine en quinzaine, mais ces deux invitations à six mois de distance avaient la singularité de nous arriver pour la soirée du dimanche pendant lequel nous venions de ranger notre linge, pour nous trouver sans toilette et sans coiffure soignée à la partie de nain jaune avec le fils Roederer, qui ces deux mêmes fois était à la veille de son départ pour Mulhouse, patrie de sa fiancée. Une fois, c'était la veille du jour où il fut promis, la seconde fois, quinze jours avant son mariage.

Ce dernier dimanche dont je veux parler, nous nous étions encore passablement arrangées dans nos robes de pékin avec pèlerines pour cacher l'absence du corset, avec un ruban rose au cou. Il faisait presque nuit lorsque nous entrâmes dans la salle à manger ; je cherchai des yeux madame Roederer, placée à l'écart. Emma et son père étaient debout, un petit cousin aussi, le fils Roederer assis près de la fenêtre et à côté de lui, une dame en chapeau. Il se lève, s'avance vers nous avec la dame en disant dans son accent parisien : « Mesdemoiselles, j'ai l'honneur de vous présenter ma fiancée arrivée ce soir. » Révérences de part et d'autre. La nuit m'empêchait de distinguer les traits de ce visage caché sous un voile et un chapeau noir ; sa taille était petite comme Emma m'avait dépeint mademoiselle Mantz, mais ses mouvements et sa tournure extrêmement disgracieux. Monsieur Roederer père leva nos hésitations en la prenant par la tête : c'était le jeune Lichtenberger qui avait eu l'idée de ce travestissement ! Après les premiers éclats de rire, le fiancé nous demanda une longue explication : si pendant un instant nous avions hésité, si nous n'allions pas lui faire compliment, etc. Il n'y avait que oui à répondre à tout cela.

On fit la partie ; en se mettant à table, il courut comme un obus du côté de ma sœur. On se casa pour se séparer et il fut entre Emma et moi. Nous étions six avec les jeunes Lichtenberger. Ma sœur me dit, avant de nous coucher, qu'elle l'avait trouvé avec moi plus affectueux que de coutume, qu'autrefois sa contenance envers moi avait paru un peu gênée parce que ses parents lui avaient soufflé un mot à l'oreille. Je le crois presque, mais je conçois aisément que l'appât d'une fortune considérable, mise à portée de main comme il fut ici le cas, doit effacer jusqu'à la moindre trace une résolution sans doute faiblement prise.

Le fait est qu'il fut extrêmement gracieux ; jamais je ne l'ai trouvé aussi aimable*[119]. Au milieu de la partie, il me dit en faisant allusion à son jeu : « N'est-ce pas, quand on obtient la dame, on peut bien payer le valet ? » Il faisait peut-être aussi allusion à son sort. Une fois, il se rapprocha de moi aussi près que possible : j'étais debout, appuyée contre un fauteuil en face de son père assis avec lequel je causais, je sentais ses regards attachés sur mon visage. Tout à coup, sur un regard interrogatif et comme plein de reproche de son père, il détourna les yeux. Emma a vu la même chose et deux se trompent moins qu'une. Le lendemain, Emma Roederer nous dit que son frère ne voulait point d'abord se prêter à la plaisanterie de son petit cousin : il voulait nous éviter une émotion toujours désagréable lors d'une présentation. Quel excès de délicatesse ou, plutôt, quel orgueil présomptueux : je n'étais pas plus émue que ma bottine !

* Je dis ici en changeant un peu une parole de Dumas : « Elles ne sont rien toutes ces émotions innocentes que les jeunes filles prennent pour de l'amour ! » On trouvera dans ce journal beaucoup de détails sur messieurs Roederer, Hornus, etc., etc. Qu'on n'aille pas s'imaginer que mon cœur ait la moindre part à tous ces récits. Quand on veut écrire, même pour son simple et seul plaisir, il vous arrive d'embellir, d'amplifier, je ne veux point dire d'outrer la vérité, mais de donner trop d'importance à des circonstances fortuites, l'effet du simple hasard souvent.

Je veux me faire ici à moi-même une confession de foi : j'ai parlé avec emphase de la beauté, et de l'esprit, et de la manière d'être de monsieur Hornus. En le revoyant, j'aurai pour lui ce même enchantement, mais jamais je n'ai désiré et ne désirerai enchaîner mon existence à la sienne. Monsieur Roederer m'a paru aimable, bien élevé, sa position jolie, Le Havre une ville digne d'être habitée, mais jamais je n'ai désiré enchaîner ma vie à la sienne. Il en est ainsi de tous les hommes qui ont passé sur le théâtre de mon existence comme des ombres, dont j'ai accueilli ou dédaigné les hommages.

Je suis en veine d'examiner mes sentiments, de sonder mon cœur, de remuer tous mes jours. En dedans de moi, je ne trouve que calme. Dans les différentes périodes de ma vie, aucun regret d'amour réel et déçu. Ce n'est point à un amour profane, à un homme, être aussi fragile que peu digne d'estime pour ne point dire méprisable, qu'il est donné de troubler mon repos. Il est vrai, aux premières aurores de ma jeunesse, pendant trois ans, je me suis nourrie d'une chimère ; j'en suis revenue et n'y pense qu'en riant. Ni lui,

lui ou lui ne flotte devant mon imagination ; je ne suis point malheureuse pour avoir connu tel ou tel. Dieu merci, mon cœur est libre, je puis dire avec assurance : « Je n'ai jamais aimé. » J'ai pu le croire un instant, mais ce n'était qu'une émotion passagère qui n'a laissé aucune trace dans mon existence. Je dis avec Dumas : « Le présent est à nous, l'avenir est à Dieu et le passé est au néant ».

Actuellement, le présent avec ses travaux, ses événements, ses ennuis mêmes m'occupe tout entière. De mon exaltation d'autrefois, il ne me reste que peu de souvenirs du passé, peu d'espérances pour l'avenir excepté celle en Dieu. Certainement que pour l'état de calme dans lequel je me trouve il faut faire la part de mes vingt-cinq ans ; à seize ans j'entrevoyais la vie sous un jour bien différent. Mon cœur n'est pas vieilli encore, je le sens à ses battements aux accords d'une musique harmonieuse, aux accents du poète et de l'écrivain, mais mes rêves alors naissent et meurent comme les météores : ce n'est plus un rêve de la vie de femme ordinaire, c'est un rêve général, éternel, infini !...

Dimanche 23 mai

Sophie Gunther, ma meilleure, ma plus intime, ma plus ancienne amie, se marie. Jeudi, elle est venue me l'annoncer et depuis ce jour, nulle autre pensée n'est plus entrée dans ma tête. Elle qui si souvent avec moi déclamait contre le mariage ! Pourtant elle m'a dit que lorsqu'il s'était agi de prononcer ce oui solennel qui décide de l'existence entière d'une femme, elle avait failli tomber malade : d'affreux combats, des hésitations pénibles bouleversèrent tout son être et désorientèrent toutes ses idées. Elle n'éprouvait ni amour, ni répugnance : la raison seule avait à prononcer et j'avoue que ce n'est pas aux suggestions de la raison que l'on obéit avec le plus de plaisir. Maintenant, elle a pris son parti et se fait à l'idée d'être promise.

Le fiancé s'appelle monsieur Diehl, il est négociant, a un magasin et trois sœurs, plus de parents. Lui et ses trois sœurs ont trois maisons à eux. Il a de la fortune, par conséquent, la renommée d'être un bon parti et celle d'un parfait honnête garçon. Il est, dit-on, fort rangé et fort sage. Il n'est ni beau ni laid, ni bien ni mal fait. Il a vingt-huit ans, par conséquent trois de plus que Sophie ; c'est un premier point qui ne me plairait pas. Pourtant quand un homme est raisonnable, il n'y a pas de quoi s'alarmer. Je l'ai vu deux fois en ma vie, une fois en soirée et une fois au bal où Sophie était aussi, et ce soir-là, ma malicieuse sœur prédit à Sophie que ce jeune homme là serait un jour son mari. Elle prétendait avoir remarqué qu'il avait pour elle une muette passion. Elle ne s'est point trompée, la petite devineresse, parce qu'il l'aime depuis cinq ans et qu'il n'attendait que la conclusion de ses affaires de famille pour la demander à ses parents.

Bonne Sophie, tu mérites bien tout le bonheur imaginable et personne au monde ne te le souhaite plus sincèrement que moi, mais je n'ai pu encore gagner assez sur moi-même, insensée que je suis, pour te féliciter sur un choix que je n'eusse point fait quoique je ne puisse indiquer aucun motif raisonnable pour expliquer le peu de joie que me cause le mariage de ma bonne amie.

Mercredi 2 juin

Grand-Maman est à Bade depuis quinze jours avec l'oncle Adolphe. Vendredi on parla vaguement de leur faire une visite dimanche. Samedi soir à six heures, Papa décida que nous partirions le lendemain à cinq si le temps restait beau.

Le soir, nous entendions la musique au quai et la retraite avec la famille Roederer. A dix heures, nous nous couchions, il fallait se lever le matin à trois heures et demie au moins pour se préparer commodément.

Nous dormions comme des bienheureuses quand Papa vint ouvrir notre porte en nous disant ces terribles paroles : « Il est quatre heures et quart. » Nous nous levons en sursaut ; Emma dit cent paroles en une minute qui faillirent me faire perdre la tête.

« Il est trop tard, disait-elle, ne nous préparons plus.

— Essayons, dépêchons et surtout du silence », répondais-je.

Nous fîmes merveille. En trois quarts d'heure, nous étions prêtes et à cinq heures, nous arrivions haletantes dans l'omnibus, dans la rue d'Austerlitz. Le premier convoi du chemin de fer partait à six heures et il était essentiel de ne point le manquer pour avoir la jouissance d'une journée entière.

Le voyage en chemin de fer me divertit toujours : cette foule de voyageurs, ces vis-à-vis comiques souvent, ce vol rapide, cet air vif qui vous tient éveillée, ces champs, ces forêts, ces villages, ces maisons qui semblent voler autour de vous et qui se succèdent avec une rapidité magique, tout me rend heureuse jusqu'aux légers cahotements de la machine.

Papa était assis en face de nous ; à côté de lui vint se placer un jeune homme en frac et pantalons noirs mal brossés, frac retenu par un bouton de jais, col de chemise sale, dégoûtant, figure et cheveux et mains plus sales encore, moustache mince, narines ouvertes, œil noir éteint, mais qu'il faisait languissant. Cet individu fumait un cigare et entra en conversation en nous demandant d'un ton familier si cela ne nous faisait rien. En chemin, la fantaisie lui prit de nous adresser souvent la parole et de nous regarder toujours. A toutes ses amabilités, nous répondîmes par oui, non ou rien du tout. Je mangeai un gâteau que j'avais acheté à Kehl, Emma tira le sien du papier ; il les mesura des yeux, les compara, les pesa et dit à Emma : « Le vôtre est plus cros », en prononçant le *g* comme un *c*. Qu'il me fit horreur et que j'étais contente de lui voir tourner les talons.

A huit heures, nous étions à Bade dans un pays de féerie après un voyage féerique. Nous savions Grand-Maman loger chez le commissaire de police.

Chemin faisant, pour trouver la maison, nous lisions toutes les enseignes. Je fis choix de l'hôtel d'Angleterre pour me loger brillamment si le cas arrivait : c'est une magnifique maison dont le jardin aboutit aux montagnes et dont les pieds sont baignés par une rivière. En général, les hôtels sont nombreux à Bade et ont tous une apparence de recherche, de propreté et d'élégance qui manque aux nôtres. J'admire surtout à Bade les rideaux élégants et frais et les fontaines dans chaque rue. Par une magnifique allée de châtaigniers en fleur d'un rouge éclatant et qui semblaient comme des milliers de pyramides en miniature, nous arrivâmes dans la maison que nous cherchions. Nous montons au premier, nous demandons madame Faudel ; on nous fait redescendre. Devant une armoire posée dans un coin, nous voyons deux pieds blancs chaussés de pantoufles masculines ; la porte de l'armoire était tirée sur la personne : c'étaient les dignes pieds de notre grand-mère que nous voyions avant tout ! Des larmes de joie lui vinrent aux yeux en nous voyant. Elle nous fit entrer dans une chambre d'assez bonne apparence et bien meublée. L'oncle Adolphe arriva après une demi-heure aussi maigre, aussi jaune, aussi cadavérique que lorsqu'il quitta Strasbourg. Il n'y a plus d'espoir pour la guérison de ce pauvre oncle : il marche à pas rapides vers sa fin.

Grand-Maman nous fit manger du miel, des gâteaux, du pain du Lichtenthal. Quand nous nous fûmes restaurés, nous allâmes accompagnées par elle à la Trinkhalle qui eut toute notre admiration : le pilier de la salle où sont les sources est en marbre, le plafond, les murs peints avec richesse. Les pierres dont elle est pavée sont polies comme du marbre et forment de charmants dessins. Dix causeuses en damas bleu et blanc occupent les deux côtés de la salle. A droite et à gauche sont deux salles plus petites et moins riches, l'une ornée de tableaux, l'autre de fleurs rares. La façade de la Trinkhalle présente un aspect imposant : seize massives colonnes de granit soutiennent la voûte. On parvient à cet élégant péristyle par trois larges escaliers de trois côtés différents ; ses dalles sont mises avec beaucoup de recherche, des tableaux remarquables peints sur la pierre l'ornent délicieusement. Six sont achevés et faits par une main habile : ils représentent des faits du Moyen Age ou des légendes du pays.

Après la Trinkhalle, nous visitâmes le Conversationshaus qui a des appartements vraiment princiers. La salle de la roulette a des lustres, celui du milieu surtout, d'une beauté extraordinaire. Une autre salle où l'on danse chaque dimanche est décorée avec un goût infini et original. Les nombreuses glaces qui sont partout d'une grandeur extraordinaire sont entourées de guirlandes de fleurs artificielles d'une fraîcheur et d'une variété de nuances extrême. Ces mêmes guirlandes encadrent le plafond. Chaque glace a au milieu une corbeille avec un bouquet. Les rideaux d'une épaisse étoffe de laine sont brodés de fleurs. Des banquettes de velours rouge sont placées tout autour : on dirait le palais de Flore. La salle des concerts a un piano magnifique et un ameublement plus merveilleux encore : les fauteuils ont les pieds et les dossiers dorés ainsi que les consoles et les lambris. Les divans sont en brocart or et rouge. L'éclairage est composé de carcels dorés magnifiques formant couronnes ou bouquets ; il y a près de dix pareils.

Devant le Conversationshaus s'étend d'un côté l'ancienne promenade avec ses boutiques mal construites, mais qui renferment des trésors de cristaux de Bohême, de bijouterie en argent et de charmants ornements ciselés en ivoire éblouissant ; de l'autre côté, une vaste pelouse comme un oasis au milieu d'allées sablées. Elle est flanquée d'un côté par un restaurant d'un style élégant et de l'autre par le théâtre et la bibliothèque. Il a des colonnes comme le Trinkhalle et présente un aspect d'élégance recherchée. En général, à Bade, tout est fait pour satisfaire les yeux ; il règne partout un air de recherche, d'élégance et de propreté qui attire l'attention.

Le matin, nous allâmes avec Papa faire notre visite à monsieur Arnold au Lichtenthal, par une délicieuse allée longue d'une demi-lieue qui était restée mon seul souvenir de Bade de quinze ans de date. A droite les montagnes et la forêt, à gauche, les villas. J'étais enchantée surtout à l'aspect d'un chalet qu'on dit appartenir à une famille de Karlsruhe et qui présente l'aspect le plus frais et le plus séduisant du monde. Chez les Arnold, il y avait nombreuse société. Nous passâmes une demi-heure soit dans la gloriette, soit à visiter le jardin et la maison situés à ravir sur le versant d'une colline et où l'on a des points de vue charmants. De retour à Bade, nous visitâmes la source d'eau chaude que nous goûtâmes et qui nous brûla les lèvres. Nous vîmes le prince de Furstenberg sortir de l'église avec sa famille.

Après le dîner, nous retournâmes à la roulette où nous vîmes un jeune homme, un Anglais sans doute, jouer avec une persévérance effrayante. C'était un jeune homme mis sans recherche, mais qui semblait appartenir à l'aristocratie, aux cheveux blonds, moustaches, aux yeux bleus, aux regards sombres, aux joues creuses, aux pommettes saillantes, le nez un peu long, la taille svelte. Il ne voyait ni n'entendait personne. Ses regards sombres étaient constamment fixés sur le tapis vert avec son losange rouge et ses chiffres mystérieux. Sa main seule, sa main petite et maigre avait un tremblement convulsif : elle faisait constamment le mouvement du tapis aux piles d'argent qu'il avait devant lui et de là, à sa poche pour en retirer quelques pièces d'or qu'il faisait changer quand les pièces blanches étaient perdues. J'étais heureuse chaque fois que l'impassible croupier, ce visage de pierre sans âme, statue inhumaine, représentant du gouffre engloutisseur, était forcé de lui donner un gros gain, ce qui pourtant arrivait rarement. J'ai lu souvent des histoires de joueur, des jérémiades sur cette passion terrible ; pourtant ici, l'impression fut moins profonde que je ne m'y attendais. Il est vrai que la table n'était pas assiégée : outre quelques jeunes gens qui hasardèrent quelques pièces de deux ou de cinq francs et se retirèrent bien vite, il ne jouait que l'Anglais en question que je supposais un grand seigneur repu d'argent et aimant le prodiguer de cette manière tout autant que d'une autre.

L'après-dîner, nous fûmes encore au nouveau château, mais parce que le grand-duc l'habite dans le moment, il n'était permis que d'entrer dans le parc.

Pour jouir de Bade aussi longtemps que possible, nous ne partîmes qu'avec le dernier convoi et nous arrivâmes chez nous à dix heures sonnantes, non sans une rencontre plaisante dans l'omnibus avec un avocat d'ici qui se grise parfois et à côté duquel j'étais placée. Ce vieil enfant se lamentait en entendant sonner l'heure de ne plus trouver le souper chaud en rentrant ; il se désespérait parce qu'on l'attendait chez lui et que sa maman était malade, enfin, que sais-je ? Toutes ces niaiseries entremêlées de phrases savantes et tirées par les cheveux qui en faisaient une énigme pour moi jusqu'à ce que, plus tard, Papa me dise que c'était un avocat sachant boire.

Dimanche 27 juin

Il ne reste aux servantes que le dimanche pour leurs loisirs ; je commence par appartenir tout à fait à cette catégorie. Il est fort heureux que je ne me marie point, car j'acquiers chaque jour davantage la conviction que j'ai la main la plus malheureuse du monde. Il en est des femmes de ménage comme des servantes : j'en aurais mille sans avoir trouvé une qui soit le moins du monde selon mon goût. Voici la quatrième figure depuis trois mois : c'est à tout prendre la meilleure de toutes et pourtant, en la voyant faire, au moindre de ses mouvements, je me dis intérieurement : « Qu'elle est maladroite, qu'elle est sale, qu'elle est stupide. Tout cela n'est rien, ce n'est pas à comparer à ce que je fais moi-même. » On dirait que de jour en jour, surtout la classe ouvrière et domestique devient plus paresseuse et plus bornée. Ce n'est point que je veuille dire que ma sœur et moi seules sachions faire les choses, mais il est triste de voir que ces gens n'y ont que leurs doigts ; toute leur intelligence semble passée dans leurs mains maladroites, tandis que nous avons sur eux la supériorité de la réflexion et du prendre-garde, supériorité qui pourtant leur serait si aisée d'acquérir surtout pour leurs ouvrages grossiers. J'en ai maintenant jusque par-dessus les ongles, je suis sur les dents. Dans un instant, je fais des réflexions philosophiques de tolérance et de laisser-aller ; dix minutes après, l'être inné se réveille et je me promets bien de persister dans mon système d'exigence et de minutieuse exactitude. La conclusion est que toute ma vie je chercherai une bonne servante, une bonne laveuse, une bonne frotteuse, une bonne femme de ménage et je la trouverai comme la pierre philosophale.

Dimanche 1er août

J'attendais ce dimanche comme Noé le pigeon qui lui apporta un rameau vert. Je viens de jeter les yeux sur la dernière date : je m'aperçois avec effroi que je n'ai pas depuis tracé deux mots sur ce journal. Ou le temps passe si vite ? ou mes moments sont si comptés ? ou je suis si paresseuse ?... Peut-être les trois choses sont réunies. Le fait est que je n'ai pas négligé d'écrire faute de matière : il s'est passé assez d'événements intéressants autour de moi qui valent bien la peine d'être mis en souvenirs.

Avant tout, le mariage honteux de mon oncle s'est accompli. Depuis trois semaines, une aventurière, une fille de mauvaise vie, une servante de brasserie est ma tante. Elle pourra se contenter de ce titre, mais de ma bouche, je ne le confirmerai jamais. La Marguerite, l'ex-ménagère de mon oncle, est venue plusieurs fois déjà à la dérobée avec un factice panier au bras nous donner des détails sur cet intéressant mariage et ménage, et nous rapporter les cancans que le monde en fait. Mais je n'aurais jamais cru que le monde dirait aussi que c'est par dépit pour n'avoir pas obtenu l'une de ses nièces qu'il faisait ce mariage disproportionné, pour humilier sa famille. Quand on me l'a dit ces jours passés, j'en ai ri comme une folle car cela ne peut s'appliquer qu'à moi. Depuis quatre ans, nous sommes avec lui sur un pied assez réservé et même froid, et ma sœur, avant cette époque, était bien trop jeune pour que l'on pût croire qu'il s'était adressé à elle. Au temps où, pendant quelques mois, j'étais occupée à son comptoir, on m'a dit plusieurs fois que j'étais fiancée à mon oncle ; ces bêtises me reviennent en mémoire maintenant que j'en entends d'autres, mais quoique ce soient de ces suppositions qui, dans le fond, sont assez naturelles, je me souviens de vagues et obscurs discours que monsieur Weiler, car mon cœur me défend de le nommer mon oncle comme par le passé, m'a tenus dans lesquels je démêlais qu'il voulait me faire un sort, me procurer un mari, un négociant surtout parce que selon lui, c'est la position la plus avantageuse, mais jamais je ne me suis imaginée qu'il s'offrait en personne. Cette idée ne me serait venue de ma vie si les bruits qui courent maintenant ne m'avaient, dans mes souvenirs, fait retourner au passé et chercher dans sa conduite à mon égard des circonstances qui ont pu les faire naître.

Il est vrai que je me suis habituée bien légèrement à l'idée de rupture en apprenant ses projets de mariage. Il s'est fait afficher quatre mois auparavant pour avoir tout le temps de recevoir des avis. Si j'avais tenté, moi, de le faire changer de résolution en lui rappelant toutes les promesses d'avenir qu'il m'avait faites, peut-être aurais-je réussi ? Mais mon orgueil de femme ne m'eût jamais permis de faire une démarche qui eût été extraordinairement ridicule et humiliante si elle eût échoué. Enfin, il faut faire la croix sur tout : les choses sont faites, il n'y a rien à changer, il est trop tard. Il n'a jamais manifesté hautement ses intentions. Je me plais à croire que tout ce qu'on me dit ne sont que des commérages et je veux l'absoudre entièrement du ridicule d'avoir songé à épouser l'une de ses nièces. Je ne déplore que ma pauvre tante dans son tombeau, dont les bijoux et la lingerie sont profanés sur le corps d'une semblable créature.

Songeons à d'autres choses. Aujourd'hui Sophie a changé son titre de demoiselle qui lui paraissait si souvent ennuyeux contre celui plus désiré de madame. Elle a été fort contente du cadeau de noces que nous lui avons donné, mais elle n'a pas jugé à propos de nous rendre témoins de sa bénédiction nuptiale. J'avoue que cela me refroidit un peu : une amie intime, une amie d'enfance qui m'éloigne au jour le plus solennel de sa vie, je ne m'y attendais pas. Les hommes deviennent de jour en jour plus monstres à mes yeux : il suffit d'un mari pour refroidir liaisons intimes, amitié de toute une vie. Je croyais Sophie meilleure que d'autres, mais elle est de la trempe générale.

Jeudi 26 août

Une invitation de bal nous est venue au milieu de l'été, comme un rayon de soleil en hiver, pour mardi chez madame Wagner. Elle donne un bal chaque été. Emma jusqu'à présent y allait seule ; cette fois, on a songé à moi.

Lundi 6 septembre

Mardi après-dîner, nous avons parcouru avec Corinne tout le jardin de Hodel [120], l'horticulteur, pour trouver une parure de fleurs naturelles. Après deux heures d'examen sur chaque plate-bande, dans chaque carré, chaque serre et dans tous les pots, Corinne se fait couper des baies rouges, et nous, une fleur américaine nuancée du rouge au brun dont la forme est en grand celle de la fleur des gros haricots que l'on fait filer aux fenêtres. Pour verdure, nous nous fîmes donner des feuilles de camélia dont le lustre est extraordinaire. Les mains habiles des Sémerau [121] nouèrent ces touffes qui, vraiment, étaient distinguées. Corinne, d'après leur avis, laissa les baies pour des marguerites. La coiffeuse nous fit attendre jusqu'à sept heures et à sept et demie, le cocher était devant la porte. J'avais la fièvre dans toutes les veines et je maudissais toutes les coiffeuses et tous les bals du monde. A huit heures, nous montions en voiture et à huit et quart, nous figurions dans un quadrille, couronnées et insoucieuses comme des reines.

Dans ces sortes d'occasions, ma sœur et moi sommes les personnes qui se font le moins d'illusions au monde, mais nous trouvâmes les regards de monsieur Keller, le courtier, extrêmement admiratifs pour les deux. Ceux de Bourdillon pour Emma et ceux de monsieur Roessel, le notaire, pour moi. Emma me souhaite bonne chance : elle croit s'apercevoir d'une passion secrète. Au spectacle, près de la musique au Broglie, elle a cru remarquer que j'étais l'objet de ses recherches. Au bal, il vint m'engager la première, se rapprocha de moi pour me relever un chiffon de papier qui ne m'appartenait pas, ne dansa presque pas (deux fois avec moi), ne se fit inscrire dans le carnet d'aucune demoiselle excepté dans le mien, ne nota point, mais garda en mémoire la troisième valse que je lui avais donnée. En dansant, il ne me dit pas un mot, c'est sa manière habituelle : il est plus ours que courtisan.

Lundi 13 septembre

Notre pauvre oncle Adolphe est proche de la mort : chaque jour, nous allons chez Grand-Maman pour demander s'il n'a pas encore rendu le dernier soupir. Au cimetière, là-bas à Saint-Gall [122], les dernières demeures des membres de notre famille s'accumulent. Que de fois y errent mes pensées et mes vœux. Que ne suis-je avec eux, me dis-je souvent en portant les mains à mon front pâli : après tout, qu'attends-je sur la terre ?

Dimanche 19 septembre

Le lendemain de la mort de l'oncle Adolphe [123], Grand-Maman nous prévint Emma et moi qu'il avait fait un testament soigneusement cacheté, déposé entre les mains de son ami Braunwald et que celui-ci venait de remettre à mon père. Grand-Maman s'imagine que nous y sommes favorisées. Demain, on va l'ouvrir et en faire la lecture : nous verrons. Depuis que Grand-Maman nous a fait cette confidence, nous parlons souvent du testament en question et comme, malheureusement, l'imagination des femmes emporte leur raison, nous faisons de beaux rêves. L'avenir prouvera si ce n'est point l'histoire de Perrette et de son pot au lait. Dans l'attente de quelque mille francs, nous faisons choix d'un mari : au contraire des hommes, nous voulons faire les généreuses et choisir, non celui qui aurait de l'argent comme nous et plus, mais celui qui plaît (comme dit la romance), celui qui fut aimable pour nous quand nous étions pauvres et que nous nous réjouissons de récompenser de son désintéressement. Emma nomme déjà un nom : ses assiduités datent de six ans. A côté de moi, je ne vois personne de si longtemps, mais pour ma part, je tourne les yeux vers quelqu'un qui n'a guère fait l'aimable, mais auquel peut-être l'appât de ma modeste dot ferait prendre d'autres sentiments.

Dans un autre rêve, nous voyions les prétendants affluer, se presser ; un mot superbe de dédain faisait rentrer sous terre tous ces spéculateurs de notre héritage : « Vous ne nous avez point connues pauvres, nous vous dédaignons, riches. Loin de nous ! cette fortune que vous convoitez, nous saurons bien en jouir seules : il est inutile qu'elle passe dans vos mains avides. »

Demain, nous entendrons l'arrêt de notre sort. Qui sait si dans ce testament est une clause en notre faveur ? Puis l'argent légué n'est pas encore entre nos mains. Pourrons-nous en disposer de suite et après tout, n'est-ce que la dot qui empêche notre établissement ?

Mercredi 29 septembre

Ma grand-mère et ma famille me causent aussi peu de satisfaction que mes ouvrages. Elle a pour nous un cœur de marâtre et je vois déjà que nous serons trompées pour le tiers dans l'héritage de notre oncle Adolphe. La main impure de l'oncle Auguste et celle de sa mère ont déjà plongé dans le secrétaire du défunt. Si mon père nous avait annoncé notre héritage, s'il ne laissait pas traîner les choses selon son habitude, il y a longtemps que je me serais permis de mettre ordre à ces désordres et de retirer cette clef dont on abuse si indignement. Voilà dix jours qu'on a fait la lecture du testament et mon père ne s'empresse pas d'annoncer cette nouvelle agréable à ses enfants ? Il est vrai qu'il y a une clause que la délicatesse n'aime point à signaler ; il y a beaucoup d'analogie entre le sort de mes oncles : l'un a épousé une fille de joie, l'autre a fait un testament en faveur d'une fille de joie. Il est vrai que le dernier testament fait en faveur de son frère et de ses nièces annule le premier, mais néanmoins, l'on doit s'attendre à des difficultés, même à un procès.

Dix jours se sont passés, personne ne s'est présenté. Encore cinq jours, et le délai prescrit par mon père sera écoulé. Nous parlera-t-il alors ?... D'après la marche des choses jusqu'à présent, j'en doute. D'après sa manière d'agir, je n'augure rien de bon : je crois que cet héritage dont ma grand-mère m'avait leurrée un instant ne passera jamais dans mes mains. Six mille francs, ce serait pourtant quelque chose. Depuis, je n'ai plus un instant rêvé dot et mariage.

Toutes ces histoires me font faire de tristes réflexions : l'exemple de mes oncles surtout m'est terrible. Que d'attachement pour des créatures qui ne me paraissent mériter que du mépris ! Ils ne les méprisent point ces femmes, les hommes, quoiqu'ils en disent ou quoique les honnêtes femmes le prétendent. Elles sont les confidentes de toute leur vie car combien d'exemples n'a-t-on ? Des secrets de famille souvent si soigneusement cachés circulent dans la bouche de chacun ; ce sont les maris, les pères de famille eux-mêmes qui les révèlent à leurs maîtresses et celles-ci au public. Et la confiance et le mépris s'allient comme le lion et l'agneau. Le mépris... cette phrase a été inventée sans doute pour rassurer quelque vertueuse alarmée, mais ce sont des paroles vides de franchise et de véracité. Ces créatures immondes ont les premiers hommages et le premier amour de l'adolescent pur et plein de santé, d'amour et de vie, et la jeune fille vertueuse dont le cœur est sans tache comme le calice du lys ne reçoit en partage en ce monde qu'un époux blasé sur tout, être décomposé, flétri et usé !... O travers de ce monde !...

Lundi 11 octobre

Nous sommes fort occupées du partage de la succession de l'oncle Adolphe. La semaine passée, nous avons fait trois parts de ses livres et du contenu de son secrétaire. En fait de livres, j'ai été fort heureuse : en tirant au sort, il m'est échu en partage les lettres de mesdames de Sévigné, de Grignan et de Simiane [124], et une collection de physiologies de toutes sortes d'individus qui me paraît précieuse. Ce bon oncle, il nous aimait pourtant ! Grand-Maman

234 Amélie Weiler

nous a fait lire son testament : il y déclare nuls ceux qu'il a fait en faveur de mademoiselle Séraphine Baumann, il lègue à son frère Auguste le tiers de ce qu'il possède et les deux autres tiers à ses deux nièces Amélie et Emma Weiler[125]. « Si, dit une clause, mon frère venait à mourir avant moi, mes deux nièces seraient les seules et uniques héritières de tout ce que je posséderais. » On agite maintenant la question si l'on fera vendre sa garde-robe et les meubles dont on veut se défaire à la salle des enchères publiques ou par les juifs et les petits marchands. Il s'est fait faire, il y a un an, une armoire magnifique en bois de noyer à deux battants ; Emma et moi sommes convenues de la garder ainsi que sa montre et un trumeau. Il y a deux tableaux encore, à cadres dorés, que j'aurais bien aimé garder en souvenir de lui, mais comme ils représentent tous deux, l'un l'Arioste et l'autre Michel-Ange, l'un assistant à la toilette de sa maîtresse pour rêver à ses tableaux, l'autre jouant avec les enfants de sa maîtresse pour trouver des inspirations à ses poésies, Grand-Maman et ma sœur trouvent que ces tableaux déshonore-raient la chambre d'une demoiselle. Je suis peu scrupuleuse sur bien des choses qui alarment les autres, mais je n'aurais pas cru que l'on se formali-serait de les trouver chez moi. Je porterai sa montre en souvenir d'amitié. Mais mon père, mon père n'a pas encore soufflé mot de cet héritage ! Quelle conduite énigmatique ; je suis presque tentée de croire, Dieu me pardonne si je me trompe, qu'il en veut à mon oncle au tombeau d'avoir favorisé les filles de sa pauvre sœur. Malheureusement il faut que je craigne de voir passer cet argent dans les mains de mon père, car un abîme ou les mains d'un joueur, c'est bien la même chose.

Dimanche 5 décembre

Quand le soir je ne m'endors pas sur mon tricot, je feuillette de temps en temps *Le Voyage de Sophie*, ce roman allemand, chef-d'œuvre de pensées et de style qui a des consolations pour tous les âges et pour toutes les conditions. L'autre jour, un passage me frappa. Il se trouve dans une lettre du pasteur Gros : Sophie aimait monsieur Less, mais s'était promise à monsieur van Vlieten ; aimée passionnément par les deux, elle tint le dernier si coupable-ment en suspens qu'il finit par s'en lasser ainsi que son rival qui n'eut plus de confiance dans le cœur d'une femme dont le caractère avait toutes les apparences de l'inconstance et de la légèreté. Monsieur Gros s'exprime ainsi : « Maintenant elle doit tout attribuer à sa propre folie. Le bonheur, et peut-être qu'un jour elle le trouvera, le bonheur bienfaisant nous laisse plus tard oublier des folies, au moins des folies de jeunesse car je ne veux point taxer plus durement ses procédés. »

En lisant ces lignes, je m'arrêtai pour réfléchir : je ne me comparais point à Sophie, mais je me disais : « N'ai-je pas aussi des folies à me reprocher et n'ai-je point peut-être manqué mon avenir parce que j'ai fait taire ma raison, aveuglée que j'étais par les préjugés et les espérances romanesques de ma première jeunesse?» L'auteur allemand tient cruellement compte aux femmes qui, par leur propre faute, sont restées dans le célibat. Une fois, mon oncle voulut s'occuper fort sérieusement de mon établissement ; je ne donnai que réponses évasives. Plus tard, je me renfermai dans le silence et dans l'indifférence : j'avais rêvé un autre sort, je dédaignais celui qu'on m'offrait. L'avenir me punit de l'un et de l'autre. Le mariage scandaleux de mon oncle a mis fin à toutes nos relations ; peut-être par ma faute, ma sœur a perdu ainsi que moi un puissant protecteur, et dans la bouche du monde, l'on m'a imputé sans doute plus de torts encore que je n'en ai eus. Ce passage me fit avoir des remords, mais ne me donna point l'espérance qu'il promet. L'exaltation de mon imagination ne me permet point d'espérer dans le bonheur : j'ai, je crois, trop légèrement disposé de mon avenir. Je me fais des reproches sur ma conduite passée quoique je n'aie point de regrets.

Lundi 20 décembre

Nous revenons de la foire de Noël où Papa nous a menées, Emma Roederer et nous deux. Papa nous a régalées de pains d'épice de Gertwiller et de pralines d'Olivier [126], et au surplus, nous a acheté chez Riebel [127], pour nos étrennes, une lampe que nous brûlerons demain pour la première fois.

Hier matin, je sommeillais encore paisiblement quand ma sœur, qui est semainière, vint me porter de la chandelle en m'annonçant que la première neige était tombée la nuit. «Une belle matinée de Noël, me dit-elle, de sa petite et fraîche voix, tout est blanc, tout blanc.» Je me relevai et attirai à moi cette délicieuse créature qui glissait dans la chambre comme un sylphe et gazouillait doucement comme un petit oiseau et que je plaignais du fond de l'âme d'être exposée au froid de si bon matin.

1848

Lundi 17 janvier

Depuis vendredi a commencé notre abonnement au spectacle : ce sont huit soirées intéressantes que nous nous promettons pour le courant de cette semaine et de la semaine prochaine. Le monde, la musique, la rentrée même, tout cela me divertit autant et, vendredi surtout, même plus que les acteurs. Deux ou trois sujets seulement étaient passables, le reste au-dessous du médiocre. Dans *L'Image*, petit vaudeville, l'artiste a détestablement fait son rôle. Ces petits airs de vaudeville, délicieux quand ils sont bien chantés, n'étaient ni chantés ni parlés. Je crois que peut-être, si le sort m'eut placée dans une autre condition, j'étais née pour le théâtre : je le sens à l'enchantement que me donne un bon acteur ou une bonne actrice, à l'impatience qui bouillonne dans mes veines quand un passage est mal rendu. Je voudrais m'élancer sur la scène, corriger les faux gestes, les fausses mines et redire avec plus d'émotion, de passion ou avec plus de calme ce qui a été prononcé trop froidement ou avec une vivacité et un feu déplacés. Les danseurs hongrois et les tours de voltige de Lucifer étaient les tableaux les plus intéressants de la soirée, mais quoique le tout fût passablement mauvais, une soirée passée au spectacle me fait toujours grand bien. C'est comme en voyage les cahotements de l'équipage qui endorment toutes les pensées importunes : c'est un sursis à tous les ennuis quotidiens de la vie.

Dimanche 30 janvier

Jeudi, nous avons eu, au bénéfice de madame Bonvoust[128], *La Fille du régiment*. Mais le rôle de Marie est trop différent des manières habituelles de cette cantatrice gracieuse, élégante et de bon ton. Il exige plus de voix, plus de vivacité, plus de verve, plus de gentillesse et de polissonnerie. La représentation de la troupe française ne peut nullement se comparer à celle, bien supérieure, de la troupe allemande : c'est comme la nuit et le jour. Madame Ernst-Kayser était une cantinière trop fringante et trop pétulante pour être comparée à la froideur et à la raideur qu'avait madame Bonvoust. Monsieur d'Hooghe comme Sulpice était assez bien dans son rôle, mais ce n'est de loin pas Meinhardt.

Pour la bonne bouche, nous avons eu vendredi *La Favorite*. Décidément, la comédie et le vaudeville sont ce qui me convient le plus et me donnent momentanément les plus faciles illusions : on rit des ridicules des acteurs presque d'aussi bon cœur que des mots dits pour faire rire tandis que dans une tragédie ou un grand opéra, les contrastes bizarres et les ridicules m'affligent en quelque sorte, et me font une fâcheuse impression. Ainsi, dans *La Favorite*, je comparais les cheveux blancs ébouriffés du grand-prêtre à la huppe d'un oiseau. Je pensais qu'en expirant, mademoiselle Beaucé s'était laissée tomber trop à l'écart et lourdement comme un sac de blé, que Fernand en habit de moine aurait eu meilleure grâce si sous sa robe d'une blancheur équivoque, il eût porté un jupon. Le roi d'Aragon changea comme lui deux fois de costume : avec le premier, il portait un habit si court et, sur ses longues jambes, un pantalon rouge si criant et si collant que je ne pouvais que le comparer à une cigogne.

La texture d'une tragédie ou d'un grand opéra attendrit mon imagination ; la représentation n'excite quelquefois que mon ironie. J'en excepte pourtant *Charles VI*[129] dont Lyon a si bien compris le rôle que parfois, je me laissais aller à la croyance de me trouver dans le palais royal et d'être témoin des folies et des souffrances du pauvre roi.

Mais tout en nous occupant de *Charles VI*, de *La Favorite* et des vaudevilles, avant de finir la courte histoire de nos soirées de spectacle, n'oublions pas un petit numéro qui n'est pas tout à fait insignifiant puisqu'il nous fit pendant deux soirées quitter notre place habituelle du côté gauche pour le côté droit. Le côté droit, en face de la scène, est le quartier des *fraubas* et de la bonne bourgeoisie strasbourgeoise, le côté gauche celui des Français, des femmes d'employés, des militaires, même, dit-on, des filles publiques, des officiers et des hommes en général. Monsieur Roederer, quasi Parisien et par conséquent ne partageant point les préjugés strasbourgeois, choisit le gauche précisément pour la raison qui en éloigne les *fraubas* : à cause du voisinage des hommes. Les hommes sont chapeaux bas et les chapeaux des femmes masquent la vue et, s'ils sont en grand nombre, empêchent les sons de la musique, et du chant, et de la parole, de parvenir jusqu'à vous[130].

Le premier soir, établies en dépit du jugement des *fraubas* comme par le printemps passé à notre place favorite, nous nous aperçûmes des œillades et lorgnades d'un chirurgien en uniforme décoré d'une grande croix. Le second soir et depuis toujours, on était en bourgeois et les lorgnades et les œillades recommencèrent de plus belle. Le troisième soir, la manœuvre allait croissant ; le quatrième, notre chirurgien se trouva avec un ami qui l'aidait de ses yeux et de sa langue sur le banc devant nous et cette fois, le manège fut si extraordinaire et si extravagant que monsieur Roederer lui-même s'en aperçut et s'en indigna. Dans les entractes, non content d'une telle proximité, notre individu à perruque noire angulée au-dessus de chaque tempe (je suis persuadée que c'est une perruque), au nez petit, aux lèvres minces et sarcastiques, au menton orné de boutons rouges, aux yeux noirs assez doux et assez effrontés pourtant, à la taille assez grande et aux larges épaules, se dressait en face de nous, faisant avec son lorgnon l'examen minutieux et à tour de rôle de nos trois visages. Quand il se rasseyait, il se penchait à moitié sur son manteau placé sur la banquette à côté de lui, le coude appuyé sur le manteau, la tête sur la main pour saisir une parole, le son de nos voix et une fois qu'il entendit le nom d'Emma, un rayon de joie passa sur son visage usé. A tout instant, quand je le voyais le regard attaché sur moi, je croyais qu'il allait ouvrir la bouche pour nous adresser la parole et j'en riais et tremblais à la fois.

Le lendemain, Emma vint chez nous tout en feu en disant que la prochaine fois, nous irions du côté droit, que son père s'était aperçu de tout et lui avait dit que ce chirurgien à perruque était un individu malhonnête qui ne savait point vivre et qui pouvait compromettre une jeune personne par ses regards et ses lorgnades éternelles. « Quand on veut voir une dame, dit monsieur Roederer, on la regarde une fois, mais on ne se met pas en face d'elle toute une soirée ! »

La fois suivante, et c'était le soir où l'on donnait *Charles VI*, force nous fut d'aller à droite ; Emma était chez les Wagner et ne nous accompagnait pas. Au lieu des airs de Charles VI et d'Odette, elle entendit ce soir les protestations d'amour de monsieur Bourdillon. J'étais furieuse, d'abord puisque je ne peux souffrir le côté droit et puis parce que ce jour-là, j'avais quitté le deuil, mis mon manteau page et mon chapeau neuf en velours gris épinglé avec un intérieur vert clair qui ne me va pas trop mal. Je m'étais faite belle autant que possible et je pensais éblouir les yeux et le lorgnon ou plutôt les quatre yeux. Il n'en fut rien : ce soir, on ne me vit point et ne m'admira point.

Pour la représentation suivante, nous étions encore à droite et les yeux et la tête à perruque percèrent jusqu'à nous, mais pour les deux dernières fois, nous sollicitâmes notre ancienne place et monsieur Roederer fut assez complaisant pour nous y conduire. Le dernier soir, au sortir de *La Favorite*, l'inconnu pensa qu'il nous voyait peut-être pour la dernière fois ; au moment où nous sortions au corridor, il se glissa sur notre passage. Monsieur Roederer s'avança vivement et lui barra le chemin. Ce fut l'adieu et la séparation : c'était fini. En descendant les marches du péristyle, le père d'Emma nous dit : « Quelle conduite ! il s'était approché de vous ; n'avez-vous pas vu la manœuvre que j'ai faite pour l'éloigner ? »

Oh ! quelles bonnes soirées que les soirées passées au spectacle. Ces petites aventures vous font de bon sang et le jeu, le chant et la musique vous enlèvent pour quelques heures aux pensées sciantes de l'existence ordinaire. C'est avec une véritable tristesse que j'ai passé par la dernière et que je leur ai dit non pas adieu, ce serait trop dur, mais au revoir !...

Dimanche 6 février

La vaccine inoculée dans les deux bras car la peur de la petite vérole qui, avec la grippe, est le fléau régnant, est venue nous saisir en peignoir du matin avec la grande pèlerine, sans collet et sans corset, par une soirée de dimanche, la tête étourdie par le duo sans mesure et sans expression de violon et piano entre monsieur Roederer et sa fille, l'estomac plein encore d'une aile et d'un morceau de poitrine d'une oie rôtie, d'un morceau de tarte aux amandes, dessert que nous a fourni notre invitée, Grand-Maman, d'un morceau de bœuf, d'une assiette de potage gras et de quelques pommes de terre, la cervelle alourdie par le rhume, les pieds brûlants par une engelure percée qui me fait souffrir le martyre.

Dans cette disposition favorable aux élans de l'imagination, je saisis la plume pour dire la plus intéressante de toutes les choses : c'est que les Pfeiffer organisent un pique-nique dont nous ne voulons pas être quoiqu'elles nous aient mises les premières sur la liste. La dame directrice est madame Jauch, la femme de notre ancien maître de piano, dame d'une réputation... avec tache... La société est toute catholique et nous est en général peu connue. Laurette et Alphonsine, voyant que nous n'acceptions pas leur proposition avec plaisir, nous ont quittées en disant :

« Si vous ne venez point, vous y perdrez plus que nous. Vous avez dit l'autre jour que vous voudriez un mari qui gagnât quatre mille francs par an ; eh bien ! il y aura de notre pique-nique un monsieur qui cherche à se marier et qui en a autant. Il est du reste très bien.

— Pourquoi ne le prenez-vous par pour vous, et seriez-vous assez généreuses pour nous le laisser ?

— Parce qu'il est protestant. Venez, venez, vous y perdriez plus que nous. »

Et Laurette se mit à gronder Alphonsine de ce qu'elle avait jasé, et Alphonsine répondit : « Elles s'en seraient pourtant aperçu ; j'aime mieux les prévenir d'avance. »

Voilà qui est pourtant singulier et pourtant, malgré cette belle espérance dont on nous leurre, nous n'irons pas, nous n'irons pas.

Lundi 6 mars

De grands événements ont agité la France depuis que je n'ai plus ouvert ce journal : comme Charles X, Louis-Philippe fut forcé d'abdiquer, mais le roi se trompait ou plutôt, on le trompait lorsqu'il croyait léguer sa couronne à son petit-fils, le comte de Paris. La duchesse d'Orléans n'a été régente qu'un jour : la république est constituée, tous les membres de la famille royale ont quitté la France pour n'y jamais rentrer. Le drapeau tricolore, celui qui avec nos pères a fait le tour du monde, pavoise toutes les maisons. Chaque tête d'homme est ornée d'une cocarde, la garde nationale est rétablie, l'ancien ministère est en fuite. Un des premiers décrets du nouveau ministère est l'abolition de la peine de mort en matière politique. Des illuminations, des revues ont consacré les mémorables journées de février. Chaque jour, des proclamations nouvelles doivent nourrir l'allégresse générale : les fronts soucieux se dérident, les plus zélés royalistes font chorus avec les membres de l'opposition triomphante.

O profonde misère du sort des grands ! aujourd'hui les adulations, demain la haine et les persécutions. Bourbons infortunés ! que je vous plains ! que je suis loin de crier l'anathème sur votre race et de sourire à la *Liberté, Egalité, Fraternité*. La noblesse va être abolie en France ; si j'étais ou duchesse, ou marquise, ou vicomtesse, que je maudirais le jour qui me forcerait d'abjurer un si beau titre ! Etre noble de naissance, quel don privilégié du ciel et que l'on doit être fier de le maintenir !

Je n'aime point le peuple, je n'ai jamais été l'amie du peuple, que m'importe son bien-être ou son abaissement. J'ai beaucoup de faiblesse pour les faiblesses des grands. Paris sans la cour, les Tuileries n'étant plus une demeure royale, saccagées par ce même peuple qui criait : « Vive le roi », Neuilly détruit, au Havre les bustes de Louis-Philippe jetés à la mer, les tombeaux de Saint-Denis perdant leur caractère imposant et sacré, tout cela m'irrite contre les institutions nouvelles et me ferait demander au ciel, dans ma vengeance, pour ce peuple profanateur, un consulat, puis un empire et un empereur plus tyrannique, plus despote que le captif qui, sur son rocher de Sainte-Hélène, disait : « Dans cinquante ans, l'Europe sera ou républicaine ou cosaque. »

Dimanche 19 mars

Le gouvernement républicain, la garde nationale, les élections émeuvent notre population masculine. L'arrivée d'une nouvelle servante, le printemps me tourmentent beaucoup ; l'attente de la première me donne des transes, la présence de l'autre, des irritations dans le sang, des insomnies, de la migraine, des maux de nerfs et d'oreilles, du dégoût de la nourriture. J'ai pris en trois jours une boîte de pilules impériales qui sont un excellent purgatif, mais le calme dans les veines et l'appétit se font encore attendre.

Dimanche 26 mars

Dans la ville, il n'est question que de faillites. Celle qui m'afflige le plus est la faillite Jundt où mon pauvre cousin perd et sa fortune et la dot de sa femme. Jeudi, j'allais voir Julie et elle me dit qu'il ne leur restait pas le sou. Son beau-père leur offre de partager avec eux ce qui lui reste. Il faudra qu'elle vende son joli mobilier, se loge avec son mari et ses deux enfants dans deux petites chambres d'un troisième qui donne sur la cour, congédie une de ses servantes et renonce à tous les agréments de la vie. Pauvre jeune ménage! est-il possible que l'indigence soit si près de l'aisance?

Mardi 12 avril

Nous sommes au milieu du confectionnage de peignoirs : ce sont de vieilles robes que nous métamorphosons en déshabillé du matin. L'ouvrière vient de nous quitter, elle viendra demain encore. Ce sont deux jours de réclusion, trois avec celui d'hier car le temps était mauvais. Qu'il me tarde de voir arriver le jeudi pour aller à l'air! Je ne rêve que cela! c'est mon unique bonheur, y compris les joues rosées de ma sœur.

Dimanche matin, nous avons assisté à la revue de la garde nationale. La présentation des officiers du cinquième a eu lieu sur la place d'Armes. Il y a eu des accolades, des embrassades, des vivats à la république; La Marseillaise a été jouée avec enthousiasme. Des fenêtres du salon des Stammler, nous avons vu plusieurs personnes sous les armes tandis que d'autres rôdaient frauduleusement sur les trottoirs. Entre autres un petit notaire qui nous regarda du milieu de la rue de l'air le plus indifférent du monde, qui s'appuie sur une grosse canne plus grande que lui et qui a l'air fort cassé et fort abîmé. Sous les armes se trouvaient messieurs Knoderer, Magnus, Hepp tout raides de leur nouvelle dignité, empesés de leurs épaulettes d'officier et posant au pas de charge leurs pieds fameusement alsaciens.

Dimanche de Pâques, 23 avril

La semaine sainte va finir : nous avons couru les églises, les sermons, mais hélas! combien ces pieuses dispositions sont de courte durée, combien ces humiliations profondes sont passagères puisque les anciennes fautes, l'ancien orgueil revient toujours.

Il y a huit jours, le dimanche des Rameaux, nous avons eu une fête républicaine. Des fenêtres des Stammler, nous avons vu défiler le cortège monstre composé de la garde nationale, des troupes militaires, des écoles, des élèves des facultés, de l'état-major, de la commission départementale et des Polonais qui vont reconquérir leurs foyers ou chercher la mort. Ils portaient tous le bonnet phrygien et des blouses bleues. Un malheureux infirme avec une jambe de bois s'appuyait sur un vieillard à cheveux blancs pour marcher au pas égal avec ses compagnons. Cet aspect, celui des Polonais, m'émut jusqu'aux larmes et volontiers, j'eusse mêlé mes acclamations aux cris de : «Vive les braves Polonais!» qui retentissaient sur leur passage. Mes yeux parcouraient ces rangées, mais je ne reconnus point parmi ces visages rembrunis par le malheur, les fatigues et la misère celui que je cherchais quoique seize ans d'absence aient pu changer les traits de ce Joseph Kotarsky qui nous aimait tant, nous enfants.

Deux arbres de la Liberté ont été plantés devant l'hôtel de la mairie, trois autres à l'Orangerie. Voyons si on leur laissera le temps de prendre racine. L'après-dîner à la Robertsau, on fraternisa : militaires et gardes nationaux. Le soir, il y eut illumination générale et feux de Bengale sur la cathédrale.

Samedi 29 avril

A neuf heures du soir, j'ouvre encore ce journal pour mettre la date du 29 avril : c'est le vingt-sixième anniversaire du jour de ma naissance. A vingt et un an, je pleurais en pensant que le plus bel âge de la vie était passé pour moi ; maintenant que je vois s'effeuiller une à une les fleurs de mon printemps, je suis toute calme et résignée.

Dimanche 21 mai

Ce matin, nous avons vu le général passer la revue des troupes et de la garde nationale. On a joué les airs de *La Marseillaise*, des *Girondins*. La musique m'a fait rêver !... mais mes rêveries étaient mélancoliques, douloureuses, affreuses ! La musique m'a fait un mal que je ne sais définir.

Jeudi 29 juin

Une femme portant le bonnet des paysannes de Paris, de longs pendants d'oreille, ayant les traits fins, la physionomie douce et maligne à la fois, se promène sur la terrasse en chantant pour apaiser les vagissements d'un petit enfant : cet enfant est le fils de monsieur Jules Roederer [131]. Il est arrivé ici mardi matin à six heures avec sa femme, son enfant et la nourrice de celui-là. Depuis trois jours qu'ils sont ici, sortant, se promenant du matin au soir, je n'ai pas eu l'occasion d'entrevoir monsieur Roederer. Aussi, il ne traverse plus le petit corridor qui sépare la cour de l'escalier avec autant de lenteur qu'autrefois, s'arrêtant sur chacune des deux marches qui, des deux côtés, en sont la limite, se hissant même sur la pointe du pied pour regarder à travers le vitrage élevé de la porte d'entrée. Non il ne fait plus rien de tout cela : il tourne rapidement le bas de l'escalier, longeant comme une bête fauve qui craint le chasseur la loge de la portière pour gagner plus vite la porte cochère, tenant les yeux baissés vers la terre comme une jeune fille qui irait à l'autel faire sa première communion. Nous aussi, de notre côté, nous nous tenons ensevelies comme des taupes ; rigoureusement, nous leur devons une visite de l'an passé, mais je ne peux pas prendre sur moi de monter avec ma sœur : il m'est impossible de faire des civilités à la femme de cet homme-là.

Dimanche 2 juillet

Je songe avec joie, avec enthousiasme même, à la soirée qui nous attend Emma et moi et à laquelle notre bon père nous autorise de prendre part. Mademoiselle Rachel est ici depuis huit jours, donne aujourd'hui sa seconde et dernière représentation : *Andromaque,* et chantera *La Marseillaise.* On donnera encore un vaudeville de Scribe : *Le vieux garçon et la petite fille*, et mademoiselle Dina Félix, sœur de mademoiselle Rachel, remplira cinq rôles différents.

C'est la famille Roederer qui a l'amabilité de nous chaperonner et ce matin, avant d'aller au sermon français, nous avons fait à la jeune dame une petite visite préliminaire. Elle porte le deuil de sa sœur ; elle eut l'amabilité de nous dire qu'elle se proposait de nous voir aujourd'hui et que nous l'avions prévenue. Elle parle gracieusement et dans un style élevé. Sans avoir aucun beau trait, sa figure est assez agréable ; je lui trouve des yeux intelligents. Elle a la bouche grande, les lèvres gercées et sans fraîcheur, sa mâchoire supérieure fait un coin des deux côtés par des dents de travers, le nez petit et rond, le front bas, les cheveux foncés, la peau de même, la taille toute petite à l'excès et mal faite, pieds et mains grands, la parole lente, l'air sérieux et posé et beaucoup plus âgée qu'elle n'est : on lui donnerait vingt-six ans, elle n'en a que dix-neuf, mais ce qui lui manque en fait de fraîcheur, de jeunesse, d'animation et de vie est racheté par un air sérieux et doux qui a aussi quelque charme. Cette femme se communique peu, mais elle a peut-être des sentiments profonds.

Je me réjouis extrêmement pour ce soir, pour les beaux vers de Racine, les accents éloquents de Rachel, ses costumes et son organe vibrant et harmonieux, pour *La Marseillaise*, la foule, les visages que je vais trouver réunis dans la salle de spectacle, les impressions, les émotions que j'éprouverai et, surtout, pour l'entrevue avec monsieur Jules Roederer.

Dimanche 16 juillet

J'ai commencé ma semaine d'une manière peu religieuse : ce matin, pour mettre à l'aise et avec lenteur et précision une robe neuve d'été, légère et fraîche et qui, à cause du temps défavorable, n'avait pas encore vu l'air jusqu'à présent, nous avons déserté l'église et nous nous sommes mises en route pour faire des visites, nous pavanant au soleil comme des paons. Nous sommes rentrées à midi, folles de vanité parce que, dans les rues, nous avions attiré les regards. La même comédie sera jouée ce soir à la promenade et puis au Broglie pour entendre la musique. O étoffes transparentes et flottantes! ô rubans! ô volants! où courez-vous avec notre raison et, souvent, avec nos chagrins?

Au fait, cette promenade à effet aujourd'hui est la seule distraction que je me sois donnée cette semaine car ces autres six jours passés, j'ai vécu dans la sagesse et la réclusion d'une matrone. Mais quelque sage et quelque réfléchie que nous nous croyions, le péché originel revient toujours et le sang tumultueux de la jeunesse ne se tiédit et ne se refroidit pas d'un jour à l'autre. Il faut bien des années, bien des macérations et bien des larmes avant de pouvoir se dire: «Je suis au-dessus de tout cela...»

Le silence est rentré dans la maison; avec lui la monotonie. La semaine passée, j'ai vécu dans les fêtes grâce à la présence du jeune couple Roederer. Aujourd'hui il y a quinze jours, nous avons eu la représentation d'*Andromaque*. Nous étions mises en soie ainsi qu'Emma Roederer à laquelle nous avions donné le mot.

Au sortir de la porte de notre cuisine, sur le petit palier, eut lieu la fameuse entrevue qui commença par un: «Comment vous portez-vous?   —Très bien, monsieur, je vous remercie.» (Coup de chapeau, et une révérence et fini...) et un peu d'embarras et de rougeur de part et d'autre. Au spectacle, il fut aimable ainsi que sa dame, et il écouta avec beaucoup de patience et de complaisance mon jugement de la pièce et des acteurs. Il fut même tout à fait de mon avis quand je dis que Rachel, éloquente dans plusieurs passages, n'était pas la même du commencement à la fin, que Pyrrhus avait promis assez et qu'il avait fléchi vers la fin, qu'Andromaque avait été pleurnicheuse à l'excès en commençant, mais qu'elle avait fini par avoir de l'expression et du sentiment, qu'Oreste était outré et avait plutôt l'extérieur et la tête d'un séminariste que d'un héros grec.

En lisant l'*Andromaque* de Racine, plus d'une fois je me suis arrêtée pour essuyer mes larmes; ce soir-là, je n'ai senti nulle émotion. Quelque bons que soient les acteurs, je trouve toujours que ces beaux vers perdent dans leur bouche. Rachel a perdu de sa voix: elle n'est plus ni aussi fraîche, ni aussi sonore, ni aussi intelligible, et je lui trouve trop de froideur et trop de façon. *La Marseillaise* chantée ou plutôt déclamée par elle a fait impression; comme dans le rôle d'Hermione, des tonnerres d'applaudissements ont couvert l'actrice. On a surtout admiré cette strophe: «Amour sacré de la patrie!» où elle se met à genoux en saisissant la bannière de France.

Sa sœur, mademoiselle Dina Félix, a été gentille dans la comédie de Scribe: *Le vieux garçon et la petite fille*. Elle a rempli avec beaucoup d'esprit et de gentillesse les trois rôles de garçons, mais cette enfant à laquelle on ne donne que onze ans sur l'affiche, je la soupçonne d'en avoir bien quatorze, ce qui lui ôterait un peu du prestige dont on l'entoure.

Mardi, il y avait au jardin Lips concert donné par les chanteurs hongrois. Madame Roederer eut la complaisance de me faire venir avec sa famille. J'avais déjà passé l'après-dîner chez eux en écoutant le duo de monsieur Roederer et de madame Ledermann, jadis Louise Mehl. Ma pauvre Emma renonça à ce plaisir, craignant l'humidité du jardin et du soir pour ses maux de dents. La soirée fut charmante et nous rentrâmes tard, les oreilles enchantées par les sons des voix hongroises.

Dimanche 6 août

J'écris tandis que madame Roederer est à sa harpe et que ma sœur Emma mène malignement et furtivement une petite intrigue avec un officier du voisinage dont tout l'enchantement consiste à se faire des œillades mutuelles. Elle avance son petit minois tant qu'elle peut hors la croisée, lui se penche sur son balcon. Deux maisons assez larges les séparent ; il lui lance des étincelles de cigare, des bouffées de fumée de pur tabac et des regards très expressifs, et elle tourne vers lui, aussi souvent que les convenances le permettent, ses yeux brillants et malicieux. Tout à l'heure, elle vient de se jeter tout éperdue sur ma table en me disant que, trois fois, il venait de lui montrer une lettre soigneusement cachetée et pliée.

Un autre ancien voisin passe matin et soir devant chez nous car il connaît l'heure à laquelle nous travaillons le matin et celle de récréation le soir : c'est celui dont nous ne savons pas s'il est marié ou non, cafetier retiré ou étudiant, savant ou employé dans les vins. Ce qu'il y a de plus clair comme de plus trouble et de plus palpable, c'est son chapeau râpé, son gilet graissé, sa redingote usée, son pantalon déchiré et ses bottes non cirées. Et dans cet accoutrement, passer trois fois le jour devant la fenêtre de la dame de son cœur et de ses pensées, ou plutôt des dames car il m'a chanté : « Mon cœur est à toi ! », et à Emma « Toi que j'adore », accompagnés de mains jointes en signe d'adoration, de posture agenouillée et de baisers volants. Pour laquelle des deux ces regards ébahis, ces promenades, ces tours de maison ? Pour ma part, je n'en veux pas un brin, pas un signe, pas une idée ; je ne me sens aucun goût pour un adorateur enguenillé qui, sous un costume crasseux et graissé, a la prétention d'attirer mes regards car nous ne pouvons sortir sans trouver sur notre passage matin et soir, à toute heure du jour enfin, cet indiscret et dégoûtant individu avec ses lunettes, son parapluie et sa taille dandinante.

Emma Roederer voit en face de sa fenêtre une lucarne, ou demi-fenêtre, appartenant à une chambre habitée par un individu que nous croyons emprisonné là et que, par conséquent, nous avons surnommé Gaspar Hauser. Par les réquisitions de la vieille Salomé qui s'est informée chez une habitante de la même maison, femme d'un tourneur, il s'est éclairci que ce prétendu fou et prisonnier était le fils d'un riche orfèvre, placé à Strasbourg en apprentissage, manquant d'ouvrage dans le moment, ayant de magnifiques linges et habits et jouant de trois instruments, à savoir le violon, la flûte et le piano. Mais ce que nous avons découvert pour notre compte sans l'appui des commérages d'une voisine, c'est que l'individu a une taille svelte, des yeux noirs très beaux, et deux rangées de dents merveilleusement blanches.

Voilà pour Emma Roederer. Notre Emma captive l'officier d'artillerie, et moi peut-être, le moins enviable de tous les trois, la *Nasensau* [132] comme l'a surnommé ma sœur ou pour parler plus décemment, le sale voisin, c'est le nom que lui donne la Salomé. Voici les trois amies et voisines occupées chacune de son voisin et occupant son voisin car les deux derniers surtout font force démarches pour voir et être vus. Et dire que notre vie soit uniforme lorsqu'on fait de ces conquêtes-là !...

Dimanche 20 août

Ce qu'Alphonsine vint nous annoncer en grande toilette n'était ni plus ni moins que le mariage de sa sœur, et avec qui ? « Mon Dieu... devinez, dit-elle, vous le connaissez.

« Hirschel, dit Emma en me prenant ce nom de la bouche.

— Non, ce n'est pas lui, et pour vous aider, je vous dis qu'il est protestant et que vous le connaissez.

— Pro...tes...tant, nous arrêtant à chaque syllabe.

— Oui.

— Seeger », dit Emma.

Je ne revenais pas de ma surprise : Laurette si dévote, se décider pour un mari protestant ! Alphonsine dit que depuis les trois visites qu'il a faites chez eux, Laurette ne lui a pas dit deux mots et qu'elle est obligée de se battre les flancs pour trouver des sujets de conversation. Elle s'étonne elle-même de ce que Laurette, si fervente catholique, ne trouve point d'obstacle de ce côté-là.

« L'avez-vous donc persuadée, se marie-t-elle pour vous faire plaisir ?

— Au contraire, on lui a représenté toutes les difficultés d'une pareille union et elle a répondu qu'elle l'épouserait en dépit de tout. »

O la traîtresse ! elle épouse maintenant ce Seeger qu'on m'avait destiné (c'était le second mot d'Alphonsine) et dont si souvent elle avait fait mon sujet de critique. Il y a quelques semaines encore, quand nous parlions toutes les quatre du célibat qui sera notre sort, je lui demandai : « A ma place, aurais-tu épousé Seeger ? » et la mauvaise a répondu : « Seeger, oh non, fi ! » Voilà ce que sont les amies ! Et Sophie Gunther a dit la même chose et pourtant, Seeger vaut bien son Diehl.

Je ne puis le nier, cette nouvelle m'a fait une profonde sensation ; non point que j'envie Laurette, mais je n'ai pu m'empêcher de faire la réflexion qu'à tout prendre, Seeger est un bon et beau garçon, travailleur, rangé, et que, joint au débit d'huile, au logement et à la dot que voulait me donner mon oncle, il eût assuré mon sort pour la vie. Mon oncle, entouré par des personnes parentes, n'eût probablement pas fait son scandaleux mariage et sa belle fortune n'eût pas été gaspillée par une fille de joie qui a eu l'audace et l'adresse de lui faire donner son nom et partager son bien, mais eût fait l'aisance de sa famille. Car je le vois tous les jours davantage, l'aisance est inséparable du bonheur. J'ai eu des torts, je me le dis à moi-même et tout le monde peut me le dire. S'il était temps de recommencer, j'agirais peut-être autrement car l'expérience de la vie m'a appris qu'il n'y a que l'argent qui puisse inspirer une inclination. Mais si, effectivement, j'ai manqué mon avenir, je puis faire la part de ma grande jeunesse et d'une imagination trop vive et qui m'a entraînée trop loin. Autrefois, j'avais rêvé que l'on pourrait m'épouser pour moi-même. Je suis revenue de cette erreur, mais je n'en suis pas plus sage : à l'heure qu'il est, à l'âge que j'ai, jamais je n'aurai assez de raison pour faire un mariage de raison. L'ambition seule me guiderait encore, mais sans cela, rien. S'il y a quelques années, une personne sage, raisonnable, amie, m'eût donné des conseils, j'aurais pu, cédant à la voix de l'amitié et de la sagesse, épouser monsieur Seeger et je serais heureuse maintenant, heureuse dans l'acception que le monde attache à ce mot.

Mais, finalement, monsieur Seeger ne combine pas trop mal son affaire : monsieur Pfeiffer est riche, son commerce va bien. Sa future femme est d'une autre religion, elle a six ou huit ans de plus que lui, elle est petite à l'excès comme il est grand à l'excès. Excepté de beaux yeux assez stupides et des cheveux d'un noir magnifique, elle est laide et dégoûtante de taille et de traits. Elle est dévote, ce qui prouve que l'intelligence ne l'étouffe pas, ni que les lumières l'éclairent, mais c'est une bonne fille calme, sensée, un peu avare, un peu insouciante et à laquelle il faut la philosophie de trente-deux ans pour épouser un homme de vingt-sept ou vingt-huit, protestant et très bien de figure quoiqu'il ne me fasse pas l'effet d'être capable de développer l'intelligence de sa femme sur le diapason de la sienne.

Lundi 11 septembre

Nous avons eu une soirée de fête et de clair de lune, hier. Nous étions parées de notre plus jolie toilette d'été hier après-dîner, Emma Roederer, ma sœur et moi. Sous le prétexte de la chaleur et de la fatigue, nous avons proposé un tour de Contades et puis d'entendre la musique du 5e de ligne au Broglie. Là, les regardeurs n'ont pas fait défaut ; c'était notre intention. J'ai eu pour ma part les saluts bienheureux d'un notaire, d'un serrurier. Emma avait son *lieblicher Fuchs* [133], son maigrichon, son *gemeiner* [134] et son capitaine aux brillantes épaulettes et aux yeux malicieux qui pour la voir, pour se rapprocher d'elle, pour l'entendre parler, a fait des œillades, des faufilades, des gambades à n'en plus finir. Monsieur le notaire a fait autant de pas pour moi, mais moins de mouvements amusants.

Le jour baissait lorsque les musiciens jouaient la dernière polka, mais la soirée était si belle, le clair de lune si brillant, l'air si doux et la foule si animée que nous proposâmes à nos pères de faire encore quelques allées et venues sur le trottoir. Notre père s'esquiva, mais monsieur Roederer resta complaisamment comme chaperon, je ne veux pas dire des trois, mais des deux coquettes.

Le capitaine marchait toujours à quelques pas de nous. Je vis encore au clair de lune des moustaches et des yeux noirs : ils appartenaient à mon caprice, au professeur Martha [135]. De longtemps je n'oublierai pas tous ces regards, cette musique, cet aimable clair de lune et cette soirée divertissante.

Jeudi 28 septembre

J'ai présentement le goût de la réclusion, de la lingerie et... de devenir la femme d'un serrurier. Je ne vois personne, j'en suis au numéro sept de mes collets. Ce sont des antiquités dont je fais des nouveautés et des bijoux. C'est l'idée avec laquelle je me couche et l'idée avec laquelle je me lève. Mais quand j'ai vu mon serrurier qui me regarde avec des yeux si doux, qui met une chemise blanche, un gilet à carreaux et une cravate de soie noire pour venir travailler chez moi, qui est exposé aux mauvais traitements de sa mère et de sa sœur, qui semble chagrin, mélancolique, malade, alors je pense très sérieusement que ce pauvre jeune homme avec sa douce et jolie figure mériterait bien un autre sort et je voudrais bien être celle qui ferait son bonheur.

Vendredi 29 septembre

Nous avons vu les Pfeiffer : Laurette aura sa corbeille lundi, le mariage se fera mardi en huit. Les amies, et nous sommes du nombre, sont invitées au dôme ; on dansera en se levant de table. Et Alphonsine de dire comme cet hiver : « Et après, vous verrez, je parierais ma tête qu'il se fera un mariage, car je vous sais quelqu'un que vous verrez là. »

Vendredi 6 octobre

J'ai été chez la Darcy [136] lui porter ma dentelle et essayer encore une fois le modèle de ma pèlerine. Nous nous préparons pour mardi ; nous serons de noce en blanc. Le mariage se fera à dix heures à Saint-Pierre-le-Jeune, puis à Saint-Thomas [137]. A midi, la voiture viendra nous prendre ; à une heure, grand dîner ; après, danse, bal. En attendant ce jour de fête qui peut-être ne me donnera que du regret, je suis obligée de passer par bien des ennuis et bien des ennuis le suivront encore.

Il est neuf heures, je vais dormir : ce soir je n'aurai pas, comme mercredi, les sons harmonieux de la musique dans les oreilles, mais le bourdonnement du rouet de ma servante qui n'est pas fileuse de second, mais de quatrième rang, mais du reste bonne fille, bien élevée, polie et soigneuse, ayant la meilleure volonté possible.

Jeudi 19 octobre

Le souvenir de la noce n'est plus dans mes pensées qu'un songe passé ; au milieu de mes tracas, de mes plans de lessive, j'ai oublié de noter mes impressions.

Il y avait grand dîner à la Maison-Rouge ; nous avons été pris en voiture avec monsieur et madame Reiber, l'ami intime de monsieur Seeger. Monsieur Seeger nous reçut dans le salon qui précédait celui dans lequel on se réunit ; il tremblait lorsqu'il nous dit bonjour. Laurette était calme, aussi calme que s'il ne s'agissait que d'un dîner de famille, et vers une heure, comme nous n'étions pas encore au complet, je lui entendis dire deux fois : « Que j'ai faim ! » C'était par trop prosaïque pour une mariée ! Ma sœur lui prit une araignée sur la robe pour l'écraser et elle dit avec sérénité : « Midi est passé. »

Laurette était avec sa couronne blanche assise entre son mari et son père. Je pus faire mes réflexions à mon aise, la conversation de mes deux voisins ne m'absorbait pas. Je n'enviais nullement la place de Laurette et cette place eût été la mienne il y a six ans !...

Dans la soirée, madame Ruch ne put s'empêcher de nous dire que si mon oncle ne se fut pas marié, monsieur Seeger ne l'aurait point fait non plus de cette manière et serait resté dans la famille. Le fait est que monsieur Reiber me fait la mine. Pourquoi ? Je n'en sais rien ; si ce n'est pour son compte, ce serait pour son ami.

Après le dîner, je m'étais trouvée mal : Emma et madame Reiber me conduisirent dans une autre salle, on me donna un verre d'eau sucrée tiède, on m'apporta un flacon d'eau de Cologne, mais ma pâleur et mon oppressement ne voulaient pas me quitter. Madame Reiber me proposa d'ouvrir mon corset et mes robes. Elle me fit aller dans un petit salon écarté et eut pour moi tous les soins imaginables. Longtemps, j'étais assise à l'écart sans espérer pouvoir danser. La danse aussi n'était pas animée : il y avait pénurie de cavaliers et cette petite société se perdait dans cette immense salle.

Je n'eus pas l'agrément de voir le professeur Martha : on n'avait pas jugé à propos de l'inviter, mais par contre, je vis et je dansai avec monsieur Bauby, renommé pour le plus beau capitaine de la Garde nationale et le plus bel homme de Strasbourg. Il m'engagea pour une valse et me dit « madame », et ce fut dans cette idée qu'il me causa des nouveaux mariés qui s'étaient éclipsés, qui avaient eu assez de cérémonies dans la journée, sur lesquels tous les regards étaient fixés. Plusieurs fois il s'arrêta ; une fois, il me dit qu'il dansait trop vite et qu'il craignait de me fatiguer, et quand je lui répondis que j'aimais bien tourner, il me regarda d'un air étonné. En me reconduisant, il me dit : « Je vous suis très reconnaissant. » Ainsi finit et se passa ma valse avec le plus bel homme de Strasbourg. Plus tard, je crus remarquer qu'il demandait à son beau-frère qui j'étais.

Madame Schaeffer, dentiste, est une des plus jolies femmes du monde. Elle avait une robe noire de moire et un bonnet de crêpe rose foncé qui la paraient à merveille. Monsieur Reiber n'en pouvait détacher les yeux et lorsqu'il valsa avec elle, il se donna la plus gracieuse pose imaginable, le plus séduisant sourire et le branlement de tête le plus expressif : il se croyait Adonis dansant avec Vénus. Qu'il me faisait pitié et qu'il était ridicule !

A une heure après minuit, nous étions rentrées chez nous, aussi ennuyées, aussi désappointées, aussi désillusionnées que possible, déplorant la fraîcheur passée de nos robes blanches et moi regrettant les quelques dépenses que j'avais faites pour ce jour.

Lundi 23 octobre

Ce matin, nous avons passé trois heures au débarcadère pour voir arriver le convoi qui ramenait les Strasbourgeois, les Mulhousiens, les Colmariens, tous en uniforme de garde nationale, pour assister à la pose de la pierre fondamentale du monument de la République [138]. A deux heures, nous avons vu le cortège, pressés, serrés, mêlés à la foule. Ce soir à six heures, le feu d'artifice brûle devant la Halle aux blés, les gondoles de la musique illuminées de lampions de couleur, l'illumination de toute la ville. Il ne manquerait plus que le bal pour compléter notre journée de vagabondage, mais vendredi, toutes les loges étaient déjà prises, nous y avons songé trop tard. Ma sœur dit que de sa vie, elle ne s'en consolera pas ; le cœur m'a fait un peu mal ce soir quand je voyais les voitures rouler du côté du spectacle, mais je serai consolée avant demain soir.

Mardi 6 décembre

Notre demi-abonnement a commencé hier au soir : j'ai eu des émotions tant et plus. Il y avait trois débuts : ceux de messieurs Eugène et Kermerack et de madame Saint-Ange. Monsieur Kermerack faisait dans *La Sirène* [139] le rôle de capitaine de la tartane. Il a chanté faux, mal ; il n'a pas de voix. Le pauvre malheureux a été obligé d'entendre des sifflets et des murmures. Il pâlit plusieurs fois et j'avais envie de pleurer. Pauvre jeune homme ! il s'était tant soigné : à son uniforme soigneusement brossé, tiré, ajusté, à son képi mis sur l'oreille avec recherche, à ses mains religieusement entourées du bracelet de la manche de chemise, à sa coiffure artistement arrangée, à sa ceinture dont la boucle était serrée pour dessiner une taille, on devinait que le pauvre garçon avait passé trois heures devant son miroir, espérant peut-être que pour une taille fine, une mise soignée et une tête bien pommadée et bien bouclée, le public passerait sur ce qu'il manque à sa voix, mais le public, le « chien de public » comme l'appelle le comte Rostopchine, n'est pas aussi indulgent et ne se contente pas d'une chose pour une autre. Le fait est que le directeur vint entre l'opéra et le vaudeville annoncer que monsieur Eugène et madame Saint-Ange avaient été élus à l'unanimité, mais que monsieur Kermerack n'avait pas obtenu la même faveur. Encore une fois, pauvre jeune homme ! sa chute m'attrista pour toute la soirée. Trois fois je l'avais vu pâlir lorsqu'il entendait des murmures d'indignation ; les larmes m'en sont venues aux yeux, j'étais tentée de l'encourager, de le consoler et de souffleter ceux qui l'humiliaient, qui l'outrageaient, qui le décontenançaient. Quel triste sort que celui d'acteur sifflé, hué ! et surtout, pour un début : que d'espérances détruites, que de rêves et de ressources anéanties par un coup de langue [140] !

Ce soir-là, le capitaine me lança un regard bienveillant de frère, d'ami, et dans le péristyle, lorsque je voulais descendre les premières marches, il se rangea respectueusement et courtoisement pour me laisser passer non sans oublier de me faire voir un petit pied chaussé dans une botte vernie qui, assurément, eût fait honte à celui de Cendrillon.

Mardi 26 décembre

Nous avons eu dimanche un tout petit dîner en petit cercle : Grand-Maman et Léonie ont été invitées pour un bœuf à la mode exquis et succulent accompagné de pommes de terre grillées, d'un jaune d'or, et de scorsonères étuvées dans le beurre frais, le persil et les échalotes. Pour le dessert, il y avait un plat doux avec une sauce au vin de la fabrique d'Emma, de la gelée de groseilles et des pains de Souabe fort croquants, fort bien assaisonnés, que nous avions confectionnés samedi soir. Un bon vieux vin ne les accompagnait pas mal.

Le soir, nous étions à l'asile pour voir le sapin illuminé de mille bougies, la crèche à son pied, les trois longues tables où étaient les étrennes des enfants, pour entendre leurs chants pieux et celui de merci, le discours et la prière du pasteur Haerter [141]. C'était une simple et très touchante cérémonie. Parmi les enfants, il y avait une petite juive qui me frappa par sa pâleur et ses beaux yeux noirs. Pendant la prière et pendant le chant, ils se promenaient d'un visage, d'un objet à l'autre, puis ses mains se croisaient, sa tête se penchait de nouveau avec une ferveur et une humilité qui ne me semblaient pas partir du cœur. Je ne crois pas que toutes les pieuses exhortations, les prières, les bonnes instructions ne lui donneront davantage qu'un vernis passager qui, au premier souffle de la liberté et du monde, se dissoudra comme la glace au soleil.

De l'asile, nous étions chez la tante Strohl pour prendre le café et tel était l'égaiement de la société que je m'endormis pour trois quarts d'heure dans un fauteuil. La même chose faillit m'arriver hier au soir chez les Roederer : j'avais un combat terrible et ma sœur me fit plusieurs fois des yeux menaçants. Aussi, je n'ai plus en moi de quoi m'animer, ni d'animer les autres ; pour peu que la conversation languisse, je m'endors.

1849

Me voici dans l'année nouvelle et je vais réfléchir comment j'y suis entrée. J'ai fini l'année passée sans une pensée pieuse, j'ai commencé l'année nouvelle sans une pensée impie. J'ai passé d'une époque à l'autre sans y réfléchir, sans m'en apercevoir, comme une créature tout ordinaire, comme une imbécile. Pourtant, encore, j'ai eu un combat : celui de la colère contre la grâce. Mon bon ange, mon meilleur, me disait : « Bénissez ceux qui vous maudissent, faites du bien à ceux qui vous haïssent et qui vous persécutent », et mon sang bouillonnant et la vengeance me criaient : « Rends sottise pour sottise, impertinence pour impertinence. » Et ce scandale, qui me le donna, et où ? A l'église, dimanche soir, où j'allais avec ma sœur et la servante pour bien finir l'année et me recueillir. Une femme, femme d'un cocher de louage chez laquelle sert en ce moment la Carline, l'excrément de mes servantes, voulait faire sortir du banc ma servante pour y entrer elle-même, et sur mon refus, quoique je sache qu'elle y avait droit et que nous n'y étions que parce que le banc se trouvait ouvert, elle menaça de le faire vider par le sacristain. La colère s'empara de moi si fort malgré la sainteté du lieu que je ripostai par quelques phrases blessantes et grossières et que je ne me calmai que par les coups de coude de ma sœur et l'idée de ne point faire de scène en pareil lieu.

Le sermon de monsieur Horning n'était point de manière à m'édifier et je perdis encore la moitié de ce qu'il aurait pu me faire par les bouillonnements et les soubresauts que faisait mon sang du côté du cœur. Ainsi, ce qui devait me purifier m'empoisonna et je quittai l'église, regrettant d'y avoir été. Il en est de même des ouvrages que je fais : je viens d'en terminer un qui a duré quinze jours et j'aurais plus de satisfaction s'il se détruisait de nouveau de lui-même.

Mais je suis ingrate : j'ai eu un après-dîner très gai dans l'année qui vient de commencer. C'était avant-hier, nous avons cherché nos étrennes chez la tante Lisette, passé l'après-dîner chez elle avec l'ouvrage, ainsi qu'Henriette Schneegans, et pris au goûter chacune trois tasses d'excellent chocolat trempé de bretzels, de gâteaux et de cumberlands. Notre conversation était une véritable conversation de vieilles filles : jeter l'anathème aux hommes et comparer le mariage et le célibat. Chose curieuse, nous n'étions que des filles de vingt-deux à soixante-cinq ans et de nièce en nièce de trois lignées de la famille. Si nous subissons le sort de nos tantes, nous resterons demoiselles et chacune des trois générations aura produit une vieille fille et la dernière, peut-être deux.

Dimanche 14 janvier

Je suis furieuse contre la république qui donne au peuple le droit de lever la tête. Hier, un homme de la basse classe inscrit sur la liste des pauvres est venu dire des sottises à mon père. J'en pâlissais, j'en tremblais et le calme de mon père m'impatientait ; j'aurais voulu riposter pour lui, rendre sottise pour sottise, injure pour injure ! L'insolent s'enhardit au point de dire que cette place n'appartenait pas à mon père parce qu'il ne faisait pas ses distributions avec justice. Quand le scélérat fut parti, je fis sentir à mon père toute l'importance des injures qu'il avait reçues : il semblait n'avoir rien entendu, il haussa les épaules en disant qu'il fallait excuser la véhémence de ceux qui sont pauvres et se croient malheureux.

Encore une fois, ce scélérat m'avait bouleversée et aujourd'hui et hier, j'étais écrasée sous cette idée et elle ne veut faire place à aucune idée plus riante. « Mon pauvre père, me disais-je, que je souffrais de t'entendre humilié devant témoins » (il y avait encore deux pauvres), et il ne me sut aucun gré de mon intérêt et des anathèmes que je prononçai contre la canaille. Depuis hier, je ne rêve, je ne respire que meurtre, vengeance et carnage sur le peuple, contre le peuple ou la canaille.

Dimanche 28 janvier

Hier au soir la bonne Emma Roederer, pour m'arracher à la solitude, m'a emmenée dans un petit concert chez monsieur Stern dont elle aidait à faire les frais. J'étais morne et taciturne, la musique même ne faisait plus sur moi son effet ordinaire. Je cherchais vainement quelque agréable pensée.

Pour changer d'humeur, j'essayai une polissonnerie : je me mis à faire des œillades à un des accompagnateurs, jeune homme d'assez bonne mine et de spirituelle figure qui jouait de son violon avec beaucoup d'expression. Mon chapeau gris de velours ainsi que mes regards dirigés souvent sur lui attirèrent sur moi les siens et nous nous contemplions réciproquement à de fréquentes reprises avec beaucoup de satisfaction. Ce fut à son violon que je prêtai plus d'attention qu'au piano.

Mais la désillusion et l'ennui viennent pour beaucoup. Qui aurait reconnu dans cet homme pâle comme un visage de marbre, à l'attitude réfléchie, sérieuse, sombre même, ce pétillant élève en théologie qui, il y a douze ans, me fit à moi enfant de douze ans une cour empressée dans une soirée chez les Koehler, au point d'exciter la jalousie de mes compagnes, petites bégueules comme moi. Monsieur Kampmann est maintenant instituteur au Gymnase et marié, père de plusieurs garçons et a des pensionnaires [142]. L'un d'eux se faisait entendre sur le piano. Son précepteur ne se doutait pas qu'il y avait tout près de lui une vieille fille dans l'enfance de laquelle il a fait époque.

Lundi 19 février

On agite une grande question chez nous : samedi prochain aura lieu, pour l'anniversaire de la république, un grand bal de la garde nationale au théâtre. Nous en serons probablement, ou avec les Grün, ou avec les Roederer. Notre père même montre un empressement d'aller que je ne puis attribuer qu'à la liberté, égalité, fraternité ! De plus, nous sommes abonnées derechef au spectacle avec des contr'abonnés pour faire durer le plaisir plus longtemps. D'Hooghe est toujours mon caprice : je raffole de cette voix profonde, sérieuse et pourtant si mélodieuse. Chantant ou parlant, les sons viennent toujours frapper mon cœur... non, l'expression est mal choisie, mais ce que j'ai de plus sensible et le plus facile à attendrir, je ne sais si c'est ou l'âme, ou l'esprit, ou l'imagination.

J'ai de plus une admiration, un enthousiasme frénétique pour Walter Scott, et depuis trois semaines, je ne fais que lire et relire *La Jolie Fille de Perth* et pleurer la mort terrible du duc de Rothsay, et prononcer l'anathème sur Ramorny dont quelques pages auparavant, je venais de pleurer l'infortune.

Mardi 27 février

Parlons du bal : il y avait foule, mélange, chaleur, gaz, musique, épaulettes rouges, fleurs, diamants, dentelles, robes de satin et de mousseline, robes de mérinos, beaux cols et beaux bras, gracieuses décolletures, teints blancs et calmes, teints de cuisinières, pèlerines robes montantes avec de petits collets, guirlandes de fleurs et bonnets qui dansaient, cous ornés d'un ruban avec une croix ou une étoile de diamants, cous entourés d'un foulard, grandes dames, honnêtes bourgeoises, filles jeunes et vieilles modistes, couturières, coiffeuses, femmes entretenues en gracieux costumes, filles de boutiques et juives de la plus basse classe ; noble et vilain, bourgeois et militaire, gardes nationaux et pékins, tailleurs, coiffeurs et cordonniers, habitués des bastringues et salles de danse, préfet, maire et commissaire de police.

Nous avions à huit un étroit couloir de loge, un véritable boyau, et les deux premières qui descendaient pour danser faisaient lever toute la loge. Mesdames Grün, Blank, Imlin, Corinne, Emma Roederer et nous deux étions entassées comme des harengs dans une tonne. La chaleur, le bruit, la foule, le brouhaha me donnaient le vertige, mes engagements me désespéraient et l'aspect de plus d'un jeune homme connu qui était ou trop fier, ou trop paresseux, ou trop timide pour monter et demander une danse, me donnait des colères et des fureurs. Le fait est que je ne dansais qu'avec ceux que j'aurais aimé envoyer à cent lieues et que toute ma soirée ne fut qu'un long regret, et des absents et de ceux qui ne s'approchaient pas.

Monsieur l'architecte était là en uniforme. Je ne lui aurais pas pris en mal s'il était venu pour me faire danser ; il se contenta de nous observer et je crois même qu'il cessa de danser avec les ignoblesses qu'il avait recherchées jusqu'à notre arrivée. Dès qu'il se fut aperçu de notre présence, il ne dansa plus sauf à s'en dédommager plus tard. Et lorsque nous quittions, je surpris ses yeux fixés avec tristesse sur notre loge. J'étais le plus près de la rampe et il suivait avec anxiété toutes les ondulations de mon manteau et de mon capuchon.

Une fois dans un quadrille, je tournais la tête pour voir ce qui dansait autour de moi : une saint-simonienne bruyante s'exécutait à ma droite ; je vis au milieu de deux épaulettes une tête inclinée qui devait être gracieuse, une bouche qui souriait à une autre grâce féminine : c'était le serrurier qui, de toute la soirée, ne m'aperçut pas.

A deux heures, nous partîmes. Je dormais déjà en voiture, je dormais en ôtant mes mille épingles et tandis que ma sœur causait encore. Je ne dors jamais mieux qu'après une soirée ennuyeuse : les souvenirs agréables me tiennent éveillée, l'ennui m'assoupit. Je ne me réveillai que le lendemain à neuf heures ce qui, je crois, ne m'est pas encore arrivé après un bal.

Mardi 3 avril

Nous avons dans notre maison, 9, rue du Bouclier, deux curiosités : premièrement, appartenant à un commandant des chasseurs, le cheval blanc que montait le duc de Montpensier durant son séjour à Strasbourg ; secondement, une camisole de nuit que touchera de près le général Cavaignac par la raison qu'elle appartient à sa fiancée ! La tante de cette demoiselle fait préparer à Strasbourg une partie du trousseau de sa nièce et mademoiselle Klingler, comme ouvrière de madame Weig, lingère [143], travaille à sa toilette de nuit. N'est-ce pas une chose remarquable que de savoir dans la maison qu'on habite une camisole de nuit, garnie de valenciennes, destinée à la fiancée de Cavaignac ?

Dimanche 17 juin

Le lundi de Pentecôte, nous avons été à la cathédrale à trois heures et demie du matin pour voir le lever du soleil qui s'éleva radieux et glorieux de derrière les montagnes du grand-duché ou plutôt du pays de Bade [144]. La matinée était délicieuse sur cette tour ; nous y restâmes trois heures, visitant tantôt les Vosges, tantôt le *Schwarzwald* au moyen du télescope. Je me plaisais à lire toutes les inscriptions taillées dans la pierre et qui transmettent à la postérité les noms illustres des personnages qui ont visité notre cathédrale et dont déjà la plupart n'existent plus. Ces noms de barons, de comtes et de marquis, ces noms des chambellans, des conseillers des cours de Russie, d'Angleterre et de Prusse, ces titres de chevaliers, de princes et de maréchaux, celui du duc d'Angoulême et de la dauphine, les noms de Goethe et de Herder me faisaient tressaillir. On se moqua de moi, on m'appela une aristocrate ; n'importe, j'adore en dépit de toutes les républiques du monde les titres et la noblesse pur sang.

De la cathédrale, nous fûmes au jardin Lips prendre le café et, à dix heures, tout le monde rentra gai et content. Pour voir le lever du soleil, nous étions nous trois, Emma Roederer, ma sœur et moi, madame Keller de Gernsbach, sa tante, monsieur Lichtenberger son cousin avec son fils et monsieur Bucherer, également de Gernsbach. Je place ce personnage le dernier sur la liste non parce qu'il a eu quelque influence sur ma destinée, mais bien sur celle d'Emma Roederer et à un tel point que probablement la sienne et celle de monsieur Bucherer n'en feront qu'une. Elle nous avait prévenues tout à part qu'il serait de la partie que nous avions refusée d'abord parce qu'il fallait se lever à trois heures du matin.

A la cathédrale, il nous fut facile de nous apercevoir qu'Emma ne lui était pas indifférente. Ce que nous augurâmes arriva quelques jours après la Pentecôte : Emma alla à Gernsbach avec sa tante. Pour revenir à Strasbourg, monsieur Bucherer accompagna ces dames dans l'intention de demander la main d'Emma, mais les troubles récents de l'Allemagne et sa délicatesse l'empêchèrent de parler en pareilles circonstances, mais *aufgeschoben ist nicht aufgehoben* [145] dit le proverbe allemand et monsieur Bucherer le connaît aussi bien que moi.

Je veux, à l'occasion de ce mariage d'une amie, m'interdire toute réflexion ; si jamais j'avais eu le goût ou l'espoir du mariage, que j'enragerais de voir toutes mes amies, jusqu'aux plus jeunes, avoir le pas sur moi !

J'oubliais presque de dire que jeudi, on a battu la générale et que la garde nationale était sous les armes. Tout cela fut occasionné par une dépêche télégraphique qui annonçait qu'à Paris, il y avait quelques attroupements, ce qui se voit quotidiennement [146]. Les journaux annoncent que Mannheim a été bombardé et que les *Freischärler* [147] ont remporté une victoire considérable. Tout cela me laisse un calme plat.

Dimanche 2 septembre

Le nouveau général a eu la galanterie de nous donner de la musique tous les soirs du mois d'août, sur la place du Broglie, jusqu'à l'ouverture du spectacle qui se fait aujourd'hui et nous en avons joui grâce au chaperonnage complaisant du père Roederer. C'est là surtout, sur cette place, sur ce trottoir, sur ces chaises, parmi cette foule, qu'existent pour notre coquetterie (je parle de ma sœur et de moi et non d'Emma Roederer qui ne rêve que monsieur Bucherer) nos petits triomphes et nos petites conquêtes passagères quelquefois, mais dont plusieurs sont assez durables quoiqu'elles se bornent toujours à un regard plein d'admiration et d'exagération.

La dernière fois, notre apparition mit en émoi tout un groupe d'officiers ; de simples soldats même faisaient leurs gloses et exprimaient leur goût quant à nos figures. J'entendis même très clairement l'un qui disait en me montrant à ses camarades : « Celle-ci est aussi très bien, mais la petite (c'est Emma) est pourtant encore mieux. » Et toutes ces observations, et tous ces regards, et toutes ces allées et venues pour nos figures ne font pas le moins du monde rougir ces deux femmes ; au contraire cela nous donne de l'aplomb, de l'assurance et nous redresse et nous remonte. Nous nous sentirions fort démoralisées si tous ces suffrages ne nous attendaient pas là et nous allons au Broglie, je l'avoue avec sincérité, tout aussi volontiers pour ces hommages que pour la musique aussi belle et aussi touchante qu'elle soit.

Décidément, nous plaisons aux militaires ! Je ne sais si nous avons dans la tournure et dans les pieds quelque chose de français, mais le fait est qu'il n'est pas d'yeux abrités sous un shako qui ne scintillent à notre aspect. Nous excitons même des murmures et des exclamations d'admiration très hautement prononcées dans un simple bataillon auprès duquel nous passons. Ou si peut-être le militaire en général fait une étude plus curieuse que les pékins de ce qu'il plaît aux maîtres de l'univers d'appeler le beau sexe ?

Mais silence, je reviens de l'église et je ferais bien mieux de réfléchir au sermon que j'ai entendu que d'ajouter quelques articles à des pages insensées et trop multipliées déjà. Pourtant, avant de déposer ma plume pour me mettre à table, il faut que je fasse mention de deux faits remarquables dans la famille Stammler : Frédérique est fiancée avec sa dot de quatre-vingt mille francs, et ses dix-huit ans et ses joues roses à un jeune homme nommé Baer, mais qui, dit-on, n'est rien moins qu'ours et pharmacien de profession. Et madame Hornus est en route de devenir mère de famille. Nous l'avions deviné cet été et la sournoise n'en voulait pas convenir, je ne sais si c'est sur une insinuation de son mari ? Le mariage de Frédérique se fera au mois de novembre et les couches d'Adèle au mois de décembre.

Vendredi 23 novembre

Un cousin, Edouard Braun, nous est revenu de la Russie et a fait hier une apparition dans la maison chez les Roederer. Tout voyage, tout se déplace, tout va et vient, tout se marie excepté nous. Ma sœur surtout ne peut se faire à l'idée de rester fille : c'est son rêve sinistre de tous les instants. Je crois que pour moi, la résignation à cette bizarre destinée m'en coûte moins, mais le malheur est que je deviens brute. Six heures viennent à peine de sonner et, déjà, je me sens dormir ; je m'endors sur tout. Mon serrurier est marié depuis quelques mois : plus d'espérances de ce côté. Que ferais-je, grand Dieu, pour traîner la vie jusqu'à cinquante, jusqu'à soixante ans ! puisque maintenant déjà, tout ce qui fait ce charme de la vie m'a quittée et que je ne sais comment faire pour traîner mes pensées du matin jusqu'au soir.

Mardi 4 décembre

Six heures viennent de sonner. Je suis seule auprès de ma lampe et d'un bon feu qui me chauffe les veines. Nos soirées de gala commencent, mais autrement que je me l'étais imaginé : je viens d'embrasser ma sœur qui va seule... au spectacle, accompagnée par Emma Roederer et son père. Par sagesse, par économie, nous avons pris un seul abonnement pour les deux. Elle va voir le *Val d'Andorre*[148], et moi, semainière et par conséquent cuisinière, je suis restée pour préparer une salade de pommes de terre accompagnée de rôti froid et un bouillon.

Cet arrangement ne nous sourit pas tout à fait : je m'étais promis bien du plaisir pour faire nos observations ensemble et déterrer nos anciennes connaissances et nos anciens adorateurs ; maintenant, l'une sera toujours restreinte au récit de l'autre. Je suis curieuse d'apprendre si elle a été épouvantée ou charmée par l'apparition de son capitaine.

Charles Grün, chez la sœur duquel nous avons passé la soirée d'hier, s'est abonné aussi et en nous disant dernièrement : «Si vous vous abonnez, je m'abonnerai aussi.» En voilà déjà un qui y court pour nos beaux yeux !

Jeudi 13 décembre

Voilà de nouveau un beau sujet d'anathème contre ces monstres plus hideux que le cerbère qui garde l'entrée du sombre empire de Pluton, plus féroces que l'hydre de Lerne que tua Hercule et que l'on nomme les hommes. Je voulais écrire pour dégoiser ma colère sur le papier et mon cœur bat encore si fort, je tremble encore tant que le saisissement me rend folle et muette. Je viens de jeter une manchette par la fenêtre que j'ai été chercher dans les ténèbres sous les jappements d'un chien qui, deux fois, m'a fait remonter l'escalier et que j'ai pris pour Lucifer métamorphosé, d'éteindre ma chandelle sans savoir comment et de m'effrayer à l'aspect d'une chaise qui n'était pas à sa place ; tout ceci prouve que je n'ai pas la tête à moi. Aussi, je ne sais comment dire ce que je veux dire, mon cerveau est tout brouillé.

Nous venons de faire une petite tournée dans la ville. Nous allons chez les Grün et quelle nouvelle nous annonce-t-on ? Bourdillon fiancé ! Bourdillon épouse mademoiselle Elise, l'ancienne fille de boutique des Herbin ! En présence de mesdames Grün, Sattler, de Corinne et de la fille de chambre, ma pauvre petite sœur fit bonne contenance, mais en quittant cette fatale maison où on lui avait annoncé si imprudemment cette nouvelle plus fatale encore, son pauvre petit cœur défaillit et les larmes coulèrent en abondance. Je ne sais comment je ferai pour la consoler ; ce dont je suis remplie dans le moment, c'est que je tâcherai de lui apprendre à maudire ce gueux, ce mauvais drôle, cette mauvaise langue, ce judas, ce serpent !

Qui m'eût dit ce matin que, ce soir, j'inscrirais pareille nouvelle sur mon journal et pourtant, chose singulière, hier au soir, j'étais d'une gaieté et je me disais : « Pourvu qu'il ne m'arrive rien de fâcheux pour me ramener à la raison. » Ce matin déjà, ma crainte est devenue réelle, mais qu'est-ce qu'une bottine presque neuve abîmée par une femme de ménage maladroite en comparaison de ce que je viens d'entendre ? Emma aussi vient de me dire qu'elle redoutait et avait le pressentiment d'un sinistre. Effectivement, toute cette semaine, elle a été très agacée et très irritable : plusieurs fois, il a suffi d'un mot pour la faire pleurer. Elle n'a eu que trop raison en pleurant d'avance. Pauvre enfant, si jeune, si jolie, si pleine d'esprit et déjà si cruellement trahie !...

Elle est au spectacle dans le moment ; j'espère qu'elle oubliera un peu sa douleur. Je suis contente de cette distraction qui ne la laisse pas tout à fait sous le coup de la nouvelle.

Mardi 18 décembre

Quelquefois, une idée folle me passe par la tête ; c'est au spectacle surtout qu'elle m'est venue. Je me dis : « S'il était temps encore, je me ferais comédienne, tragédienne. » Je n'ai pas le talent de la musique, je ne sais chanter, mais la comédie, la tragédie... beau rêve ! La gloire, les applaudissements, la renommée, un nom qui passe à la postérité, ah ! cette idée seule au monde fait encore battre ce cœur qui, du reste, n'éprouve plus le moindre tressaillement. Jamais je n'eusse cru que les déceptions de la vie pussent vous faire tomber jeune encore dans une apathie si complète, dans l'indifférence de tout et pourtant, énigme inconcevable, il me semble que la vie ne m'a jamais semblé si facile à porter.

Dimanche 30 décembre

Je ne vaux point la clarté de notre chère petite lampe si je me laisse aller à la somnolence qui, déjà, se glisse dans mon cerveau. Je veux combattre cet hôte quotidien et m'occuper à toute force pour ne pas devenir brute tout à fait.

Le café, le thé, le chocolat, les pains au lait, les gâteaux, les bretzels, les cumberlands se succèdent à l'envi pendant cette heureuse semaine de Noël pour chatouiller notre palais, réconforter et peut-être gâter notre estomac et dilater agréablement notre cerveau.

Jeudi, nous avons passé un fort agréable après-dîner chez notre chère petite tante Lisette. Elle nous avait préparé nos étrennes, l'argent blanc dans un papier plié et posé sur une pyramide de pains de Souabe fort croquants et fort beaux que l'on peut manger avec appétit ainsi que le chocolat qui fut servi le soir, car tout dans ce ménage calme et exemplaire de vieille est d'une propreté et d'une fraîcheur minutieuses. Henriette Schnee-gans et son neveu Auguste étaient aussi de la société, et le soir, nous sommes rentrées sur la neige fraîchement tombée, hardies comme des amazones, nous trois vieilles filles qui sommes placées deux échelons plus bas que la tante Lisette sur l'arbre généalogique de la famille Schneegans.

Noël a rempli de belles pièces de cent sous nos bourses légères portant le seul poids de leur soie et de leurs glands. Notre père nous a étrenné fort généreusement et une vieille petite femme en manteau noir à capuchon est venue un soir dans notre chambre pour nous compter à chacune nos étrennes sur la chiffonnière : c'était notre grand-mère, elle venait de Wangen et s'était glissée chez nous à la brume pour nous donner son cadeau. Grâce à la générosité de notre famille, il nous sera permis, à l'avenir, de former un rêve de jeune fille et de le réaliser.

1850

Mercredi 9 janvier

Un jour le plaisir, le lendemain la souffrance : la vie est ainsi faite. Avant-hier au spectacle, je me suis enivrée de *La Favorite* et j'ai entendu Alboni !... Hier après-dîner, un mal de dents fou m'a fait souffrir le martyre et aujourd'hui, il ne m'a pas encore quittée quoiqu'il soit moins violent.

Mais laissons les douleurs et ne remuons que le souvenir du plaisir. Deux fois lundi, nos robes de soie, nos plus jolies manchettes et nos plus frais rubans ont fait parade : le matin dans le salon des Stammler où se faisait le mariage de Frédérique et, le soir, sur les banquettes rouges de velours usé. Monsieur Baer et Frédérique sont un tout jeune couple qui paraissait fort ému du discours vraiment censé du pasteur Edel. Frédérique était mise en blanc, couverte de dentelles magnifiques et contrastait fort avec le costume de grand deuil de sa famille. Gustave Stammler me fit surtout plaisir ; je lui crois un noble cœur. Il pleurait d'une manière si touchante quand le pasteur disait que la jeune fiancée passait des bras de frères et sœurs qui l'aimaient tendrement dans ceux d'un époux qui, désormais, devenait son unique protecteur, et ses larmes faisaient un contraste si charmant avec ses épaulettes que j'aurais voulu l'embrasser. Cette pauvre Fanny est maintenant, surtout après le départ de son frère, bien seule et bien abandonnée.

Au spectacle, j'étais heureuse comme je ne l'ai été de longtemps, comme je ne le serai de longtemps. Il y avait foule ce soir-là : la belle madame Gast d'autrefois, mesdames Stöber, Zimmer, dont la beauté décline, tout ce monde était là, sous les dentelles et les fleurs, avec le visage ennuyé des femmes qui regrettent la perte de leurs charmes que les années, et les veilles, et les bals effeuillent et qui entraînent à leur suite la perte de leurs amants.

Au premier acte, quand Alboni parut comme Léonor, des applaudissements saluèrent la cantatrice lorsqu'elle était encore dans les coulisses. J'étais haletante ; une masse lourde apparut, surmontée d'une petite tête coiffée à la Ninon. Ma première impression fut une désillusion et telle est la singularité de l'attachement que j'ai pour les formes que les sons de cette voix mélodieuse, que ces tours de force de gosier, que cette belle méthode ne purent me réconcilier tout à fait avec cette taille puissante et lourde, avec ce corps de femme gigantesque qui bannit toute grâce dans les mouvements et dans les poses.

Il y avait dans le journal un article très mordant, une critique finement rédigée sur le concert et sur mademoiselle Alboni ; je suis curieuse de voir ce que ce juge sévère dira de *La Favorite*, mais tout en silence et sans en oser dire quelque chose à personne de crainte d'être blâmée et ridiculisée, j'étais du même avis en pensant que mademoiselle Alboni se faisait admirer, il est vrai, et qu'elle vous laissait froid. Je ne pouvais pas non plus, malgré mon ignorance, lui laisser le rang de première cantatrice d'Europe : il me semblait, en entendant, que, quoique ce fût ce que j'avais entendu de mieux, il pouvait exister encore quelque chose de mieux.

Jeudi 10 janvier

Huit heures du matin. Un message sinistre, un message triste est déjà venu il y a une heure, à sept heures du matin, nous effrayer : ma pauvre et bonne tante Lisette est dangereusement malade, elle est dans le délire. Je cours chez elle, le cœur tremblant.

Jeudi 17 janvier

Je ne sors point et pourtant, l'on peut souvent me voir dans les rues sous mon vieux chapeau noir et mon manteau brun qui a absolument la forme et la couleur d'un froc de capucin. Il est vrai qu'Henriette Schneegans et moi passons alternativement notre journée au chevet de la tante Lisette et de sa servante alitées toutes les deux du même mal, avec la différence que la tante est toujours dans le délire et ne sait ce qu'elle dit, tandis que la Lenel a toute sa tête et y rumine les méchancetés qu'elle lance sans cesse d'une voix glapissante de colère et à laquelle elle tâche de donner un son de voix mourant. Le médecin espère pour la tante : il croit qu'elle se remettra. Il n'en a pas été ainsi de l'oncle Braun qui a succombé dimanche à la même maladie, une inflammation des poumons. C'était le dernier de mes parrains : mon autre parrain qui était mon grand-père, mes deux marraines dont l'une était Grand-Maman Weiler et l'autre ma tante Schneegans sont mortes depuis longtemps. Ainsi notre famille diminue d'année en année. O vie, je t'avais rêvée tout autrement.

Mardi 22 janvier

On nous a annoncé ce matin une nouvelle qui nous a surprises et effrayées beaucoup : Lenel a succombé hier au soir, dans la chambre même de sa

maîtresse malade et en délire qui ne s'est doutée de rien et qui, probablement, n'apprendra plus qu'elle a perdu sa servante avec laquelle elle avait
passé trente années de sa vie.

Jeudi 24 janvier

Le jour où se faisait l'enterrement de sa fidèle domestique dont elle
n'apprit plus la mort, notre pauvre petite tante Lisette rendit son âme à son
Sauveur qu'elle avait tant aimé et sur l'image duquel, mourante et en délire,
ne connaissant plus personne de ses proches, elle avait sans cesse tourné les
yeux.

De tous ceux qui restent, c'est-à-dire de tous ses héritiers qui maintenant
viennent dans son logis désert, le sourire à la bouche, je suis peut-être la
seule, quelques pauvres exceptés qu'elle soulageait en secret, qui ait versé
des larmes sincères sur sa mort.

Elle ne brillait pas par les lumières de l'esprit, elle était méfiante, originale, peu sincère, mais dans sa jeunesse qu'elle m'a tant de fois contée, elle a
constamment vécu dans la solitude, passant les plus belles années de sa vie
à soigner deux vieillards exigeants et originaux, un oncle qui la rudoyait et
une mère maladive, tyrannique et égoïste, qui pour faire d'elle sa femme de
chambre et sa garde-malade refusait, sans lui en souffler mot quelquefois, les
prétendants qui se présentaient en foule, attirés par sa beauté et par son
renom de bonne ménagère et peut-être aussi par l'appât de la dot que lui
promettait son oncle et qu'il n'était jamais disposé à donner quand il
s'agissait sérieusement de mariage. Elle fut réduite à servir sa mère. L'idée
d'un pareil esclavage est révoltante et tout juge impartial doit être disposé à
l'indulgence envers celle qui en fut victime.

Quoi qu'il en soit, quoi qu'on en dise, chère, bonne et malheureuse petite
tante, repose en paix dans la tombe même de cette mère pour laquelle tu as
fait le sacrifice de ta vie entière. Cette idée de la placer sous la même pierre
funéraire vient de moi qui l'ai communiquée aux autres et qu'on a écoutée. Je
suis persuadée que, si elle eut pu me répondre, elle m'en eût su gré. Je me
souvenais lui avoir entendu dire une fois que sa mère avait eu une double
fosse et qu'elle faisait avec soin renouveler son tombeau. C'est le tout dernier
service que j'ai pu lui rendre et prouver en même temps par là que je n'oublie
pas facilement les idées chéries dont se bercent ceux qui me sont chers quand
ils me témoignent l'amitié de les exprimer devant moi.

Samedi 26 janvier

Que de contrastes bizarres la vie ne nous offre-t-elle pas ! J'ai toujours
trouvé Henriette Schneegans philosophe, foulant aux pieds sans s'émouvoir

bien des préjugés que respectent d'autres femmes, mais inhumaine, c'est ce que je ne la croyais pas. Depuis hier, jour de l'enterrement de ma tante, elle ne me sort pas de la tête et j'ai toujours devant les yeux un tableau qui me fait rire et pourtant me paraît sacrilège.

Hier donc, on a enterré la pauvre tante deux jours après sa Lenel et on l'avait déposée dans l'alcôve sur le drap mortuaire, coiffée du bonnet blanc que j'avais été prendre dans sa commode. Quand le pasteur eut fini son sermon, quand les trois hommes qui, hors les servantes, accompagnaient le cercueil de la tante à sa dernière demeure eurent quitté la maison (c'étaient mon père, l'oncle Fritz et monsieur Schleiffer, le propriétaire), Henriette retire de je ne sais où deux lourdes clefs en disant qu'il fallait ouvrir le coffre de fer.

« Quel coffre ? crient en même temps Pauline Schneegans, Emma et moi.

— Mais celui qui est dans l'alcôve, répond Henriette qui, seule, avait connaissance de son existence.

— Mais Henriette, lui dis-je, il faut attendre à demain ; d'ailleurs le bois de lit avec la paillasse se trouve devant.

— Si l'une de vous m'aide, je pourrai bien le reculer. »

Et sans dire un mot de plus, elle court dans l'autre chambre, va droit à l'alcôve : donner un coup de pied au drap mortuaire qui pendait à terre et le pousser sous une chaise, tirer le lit et le déplacer fut pour cette impie l'affaire d'un instant. Dussé-je vivre cent ans, cet instant restera toujours présent à ma mémoire : toujours je verrai l'étrange vivacité et les boucles flottantes, et la robe de mérinos noire de cette Henriette dans l'alcôve, le pied sur le drap et tirant comme une forcenée le lit d'où l'on venait à peine d'enlever le corps de sa tante, pour se précipiter sur le coffre de fer couvert de quelques hardes et de quelques tapis qui volent dans un coin aussi rapidement que le drap. Elle est en face du coffre, elle y met la clef, mais la serrure ne cède pas. Elle appelle mon secours : j'ouvre presque avec des remords, craintive et tremblante, regardant autour de moi si le spectre de la tante n'apparaissait pas pour menacer du doigt son infâme nièce.

Et pourtant, Henriette n'est pas froide, n'est pas méchante, n'est pas cupide, elle n'est que philosophe et extraordinaire. Dans le coffre se trouve de l'argent, de l'or, de l'argenterie. Dans un tiroir de la commode également placée dans l'alcôve, il y avait quelques bijoux, quelques pendants d'oreille, quelques bagues avec des diamants. Henriette a emporté les bijoux, crainte de voleur.

Lundi 28 janvier

On a fait le partage des bijoux aujourd'hui et de l'argenterie avec l'aide de monsieur Engel, l'orfèvre.

Samedi, on s'était réuni en famille, monsieur Weiler y compris, pour voir le contenu du coffre. On a trouvé de l'argenterie toute neuve, quatre salières en argent qui sont dans la famille depuis longtemps, un gobelet en vermeil surmonté d'une oie sauvage, l'armoirie des Schneegans. Parmi les bijoux, il y a une bague charmante en petits diamants montés en forme de germandrée ; je l'essayai plusieurs fois : de toutes ces choses précieuses, c'était la seule qui me tentait et que j'aurais portée en souvenir éternel de la tante.

On a fait des lots. Emma a eu la main heureuse : en tirant pour Papa, elle a obtenu la Schneegans. J'ai eu moins de bonheur ; j'ai laissé dans le chapeau pour l'oncle qui, par parenthèse, eut la galanterie de le présenter en disant que cette fois, c'était mon tour, le billet pour lequel étaient deux bagues y compris la germandrée. Henriette, Emma et moi étions désolées ; aucune ne ferma l'œil de la nuit en pensant que ces bagues, ces saints souvenirs de famille passeraient aux doigts de l'ignoble créature qui porte le nom de madame Weiler.

Il y avait encore dans la caisse huit mille francs, argent comptant. En aidant à faire ces piles, en voyant la mine joyeuse de tous ces héritiers riants et surtout la figure illuminée et sardonique de monsieur Fritz, je ne pus m'empêcher de dire à haute voix que feu la tante était bien bonne de laisser tout cela à ses héritiers et qu'après ma mort, on ne trouverait pas semblable cachette. L'oncle rit en disant que telle chose n'était pas à conseiller. J'ajoutai encore que je déplorais son souvenir, en me la figurant à l'église, grelottante sans manteau, avec un châle d'été, ayant peut-être pris la maladie qui l'emporta dans un refroidissement. S'être privée presque du nécessaire pour laisser tout cela à ses héritiers qui tombent comme des vautours sur une proie dans son logis désert sans songer même qu'elle l'avait habité ! J'étais écrasée sous cette idée-là, elle me déchirait le cœur.

Samedi 11 mars

Cette semaine déjà, j'ai eu l'occasion de singer en petit un trait plaisant d'un grand roi.

Mercredi, on a fait l'enchère du ménage de feu ma tante Lisette. Le matin à huit heures, j'ai été chercher Henriette pour être des premières dans la maison et disposer et organiser encore un peu les choses. Une femme demeurant au rez-de-chaussée nous avait cédé sa chambre pour ce jour-là : le commissaire-priseur s'y était établi avec sa table, son papier et sa plume, et nous étions installées dans l'autre croisée, madame Frantz, qui voulait acheter quelques objets pour le pasteur Baum [149], Henriette et moi.

Soudain arrivent en se dandinant, souriant et causant et en regardant à nos fenêtres d'un air effronté et triomphant, monsieur Weiler et son estimable épouse ! La colère, le rouge me montent au visage.

« Les vois-tu, dis-je à Henriette, quelle effronterie ! Fallait-il qu'il l'amène ? Je n'y tiens plus ici.

— Si tu veux faire une scène, sors avant qu'ils n'entrent ; je reste, elle ne me dérange pas. »

La chambre n'avait qu'une seule issue dans le corridor : force me fut donc d'aller à leur rencontre. Mais me souvenant alors que François Ier, prisonnier à Pavie et ne voulant pas saluer le premier les courtisans de Charles Quint, sortit à reculons par la porte basse qu'on avait bâtie à dessein pour le faire fléchir la tête le premier, j'en fis à peu près autant : je sors à reculons, ne leur montrant que mon dos, fermant la porte avec violence et faisant semblant de me diriger du côté de l'escalier pour les laisser passer sans les voir. Le bruit de la porte avait trahi ma colère. Henriette, plus tard, vint me dire (j'en étais fâchée, je n'avais pas voulu cela) qu'on s'était aperçu dans la chambre du motif de mon courroux et de ma fuite, et que monsieur Weiler était entré furieux en disant que j'avais envers lui une conduite impertinente.

J'ai agi sans dignité, mais l'indignation m'avait ôté toute réflexion. Je ne puis voir l'air triomphant de cette gueuse, de cette ex-fille de joie, de cette ex-fille de brasserie sans que tout mon sang ne se révolte, et surtout, fallait-il qu'elle trempe ses mains impures dans le ménage de ma pauvre tante ? Je meurs d'envie de raconter cela à la Groetel : elle me baisera les mains de reconnaissance parce que j'ai joué un vilain tour à son ancien maître dont elle est préoccupée nuit et jour.

(FIN DU CINQUIÈME CAHIER)

Lundi de Pâques, 1er avril 1850 [150]

Il a fait un temps magnifique toute la semaine passée. Je faisais le ménage le matin, j'ai passé quelques heures à l'église, et le temps qui me restait, je l'employais à me promener, à courir la ville pour rencontrer des acteurs… et surtout Fleury, Fleury dont la voix mélodieuse et le chant plein d'âme m'ont touché le cœur. Ce qui achève de me le rendre intéressant tout à fait, c'est la passion que lui a inspirée une grande dame, jolie comme un ange, faite comme une poupée, vertueuse jusqu'à présent, mais qui ne dédaigne pas les hommages de l'acteur chéri du public. Ce petit roman se joue dans notre rue : la belle dame est notre voisine, madame Zimmer, la femme du notaire [151] qui a fait de Fleury la connaissance plus intime que du haut de sa loge dans les répétitions au foyer. Elle le trouve beau, ce qui ne peut pas se dire de lui peut-être dans toute l'acception du mot en exceptant de ce qu'il a de désagréable ; des dents, véritable rangée de perles comme il n'en existe plus, des pieds fort aristocratiques, un teint pâle, un profil hébreu et de grands yeux noirs qu'il promène partout et qui l'embelliraient s'il ne leur donnait pas presque toujours une expression souriante qui les rend stupides.

Mercredi 24 avril

Les pauvres Strohl déclarent faillite aujourd'hui et sont déjà à peu près dispersés. Les dames Rausch accueillent Cécile, Léonie est chez madame Fritz [152]. Il faudra qu'Ernest tâche de gagner de l'argent. Quant aux parents, la famille se charge en partie de pourvoir à leurs besoins.

C'est un magasin à louer ; nous en avons envie, nous avons parlé à notre père. Il s'en est d'abord étonné, s'est récrié sur l'impossibilité de l'exécution d'un pareil projet puis a fini par dire qu'il fallait voir et laisser venir les choses. Grand-Maman, venue de Wangen aujourd'hui, en a parlé à monsieur Preis. Henriette Schneegans qui s'intéresse au sort d'Emma surtout, a fait la même chose. Monsieur Preis déconseille : c'est un loyer cher, des articles de luxe qui ne se vendent pas par le temps qui court. On aurait affaire à des hommes, à des militaires aussi pour cravates, gants et cols : cela lui déplaît aussi.

Emma, qui vendait déjà en imagination, est comme tombée de la lune. Ce projet qu'elle médite depuis six mois, auquel elle s'est cramponnée, qui était sa consolation et son espoir, avortera selon les apparences : elle en pleure déjà.

Dimanche 26 mai

Un mardi matin vint un émissaire avec la nouvelle que Grand-Maman était dangereusement malade et qu'elle désirait voir l'une de nous. Je me préparai donc et après mon dîner à midi passé, je pris congé, les larmes aux yeux, de mon père et de ma sœur. Je voyageai en compagnie de Caroline Schenkel, repasseuse de profession, ayant autrefois servi chez Grand-Maman et qui devait partager avec moi les fonctions de garde-malade. Mon sang bouillonnait, mon cerveau était grossi, mon cœur battait comme il m'arrive toujours quand je m'arrache au foyer paternel.

Peu à peu, à mesure que nous nous éloignions de la ville, le calme succéda à cet état vraiment affreux. Il venait de pleuvoir, l'air était doux et la campagne magnifique. Je récréais mes yeux par les variétés de nuances vertes, par les dessins pittoresques que formaient les champs établis devant moi. Je me laissais aller aux doux cahotements de la voiture et insensiblement, j'oubliais presque le motif de mon voyage.

Nous étions presque seuls sur la grand-route ; deux voitures seules nous croisèrent pendant les deux premières lieues de chemin : l'une, une citadine, conduisait un prêtre qui lisait la tête découverte, l'autre était chargée d'un immense bloc de pierre sur lequel était assis un jeune garçon en blouse bleue qui dormait.

Je ne m'étais pas figuré Wangen dans une contrée aussi agréable, au milieu des montagnes, entouré de vignobles. Le Kronthal, ancienne résidence du roi Dagobert, renferme encore des pierres pour bâtir plusieurs cathédrales [153]. Le chemin s'élève à quelque distance de Wangen ; le cœur me battit quand nous eûmes dépassé le moulin : peut-être ne trouverais-je plus notre pauvre petite vieille en vie ? Mais le mal n'était pas aussi grand que je me l'imaginais. L'oncle Auguste ouvrit la porte de la maison : ses larmes coulaient à terre et il put à peine me dire bonjour. Je n'y pris trop garde, pensant que le vin y était pour quelque chose, et je sautais lestement en haut de l'escalier quand sa femme m'apparut, m'embrassa, me rassura en disant que Grand-Maman allait mieux. Deux minutes après, j'étais dans sa chambre : elle me connut à l'instant en me disant bonjour d'une voix toute petite et très enrouée. Elle avait sa petite figure maigre et bleue comme toujours, mais du reste, elle n'avait pas changé de visage, ce qui me parut bon signe et effectivement, il ne m'avait pas trompée. Elle me fit plusieurs questions sur notre ménage et sur les Strohl avec sa présence d'esprit ordinaire.

Le médecin avait l'air soucieux les quelques premiers jours ; surtout, il attendait avec impatience le dimanche qui était le neuvième jour et qui, à ce qu'il paraît, décide ordinairement ce qu'il advient d'une fluxion de poitrine. Je veillais donc de deux nuits l'une, partageant les fonctions de garde-malade avec Caroline qui se plaignait toujours de veiller et dormait et prenait ses aises en dépit de tout. Du reste, assez bonne fille, assez causeuse et qui après deux jours, m'avait mise au courant de toutes les maladies qu'elle avait eues, qui m'avait détaillé l'odeur et le goût de tous les médicaments qu'elle avait pris, jusqu'à la douleur même des rhumatismes dont elle souffrait encore.

Je faisais à la fois les fonctions de garde-malade, de cuisinière, de couturière et de bonne d'enfant. Nous faisions assez bonne chère : le vin à Wangen est surtout excellent et je m'habituais très facilement à en boire un verre pur après mon dîner.

Le petit Auguste, méchant comme un lutin, entêté comme un mulet, mordant et griffant comme un petit chat, me donnait beaucoup d'ouvrage. Que de bons soufflets bien appliqués ne lui donnais-je pas en cachette, que de fois ne le poursuivais-je pas avec des yeux menaçants et le forçais-je malgré lui à m'obéir comme il n'obéissait à personne. Il a l'habitude de se moucher dans ses robes et dans ses manches : je fis si bien et tant qu'il parvint à la laisser, du moins en ma présence et quelquefois même, nous étions bons amis. Il me disait souvent : «Mamzelle Amélie, venez faire une visite à la chèvre, venez abattre des hannetons ou venez chez les pigeons», et toujours j'étais son escorte soumise. Il ne manque pas d'intelligence et je crois même que malgré ses méchancetés, on en ferait un assez bon sujet s'il était traité avec plus de bon sens et moins de faiblesse.

Le jardin qui s'élève en pente est adossé au mur qui entoure le village jadis fortifié. En montant l'escalier qui conduit à une gloriette, l'on jouit d'une vue très étendue sur les alentours. La cathédrale se dessine fort bien à l'horizon quand les journées sont claires. Je montais chaque jour deux fois à la gloriette pour la saluer, pour lui envoyer mille baisers accompagnés de larmes quelquefois quand je songeais que j'étais séparée de ma sœur : c'est son image seule que j'alliais à la cathédrale, que je venais chercher.

Du reste, j'éprouvais, hors les fatigues que me causaient les veilles, le dégoût que j'avais quelquefois à combattre, l'odorat blessé par l'air lourd d'une chambre de malade, un bien-être et un repos infini, et souvent, en me promenant ou en voiture ou à pied au milieu des champs avec mon oncle, je pensais que, dégoûtée bientôt du monde et de ses bruits, j'irais me chercher asile à la campagne et qu'il me serait doux de planter moi-même les mets dont je me nourrirais.

Quel délice ! me disais-je souvent en mouillant mes lèvres de ce vin délicieux de 46 dont j'apportais une bouteille comme échantillon à Emma accompagné d'une tartelette, quel délice de voir fleurir sur les coteaux ce digestif précieux. Quelle délicatesse que ce poulet, que ce pigeon pris au pigeonnier, que ces œufs que l'on a été chercher soi-même ; que ces pommes de terre qu'on a récoltées soi-même, que cette salade que l'on arrache soi-même au jardin ont un goût exquis !

La santé de Grand-Maman s'améliorant lentement, mon séjour se prolongea jusqu'au 17. Je quittai Wangen presque avec autant de regret que j'avais quitté Strasbourg, avec la différence seulement que j'allais retrouver ma sœur et que je l'avais quittée. Nous partîmes par une pluie affreuse qui durait depuis deux jours. Les routes étaient si bourbeuses que jusqu'à mon voile et mon parapluie étendu sur ma tête, tout était crotté. J'avais une liste de commissions, les marchés à courir pour Grand-Maman. Je rentrai mouillée comme un rat et toute démoralisée.

Jeudi 6 juin

Adèle Hornus est ici depuis cinq semaines avec sa petite Jeanne qui a les traits de sa mère et la physionomie sérieuse de son père. Elle retourne à Wissembourg la semaine prochaine, et il est décidé maintenant qu'elle emmènera Emma. Tandis que ces deux folles amies vivront heureuses et gaies sous les beaux yeux de Hornus, j'aurai à me débarrasser et à soutenir les derniers combats avec le dragon furieux qui nous vole la vie et nous empoisonne avec les ratatouilles qu'elle nous sert quotidiennement. Elle sera remplacée par une jeune fille de dix-sept ans qui fera chez nous son premier service.

Jeudi 20 juin

La main de la providence s'est lourdement abaissée sur nous et nous conduit par bien des épreuves. Papa a été malade, s'est couché dimanche il y a huit jours, le soir, avec une douleur dans le côté. Lundi, d'après la déclaration du médecin, c'était une pleurésie. Mercredi suivant était le jour du mariage de Corinne ; je ne voulais pas le quitter, mais il se fâcha presque et m'envoya à l'église avec Emma en disant qu'il se sentait bien et qu'il se raserait pendant notre absence.

J'avais devant les yeux les fiancés sans guère songer à eux tant le cœur me battait et j'avais un pressentiment qui bientôt dut se réaliser. L'après-dîner, Papa se sentait plus mal, rendait de la bile, se trouvait mal et eut le délire. A grand-hâte, je lui frottais les tempes avec de l'eau de Cologne et le replaçais sur son lit. J'envoyais en toute hâte chez le médecin qui, ce jour-là, vint trois fois et le soir tard nous envoya son frère même qui avait été absent pendant trois jours et pour lequel il avait fait les visites. Application de sangsues, cataplasmes, compresses d'eau froide sur le front, cuillerée à prendre de demi-heure en demi-heure, tout fut fait en même temps.

J'espère que Dieu me tiendra compte un jour de la douleur qui tomba sur mon cœur lorsque je croyais voir aux portes de la mort ce père dont je me reprochais de n'avoir pas assez embelli l'existence. Mon ardente prière fut sans doute exaucée, car il a recouvré toute sa santé. La nuit qui suivit cette crise fut pour moi plus que pour lui, car monsieur Théodore Boeckel nous avait complètement tranquillisées en disant que ce n'était qu'une gastrite, une nuit affreuse : à plusieurs reprises le sang me monta vers la gorge à m'étouffer. Je me couchai vers onze heures sans trouver de sommeil avant trois heures du matin. Plusieurs fois je me levai pour questionner la garde-malade que nous avions prise par précaution et qui me rassurait toujours. Le lendemain déjà, son état était sensiblement amélioré et le samedi, le médecin engagea Emma d'aller chez les Hornus à Wissembourg, en pleine sécurité.

Samedi 22 juin

Peu à peu, je m'habitue à vivre sans Emma, mais malgré ma résignation, je ne voudrais pas que cette séparation soit de longue durée : il y a tant de choses que j'aurais à lui dire et que je ne puis confier à une lettre. J'en ai reçu une d'elle aujourd'hui. Elle s'amuse, elle est heureuse, elle a été au bal et ce que, sans doute, sa modestie a empêché de me dire, Adèle l'a écrit à sa sœur : elle a fait la conquête de toutes les dames et de tous les messieurs. C'est sur quoi je comptais.

L'idée des plaisirs dont elle jouit me fait oublier les chagrins de ma vie. Vraiment, il me fallait le secours du médecin et l'usage de ses poudres calmantes pour traîner mon existence jusqu'à ce jour ; autrement, je crois que les colères continuelles que me cause la satanée diablesse qui est à notre service m'eussent étouffée. Ce que j'ai souffert et de fatigue et de chagrin occasionnés par la maladie de Papa, d'altérations et de disputes avec cette mégère, effacera un jour, je l'espère, quelque péché ! J'ai fait la connaissance du diable dans la personne de cette fille, c'est assez dire ce qu'elle est !

Dimanche 23 juin

J'ai toutes sortes de tourmentes d'esprit. Mon père m'afflige, non pas tant quant à sa santé qui revient, mais quant à ses procédés à mon égard. Je ne suis point une vertu, il s'en faut, je ne trouve pas étonnant non plus ce que j'ai fait pour lui : mille autres eussent fait la même chose ou peut-être mieux. Quant à ce point, il faut faire la part des moyens de chacun : il n'est guère possible à un être humain de se surpasser. Mais pourtant, s'il a quelque souvenir des incommodités et des douleurs qu'il a éprouvées, il devrait avoir aussi quelque souvenir des soulagements qu'on lui a procurés et des soins qu'on a eus pour lui. Je ne voudrais pas qu'il m'en remerciât, ce serait montrer de la présomption, et je n'ai pas la bêtise de m'imaginer que, sans mes soins, il eût péri. Mais il me semble qu'une bonne parole, une seule, ne devrait pas déchirer la bouche à un père qui est convaincu que son enfant a fait son devoir. Si ma conduite durant sa maladie lui a laissé à désirer, je lui en demande sincèrement pardon : la bonne volonté y était. S'il m'est arrivé de perdre la tête, j'en suis fâchée ; si cela était, quoique j'en doute, ce ne serait pas étonnant.

D'un autre côté, j'ai de continuelles tourmentes de ménage. J'ai eu ce matin une rixe avec notre salope qui m'a rendue pâle comme une morte et m'a failli faire vomir du sang, quoique j'aie remporté la victoire et lui aie fermé la bouche. Mais laissons cela : pourquoi bouillonner encore en en faisant le récit. J'ai écrit ce matin à Emma et je me suis sentie un peu soulagée, mais j'ai un troisième sujet de chagrin dont je parlerai un autre jour.

Jeudi 27 juin

C'est une réminiscence de jours heureux d'autrefois : il est dix heures du soir et je descends de la terrasse au-dessus de laquelle ne brillaient que deux étoiles (la Grande Ourse était à peine visible) et où j'étais en compagnie d'Emma Roederer et de son frère arrivé du Havre cette nuit, à une heure. Voilà comme nous passions l'heure de neuf à dix heures, il y a quatre ans d'heureuse mémoire, sur la terrasse, sous les étoiles, à l'air du soir, causant, devisant, riant. Sa femme est à Mulhouse chez ses parents ; il est ici en garçon et pour un jour, nous avons repris nos anciennes habitudes. Emma et moi étions sur un banc, l'une à côté de l'autre, lui devant nous, devant sa sœur, en chapeau avec sa canne et son cigare.

Emma m'avait demandé ce rendez-vous, j'y avais été la première, elle après. A peine avions-nous fait trois tours que la porte s'ouvrit : « Est-ce mon frère ? » dit la malicieuse fille. « C'est un cigare », lui répondis-je. Elle alla auprès de lui en disant : « Amélie dit qu'il vient un cigare. »

Qu'il est aimable pourtant ! c'est ce que je suis obligée de me dire toujours quand je l'ai revu. Il a parlé du spectacle, des fables de La Fontaine, de la chasse aux puces dans laquelle il admire la dextérité des dames, détails qui nous ont fait pouffer de rire, Emma et moi. Une fois, il poussa un profond soupir ; j'eus la fatuité de m'imaginer que lui aussi regardait en arrière et se remettait en mémoire le premier temps où nous avions fait connaissance. Le soir, nous sommes allés ensemble entendre la musique et faire un tour à la foire. Depuis qu'il est marié surtout, je le trouve on ne peut plus aimable à mon égard.

Samedi 29 juin

Il est impossible de rire d'un rire plus fou que celui dont nous sommes parties hier au soir à dix heures, Emma Roederer et moi. L'après-dîner, elle était venue avec son frère qui voulait faire une visite à Papa. Elle me dit qu'ils avaient le projet d'aller chez Adrien, le prestidigitateur, et si je voulais être de la partie ? Naturellement, je ne refusai pas ; je me préparai donc à la hâte pour sept heures, j'avalai mon souper et je montai chez eux. Il y avait de l'orage, la foire était presque déserte excepté les soldats. Adrien, ce soir-là, ne donnait pas de représentation. On regarda à droite et à gauche, on voulait choisir un autre théâtre où l'on pût entrer, on se décida pour celui des singes et des chiens savants, mais il ne commençait qu'à huit heures et demie et pour ne pas nous arrêter là, madame Roederer proposa de faire un tour au Contades, mais il n'en fut rien, aussi peu que de la représentation des singes. On rentra par la pluie et par le Broglie.

Dans la rue du Dôme, monsieur Roederer proposa de faire une partie. Je montai après mon souper et pendant une heure, nous avons joué à vingt-et-un dans lequel je perdis un sou que monsieur Roederer gagna. En finissant le jeu, il me dit : « Nous ne nous sommes pas fait de mal. » Une fois même, lorsque je distribuais les fiches, il m'aida et prit toujours dans le même compartiment que moi. J'eus la sottise de m'imaginer que c'était pour toucher ma main ; cela en avait bien l'air, du reste.

On servait de la bière ; elle était excellente et si forte même que tout le monde avait envie de dormir. A dix heures, je me retirai et Emma voulut me reconduire parce que je n'avais pas de lumière. Les effets de la bière se faisaient sentir ; nous ne marchions pas très droit l'une et l'autre.

La présence de monsieur Roederer m'a valu deux soirées gaies quoiqu'en tout petit comité ; j'en avais grand besoin pour me remonter car du reste, ma vie est assez insipide dans le moment.

Dimanche 30 juin

Je suis démontée, démoralisée ; j'ai envie de pleurer, la vie, mon intérieur m'ennuient. Depuis six jours, je suis de nouveau encroûtée dans les plus sales occupations du ménage à en vomir de dégoût et d'ennui.

Le ciel est sombre, il pleut à tout instant et monsieur Roederer part dans un quart d'heure peut-être. Est-il un peu pour quelque chose dans la mélancolie que j'éprouve ? Toujours quand il venait ici, ou seul, ou avec sa femme, nous avons été dans des occupations de ménage dégoûtantes, nous nous présentions presque toujours sous un costume négligé. Ma conscience me fait des reproches, je trouve que je ne suis jamais aussi aimable avec lui qu'il l'est avec moi. Ce n'est pas que la bonne volonté me manque : au contraire, je fais des efforts et des frais pour le paraître, mais je ne réussis pas. Sa présence m'embarrasse, m'intimide, me déconcerte : je parle ou trop et sottement, ou je n'ose ouvrir la bouche de crainte d'être de mauvais ton. C'est un singulier sentiment dont je ne puis me rendre compte et que je ne me souviens pas d'éprouver en la présence de beaucoup d'autres. Je redoute toujours son arrivée ici, et son absence m'afflige. S'il dépendait de moi, je reculerais l'une et l'autre.

J'entends le son de sa voix ; il ne sera plus ici que quelques instants et quand le reverrai-je ? Il va aujourd'hui à Mulhouse, chez sa femme et ses enfants. Après-demain, la famille retournera au Havre où la jeune femme fera ses troisièmes couches dans six semaines. Courons entendre encore, pour la dernière fois, qui sait ? le son mélodieux de cette voix. Je prends mon poste à la fenêtre et ne le quitterai que lorsqu'il aura quitté !...

Mercredi 17 juillet

Il faut pourtant que je parle d'une chose curieuse qui m'est arrivée ce matin. Pour l'éclaircissement de la chose, il faut que je dise que j'ai renvoyé au foyer paternel la petite polissonne que je n'ai gardée que quinze jours à mon service et que, dans le moment, j'ai une cuisinière de grande maison avec laquelle j'harmonise assez bien depuis huit jours.

Cette cuisinière donc, je me permets de la conduire au marché et parfois chez le boucher. Ce matin donc, nous étions en embuscade chez la jardinière. J'étais en costume négligé du matin : peignoir, vieux mantelet et chapeau numéro trois. Au moment où j'aidais à mettre les petits pois dans le panier, mon bras resta pendu en l'air sans mouvement. Je ne voyais pas les regards étonnés de la cuisinière et de la jardinière, mon regard devint vague et glissa d'un bout du trottoir à l'autre car sur ce trottoir apparut une taille d'homme surmontée d'une tête comme en on voit peu circuler dans ce bas-monde : c'était monsieur Bauby, nommé à juste titre la plus belle tête de France. Le surnom me paraissait frappant dans le moment. Il portait un pantalon d'étoffe anglaise d'un bleu qui donnait dans le lilas ; le chapeau noir était placé de manière à laisser voir toute cette profusion de boucles magnifiques faites par la nature et plus noires que l'aile d'un corbeau. Il portait avec dignité sa belle tête sur ses admirables épaules et marchait tout heureux de la conviction de sa beauté. Je le suivis des yeux aussi loin que possible, regrettant de ne pouvoir, sans donner de scandale, me mettre en marche pour le voir plus longtemps. Que je bénissais cette heure du matin, ce marché aux herbes et l'achat de ces petits pois !

Jeudi 15 août

Il a plu tout le jour ; j'ai varié mes occupations autant que possible et l'ennui nous a presque tuées ma sœur et moi. Emma ne se consolera jamais de rester fille. Elle met sur le célibat la cause de tout l'ennui que nous éprouvons et quoique m'en défendant toujours, je commence par croire qu'elle a raison. Cette vie d'isolement, ce manque de société, de relations, énerve. On aurait le temps de tout faire et l'on ne fait rien, tant on est mélancolique et ennuyée.

Tout à l'heure, après avoir pioché un morceau de *La Muette* sur le piano, nous nous sommes étendues sur le canapé.

« Tu verras, disais-je à Emma, j'éprouverai un jour le sort de Marguerite d'Anjou. Quand mon dernier rêve, mon dernier espoir, mon dernier bonheur sera détruit, mon âme quittera ce corps inutile.

— Non, me disait Emma, je ne ferai pas la même chose, je deviendrai folle comme Torquato Tasso [154] est devenu fou, toutes ses espérances déçues. »

Il est vrai, je n'y tiens plus ; souvent le désespoir m'approche. L'avenir s'étend devant mes yeux comme un désert, et pourtant, malgré mes efforts, je ne puis remplir cette aridité. Je sens mon cœur se dessécher en moi et mon sang se figer dans mes veines. Il me semble avoir vécu soixante ans. Je ne suis pas capable de me livrer à une seule pensée riante ou agréable. Grand Dieu, qu'ai-je donc fait pour mériter un tel supplice ?

Mercredi 21 août

Emma Roederer, qui est à Winterthur et à laquelle j'ai promis d'écrire la première, recevra de moi une lettre brillante. Il y a matière à description si toutefois mon style est à la hauteur des circonstances : le président de la République vient d'arriver. Il a été reçu fort pompeusement pour un président et son séjour de deux jours à Strasbourg ne sera signalé que par des fêtes et des réjouissances.

Nous avions une place merveilleuse pour le voir venir, dans la maison de Frédérique Baer en face de l'hôtel de Paris. Sur le balcon se trouvait sa tante, la grande-duchesse Stéphanie [155] en compagnie du coadjuteur [156], de ses chambellans, de ses officiers et de ses dames d'honneur.

Quelle foule, quelle foule ! à droite, à gauche rien que des têtes. Depuis le débarcadère, dont on a décoré gracieusement le pavillon dans lequel le prince est descendu, jusqu'à l'hôtel de la préfecture, il y avait deux haies de soldats et de garde nationale. La sonnerie de toutes les cloches annonce le moment où il débarque. Tout le régiment des lanciers arrivé de Haguenau depuis hier va recevoir le président. Enfin, les sons de la musique annoncent l'arrivée du cortège. Deux trompettes de la garde nationale précèdent ; arrive un détachement de la gendarmerie, puis le président, au milieu des autorités civiles et militaires. Deux calèches portant des personnes de sa suite et le régiment de lanciers fermaient la marche.

On connaît de loin le président qui salue et porte l'uniforme de général de la garde nationale. Il a l'air ému, il ne s'attendait pas à un aussi bon accueil, il salue d'un air modeste. Je crois presque que sa contenance était un peu embarrassée. Arrivé sous le balcon de la duchesse Stéphanie, il s'arrête une minute. La tante salue amicalement de la main le neveu. L'uniforme du prince était abîmé par la poussière, mais ses cheveux blonds tenaient admirablement. Je ne pus m'empêcher de dire qu'un coiffeur avait brûlé ces boucles au débarcadère tant elles étaient religieusement soignées. Quant à sa figure, je n'en sais pas dire grand-chose : les coups de son chapeau la masquait toujours. Seulement, il me semble qu'elle est un peu usée et ridée. La fatigue du voyage et la chaleur y sont aussi pour beaucoup.

J'en saurai davantage après l'avoir vu demain au bal, car, vive Dieu et l'occasion, nous nous préparons pour le bal. Fanny Wagner est venue hier matin nous proposer deux places dans une troisième loge d'où nous nous contenterons de voir, ce qui nous suffit. Les préparatifs ne sont pas longs : il ne nous faut que quelques fleurs naturelles pour mettre dans les cheveux et comme bouquet de corsage. La berthe est à rafraîchir ; nous aurons les robes lilas.

Lundi 26 août

C'est aujourd'hui un véritable jour d'automne : ciel gris, air doux et portant à la mélancolie. Aussi, nous sommes à la fin d'août et le règne des robes de jaconas et de barège va finir. Que ces beaux jours ont filé vite comme les feux au ciel ! Ce n'est pas sans angoisse que je songe aux frimas, aux chambres chauffées dans lesquelles on est consigné et aux arbres couverts de neige. On dirait qu'avec le président a fui le beau temps : nous n'avons pas éprouvé de chaleurs depuis, les rayons de soleil ne nous ont guère éblouis.

Parlons du président au lieu de songer à l'hiver et continuons l'histoire des fêtes dont nous avons été témoin.

Mercredi soir, le feu d'artifice brûlé sur les remparts a été magnifique : ces fusées lancées dans les airs et retombant en pluie de feu faisaient un effet magique qui arrachait des cris d'admiration à la foule. C'était une scène féerique que ces arbres éclairés soudain par des feux de toutes les couleurs. Les artilleurs allant de machine en machine faisaient l'effet de damnés travaillant dans le purgatoire. Un globe nuancé des plus resplendissantes couleurs de l'arc-en-ciel et se tournant dans un autre demi-globe était une des plus jolies pièces. Pour le bouquet, il y avait un temple avec l'inscription : « Vive la République ! »

Trois bateaux chargés des musiques d'infanterie et d'artillerie se promenaient et remplissaient des intervalles de musique que l'on regrettait de ne pas comprendre à cause du bruit de cette foule immense. Lorsque les deux pyramides dont était flanqué le temple s'éteignirent, une détonation partit des bateaux et des feux allèrent toucher les remparts. Rien n'était joli comme ces tourbillons de fumée qui remplissaient les airs et confondaient et les arbres, et les remparts, et le ciel. C'était le président lui-même qui avait mis la première main à l'œuvre : une corde avait été tendue depuis le rempart jusqu'à la préfecture et là, sur le balcon, entouré de dames en toilettes de bal, il avait mis le feu à une machine en forme de pigeon. Le ciel avait favorisé des feux audacieux qui avaient essayé de rivaliser avec les siens : à peine les dernières fusées éteintes que la pluie commençait à tomber. Heureusement, il n'y eut pas d'averse et cette foule immense put rentrer dans son bercail.

Nous occupions une place excellente ; tout en face des pièces d'artifice, nous avions, après six heures, déjà loué pour quelques sous un banc à trois places très solide sur lequel madame Roederer, ma sœur et moi étions assises jusqu'à huit heures et demie. Quand le feu d'artifice commença, nous y grimpâmes et pas une étoile de couleur n'échappa à notre regard.

Le lendemain, il y avait la revue au Polygone et le soir, le bal. Le banquet à trente-cinq francs avait lieu à cinq heures dans l'hôtel de la Ville-de-Paris. Nos préparatifs à faire n'étaient pas longs. Pourtant, une partie de la matinée se passa déjà à essayer les berthes, à acheter quelques petites bagatelles qu'il nous fallait telles qu'épingles et pommade. Il y eut un petit combat entre Emma et moi au sujet de la coiffure : elle voulait commander une coiffeuse et moi, je ne voulais pas m'assujettir à rester chez moi tout l'après-dîner pour être coiffée à deux heures déjà comme il arrive souvent en pareilles occasions. Emma ne put s'empêcher de faire une démarche auprès de notre Louise qui fut inutile heureusement pour la suite, comme je l'avais prédit. La Heitz que je proposais ne lui convenait pas : elle avait mauvais souvenir de sa dernière coiffure. Force lui fut de se rendre à mon avis : de nous coiffer nous-mêmes.

Madame Hornus nous avait fait avertir le matin qu'elle nous offrait une fenêtre dans son quatrième étage. A deux heures, nous arrivions là hors d'haleine ; une demi-heure après, le président passa pour se rendre au Polygone. Il était comme la première fois, précédé de la garde nationale, entouré des gendarmes et suivi par les lanciers. Il saluait cette fois de la tête sans ôter le chapeau. Emma disait à mes côtés : « *O der gute Aff*[157] », et c'était bien cela.

En quittant madame Hornus, nous allâmes chez Zimber[158], l'horticulteur, acheter six dahlias, trois rouge foncé pour moi, trois violets pour Emma dont deux devaient orner nos cheveux et le troisième le corsage. Nous prîmes nos berthes chez la Darcy afin de pouvoir commencer notre toilette sans fièvre et sans l'attente de quelque chose, et des pastilles de chocolat chez Guidinette [159]. En passant sur la place Gutenberg, Emma recommença une histoire de bouquets à laquelle j'avais fait la sourde oreille le matin et qui parvint à me gagner : je fis faire deux bouquets par la fleuriste dont nous nous chargeâmes aussi. Les petits préparatifs de souper achevés, il s'agissait de commencer par la grande scène de la coiffure. Elle se passa fort tranquillement, sans discussion et sans récrimination. Les bandeaux bouffants réussissaient, les dahlias se plaçaient fort bien et pourtant, il nous avait fallu une heure.

A huit heures, nous étions prêtes et toutes disposées à souper, ce que l'on ne peut pas quand on est déjà à moitié dans les émotions de la danse. Pourtant, en mangeant notre salade et nos cervelas, ce souper prosaïque et ce costume de nymphe nous semblèrent en contraste si bizarre que nous pouffions de rire : c'était à en étouffer. Je crois que la fatigue de la journée y était pour quelque chose ; ces rires fous étaient comme une irritation nerveuse. Emma se trouvait superbe et regrettait de ne pas figurer comme danseuse.

Deux voitures quittèrent la maison avant nous : c'étaient les Lauth et les Descrivieux, puis nous. Par un escalier dérobé, nous gagnons notre loge : c'était déjà mauvais signe. Fanny et sa mère ne connaissaient pas très bien le numéro. On attend une ouvreuse. Déjà en bas de l'escalier, on nous avait dit que nous manquions l'entrée du président ; il était venu dix minutes avant nous, on entendait encore le bruit des fanfares. Nous ouvrons la porte de notre loge : elle est occupée par deux juifs et une femme. La rougeur de l'indignation me monta au front ; il fallut tout juste que l'un de ces deux individus resta sans bouger sur la banquette de devant à côté de moi. Nous attendions impatiemment monsieur Siegel qui n'arriva avec les trois autres dames que vingt minutes après : leur cocher était en retard. Il fallait sa présence pour faire évacuer la loge ; un seul mot et nos indignes voisins décampèrent.

Notre première sensation fut de jeter un regard de terreur sur notre entourage. Il était au-dessous de toute critique. Pourtant, nous pouvions plonger les regards partout et cette idée d'avoir si bien vu nous fit oublier plus tard les impressions désagréables. Notre seul regret fut d'avoir mis des fleurs, des dentelles et des robes décolletées ; on aurait pu s'épargner ces petits frais de toilette et de temps : une robe montante, un chapeau, c'est tout ce qu'il aurait fallu. Le carreau bleu que nous portons habituellement n'eût pas été de mauvais ton ; au moins, nous n'aurions pas formé un contraste si heurté avec notre entourage, car il n'y avait là que petits chapeaux de paille, bonnets de trente sous, robes de mérinos, de mousseline et d'indienne.

Le soir en rentrant, je fis sonner fièrement ma bourse aux oreilles d'Emma en lui disant : « Avais-je tort d'épargner ces trente sous pour la coiffure ? Je ne veux pas ajouter même que si ta fièvre m'avait gagnée et si j'avais cédé à ton caprice, nous aurions fait une robe nouvelle que la chaleur de ce taudis eût

abîmée comme si nous avions dansé. » Pour la première fois de sa vie, elle me
sut un gré infini de mes idées d'économie.

Si toutefois il nous échappe des détails sur le bal, nous nous rétracterons
en disant que nous les connaissons par des on-dit. Heureusement si personne
ne nous a aperçues ! Impossible d'avouer que l'on était en lieu si républicain.

Nous avons fait hier notre visite à Fanny Wagner et le souvenir de cette
toilette déplacée en troisième loge nous faisait rire jusqu'aux larmes. Madame Siegel avait eu deux façons de bonnet parce que la première, faite par une
petite lingère, ne lui semblait pas assez gracieuse. Madame Wagner était
déjà chaussée en bottines et sur l'instance de Fanny, elle avait mis des
souliers de satin. Fanny regrettait d'avoir mis ses bas à jours les plus fins et
moi, des bas à jours également et l'une de mes plus belles chemises en toile
de Bâle. Emma déplorait d'avoir chiffonné trois jupons frais sortant à peine
de dessous le fer.

Mais n'importe, l'idée des diamants de Stéphanie fit oublier tous ces
petits malheurs ou plutôt, toutes ces gaucheries. La salle présentait un
aspect vraiment magnifique. On l'avait arrangée à l'instar du jardin d'hiver : là où se trouve la scène était un jet d'eau entouré d'orangers et de
fleurs. Derrière ce jet d'eau, une glace immense ; en face, surmontée d'un
dais rouge et décorée de festons de fleurs, la loge du président et de la
grande-duchesse qui pouvaient se mirer à leur aise tout le soir. Les diamants de la princesse se reflétaient admirablement dans ces eaux et dans
cette glace. L'orchestre était placé au-dessus du bassin au milieu de décors
formant un roc. A droite et à gauche, jusqu'aux avant-scènes, se trouvaient
encore des glaces au-dessous desquelles étaient posés des pots de fleurs ;
des guirlandes serpentaient entre les premières et secondes loges. Il y avait
tant de gaz, tant de lumière que l'on distinguait toutes choses comme en
plein jour.

Des applaudissements annoncèrent l'apparition de la duchesse qui salua
l'assemblée du haut de sa loge. Son costume était celui d'une princesse et
faisait l'admiration des hommes comme des femmes. Elle portait une robe à
queue de damas blanc, un bonnet de dentelles orné de diamants et de fleurs
d'un si beau vert, comme on n'en voit qu'une ou deux fois dans la vie lorsqu'on
n'est pas dans le voisinage des cours. Il n'y a que la couronne que portait
Alboni comme fiancée de Fernand qui puisse être comparée à cette tendre et
pourtant si vive nuance. Mais les diamants ! « Il y en a pour cinq cent mille
francs », disait monsieur Siegel qui s'y connaît, qui ne revenait pas de son
extase et qui ne se lassait pas de les lorgner. « Jamais de ma vie, disait-il, je
n'ai rien vu de pareil. Quel feu, et de quelle grosseur sont ces pierres ! »
Effectivement, rien que pour voir la rivière qui ornait son cou, il valait d'aller
voir ce bal. Que c'était resplendissant, lumineux ! quels feux de toutes les
nuances ! Diamants dans les cheveux, diamants au cou, diamants sur son
corsage, diamants dans chaque nœud de sa robe jusque sur ses pieds,
diamants partout !

Elle était accompagnée du prince de Prusse [160] et de deux dames d'honneur dont l'une porte le nom de Geisaut. Monsieur Siegel voyait encore le prince de la Moskowa et plusieurs personnages de distinction. La princesse arriva tandis que le président faisait le tour de la salle accompagné de ses ministres, du préfet, du maire et du général Magnan. Il s'arrêta auprès de quelques dames pour leur causer. Quelques-unes d'entre elles avaient fait sa connaissance durant son exil; il serra la main à madame Alfred Renouard de Bussierre [161] et à madame Durckheim-Montmartin, préfète du Haut-Rhin et fille de monsieur de Turckheim, de Strasbourg [162]. Dix minutes après, la grande-duchesse fit aussi le tour de la salle suivie de ses dames et des autorités, au bras du général Magnan, et s'arrêta longtemps auprès de ces deux mêmes dames. Quelles belles épaules nues encore à soixante ans ! Il reste encore sur ce visage des traces de cette beauté tant vantée.

Le président, comme toujours, portait l'uniforme de général de la garde nationale. Il ouvrit le bal avec madame Kratz [163] chez laquelle son mari vint le conduire et eut pour vis-à-vis notre préfet, monsieur West et mademoiselle Magnan. Il paraît que l'insigne faveur accordée à madame Kratz l'intimida ; elle avait l'air souverainement sotte dans sa belle robe de soie blanche et répondait aux rares questions que lui adressait le président comme une jeune fille qui n'aurait pas encore fait sa confirmation. Aussi Charles Grün, qui glisse partout comme un furet, vint-il nous dire plus tard que madame Kratz n'avait su que dire : « Oui, mon prince et ô mon prince !... » Il dansa le second quadrille avec mademoiselle Magnan qui, en Parisienne, fit presque à elle seule tous les frais de la conversation. Cette fois, son vis-à-vis était monsieur de Durckheim, préfet du Haut-Rhin, avec une dame dont toute notre loge admirait la figure et la toilette originale, dont je critiquais la mauvaise tenue et les étroites épaules jusqu'à ce que madame Schmidt fut aussi de mon avis. Cet imbécile de Hartong avec sa figure boutonnée n'alla-t-il se faufiler jusque dans le quadrille du président ! Monsieur de Durckheim se remuait autant que le président se remuait peu.

En somme, ce prince Louis est pour moi un sujet de tristesse et je crains que malgré l'exil, malgré les revers, il n'ait pas encore bu jusqu'à la lie son calice d'infortunes et de misères. Cet air triste, ces traits si usés que ce n'est plus une figure, cette démarche pesante, cette tournure raide, cet embarras de sa personne inspirent de la pitié et font augurer je ne sais quelle triste fin. On a dit qu'il ne manque ni de jugement ni de moyens ; il est mauvais causeur, mais il écrit bien. Il manque totalement de physionomie : il a le nez grand, les yeux petits, gris et insignifiants. Ses cheveux, qui m'avaient semblé d'un beau blond, sont d'un brun roux, les épaules larges, le haut du corps long et gros, les jambes courtes et grêles. Je le plaignais dans la corvée que l'étiquette lui imposait lorsqu'il fit le tour de la salle. Toutes les dames se levaient sur son passage ; contraste frappant avec les haies des militaires qu'il parcourait trois heures auparavant que ces bataillons féminins, cols et bras nus et qui, au lieu d'armes, portaient des fleurs. Le président passa, les saluant toutes, s'arrêtant auprès de quelques-unes, mais la revue de ces gracieuses figures ne semblait guère l'extasier. Ce n'est pas ainsi qu'un Louis XIV s'en serait acquitté.

La princesse Stéphanie dans sa loge, sous ses diamants et sa magnifique parure, entourée de ses dames d'honneur, de ses uniformes étrangers et de ses chambellans, l'objet des soins du président, son neveu, recevant les visites de l'aristocratie de notre pays, était pour nous un centre continuel d'attention. A part le bal, ses fleurs, ses lumières et ses riches toilettes, cette loge seule déjà valait bien une pièce de théâtre où l'on ne voit que des princes et des duchesses de contrebande et de faux bijoux.

Nous étions beaucoup intriguées de ne pas apprendre le nom d'une vieille dame merveilleusement mise, portant aussi des diamants, qui vint faire de superbes révérences à la grande-duchesse, s'assit un instant dans un fauteuil à côté d'elle et avait plus de dignité et de grâce dans ses manières que Stéphanie elle-même.

On servit sur des plateaux d'argent une collation à cette belle société. Nous avons vu le président prendre une glace et la grande-duchesse ôter ses gants pour manger des fruits confits, et une fois relever sa robe à queue d'un côté pour laisser passer le domestique. Dans la salle, la société, à quelques exceptions près, était fort bien composée. Il y avait de superbes et gracieuses toilettes. Pourtant quelques robes de mousseline-laine et de mérinos et quelques bonnets blancs avec des rubans de couleur fort communs avaient eu l'audace de se présenter aussi. Il y avait même et sur deux femmes le costume de Rosine dans le *Barbier* : robe de soie rose avec des volants et des berthes de dentelles noires. Pareil costume était aussi en vert.

Les personnes qui nous intéressaient le plus dans notre loge, nous demoiselles, étaient mademoiselle Magnan, la fille du général, et son adorateur, monsieur Sautereau, aide de camp de son père et l'un des plus beaux hommes et des plus gracieux officiers que la terre porte. Mademoiselle Magnan est en deuil : elle portait une robe de tulle à quatre volants, des branches lilas dans ses cheveux, un bouquet de corsage pareil et dans la main, un immense bouquet de marguerites violettes et blanches. Elle est fort gracieuse, grande et bien faite, a de magnifiques épaules, des cheveux noirs, une mine spirituelle, mais je ne trouvais pas sa figure aussi jolie qu'on me l'avait vantée ; même, elle n'a plus l'air d'être de la première jeunesse. Elle et monsieur Sautereau étaient rayonnants ; nous les suivions des yeux pendant une valse : il serrait sa taille autant que possible, son front touchait le sien en causant. Plus tard, nous les revîmes encore faire un tour de salon, têtes penchées sur l'épaule l'un de l'autre. Quand elle se fut assise, il resta debout auprès d'elle.

« Voyez donc, voyez donc, disais-je à Fanny, comme ils sont heureux au milieu de cette foule qui les dérobe aux regards indiscrets.

— Ils s'aiment tant », disait Fanny qui en avait presque les larmes aux yeux, regrettant de ne pouvoir en faire autant avec son petit Schneegans qui, dans ce moment, était à dix lieues d'elle.

A onze heures, offrant le bras à sa tante, après avoir jeté sur ses épaules un mantelet de blondes, le président salua avec elle l'assemblée qui répondit par les cris de : « Vive le président, vive Stéphanie », et quitta le bal où il avait fait une séance de deux heures. Une demi-heure après, nous rentrions aussi pour revoir en songe les diamants de Stéphanie et toutes les brillantes toilettes et les décors pompeux de la salle du spectacle. Que ne pouvait-on retrouver aussi en songe les valses et les quadrilles charmants joués par l'orchestre ! Le président a dansé la contredanse façonnée sur l'air : *O dieu des flibustiers ! dieu de la contrebande* qui paraît dans l'opéra-comique de *La Sirène* et que ce malheureux Vincent chantait si bien il y a deux ans. D'autres danses charmantes aussi, tirées de *La Fille du Régiment*, rehaussaient cette soirée dont le souvenir restera longtemps à bien des Strasbourgeoises.

Dimanche 8 septembre

Je ne rumine plus rien que mes chemises et toujours mes chemises. La nuit, je rêve coutures ; le jour, je me crève les yeux et je me tourmente les doigts pour les faire aussi parfaitement que possible : on dirait qu'il y va du salut de mon âme pour un point de travers. Avec ce fanatisme d'exactitude, je n'avance guère. Très souvent, le jour, je redéfais l'ouvrage de la veille. Je n'ai pas pour cela les motifs de Pénélope quoique je fasse comme elle. Dieu m'en garde ! Les épouseurs laissent tranquillement s'accumuler mes printemps ; j'en compte vingt-huit. Les roses s'effeuillent et il faut bien se consoler de les voir passées (passer). J'en prends mon parti avec résignation, trop heureuse si je conserve mes dents blanches encore quelques années. Il serait fort inconvenant de vouloir tout garder ; même quelquefois dans les rues, à la promenade, au milieu de la foule, près de la musique, quand je vois des yeux me regarder d'une certaine manière et que de mes fines oreilles j'entends dire deux mots qui me désignent, il me semble que je n'ai pas encore trop perdu.

Je fais souvent la réflexion que si la providence me comptait au nombre de ses enfants chéris, elle se serait tout autrement occupée du soin d'embellir mon existence. Si à vingt ans j'eusse trouvé un époux auquel j'eusse su plaire et qui eût réalisé jusqu'à un certain point l'idéal qu'une fille adolescente se fait des perfections masculines, ma vie actuelle serait moins froide et moins monotone. J'élèverais maintenant peut-être des enfants dont les heureuses qualités charmeraient mon âge mûr et ma vieillesse, et dans les bras desquels je pourrais un jour mourir. De tout cela, il n'en sera plus rien : il est trop tard pour l'espérer et même, je ne le désire plus. Certaines désillusions, certaines réflexions, certains souffles froids ont passé sur mon cœur et l'ont glacé. Quiconque ne peut plus donner de bonheur n'a plus le droit de l'attendre de la part d'autrui. Et pourtant, le sort d'être heureuse épouse, heureuse mère est celui de bien des femmes. Qu'ai-je fait, moi, pour le mériter moins ? C'est une question que j'adresse souvent au ciel, au temps, à moi-même. Mais en même temps, je sens aussi les effets de la résignation qui s'abrite chez moi. Je me promets de tâcher de me rendre utile aux autres et je forme des projets énormes à n'en pas finir ; je veux, par un travail continuel, défier les circonstances et me défendre de cet air soucieux et ennuyé qui caractérise presque généralement les visages des vieilles filles. Je pense quelquefois avec inquiétude : pourvu que la mort ne me surprenne pas au milieu de ces projets et que je puisse achever tous les travaux dont j'ai fait le plan.

Lundi 30 septembre

Je suis mal inspirée pour parler d'une nouvelle qui m'a fortement remuée hier et que je vais résumer en trois mots : Emma Roederer est fiancée ! Elle est revenue de la Suisse jeudi et elle est venue nous annoncer hier matin qu'elle était promise à monsieur Bucherer, de Gernsbach, dont il était question déjà il y a trois ans et avec lequel je croyais toute relation de la part de la famille Roederer rompue.

Monsieur Bucherer est à ce que l'on dit, et je le crois très volontiers, un homme de mérite et même d'esprit, mais il faut s'habituer à son extérieur, à sa voix de femme et à sa figure de fille. Cette œuvre dépasserait mes forces et ne conviendrait pas à mon goût. A franchement parler, je préfère ma vie aride au bonheur conjugal qu'une alliance avec monsieur Bucherer pourrait m'offrir. Je ne comprends pas l'émotion d'Emma, je ne comprends pas qu'un autre sentiment que celui de la morose raison puisse lui faire contracter cette union et quand la raison parle, comment la voix peut-elle devenir chevrotante ?

Je viens de faire une réflexion qui, au dire d'Emma, est scélérate. Emma Roederer dit avec confiance : « Je serai heureuse, il n'y a pas de quoi en douter. » « Effectivement, ajoutai-je après avoir redit ces paroles, avec une si vertueuse commère (comme monsieur Bucherer), on a la conviction intime d'être heureuse pour la vie de telle sorte même que l'idée en est tout à fait ennuyeuse. »

Vendredi 8 novembre

Depuis trois jours, nous sommes rendues au monde, à l'air, à nos robes et à nos chapeaux, à la raison. Que de tracas, que de fatigues, mais je ne veux pas retourner à ces souvenirs pénibles, surtout par le motif.

Depuis la Toussaint, nous avons repris à notre service une jeune fille venue de la campagne, fervente catholique qui fait maigre le vendredi et le samedi, qui mange comme un loup, est sotte comme un bœuf, est aussi peu civilisée qu'un chien de basse-cour, reste deux heures le dimanche en contemplation devant une petite estampe représentant la Vierge, rit comme un âne à chaque observation qu'on lui fait, lave assez proprement la vaisselle, mais ne veut jamais savonner ses mains de sorte qu'elle vous couvre à tout instant amicalement de suée : voilà, depuis six jours que je suis occupée de son éducation, toute l'étude que j'ai pu faire de ses vices et de ses vertus. C'est peut-être un diamant, mais actuellement, c'est une pierre brute et il faudra maint coup de ciseau pour la rendre brillante. Au fait, je ne sais pas trop si je suis le lapidaire qui convient à cet objet.

Jeudi 28 novembre

Satan, car je commence à croire à son passage sur la terre, nous a de nouveau joué un affreux tour ; cette Hélène dont j'avais essayé d'esquisser la biographie était Judas en jupon rouge qui méditait dans sa grosse tête, que je croyais pleine de la seule idée de tourner son rosaire et de satisfaire aux besoins exigeants de son estomac, une ruse infernale pour avoir le prétexte de retourner dans son hameau auprès des auteurs de ses jours, de ses vaches, de ses poules, de ses repas rustiques et auprès de je ne sais qui encore. Mais l'idée seule de la comédie que cette pieuse brebis a jouée me révolte le sang. C'était sans doute au couvent, où par des travaux extrêmes elle a sacrifié sa santé, qu'elle a appris à se servir du masque qu'elle a porté, et des paroles doucereuses et des serrements de main au moyen desquels elle a essayé de nous jeter la poudre aux yeux.

Un samedi de funeste mémoire, quinze jours après son installation chez nous, sa mère dont le nez s'était allongé de deux pouces et dont les yeux avaient pris l'expression de ceux des chats vint nous annoncer qu'elle reprendrait son trésor avec elle. Naturellement, j'insistai pour savoir le motif de cette brusque résolution contraire à la loi et à toutes les promesses qu'on m'avait faites ; on allégua le prétexte de l'église, le peu de temps qui lui restait chez nous pour faire ses dévotions. Comme je fis comprendre que cela était un mensonge, cette vieille diablesse finit par me dire, après quelques grimaces, qu'Hélène manquait de pain chez nous. C'en était trop ! à cette calomnie infâme le feu me monta au visage et la folie au cerveau. J'eus la bêtise de m'excuser si je n'avais pas compris toute l'étendue de son appétit, puis je finis par leur dire des injures, par les menacer du commissaire de police et du juge de paix. Je balbutiai une quantité prodigieuse de propos l'un plus inutile et plus extravagant que l'autre au lieu de prendre de suite le parti le plus simple et le plus naturel de les mettre à la porte toutes les deux. Ma sœur qui était témoin de toute la scène faillit s'en trouver mal tant la colère et l'indignation lui étaient tombées sur le cœur. Elle courut, toute pâle et hors d'haleine, chez les Roederer et se laissa tomber entre les bras d'Emma et de sa mère en disant : « C'est trop fort, il faut en mourir. » Ce n'est que ma présence qui rassura ces pauvres dames effrayées, et encore étais-je si bouleversée moi-même que ce ne fut qu'après quelque temps que je pus les mettre en connaissance de ce qui s'était passé.

J'envoyai un émissaire au café Adam pour faire venir Papa qui, par sa présence, aurait peut-être remis ces gens à la raison, mais il n'arriva que lorsqu'elles étaient parties, après cinq heures. Trois mortelles heures se passèrent : j'enfermais ces deux diablesses pour les empêcher de s'évader, j'ouvrais de nouveau la porte pour entrer dans des explications qui m'échauffaient le sang, je courais dans la ruelle croyant voir Papa. A la fin des fins, je les lâchai, sur le conseil de monsieur Roederer, en leur jetant à la tête qu'ils avaient bien combiné les choses pour nous avoir laissé Hélène (c'est le nom du serpent) jusqu'au jour où ils nous apportaient les trois sacs qu'à force d'insinuations je leur avais commandés et jusqu'à ce qu'elle eut empoché les trois francs reçus comme pourboire.

Il n'était pas possible, par aucun côté sensible, de raisonner ces gens sans honneur et sans foi et ils s'en allèrent comme ils étaient venus, comme des fourbes catholiques et comme des gueux.

Il n'est pas d'idée ni de projet de vengeance qui n'ait depuis fermenté dans mon cerveau. Ce n'est pas la première fois que je m'y laisse duper malgré toutes les expériences par lesquelles je suis déjà passée. Je serai encore cent fois dupe car ce nouvel exemple était une preuve que je ne connaissais encore qu'à demi ce que le cerveau d'une paysanne catholique, élevée dans la simplicité des mœurs d'un couvent (comme c'était le cas chez Hélène), peut contenir de fausseté, de mensonges odieux et de ruses infernales. Mais chaque trait de plume que je consacre à cet excrément du genre humain remue tout mon sang et trouble ma raison. Maudite feinte dévote, maudite vipère qui mordait la main qui te nourrissait ! Puisse le ciel écouter ma voix qui demande justice ! Que mes imprécations te poursuivent nuit et jour comme un spectre attaché à tes pas et que les souffrances que tu as fait endurer à ma pauvre sœur amènent des charbons ardents sur cette grosse tête qui, à l'occasion, sait prendre la mine doucereuse de l'agneau.

Mais la colère m'étouffe ; c'est comme chaque jour, depuis le départ de cette canaille, et chaque soir à la même heure : la fièvre me reprend, il m'est impossible d'écrire des souvenirs joyeux avec l'agitation dans laquelle me plonge le souvenir odieux de cette fille.

Mardi 3 décembre

Enfin je m'arrache pour quelques instants aux balais, aux plumeaux, à l'âtre, aux casseroles et à la fumée pour laisser errer pacifiquement mon imagination sur des sujets agréables.

Quoique de nouveau réduite à toutes les fonctions, à tous les insipides et quotidiens détails de ménage et n'ayant pas touché une aiguille depuis tantôt deux mois, j'ai plusieurs fois paru en public en brillante toilette. Le soir, l'humble ménagère troquait ses balais et ses cuillers à pot pour un mouchoir de batiste entouré de dentelles précieuses et antiques, son peignoir d'indienne à poignets retroussés pour une robe de soie avec des garnitures de mousseline brodée. Des bracelets recouvraient ces bras qui, le matin, plongeaient dans l'eau de vaisselle. Des gants jaunes enfermaient ces doigts dont on avait enlevé la suie à coups de brosse ; le foulard jaune du matin faisait place au mantelet de satin garni de dentelles et un chapeau blanc placé sur des bandeaux bien lissés était substitué au bonnet de mousseline du matin dont la couleur blanche tirait fortement sur le gris.

C'est ainsi qu'un soir nous vîmes *Lucie de Lammermoor* et que ces airs divins résonnaient encore à mes oreilles et me remontaient lorsque les mutineries de ce démon me poussaient à bout. Un comique nouveau qui porte le nom d'Allier nous divertit beaucoup dans *Le Mousquetaire gris*, par son babil, ses mines charmantes et sa belle figure.

Ce soir plus que jamais je me sentis de nouveau passionnée pour la France, pour les Français. Les sons de voix harmonieux sur la scène, les bourdonnements autour de moi (nous étions placés sur le côté gauche au milieu des militaires) faisaient grandir mon extase et je rentrai chez moi dans la conviction que rien au monde ne valait un Français et qu'il n'y avait pas d'harmonie comparable aux accents de la langue française.

C'était un des derniers beaux jours que nous passions avec notre chère Emma ; le lendemain de cette soirée de théâtre, il y avait chez elle, pour la dernière fois, réunion d'amies. On étala la ravissante corbeille riche de trois robes de soie, l'une plus resplendissante que l'autre. Le jeudi 21 novembre, cette chère enfant fut mariée.

1851

Dimanche 5 janvier

Ma sœur déplore chaque jour le malheur de ne pas trouver de mari. Je la console de mon mieux et l'exhorte à suivre mon exemple et à se résigner, mais elle fait la sourde oreille et m'appelle un glaçon, une vieille fille qui n'est occupée que de son ménage et du soin de flatter agréablement son palais.

Je crois que notre bonne cousine Henriette s'occupe un peu de son avenir et prend son petit cœur en pitié. Le jour de l'an s'est passé de nouveau chez elle et monsieur de Hoeslin ne s'est pas fait attendre ; il nous a fait une lecture fort amusante qui nous faisait pouffer de rire quoiqu'elle fût d'une allure un peu leste, ce qui amusait beaucoup monsieur et divertissait ces trois filles qui, ce soir-là, ne jouaient pas le rôle de prudes. Il me souhaita la bonne année d'une façon fort cavalière et fort commune tandis qu'il parla à Emma d'un souhait qu'il avait pour elle dans le fond du cœur sans oser le lui dire tout haut. Où cela mènera-t-il ? Henriette a peut-être tort de persuader à cet homme de devenir amoureux de ma sœur. Il est vrai qu'il ne doit pas lui coûter grand effort pour s'amouracher de la jolie figure et de l'esprit pétillant d'Emma, mais si le plan projeté de prendre un magasin avortait, le blason de monsieur de Hoeslin et ses douze cents francs d'appointements ne suffiraient pas pour les faire vivre et il est toujours imprudent, selon moi, de faire un plan de campagne dont l'issue est incertaine. Henriette a lancé la barque, mais je doute qu'elle la mène à bon port ; un pilote féminin n'a pas toujours l'œil sûr.

Dimanche 12 janvier

Un trio de vieilles filles vient de quitter la route du Rhin où l'air est froid et doux, dont la terre est durcie par les frimas et dont les arbres sont couverts de givre et forment une haie interminable de panaches blancs, où elles s'étaient aventurées jusqu'au Petit Rhin, préoccupées peut-être toutes les trois de la même idée et ce souvenir était celui d'un homme. Et pourtant, cette pensée qui chez toutes les trois se rapportait au même objet venait d'une cause bien différente. Chez l'aînée, Henriette, c'est la préoccupation continuelle, la distraction de chaque minute. Chez moi, c'est le mot pour rire parce que monsieur de Hoeslin en tête, je vois qu'Henriette laisse tomber à tout instant la conversation, oublie ciel et terre et humains, ne voit pas les hommes qui passent et la saluent sans qu'elle y réponde, ne distingue pas la toilette des femmes qui la regardent d'un air curieux, ne fait nulle attention aux taureaux qui passent et pourraient, dans un accès de mauvaise humeur, bondir sur vous. Chez Emma, c'est un sentiment de curiosité mêlé à une certaine petite joie maligne et satisfaite : elle s'imagine, peut-être avec raison, qu'elle a sa part dans les méditations d'Henriette et qu'Henriette, dans l'avenir qu'elle prépare en rêvant à monsieur de Hoeslin, l'enveloppe en partie dans le même nuage de bonheur.

Mardi, la réunion accoutumée aura de nouveau lieu et je me réjouis fort pour la fièvre d'Henriette jusqu'à ce que sept heures seront sonnées, pour les regards souterrains que monsieur de Hoeslin lancera à Emma et pour les impolitesses qu'il me fera à moi.

Nous avons passé trois soirées dehors cette semaine : un soir chez Julie où nous avons clapoté comme des pies et bu du vin chaud comme de l'eau. Deux fois, nous avons été à la salle du spectacle pour entendre Milanollo [164]. C'est une petite personne maigre, pâle, aux yeux expressifs, aux cheveux d'un noir de jais, d'un brillant extraordinaire, véritable chevelure italienne. Elle est fort gracieuse en même temps que fort modeste et fort décente dans tous ses mouvements et dans toutes ses poses. Elle arrive conduite par le régisseur, tenant son petit instrument du bras droit comme un petit Savoyard qui apparaîtrait avec sa vielle, en robe de satin blanc avec un pardessus de tulle blanc, une berthe de dentelle attachée par une broche en diamants, des manches courtes et une ceinture flottante, des souliers blancs et la coiffure la plus simple et la plus enfantine du monde : les cheveux lissés en bandeaux sur le front, noués en tresse et attachés par un nœud de velours noir dans la nuque et revenant au sommet de la tête comme une couronne.

Des applaudissements accueillirent son entrée. Elle les reçut avec beaucoup de modestie en s'inclinant profondément chaque fois qu'ils revenaient dans le cours de la soirée. Le premier morceau (le lundi soir) était un concerto en *la* qui me parut peu brillant et ne justifia pas, malgré quelques passages joués avec sentiment et applaudis par les connaisseurs, la haute opinion que je m'étais faite du talent de cette jeune fille. Mais quand arrivèrent les souvenirs de Grétry et la fantaisie sur *Robert le Diable*, quand son violon soupira l'air de grâce comme aucune voix humaine ne l'a jamais chanté, quand des tonnerres d'applaudissements, des bravos cent fois redits coururent par toute la salle, alors je plaçai cette femme bien au-dessus des mortels dans une étoile ou dans le soleil. Je voyais une sphère lumineuse que, jusqu'à présent, je n'avais pas rêvée. C'était pour moi un séraphin touchant les cordes de sa harpe céleste.

Le *Carnaval de Venise*, de Paganini, lui fournit l'occasion de déployer tous les tours de force admirables qu'elle sait exécuter sur son instrument. Ces sons bouffes excitaient l'hilarité en même temps que l'admiration de l'auditoire. Ces notes fausses tantôt criardes et tantôt basses, tantôt suppliantes et tantôt menaçantes, et entrecoupées de passages d'une justesse extrême vous mettaient dans l'imagination un prestige étonnant : on croyait voir le carnaval avec tous ses masques, ses dominos et ses costumes bariolés. On entendait la voix de Polichinelle et l'on entendait sonner les grelots du bonnet d'Arlequin. Mais ce qui réjouissait à voir, c'était ce naturel, ce bon ton, cette simplicité de la jeune virtuose qui recevait ces hommages avec tant de politesse et de simplicité, dont l'âme seule semblait être en émoi et se révélait dans ses yeux et dont le teint habituellement calme et pâle s'était illuminé à peine d'une légère teinte rosée.

Messieurs de l'orchestre n'ont pas fait merveille : l'ouverture du *Freischütz* était médiocrement rendue. Une autre de la composition de monsieur Sellenick[165] fut exécutée avec un peu plus d'ensemble, mais je ne suis pas enthousiaste de ses œuvres où reviennent toujours une pensée commune et des airs de bastringue et de fanfares.

Il y avait une grande affluence de monde ; le parquet eût pu contenir encore une centaine de personnes de plus, mais les loges étaient garnies on ne peut plus et de belles et grandes dames en somptueuses toilettes. Les colliers reviennent ; je vis sur plusieurs beaux cols des agrafes en diamants tenues par des rubans de velours noir. Les robes à corsage ouvert sont la tenue de rigueur dans les loges et dans les stalles. Toutes les coiffures sont pendantes et tombantes, et placées si arrière que, de face, on n'en voit rien, ce qui vous cause la satisfaction de voir bien des têtes tournées obligeamment ou à gauche ou à droite et dont on aurait le loisir de couper les silhouettes. Mais quelques-uns de ces corsages ouverts dépassent les bornes de la décence et ces robes décolletées et ces grandes manches ouvertes qui laissent à nu les bras vous donnent une idée des temps de la Régence. Madame Gast, surtout, me transportait à la cour de Louis XV ou de Catherine de Médicis, tant par l'indécence de son corsage ouvert que par sa beauté, ses airs de grandeur et sa mise recherchée et presque antique. Elle portait dans ses cheveux noirs, dont les boucles encadraient l'ovale parfait de son visage, une coiffure de velours et de boutons de roses avec beaucoup de feuillage ; une agrafe de diamants avec un velours noir ornait son cou. Elle avait une robe de velours vert à larges manches, un nœud de satin à longs bouts sur chacune des manches et, à la ceinture des bracelets, un éventail, des dentelles, c'était une des divinités de la cour.

Vendredi 31 janvier

Nos soirées en cachette, pour ainsi dire, du monde entier, à l'insu de notre père, continuent toujours chez Henriette qui n'est pas sous l'influence du moindre scrupule de vieille fille : recevoir un homme de trente ans chez elle à toute heure du jour, le faire asseoir à sa table, prendre conjointement avec lui du thé ou du café, lui ouvrir son secrétaire, accepter des fleurs, brûler sa lampe quand la sienne n'est pas claire ou a des caprices, tout cela à ses yeux sont les choses les plus naturelles et les plus simples du monde. Ne propose-t-elle pas l'autre jour de faire un pique-nique ? Monsieur de Hoeslin était présent, c'était un mercredi où nous étions allées nous glisser chez Henriette après avoir soupé de bonne heure. Il nous trouva établies là à son grand étonnement et occupées à broder autour de la lampe. Il s'y établit aussi et ne songea plus à quitter. Ce soir-là, Henriette, qui était contre son ordinaire animée d'idées gastronomes, fit le plan du pique-nique qui a eu lieu samedi. Il fut convenu qu'elle fournirait pain et vin, couverts et nappe, chambre chaude et éclairage. Je promis une salade de pommes de terre fort bien assaisonnée et des pêches à l'eau-de-vie pour le dessert. Monsieur de Hoeslin voulut bien se charger des saucisses à trois sous pièce et les rapporter lui-même, en quittant son comptoir à sept heures, de chez son voisin le charcutier Fischer.

Sitôt dit, sitôt fait : mardi, trois filles réunies autour du feu pétillaient comme lui d'impatience et d'attente. A six heures déjà, Henriette n'avait plus de repos et s'occupait des apprêts de la table. Je fus obligée encore d'y mettre du mien. A chaque roulement de la porte, ces trois filles tressaillaient et rougissaient. Nous ne faisions pas l'effet de trois honnêtes vierges affamées qui attendaient l'un des collaborateurs de leur modeste pique-nique chargé de l'achat des saucisses, mais de trois coupables attendant un amant et frémissant de voir leur forfait trahi et découvert. Enfin sept heures sonnent à Saint-Thomas, encore un peu de patience et le voilà. Comme toujours, Henriette, tout en plaçant le couvert de monsieur de Hoeslin, eut la précaution de dire qu'il pourrait oublier de venir et d'apporter les saucisses. Dans cette douce incertitude et sûre de la fidèle mémoire de monsieur de Hoeslin, je me plaçai en embuscade derrière la porte, une assiette en main pour recueillir la première le précieux dépôt.

Monsieur de Hoeslin n'avait oublié ni de venir ni d'apporter les saucisses quoiqu'en entrant dans la chambre, il fit une exclamation qui disait : « Je n'y pensais plus ! » Deux minutes après, il glissa dans ma main un paquet blanc ficelé de cordon rouge si bien noué que j'y reconnus la main d'un homme de livre et non celle d'un charcutier. On se mit à table de fort bonne humeur. On trouva bonnes ma salade et mes pêches. Monsieur de Hoeslin but pour trois et mangea des pêches pour quatre.

Après la collation vint la lecture : c'est un livre traduit de l'Anglais Jonathan Slik, que l'on ne pourrait recommander à personne et dont l'allure quelquefois un peu leste n'épouvante pas le moins du monde nos pudibondes oreilles de célibataires. Ce qui pis est, cette lecture édifiante de naïveté nous est faite par un homme de trente ans qui ne nous fait grâce d'aucun passage et en rit à cœur joie.

Nous étions toutes trois assises dans le canapé ; il s'était tourné en face de nous pour bien regarder Emma. Gagné par notre nonchalance, le lecteur s'interrompit bientôt pour fermer son livre et vint prendre place derrière le poêle sur une chauffeuse à côté d'Emma. Elle prétend que ce voisinage était contagieux quoiqu'il eût la délicatesse de ne la toucher ni du pied ni de la main. Moi aussi, je me croyais dans le voisinage d'un abus et le lendemain, encore sous l'influence de cette soirée, je fis la réflexion que des filles vouées au célibat par la fatalité du destin avaient tort de s'entourer d'hommes jeunes encore et célibataires comme elles. Henriette se plaint si souvent d'insomnies et je n'ose pas lui en indiquer la cause. Si le sort nous a condamnées à la solitude et à l'isolement, il faut y rester et ne pas les remplir d'êtres qui pourraient vous en rendre l'idée insupportable.

Dimanche 1ᵉʳ juin

J'ai un remords : influencée par ma sœur, je congédie pour la Saint-Jean ma servante dont je n'ai pas à me louer, mais contre laquelle je n'ai pas non plus de griefs sanglants. Jamais de sa vie elle ne sera bonne cuisinière, je suppose, et elle a reçu d'une façon fort ingrate et incivile toutes les bonnes leçons que je voulais lui donner dans l'art culinaire. Je la donne aux Gunther : cela prouve que je ne lui veux pas de mal. Au contraire, sans essayer de les tromper, je leur ai parlé plus de ce qu'elle a de bon que de ses défauts.

J'ai peut-être manqué de patience : en la laissant tâtonner encore pendant six mois, elle aurait fait des progrès et eût contenté davantage l'exigence de nos palais. Je lui reproche de la froideur ; je trouve qu'elle manque d'attachement. Peut-être sous ces dehors grossiers, rudes et peu gracieux se cache une âme plus sensible que je ne lui en suppose ? Exiger que vos domestiques vous aiment, vous soient dévoués, attachés, n'est-ce pas là un rêve de vieille fille ?

Dimanche 8 juin, Pentecôte

Je ne puis pas dire que je reste chez moi pour célébrer la Pentecôte pieusement car le démon me pousse sans cesse au coude : j'ai dormi, j'ai rêvé, j'ai été distraite pendant le service divin et je n'ai pas pu coudre ensemble deux idées du prédicateur.

Force m'est de passer ma journée dans la solitude tandis que ma sœur voyage dans le duché de Bade et visite Allerheiligen et ses merveilleuses cascades. Madame Wagner est venue hier dans l'après-dîner pour l'inviter et, toutes les deux, nous fûmes étonnées à l'excès de cette attention extraordinaire. L'imagination des femmes s'enfuit si vite avec leur raison et toutes vieilles filles désillusionnées que nous croyons être, toutes deux nous avons fait à l'instant une supposition singulière. Il n'y a pas longtemps que nous avons rencontré à la promenade le frère de Fanny, monsieur Brandhoffer, et

je remarquai qu'en se tournant vers Emma, ses yeux avaient l'air de dire :
« Vous êtes ravissante. » Nous crûmes remarquer encore que madame Wagner, en nommant les personnes qui composent la société d'aujourd'hui,
avait une intonation particulière en prononçant le nom de monsieur Brandhoffer. Qui sait à quoi peut mener cette partie de plaisir, mais n'oublions pas
que les hommes disent si souvent et pas à tort : « Que les femmes sont bêtes ! »

Dimanche 6 juillet

Je frémis, je bouillonne, j'enrage. Je souffre le martyre depuis dix jours,
c'est à faire tourner mon cœur, étrangler mon estomac et à faire sauter ma
cervelle. Fidèle à nous jouer des tours, le sort nous a dupées encore dans le
choix d'une servante : elle est aussi mauvaise cuisinière que celle qui vient de
me quitter et moins qu'elle, ce n'est pas une machine docile aux mouvements
réguliers, mais c'est une poupée sans cerveau, une tête de linotte qui se fera
répéter dix fois le même ordre et oubliera de l'exécuter la onzième fois. Je
regrette mon ancienne Catherine malgré le mauvais sang qu'elle m'a fait,
malgré ses airs sournois, et, au milieu de mes battements de cœur, de mes
travaux d'aiguille et de mes frénésies, je m'écrie comme l'empereur Auguste :
« Varus, Varus, rends-moi mes légions. »

Je dépense trente francs : je suis plus mal servie que pour vingt-quatre,
mes planchers sont moins brillants, mes chaussures moins claires et je dîne
tout aussi mal qu'auparavant. J'en veux à ma sœur qui avait pris l'autre en
grippe et m'a poussée à la congédier, j'en veux à mon père qui me boude parce
que je suis mal tombée, je m'en veux à moi-même pour m'être laissée
influencer. Quelle folie de vouloir échanger un buffle qui ne trotte pas trop
mal pour un buffle inconnu !

Dimanche 27 juillet

Nous sommes revenues de l'église écrasées sous une triste idée. Vers la fin
du sermon, monsieur Schuler se mit à bégayer prodigieusement et avait l'air
d'avoir perdu le fil de son discours. Ses collègues levaient la tête vers lui d'un
air étonné et comme en souriant ; il avait le sang à la tête et respirait
péniblement. Soudain, il s'adressa à ses auditeurs en disant qu'une émotion
singulière l'accablait et qu'il ne pouvait continuer. Il lut la prière, ne
trouvant les paroles et répétant six fois le même vers : cela faisait mal et pitié
en même temps. On laissa le malheureux pasteur achever sa prière qui
n'édifia personne, puis le sacristain monta à la chaire pour le faire descendre
et monsieur Bruch le conduisit à la sacristie. Je frissonnais de tout mon corps
tant cet homme dont la raison s'était égarée en chaire et en prêchant la
parole de Dieu m'avait fait peine. Monsieur Durrbach, cet homme au cœur si

sensible, sanglotait tout haut du mal qui accablait son collègue. Plusieurs des auditeurs, tant hommes que femmes, tiraient leur mouchoir pour essuyer les yeux. On saura demain si c'est un coup de sang ou un coup d'apoplexie [166].

Aujourd'hui, au lieu de gravir les montagnes et d'errer au milieu des bois et des ruines, nous nous contenterons d'interroger le ciel s'il veut bien nous accorder une heure de soleil pour nous hasarder hors des murs du logis et de contempler notre bouquet immense composé de branches de chêne et de sapin, de bruyère et de fleurs sauvages que nous avons recueillies au Haut-Kœnigsbourg.

C'était il y a huit jours : Louis Braun était venu faire la négociation de la part de sa belle-sœur, madame Wüst, qui est une charmante et excellente femme. Son mari et ses deux enfants, Louis et nous deux composions toute la société. On partit à six heures du matin avec le premier convoi de chemin de fer. Une petite aventure fut le premier début : un jeune homme qui, dans la salle d'attente, nous examina fort attentivement Emma et moi, se hâta de nous suivre dans la troisième classe. Le conducteur faisait sa tournée comme de coutume. On demanda le billet du jeune homme établi déjà fort solidement vis-à-vis de nous et nous œilladant sans cesse : il en avait un de seconde classe... Pour nous voir plus longtemps, il eût volontiers payé plus cher pour voyager plus mal. Force lui fut de changer de voiture, le dépit dans l'âme.

Le temps incertain jusqu'à présent devint beau, le soleil nous inonda tout le jour de ses plus radieux rayons. A sept heures et demie, nous avions déjà en face notre point de mire ; nous étions à Saint-Hippolyte après huit heures et les ruines du château de Haut-Kœnigsbourg se dessinaient majestueusement sur la haute cime qui nous restait à gravir. Nous fîmes un bon déjeuner à la Couronne d'Or. Nous prîmes un guide qui bégayait et par conséquent ne pouvait nous lasser de sa conversation, qui prit dans une hotte quatre litres de bon vin rouge, une miche de six livres que nous fournit notre hôtesse, une langue salée et fumée et un morceau de veau rôti que madame Wüst avait apportés de la ville.

Une semaine de pluie et d'orage avait précédé ce dimanche ; nous nous attendions à de la boue, mais les chemins sablés de la montagne étaient secs et agréables à gravir. La montée était un peu rude : plusieurs fois, surtout à cause d'Emma que son mal nerveux prit au beau milieu du chemin, on fit quelque repos. A chaque halte, on était récompensé par le plus délicieux panorama. Cet air vif et pur des montagnes, le parfum des sapins et des bruyères et de ces mille plantes qui croissent autour de vous, vous enivrent et vous mettent dans l'âme un sentiment inexprimable de bien-être et de bonheur. Maintenant encore, je vais me remonter l'esprit en respirant le parfum de mon bouquet, tout fané qu'il est. Les branches des jeunes chênes se flétrissaient dans nos mains, c'était une récolte incessante jusqu'à ce que nos deux mains fussent remplies : tantôt nous dépouillions les arbrisseaux, tantôt nous cherchions parmi les mousses et sous les buissons.

A une demi-lieue au pied des ruines est la maisonnette d'un garde forestier. Là, nous nous arrêtâmes quelques instants avant d'escalader la montagne jusqu'au sommet. Nous demandâmes du vin pour nous rafraîchir : il était d'une nuance verdâtre et sur la salade eût remplacé le vinaigre. Nous y mêlâmes beaucoup d'eau pour apaiser la soif et prendre des forces pour monter.

Comme toujours quand il m'arrive de visiter des ruines, j'évoque les souvenirs du passé. Ce chemin pavé de grosses dalles, sur lequel des empereurs et des rois avaient passé, me parut grandiose et important. Au milieu des ruines, en franchissant ces escaliers en spirale, je songeais aux belles châtelaines qui, naguère, les franchissaient et les remplissaient du frôlement de leurs robes de soie cerclées, et aux preux chevaliers dont les lourdes armures et les éperons dorés résonnaient sur ces dalles.

De toutes ces innombrables ruines qui sillonnent les montagnes de l'Alsace, le Haut-Kœnigsbourg est la plus monstrueuse, la plus remarquable et la mieux conservée. Deux tours ont l'aspect solide encore : on y voit les donjons où l'on jetait les captifs ; des cheminées en granit y sont encore et marquent les différents étages. Nous montâmes sur l'une des tours. Des arbres croissent sur les ruines et du plus haut sommet du château, on jouit d'une vue magnifique sur les alentours. A gauche, nous voyions le Schwarzwald ; la plaine devant nous présentait un aspect charmant comme un vaste tapis bariolé de toutes les nuances ; à notre droite, la chaîne des Vosges et à nos pieds, d'immenses et sombres et épaisses sapinières sur lesquelles les yeux s'arrêtaient avec ravissement.

Au pied du château, nous cherchâmes de l'ombre et du gazon et nous fîmes là une halte d'une heure, abreuvant notre palais de ce bon vin que nous avions pris à la Couronne d'Or à Saint-Hippolyte. De retour chez notre forestier, nos fîmes un excellent dîner au grand air, au milieu de la forêt sur le versant de la montagne où l'on avait placé une table à l'écart, tout près d'une source où nous allions puiser l'eau. Le dîner se composa des viandes et du vin que nous avions avec nous. La femme du forestier, qui semble être bonne cuisinière, nous servit une soupe à la crème, une salade que madame Wüst assaisonna parfaitement de moutarde strasbourgeoise, une omelette délicieuse. Pour la clôture, ce fut un café odoriférant avec de la crème douce accompagné de kirsch auquel les dames firent force libations. Les aubergistes en Alsace ont tous le défaut de faire des écots trop chers. Du reste, rien dans cette journée de plaisir n'était regrettable.

En descendant la montagne, nous vîmes les Alpes qu'on n'aperçoit pas à chaque fois quand on monte à la Haut-Kœnigsbourg, et nous remplîmes nos mains de ses produits : ma sœur et moi, nous étions chacune chargées d'un immense bouquet. En traversant Saint-Hippolyte, je saluai du regard une dernière fois un nid de cigogne placé sur le sommet d'une tour entourée d'un jardin, et qui se dessinait de façon pittoresque digne du pinceau d'un artiste. A la station de chemin de fer, nous nous assîmes dans le jardin d'un ancien militaire, maintenant employé au chemin de fer, qui nous raconta comment Oran avait été pris et nous fit admirer ses roses papales vraiment superbes et ses pieds d'alouette.

A dix heures, nous mettions pied à terre à Strasbourg, tout heureux d'avoir été favorisés par le ciel : cette journée était peut-être le plus beau dimanche de l'été.

Dimanche 10 août

Trois heures sonnent ; je suis en peignoir et j'ai encore les cheveux roulés. Ce n'est point que j'ai fait Cendrillon aujourd'hui ; au contraire, j'étais à l'église en fort gracieuse toilette. Mais pour être à mon aise, en rentrant, j'ai substitué un peignoir à ma robe. Bientôt je vais me faire belle parce que madame Roederer veut aller avec nous au Contades pour entendre la musique et celle du Broglie. J'arrangerai mes boucles aussi gracieusement que possible car il est nécessaire que je dise, en passant, qu'il y a quelques semaines, nous étions sous le ciseau du coiffeur Emma et moi, elle pour se faire couper les cheveux entièrement, et moi, pour me faire arranger une espèce de Sévigné que notre joli et aimable coiffeur, monsieur Virion [167], fit aussi bien que je l'imite mal. Mais toutes les têtes bouclées me disent que pour apprendre à bien faire ses boucles, il faut du temps. Ainsi, espérons ! Quoique je n'en sois pas contente moi-même, elles ne me donnent pas un air tout à fait affreux.

Avec madame Roederer, nous sommes habituées de la musique et c'est là que j'ai fait une conquête. Je ne peux pas dire qu'elle soit brillante parce que l'individu est déjà sur l'âge et a force cheveux gris mêlés aux cheveux noirs de sa barbe. Je ne peux pas dire qu'elle soit commune parce que l'individu, quoique n'ayant rien d'élégant ni de distingué dans sa mise, n'a pourtant rien d'ordinaire. Emma, qui en pareille circonstance est une aide habile pour espionner, a déjà découvert qu'il dînait à la Ville-de-Paris et qu'il prenait son café chez Adam ; preuve qu'on a de l'argent quand on fait ses repas dans le premier hôtel d'une ville.

Je ne sais pas au fond quelle est son occupation auprès de la musique si ce n'est celle de me regarder, de se mettre sur mon passage et de me suivre quand nous rentrons. Il fume avec beaucoup de grâce en tirant des bouffées épaisses et quand il est placé de manière à ce que je puisse le voir, il ôte et reprend son cigare d'une manière fort significative. Emma traduit cela comme un baiser. Il en fait de même de sa canne dont il met et ôte le bouton à ses lèvres d'une façon singulière. Il est mal chaussé ; un homme indifférent sur ce point de la toilette ne me fait pas l'effet d'appartenir à l'aristocratie. Ne serait-il point français par hasard ? Alors il pourrait également être de la noblesse d'un autre pays quoique portant habituellement des bottes de cuir assez disgracieusement faites.

Je ne l'ai jamais vu parler à qui que ce soit. Dans les intervalles, quand les musiciens se reposent, appuyé sur sa fidèle canne, il se dirige en droite ligne vers le spectacle, le contemple pendant quelques secondes et retourne sur ses pas. Nous nous dirigeons d'ordinaire du côté des canons ; par conséquent, nous nous trouvons sur son passage et c'est alors que de ses yeux creux, il me lance une sombre étincelle. Parfois, pendant la musique, il se rapproche de nous le plus près possible pour épier notre conversation et le son de ma voix. L'autre jour, nous causions en groupe, monsieur et madame Roederer et moi. Il faisait autour de nous des circuits fréquents comme le frôlement des ailes d'une chauve-souris, au point que monsieur Roederer tourna la tête et lui lança un regard significatif. Il comprit et eut l'air d'en prendre note car il cessa son pèlerinage.

Quand je cherche dans mes souvenirs, je sais fort bien que cette connaissance ne date pas d'hier simplement. Par le printemps magnifique que nous avons eu, nous faisions, au mois de février, de fréquentes promenades sur les remparts avec madame Roederer. C'est là, à cet endroit qu'on nomme la Petite Provence [168], par un beau soleil de printemps, que je vis pour la première fois mon inconnu. Comme maintenant, il se promenait seul et mélancoliquement sous les arbres. Quand je passai près de lui, je le vis s'arrêter une minute pour me regarder avec étonnement : me prenait-il pour une autre comme il m'était arrivé à son égard ? Tiens, me disais-je en jetant un regard de pitié sur sa figure maladive et sur la barbe noire semée de blanc, comme les soucis de ménage et le grand nombre d'enfants ont fait vieillir ce monsieur Picard que j'avais vu célébrer son mariage à Saint-Louis il y a six ans à peine, jeune encore et assez bien de figure, mais quand je vis le mouvement qu'il fit de côté pour bien me voir, j'ajoutais dans ma pensée : malgré sa jolie femme et ses nombreux enfants, il a des yeux pour d'autres. N'est-ce pas un défaut dans un homme marié que de se retourner avec tant de vivacité pour regarder une inconnue qui passe près de lui ?

Quelques jours après, je le revis encore au rempart en compagnie de quelques messieurs avec des rubans rouges qui m'avaient l'air d'officiers supérieurs en bourgeois, mais depuis je ne l'ai revu que seul. J'ai su depuis que ce n'est point monsieur Picard pour lequel je le prenais car monsieur Picard est malade et est au bain de Soultzbad avec sa femme, et ne se promènerait pas toujours sans elle. Le fait est que mon inconnu est ou un homme qui a passé par l'école du malheur et dont les chagrins ont ridé le front et blanchi les cheveux, ou un militaire usé par les campagnes et les fatigues du service, ou un vieux pécheur auquel les années de fredaine ont donné une vieillesse anticipée.

Dimanche 17 août

La pluie tombe à grands torrents ; j'ai aux pieds des bottines claires et j'ai préparé ma robe rose et mon mantelet blanc : il faudra renoncer à tout cela.

C'est l'été des orages et des pluies, il passera sans qu'on en jouisse. La nuit tombe si tôt déjà que cela fait mal au cœur.

Madame Roederer est à Gernsbach dans le moment. Pendant huit jours, nous n'irons pas à la musique. Qu'y faire d'ailleurs puisque mon hérisson a disparu ? C'est là le surnom que ma sœur, dont l'imagination railleuse est féconde en sobriquets, a donné à mon adorateur inconnu qui n'en a point pour nous. N'est-ce pas un sacrilège affreux que de flétrir ainsi par une épithète ridicule l'idole de sa sœur ? Mais elle est la mienne et c'est dire assez que rien pour elle n'est invulnérable ni sacré.

La dernière fois que je le vis, c'était un jeudi : nous revenions du Contades où nous avions entendu de la ravissante musique, nous voulions écouter au Broglie quelques morceaux encore. Le ciel était orageux, la pluie commençait à tomber. Tout à coup, je vois arriver du côté du quai mon inconnu hors d'haleine, désespéré, il me semblait, d'avoir manqué l'heure. A mon aspect, son visage s'épanouit et il se rapprocha si bien de nous que je vis l'instant où il allait demander à monsieur Roederer un abri sous son parapluie. Un regard vif et étonné de celui-ci le rendit à lui-même. Il disparut bientôt dans la foule, marchant à grands pas sous l'eau qui tombait, plus lestement que je ne m'attendais de son air caduc et brisé.

Ce soir-là, il avait fait des frais de toilette extraordinaires : un gilet blanc et long à la mode nouvelle, ses sous-pieds rococo et comme rivés à ses éternelles bottes de cuir et à ses talons étaient remplacés par des brodequins légers qui, pourtant, n'étaient pas du goût d'Emma. Elle est inhumaine et implacable à flétrir de ridicule toutes mes affections et tous mes caprices, et tout ce que j'excepte du vulgaire. Il est vrai que les cheveux et la barbe de mon inconnu sont d'une étrange nature et d'un singulier mélange et que le surnom de hérisson duquel il lui a plu de le baptiser ne paraîtrait peut-être pas hors ligne à tout autre qu'à un cœur épris. Je ne dis point que le mien est réduit en feu et en lave, mais cet homme me remarque, me lance de ses yeux caves des regards brûlants, fume d'une manière extraordinaire, approche le pommeau de sa canne de sa bouche en me regardant, me suit, épie tous mes gestes, le son de ma voix, fait les cent coups pour se rapprocher de moi. Si c'était quelque gentilhomme français, ou quelque seigneur hongrois, ou quelque baron allemand qui ferait quelque bêtise ou quelque mésalliance pour mes vingt-neuf ans, mon teint blanc et mes boucles blondes, ma foi, ce qui tient du hérisson ne m'épouvanterait pas. Sa barbe chatoyante de gris et de noir ne m'empêcherait pas de monter dans sa voiture s'il en a et d'y étaler mes grâces. Je serais fort bête de craindre le givre et de préférer les tièdes monotonies du célibat aux hommages quelquefois fort galants d'un cœur suranné. Mais je fais de beaux rêves et celui qui seul pourrait les réaliser a disparu, peut-être à jamais... Il a disparu sans bruit au milieu d'un orage d'été comme il m'est apparu sans bruit, par un beau rayon de soleil au printemps...

Dimanche 21 septembre

Ce matin de bonne heure, une lettre est venue de Wangen, de la part de l'oncle Auguste : il nous annonce que Grand-Maman a éprouvé de nouveau une fluxion de poitrine, mais que le médecin qui a fait poser des sangsues sur-le-champ les rassure en disant que, dans quelques jours, elle pourra reprendre ses occupations.

Mercredi 24 septembre

L'oncle Auguste vient de nous bouleverser et de nous quitter tout en pleurs : l'état de Grand-Maman a empiré subitement. Le médecin ne donne plus d'espoir ; une inflammation du bas-ventre s'est déclarée et sans doute, hélas ! notre pauvre petite vieille n'atteindra pas le soir de la journée d'aujourd'hui.

Cette nouvelle a jeté le trouble chez nous. Il faut que je le confesse, nous sommes restées les yeux secs à l'aspect de la douleur d'Auguste. Il pleure, il perd en elle son soutien, sa bienfaitrice, une mère qui ne l'a jamais quitté et qui, constamment, a rempli tous ses caprices. Il faut le dire, elle n'a rien été de tout cela pour nous. Ce n'est pas l'égoïsme qui nous durcit le cœur, mais il est impossible à nos natures humaines de donner des larmes à une grand-mère qui, au fond, ne nous a témoigné que de l'indifférence, qui n'a pris aucun soin de notre jeunesse et de notre inexpérience, et nous a laissées nous heurter les ailes à toutes les pointes anguleuses de la vie sans nous aider de ses conseils et sans nous entourer de sa sollicitude maternelle.

Jeudi 25 septembre

Mademoiselle Fettinger arrive de Wangen : Grand-Maman est morte hier à neuf heures du matin. L'enterrement aura lieu demain, j'y serai avec mon père. Ma sœur gardera la maison : l'état de ses nerfs lui fait une loi du repos et lui défend les émotions.

Vendredi 26 septembre

Maintenant elle repose dans son lit de terre, notre pauvre petite vieille : le repos éternel a succédé aux agitations, aux tracas, aux fatigues, aux ennuis, aux épreuves, aux malheurs dont sa vie fut largement et abondamment abreuvée et qui, pourtant, n'ont point ébranlé son héroïque courage ni aigri son caractère gai et résolu, ni courbé son corps frêle dans lequel résidait une force et une vigueur de santé incroyables.

Pour ne jamais quitter son fils et sa petite famille, elle a fait de Wangen le séjour de ses dernières années. Qui eût dit qu'elle trouverait son tombeau au milieu de ses montagnes ?

Nous voici encore une fois sous ces vêtements de deuil que nous avons déjà pris si souvent, et cette fois, pour notre plus proche et dernière parente. Maintenant, il ne nous reste plus rien du côté de notre pauvre mère que notre oncle Auguste, cet homme sans vigueur et sans caractère, abruti d'esprit et qui, selon toute probabilité, ne fera pas de longues années.

Je reviens de l'enterrement : par un temps pluvieux et froid, nous nous sommes embarqués dans une citadine, mon père, Louis Braun, qui le seul de la famille s'est offert de rendre à sa tante les derniers honneurs, et moi, pour faire à Wangen un triste voyage pour une triste circonstance. C'était la seconde fois de ma vie que je m'acheminais vers le Kronthal d'un aspect riant et agréable quand on n'y arrive pas le cœur gros. Bizarrerie du destin, ma grand-mère a habité pendant quatre ans ce pays de montagnes et de vignes et jamais je n'y ai été pour l'explorer avec elle, pour y rire et causer avec elle comme par le passé quand nous étions ensemble à Strasbourg ou à Nieder-bronn. La première fois, on était venu me prendre en toute hâte, elle était dangereusement malade et j'espérais à peine la trouver encore en vie. La seconde fois, aujourd'hui, c'était pour l'accompagner à sa dernière demeure.

Il existe dans cette contrée une mode touchante : toutes les femmes conviées à l'enterrement arrivent en costume de profond deuil. On se réunit dans la maison mortuaire, les enfants chantent autour du cercueil puis l'on se rend à l'église. Les femmes suivent en deux lignes comme les hommes. A l'église, le chœur des enfants recommence ; après le discours du pasteur, on prend le chemin du cimetière et les femmes suivant les hommes accompagnent le cercueil jusqu'au tombeau.

C'était aujourd'hui un jour mélancolique et brumeux d'automne ; le brouillard enveloppait la campagne et la pluie continuelle qui tombe depuis quelques jours avait rendu bourbeuse et molle cette terre glaise et jaunâtre sur laquelle le convoi funèbre glissait sans bruit. Une vive émotion s'empara de moi lorsque je franchis l'entrée du cimetière. En un clin d'œil, toute la vie de ma grand-mère passa devant mon imagination avec tous ses travaux, ses ennuis, ses résignations et ses malheurs, et je me dis avec amertume : « C'est là que tout devait finir ! Pauvre femme, voilà le but de ton long pèlerinage : six pieds de terre, c'est tout ce qu'il te faut désormais. Là, tu as enfin, terrassée par la mort, trouvé ce repos qui n'a jamais été ton partage sur la terre et que ton organisation active n'a jamais envié à d'autres. »

La dame qui marchait à mon côté, madame Humann, la femme du notaire de Marlenheim, me dit en entrant qu'à droite étaient les tombes des catholiques et du côté gauche, celles des protestants. Je regardais la fosse creusée pour ma grand-mère et dans laquelle le cercueil orné de deux couronnes, l'une d'immortelles que ma tante y avait placée et une de pensées que j'avais prise avec moi, descendait lentement. Sur la tombe voisine, un rosier sauvage était en fleur ; la bise d'automne agitait ces pâles églantines dont je ne pouvais détacher les yeux et dont la délicate nuance était pour moi comme un rayon d'espérance et d'immortalité.

Quand le pasteur eut terminé son discours, que les hommes se fussent éloignés, je m'approchai sur le bord du tombeau avec ma tante qui avait l'air de suivre une coutume du pays et de vouloir y jeter toutes ses larmes. Je jetai un dernier regard sur le cercueil en me disant en moi-même : « Napoléon, voilà donc ton rocher de Sainte-Hélène. » Souvent, en riant ma sœur et moi, nous comparions notre grand-maman à Napoléon : ses servantes, ses laveuses et ses nettoyeuses de prédilection étaient ses généraux et ses aides de camp, Wangen était son île d'Elbe parce que là, en partie, elle avait renoncé à la vie agitée qu'elle menait en ville, mais nous ne pensions pas que cela finirait par être Sainte-Hélène.

Vendredi 3 octobre

Le deuil de ma grand-mère nous vaut à chacune vingt mille francs. Nos amies déjà nous narguent avec les prétendants, non pour nos figures que l'on connaît depuis longtemps, mais pour les quelques espèces qui vont nous tomber en partage.

J'ai vu mon hérisson ce matin, il s'est arrêté tout droit de saisissement et de surprise. Qui est-il ? Je donnerais je ne sais quoi pour le savoir. J'ai fait la femme de Loth pour me retourner après lui ; il faisait la même chose, mais mon stratagème ne blessait point les convenances : j'entrais dans le magasin de coutellerie au coin de la rue Mercière au moment où je l'aperçus et, en me retournant, j'avais le prétexte de fermer la porte derrière moi.

Dimanche 16 novembre

Ce n'était pas aujourd'hui un dimanche de saint, c'était un dimanche de vilain. Mon oncle est arrivé de Wangen avec femme et enfant : ils occupent le logement qu'avait loué Grand-Maman pour elle et où se trouvent tout son linge et tout son mobilier qu'elle avait déjà fait transporter en ville.

Depuis quelques jours, nous sommes occupés du partage et aujourd'hui, Bindel, le crieur [169] qui ne pouvait venir un autre jour qu'un dimanche, nous a fait l'état et taxé le prix des objets. Que de fois ne prononçons-nous pas le nom de cette petite vieille en jetant nos dés sur la table, car c'est le sort qui décide le choix des objets de la même valeur. Ses meubles, son linge, sa batterie de cuisine, tout est en parfait état. Ce n'est pas le ménage d'une vieille femme composé d'objets dont la vétusté atteste les longs services rendus, c'est absolument un ménage tout neuf, on dirait fraîchement organisé. Tout est pour ainsi dire imprégné, porte le cachet d'elle. On la reconnaît à la forme, à l'anse, au bec irréprochable d'un simple vase de cuisine qu'elle a bien certainement choisi parmi vingt et tâté, placé, essayé de vingt façons différentes, à la manière, je dirais presque caustique et pourtant régulière et correcte, dont est plié une serviette ou un tablier de cuisine, à un paquet de chiffons noué d'une façon tout étrange, à la forme d'un matelas ou d'un traversin.

Mon temple à moi, comme le dit ironiquement ma sœur, mon armoire à linge va s'augmenter et s'agrandir de jolies piles bien alignées, comme mesurées au compas, provenant de la succession de feu ma grand-mère, et sur l'arrangement de laquelle armoire cette même grand-mère se réjouirait du fond de l'âme s'il lui était donné de regarder par l'une des mille fenêtres du ciel pour voir comment sa petite fille marche dignement sur ses traces en fait d'amour de l'ordre, de l'exactitude et de la propreté, sentiment poussé chez elle jusqu'à friser la folie et le fanatisme, absolument comme sa chère aïeule dont chaque jour elle prononce le nom et évoque le souvenir. Avec le peu d'argenterie qu'elle a laissé, se trouvent encore trois objets en diamants, savoir, boucles d'oreille, épingle, bague. Le sort aujourd'hui ne m'a favorisée que pour les objets de moindre importance ; il a laissé gagner à ma tante une nappe damassée immense, magnifique, et le beau châle que grand-maman a acheté cent-quarante francs il y a sept ans et n'a mis peut-être que six fois sur les épaules. J'ai éprouvé pendant une demi-heure un dépit secret contre ma main rebelle, contre les dés maladroits, contre le sort, mais je sens que mes sentiments d'envie et de convoitise s'apaisent et j'espère dans les diamants. Demain nous irons chez quelques joailliers pour en savoir le prix.

Lundi 17 novembre

Vive l'idée d'économie qui est venue à ma tante pendant la nuit ! Les diamants sont à nous, c'est-à-dire bague et montures d'oreille. Mon oncle s'est réservé l'épingle, comme cela est juste et naturel, ma tante nous a cédé ses prétentions aux boucles d'oreille et à la bague. La bague est de peu de prix, mais elle est semblable à celle que nous tenons de notre mère : chacune pourra porter au doigt un anneau nuptial qui ne sera point une chaîne parce qu'elle ne le doit pas à un mari. J'aime tant les diamants et les dentelles ; j'en ai un gentil commencement et si peu l'occasion de me produire couverte de mes richesses.

Mercredi 19 novembre

Quel coup de foudre et quel rayon de soleil tout à la fois ! Monsieur de Hoeslin quitte Strasbourg, la position de monsieur de Hoeslin s'embellit !

Monsieur de Hoeslin retourne dans sa ville natale au sein de sa famille et touchera le double d'appointements qu'il n'obtient ici. Monsieur de Hoeslin sera en position de se marier. Monsieur de Hoeslin ne dédaignera peut-être pas de partager son blason avec une roturière, car les charmes de cette roturière valent bien une petite mésalliance ; les yeux de cette roturière ont un feu pareil à celui du plus pur diamant et sa bouche est la plus séduisante bouche du monde. Yeux et bouche n'appartiennent ni plus ni moins qu'à ma sœur Emma.

Ce matin de bonne heure, le plus prosaïquement du monde, elle trottait avec deux garçons menuisiers sur le grenier d'Henriette pour y faire placer deux bois de lit en noyer, deux sommiers, une commode et une glace en cerisier provenant de la succession de notre Grand-Maman et que nous ne reprendrons chez nous qu'au printemps prochain. A peine Henriette lui avait-elle vu la tête qu'elle s'écria sans prononcer de nom : « Il part. » Emma comprit. Alors, tout en fièvre, Henriette lui explique qu'un ami de monsieur de Hoeslin, noble comme lui bien entendu et, de plus, fils du banquier d'Augsbourg, leur ville natale à tous deux, a songé à lui, lui propose une place vacante dans la maison de son père sous les conditions les plus avantageuses ; de plus, fait entrevoir dans le lointain l'espoir d'un intérêt qu'on pourrait obtenir dans la maison. Monsieur de Hoeslin n'a pas hésité. Henriette a les larmes aux yeux de ce départ qui aura lieu avant le jour de l'an.

Vendredi 21 novembre

Nous avons passé la soirée d'hier chez Henriette. Monsieur de Hoeslin, prévenu comme d'ordinaire par elle, est venu vers huit heures. Henriette, qui a la manie de vouloir constamment amener les choses, a fait allusion à son départ, point dont il ne voulait pas parler et qu'il a esquivé en lui faisant une mine fort mécontente.

Avant son arrivée, Henriette s'est mise à fureter dans les armoires, à promener ses boucles dans tous ses placards et dans les tiroirs de tous ses meubles comme d'ordinaire quand elle veut vous jeter à la tête une phrase importante. Cette phrase vint au moment où elle retirait d'une petite armoire quelques pommes de reinette sur une assiette de porcelaine. « Si monsieur de Hoeslin te demandait en mariage, Emma, pourrais-tu te résoudre à quitter ta ville natale ? » Emma était assise sur le canapé à l'ombrage de ce magnifique arbre dont les fleurs ont le parfum de celles des orangers. Elle porta, à l'interpellation d'Henriette, ses deux mains à ses charmantes petites boucles en s'écriant : « Mon dieu ! non, je suis trop vieille, je ne songe plus au mariage. » C'était peut-être sa pensée dans le moment, mais pas la mienne. Je saisis ces mots au vol et les gravai dans ma mémoire.

Lundi 1ᵉʳ décembre

Nous avons terminé glorieusement le mois de novembre en compagnie de monsieur de Hoeslin qui a été hier soir d'une humeur charmante, s'est trouvé chez Henriette à cinq heures et demie déjà lorsque nous y arrivions, est resté jusqu'à neuf. De sa belle main, de sa main vraiment aristocratique, il a découpé des papiers à jour que l'on peut poser sous ou sur des lampes, sous des vases ou sous des tartes. La manie de ciseler nous a gagnées toutes les trois : nous avons découpé toute une ménagerie que l'on tirera en loterie à notre prochaine réunion. Les ciseaux d'Emma ont produit un pigeon d'une forme si bizarre que Monsieur l'a soufflé et ne réussissant pas, l'a saisi sur ma main pour le placer dans son portefeuille dont il ne sortira plus. A cet acte de bravoure, les yeux d'Henriette pétillèrent ; elle lança à Emma un regard d'envie et de félicitations tout à la fois. Une place en souvenir dans l'album de monsieur de Hoeslin, ce n'est pas comme dans celui d'un autre simple mortel ! Il m'a découpé une étoile avec un soin tout particulier et en commandant un religieux silence. « Qui en veut à la fille s'adresse à la mère », c'est à peu de chose près un axiome, je crois. Qui en veut à la sœur courtise la sœur, cela équivaut. Il est pour moi plus aimable, plus attentif, plus empressé que pour ma sœur elle-même ; c'est encore dans les formes et règles.

Mercredi 17 décembre

Pique-nique et réunions chez mademoiselle Schneegans se succèdent avec rapidité en dépit du monde et de sa voix. Depuis que le départ de monsieur de Hoeslin est définitivement fixé pour le lundi avant Noël, elle dépasse les bornes, elle fait mille imprudences, elle lâche mille propos irréfléchis, elle nous réunirait chaque jour à toute heure ayant jusqu'à l'air de travailler pour son propre compte plutôt que pour celui d'un autre.

Nous avons préparé pour monsieur de Hoeslin deux petits souvenirs : Emma un porte-monnaie avec une broderie sur stramin, moi, un porte-montre en forme de pantoufle, ouvrages que nous avons faits sous les yeux de notre père. Questionnées par lui sur leur destination, en filles bien nées, nous avons fait un bon petit mensonge chrétien : partant d'une idée pieuse, celle de ne pas vouloir alarmer sa sollicitude paternelle, nous avons donné un nom de cousine pour le nom de cet ami dont, depuis deux ans, nous cultivons la société en cachette. Que dirait-il de la franchise de ses enfants en voyant entre les mains d'un monsieur de Hoeslin, qui part pour l'Allemagne pour ne plus revenir, ces petits colifichets de velours et de soie qu'il croit remis entre les mains d'une dame ou demoiselle de la famille ?

Mardi, donc 9 décembre, a eu lieu ce fameux et dernier pique-nique pour lequel nous avions fourni comme l'hiver dernier un plat doux : une salade de pommes de terre artistement assaisonnée et des olives entourant un petit moule de gelée qui sont, ainsi que de nous, le mets favori de monsieur de Hoeslin.

Il arriva tard et tout rêveur, et tout éperdu. Pour installer le petit jeune homme qui va prendre sa place au bureau, il y fait d'assez longues journées et vint par conséquent seulement après huit heures. Nous avions avec nous nos cadeaux et j'avais l'intention de les mettre sur son assiette, sous sa serviette. Henriette ne le voulut pas et prétendit que le jour du départ était encore trop éloigné. Ma sœur se laissa influencer par elle et, à la suite de longues tergiversations, les cadeaux rentrèrent dans le sac à ouvrage. Il fut décidé qu'on attendrait une occasion favorable. Henriette n'avouait pas haut sa pensée secrète : ce serait le prétexte d'une seconde réunion.

La conversation fut tantôt gaie, tantôt languissante ; c'étaient le calme et la brise sur un lac. On se sépara à dix heures ; il prit la chandelle pour fermer les verrous de la porte cochère sur nous. Sur le pas de la porte, au moment où j'allais suivre ma servante Marie qui portait un falot, j'entendis une voix murmurer à l'oreille de ma sœur. Je me retournai avec un flamboyant regard : monsieur de Hoeslin venait de toucher l'épaule d'Emma, de lui dire : «Nous nous reverrons encore une fois», et de verser deux larmes pendant qu'il lui parlait.

Jeudi 18 décembre

Les cadeaux sont remis et grâce au tact fin et à la politique prudente de mademoiselle Schneegans, de la manière la plus gauche, la plus embarrassante et la plus sotte du monde. Il paraît que dans son aimable sollicitude et pour lui éviter jusqu'à l'émotion ou agréable ou désagréable d'une surprise, elle l'avait prévenu en tout point et lui avait détaillé à l'avance tout ce qu'il obtiendrait. Il n'avait ni l'air surpris, ni l'air réjoui, ni l'air ému le moins du monde. Il passait par une scène préparée et il ne s'était pas même donné la peine de préparer une phrase quelconque.

Emma avait son plan et Henriette se donnait toutes les peines du monde pour l'entraver : elle nous faisait de continuels signes de tête et si visibles qu'elle ne se donnait pas la peine de les cacher à monsieur de Hoeslin. Plusieurs fois même sa voix imprudente nous criait : «Donnez maintenant.» C'était à en pâmer de rire et à en mourir de dépit tout à la fois. Enfin le moment choisi par Emma arriva : ce fut lorsqu'il lui remit une mignonne corbeille faite d'un noyau de cerise qu'il avait commencée le soir du pique-nique et que sa belle main, sa main vraiment aristocratique, venait d'achever, que de sa mine la moins gracieuse et de la lèvre la plus pincée du monde (Henriette, par ses bêtises et ses inconséquences, lui avait agacé les nerfs), elle lui remit le fameux porte-monnaie qu'il reçut singulièrement. Tandis qu'il ouvrait le papier de soie qui lui servait d'enveloppe, je m'approchai du canapé pour prendre ma pantoufle. Heureusement, l'oranger m'abritait de son magnifique feuillage et je pus y cacher un sourire qui allait se changer en éclat, car au moment où la main de monsieur de Hoeslin s'étendait pour saisir l'objet présenté par Emma, les galopades et les soubresauts de mademoiselle Henriette, dans la chambre, recommencèrent de plus belle : elle mouchait des chandelles qui n'étaient pas charbonnées, elle fermait la porte d'un placard qui n'était pas ouverte, elle répondait dans le corridor à une voix qui ne l'appelait pas. J'approchai, ma petite pantoufle de velours bleu brodé d'argent à la main ; en ouvrant le papier, à son aspect, monsieur de Hoeslin retrouva le bon sens et la parole : c'était l'effet magique de la mule mignonne de Cendrillon.

« Ah ! voilà une pantoufle, dit-il du ton le plus naturel du monde. Que c'est charmant ! Il y a des pantoufles de par tout l'univers ; fussent-elles toutes de velours et d'argent comme celle-là. » Et il ajouta cordialement : « Je vous remercie beaucoup. »

Tout le reste de la soirée, on ne sut que faire, ni que dire.

Décidément, il n'est pas beau de visage. Au contraire, il frise la laideur, mais ses yeux sont pleins d'intelligence et de douceur à la fois. Son teint est pâle et a je ne sais quoi de distingué. Sa taille est peut-être un peu au-dessous de la moyenne, mais bien prise. Il n'a pas les pieds germains, c'est la démarche française la plus pur-sang ; ses mouvements et sa démarche ont un tour libre et dégagé qui fait juger qu'il doit être un parfait danseur, ce qu'on ne pense pas à tort. Je ne veux pas entrer en extase sur la perfection de ses mains : c'est le modèle du sculpteur, c'est ce que j'ai vu au monde de plus aristocratique, de plus gracieux et de plus parfait. C'est une main potelée, frappée de fossettes ; des ongles de nacre, une peau rose et blanche, lisse comme du satin et dont la douce chaleur et la pression font sur vous l'effet d'un magnétisme. C'est la plus belle main d'homme que j'aie vue de ma vie et comme je n'en reverrai plus de vingt ans peut-être.

Neuf heures sonnent, notre lanterne va arriver, pensais-je à tout instant. Il croira nous voir pour la dernière fois, il nous fera ses adieux ; il ne sait pas qu'Henriette couve le plan d'une réunion nouvelle. La situation sera embarrassante. Effectivement, notre belle Marie arriva à neuf heures et demie avec ses grands yeux noirs qui brillaient comme deux autres lumières.

Monsieur de Hoeslin s'approcha d'Emma et de moi en disant d'une voix basse : « Je vous remercie encore une fois pour vos cadeaux », et se tournant tout à fait vers Emma, il ajouta encore quelques paroles plus bas que je n'entendis pas. Il prit la chandelle et nous suivit en bas l'escalier. Dans la rue, Emma me dit qu'il lui avait touché l'épaule encore en soupirant et qu'il lui avait dit les paroles suivantes : « Si je ne vous revois plus, recevez mes adieux et parfois, songez un peu à moi. » Il avait mélangé sa phrase de bon allemand et de dialecte strasbourgeois, l'émotion lui avait coupé la parole : à peine s'il put achever et retenir les larmes qui lui venaient aux yeux. Sur quoi elle lui avait répondu d'un air religieux (et je me souviens d'avoir remarqué sa petite mine émue et embarrassée) : « Oh ! je crois bien. »

Vendredi 19 décembre, jour fameux dans les annales de notre vie

Monsieur de Hoeslin avait dit : « Si je ne vous revois plus… » Il n'en a pas été ainsi. Bon jeune homme : la providence qui protège les amours innocentes et malheureuses t'a ménagé, dans son inépuisable bonté, l'occasion d'en dire davantage et même, elle a fait descendre dans ton noble cœur un rayon d'espérance et de bonheur que tu désespérais d'emporter dans ton solitaire et triste voyage au milieu des brouillards et des frimas de décembre.

Il a parlé… aujourd'hui, vendredi 19 décembre. Cette date restera toute ma vie gravée dans ma mémoire avec le mémorable et charmant souvenir qui s'y rattache. Mon cœur est si plein qu'il déborde. J'ai tant de choses à dire et je ne sais par où commencer. Comment mettrai-je de l'ordre dans mes idées, comment tracerai-je sur le papier ce récit intéressant ?…

Monsieur de Hoeslin a parlé ! monsieur de Hoeslin a dit : « Je reviendrai. » Monsieur de Hoeslin a déclaré ses sentiments. Monsieur de Hoeslin a voulu savoir s'il était aimé et s'il serait regretté !…

Mais quand et comment l'a-t-il dit ? c'est ce que je veux raconter.

Apaise-toi donc, cerveau en fièvre. Pure et froide raison, reviens. Calmez-vous, battements de cœur qui ne sont plus de saison, vous me rendez un souvenir tendre et douloureux à la fois, vous faites revivre en moi les jours de mon adolescence ! Et pourtant, je suis redevenue jeune pendant quelques instants, j'ai eu foi dans la vertu, dans l'amour, dans le bonheur. J'ai pleuré… et je pleure encore en traçant ces lignes. Moi qui n'avais pas de larmes pour la mort de ma grand-mère, pour celle de ma tante, qui n'ai plus de larmes pour aucun chagrin, pour aucune vicissitude de la vie, j'ai pleuré… sensation délicieuse que je n'espérais plus jamais d'éprouver !

Ce matin à neuf heures, je me mettais en route pour aller le plus prosaïquement du monde à l'achat d'un lièvre ou d'un canard sauvage. Papa me charge d'une commission pour Henriette ; j'y cours. Une folle effarée m'apparaît en manteau sur le seuil de sa chambre à coucher. Je crois d'abord qu'elle ne me voit point, mais au nom de monsieur de Hoeslin qui s'échappe tremblant de ses lèvres émues, je comprends qu'elle a pris note de ma présence.

« Figure-toi, il est si aimable, il vient de passer chez moi. Il m'a dit qu'il dînait en ville aujourd'hui, mais qu'il rentrerait vers trois heures et qu'il aimerait me trouver chez moi pour me voir encore le plus longtemps possible dans les derniers jours de son séjour. J'allais chez vous de ce pas pour vous inviter à faire un tour de promenade immédiatement après le dîner pour être rentrées à trois heures. » Je compris et je promis d'être de la partie.

Je cours au marché : au lieu d'un lièvre ou d'un canard sauvage, je chasse un poulet de basse-cour. Je fais mes achats avec sagesse et célérité comme un voyageur pressé d'atteindre le but. Je rentre, je fais hâter à la servante les apprêts du dîner, je manie moi-même feu, casseroles et cuillers. Midi sonnant, la soupe est servie. Mon père est enchanté du zèle et de l'exactitude de sa fille : c'est un fait rare dans les annales de notre ménage de dîner midi sonnant, un vendredi, un jour de marché, un jour important pour toute bonne ménagère. Après le repas, point de sieste, point de dessert. On enlève la table à la hâte, je passe ma robe, nous faisons nos boucles le plus lestement et le plus coquettement possible.

A une heure et demie, nous tombons dans la chambre d'Henriette. Là, nous apprenons que monsieur de Hoeslin dîne chez les Knoderer, que pour le soir il a chez lui un punch et quinze amis. Il l'a chargée de lui soigner quelque chose pour servir avec. On allait oublier la promenade, je la rappelle au souvenir d'Henriette : « C'était, lui dis-je malignement, le motif qui nous a amenées. »

En fille prudente, elle prend ses précautions avant de quitter, elle me fait écrire sur son ardoise : « Mademoiselle Schneegans revient vers trois heures. » C'est le mot d'ordre, c'est la consigne de monsieur de Hoeslin. On arrive dans la rue ; elle veut prendre les remparts, monter la rue Sainte-Elisabeth. Je propose le Contades : ce chemin nous rapprochait de monsieur de Hoeslin. Une révélation intuitive le lui apprit sans doute, car elle, qui abhorre le Contades d'ordinaire, y courut, entraînée par moi, avec la prestesse d'un jeune daim.

Le Contades était solitaire, il n'y avait dans ses nombreuses allées que trois demoiselles, c'était nous, et deux prêtres qui venaient se désaltérer à la bise de décembre. Nous poussons droit vers l'allée du milieu, nous la mesurons au pas de charge jusqu'au bout, nous revenons sur nos pas avec la rapidité de trois louves qui poursuivent une proie et que le froid chasse vers les régions habitées. Bientôt, nous eûmes franchi les portes de la ville et celle du magasin d'Olivier. Henriette eut encore assez de lucidité pour bien choisir et payer ses fiches de consolation [170] et ses pains de Souabe, mais à peine un pied dans la rue, elle s'oublia au point de dire : « Le pavé me brûle ! si monsieur de Hoeslin rentrait et ne me trouvait pas », et ses deux pieds entreprirent une marche si rapide que nous courions, essoufflées, à sa droite et à sa gauche.

En débouchant par la rue des Serruriers, l'encombrement de monde et de charrettes sur la place du Marché-aux-Fruits lui fait peur. « Prenons le côté de l'église », proposai-je. On m'écoute, on prend le chemin indiqué par moi. Au milieu de ces femmes du peuple qui courent après le bon marché dans les fonds des paniers, de ces revendeuses qui se disputent, de ces paysannes qui en finissent enfin et qui s'en vont, une figure m'apparaît, sortant comme par enchantement du milieu de cette foule ignoble, deux yeux pétillent à notre aspect et me sourient. Mon sourire répond à ce sourire et je m'adresse à mes deux compagnes qui n'apercevaient personne : « Mais vous ne voyez donc pas qui est là ? » Emma lève les yeux et voit monsieur de Hoeslin enveloppé dans un superbe paletot d'hiver qui fait quelques pas vers nous et ôte son chapeau avec grâce et courtoisie. On s'achemine vers la maison paroissiale. On monte, il nous dit qu'après s'être brusquement levé de table, malgré les instances de ses bons mais ennuyeux hôtes qui voulaient à toute force le retenir encore et qui lui avaient fait promettre de revenir pour prendre le café, il était allé à notre rencontre.

A peine eûmes-nous mis les pieds dans la chambre qu'Henriette ôta lestement manteau et chapeau, en fit autant pour ma sœur qu'elle débarrassa de son manteau et de ses fourrures en un clin d'œil et alla jeter toute cette toilette sur le lit de sa chambre à coucher, puis se mit à tisonner dans le poêle, à ranger, à préparer je ne sais quoi. Elle courait çà et là comme une âme en peine. Dévorait-elle des larmes ? Etouffait-elle des soupirs ? Préparait-elle une scène ? Je n'en sus rien, mais je sentais qu'elle me fatiguait et je pris le parti de m'asseoir en manteau et en chapeau jusqu'à ce que cet esprit errant se fut mis en repos. Ma sœur, qui ne savait pas trop quelle contenance se donner, prit le parti de tourner le dos à la société : elle grimpa sur l'espèce de marchepied qui se trouve dans l'embrasure de la croisée et se mit à regarder le jardin avec une attention si soutenue et si scrupuleuse, comme si jamais de sa vie elle n'eut vu ces arbres couverts de givre. Peut-être ne les voyait-elle pas ?

Quant à monsieur de Hoeslin, je ne songeais pas le moins du monde à l'observer ; je l'avais même oublié un moment lorsque le son de sa voix frappa mon oreille. Il fit un pas vers l'oranger qui, à dater d'aujourd'hui, est pour moi arbre sacré auquel je voue désormais un culte particulier comme les Egyptiens en vouaient à leurs ibis et les druides à la verveine et au feuillage de chêne. C'est dans ce petit coin où l'on peut si bien rêver à l'ombre et observer sans être vu, derrière les feuilles touffues du bel arbre qui donne à cette chambre, aux meubles anciens et simples, et rococos d'ailleurs, un cachet romanesque et original, que monsieur de Hoeslin vint s'asseoir en disant :

« Je me place sur le divan ; quiconque a envie de le partager avec moi vienne se placer à mes côtés.

— Vous ne manquez pas de société, lui dis-je banalement, nos manchons y sont déjà logés. »

Il prit le mien, le caressa, y mit les mains puis le rejeta vivement avec une réflexion soudaine : il venait de s'apercevoir que ce n'était pas celui d'Emma. Le feu attisé par les mains laborieuses de mademoiselle Henriette pétillait vivement dans le poêle. Je craignis d'avoir chaud et je me levai pour porter dans la chambre voisine tous les effets dont je voulais me débarrasser. Au bruit que je fis, il tourna la tête. « J'oublie quelque chose », m'écriai-je en refermant la porte avec fracas. J'attendis six minutes peut-être, court espace de temps, mais assez long pour dire mille choses, surtout quand elles se résument en trois mots : « Je vous aime ». Quand je pensai que monsieur de Hoeslin, profitant de ma complaisance avec l'habileté et la présence d'esprit d'un homme qui n'a pas de temps à perdre, eut dit ce mot, je rentrai dans la chambre : Henriette y était déjà revenue aussi. Emma avait l'air un peu embarrassé, monsieur de Hoeslin était calme, naturel comme si rien ne s'était passé. Un instant même je crus que je m'étais fait illusion en pensant que je lui rendais un service utile en m'éloignant, qu'il n'avait rien à dire et qu'il n'avait rien dit. Je m'assis sur le même marchepied où ma sœur était debout et tandis qu'Henriette recommençait à pélériner dans la chambre, il vint auprès de moi si près que je crus qu'il allait s'appuyer sur mon épaule. «Il faut que je parte, mieux vaut se résigner», me dit-il à voix basse. Et je lui répondis sur le même ton et interprétant le sens de ses paroles comme si j'étais déjà instruite de ce qui venait de se passer : «Certainement et tout ira mieux.» Puis prenant son chapeau et courant vers la porte, et s'adressant à moi avec le sourire le plus reconnaissant et les yeux les plus caressants du monde :

«Vous trouverai-je encore à mon retour? il faut que j'aille prendre le café pour lequel j'ai promis de revenir en me sauvant si brusquement de table.

— Oui, lui répondis-je en riant aussi, vous pouvez y compter car nous attendons le soir pour faire un tour sur la foire de Noël.»

Et l'homme rêveur, l'homme mélancolique d'une heure auparavant franchit en deux bonds l'escalier avec tous les signes extérieurs d'un amour heureux et d'un bonheur inespéré. Quand la porte roula et qu'il eut disparu, Emma se tournant vers Henriette et vers moi avec la mine la plus piteuse du monde et d'un ton de reproche : «Vous m'avez joué un joli tour en me laissant avec monsieur de Hoeslin : il m'a tiré vers lui en me demandant si son départ me causait de la peine et il m'a promis de revenir. Je ne sais ce qu'il entend par là, mais il m'a bouleversée et j'ai des battements de cœur ; je ne m'attendais pas à cela.» Et l'enfant se mit à pleurer tout en nous grondant de l'avoir laissée seule avec monsieur de Hoeslin. Je l'embrassai en pleurant aussi, en la consolant. «Il n'y a pas de mal, lui dis-je. Monsieur de Hoeslin n'a rien dit qui peut te blesser.» Henriette cachait son exaspération, son enthousiasme et je dirais presque sa jalousie, en fouillant dans les tiroirs de son secrétaire et en tirant quelques papiers qu'il ne lui fallait pas.

Quand la première émotion se fut calmée et qu'Henriette, poussée par je ne sais quelle espèce de mauvaise conscience, se remit à mesurer les corridors malgré le froid qui n'était assurément pas dans sa tête, je me fis raconter par Emma tous les détails de la scène importante qui venait de se passer, et elle la rejoua dans le canapé à l'ombrage du bel arbre vert...

A peine Henriette et moi avions-nous quitté la chambre qu'une voix émue, remplie de larmes, basse et tremblante retentit à son oreille : «*Fraulein Emma, besuchen Sie mich einmal in Augsburg* [171].» Elle entend la voix de monsieur de Hoeslin, mais ne comprenant pas tout de suite qu'il s'adresse à elle et ne se sachant pas seule avec lui, elle lève vers lui, à travers le feuillage vert, des yeux étonnés. Il redit les mêmes paroles avec un regard si brûlant qu'elle s'effraie et baisse les yeux. Alors seulement, elle voit que nous avons disparu.

«*Wie ist das möglich ?* lui dit-elle, *Sie haben ja gesagt, Sie kommen wieder.*
— *Ja, ich komme wieder*, répondit-il, *wenn Sie es haben wollen* [172].»

Deux feuillets de nos albums se trouvaient dans un livre placé sur le secrétaire ; elle va les chercher, espérant ainsi donner une autre tournure à la conversation qui devenait embarrassante. Elle s'approche de lui, les lui donne en demandant s'il voulait bien nous écrire quelques lignes. Il répond affirmativement, les prend en disant qu'il le fera demain, n'en ayant pas le loisir aujourd'hui, et pose les feuillets à côté de lui. Il saisit le moment où elle est proche pour prendre sa main, il l'attire à lui avec force comme s'il allait lui briser le bras, il passe l'autre bras autour de sa taille. Elle se raidit et relève la tête : si elle ne l'eût point fait, il l'eût baisée.

« *Ist es Ihnen leid das ich gehe* », lui dit-il en tremblant si fort et sur le point de pleurer qu'elle en eut pitié et ne répondit non pas peut-être, ce qui était dans son cœur, mais ce que la miséricorde lui inspira : « *Ja, es ist mir recht leid.* » Alors un rayon de joie et de bonheur passa sur le visage de monsieur de Hoeslin et il s'écria : « *Es ist mir lieb* [173] ». L'émotion avait bouleversé Emma : elle se laissa glisser sur le canapé, se releva, glissa encore et regagna sans savoir comment la place sur le marchepied où je la trouvai en rentrant dans la chambre immédiatement après Henriette. Une heure et quart se passa avant que monsieur de Hoeslin ne revint. Au roulement rapide de la porte, au pas léger que l'on entendit dans l'escalier, on comprit que c'était lui.

« Votre tasse de café était profonde, lui dis-je lorsqu'il entra en s'excusant, pour ainsi dire, de son absence prolongée.

— Oh ! que ces bonnes âmes sont ennuyeuses, dit-il en regrettant le temps perdu, ce sont de véritables scies. On me retiendrait encore si je ne m'étais sauvé. »

On s'établit autour du poêle, Henriette dans le coin, ma sœur à ses côtés. Monsieur de Hoeslin trouva tout juste une place entre les deux cousines. On causa sur un ton un peu gêné, un peu ennuyeux.

Le crépuscule importune Henriette, elle allume des flambeaux, elle propose une partie de Kristkindelmaerk. Il hésite, il nous interroge : nous refusons, il en est content. Je demande à Henriette des jeux : elle donne celui du solitaire. Je fais ma partie, Emma la sienne. Il refuse, Emma se plaint, il cède, étend le bras vers le jeu qu'il a déjà mis de côté et fait sa partie. La conversation languit. Ma sœur, après six heures, donne le signal de notre retraite.

Arrivés dans la rue, monsieur de Hoeslin s'approche et m'offre son bras en me disant : « Venez. » Puis il tend le gauche à Emma. Au moment où je pose mon bras sur le sien, je m'aperçois qu'il serre le mien, je dirais avec amitié et reconnaissance, puis saisit de la main droite la gauche d'Emma et nous nous mettons en route. Sophie fait l'espion dans la maison paroissiale. Il ne peut s'empêcher de tourner la tête en disant :

« Probablement on nous observe ; mais cela ne fait rien, ajoute-t-il en se rassurant lui-même. Je ne vous reconduirai plus souvent, dit-il, d'un ton enjoué qui contrastait avec sa tristesse précédente.

— Hélas ! cela est vrai, répondis-je, comme ces quelques jours se sont vite passés.

—Je reviendrai, continuait-il, mais je ne puis encore fixer d'époque. »
Ma sœur ne disait rien ; je n'osais répondre par une banalité. Nous appro-
chons de notre porte ; il franchit avec nous le ruisseau et dans l'enfoncement
de la large porte cochère, restant entre les deux sœurs, il fait glisser
doucement dans ses mains la main de chacune de nous dont il tenait le bras,
il les frotte, il les serre, il les presse tendrement, fraternellement.

Et lorsque pendant longtemps j'eus senti à travers mon gant le frottement
de sa main de satin, on se sépara. Aucune parole banale n'avait profané cette
scène touchante, aucun des mots ordinaires de séparation, de bon voyage, de
portez-vous bien ne fut prononcé : on se sépara sans se rien dire et pourtant
l'on s'était compris. Je tournai la tête encore une fois : de son pas léger, il
franchissait déjà le milieu de la rue. Il ne pleurait plus cette fois. Deux
amoureux causaient au haut de la ruelle tout en face de nous ; ils ne nous
avaient peut-être pas vus malgré la clarté que projetait le gaz, nous qui
avions l'air de l'être aussi.

C'étaient les dernières paroles de monsieur de Hoeslin, c'était son dernier
adieu. Ma main frémit encore sous la pression de la sienne, le son de sa voix
frappe toujours mon oreille : qu'il était simple, vrai et touchant, que je l'aime
d'aujourd'hui... Maintenant, je vais me coucher et faire de doux rêves, je sais
d'avance que je rêverai longtemps tout éveillée.

Dimanche 21 décembre

Six heures du soir.

Il est parti, nous ne l'avons plus revu. J'ai pleuré comme une Madeleine, je
viens de courir dans le brouillard pour faire disparaître la trace de mes
larmes. Moi, pleurer, moi, pleurer pour un homme, pour le départ d'un ami !
O cœur ! tu n'es pas encore aussi insensible que je te croyais. Foi dans la
vertu, tu ne m'as pas encore fuie pour toujours.

Nous n'étions pas à l'église : nous nous sommes disputées pour une misère
en ouvrant les yeux ; par conséquent, nous n'avons pas été chez Henriette à
onze heures... et le pauvre jeune homme nous attendait. Ce n'est qu'il y a
deux heures que nous venons d'apprendre qu'il a anticipé son départ d'un
jour. J'ai grondé ma sœur tout à l'heure, j'ai taxé sa conduite de caprice, je lui
ai reproché de ne pas aimer monsieur de Hoeslin qui l'aime tant.

Il est parti et je ne l'ai plus revu... Oh ! que cette idée me fait mal ! pourrai-
je jamais m'en consoler ? Sept heures viennent de sonner à notre pendule : le
petit démon qui tricote à côté de moi avec le plus grand sang-froid et la mine
la plus souriante du monde vient, de sa bouche rosée, d'imiter le sifflet du
chemin de fer en me disant avec un malicieux regard : « Maintenant, on s'est
embarqué et le convoi vient de partir. »

Lundi 22 décembre

Je ne me suis pas endormie avant onze heures et ce matin, à cinq, j'étais réveillée déjà. J'ai prié pour lui une partie de la nuit, j'ai prié pour lui ce matin, moi qui ne prie jamais pour moi. Grand Dieu, veille sur lui, qu'un ange étende sur lui ses ailes pendant son voyage et le ramène sain et sauf dans les bras de sa famille.

Lundi soir. Nous revenons de chez Henriette : il est bien parti hier. Elle nous raconta les choses comme s'il avait été satisfait quasi d'être dispensé de nous faire encore une fois ses adieux. Je ne sais si on peut la croire. « Il n'a plus pleuré en la quittant », dit-elle. Elle a retenu ses larmes jusqu'à ce qu'il fut hors de portée de les voir couler. Elle sanglotait tout à l'heure en nous parlant de lui, comme jadis ces Juives qui venaient pleurer aux enterrements. Elle dit qu'autour d'elle, tout est mort, silencieux et désert.

Dimanche 28 décembre

Une lettre est arrivée d'Augsbourg le jour de la Saint-Etienne, une lettre courte, mais qui dit beaucoup en peu de mots : son voyage a été heureux quoiqu'il ait été retardé de quelques heures par un sapin qui s'était mis en travers de la route et que ses belles mains, sans doute, ont aidé à tirer hors du chemin. Il est heureux au sein de sa famille et salue amicalement toutes ses connaissances strasbourgeoises y compris la famille Braunwald et les demoiselles Weiler.

Le soir de la Saint-Etienne, nous avions chez nous les familles Roederer, Keller et Bucherer. Notre collation a été trouvée bonne et les cadeaux que chacune a trouvés sous sa serviette au moment où l'on allait prendre le thé ont causé beaucoup de plaisir.

1852

Mercredi 7 janvier

Fanny Schneegans est venue dans le courant de l'après-dîner nous inviter pour lundi pour prendre le thé chez elle. Elle nous a amené madame Siegel, la sœur de monsieur Brandhoffer, qui était en courses avec elle. Emma, dans la perfidie de son cœur, augure déjà que monsieur Brandhoffer se trouvera en personne chez Fanny et que cette réunion a lieu en son intention. Déjà nos imaginations ont pris le mors aux dents. Fanny, depuis quelque temps, reparle de Fritz ; on nous invite : ce sont, dirait-on, des préfaces de mariage.

Oh ! que Dieu écarte de nous cette épreuve : telle est ma prière. Je ne voudrais pas que l'on presse, que l'on tourmente ce pauvre Hoeslin. J'ai déjà pleuré en silence. Emma, la mauvaise, n'est pas de moitié aussi contrite ; elle se réserve le doux plaisir de choisir : son perfide cœur décidera. Le babil du frère de Fanny la séduit, le langage de l'autre ne lui inspire aucune sympathie. La traîtresse hésite entre monsieur Brandhoffer et monsieur de Hoeslin, entre un homme qui a mal vécu et la vertu même, entre un esprit cultivé et un cœur profond, et un esprit superficiel, plein de saillies il est vrai, et un babil parisien, entre un noble d'ancienne et bonne noblesse et un fils de parvenus. Elle ne songe pas, la traîtresse, au coup cruel qu'elle va porter au plus noble cœur que la terre porte et dans lequel son image est entrée si profondément qu'elle n'en pourra plus sortir qu'en le brisant.

Cela se complique : pourvu que monsieur Brandhoffer n'ait d'autre intention que d'être aimable !

Jeudi 8 janvier

Nous revenons de chez Henriette : une lettre charmante, une lettre de quatre pages est venue jeter pour quelques instants l'attendrissement dans le cœur, ou simplement peut-être dans les résolutions, d'Emma. C'est dans la chambre à coucher d'Henriette, autour du petit guéridon, car même la table carrée où venait s'asseoir monsieur de Hoeslin a été supplantée, à la lueur de sa petite lampe, qu'elle vient de nous faire la lecture de cette missive qui dit bien des choses qu'elle niait avant d'en faire la lecture. Elle m'a trahie, la traîtresse, elle s'est empressée d'écrire à monsieur de Hoeslin que j'avais fait un éloge pompeux de ses belles mains, car que dit-il ? « Je m'assieds en pensée à ma place accoutumée ; à ma droite et à ma gauche, mademoiselle Schnee-gans et Emma tout court, Amélie en face de moi. L'eau pour le thé bout dans le poêle et une étoile découpée par une belle main orne la table. » Il dit qu'il a bu à la santé d'Henriette à minuit dans la nuit de la Saint-Sylvestre. Il recommande à Henriette de nous dire que chaque mardi pour le moins, il songe très vivement à nous et se transporte dans notre petit cercle dont il a été si longtemps un des membres.

Lundi 16 février

Lettre sur lettre arrivent d'Augsbourg. Enfin Emma a pris son courage à deux mains : elle a déclaré clairement et nettement à Henriette qu'elle n'aimait point monsieur de Hoeslin. Ma pauvre cousine qui en est folle à en perdre sommeil et santé depuis qu'il a quitté, a failli tomber en pâmoison. Moi, je n'ai pu m'empêcher de lui expédier un petit billet qu'Henriette aurait volontiers revu et corrigé si je lui en avais laissé le pouvoir. Ce sont quelques plaisanteries et quelques boutades comme je lui en faisais souvent, et qu'il pourra prendre comme il voudra.

Mardi 2 mars

Pauvre monsieur de Hoeslin ! je commence à me désespérer pour toi. La situation des choses commence à devenir fort embarrassante et se complique de jour en jour. Hier, nous étions chez Henriette parce qu'aujourd'hui, jour de réunion attitré, elle prévoyait un empêchement. J'avais pris les devants : Emma était chez Fanny Schneegans. J'espérais faire jaser Henriette, je n'eus pas besoin de l'agacer : elle me prévint.

« Entre nous soit dit, me dit-elle, je crois que notre plan échouera. Je ne m'abuse plus, Emma n'aime point monsieur de Hoeslin.

— Hélas ! répondis-je, je sais cela depuis longtemps et pourtant, j'espère toujours. Ne lui donne pas encore le congé.

— Je pensais que la distinction de ses manières et sa figure (quel aveuglement et quelle folie !) séduiraient Emma. »

Je l'interrompis pour lui dire que ce ne pouvait être la figure de monsieur de Hoeslin qui séduirait Emma puisqu'elle était plutôt laide que bien, mais que sa raison devrait parler en faveur de son mérite, de ses vertus, de la famille honorable dont il sort et, surtout, de l'affection profonde qu'il avait pour elle. Je ne pensais plus en m'exposant presque au courroux d'Henriette, qui croit que tout le monde, puisqu'elle en est folle, trouve l'objet de son adoration beau, que cela m'amènerait à la découverte d'un mystère que mon esprit soupçonneux devinait depuis longtemps, sans que les circonstances, jusqu'à ce jour, m'eussent permis de l'éclairer.

« Je ne puis trouver sa figure laide, reprit-elle, il a quelque chose d'extra-ordinaire, j'ai son portrait. » Je tombais des nues. A quel titre, pourquoi et comment, pensais-je en moi-même ? Et si la famille d'Henriette savait qu'elle cache chez elle le portrait d'un homme qui pendant cinq ans a été son voisin et qui, pourtant, ne lui est point parent ? Une fois, Emma lui demanda pourquoi monsieur de Hoeslin, en lui laissant les portraits de toute sa famille à lui, ne lui avait pas laissé le sien propre ? Elle répondit presque d'un ton blessé : « Y penses-tu, cela eût été trop intime : jamais il n'eût osé me le donner. » Et maintenant, la sournoise avoue (je ne sais pas trop si ce n'est pas toutefois une nouvelle fourberie, mais le fait est qu'elle est en possession du précieux portrait) qu'elle l'a depuis deux ans, qu'il ne le lui a pas donné, mais qu'elle le lui a pris, ce qui est encore pis à mes yeux, un jour où il le lui faisait voir en disant qu'il le destinait à sa sœur aînée, et que, depuis, jamais elle ne l'avait voulu rendre quoiqu'il le lui eût redeman-dé plus d'une fois, même au moment de son départ. C'est un daguerréotype dans un écrin ; sur cet écrin en maroquin rouge est le chiffre de la sœur de monsieur de Hoeslin : Ottilie von Voit. C'est une figure sérieuse, mélancoli-que même ; personne n'est tenté de douter un instant que ce ne soit un noble. Le portrait me plaît fort, plus que l'original. Henriette, pour le faire sortir de sa cachette qui n'est ni plus ni moins que sa table de nuit (par conséquent, nuit et jour elle peut faire ses dévotions en sa présence, l'abriter même sur son cœur comme elle le fait de ses lettres qui sont quotidiennement sa prière du soir, comme elle le dit elle-même, et peut-être du matin), usa d'un stratagème qui me fit rire en même temps qu'il fut pour moi une nouvelle preuve de sa culpabilité. Elle feignit de chercher dans son pupitre, puis commença le tour de la chambre, attisa le feu, promena ses boucles derrière le poêle et finit par tirer l'écrin du tiroir de la table de nuit et le cacha dans la poche de son tablier. Cinq minutes après, elle vint me le présenter, me laissant la douce alternative de supposer qu'elle l'avait pris ou dans le pupitre, ou dans la braise, ou dans le coin près de la porte. Elle ne supposait pas, sans doute, que je l'avais vu sortir du tiroir. O honteuse faiblesse d'un cœur de quarante-cinq ans !

Au moment où je regardais le portrait, on frappa à la porte extérieure : Henriette courut l'ouvrir, j'entendis des pas d'homme, on parla allemand. Un instant j'eus peur, je crus que c'était celui dont je regardais l'image. Ce n'était pas lui précisément, mais un compatriote, un voyageur qui vint porter à Henriette, de la part de monsieur de Hoeslin, un paquet contenant des plumes taillées et une branche de lierre, deux saucissons de la forme de nos saucissons de Lyon. Dans la lettre se trouvait un petit papier blanc plié ; dans ce papier, une fleur séchée, un héliotrope cueilli sur le pot de fleur que monsieur de Hoeslin donna à sa sœur Anna, le jour de sa fête. Le lierre provient de la chambre à demeurer.

Le voyageur resta près d'une heure. Cet honnête Germain, venu en Alsace pour vendre des images dans les communes catholiques, me toucha le cœur. Sur la question d'Henriette qui s'informa de la longueur du séjour qu'il ferait dans notre pays, il répondit qu'il y resterait trois mois tout au plus, voulant y mettre le moins de temps possible vu que cette absence était déjà fort longue quand on laissait loin de soi une jeune épouse.

Mais ce n'est pas tout : Emma, en arrivant plus tard d'une heure chez Henriette, me glissa à l'oreille qu'elle avait eu avec Fanny une conversation importante. Nous profitâmes de l'extase d'Henriette pendant qu'elle lisait la lettre de monsieur de Hoeslin dans laquelle il lui annonçait deux saucisses et un paquet de plumes, pour nous échapper dans le couloir. Emma me dit, les larmes aux yeux, et moi, en l'écoutant, je pâlis et je sentis mes genoux fléchir, que Fanny lui avait fait la confidence que son frère, monsieur Brandhoffer, était éperdument amoureux d'Emma, que depuis six mois, elle était le sujet de leurs conversations et conférences de famille, que monsieur Brandhoffer l'eût déjà demandée en mariage et la demanderait maintenant s'il ne la savait pas à moitié engagée ; qu'il ne pouvait se marier avant deux ans vu qu'il n'avait pas de position brillante à offrir et qu'il lui faudrait cet espace de temps pour s'en créer une convenable. Tout cela me bouleverse, me tracasse, m'ôte le sommeil ; je suis presque aussi malheureuse qu'Emma dans ses irrésolutions, dont le cœur ne se prononce ni pour l'un ni pour l'autre, mais que l'esprit vif, brillant et caustique de monsieur Brandhoffer dispose singulièrement en sa faveur.

Lundi 5 avril

Nous voici dans la semaine sainte qui est bien solennelle pour toutes les âmes pieuses et dans laquelle, hélas ! nous entrons avec des idées bien mondaines. Au point qu'Emma ne veut pas, vendredi saint, aller à la Sainte Cène, se servant des paroles de monsieur Brandhoffer qui n'y a été de dix ans et qui dit qu'il n'est pas digne d'approcher de la table. Quant à moi, mon esprit et mon imagination sont occupés par deux choses : l'une avant tout, ce sont mes ouvrages, mes projets de travaux ; l'autre, c'est monsieur de Hoeslin qui, chaque jour, prend un peu plus d'empire et sur mon imagination qui ne voit plus que lui, et sur ma mémoire qui est bien souvent en défaut puisqu'elle commence à devenir oublieuse. «L'amour», a dit d'Hoogues dans *Le Val d'Andorre*, sous les applaudissements frénétiques du parterre, «l'amour à trente ans est tenace comme un vieux chêne. Il faut un fameux ouragan pour déraciner cela.» Je ne suis pas dans la position de la veuve espagnole qui n'est rien moins que veuve, l'amour ne me tourmente point, l'amour ne me remplit pas le cœur. Je le cherche vainement, ce cœur ; il ne bat plus. Non seulement il dort, mais il est bien certainement mort. Il ne revivra jamais. D'ailleurs, ce n'est pas le souvenir de monsieur de Hoeslin qui le ferait ressusciter. Non, décidément, j'ai l'esprit frappé, j'ai l'imagination préoccupée. J'en cherche la cause extraordinaire et ne la trouve pas. Moi, si minutieuse dans tous les détails du ménage et de la vie, moi si ridiculement consciencieuse dans les toutes petites choses, moi dont la tête sans cesse présente et active, dont la mémoire de fer réfléchissait, retenait pour dix, je me surprends parfois, très souvent même, à oublier. Ce qui, dans d'autres, était à mes yeux un ridicule extrême, un tort impardonnable, cela ne m'arrive à moi-même que trop souvent. Le motif est clair comme le jour : quand j'oublie telle ou telle chose, quand je néglige de donner un ordre quelconque, c'est que j'étais occupée de monsieur de Hoeslin, mais la cause de cette préoccupation, je l'ignore. Pourquoi le souvenir de monsieur de Hoeslin me préoccupe-t-il ? Je n'en sais rien, je ne puis le dire, d'autant plus qu'entre lui et Emma, tout est à peu près fini.

Si dans les souvenirs que je donne à monsieur de Hoeslin se mêlait de ma part le moindre sentiment qui ressemblât de loin à de l'amour, j'en rougirais si fort et j'en serais si humiliée moi-même que je ne me l'avouerais que fort bas, et encore moins oserais-je le mettre sur le papier. Est-ce que je pense donc à lui, lui pour lequel je n'ai jamais éprouvé la moindre sympathie, du moins au commencement de nos relations, puisqu'il pense à moi ? Bien entendu que ce serait par la charitable intervention d'Henriette qu'il tournerait maintenant ses vues sur moi puisque du côté d'Emma, il n'y a plus rien à espérer et qu'il sait à peu près déjà quel est son heureux rival. Henriette m'a déjà glissé quelques mots qui me dévoilent son intention. Aurait-elle dit par hasard au jeune homme que, de ma part, il ne recevra pas de refus ? Rien que ce soupçon révolte mon orgueil et exaspère mon amour-propre au point que je suis près d'envelopper d'une même haine Henriette et celui dont le sort l'occupe si chaleureusement.

Hier, la lecture d'une lettre de monsieur de Hoeslin, arrivée pour le dimanche des Rameaux, a fait bouillonner le sang d'Emma. La diplomatie d'Henriette l'indigne. Dans le moment, elle compile une lettre pour son adorateur éconduit dans laquelle elle arrache, comme moi, le masque du visage d'Henriette et donne à monsieur de Hoeslin un congé en bonne et due forme.

Mercredi 5 mai

Quel singulier hasard ! il y a un mois jour pour jour, je traçais les dernières lignes sur ce journal que, depuis, soit mes occupations soit ma paresse m'ont fait négliger de rouvrir. Je viens de jeter un coup d'œil rapide sur les dernières pages. La particularité la plus remarquable que j'y trouve, le seul nom qui frappe mes yeux, c'est celui de monsieur de Hoeslin qui vient d'être tout à l'heure, il faut que je le confesse et que je sois franche, et qui a été hier et bien des jours encore le sujet de notre conversation. Il n'est plus malheureux, il n'est plus à plaindre, il n'éprouve d'autre sentiment que celui du dépit et, s'il faut en croire Henriette qui me fait l'effet d'être prévenue déjà de tout ce qui va se passer quoiqu'elle ait l'air de tout voir dans la lune et de deviner l'avenir, il est à la recherche d'une femme en Allemagne qu'il a peut-être déjà trouvée et bientôt Henriette, de sa part, annoncera à la belle dédaigneuse que la blessure qu'elle a faite au cœur de son amant n'a pas été si profonde puisqu'une autre règne déjà dans ce cœur qu'elle a rejeté.

Et moi, moi dont il est la pensée continuelle, incessante, que vais-je devenir ? Lorsque hier, Henriette, en nous parlant de lui, en nous disant que son amour-propre était piqué puisqu'il s'était trompé en croyant être aimé, en niant que depuis quatre semaines, c'est-à-dire depuis l'envoi de la lettre de monsieur de Hoeslin à Emma à laquelle il avait ajouté quelques lignes pour Henriette, elle n'avait eu de ses nouvelles (et pourtant, nous avons vu toutes les deux sur sa table de nuit, à travers la porte entrebâillée de sa chambre à coucher, une lettre qui nous semblait nouvelle du jour), et quand elle me disait en me regardant avec des yeux de lynx provocateurs et fixes : « Il attend maintenant pour m'écrire qu'il puisse m'annoncer qu'il est promis », ai-je seulement rougi ? Ai-je pâli ? Non, je n'ai rien éprouvé de tout cela. Pourtant une réflexion encore m'arrête avant de me livrer aux regrets et au désespoir. Tous ces bavardages, toutes ces suppositions d'Henriette sont peut-être sans fond et il est toujours encore temps de s'alarmer. Et cependant, l'expérience a dû me l'apprendre, quand Henriette dit « je suppose », elle est bien instruite, et quand elle dit « je crois », elle sait. Ces lettres dont on nie l'arrivée et l'existence l'ont déjà mise au courant de tous les événements, de tous les projets de monsieur de Hoeslin. Lui a-t-elle, quand je plaidais la cause du jeune homme auprès d'Emma, déjà glissé quelque chose ? La charge-t-il d'observer ma contenance, et en apprenant que j'ai été émue, que j'ai changé de couleur, sera-ce un triomphe pour son cœur qui a été froissé que d'en blesser un autre ? Non, il ne l'obtiendra pas ce succès, il ne jouira pas de ce triomphe. Je suis déjà préparée à l'orage et ses plus grosses gouttes ne me feront pas frissonner. D'ailleurs, il ne m'en coûtera pas beaucoup pour conserver des dehors tranquilles et un teint uni. Je suis fort calme en dedans de moi-même et mes sensations extérieures ne seront qu'un reflet de l'état véritable de mon âme. Il ne me faudra ni jeûnes, ni prières, ni macérations, ni larmes, ni retraite pour consommer mon sacrifice. Il l'est déjà même avant que je n'aie la certitude qu'il soit absolument nécessaire.

Je n'ai pas éprouvé de passion pour monsieur de Hoeslin. Je le trouvais un mari convenable pour ma sœur, de même je l'aurais trouvé convenable pour moi. La famille considérée dont il sort, sa noblesse, ses excellentes manières, ses talents, ses principes jusqu'à même son individualité d'Allemand eussent été pour moi autant de garanties de bonheur et, tout en l'épousant le plus raisonnablement du monde et sans la moindre illusion, j'eusse préféré son alliance aux monotonies du célibat. Mais l'insouciance de mon caractère me conduit heureusement par toutes les épreuves de cette vie à laquelle je ne demande rien, pas la plus mince part de bonheur. Une grande partie, la plus belle, de mon existence est passée déjà ; elle s'est écoulée à la fois stupidement, tranquillement et douloureusement. Qui sait pour combien j'en ai encore et qui m'empêchera de finir comme j'ai commencé ?

Dimanche 16 mai

Nous avons quitté le deuil aujourd'hui. Pour inaugurer nos robes de couleur, nous étions au Temple-Neuf entendre un des plus célèbres prédicateurs de France, monsieur Adolphe Monod [174]. Une foule immense encombrait l'église. J'ai vu là des hommes de ma connaissance, jeunes encore, de mes danseurs d'autrefois que je ne croyais pas capables de trouver les portiques d'un lieu saint. Il fallait un nom fameux pour les attirer sous les voûtes d'une église. On dit que l'enchantement général a été grand. Quant à moi, je n'ose dire tout haut l'impression que j'ai éprouvée de peur qu'on ne me jetât l'anathème et qu'on ne m'accusât de mauvais goût, et ce qui pis est encore, qu'on ne me soupçonnât d'être sans foi. Je laisse à monsieur Monod tous les dehors d'un orateur : voix éclatante, accent pur, gestes entraînants, vivacité de la parole, figures de style, il a tout pour lui, mais selon moi, les formes extérieures étaient aussi le principal mérite du discours que j'ai entendu.

Un dimanche aussi, quinze jours auparavant, au milieu des tracas de ma lessive, j'avais trouvé une heure libre pour me glisser à l'église Saint-Nicolas et entendre monsieur Ungerer. Monsieur Ungerer est le frère d'une de mes amies de pension [175]. Il a été l'un des théologiens les plus distingués de l'université d'ici et je me souviens fort bien qu'il y a quinze ans à peu près, il remportait dans la première classe au Gymnase tous les prix et toutes les couronnes. Que ce nom de Charles-Gustave Ungerer prononcé par la voix nasillarde de monsieur Boegner [176], l'un des précepteurs, retentissait constamment sous les voûtes du collège, accompagné des applaudissements des auditeurs ! C'était au même lieu qu'un an auparavant avait retenti un autre nom, avaient été remportées toutes les couronnes par un autre jeune théologien qui a vivement impressionné mon adolescence et qui, peut-être, a donné à toute mon existence une forme toute différente de celle que primitivement elle aurait pu prendre.

Monsieur Ungerer donc m'attirait par deux motifs : d'abord puisqu'il avait été le successeur en gloire de l'idole de ma jeunesse, puis parce que je connaissais une particularité de sa vie qui, certes, n'est pas à la connaissance de bien des gens. De plus, c'est un célibataire encore quoique depuis quelques années, sa position de pasteur, d'abord à Saverne puis présentement à Hangenbieten, paroisse de son père défunt, lui permette de se marier. Je sais que monsieur Ungerer, candidat en théologie, a joué un rôle important dans le monde des jeunes filles, qu'on faisait beaucoup de cas de sa personne. Bien plus important doit être maintenant, et surtout puisqu'on a presque la certitude qu'il sera nommé pasteur au Temple-Neuf, le rôle de monsieur Ungerer pasteur, parmi les demoiselles à marier. Pauline Haeffner, maintenant madame César, m'a fait des confidences. C'est elle qui a eu le bonheur de recevoir la première ses hommages. Il lui a écrit une lettre d'amour d'une passion et d'une originalité extraordinaires. En le voyant en chaire, avec sa figure sérieuse, ses prunelles tournées constamment vers le ciel et qui ne vous laissent voir que le blanc de ses yeux, avec son air de prophète inspiré, je me souvins d'une des phrases de cette lettre et je me demandai en moi-même si l'homme de trente-cinq ans approuverait ce qu'avait écrit le jeune homme de vingt : « Si vous ne m'aimez pas, le Rhin apportera mon cadavre à l'océan. » Serait-il encore du même avis, cet homme qui semble avoir tant de foi et une conviction si profonde ? J'étais singulièrement curieuse de voir monsieur Ungerer et son souvenir m'a occupée si longtemps, pendant quinze jours pour le moins, ce qui me prouve que l'impression que j'ai reçue répondait à l'attente que je m'étais faite. Je dirais de lui comme de monsieur Monod : accent pur, voix éclatante, gestes entraînants, beautés de style, mais de plus, originalité d'idées. Ce n'était pas un texte délayé, rabâché, mâché, disséqué que l'on se lassait d'avaler jusqu'à la fin. L'orateur peut-être s'en éloignait un peu, mais par contre, il vous ouvrait les portes d'un monde de pensées inconnues. Monsieur Monod m'a laissée dans la vie, monsieur Ungerer m'avait conduite au-delà.

C'est une belle figure expressive et sérieuse : abondance de cheveux noirs comme du jais, yeux bleus dont les regards constamment tournés vers le ciel vous effraient tout d'abord par leur sévérité, port noble et imposant. Mais quand il a cessé de parler, tandis que l'on chante et qu'il a la tête inclinée sur son cantique, rien n'est plus doux que ce suave profil et ces traits pleins de calme et d'esprit. La figure de monsieur Monod rentre dans le type tout à fait ordinaire et même prévient désagréablement en sa faveur. Il est vrai que monsieur Ungerer, dans la vivacité nerveuse de sa déclamation, se méprend à tout instant, tandis que monsieur Monod est maître absolu de sa prononciation. Mais l'un est havrais, l'autre est alsacien quoique son accent ne trahisse pas le pays où il est né ; l'un vit parmi les Parisiens et l'autre, parmi les paysans de Hangenbieten ; l'un a près de cinquante ans, l'autre n'en a pas plus de trente-cinq. La maturité de l'âge, la longue habitude de la chaire doivent nécessairement donner de l'aplomb à monsieur Monod ; c'est à quoi monsieur Ungerer peut encore atteindre.

Samedi 19 juin

Il y a dans ce moment des affaires de famille fort affligeantes sur le tapis. Emma et moi, nous sommes obligées d'avancer des sommes que notre père ne nous remboursera pas. Les rentes de notre patrimoine s'en vont avant le terme fixé pour y toucher et déjà, malheureusement, maintenant que notre position serait plus douce que jamais, d'anciennes angoisses reviennent et nous nous occupons parfois du projet de chercher notre salut chez des étrangers. Mes anciens plans de devenir institutrice reviennent à la surface, mais avec la différence que dix années ont passé là-dessus, et que ce ne sont plus la vocation et l'enthousiasme de la jeunesse mais la nécessité de ma position qui me pousserait à m'expatrier pour sauver la fortune de ma grand-mère et assurer le repos de mes vieux jours.

Et mes rêves de trois semaines de plaisirs, que par la fortune dans laquelle je suis entrée en possession vers la fin de l'année dernière je croyais pouvoir me donner en toute sécurité, n'ont été que rêves. Mon séjour de Griesbach, ma cure, les eaux bienfaisantes, les bains, les sapinières, je n'en aurai joui qu'en imagination, car mes moyens pécuniaires sans doute ne me permettront pas d'aller aux eaux. Quel triste sort que de se sacrifier toujours soi-même, et pour des ingrats !

Vendredi 25 juin

Vive le beau soleil qui nous inonde de ses rayons ! Vive l'été et les ressuscités ! j'ai revu mon hérisson. Avec les beaux jours, avec la lumière, l'espoir, l'amour de la vie sont rentrés dans mon âme. Il y a quelques jours, j'étais triste, je voulais mourir ; maintenant, je me sens renaître.

Samedi 27 juin

Grâce à l'arrivée des jeunes époux Roederer, nous sommes depuis trois jours sorties de nos habitudes casanières et de notre négligé de toilette. Le soir, nous endossons nos robes grises, nos mantelets et nos voiles blancs et nous allons étaler nos grâces au Broglie près de la musique, sur les chaises. C'est de ma chaise que j'ai revu le hérisson qui ne se doutait pas le moins du monde de la présence de l'inconnue qu'il n'avait pas revue depuis le mois de septembre de l'année dernière.

Hier, nous avons eu une des soirées les plus divertissantes. La jeune dame Roederer était venue passer l'après-dîner chez nous avec sa belle-mère, pour travailler. A cinq heures, pendant que nous prenions une légère collation, monsieur Roederer vint dans notre salon aimablement, simplement, comme l'eût fait un enfant, un de ses fils, pour nous faire souvenir que nous avions le projet d'aller à la foire, ce qui se fit aussitôt. De la foire, nous fûmes au Broglie et, de là, nous allâmes souper avec la famille Roederer. J'avais à ma droite le fils, à ma gauche, le père. Mes bras étaient ornés de velours noir, laissés assez à découvert par les manches brodées fort larges. Ma main droite portait une bague de diamants que, par des petites poses de coquetterie et d'étude, je faisais scintiller de la manière la plus avantageuse. Mon petit manège ne fut pas sans résultat, car Emma m'a dit plus tard que monsieur Roederer s'était empressé de tourner les yeux sur moi chaque fois que je ne m'en apercevais pas, ce qui arriva plus de vingt fois dans la soirée.

Dimanche 4 juillet

J'ai des projets de toilette extraordinaires pour cet après-midi : je mettrai sur moi tout ce que j'ai de beau et ce qui n'a attendu que le beau soleil et la fin de ma démoralisation pour paraître au grand jour. Tout à l'heure, je viens de prendre encore chez ma lingère des bracelets en velours grenat avec un bouton, souvenir de famille, en nacre avec une pierre au milieu et qui devrait me donner tout à fait un air de douairière. Des anglaises longues que j'arrangerai avec le plus de coquetterie possible s'échapperont de mon chapeau rose. Je me tiendrai fort droite pour que mon châle que j'inaugure ainsi que le chapeau se drape le plus avantageusement sur mes épaules. Sa guirlande de fleurs satinées cadrera parfaitement sur le vert clair de ma robe de soie à grandes manches ouvertes. Ainsi parée, ainsi costumée, je ne puis manquer de plaire à mon inconnu qui m'admirait bien hier à en devenir fou dans ma simple robe rose, sous mon gros paillasson aux rubans presque fanés, les cheveux tout simplement roulés, car je me préparais déjà pour aujourd'hui. Mais Dieu sait si j'aurai la chance de paraître belle à ses yeux !

Je fais des frais aujourd'hui dans l'espoir de l'éblouir peut-être ; il en avait fait hier pour moi : c'étaient un pantalon à grands carreaux comme n'en portent que les lions [177], un long gilet clair et un col de chemise d'une blancheur éblouissante rabattu à la jeune homme. La canne de l'année dernière, qui servait d'appui, a disparu ; sur cette canne se posait une main à la teinte cuivrée : la teinte de bistre a disparu comme la canne, il n'y a qu'une main blanche assez bien formée qui tient constamment et admirablement un cigare et qui, si elle est libre un instant, quand le cigare est au bout, glisse et remonte le long d'une chaîne. Au quatrième doigt est un anneau d'or, mais qui me fait plutôt l'effet d'une bague à chiffre que d'une alliance. Pourtant, je ne puis constater le fait. Cette pantomime muette qui touche la chaîne tout en montrant l'anneau signifierait-elle peut-être : « Je suis lié » ? Effrayante question pour une femme qui se leurre d'espérances.

J'ai été interrompue ; il faut que je tâche de rattraper le fil de mes idées, ou plutôt, la description de ma journée d'hier. J'étais donc dans le costume le plus simple et le moins prétentieux du monde, assise auprès de madame Roederer et d'Emma qui, toutes les deux ce soir-là, étaient fatiguées et avaient voulu prendre des chaises, ce qui ne m'arrangeait pas du tout parce que je savais bien que mon inconnu avait sa place habituelle du côté des canons et qu'il ne penserait peut-être pas à me chercher de ce côté-là. Je me trompais : non seulement ses yeux surent parfaitement me découvrir, mais encore il fit tant de zigzags et de volte-face du côté des chaises que madame Roederer, si elle avait la vue un peu meilleure et un brin de soupçon dans l'âme, se fût facilement aperçue de toutes les manœuvres qu'il faisait pour me voir et pour se rapprocher de moi. Une fois, je le vis si près de la chaise de madame Roederer qui, heureusement, regardait ailleurs, que mon sang-froid et ma coquetterie m'abandonnèrent, que j'eus peur, que je rougis et que je tremblai. A peine étions-nous installées là pendant dix minutes que mes yeux qui erraient çà et là avec l'éternelle inquiétude des cœurs en émoi aperçurent mon individu dans le costume le plus recherché du monde. De toute la distance du Broglie qui nous séparait, je vis ses yeux briller à mon aspect comme des escarboucles et s'attacher sur moi avec une fixité qui m'eût fort embarrassée à plus de proximité. Des bouffées de fumée comme je n'ai encore vu aucun mortel tirer d'un simple cigare furent comme toujours le signal de reconnais-sance. Vingt fois au moins, sa main se portait à sa bouche ; c'était encore un signal. Des groupes d'individus parfois me masquaient et le dérobaient à ma vue, mais son opiniâtreté à me chercher des yeux pénétrait les corps les plus opaques. C'était tantôt à travers un bras arrondi, au-dessus d'une épaule qu'apparaissaient les yeux et les moustaches de mon individu. Des enfants dansaient et jouaient : on fit semblant d'observer leurs jeux pour se rappro-cher davantage. Dans l'espace d'une demi-heure, trois cigares s'en allèrent en signaux, en baisers et en bouffées, et Emma finit par dire que rien n'était plus divertissant que des locomotives vivantes.

Vendredi 16 juillet

Je me promène en chapeau rose depuis deux jours, mais les hérissons qui courent après les gros paillassons et les tortillons n'éprouvent aucune sympathie pour les chapeaux élégants et les boucles quelque gracieuses qu'elles soient. Hier, j'étais un instant à la musique avec Julie Braun. Il marchait avec un jeune homme ; il ne me vit point, ne me regarda point et ce n'est qu'après l'avoir rencontré une troisième fois et quand je dardai sur lui un regard de reproche qu'il tournât sur moi un regard vague et distrait. Me connaissait-il ? M'avait-il vue ? Je n'en sais rien.

Ce soir, je marchais, rêveuse, dans la rue du Dôme. Je ne sais pourquoi, il me fallut tourner la tête à gauche. A ce moment, une tête qui avait regardé à droite se retourna de nouveau ; j'eus le temps de reconnaître une moustache grisonnante : c'était encore lui qui ne me connaissait point sous ces boucles, sous ce mantelet bleu, sous une autre robe ou qui faisait semblant de ne pas me voir. J'entrai une minute dans le magasin de mademoiselle Darcy. Il marchait toujours à dix pas de moi, leste comme un jeune homme dans de légers brodequins poudreux. Il ne tourna pas la tête une seule fois, ne prit aucun prétexte pour regarder en arrière et gagna la rue Brûlée. Je m'éloi-gnai, triste, et à pas lents. C'est désolant. De là, je tire la conclusion suivante ;

il y a de deux choses l'une : ou c'est moi seule qui ai la chance d'attirer ses regards et toutes les autres femmes lui sont indifférentes, car supposant même qu'il ne m'eût point connue sous mon nouveau costume hier et aujourd'hui, rien au monde ne l'eût empêché de me regarder en passant, car mon chapeau est assez joli et frappe bien des yeux moins bons que les siens. Ainsi, indifférence pour les femmes en général : bon signe pour un homme auquel je suppose une vieillesse anticipée. S'il m'a connue et que ma présence ne l'a pas réjoui, c'est une preuve certaine qu'il hait la toilette, ce qui vise à l'effet, le luxe ou qu'il me trouve assez jolie pour n'avoir pas besoin des ressources de l'art et de la coquetterie.

Mardi 20 juillet

Dimanche, le président est venu inaugurer le chemin de fer [178]. Pour le voir passer, j'étais allée chez les Pfeiffer en grande toilette. J'avais mis beaucoup de soin à arranger mes boucles et à y bien placer mon chapeau rose, qui joue un rôle des plus importants cet été. La cérémonie au débarcadère dura trois quarts d'heure. Cent et un coups de canon annoncèrent l'arrivée du président. On dit que la cérémonie fut des plus imposantes. La loge du président, ainsi que l'autel, étaient tendus de velours rouge et or et de damas blanc. Les quatre locomotives, ornées et parées, s'avancèrent pour recevoir la bénédiction de l'évêque. Au moment où le président quittait le débarcadère, un ballon s'éleva dans les airs : il s'en échappa une pluie de bouquets et de bonbons. Les fleurs dans les mains des dames et jetées par elles jouèrent un grand rôle ce jour-là : le président en fut inondé. Les cuirassiers en tête, le cortège arriva. L'uniforme de général de la garde nationale est remplacé maintenant par un costume plus riche, de sénateur ou de consul peut-être. Son chapeau orné de plumes blanches au bord et la riche selle brodée d'or de son cheval me plurent infiniment mieux que lui. C'est toujours le même air sournois, la manière gauche et peu bienveillante de saluer et, on dirait, l'attitude embarrassée de sa personne. Le changement de sa fortune lui a donné, dirait-on, un peu plus d'embonpoint et de fraîcheur. C'était magnifique à voir que cette élégante suite du président, ces ministres, ces sénateurs en voiture, tous en uniformes brodés d'or avec leurs cordons et leurs croix. Le ciel s'assombrit, la pluie laissa tout juste au président le temps d'entrer à la préfecture puis tomba par torrents. Malgré l'eau du ciel, on brûla le feu d'artifice sur les remparts et l'on illumina la cathédrale.

Dimanche 25 juillet

Rachel est annoncée pour cette semaine ; jeudi prochain, elle donnera sa seconde représentation : *Adrienne Lecouvreur*, pièce créée pour elle [179].

Vendredi 29 juillet

O découverte miraculeuse, fortuné hasard qui a amené madame Hornus à Strasbourg et hier auprès de nous, dans notre voisinage au spectacle chez Rachel. Il fallait que ce fût par elle que j'appris à connaître un nom que, sans cela, personne n'eût jamais pu me dire, et que ce fût elle qui m'éclaircît sur la position sociale de mon adorateur inconnu, du hérisson. Je ne m'étais pas trompée : il est de bonne famille, il est noble, ce que je soupçonnais parfois, il est riche, il est en rapport avec l'aristocratie, il porte une vieillesse anticipée. Il s'appelle monsieur de Cubières, est receveur à Wissembourg depuis la révolution de février, passe son temps à Strasbourg, est originaire du midi.

Jeudi, donc, nous allions en compagnie de mesdames Klein et Wüst. Nous nous étions mises en grand gala : ce fameux chapeau rose qui se pose si gracieusement sur les boucles blondes, plastron de dentelles, œuvre de mes mains, robe grenat serrée à la taille par une étroite ceinture, manches brodées larges, ouvertes, pour laisser voir les plus gracieux bracelets du monde en velours grenat avec un bouton de nacre et une pierre au milieu. Telle était ma toilette, qui eut la chance d'attirer ses regards, ainsi que ma personne, quoiqu'une distance énorme nous séparât. J'étais adossée contre le parterre et lui se trouvait dans la loge des lions à côté de celle d'avant-scène. Sans Adèle et ma sœur qui m'y rendirent attentive, je ne l'aurais peut-être pas trouvé parce que, jusqu'à présent, je ne l'ai vu qu'à la musique. Adèle ne se doute pas de la petite intrigue que file la sœur de son amie avec monsieur de Cubières, remplaçant de monsieur Canezi. J'ai fait des poses ce soir, j'ai pris des attitudes gracieuses, j'ai tout un échafaudage de coquetterie sur la conscience depuis l'instant où je le vis tourner d'abord ses yeux perçants, quoiqu'ils n'en aient pas l'air, puis son lorgnon vers moi. Une fois aussi, je braquai sur sa loge un lorgnon d'emprunt ; il voulut sans doute me faciliter l'ouvrage et se tourna tout en face de moi de sorte que par l'effet du lorgnon, je vis ses yeux tout en face des miens : ce fut comme un portrait dans les autres verres de mon lorgnon. J'eus peur et je me détournai sans oser recommencer, trop honteuse déjà d'avoir été surprise une fois en flagrant délit de curiosité. Emma prétend que les propos lestes du père Molière dans *Le Dépit amoureux* (qui du reste fut rendu misérablement) excitaient les rires de monsieur de Cubières. Je n'en vis rien ; je n'ai pas d'ailleurs les yeux d'aigle d'Emma qui voient à la distance de cent pas un front se dérider et une bouche sourire.

Rachel avait des costumes de fée. Elle a toujours une voix dont les accents vibrants et les notes basses vous enchantent, mais tout chez elle est le résultat de l'art et de l'étude ; jamais il ne lui échappe un mouvement spontané du cœur, un accent de l'âme. Je n'eus pas un moment d'illusion. J'essayai en vain de la prendre parfois pour une femme aimante, une amante trahie ; je ne voyais ni n'entendais que la comédienne. Raphaël Félix [180], qui fait le rôle du comte Maurice de Saxe, a une figure et une tournure d'une vulgarité effrayante. Que le héros fut mal interprété ! il joua son dernier acte comme un buffle, comme un butor, comme un imbécile.

Mercredi 4 août

Monsieur de Cubières ! monsieur de Cubières ! si tel est bien votre nom, vous me devez raison sur votre conduite d'hier au soir. Expliquez-moi pourquoi vous me suivez jusqu'à la porte de ma maison, à neuf heures du soir, vous tenant à l'écart, à l'ombre, en arrière de quinze pas comme un spadassin qui guette une victime. Pourquoi vous trouvé-je sans cesse sur mon chemin, pourquoi passez-vous si près de moi, si près que votre habit touche presque ou ma robe ou mon mantelet ? Pourquoi ces bouffées de fumée que vous envoyez toujours de mon côté ? Pourquoi cette émotion dans tous vos traits au moment où je vous apparais ? Pourquoi cette surprise extrême qui vous rive tout juste au sol ? Pourquoi, à près de neuf heures, lorsque nous passions sur le trottoir du café Adam, vous en compagnie d'autres, rêveur distrait regardant dans le vague, m'avez-vous reconnue à la faible lueur de ces quelques lanternes, malgré toute la distance obscure qui nous séparait et, leste et alerte comme un jeune homme, vous êtes-vous précipité sur la trace de nos pas?

Moi, je n'avais rien vu de tout cela, mais ma sœur me l'a dit en rentrant. Seulement dans la rue de la Marseillaise, en m'arrêtant avec monsieur Roederer devant un magasin d'images, inondée par le gaz, je vis une figure qui s'arrêtait aussi et qui, en me voyant, ne parut nullement surprise. Alors un soupçon me passa par l'esprit. Je me doutai de la véritable marche des choses et ma sœur qui avait tout vu et tout observé constata le fait... Pourquoi vous arrêtiez-vous à chaque magasin pour retrouver notre trace sans rien voir, sans rien vouloir regarder ? Sur la place d'Armes, les soldats étaient là pour sonner la retraite. Je dis à monsieur Roederer : « Neuf heures vont sonner : attendons la retraite. » Vous le saisîtes au vol ce mot, il fut votre feuille de route. Vous n'osâtes pas vous arrêter tout court avec nous, sur le même trottoir que nous ; vous fîtes quelques pas de plus et en homme fin et rusé du midi, si tel vous êtes, vous mesurâtes pendant vingt minutes au moins le trottoir devant le magasin d'Olivier. Aux jets de gaz qui s'échappaient à travers les vitraux de la boutique du confiseur, je voyais rayonner votre long gilet clair et vos yeux avides se tourner vers moi, malgré la distance et malgré les ténèbres.

Quand les soldats furent en marche, nous nous y mîmes aussi. Votre plan de campagne était déjà fait : de l'air le plus insouciant du monde, vous restâtes sur le bord du trottoir, nous laissant défiler derrière vous. Mais ce ne fut pas tout. La femme de Loth ne put s'empêcher de regarder en arrière ; heureusement pour elle que, cette fois, elle ne fut pas changée en statue, mais sa surprise fut grande en voyant monsieur de Cubières la suivre, toujours à la distance de quinze pas, le long des Arcades, toute la Grand-Rue et enfin jusqu'à la porte de sa maison. Maintenant vous savez l'adresse : qu'en voulez-vous faire ?

Mais celui auquel sont adressées toutes ces questions et qui devrait y répondre, il n'est point là, et peut-être serait-il fort embarrassé d'y répondre. Il m'a causé une nuit mêlée d'insomnies ; je ne m'endormis que fort tard, je me réveillai plusieurs fois, sans cesse poursuivie par cette image que je voyais toujours encore à mes côtés, comme un chasseur poursuivant sa proie. Mais je ne suis pas un de ces agneaux qui se jettent dans la griffe du loup. Vous vous dégradez, monsieur de Cubières, tout grand seigneur que vous puissiez être. Allez porter ailleurs vos passions, fougueux homme du midi ! vous vous trompez d'adresse et vous vous donnez du mal pour rien. Si vous jouez un simple jeu sans but, il est pour le moins ridicule et je vous conseille également d'en finir.

Dimanche 8 août

J'ai passé hier l'après-dîner chez Emilie Lauth en compagnie d'Adèle Hornus. On travaillait, on causait. Adèle parlait de notre heureuse mémoire de nous ressouvenir des gens. Je ne sais comment elle nomma monsieur de Cubières qu'elle nous avait montré au spectacle dans une loge. Je saisis ce nom prononcé pour lui demander, tout en plaisantant, des renseignements sur l'adorateur qu'elle ne me connaît point. Elle pourrait encore s'être trompée et mon inconnu ne serait pas le receveur de Wissembourg. N'importe, le véritable monsieur de Cubières est venu du midi avec une vieille cuisinière qui excelle dans la confection des savarins. Son maître est fort difficile, il est délicat, maladif. Il a l'air d'être âgé quoiqu'il ne le soit pas encore. Tout cela s'applique à mon inconnu. Mais comment faire pour apprendre toute la vérité ? Adèle attend son mari pour aujourd'hui. Je lui ai parlé d'un projet qui m'est venu : je propose de conduire monsieur Hornus à la musique, de lui montrer mon adorateur sans lui dire qu'il m'adore et d'apprendre ainsi si Adèle ne s'est point trompée et si nous ne donnons pas le nom de monsieur de Cubières à un individu auquel il n'appartient pas.

Monsieur de Cubières, vrai ou faux, votre nom, votre image se mêlent plus que ne le comporte la raison, à mes occupations, à mes rêves, à mes prières.

Le ciel est sombre, mais depuis onze heures du matin, il a cessé de pleuvoir. Notre terrible Argus, monsieur Roederer, est à Fegersheim. Madame Roederer nous a proposé d'aller au Broglie à six heures. Pourvu que le temps le permette, c'est mon vœu le plus cher dans le moment ! Je voudrais voir, constaté ou détruit, le soupçon qui m'est venu mercredi.

Dimanche 5 septembre

Le soleil a percé les brouillards, le temps est magnifique et invite à la joie, à la promenade. Nous en profiterons avec madame Roederer et nous irons tout d'abord au Broglie entendre la musique. Je me ferai belle, aussi belle que possible dans l'espoir de revoir celui auquel mon aspect semble faire tant de plaisir. J'ai revu mon inconnu deux fois depuis une semaine et j'espère que le ciel, avide de me poursuivre et de m'accabler d'ennuis, ne me refusera pas cette légère satisfaction aujourd'hui. Il règne dans l'air, malgré la beauté des jours, une atmosphère d'automne, un souffle avant-coureur de l'hiver qui vous jette la mélancolie dans l'âme. L'aspect de la campagne éclairée par un soleil magnifique m'invite à pleurer : c'est singulier comme je deviens sensible.

Adèle Hornus avait, le mercredi 25 août, fait dire le matin à ma sœur de venir passer chez elle dans l'après-midi. Emma nous fit annoncer les deux par la demoiselle de compagnie. Nous fîmes un peu toilette ; le temps était beau et pour lui faire honneur, nous passâmes nos robes roses et nos jolis chapeaux. A peine étions-nous chez Adèle, causant depuis un quart d'heure, que la maman Hornus arriva en grande toilette avec la petite Jeanne. Dix minutes après, la porte s'ouvrit de nouveau pour livrer passage à un homme de haute taille qu'une seconde après, nous reconnûmes pour monsieur Hornus. A l'air calme avec lequel ces dames le reçurent, je jugeai qu'elles ne le voyaient point pour la première fois. On nous ménageait cette surprise : il était arrivé la veille. Je revois toujours avec un certain trouble ce beau Hornus dont je raffolais autrefois, mais je m'aperçois en même temps avec plaisir que l'amitié qu'il m'a toujours témoignée ne pâlit pas avec le temps et que, réciproquement, nous nous revoyons avec un sentiment dans le cœur. A peine avait-il les pieds dans la chambre que ses yeux se tournèrent vers moi. J'ai sous mon chapeau rose, qui est déjà fort joli, un intérieur composé de dahlias et de rubans qui ne m'enlaidit pas. C'est ce que ce fin juge remarquait peut-être. Adèle nous annonça que son mari avait envie de visiter le Chalet à la Robertsau [181] et elle d'ouïr la musique au Broglie en revenant ; deux idées qui promettaient beaucoup et dont l'exécution me donna encore plus que je n'espérais.

Monsieur Hornus, après s'être étonné de me revoir, alla commander deux voitures. Il entra dans la première avec sa femme, sa fille et Emma, et nous fit monter dans la seconde, sa mère, moi, la bonne avec la petite Blanche. On prit l'allée de l'Orangerie et tout le long du chemin, je voyais d'instant en instant ses beaux yeux bruns, aux regards parlants, plonger dans notre voiture. Ce ne pouvait être pour regarder sa mère qui ne faisait pas attention à lui. L'innocence servit parfois de prétexte : il levait la petite Jeanne dans ses bras pour qu'elle fît des signes à la grand-mère. Arrivés au Chalet, nous nous établîmes à une table dans la maison ; toutes les autres à l'ombre, dans le jardin, étaient occupées. Nous avions demandé des sardines avec notre bière et nos beurrées ; il voulut me faire avaler une queue de poisson et m'ordonna d'ouvrir la bouche. J'obéis avec la joie d'un enfant. Ses doigts effleurèrent mes dents et mes lèvres ; il les porta rapidement à sa bouche. Puis il fit la même chose pour Adèle, mais le poisson fut donné sur le couteau et, par conséquent, il n'y eut pas de doigts à lécher. Du reste, Adèle n'a point mes dents.

Adèle et moi savons boire la bière comme des portefaix. Monsieur Hornus éprouvait une joie maligne de nous verser des rasades et les cris que nous jetions chaque fois qu'il remplissait nos verres quand nous détournions la tête, peut-être à dessein, le divertissaient extrêmement. Nous fîmes si bien que, dans l'espace d'une demi-heure, trois bouteilles posaient vides devant nous. Sa mère et ma sœur avaient pris le café ; il y avait donc une bouteille par tête. C'était, de la part de deux dames, tenir bravement tête à un homme.

On revint à pied. Je fis observer à monsieur Hornus que nous marchions fort droites. Il répondit que les chapeaux étaient un peu sur l'oreille gauche. Il s'amusa tout le long du chemin à faire des ricochets. Nous nous dirigeâmes du côté du Contades : « A peine nous sortions des portes de Trézène... » Nous tournions l'angle que forme un jardin pour gagner la route qui conduit à la porte des Juifs. A gauche, s'apprêtant à tourner l'autre angle que forme le jardin d'un horticulteur, apparurent trois messieurs. L'un d'eux, celui qui marchait le plus de notre côté, fixa mon attention : il m'avait un air connu. De son côté, mon apparition à ce coin de la route sembla le frapper comme un souvenir. Il s'interrompit brusquement au milieu de la conversation sans faire attention le moins du monde aux regards étonnés et interrogateurs de ceux qui l'accompagnaient, darda une dernière fois ses regards vers moi et comme par une inspiration soudaine, lança de toute la force de ses poumons et de son cigare des bouffées de notre côté. Ce n'était pas à s'y méprendre, c'était bien là le signal de joie ordinaire de mon inconnu. L'occasion de savoir mes doutes éclaircis était trop belle pour ne pas la saisir. Je poussai violemment le bras d'Adèle en même temps que je dis à monsieur Hornus : « Est-ce là monsieur de Cubières ? » Hornus tourna la tête d'assez mauvaise grâce, rougit, car il avait vu le mouvement de la main qui se portait à la bouche et du cigare, et répondit laconiquement :

« Non, ce n'est pas lui.

— Lui ressemble-t-il ? continuai-je sans me laisser décontenancer.

— Non. » Ce fut tout ce que je pus en arracher. Me voilà tout aussi peu avancée qu'auparavant et je puis recommencer mes recherches et mes investigations.

Mercredi 20 octobre

Monsieur Brandhoffer, depuis qu'il est ici, profite bien de son temps : il passe tous les jours deux fois par notre rue et ce n'est qu'aujourd'hui, depuis quinze jours qu'il fait ce manège, qu'il a quelque chance ; Emma, prévenue par Fanny, a fait voir son casque à mèche blanc derrière les vitres.

Grâce à mon plan de bataille sagement combiné, à mon zèle infatigable, à ma surveillance de tous les instants, nos labeurs, nos nettoyages seront terminés cette semaine encore. Le soleil caresse de ses beaux rayons nos rideaux frais et nos vitres claires et se joue sur nos parquets dont la couleur est d'une magnificence rare. Et moi le créateur de toutes ces merveilles, quelle sera ma récompense ? Mon hérisson a disparu. Beau chapeau rose, tu n'éblouiras plus personne, ton temps va finir avec le soleil et je pourrai m'écrier avec Marie Stuart : « *Liebe und Geliebte, alles ist dahin* [182]. » Demain, si Dieu le veut et si le temps le permet, pour la première fois depuis trois semaines, je quitterai mes habitudes casanières pour respirer l'air dont je suis privée depuis longtemps et pour entendre la musique que je n'ai pas ouïe depuis. C'est madame Roederer qui nous procurera ce plaisir ; elle est revenue aujourd'hui de la Suisse et, de plus, son mari nous a gratifiées de pains d'épice de Bâle et d'un calendrier suisse qui nous a causé un plaisir extrême. Demain donc, je reparaîtrai au milieu du monde, je reverrai le Broglie, j'entendrai de nouveau la musique.

Jeudi 21 octobre

Je l'ai vu ! et il m'admire encore, et ma vue le transporte toujours ! Ce n'est pas une illusion. A deux heures, après avoir revêtu ma robe grise et mon chapeau toujours coquet et toujours joli, je me suis acheminée vers la demeure de ma tante Strohl. Je lui parlai de nos projets et elle me proposa de m'accompagner jusqu'au Broglie. Là, nous trouvâmes madame Roederer et le dix-septième régiment de ligne. Le programme était des plus séduisants : c'étaient des airs de *Norma*, de *La Favorite*. La tante resta avec nous. Dans les intervalles, nous nous promenions du côté des canons ayant l'œil aux aguets pour découvrir Emma qui n'apparaissait pas encore. Enfin elle vint, accompagnée par la bonne et la petite fille de Fanny Schneegans chez laquelle elle avait été sans moi et où elle avait vu monsieur Brandhoffer. Emma, l'esprit naturellement monté par la conversation qui venait d'avoir lieu, en avait les joues très échauffées et n'entendait que d'une oreille et les beaux airs que les soldats jouaient et les paroles qu'on lui adressait.

Déjà l'heure tirait à sa fin. Mes yeux, las d'errer sans rencontrer l'objet qu'ils cherchaient, s'étaient reportés sur l'estrade lorsque Emma dit soudain : « Voilà le hérisson. » Je suivis la direction de son regard et c'était bien effectivement lui qu'elle avait aperçu et qui s'avançait entre deux autres messieurs sur le trottoir, près de la guérite du factionnaire. Les musiciens venaient d'achever un morceau et avaient déposé leurs instruments. Nous nous tournions du côté du théâtre et, par conséquent, nous le regardions en face quoique à une assez grande distance. Singulière chose ! ma présence fait sur lui l'effet d'un aimant : à peine avait-il jeté les yeux sur cette vaste place que déjà mon aspect l'avait frappé. Il cessa de causer, il marcha les yeux attachés sur moi et sa main, mue comme par un mouvement spontané, se porta à sa bouche avec son cigare.

« C'est lui, c'est lui, m'écriai-je dans ma joie, il a bonne mine quoiqu'il soit fort pâle. Le beau paletot !

— Cesse maintenant de tourner les yeux de ce côté, me dit impérieusement ma tante, car il regarde. » Effectivement ; nous venions de nous retourner et nous marchions dans la même direction que lui. Lui oubliait qu'il n'était point seul et tournait vers moi son pâle visage tout en suivant sa route pour me voir le plus longtemps possible. Mais la musique allait finir bientôt et lui ne revint pas. C'était un beau jour : un soleil radieux, des mélodies délicieuses et je l'avais vu !

Jeudi 28 octobre

Quel triste ciel ! quelle bise violente ! Comme il y a huit jours, nous avons été sur le Broglie, mais ce n'était pas l'infanterie qui jouait des airs mélodieux, c'était l'artillerie qui massacrait quelques airs d'opéras. Le soleil ne nous inondait pas d'une brillante clarté, mais la pluie tombait sur nos parapluies étendus. Il n'y avait pas foule, il n'y avait pas de vie, il n'y avait pas de toilettes et, surtout, il n'y avait pas d'adorateur.

Lundi 22 novembre

Je vais donner une heure au divertissement de mon esprit. On sacrifie tant de temps à des occupations parfois ennuyeuses qu'il est bien permis de donner quelquefois à son imagination le loisir de s'amuser un peu. Mes plus proches souvenirs sont des souvenirs de maladie : j'ai eu l'estomac dérangé la semaine passée, par conséquent, quatre jours de réclusion, de souffrance et de jeûne. Puis la semaine dernière a été, en outre, marquée par un événement intéressant : une première lettre de monsieur Brandhoffer à Emma, éloquente, passionnée, chaleureuse, accompagnée d'un délicieux bouquet de violettes avec un seul bouton de rose au milieu. Emma était dans les larmes pendant un jour et une nuit au point qu'elle subit maintenant les conséquences de cette joie inexprimable, de cet attendrissement : elle est malade depuis deux jours. Il était décidé que monsieur Brandhoffer viendrait faire sa demande à Papa. Maintenant, nous venons d'apprendre aujourd'hui, par sa belle-mère et sa sœur, qu'il part mercredi, lui qui ne comptait partir que le mois prochain. Maintenant, comment tout se passera-t-il ? Dans le fond, je suis contente pour la pauvre petite de ce qu'il parte bientôt ; ce sont pour elle des émotions continuelles qui agissent traîtreuse-

ment sur sa constitution délicate, et toute l'histoire durera encore un an.
Décidément, ils s'aiment, s'aiment inexprimablement, lui comme un fou, elle
comme une pauvre brebis délaissée qui vénère en lui le sauveur qui doit la
ramener au bercail.

Il y a huit jours que nous avons passé la soirée de dimanche chez Fanny. Ils
était l'un à côté de l'autre, tout un soir, elle calme, souriante, avec ses tresses
pendant derrière comme une fillette de douze ans, lui la regardant parfois
comme un Castillan l'image de la Madone. Chaque jour, il passe deux fois le
matin et à midi par la rue des Hannetons ; elle a toujours quelque prétexte
pour se montrer aux fenêtres et lui sourire. Tout finira par un mariage
quoique l'époque soit encore éloignée.

Il n'en est pas de même de mes amours. L'hiver, l'absence de musique, les
pluies m'empêchent de rencontrer mon adorateur inconnu et qui le restera
toujours. Il y a de cela quinze jours hier, monsieur et madame Schwaederlé [183] donnaient un concert au profit des inondés [184]. Ce jour-là était un
beau jour : il y eut de tout, musique ravissante, aristocratie, toilettes
brillantes, rayons de soleil et regards de mon inconnu. C'était lors de notre
rentrée : nous traversions le Broglie, il vint à nous en compagnie de quelques messieurs. Mes rubans roses flottaient au vent. Il me reconnut et eut
l'air surpris de me voir. Il se fut volontiers arrêté peut-être, mais force lui
fut de tourner avec sa compagnie. Au haut du Broglie pourtant, tous
s'arrêtèrent. Lui profita de cet instant pour regarder en arrière. C'était
tout ; depuis, je ne l'ai pas revu. Mercredi prochain, à la salle du spectacle,
Vieuxtemps [185], le premier violoniste du temps, donnera un concert. L'y
verrai-je peut-être ? Il est bien allé applaudir Rachel, il ira peut-être
entendre Vieuxtemps.

Jeudi 25 novembre

Mon imagination divague, mon esprit voyage dans le soleil, dans la lune ;
dans quelle étoile s'arrêtera-t-il ? J'ai eu de grands moments de vanité
aujourd'hui. Je me suis habillée pour faire quelques visites. Je me suis placée
devant la glace, je me suis admirée, j'ai trouvé que la toilette m'allait bien, je
me suis trouvée belle. J'ai contemplé avec orgueil mes cheveux, mes dents,
mon teint. Et maintenant, je suis à faire pénitence, à prier Dieu de ne pas me
punir de ces mouvements de vanité, de ces élans de coquetterie, et de ne pas
me les faire expier un jour, ou peut-être bientôt.

Hier, nous marchions dans les ténèbres ma sœur et moi par une pluie
violente. Au moment où nous entrions dans la rue des Hallebardes, un
individu marchait également sous son parapluie et entrait dans la rue du
Dôme. Je causais assez haut avec ma sœur ; au son de ma voix, il tourne la
tête, s'épanouit, la tourne encore : plus de doutes, c'est mon hérisson ! Mais
aussi, ce fut tout.

Pour parler maintenant de ma sœur : au troisième doigt de sa main gauche brille un anneau qui représente quatre myosotis formés de turquoises et de perles. Cet anneau, il n'est pas nécessaire de nommer celui qui l'a donné. Mardi, on se fit des adieux déchirants ; le jeune homme pleurait à chaudes larmes, comme un enfant. Il osa l'embrasser pour la première fois. Il promit toutefois de passer devant les fenêtres mercredi matin une heure avant son départ. A huit heures du matin, nous étions toutes les deux au poste. La pluie tombait avec violence ; soudain apparaît dans la ruelle un individu sans parapluie, en casquette et en paletot, qui remue les bras, qui fait un signe de tête haut en bas, qui voulait dire enfin qu'il ne partait pas. Deux heures après vint une lettre de sa part pour annoncer à Emma que son père avait différé l'heure du départ. Ce furent de nouvelles protestations d'amour et de fidélité qui firent couler abondamment les larmes d'Emma. Décidément, elle a le cœur pris, et pour toujours. Elle a compilé une lettre pleine de tendresse qu'elle expédiera demain avec une boucle de ses cheveux préparée par les mains savantes de Virion. Je l'ai autorisée d'envoyer et les cheveux et la lettre. Je tiendrais, moi, à un amant, un langage plus fier, mais dans le fond, elle ne s'humilie pas, elle laisse parler son cœur. Je n'ai pas trouvé bon de lui imposer silence.

Vendredi 3 décembre

Pour chasser le sommeil qui vient me prendre et charmer ma solitude, tandis que ma sœur est au spectacle chercher des émotions dans le drame de *Dom César de Bazan* [186], je me réfugie un peu sur mon journal. Je ne veux pas, en véritable égoïste, débuter par parler de moi. L'histoire de ma sœur est bien plus intéressante que la mienne : elle est basée sur des faits tandis que celle de sa sœur ne repose que sur des espérances et même, parfois, ne roule que sur des illusions.

L'individu qui, mardi dernier, a fait à Emma un adieu noyé de larmes et a saisi l'heure de départ pour prendre deux baisers arpente tous les jours encore la rue du Hanneton, continue son commerce épistolaire qui devient de jour en jour plus brûlant et plus dévergondé, court six fois par jour chez Fanny, achète et présente toujours encore des bouquets de violettes avec un bouton de rose au milieu, court à huit heures du soir au spectacle pour suivre à dix ou à onze heures, enveloppé dans son manteau, à une respectueuse distance, celle dont l'image sans cesse présente à sa pensée lui enlève le sommeil et l'appétit. Depuis ce jour de douleur où l'on croyait se voir pour la dernière fois, l'habitude de voler des baisers est conservée ; on va même embrasser jusqu'à la bague bleue qui est au troisième doigt de la main gauche. Hier, j'ai assisté par ma présence à l'un de ces doux entretiens désirés avec tant d'ardeur de part et d'autre, adoptant toutefois le louable système d'Henriette de me tenir très à l'écart. Quelques visites, une couturière, dérangèrent un peu l'entrevue, mais pas si fort qu'on n'eût eu le temps de déposer une lettre et un bouquet dans le berceau de l'enfant et une autre dans des gravures placées sur le piano du salon.

Hier au soir, pendant que j'allais dilater mon cœur aux accents de *Norma* vengeresse, la pauvre petite, dont les larmes coulent chaque jour ou de joie ou de tristesse, répondit à la lettre qu'on lui avait adressée l'après-dîner. Elle commence par se défier de moi parce que je ne la comprends ni ne la conçois plus. Elle ne voulait pas me la laisser lire d'abord, mais finit par me la donner, et moi, stoïcienne et philosophe, j'en ai ri ; j'ai fâché la pauvre enfant qui fait de son amour l'aveu le plus tendre. Je l'ai blessée au cœur.

Aujourd'hui, elle l'a revu. Si Dieu le veut et exauce ma prière, il partira lundi et un peu de calme et de repos redescendront dans cette âme agitée. Décidément, cet homme est fou ; la passion l'égare. Il lui dit que quoique n'étant pas comme Haydée, fille de reine, il lui a pourtant élevé un trône dans son cœur, que la boucle qu'elle lui a donnée est son Christ à lui qu'il adorera quand, pèlerin fatigué, il aura besoin de retremper son âme. Tout à l'heure, ne lui a-t-il pas pris son mouchoir de batiste en échange d'un autre de lui qu'il n'a point passé par l'épreuve de l'eau depuis le bal C. de l'hiver dernier ! Je souhaite le bon voyage à ce séducteur, tout séduisant qu'il est, et quoique selon toutes les apparences sa passion aille jusqu'aux bornes humaines. Il remue, il irrite, il afflige, il agace les nerfs de la pauvre enfant qui ne fait que pleurer et qui perd sa présence d'esprit et sa joyeuse humeur. Oh ! les hommes, les hommes savent-ils compenser toujours tout le mal qu'ils font ? Et vaut-il la peine, mon Dieu ! de verser tant de larmes, de mettre son cœur à la torture pour un homme ? Moi qui parle ici en philosophe, en anachorète, qu'ai-je donc fait hier ? Je n'ai pas eu de chagrin, je n'ai pas versé de larmes, mais j'ai fait la femme de Loth, j'ai bien souvent tourné la tête pour regarder hélas ! quelqu'un qui, peut-être, se rit de ma faiblesse.

Nous sommes abonnées au spectacle : dimanche et hier, c'était mon tour d'aller. *La Favorite* était assez médiocrement rendue. Dans *Norma*, hier, l'actrice a obtenu un triomphe complet. Mais ne parlons pas aujourd'hui de cette musique superbe, de cette pièce imposante, de ce duo qui vous remue l'âme. Jetons un coup d'œil dans cette salle de spectacle pleine comme un jour de fête une heure avant le lever du rideau déjà, parcourons ces loges et passons en revue la toilette de toutes ces belles dames. Voilà un costume qui me fait penser à Lauzun, quoiqu'il soit porté par une femme. L'idée est une émanation du siècle de Louis XIV. La femme est belle, c'est un noble visage à moitié caché sous ces dentelles et ces longues barbes de satin bleu. Son sein à demi-nu rayonne de blancheur, sa pose est gracieuse. Elle joue de l'éventail avec art. Je la regarderai souvent, moi qui suis tout modestement cachée sous ma robe de mérinos verte, coiffée de mon chapeau blanc d'une fraîcheur équivoque, et avec un voile épais sur les épaules. La loge des lions se trouve entre la loge d'avant-scène et celle où se trouve la belle inconnue. Elle est vide encore, mais voici le premier arrivant : il se place sur le bord, tout près de la loge d'avant-scène. Le parquet se remplit de plus en plus. Que d'hommes à ma droite, que de bruit en général, et encore un quart d'heure jusqu'au lever du rideau ! Décidément, il n'y a que la belle dame décolletée qui vaille la peine d'être regardée. Je tourne de nouveau mes regards vers elle. Adossé contre le pilier qui sépare les deux loges, la figure pâle, l'air rêveur, un peu couché à l'ombre, quel est ce beau jeune homme qui a l'air d'un seigneur espagnol ? Je le vois ici pour la première fois ; il n'était point dans la loge des lions dimanche dernier. Qui est-il ? Personne ne m'éclaircira ce mystère, je ne puis interroger personne. Quelle figure aristocrate ! quel air distingué ! Ma voisine me pousse au coude : «Monsieur Roederer vient d'arriver», dit-elle. Je le cherche des yeux ; il est à sa place habituelle, je le vois à travers un bras arrondi. Il cause à monsieur Gloxin qui m'observe attentivement. Monsieur Brandhoffer m'avait promis d'être là ce soir. Son oncle a-t-il entendu nommer un nom et serait-il aux aguets ? On tremble si vite quand on a la conscience mauvaise. Un instinct involontaire me pousse à tourner de nouveau la tête à gauche. Cet étranger, la tête appuyée contre la colonne, a le teint si pâle, les cheveux si noirs ! Il promène ses yeux dans la salle avec une nonchalance de grand seigneur. Dieu ! quelle lumière me frappe. Cette figure, je l'ai vue déjà, elle ne m'apparaît point pour la première fois. La lorgnette va venir en secours à mon souvenir qui retourne vers le passé. Pitié ! justice ! mon cœur bat. Comment ai-je pu m'abuser si longtemps, si étrangement ? C'est bien mon adorateur de cet été, c'est mon adorateur de deux ans tantôt dont j'allais méconnaître le visage et dont je ne parviendrai jamais à découvrir le nom. Mais lui m'a vue : la joie anime ses trais purifiés, rajeunis de vingt ans. Sa main se porte à sa bouche, elle y retourne encore : c'est le baiser du revoir. Ses yeux se posent sur mon visage, sur mes bras avec une indicible expression de ravissement. Un air de satisfaction intérieure a remplacé cet air de nonchalance philosophique.

L'ouverture commence. Pollione est là avec son confident ; il parle de son amour pour Adalgise. Les druides descendent la montagne, une marche superbe les accompagne ; monsieur Brandhoffer m'y avait rendue attentive. J'oubliais presque et la musique que j'entendais et l'avis qu'on m'avait donné. Les artères de mon cœur allaient de concert avec les accords de la musique ; de longtemps, pareil ravage n'avait envahi mon esprit. Moi distraite, moi les regards dardés vers une loge et ne voyant Norma que lorsque j'entendis les éclats de sa voix ! Mais tout bonheur n'est pas complet en ce monde : la loge s'était remplie et un autre lion était venu s'asseoir aux pieds de mon inconnu pour le masquer à ma vue. Cette loge, ce soir à ma honte intérieure, était mon point de mire, un pouvoir magnétique et irrésistible me la faisait chercher toujours. Une fois que je causais à madame Roederer et que ma tête inclinée dépassait la sienne, mon inconnu se baissa aussi pour me bien voir, et quelquefois encore, je le vis la tourner à droite et à gauche pour dépasser celles de ses voisins. Mais quand la jolie madame Montaubry [187] parut en druidesse, alors mon adorateur cessa de m'adorer. Il avait oublié ma présence et j'étais seule à me souvenir que nous nous revoyions ici. Il m'avait bien vue pourtant, il m'avait reconnue. Ces baisers, ces poses, ce lorgnon braqué sur moi étaient des preuves certaines que ma présence ne lui avait pas échappé. Tout le temps que dura l'opéra, il prêta une attention scrupuleuse aux acteurs et surtout aux actrices. La forte chanteuse, Norma, fut couverte d'applaudissements ; je ne le vis jamais applaudir. Je ne sais par quelle singularité de mon humeur je m'en réjouis chaque fois que je ne voyais que quatre mains s'agiter et pourtant, ils étaient trois en ligne verticale. Je comptais toujours quatre gants blancs et lui n'en portait point. Je ne voyais la pièce, qui était assez bien rendue, que d'un œil, je n'entendais la musique, qui était sublime, que d'une oreille. Sa présence avait gâté ma soirée ; la mienne n'avait pas embelli la sienne. Après bien des regards perdus pour surprendre les siens, un grand froid me tomba dans le cœur.

Quand je rentrai, ma sœur, quoique couchée, veillait encore : un amour heureux, un avenir et non une déception la tenaient éveillée. Je lui contai mon aventure, je lui parlai de la beauté subite, de l'air de jeunesse qui étaient venus à mon inconnu. Elle ne voulut pas me croire, elle en rit fort et finit par dire : « Décidément, il a été à la fontaine de jouvence ! » Et je crois que les eaux de Jouvence ont aussi la vertu de donner oubli du passé. C'est une consolation à laquelle je me cramponnerai.

Samedi 4 décembre

Cette nuit, ma sœur est rentrée à onze heures et m'a réveillée du sommeil dans lequel j'étais déjà assoupie par un nom : celui de mon adorateur inconnu qu'elle avait trouvé moyen d'apprendre tandis que j'écrivais sur mon journal que je ne le saurais jamais. Elle s'attendait à le voir produire sur moi plus d'effet, car au moment où elle me disait : « Je sais le nom d'un hérisson, c'est à monsieur Gloxin que je l'ai fait demander par monsieur Roederer », je répondis : « Quelle heure est-il ? » et je l'envoyai regarder à la montre dans la chambre voisine.

« Il est onze heures, dit-elle, en revenant ; voilà tout l'effet que cela te fait ! Je m'attendais pour le moins à te voir sauter hors de ton lit.

— Abusée une fois déjà cet été par un faux nom, lui répondis-je, je ne sais pas trop si, cette fois encore, nous ne nous trompons point.

— Impossible, me répondit-elle, monsieur Gloxin doit le connaître, lui qui connaît tant de monde. Ce n'est pas comme lorsqu'on s'adresse à Adèle qui ne voit pas clair. Et d'ailleurs, il était bien seul en compagnie d'un jeune homme assis à l'autre bout de la loge quand je m'informais de son nom. »

Et maintenant, il est temps que je l'écrive, ce nom ; le préambule pour l'annoncer était assez long : c'est Grass, le sculpteur. C'est au moins quelque chose que d'avoir attiré les regards d'une des célébrités artistiques de la ville.

Dimanche 5 décembre

C'est aujourd'hui que l'empire est proclamé par la France. Il y a à Strasbourg revue, illumination, grand spectacle. Quoique ce soit aujourd'hui le tour de ma sœur, je veux dépenser deux francs vingt pour la curiosité de la chose, pour voir *La Fille du Régiment, Catherine ou la Croix d'or*, pièce de circonstance sans doute, le théâtre illuminé en grand gala et décoré d'aigles impériales, la foule, le bruit, l'enthousiasme pour entendre une cantate chantée par monsieur Grillon et l'air favori de la reine Hortense partant pour la Syrie. J'y vais pour voir et entendre tout cela et un peu peut-être pour monsieur Grass qu'après toutes les informations prises depuis avant-hier, je crois être enfin le porteur véritable de ce nom. Il est riche, il est catholique, il a des cheveux gris. Il va au café Adam, il dîne à la Ville-de-Paris, ses ateliers sont près de la cathédrale. J'ai pu me convaincre de tout cela : je l'ai vu dans tous ces lieux indiqués.

Mais une autre nouvelle vient de me bouleverser les nerfs. Après l'église où le sermon de monsieur Bronner [188] m'avait fait des coliques, j'allai faire un petit tour en ville, seule. Je revins au bout d'une demi-heure et ma sœur me montra un billet qu'elle avait reçu de la part de madame Wagner : c'était une invitation pour le dîner. On veut, à ce qu'il paraît, faire une surprise au jeune homme.

Lundi 6 décembre

Ma sœur a été plus heureuse à son dîner que moi au spectacle, et si j'y avais été uniquement pour monsieur Grass, j'aurais bien lieu de m'en repentir. J'ai la chance de lui déplaire chaque fois que je me fais belle ; c'est une expérience que j'ai déjà eu l'occasion de faire cet été. J'avais donné à ma toilette beaucoup de soin. J'avais mis ma robe verte à corsage ouvert, des pagodes toutes fraîches, mes bracelets avec les boutons de diamant. J'avais choisi mon plus brillant ruban, mes gants les plus frais. J'avais consulté dix fois mon miroir pour lisser mes bandeaux et poser mon chapeau le plus avantageusement possible. Soins inutiles ! temps perdu ! à peine monsieur Grass m'honora-t-il de quelques regards dérobés à madame Montaubry, à quelque belle dame des premières loges ou à quelque grisette des troisièmes. Il était assis derrière un pilier toute la soirée pour se dérober à mes regards, je crois, et pour tourner librement la tête à droite. Dans l'une des premières loges, il a une passion ; dans les troisièmes, il a une maîtresse. C'est ce que le démon de la jalousie me soufflait continuellement aux oreilles dimanche. Une fois même, mon indignation fut si grande que je songeai au moyen de monter dans sa loge et de faire un esclandre. Réflexion faite pourtant, je finis par me persuader que je n'y avais aucun droit vu qu'il ne m'a jamais rien promis.

Emma vint au spectacle tard après nous, son dîner s'étant prolongé jusqu'après cinq heures. Nous eûmes le désagrément d'être séparées. Aux secondes loges, tout au-dessus de mon ingrat, se trouvait pour les beaux yeux de ma sœur, mais uniquement pour elle, un adorateur dont les intentions sont déjà plus décidées que celles de mon individu. C'était monsieur Brandhoffer qui, dans l'entracte, vint faire sa visite dans le corridor à monsieur et madame Roederer en s'annonçant pour aujourd'hui matin. Ce charmant jeune homme offrit à Emma un lorgnon merveilleux accompagné d'un pain d'épice de Nuremberg. Que de bontés! que d'attentions délicates! Aussi ne parle-t-elle de lui qu'avec attendrissement et lui a-t-elle donné le surnom d'ange, ce qui, sorti de sa bouche, signifie beaucoup. Pendant tout le temps que dura le dîner, il était si attendri qu'il pleura à plusieurs reprises. Le fameux, le beau monsieur Bauby était du dîner et il a serré sous la table la main de monsieur Brandhoffer. Il a lancé aux fiancés, assis l'un à côté de l'autre, un regard approbateur, et il a bu à la santé d'Emma.

Aujourd'hui, il est parti et pour six mois, dit-on. Je n'en crois rien : il a trop hâte de revenir le plus tôt possible. L'adieu a été trempé de larmes. Il lui a laissé un délicieux bouquet : un camélia blanc au milieu de touffes de violettes et de bruyères roses et blanches. L'innocence et la modestie réunies. Dans tout ce qu'il fait, dans tout ce qu'il dit, dans tout ce qu'il donne éclate ce bon goût dont le choix qu'il fait est la première note et l'indice le plus caractéristique.

Vendredi 17 décembre

Il n'y a de vivant dans la chambre que ma lampe et moi, et il serait fort curieux d'examiner laquelle brûle le plus fort, de la lampe ou de moi. Quand je parle d'un feu qui me consume, je ne dis pas que c'est celui de l'amour, quoique les occasions de m'enflammer ne me fassent pas défaut, mais je suis une nature trop honnête et trop fière pour me plier sous le joug d'une passion étourdissante et d'ailleurs, trente étés sont un chiffre imposant qui commande le respect de soi-même et qui ont pu mûrir ma raison. Quand je parle de feu et d'agitation, je fais allusion à celle que me causent mes ouvrages, aux visites importunes qui viennent vous troubler dans vos labeurs et aux courtes et sombres journées qui ne vous permettent jamais d'achever les tâches que l'on s'est données. J'étais aujourd'hui dans un état de démoralisation pitoyable si fort que ma bonne petite sœur a eu toutes les peines du monde pour me prêcher et me faire revenir à la raison. Je suis une nature d'une activité terrible et, quand les entraves les plus naturelles et les plus ordinaires viennent se poser entre mes travaux et moi, j'accuse ciel et terre des circonstances importunes et le sort qui, dans le délire de mon imagination irritée, me fait l'effet de se faire un malin plaisir à me troubler dans mes travaux et à contrarier mes occupations les plus chères et mes joies les plus innocentes. Depuis quatre jours, je subis cette fatale influence de ma nature nerveuse et irritable. J'ai commencé à arranger un malencontreux jupon que je voudrais mettre dimanche et que, selon toute probabilité, je n'achèverai pas. J'en ai le désespoir dans l'âme et Emma prétend que j'en maigris à vue d'œil. A peine si mes soirées ont eu le pouvoir de bonifier mes mauvaises journées. Si je n'avais pas eu, ces jours passés, la distraction du spectacle, je crois que ce malheureux jupon qui, semblable au tonneau des Danaïdes qui n'a point de fond, n'a point de fin, m'eût rendue malade.

Maintenant je vais laisser en repos ce jupon rouge à bordure noire et parler un peu du spectacle auquel, hier au soir, j'ai fait mes adieux le plus tristement du monde sous tous les rapports. Oui, tristement en effet. A onze heures du soir, quand je gagnai ma chambrette et mon lit, j'entendis remuer ma sœur ; je profitai de ce demi-réveil pour la réveiller tout à fait et épancher dans son cerveau alourdi par le sommeil les chagrins de mon cœur torturé par la déception. Monsieur Grass m'a reniée hier, monsieur Grass m'a traitée comme une étrangère, monsieur Grass a feint de ne m'avoir jamais connue. Et moi qui m'étais préparée pour lui faire hier un suprême adieu dans un long regard, je ne suis pas même parvenue à surprendre l'un des siens tant ses yeux m'évitaient toujours. Oh ! que cela fait mal de se voir soudain reniée, oubliée, méconnue quand on a été si longtemps l'objet de tant de regards, de tant de recherches. Je n'en étais pas furieuse, je n'étais pas contrariée de cette indifférence, j'en pleurais, j'en gémissais au fond de l'âme, et sans avoir la force de maudire l'ingrat qui se cachait derrière le pilier de sa loge pour tourner la tête à droite vers un côté où il savait bien que je n'étais pas. Il était là, immobile et grave comme une des statues qui sortent de ses mains, et c'est à peine si deux ou trois fois, il se donna la peine d'abaisser les yeux vers la place que j'occupais.

Oublions celui que nous avons vu dans la loge au spectacle et qui est monsieur Grass, le sculpteur, et ne songeons qu'à l'adorateur inconnu qui, aucun soir, ne manquait la musique au Broglie, qui abandonnait sa société pour venir du côté des canons, qui suivait un petit groupe jusque dans la rue du Bouclier à neuf heures du soir, qui, à la lueur du gaz, recherchait un visage encadré de cheveux blonds, qui poursuivait un chapeau rose, léger et gracieux, comme sortant de main de fée, depuis le Contades jusqu'au Broglie, du Broglie jusque dans la salle du café Adam où la propriétaire du chapeau rose s'arrêta pour manger des glaces en compagnie d'un beau jeune homme, d'une jeune dame et d'une jeune et jolie fille, sa sœur. Gardons ce souvenir-là, le plus lointain, et chassons le plus récent. Le rêve vaut mieux que la réalité. L'inconnu était plus aimable dans son incognito que le sculpteur dans son vrai nom et dans toute sa splendeur.

Dimanche 20 décembre

Outre les combats que je livre avec mes aiguilles, j'ai parfois des visions dont je ne parviendrai à purger mon cerveau qu'avec le temps et une ferme volonté. Je fais des comparaisons. Aujourd'hui, je suis dans mon intérieur silencieux et solitaire ; il y a quinze jours, le dimanche soir, j'étais dans la salle du spectacle illuminée au grand feu, décorée d'aigles impériales. Et dans cette salle est une loge et dans cette loge se trouve... Mais non ! fuis loin de moi, ombre malfaisante, ombre traîtresse ! Pourquoi mon imagination rebelle à l'empire de la raison t'évoque-t-elle toujours ? Arrière ! tout est fini entre toi et moi, ton souvenir ne doit plus venir troubler la paix de mon étroit horizon. Je ne t'avais point cherchée ; tu es venue à moi, tu m'as poursuivie sans relâche. Je devais fermer les yeux : je ne l'ai point fait, j'ai regardé en arrière. Tu me fuis, tu m'évites avec le même empressement que tu avais mis à te rapprocher de moi. C'eût été là mon devoir de femme : je l'ai oublié, je l'ai négligé et me voilà punie puisque j'avancerai encore au moment où tu recules déjà !...

Mais je saurai me venger, lâche ! et je me vengerai. Dès que je le pourrai, je te punirai par un regard si profondément chargé d'indifférence et d'oubli que tu t'étonneras toi-même de n'en avoir pas encore essuyé de pareil.

Ce sont là les imprécations de Didon, mais Enée ne les entend pas.

1853

Samedi 1ᵉʳ janvier

Un événement inattendu a jeté la joie dans l'âme de la tante Strohl. Hier, le jour dernier de l'année, arrivent trois lettres d'Angleterre, l'une de Léonie qui annonce à ses parents qu'elle est demandée en mariage par son professeur de piano, monsieur Seiffard ; l'autre de monsieur Seiffard lui-même qui demande aux parents Strohl la main de leur fille ; la troisième de miss Evans qui conseille cette union en parlant de monsieur Seiffard comme d'un homme honnête, sincère et de talent.

Dans une de ses dernières lettres, Léonie disait à sa mère que miss Seiffard, l'une des directrices du pensionnat, était fort vigilante gardienne du cœur de son frère, qu'elle avait peur constamment que l'une des pensionnaires ne s'amourachât de son frère et que Léonie était chargée du soin de le garder pendant qu'il donnait ses leçons de chant et de piano. «Du reste, ajoute Léonie, les craintes de miss Seiffard ne sont pas sans fondement, car monsieur Seiffard est un très bel homme.» Et voilà maintenant qu'il s'amourache de sa gardienne elle-même : c'est à quoi miss Seiffard ne pensait pas du tout.

Léonie a une heureuse étoile : passer en Angleterre en qualité de ménagère dans un pensionnat, y passer cinq mois, y trouver un homme de talent qui fera fortune un jour, qui s'amourache d'elle et lui tend la main à elle, pauvre fille sans dot, sans talent, sans instruction, sans activité soutenue, c'est avoir du bonheur, c'est être un enfant chéri de la providence. Je ne veux pas ici lâcher la bride à ma langue venimeuse et faire d'elle un plus long portrait défavorable. Qu'elle soit heureuse, que Dieu, dont elle implorait sans cesse le secours et un mari qui la délivrât du soin ennuyeux de pourvoir elle-même à son existence, lui continue sa protection ! Elle a tout lieu de lui dire merci puisqu'il vient de combler ses vœux les plus intimes et les plus chers.

Emma Bucherer est ici avec sa tante folle, son mari distrait et son caractère égoïste et mesquin qui m'ennuie à mort, quoique sa mère nous fasse bien du plaisir à nous. Nous avons pris le punch chez eux la veille de

Noël et le dernier jour de l'an et mercredi, il y avait chez eux une soirée musicale des plus éclairées, des plus harmonieuses et des plus bonbonnées.

Emma reçoit lettre tendre sur lettre passionnée. Elle répond sur le même ton, c'est-à-dire tendrement, avec abandon. Monsieur Brandhoffer qui, effectivement, manie la plume comme un poète m'a adressé une petite missive fort polie et fort aimable à laquelle j'ai répondu cette semaine sur le même ton en tâchant de mettre mon style à la hauteur ou, s'il se peut, au-dessus du sien. Mais voilà déjà l'orgueil qui me reprend, et pourtant, je suis capable encore d'un bon sentiment. J'ai versé des larmes de joie aujourd'hui et c'est un souhait de nouvel an écrit par la main de ma servante Marie qui m'a causé cette douce émotion. Elle en avait préparé trois, un pour chacun de nous : ils nous attendaient, rangés en ligne sur le piano du salon. Hier, en descendant de chez les Roederer à onze heures et demie, nous voyions encore de la lumière dans sa chambre ; cette veillée prolongée nous étonne, Emma surtout en avait la tête fort montée et s'endormit en se promettant de lui faire une fameuse chasse le lendemain. La nuit porte conseil. Nous ne voulions pas, ce matin, débuter dans la nouvelle année par faire un carillon à notre servante et à onze heures, en revenant de l'église, il nous fut facile de nous convaincre de la cause de la veillée de la pauvrette au noble cœur dévoué, envers laquelle nous nous étions endormies avec des intentions si peu charitables.

Demain soir, les Roederer, Keller, Bucherer passeront la soirée avec nous et je voudrais qu'elle fût passée déjà. J'ai pris un bain le dernier jour de l'an et je n'y ai pas laissé mes ennuis. Adèle Hornus a reçu aujourd'hui à cinq heures du matin une boîte contenant le portrait d'Emma en daguerréotype, des bonbons faits de sa main pour monsieur Hornus, des jarretières, également son ouvrage, et une cuiller d'or pour sa petite filleule. Aujourd'hui, il nous est arrivé d'elle un *roschkuchen* et des *hirschhörnle*, pâtisseries wissembourgeoises, son œuvre qu'elle prie Emma d'accepter avec indulgence et de trinquer à sa santé en accompagnement. Les deux boîtes se sont croisées et les deux amies sont le même jour en extase l'une de l'autre.

Dans huit jours, madame Roederer veut reprendre l'abonnement au spectacle. Elle compte sur moi pour l'accompagner ; il serait impoli de ne pas le faire. Mon cœur bat de plaisir et de mal. Pourquoi, je n'ose m'avouer ce sentiment à moi-même et, pourtant, en face de cette loge sans laquelle tout ce plaisir n'aurait pour moi pas de charme, je me promets de jouer une comédie superbe. L'avenir prouvera si j'ai eu la force de la jouer jusqu'au bout.

Mercredi 19 janvier

« L'homme propose et Dieu dispose ! Où la chèvre pèche, faut qu'elle broute », dit le père Molière. Les jours les plus intéressants de ma vie sont les soirées que je passe au spectacle : la musique, l'aspect des costumes, les gais propos que j'entends, c'est la lampe de mes nuits, comme les journées courtes et mes travaux sans cesse interrompus sont le fiel de mes jours.

Notre abonnement au spectacle a commencé donc dimanche le 9 par l'opéra de *Robert* [189] qui était furieusement mal rendu. Mais ce n'est pas de quoi je me plaignais le plus ce soir-là : quelques ennuyeuses bavardes avaient fait à madame Roederer des visites si longues que nous arrivâmes des derniers et que, ô déboires ! nous ne trouvâmes de place que sous... la loge des lions. Impossible donc d'y plonger les yeux ; je ne voyais pas même la main de ceux qui occupaient les places sur le bord. Mon pressentiment noir s'était donc réalisé : j'étais dans l'impossibilité de voir et l'on me cherchait... peut-être ? Une soirée de perdue, murmurai-je en moi-même ; il faut donc que j'espère encore au mardi. Le mardi tant désiré arrive. On nous donnait *Raymond ou le Masque de fer* [190]. La pièce est charmante, pleine de situations intéressantes. Monsieur Montaubry chante comme un ange, madame Montaubry a des costumes de fée. Mon attention était partagée entre la scène et la loge qui ne donna abri, jusqu'au second acte, qu'à deux ou trois individus. Ne point venir pour madame Montaubry, au moins si ce n'est pour la pièce, me paraissait étrange. Une inquiétude constante me faisait regarder de droite à gauche ; je perdais de vue les acteurs et je ne voyais point arriver celui qui mettait ma patience à l'épreuve et mes nerfs dans une certaine irritation. La soirée se passa ; personne ne vint appuyer sa longue chevelure grisonnante contre le pilier. Jeudi : *Le Prophète* [191]. Oh ! pour le coup, c'est un grand opéra, de la musique large. La loge resta déserte pendant le premier acte. Mauvais augure ! vaine attente ! Pourtant, ce soir-là, le sort apitoyé sur les tortures secrètes de mon cœur m'offrit une consolation : la basse-taille, l'un des trois anabaptistes, portait ce soir-là une longue robe de prêtre noire, une chevelure et une barbe grisonnantes. L'acteur a dans le teint et dans le profil quelque chose du sculpteur ; il est de vingt ans plus jeune, mais cette fois, la ressemblance était frappante. Je n'avais d'yeux que pour lui et au lieu de braquer mon lorgnon sur la loge des lions, je le tenais attaché sur le trio des anabaptistes dont je ne voyais que le tiers. Toute la pompe du couronnement dans la cathédrale de Munster occupa moins mon attention que cette perruque et cette barbe grisonnantes.

Vendredi, *Napoléon à Sainte-Hélène* et *Le Chalet* [192]. J'ai déjà cru remarquer que le vendredi était le jour d'absence ; pas le moindre espoir : ça ne vaut pas la peine, l'affiche n'est pas séduisante, n'y pensons plus. Aucun acteur n'est là porteur d'une barbe grise, pour remplacer dans ma mémoire cette autre barbe dont l'aspect m'émeut. Profitons des distractions que nous offre le hasard. Un jeune homme blond est assis à mes côtés ; il m'adresse la parole, il connaît tous les acteurs, il me parle de la loge des étudiants qu'il a occupée pendant quelque temps, de sa mère qu'il a engagé de retourner au spectacle qu'elle fuyait depuis quinze ans. J'appris dimanche qu'il s'appelait Goupil et était fils de Goupil, professeur à la faculté et médecin [193] dans le temps de monsieur Etienne de Marmier de fameuse mémoire.

Dimanche, sur le chemin de l'église, je m'arrête devant l'affiche : *La Dame aux camélias*, promise, annoncée depuis un temps immémorial. « *La Dame aux camélias* est une lorette », a dit monsieur Brandhoffer au chevet de sa sœur, ce jour même où il était venu m'inviter. La pièce sera donc leste ; on ne se gêne pas de rire en face des propos équivoques. Ce sera un motif de venir, on sera là. Supposition manquée, personne ne vint. Les premières loges étaient toutes occupées par des mamans ; il y avait absence totale de jeunes filles. La pièce n'est pas aussi leste que je le pensais, pas aussi inconvenante que le vaudeville *La Rue de la Lune* qui précédait. Une idée philanthropique a guidé la plume de l'auteur, Alexandre Dumas fils. Il donne à son héroïne des vertus romaines, un dévouement inouï, et la fait mourir, victime de ce dévouement et d'un amour grand et vrai. C'est vouloir réhabiliter un genre de femmes auxquelles la société a jeté la pierre et parmi lesquelles on trouverait peut-être difficilement cette abnégation sublime.

Mardi, encore *La Dame aux camélias*…. Pour le coup, la salle est à moitié vide ; jamais en hiver je n'ai vu telle pénurie d'auditeurs. Ce lit, cette agonie, cette morte, tout va reparaître. L'honnête étudiant en médecine est indigné, il regrette de n'avoir pas pris de sifflet pour siffler la pièce. Il s'informe d'une clef à droite et à gauche, il dit que cette pièce est trop ennuyeuse en même temps que trop leste pour la province, qu'elle est bien à Paris où l'on a épuisé toutes les émotions et où l'on va en chercher là où l'on ne devrait pas en chercher. Un officier, en sortant, disait : « Je trouve la dernière scène indécente, indécente ! *La Dame aux camélias* m'a donné dans les genoux, je ne savais plus comment me tenir. Il n'y a que les barbes blanches pour excuser ce dévergondage d'imagination. » Un monsieur à cheveux tout blancs prétendait à monsieur Goupil que la pièce était parfaitement faite du commencement au bout, et cette société de lorettes a trouvé un zélé défenseur dans le père Roederer.

« Et de deux », dit Marchand, quand il croit avoir empoisonné son homme. « Et de six », dis-je à mon tour. Je n'espère plus rien. Décidément, j'ai du malheur en amour. « Malheureux en amour, heureux au jeu. » Peut-être ferais-je bien d'essayer de jouer comme Armand Duval ? A défaut d'un adorateur qui, peut-être, ne l'est plus, donnons toute notre attention aux acteurs sans toutefois s'aventurer dans les sentiers ténébreux d'une passion nouvelle.

Vendredi 25 mars, semaine sainte

On fait bien de suivre toujours ses inspirations. J'étais fort démoralisée il y a deux heures. Malgré la sainteté de la journée, malgré la communion à laquelle j'ai pris part ce matin, les discours de nos pasteurs m'avaient faiblement recueillie. Comme Jean-Jacques Rousseau auquel l'aspect d'un pupitre causait de l'ennui et qui ne trouvait ses inspirations que dans la campagne, je suis toujours moins pieuse en face de la chaire et de l'autel. Après notre sermon de l'après-dîner, j'allai avec ma sœur et Marie à la cathédrale pour voir le saint-sépulcre. Il se trouve sous le chœur dans une grande chapelle à voûtes magnifiques. Grande était la foule qui s'y pressait et l'on pouvait y voir autant de curieux que de fidèles. Protestants et catholiques se coudoyaient ; c'est une chose qui manque à nos églises protestantes de ce qu'elles ne soient pas ouvertes à toutes les heures du jour à ceux que la piété entraînerait parfois au pied de l'autel. Cet orgue retentissant sous ces voûtes sonores, ces chants, ce chœur illuminé de cierges, ces lampes suspendues aux arcades, ces vitraux coloriés reflétant d'un côté encore le jour, cette foule qui circule, dont une partie est agenouillée, font un ensemble saisissant dont on ne ressent jamais l'impression dans nos temples par trop simples et dépourvus de toute figure grandiose. J'étais plus recueillie que dans ma propre église dans cette cathédrale catholique dont le rythme pourtant me semble ridicule. Et, chose curieuse, il fallut que j'allasse visiter le saint-sépulcre pour revoir un de mes anciens adorateurs et pour me convaincre qu'il m'adore toujours. Nous avions vu monsieur Roessel, le notaire, passer devant nous sur la place Gutenberg. Il avait le même plan de campagne que nous car, en arrivant en face de la cathédrale, nous le vîmes en franchir les marches. Nous descendons dans la chapelle ; il y arrive, il se trouve si près de nous que son coude et son chapeau me touchent et qu'il ne sait comment les placer pour ne pas me gêner. Il remonte avant nous. Je le crois disparu : pas le moins du monde, il nous guettait au passage. Pendant une demi-heure nous restâmes en face du chœur à écouter ces chants. Lui aussi semblait leur prêter une attention profonde, mais pourtant, à la façon dont il tournait parfois la tête pour voir si nous étions encore là, je vis qu'elle était partagée.

Pour bien terminer, nous revînmes chez nous après nous être arrêtées devant tous les magasins de confiseurs et après avoir compté des yeux tous les œufs en sucre et tous les lièvres aux oreilles blanches. A la cathédrale, outre le caractère imposant de l'église, une autre émotion vint encore m'assaillir. Je m'arrêtais devant la statue d'un évêque élevée il y a six ans à peu près et je me disais : où donc est le créateur de toutes ces merveilles, pourquoi, dans la semaine sainte, ne vient-il pas faire ses dévotions dans cette église qui est la sienne et qu'il a ornée des travaux de son génie ? Mais j'eus beau invoquer son souvenir, il ne vint pas, tout aussi peu qu'au spectacle où je l'attendais vainement.

(FIN DU SIXIEME CAHIER)

Lundi 23 mai [194]

Trois années de ma vie sont entassées dans le volume qui est là, sur la table près de moi. Pour commencer celui-ci, j'y jette les yeux et je vois que mes dernières notes sont datées du mois de mars. Ainsi, pendant plus d'un grand mois, rien ne me poussait à ce journal. Rien d'important ne marquait donc ma vie, rien ne valait la peine d'être inscrit pour l'avenir. Et maintenant, que tout est changé !...

La destinée de ma sœur va s'accomplir ; elle est fiancée à l'ami de son cœur ! Emma se marie à monsieur Brandhoffer !... et au mois d'août. Notre existence va changer de face. Un grand pas est déjà fait. Les fiançailles sont déclarées à la face du monde depuis le dimanche de Pentecôte, 15 mai, et c'est pour cette raison même que je ne trouve qu'aujourd'hui un instant de solitude pour tracer sur le papier quelques faits remarquables de cette histoire nouvelle et pourtant déjà si ancienne, et dont le tout premier commencement remonte à la Pentecôte de 1851.

Il y a quinze jours, mardi, Emma expédiait de bonne heure sa dernière missive... Jeudi matin, à sept heures, je quittais ma chambre à coucher quand madame Roederer entra chez nous pour m'apporter, d'un air de mystère, un programme de concert. Elle entra la première au salon où je ne songeais pas à la conduire, et là, établie sur le canapé, elle me déclara qu'à dix heures du soir, elle avait eu la visite de monsieur Brandhoffer. Il était annoncé pour la fin de la semaine ; grande fut ma surprise de le savoir déjà là. Emma survint : nous essayâmes de la préparer peu à peu, de la faire deviner. La petite sotte faisait fausse route et de mieux en mieux et se donna, au lieu d'un grand mouvement de joie, tout d'abord une frayeur, pensant que la visite matinale de madame Roederer annonçait une maladie d'Emma Bucherer qui, par parenthèse, est accouchée d'une fille depuis quelques semaines. Madame Roederer tenait en main un billet que monsieur Brandhoffer lui avait écrit en gare du chemin de fer. Ce ne fut qu'après que je lui eus mis l'adresse sous les yeux que la lumière se fit dans le chaos de ses idées. Monsieur Brandhoffer était venu, accompagné d'un commissionnaire du chemin de fer porteur de ses bagages et de sa missive. Il avait fait porter sa lettre en haut, faisant prier monsieur Roederer de descendre auprès d'un voyageur, et au moment où celui-ci allait quitter sa chambre, il y était entré, versant un torrent de larmes. « Mon père a-t-il été chez monsieur Weiler ? » fut sa première question, et sur la réponse négative, il ajouta que dans quatre jours, il fallait que tout fût fini.

Etrange hasard, nous quittions la famille Roederer à neuf heures et demie et à dix, quand il descendait l'escalier, il n'y avait plus de lumière chez nous. A huit heures le jeudi matin, nous étions au poste à la fenêtre du bureau comme naguère au mois de novembre dernier. Huit heures sonnaient à la cathédrale quand, par la tant fameuse rue des Hannetons, déboucha, casquette en tête, badine à la main, le visage rouge d'émotion et les joues sillonnées de larmes, la démarche chancelante, le débarqué revenu d'hier, l'idole du cœur d'Emma. J'étais assise auprès d'elle ; elle était émue, un peu pâle. Elle lui sourit, il découvrit la tête et un sanglot accompagna son salut. Deux heures après arrive la servante de madame Schneegans portant un petit billet daté du jardin Polty, signé du nom de Fritz et terminé par quelques lignes de la main de Fanny. Monsieur Brandhoffer demandait à grands cris qu'Emma, accompagnée par moi, vînt le rejoindre à la campagne qu'habitait sa sœur. Il faisait un temps détestable : pas un rayon de soleil au ciel, pas une parcelle de terre sèche dans le sol. Nous tînmes conseil ; nous courûmes chez nos bons amis, monsieur et madame Roederer : il fut convenu qu'Emma écrirait un petit billet de refus dans les termes les plus doux à son adorateur impatient et qu'elle lui ferait comprendre qu'il ne fallait pas s'exposer au blâme du monde ni à la désapprobation des patriarches de la famille auxquels ce revoir ne paraîtrait, s'ils en avaient connaissance, qu'un coupable rendez-vous !

Le lendemain matin, madame Schneegans vint avec une lettre de son frère, la plus triste, la plus exagérée, la plus désespérée, la plus lamentable, la plus déplorable des missives. Une raison perdue, un cœur épris, une attente froissée avaient dicté ces lignes, mais des yeux clairvoyants les lurent, des esprits calmes les jugèrent. Nous poussâmes même la philosophie jusqu'à en rire. Emma elle-même ne plaignit pas son amant passionné et impatient tout à fait. Elle alla jusqu'à dire qu'il n'était point raisonnable et que ce n'était pas le bout du monde que d'attendre à la semaine prochaine pour se revoir, qu'après six mois de séparation et de patience, il fallait bien en avoir encore pour quelques jours. Le fait est que madame Schneegans vint nous dire que monsieur Wagner ferait la demande à Papa le jour même ou le lendemain ; c'était ce que monsieur Brandhoffer avait obtenu le jeudi soir après lui avoir fait voir le billet d'Emma et après avoir versé force larmes. Il avait passé son jeudi, le lendemain de son arrivée, à courir d'une sœur à l'autre, faisant chaque fois trois quarts de lieue de trajet et mélangeant désespoir, larmes, cris, sanglots, jérémiades. Fanny disait qu'elle n'avait jamais vu hurler ainsi.

Le 13 mai, le vendredi à une heure, monsieur Wagner arriva. La séance ne fut pas longue : elle dura un quart d'heure tout au plus. J'avais passé la matinée dans une agitation fébrile. Je me préparais pour un bain, j'épousse-tais, je brossais ma garde-robe d'hiver. Chaque pas qui résonnait dans l'escalier me faisait frémir et disparaître dans la cuisine si bien que l'après-midi, j'avais la tête si perdue que je me mis à nettoyer mes socques à la cuisine, que je passai une éponge sur le vernis tandis que se tenait la fameuse séance. Je n'avais pas achevé que, déjà, j'entendis refermer la porte du cabinet et que mon père entamait déjà le sujet avec Emma. Faites donc des suppositions dans la vie, broyez du noir ou voyez des nuages couleur de rose : tout se passe ou bien mieux ou plus mal que vous ne l'espériez. Cette fois, ce fut le cas premier. Sans changer de visage, mon père transmit à Emma le motif de la visite de monsieur Wagner, ajoutant qu'elle le connaissait sans doute déjà. Il lui parla de son avenir et de son sort avec beaucoup plus de calme qu'il n'en avait mis, quelques jours auparavant, à opter avec moi entre du vin de Bourgogne et du vin blanc. Il lui exprima quelques réflexions toutes pleines de sollicitude paternelle, disant que le père l'ayant rassuré sur la position du jeune homme, il ne lui restait plus qu'à s'informer de son caractère et qu'il ne voulait point l'exposer à épouser un homme qui eut un caractère violent dont la sensibilité d'Emma ne supporterait pas les brusqueries. Il ajouta encore qu'il n'irait pas chez des étrangers s'informer de monsieur Brandhoffer dont il n'avait aucun souvenir, quoiqu'on lui dît qu'il l'avait déjà vu, mais qu'il s'adresserait à madame Schneegans et à son mari, qui, plus que toute autre, pourrait lui donner sur le compte de son frère toutes les notions désirables. Samedi, il fit cette démarche dans l'après-midi et le dimanche de Pentecôte à onze heures du matin, il rendit à monsieur Wagner sa visite et octroya au jeune homme la permission de venir dans la maison.

Mais j'anticipe deux incidents. Monsieur Brandhoffer nous avait fait avertir par Fanny qu'il passerait devant la maison à huit heures du matin et à neuf du soir. Le vendredi soir donc, Emma me pria de me mettre à la croisée avec elle pour lui donner un peu de contenance et de courage. A l'heure sonnante, il vint dans son incognito ; il salua en sortant de la ruelle et après avoir été jusqu'au bout, il revint sur ses pas et en passant sous la croisée, nous souffla très distinctement : « Oui », à quoi nous répondîmes par la même monosyllabe, ne sachant trop si cela se rapportait à la séance du jour même ou à la réponse qu'il attendait les jours suivants. Le samedi, le matin il revint encore. Le soir, il était accompagné par son frère Adolphe de retour d'Allemagne depuis quelques heures. Ce bon jeune homme s'était empressé de l'escorter dans ce voyage nocturne. Emma était seule cette fois ; les jeunes gens jetèrent leur casquette et passèrent.

Le lendemain, donc dimanche, se leva clair et serein le jour à jamais fameux dans les annales d'Emma. La Pentecôte s'annonçait belle. Emma savait, je ne sais comment, que monsieur Brandhoffer serait à l'église. Elle abrita sa petite tête rosée sous son chapeau de paille rose et nous nous mîmes à marcher dans la direction du quai. Il venait du côté du pont Saint-Thomas avec un ami. Il marcha devant nous à la distance de trente pas et, ingénieux en stratagèmes comme toujours, il sortit, tout en marchant, le cantique de la poche droite pour le glisser dans celle de gauche et nous avertir ainsi du but de sa course. A l'église, il occupait la galerie supérieure et ses yeux de faucon nous sourirent et nous parlèrent à plusieurs reprises. Nous revînmes chez nous, moi par un détour, Emma directement. Il s'était mis à ses trousses et avait, pour être remarqué, heurté son parapluie de façon à le renverser ainsi que la petite porteuse.

Quand je revins chez moi, mon père avait endossé son habit pour aller porter sa réponse à monsieur Wagner. Pendant que nous l'attendions, madame Roederer vint avec monsieur et madame Jobard. Nous instruisîmes ces dames de la visite que faisait Papa. Celui-ci arriva quelques minutes après qu'elles nous eurent quittées. Selon son habitude, réservant l'essentiel pour la bonne bouche, il nous entretint longuement d'un sujet peu important et qui, dans le moment, ne nous intéressait guère pour nous dire à la fin qu'il venait d'avoir une entrevue avec monsieur Wagner, qu'il avait trouvé madame seule d'abord, que le jeune homme était arrivé après, qu'ils s'étaient parlé quelques instants, que ce dernier avait dit qu'il allait chercher son père, qu'il n'avait point reparu avec celui-ci, et qu'enfin, Papa avait quitté la famille Wagner en exprimant le désir de recevoir le jeune homme chez lui. Notre dîner se passa dans un certain silence et dans une certaine émotion.

A deux heures, mon père s'apprêtait déjà à mettre ses gants et à saisir son chapeau pour aller faire sa quotidienne lecture des journaux. J'étais tout juste en discussion avec lui, voulant le retenir et n'y parvenant pas, et m'informant comment en son absence je recevrais monsieur Brandhoffer. Comme un ange descendant du ciel pour me tirer d'une situation pénible, l'apparition de sa haute taille dans la rue des Hannetons vint mettre fin aux débats et détruisit pour un jour la lecture des journaux. Mon père le reçut dans son cabinet ; je m'établis avec Emma sur le canapé dont la robe fanée allait sur le déclin de ses jours figurer encore dans cette auguste entrevue. Emma était émue et pâle comme de rigueur. Miss Ophélia, fidèle à ses principes laborieux, avait saisi un petit tricot de dentelle et agitait ses aiguilles sans trop savoir ce qu'elle faisait. Les deux femmes épiaient les deux hommes qui riaient et causaient assez haut. Un quart d'heure s'écoula dans cette attente qui pesait lourdement au cœur d'Emma. Enfin, la porte s'ouvre... pour laisser passage à monsieur Brandhoffer en toilette de marié : habit noir, gilet et gants blancs, badine et chapeau en main. Personne ne dit mot. Les yeux pleins de larmes, il alla à Emma pour lui prendre la main, la baiser sur les deux joues et lui remettre un diamant étincelant dans un écrin, l'anneau de fiancée. Je lui tendis la main ; il la prit et frotta ses moustaches sur mon visage.

On s'assied en cercle, on cause, mon père se déboutonne. Il dit qu'il y a deux ans, lors de la partie d'Allerheiligen, il avait déjà senti la mèche, qu'au bal Capaun, monsieur Brandhoffer s'était trahi et qu'un ami l'avait averti, lui, que ce bal pourrait traîner à sa suite le mariage de sa fille. Quoique la conversation fût des plus vives et des plus animées, personne, à l'exception de mon père, ne savait trop ce qu'il disait. Quand monsieur Brandhoffer parlait de ses voyages, nous n'avions guère bonne contenance et lui manquait d'avoir la conscience nette. La porte de la chambre à demeurer fut ouverte quelquefois, ce qui fit que je me levai à plusieurs reprises. Madame Wagner vint vers trois heures, je la reçus en lui disant : « Ce n'est pas vous, madame, que j'empêcherais d'entrer. » Elle était venue pour embrasser sa nouvelle belle-fille et pour nous conduire chez Fanny. Ce fut avec elle que nous franchîmes le seuil de la maison. Le jeune homme avait pris les devants pour chercher les images destinées à la petite fille de Fanny. Ce prétexte l'enchantait pour mille raisons : d'abord, il ne voulait pas faire sa sortie officielle dans l'heure même de la première entrevue et, en second lieu, il avait saisi l'occasion pour quitter elbeuf et gilet blanc et reprendre sa redingote chérie. Sur le pont de l'Esprit, le spirituel fiancé de ma sœur lui offrit le bras la première fois. D'un saut, je fus dans mon rôle de maman. Nous fîmes avancer les jeunes gens et nous parlâmes meubles et trousseau. Quand nous arrivâmes au jardin, par le plus beau soleil et la plus riante verdure, mon père s'y trouvait déjà avec les époux Schneegans et les fils Wagner. Les deux amies, maintenant belles-sœurs, s'embrassèrent en pleurant. Monsieur Brandhoffer et moi imitâmes l'exemple. Arriva plus tard monsieur Wagner qui, de la façon la plus gracieuse, vint embrasser Emma puis moi. Les fiancés firent parfois bande à part, se promenant dans l'allée et disparaissant dans le bosquet. Monsieur Brandhoffer vint plus tard m'offrir aussi son bras et un tour de promenade. Il s'informa un peu du caractère, de la manière d'être de mon père, il me parla de l'entrevue que nous venions de passer, de la toute première qu'il avait eue avec mon père dans son cabinet et où celui-ci l'avait mis quelques instants sur la sellette, inquisition qu'il avait esquivée avec son habileté d'homme du monde (ce ne sont point là ses propres paroles, mais il m'avait fait entendre que cela s'était passé ainsi). Il revint sur le passé, sur les entrevues qu'il avait eues avec Emma chez Fanny, sur leur correspondance mystérieuse que j'aurais pu empêcher si je l'avais voulu et pour l'autorisation de laquelle il me remercia et m'embrassa. Nous étions arrivés dans le bosquet à cet endroit de notre conversation ; il me parlait avec chaleur, il me serra les mains et ses lèvres effleurèrent mon front. Des promeneurs marchaient sur la route voisine. Au bruit des baisers, dix têtes se retournèrent en même temps. Nous éclatâmes de rire tous deux et lui de s'écrier : « Je vous ai compromise ! »

Plus tard, je ruminai cette conversation. Voulait-il, tout en m'exprimant sa reconnaissance d'avoir autorisé la correspondance d'Emma, me donner une leçon sur mon extrême indulgence en relevant une faiblesse de ma part ? Il est homme et il est assez fin pour dorer une pilule de ce genre, mais depuis, j'ai pu m'apercevoir qu'à côté de beaucoup de malice, il a le cœur noble et généreux. Mettons tout cela, ce retour sur le passé, sur la vibration de ses nerfs qui, ce jour-là, étaient en émoi.

Avant huit heures, on quitta le jardin. Au quai, les familles se séparèrent, le fiancé reconduisit la fiancée. Sur la route du Rhin, un omnibus bourré de monde avait passé. Il y avait dedans quelques personnes connues : on se relevait derrière le vasistas pour bien regarder le couple. Monsieur Brandhoffer passa sa soirée chez nous. Le père s'absenta pendant une heure pour prendre sa bière. Je n'avais pas fait préparer de souper ; l'invitera-t-on, ne l'invitera-t-on pas ? Emma faisait la mine, Papa ne comprenait pas mes signes. Il ne faisait pas mine de quitter. J'étais comme atterrée par les diverses émotions de la journée, les ressorts de mon imagination et de mon savoir-faire étaient détendus, l'air boudeur d'Emma ne contribuait pas à me rendre ma présence d'esprit. A dix heures, monsieur Brandhoffer nous quitta après avoir pris... un verre d'eau ! Ce n'était pas celui de la reine Anne, il n'y avait pas de duchesse de Marlborough pour le lui jeter sur l'habit ; il l'avala fort heureusement tout seul. La fin de ce beau jour fut orageuse pour les deux sœurs : à peine le fiancé avait-il tourné les talons que des explications sans fin, des scènes de reproche commencèrent. Emma, ne sachant pas trop si l'on avait commis une bévue ou non, jugea prudent de la croire telle et jura que de sa vie, elle ne remettrait plus les pieds dans la famille Wagner de honte d'avoir laissé quitter monsieur Brandhoffer l'estomac vide. Moi, j'invoquai le ciel d'abréger mes jours et la nuit qui suivit le fortuné 15 mai fut aussi mauvaise qu'on aurait pu la craindre. Nous nous étions agacé les nerfs mutuellement si fort que nous nous fourvoyâmes sans cesse davantage.

Il avait promis qu'il reviendrait le lendemain à onze heures pour nous conduire chez sa sœur. Pour réparer le souper manqué, on ne l'invita pas à dîner. A onze heures, nous sortîmes donc pour la première fois pour affronter l'artillerie des regards curieux, et comme toujours en pareille circonstance, ceux-ci ne firent pas défaut. C'était un lundi de Pentecôte ; il y avait du soleil, beaucoup de monde dans les rues et, parmi cette foule, des visages connus. Monsieur Brandhoffer était heureux, il riait et causait beaucoup. Il s'interrompait à tout moment pour dire que nous n'étions pas assez sérieux et pourtant, c'était lui qui l'était le moins. Après avoir embrassé sa sœur et son beau-frère, nous être arrêtés là une demi-heure, il avait déjà assez fait de visites. Il proposa le rempart pour nous montrer le banc où il avait coutume de s'asseoir quand, le soir, il était passé sous les croisées de la dame de ses pensées. La cloche de l'hôpital sonna midi : nous nous levâmes, il nous reconduisit en nous souhaitant bon appétit et en promettant de revenir à une heure. Nous lui fixâmes celle de deux. Recommencèrent les visites. Tante Strohl, c'était là ce que nous avions à faire dans notre famille, le reste le regardait lui. J'eus la présence d'esprit cette fois, mais un peu tard, de faire préparer une petite collation pour le soir. J'invitai le matin sa sœur et son beau-frère. Je le chargeai, à trois heures, d'inviter sa mère et ses frères et ce fut ainsi que s'organisa une petite soirée assez divertissante. On rit, on causa, on joua, on fit des expériences de magnétisme. Emma, le soir, me fit compliment sur cette improvisation ; le jeune homme, le lendemain, y vint joindre les siens et nous nous crûmes réhabilitées un peu.

Le lendemain et les jours suivants furent consacrés à annoncer la grande nouvelle aux bonnes amies. On laissa deviner d'abord. Nous entendîmes d'autres noms ; personne ne prononça celui de monsieur Brandhoffer vu que jamais nous ne l'avions nommé à personne. Chez les uns, nous fûmes reçues avec joie, chez d'autres avec plus de raideur, mais partout, nous eûmes bon accueil. Madame Hepp versa des larmes, ce qui m'attendrit le cœur. Elle songeait au passé, à ma mère.

Monsieur Brandhoffer est le plus empressé des fiancés. Quoique nous faisant régulièrement ses deux visites par jour à une heure et venant passer la soirée, il ne manque pas le rendez-vous à la fenêtre à huit heures du matin. Deux ou trois fois déjà, il ne s'est pas contenté du sourire de sa jolie fiancée, il est venu chercher lui-même le baiser qu'on lui envoyait tacitement. Une fois, le prétexte était des compliments de madame Wagner, une autre fois, un cornet de chocolat, une troisième, un bouquet. Hier donc, il a fait chez nous son premier repas. Le menu en était gentil, mais la volaille dure. Marie n'avait pas toute sa tête ni les cheveux peignés avec soin. Le bœuf, excellent toute la semaine, était mauvais, les assiettes froides. On attendit ce malheureux festin une demi-heure. J'avais aidé Marie pour achever ; j'apportai à table une tête rouge et un tremblement dans les mains. Je massacrai les viandes à faire pitié et je bavardai comme une pie pour distraire Emma de ses chagrins culinaires et pour détourner l'attention de ces deux hommes de ces mets infortunés.

Le but de la promenade de l'après-midi fut encore le jardin de Fanny. Elle avait, en outre, la visite de sa belle-sœur et de sa famille. La famille Wagner arriva en voiture en compagnie de madame Schmidt et de deux enfants ; il y eut grand cercle. Il rentra avec nous. Marie avait fait un souper passable : nos estomacs se trouvèrent contents. Les deux enfants passèrent leur soirée à s'embrasser et à jouer. Emma étala aux yeux de son fiancé, qui ne voyait qu'elle, tous ses bijoux, ses nécessaires, ses boîtes, son argenterie. Il n'est pas nécessaire de se creuser la tête pour nourrir la conversation avec monsieur Brandhoffer. Si l'on était trop paresseux de desserrer les dents, il en ferait à lui seul tous les frais tant il est causeur spirituel, animé. Il ne venait pas trois jours dans la maison que, déjà, il connaissait tous nos tiroirs, tous nos recoins, toutes nos manies, toutes nos faiblesses. Ce n'est pas une connaissance de dix jours, c'est un frère qui a été élevé avec nous et qui nous appelle ses enfants.

Dimanche 19 juin

Le plus magnifique soleil inonde la terre de ses rayons. Enfin nous tenons l'été, le beau temps ! On le salue avec des cris de joie ; c'est comme le naufragé qui s'écrie : « Terre ! terre ! »

Mais avec le beau temps, nous avons perdu notre ami : le fiancé d'Emma est loin d'elle. Comme Monime, elle est veuve sans avoir eu d'époux. Pour remettre son estomac délabré par les voyages, monsieur Brandhoffer, sur les conseils de son médecin, est allé aux eaux. Il est parti le 4 de ce mois et reviendra le 29. Cinq lettres plus délicieuses les unes que les autres sont déjà venues réjouir la petite délaissée. Il est impossible d'écrire mieux que n'écrit monsieur Brandhoffer, ni plus spirituellement, ni plus poétiquement. Son absence laisse dans notre demeure un grand calme que nous bénissons toutefois puisqu'il nous permet de nous occuper du trousseau à tête reposée. Bien des tracas, bien des agitations vont précéder encore le grand jour du mariage. Visites, dîners, présentations, promenades ont rempli les trois semaines de fiançailles que nous avons passées avant son départ. On a commandé les meubles pour prendre son avis qui variait selon les objets qu'il voyait. J'espère que les ouvrières parviendront à confectionner pour l'époque voulue le peu de commandes que nous avons distribuées à droite et à gauche pour être servies plus sûrement. Ce mariage, tout rapproché que nous en sommes déjà, me paraît un événement si extraordinaire que je ne sais pas comment nous nous y prendrons pour y jouer les premiers rôles.

Vendredi 8 juillet

La main tremblante, le larynx en feu, le cœur triste, l'esprit détendu, je profite des dernières clartés du jour pour tracer quelques lignes sur le papier. J'ai manié le fer à repasser presque tout le jour ; c'était le dernier acte d'une œuvre commencée mardi, d'un savonnage blanc et pur comme la neige qui vient de tomber, que le soleil de juillet a séché dans l'espace de quelques heures et que mes mains se sont appliquées à rendre éblouissant.

Ma sœur a passé trois jours à Bade avec madame Wagner et son fiancé qui s'y était rendu le samedi soir. Ils sont revenus avant-hier vers midi transportés tous deux de bonheur : circonstances, nature, ciel, tout les avait favorisés. Lundi matin vint pour moi, de la part d'Emile Wagner, un billet qui m'annonçait que ma sœur resterait encore, accompagné d'une boîte et d'une broche que ce bon monsieur Brandhoffer me rapportait d'Ems. Enfin le voici de nouveau au milieu de nous, bon, aimable, spirituel, causeur comme par le passé. Pour bien mettre à profit son retour ici, il a fait à sa fiancée, heureuse et radieuse, quatre visites dans la journée d'hier. Dans le moment même, on fait une partie de foire, on va au cirque, à la ménagerie et moi... je garde la maison. C'est déjà un avant-goût de la séparation et je crois que je m'y ferai plus facilement que je ne le pensais. Ma sœur est déjà bien changée à mon égard et c'est à peine si elle a le temps de s'apercevoir si j'existe. Il a absorbé toutes ses facultés, tout son cœur et il ne reste plus rien pour la pauvre sœur qui n'est plus qu'un meuble utile, indispensable, dont on se servira jusqu'au moment où l'on quittera la maison. Alors on l'abandonnera avec le reste. Je fais souvent à Emma des reproches sur son indifférence à mon égard. Elle prétend que j'ai des exigences ridicules, mais le fait existe et il n'y a pas moyen de le nier.

Bref, tandis qu'elle s'amusait à Bade, j'ai travaillé comme un galérien. J'ai pris dans ses tiroirs gants sales, manches et cols, foulards, jupes et pantalons pour blanchir presque tout moi-même et lui faire la surprise à son retour de lui donner tout dans un ordre parfait. Cela m'a valu quelques éloges d'abord ;

puis on a trouvé naturel que je fis cette besogne en son absence comme si de rigueur les plaisirs lui appartenaient à elle et les corvées à moi, puis sont venus des regrets de telle ou telle chose qu'on aurait pu blanchir avec les autres et que j'avais trouvée dans un désordre affreux, il fallait ma mémoire des localités pour recomposer et retrouver ce qui avait été enfoui dans les coins. Pour le bouquet enfin vinrent les gros mots et pour être juste et franche, je répondis à tout cela par la déclaration qu'elle avait, au lieu de se plaindre, tout lieu de remercier le ciel d'être enfin délivrée de mon joug et qu'une fois dans la maison de son mari, elle n'aura pas à craindre d'être importunée par mes visites.

Voilà où nous en sommes venues. Ainsi tout finit en ce monde.

Mardi 1er novembre, jour de la Toussaint

Lorsqu'il y a quatre mois je fermais ce journal, le soleil d'été inondait la terre de magnifiques rayons. Une chaleur tropicale remplissait les airs, les journées étaient longues, claires, les nuits brillantes d'étoiles. Que tout est changé depuis ! les brouillards d'automne enveloppent la campagne comme une mer épaisse, immense. Les feuilles jaunies jonchent le sol humide ; plus de gaieté dans la nature, plus de chant d'oiseau dans les bois. Les moissonneurs se hâtent de rentrer les dernières récoltes, le chasseur parcourt les champs dépouillés et les forêts transparentes que la bise balaie. La déesse mélancolie a étendu partout son lugubre manteau.

Mais si quelques mois opèrent dans la nature de tels changements, n'en voit-on pas de pareils et plus frappants, plus saisissants encore dans la vie humaine où tout change de face et s'engloutit à toute éternité dans ce vaste torrent que l'on nomme le temps. O temps inflexible, inexorable ! tu flétris, tu brises tout, et la mort, ta compagne, nous guette au loin, s'approche à pas lents mais sûrs pour achever du coup de grâce la malheureuse créature humaine qui gémit et se débat sous les plaies que tu lui as faites. Jours de joie, jours de chagrins et de tristesse, jours de deuil, jours de souffrance se sont succédé pour moi dans l'espace court, mais bizarrement varié, de ces quelques mois.

Quand le vœu secret, unique, du cœur de ma sœur fut enfin exaucé par le ciel, par les deux familles, j'avais conçu le projet de faire suivre consciencieusement dans mon journal le détail de ces fiançailles, mais la force des circonstances m'a obligé de m'arrêter au tiers du chemin. Promenades, plaisirs, tracas, travaux sans nombre ne m'accordaient pas un quart d'heure chaque jour pour le consacrer à mes notes. Ne revenons pas maintenant sur les faits passés : ce serait une tâche longue, pénible et surtout interminable. Qu'il suffise de dire fiançailles, sérénade, fêtes, mariage, noces, voyage, retour, séparation, départ du mari, fausse couche d'Emma, tout s'est suivi avec sa rapidité ordinaire mais effrayante.

J'étais gardienne d'honneur cet été, je suis garde-malade maintenant. Monsieur Brandhoffer est en voyage depuis cinq semaines et comme Marlborough, ne sait quand reviendra. Emma est au lit depuis six jours, pleurant moins de douleur que de regret une imprudence qui a détruit une espérance chère à tout jeune couple. Le printemps passé, ma sœur espérait tout de ce mariage : prospérité, félicité. Voilà déjà une déception. Mais d'un autre côté, son mari l'adore et elle a trouvé dans cette union tout ce qu'elle cherchait, tout ce qu'elle pouvait désirer.

J'avais pour ma part bâti sur ce mariage un tout petit échafaudage d'espérances... et il s'est écroulé comme un château de cartes. Non pas quelques nuages, mais un gros orage a troublé mon horizon depuis que les liens de l'hyménée enlacent Emma. J'ai combattu pendant quelques semaines le plus violent chagrin que j'aie, je crois, éprouvé de ma vie. Je ne me souviens pas qu'une mort dans ma famille m'ait arraché des larmes aussi abondantes et aussi amères. Jamais la vie ne m'est apparue sous un jour aussi sombre que pendant les premières semaines du mariage de ma sœur, jamais la solitude ne m'avait paru si effrayante que lorsque je vis que ma sœur, dans les transports de sa lune de miel, semblait avoir complètement perdu le souvenir de mon existence et n'a pas trouvé dans l'espace de trois semaines, qui me semblaient une éternité, une heure à consacrer à la malheureuse délaissée. Plus que cela, elle alla jusqu'à se plaindre de moi à son mari, m'accusant de lui avoir fait une scène qui lui avait irrité les nerfs, moi qui ne lui avais reproché qu'un manque de tendresse. Après quelques explications les unes plus violentes que les autres, mon beau-frère m'offrit le plus galamment du monde de ne plus nous revoir si je ne leur faisais pas un accueil plus gracieux et ma sœur eut la générosité d'être tout à fait de son avis. Quand il me menaça de ne plus permettre à sa femme de refranchir le seuil de ma porte, une idée seule domina en moi et je capitulai. J'oubliai les ressentiments que j'avais contre lui et contre elle à cette idée affreuse de vivre séparées et d'un autre côté, je ne voulais pas que mon père souffrît du ressentiment secret que monsieur Brandhoffer m'a voué. Une réconciliation en bonne forme eut lieu ; l'on s'embrassa, l'on se revit, l'on se promena de nouveau ensemble, mais un sentiment de crainte vit toujours au fond de mon cœur et j'ai acquis la triste conviction qu'Emma, au moindre signe, sacrifierait une sœur avec laquelle elle a vécu vingt-six ans et qui l'a aimée avec la sollicitude d'une mère, à un homme avec lequel elle couche depuis trois semaines et qu'elle ne connaît pas encore. J'avais pendant toute cette tourmente les nerfs dans un état affreux, des insomnies continuelles, des larmes intarissables et, plus d'une fois, croyant succomber sous le mal qui m'ôtait presque la raison, je priai Dieu de me tenir compte un jour de cette douleur poignante qui m'était tombée sur le cœur.

Un fait plus simple est venu ajouter une nouvelle blessure à mon triste cœur. Le dimanche 23 octobre, nous avons perdu notre dévoué ami et protecteur, monsieur Daniel Roederer. La mort la plus prompte, la plus inattendue, l'a enlevé à sa femme désolée, à ses enfants au désespoir, accourus tous de trois pays différents avec la promptitude de l'éclair pour n'embrasser plus que le cadavre du meilleur des pères. Dimanche matin, il quitta sa femme en lui disant « au revoir » et descendit à son bureau. Un quart d'heure après, cinq personnes le portèrent mort sur son lit : un anévrisme l'avait emporté. Le désespoir de madame Roederer fut aussi affreux que le coup avait été inattendu. Elle ne quitta pas le corps de son mari jusqu'au jour de l'enterrement qui eut lieu le mercredi suivant, couvrant de mille baisers le visage glacé de son mari, voulant réchauffer son cœur et serrant ses mains, lui prodiguant les noms les plus tendres ; c'était un spectacle digne de pitié ! La nuit qui suivit le dimanche la trouva dans la même attitude. Ce ne fut que le lundi quand arrivèrent ses enfants, les uns après les autres, qu'elle se calma et consentit à quitter de temps en temps le lit mortuaire. Des dépêches télégraphiques avaient été expédiées au Havre et à Winterthur. Celui qui était le plus loin vint le premier. Lundi à huit heures du matin, monsieur Jules Roederer débarquait dans cette triste demeure. Dans le courant de la journée arrivèrent les dames avec leurs maris. Quelle désolation, quels cris de désespoir ! Les filles de monsieur Roederer remplissaient les escaliers de leurs sanglots. Un tel père valait de tels regrets.

Le dimanche soir tard, j'allai dans le jardin d'un horticulteur pour commander un bouquet que j'allai déposer le lendemain sur la couche mortuaire. La nuit tombait déjà. Le jardin est à l'extrémité de la ville ; je parcourus dans le crépuscule et dans les brouillards d'automne une longue allée d'arbres jusqu'à ce que je trouve âme qui vive. J'étais triste et je frissonnais. Voilà, me disais-je en regardant les feuilles tombées et les pâles fleurs d'automne, voilà le dernier cadeau que je ferai à un homme que j'ai aimé plus que qui que ce soit de ma famille, et qui, depuis sept ans que j'habite le même toit que lui, n'a jamais eu pour moi que le sourire à la bouche, des paroles gracieuses et des conseils de père et d'ami. O mort cruelle, tu ne respectes rien et tu détruis les liaisons les plus douces.

La mort du père Roederer a brisé pour jamais nos relations avec cette aimable famille. Que d'heureux moments nous avons passés ensemble, et maintenant, tout est fini. Dans l'espace de peu de semaines, le mariage m'a enlevé ma sœur, la mort un ami paternel et une femme qui a été bonne pour moi comme une mère. Madame Roederer va quitter Strasbourg pour toujours. Cette maison, maintenant, va me paraître un désert. Adieu visites du soir, adieu réunions autour de la lampe, adieu promenades d'automne et de printemps, adieu surtout spectacle et musique au Broglie. Me voilà seule au monde, sans amis, sans famille et plus abandonnée que je ne l'ai jamais été. Madame Thellung, Eugénie, est repartie pour Winterthur avec son mari. Le pasteur a regagné ses pénates le jour même de l'enterrement. Emma retourne à Gernsbach aujourd'hui et madame Roederer, accompagnée par sa fille aînée, va quitter lundi prochain pour s'établir à Winterthur. Hier matin, le fils Roederer m'a serré la main et m'a fait ses adieux. J'arrivais tout à propos dans le corridor pour le voir partir. Bon jeune homme, je ne le reverrai peut-être plus!... Plus que jamais, je puis dire : « L'homme propose et Dieu dispose ! »

Hiver long et triste dont je me proposais de rompre la monotonie par les soirées du spectacle où j'aurais eu pour fidèle compagne madame Roederer, tu m'apparais comme un abîme noir et profond. Adieu spectacle, innocente distraction, sursis aux chagrins que je voulais savourer à longs traits. Plus d'émotions, plus de tressaillements de joie en face de cette loge qui absorbait si souvent toute mon attention. Et puisque ici je consacre cette page aux regrets, aux adieux, que j'achève au moins toute ma pensée : sois donc oublié inconnu d'abord, puis sculpteur célèbre, toi qui pendant deux fortunés étés fut mon ombre fidèle. De ces entrevues qui faisaient ma joie, il ne me restera plus que le souvenir. Plus d'espérance, plus de revoir. Celle qui me servait de guide m'est ravie ; je ne puis, seule, bravant la voix du monde, porter mes pas aux lieux dont tu fais ton séjour : le théâtre et le Broglie me sont désormais interdits et le charme est rompu. Encore si une heureuse étoile te poussait parfois sur mon passage, mais j'ai beau parcourir la cité en tous sens, chercher, laisser errer mes regards partout « avec l'éternelle inquiétude des cœurs mélancoliques » (Dumas), je ne découvre nulle part l'objet dont l'aspect me ferait oublier bien des misères. Illusion détruite dont l'épi incliné va grossir la gerbe originelle. Pendant ce bel été, mon rôle de chaperon m'éloignait sans cesse des lieux où j'aurais pu le trouver.

Une fois pourtant, tandis que ma sœur faisait son voyage de noces, je me hasardai seule au Broglie. Je longeai la foule en tremblant et je passai furtive comme un oiseau qui fuit. Il était là, debout à sa place accoutumée, je le reconnus de loin à son maintien noble, à son air grave ; il regardait de mon côté au moment où je passai, mais je doute qu'il m'ait reconnue. Quelques jours après, madame Roederer me proposa la musique d'abord, puis une promenade après. J'acceptai avec un empressement fiévreux. Je me mis en grand gala, je me parai des atours qui me seyaient le plus, je jetai cent regards dans mon miroir. Le ciel, ce jour favorable à ma prière, me permit de voir celui après lequel mon cœur soupirait depuis longtemps. Je mis en œuvre mille petits artifices pour regagner notre ancienne place et nous y étions à peine que j'aperçus, avec un tressaillement nerveux, celui pour lequel j'avais fait tant de frais. Nous formions un groupe assez nombreux. Tout mon souvenir me revient : Emma Bucherer était avec nous, la bonne portant sa petite Emma se tenait à nos côtés et nous nous occupions souvent de cette enfant. De son côté, monsieur Grass était dans une conversation très animée avec un employé dont je connais le nom. Il gesticulait, riait et jetait parfois les yeux de notre côté, mais d'un air tout à fait vague, de la manière dont on regarde des étrangers qui ne piquent pas votre curiosité. Pendant les intervalles de la musique, nous nous mettions en mouvement et insensiblement, je tâchai de rapprocher mes compagnes de mon point de mire. Il paraît que l'attention profonde avec laquelle la dame au châle blanc et au chapeau garni de coquelicots suivait tous les gestes de monsieur Grass éveilla à son tour la sienne. Peu à peu, les yeux noirs de monsieur Grass s'attachèrent à ma figure puis parcoururent mes épaules, mes bras, mes mains. L'ardeur qu'il avait mise à entretenir la conversation s'attiédit, il cessa presque de s'occuper de son interlocuteur, mais hélas ! ce n'était plus cette joie du revoir, ces rayonnements, ces tressaillements, cette extase, ces baisers rapides et nombreux. Il avait cherché dans ses souvenirs, il m'avait remise, je m'étais aperçue que sa mémoire était fidèle, mais voilà tout ! La déception était grande sans doute, mais un reste d'illusion mourante avait doré la nuit.

Au mois de septembre eut lieu au palais une exposition des produits de l'art. Henriette Schneegans, les yeux humides du souvenir de monsieur de Hoeslin, l'admiration dans l'âme puisque le plus grand nombre des tableaux vient de Munich, patrie de son ami absent, vint me dire que rien n'était magnifique comme cette exposition. Ce ne fut pas pour moi un motif pour la voir, mais quand ma sœur vint me dire que le chef-d'œuvre de l'exposition était une *Suzanne au bain* par monsieur Grass, alors je n'y tins plus et je priai Emma presque à deux genoux de m'accompagner au palais. Ce qu'elle fit un dimanche après-dîner par le plus mauvais temps du monde. Nous parcourûmes d'abord quelques salles puis, à pas de loup, nous gagnâmes la dernière où était la statue. Que je me sentis émue à l'aspect de cette belle juive dont l'attitude pudique attestait la surprise et l'embarras ! Quelques hommes s'étaient groupés autour de la rampe qui entourait le marbre. Quoique mes yeux eussent trouvé très vite sur le socle «P. Grass, Paris», 1850, tout le monde n'avait pas, à ce qu'il paraît, la même clairvoyance. On demande le nom de l'artiste, une voix répondit «Grass» et les autres redirent le nom comme un nom connu en ajoutant : «C'est très bien.» Cet hommage me réjouit l'âme et, en dedans de moi, je me dis avec ivresse, avec bonheur : le créateur de cette merveille t'a poursuivie de ses regards pendant deux longs étés. Tu as été l'objet de l'attention constante du grand artiste !...

Samedi 17 décembre

J'ai été ce matin en compagnie de ma sœur livrer mes dents blanches aux crochets de monsieur Lambert. Il m'a pris dix francs pour la séance de trois quarts d'heure en prétendant avoir fait à ma mâchoire un bien infini. Effectivement, si telles sont les choses, ce n'est pas trop d'argent pour cela. Ma chère petite sœur, qui est veuve depuis lundi, m'a gratifiée pour mes étrennes d'une étole ravissante et de deux paires de beaux gants. Demain elle viendra passer la journée avec moi ; nous irons au concert Jauch l'après-midi. Pour le dîner, je fais une tourte et je rôtirai un canard sauvage. Je mettrai pour le concert mon étole neuve et mes beaux gants de sorte que j'aurai le quadruple avantage d'avoir le cou, l'estomac et les mains bien garnies, et le râtelier aussi superbe que possible.

Mais puisque je suis lancée à dire des folies, je veux achever ma confession tout entière et être d'une franchise extrême. Le soir, quand la nuit tombe, une femme en manteau noir, la tête coiffée d'un chapeau noir, un voile noir sur le visage, glisse, furtive, par les rues. Elle se dérobe aux regards, elle longe les trottoirs comme un oiseau de nuit qui fuit le bruit et la lumière, elle décrit chaque soir le même circuit. Elle débouche par la Grand-Rue, elle suit les Arcades, elle entre dans la vaste rue de la Marseillaise ; c'est là qu'elle ralentit le pas. Quand elle tourne l'angle de la rue, son cœur commence à battre. Elle glisse dans la rue du Dôme, c'est là que ses regards avides guettent les passants : elle cherche sous un chapeau d'homme des traits fins et pâles, une barbe grisonnante et, quand le dieu des amours malheureux la prend en pitié et laisse tomber de sa corne d'abondance un grain de bonheur, quand elle a aperçu le visage du sculpteur, elle tressaille de joie. Elle regagne son foyer à pas rapides, et tout le soir, son imagination est occupée de cette apparition hâtive comme un tableau de fantasmagorie. Cette coupable, inutile de la nommer, on la devine ; le sculpteur, je l'ai dit ! Je l'ai vu deux fois dans l'espace de dix jours.

La première fois, le pur hasard m'avait servie ; c'était mardi, le 6 du mois courant. Je venais de quitter ma tante Strohl avec laquelle j'avais fait une promenade. Je revenais par la rue du Dôme par laquelle un instinct secret de mon cœur m'entraîne toujours. Près du magasin d'Emile W. tout resplendissant de lumières, un homme marchait sur le trottoir. La lueur du gaz tombait en plein sur sa barbe grise. Il jeta un regard fixe sur la femme voilée qui passait près de lui et, de ses talons, se mit à battre le pavé. Je pris ce mouvement pour un affront s'il m'a connue, pour un piège s'il ne me reconnaissait pas. Je ne fus pas désillusionnée pour cela.

Jeudi le 15, je me promenais avec ma cousine Henriette dans le givre et dans les frimas, causant de monsieur de Hoeslin, d'ancienne mémoire, et discutant sur la profondeur du cœur allemand. Ma malheureuse cousine n'est pas encore consolée de l'absence de son ami. Elle a sans cesse dans l'âme un temple consacré à sa mémoire. Dieu veuille que je n'en fasse pas autant pour monsieur Grass ! Et je suis en voie d'y arriver. Je pris congé d'elle devant la porte de sa belle-sœur et, comme un déserteur, je fuyai du côté de la rue fortunée. J'arrivai presque au bout, désappointée, désespérée. Je marchais dans la rue, rasant le bord du trottoir avec mon manteau. Soudain apparaît à ma vue une taille de jeune homme, manteau court, port élégant. Un mouchoir fin et blanc brillait dans l'ombre ; il s'en servait avec conscience, avec bruit. La blancheur éblouissante du mouchoir avait tout d'abord frappé mon attention, mais que devins-je quand monsieur Grass, plus jeune, plus beau, plus distingué que jamais, tourna vers moi ses yeux noirs ! Je ne sais s'il me reconnut sous mon voile, mais au coin de la rue, je ne fus pas maîtresse de me retourner après lui, prenant pour stupide prétexte la verrière d'un magasin qui, je crois, était vide. Il ne regardait pas en arrière, mais il se mettait en mouvement seulement !... et je me flattai de la douce pensée que de l'œil, il avait suivi mes pas.

Mercredi 21 décembre

Comme Torquato Tasso qui commence sa *Jérusalem délivrée* en priant la muse d'inspirer ses chants, je serais tentée de l'invoquer aussi pour embellir ce que je vais dire. Monsieur Grass m'admire, monsieur Grass m'aime, monsieur Grass m'adore toujours, toujours encore !... O bonheur, ô ravissement suprême, ô félicité ! Et aujourd'hui, je voulais être tout à lui, je ne voulais vivre que de son souvenir, du souvenir d'hier, et dans cette arène insipide que l'on nomme la vie de ménage, tant de choses prosaïques viennent vous détourner de vos idées gracieuses et mettent le frein aux élans de l'imagination. Je dérobe un quart d'heure à cette journée fuyante pour dire qu'hier à onze heures du soir, je rentrais chez moi la béatitude dans l'âme. Mais je parle d'une façon confuse, comme un oracle, et il est temps que je pose clairement les faits.

Hier dans l'après-midi, je travaillais à quelques bonnets pour les enfants pauvres quand le domestique de la maison Wagner vint m'apporter de la part d'Emma un billet ainsi conçu :

« Ma chère Amélie, monsieur et madame Wagner me chargent de t'inviter à aller avec moi voir *Marco Spada* [195]. Je te prendrai à six heures moins le quart. J'y compte, au revoir, Emma. »

Une vive rougeur empourpra mon visage et je m'écriai : « Georges, dites à ma sœur que je serai prête. » L'ex-cuirassier, le beau garçon a cru peut-être que son aspect me causait ce ravissement. A peine Georges avait-il fermé la porte qu'elle se rouvrit pour laisser passage à mademoiselle Schneegans à laquelle je jetai ces mots : « Je ne me sens pas d'aise, je suis heureuse et comme une reine ! » Elle se mit à cligner de l'œil en disant :

« Je me suis aperçue en entrant, au rayonnement de ton visage, qu'il s'est passé quelque chose d'extraordinaire. Es-tu fiancée peut-être ? dit-elle avec un peu de tremblement dans la voix.

— Mieux que cela, répondis-je avec arrogance, je vais en loge ce soir.

— Mais encore, je ne comprends pas !...

— Tu ne comprends pas, mais je verrai mon inconnu, ma conquête de l'été dernier, et je me ferai belle pour lui. Pour lui, je mettrai ma robe de soie et mon col à la Marie Stuart. »

Henriette avait l'air troublé. Elle était venue pour me chercher pour une promenade. Je mis mon chapeau avec empressement. J'avais déjà un pied dans la loge et je sentais au frémissement de mes doigts que pour cet après-dîner, ils manieraient très mal mes aiguilles. Nous nous promenâmes dans les frimas pendant une heure et demie et Henriette m'entretint de la solidité du cœur allemand. Je revins chez moi ; au moment où, penchée sur ma bijoutière, j'allai choisir les bracelets qui me siéent le mieux, on vint frapper à ma porte. C'était monsieur Bucherer qui venait m'annoncer sa femme pour le lendemain. Tout aimable qu'est monsieur Bucherer, je le souhaitais pour le moment dans son pays natal ! Il eut l'air de deviner le vœu secret de mon cœur, car il s'esquiva bientôt. J'eus tout le loisir de m'embellir autant que possible et de prendre mon thé vert qui a le pouvoir de donner à mon imagination l'état le plus agréable.

A six heures, Georges vint m'appeler de la part d'Emma qui attendait au bas de la rue. Avec quelle joie je vis ce petit capuchon rose qui devait me servir de chaperon dans cette loge fortunée. Oui, loge fortunée, car ce soir je fus heureuse, complètement heureuse, ineffablement heureuse ! Heureuse comme je ne l'ai été de longtemps, comme je ne le serai de longtemps ! Plus d'une fois dans le courant de la soirée, je fus tentée de m'écrier avec don Carlos : « *Dieses Glück der Zufall wiederholt* [196]. »

Pour cette soirée, nous étions les seules dames dans la loge ma sœur et moi ; il ne s'y trouvait que monsieur Knoderer et Baer et grâce à cet incident, nous eûmes l'avantage d'occuper les premières places et d'être ainsi exposées aux regards. Je revis avec un plaisir toujours nouveau le vaudeville de *La femme qui se jette par la fenêtre*. Je suivis la pièce avec intérêt quoique la fameuse loge restât vide. Ce ne fut que vers la fin du vaudeville qu'un inconnu vint occuper un des sièges. Emma, qui ce soir-là n'était pas distraite par la présence de son mari, pouvait me vouer toute son attention, ce qu'elle fit avec assez de bonne grâce. Elle se pencha à mon oreille en me disant : « Ne sois pas inquiète, on n'est jamais là pour le vaudeville, mais on ne manquera pas *Marco Spada*. » Ce fut elle encore qui m'avertit dans l'entracte que celui que j'attendais avec inquiétude était arrivé. Je n'en crus pas d'abord mes yeux quoique pourtant j'y comptasse positivement. La salle était passablement froide ce soir ; monsieur Grass garda son manteau. C'était bien lui : toujours cet air de nonchalance, toujours ce visage de marbre, cette chevelure taillée comme celle des rois dont les statues ornent le fronton de la cathédrale, toujours cette barbe qui, d'année en année, devient plus grisonnante et cet anneau d'or au quatrième doigt. Mais ce soir, le statuaire ne fut point immobile comme l'une des statues sorties de ses mains ; il s'anima, il causa, il rit. Emma, qui d'ordinaire se refuse à croire même ce qui se passe sous ses yeux, me dit que jamais depuis qu'elle vient au spectacle elle ne l'a vu aussi animé, qu'il n'adressait jamais la parole à qui que ce fût, qu'elle ne le voyait jamais sourire, que les autres le saluaient avec un sentiment d'épouvante comme un être abstrait que l'on n'ose tirer de ses méditations, mais que ce soir, ils lui faisaient tous les frais et qu'en un mot, monsieur Grass était fou de bonheur.

Oui, effectivement, il l'était. Il ne lui fut pas possible de prêter son attention à la scène, aux acteurs et, ce qui m'étonne plus encore, aux actrices pendant dix minutes consécutives. Il est vrai que je n'étais pas plus attentive que lui et que, si ses regards se tournaient de mon côté à tout instant, les miens, par contre, étaient toujours aux aguets pour les surprendre et y répondre. Il était à peine établi dans sa loge que je ne sais par quelle révélation subite, il m'avait déjà aperçue, moi qu'il a perdue de vue depuis tout un an pour ainsi dire, car je ne compte pour rien les rencontres furtives de l'été passé, moi qui ai changé de figure peut-être et surtout de toilette et de chapeau. Les deux nœuds lamés d'or que ma modiste a attachés dans l'intérieur de mon chapeau ont fait merveille hier au soir. Ce n'était peut-être qu'eux, mais le fait est que pareils à deux phares brillants, ils attiraient sans cesse les regards du sculpteur. « Le sournois », me disait parfois Emma en riant. Et effectivement, monsieur Grass avait l'air de se trouver lui-même en grand défaut de curiosité, car il lui arrivait très souvent de retourner la tête quand je surprenais ses yeux attachés sur mon visage. Au moment où la toile se levait, un troisième voulait s'asseoir sur la banquette qu'il occupait ; il glissa rapidement à droite, se rapprochant de notre loge le plus possible. Ce mouvement me réjouit le cœur et me permit de constater qu'il m'avait bien reconnue. Le témoignage de ses yeux, quelque perçants qu'ils soient, ne lui suffisait pas encore : dédaignant sa propre lorgnette, il s'aida de celle de son voisin et la braqua sur notre loge avec une longueur et une constance qui me fit battre le cœur.

Tout ceci s'était passé avant l'ouverture de *Marco Spada*. Son attention va être absorbée par le spectacle, pensai-je en moi-même. Les acteurs une fois en scène, il ne me regardera plus. Et j'aurais voulu prolonger cet entracte, quelque long qu'il fût déjà, indéfiniment, mais la plus douce désillusion vient me caresser de ses ailes bienfaisantes. Mon aspect avait plus de charmes pour monsieur Grass que l'opéra tout charmant qu'il est, que d'Hoogue qui fait merveilleusement le brigand, que les minauderies et les beaux costumes de la Dugazon, que mademoiselle Borchard elle-même qui a des épaules comme une Vénus, une voix de sirène et des toilettes de fée ! Il me regardait sans cesse, toujours et toujours. Il semblait savourer à longs traits un plaisir dont il avait été sevré longtemps, dont il sera privé peut-être de longtemps. Il avait l'air, et je n'exagère point, de contempler une vision du ciel qui allait regagner le séjour infranchissable dont elle était descendue. Il retrouva tous ses charmes fascinateurs d'autrefois, il fit tourner sa bague, il toucha sa chaîne et trois baisers mystérieux glissèrent sur ses doigts à l'ombre du pilier et m'affirmèrent que, ce soir-là, il m'aimait plus que jamais.

Tous les lions de la loge n'eurent pas le courage de voir mourir Marco Spada. Comme si tous s'étaient donné le mot, d'un commun accord, ils se levèrent comme un seul homme. En une seconde, la loge fut vide : tous l'avaient quittée, tous à l'exception de monsieur Grass qui a l'habitude de se retirer d'ordinaire le premier. Il paraît que ce soir un aimant puissant le retenait dans cette salle. Aussi, quand l'espace fut vide autour de lui, quand aucun regard indiscret ne pouvait plus le surprendre, il s'adonna tout entier à sa contemplation et à l'objet pour lequel il était resté beaucoup plus volontiers que pour le bandit italien. Monsieur Grass tourna le dos à la scène et son visage à mademoiselle Weiler. Il me fallait cette fin comme compensation à la grande frayeur qu'il m'avait causée pendant un entracte où je le vis saisir son chapeau et sortir. Mais cette disparition ne dura que dix minutes ; il revint, s'appuya sur le dossier d'un fauteuil et... me contempla. Emma prétendit qu'il avait l'air d'un chasseur à l'affût. Les autres revinrent. Avec la prestesse d'une couleuvre, il regagna sa place au moment où un autre allait s'en emparer. Il tenait évidemment à ne point perdre son point de vue.

En quittant le spectacle, déjà dans l'escalier, monsieur Baer eut la politesse de m'offrir le bras ; je l'acceptai avec une reconnaissance apparente quoique cela me contrariât au fond de l'âme. Après tout ce qui s'était passé, je jugeai que monsieur Grass se tiendrait en bas à l'ombre et en me voyant au bras de cet homme qui avait occupé la même loge tout le soir, il conclurait, s'il ne sait pas encore qui je suis, que c'est mon mari qui me conduit. Effectivement, devant le jardin du général, un homme drapé dans un manteau court se retourna, fit quelques pas en arrière pour nous bien revoir. Je supposai que c'était monsieur Grass qui gagnait la rue Brûlée d'un air qui disait : « Je l'avais bien pensé. » Conviction désespérante. Dans ma joie et dans mon délire, je me suis très peu occupée de mes voisins et dans le courant de la soirée, j'ai fait si peu de frais d'amabilité à monsieur Baer que monsieur Grass, certes, a eu tout lieu de croire que c'était mon mari !

1854

Vendredi 6 janvier

J'oublie presque de saluer l'année nouvelle dans la hâte avec laquelle je vais tracer ma soirée d'hier. Je n'ai pas été si profane et si écervelée dans les derniers jours de 1853. J'ai fini l'année en bonne chrétienne : j'ai été à l'église à cinq heures du soir par le froid et la neige, à la lueur des flambeaux. J'ai fait pénitence et je me suis humiliée devant Dieu et le dernier soir de l'année et la matinée de l'année nouvelle, et après avoir fait mes devoirs de bonne chrétienne, j'ai pris la liberté de m'adonner à la folle humeur qui réside depuis quelque temps dans mon cerveau. Il est étonnant qu'avec la passion profonde que j'abrite, il me semble, au fond de mon cœur, mes joues gagnent chaque jour en incarnat et que mes bras et mes épaules s'arrondissent comme aux beaux jours de mon adolescence.

Je le confesse, j'ai fini l'année dans le souvenir de monsieur Grass et en la recommençant, cette image perfide et trompeuse surnageait encore dans mon imagination. Je dis perfide et trompeuse ; oui, car depuis quinze jours, j'ai nourri ma solitude des souvenirs de mardi 20 décembre et hier qu'un heureux hasard semblait me promettre d'en ajouter encore de plus doux, monsieur Grass avait ou la berlue, ou était d'humeur morose, ou me croit femme mariée.

Hier à trois heures de l'après-midi, sous un humble costume, un petit cabas au bras et par un dégel épouvantable, je parcourais les rues pour soigner quelques commissions. Au moment où je sortais d'un magasin sur le Vieux-Marché-aux-Poissons, je vis tourner l'angle du magasin Leclerc celui auquel dans le moment, par extraordinaire, je ne pensais pas du tout. Il tourna sa pâle figure de mon côté sans me voir et moi, séparée de lui de trente pas au moins, je me lançai sur ses traces avec l'agilité d'un jeune daim. Il entra sous les arcades balançant les bras, plongeant les yeux dans chaque verrière, regardant chaque dame, se retournant après chaque enfant. Dans mon impatience de me faire reconnaître, je le dépassai, mais ne me remit-il point ou fut-ce méchanceté de sa part, il changea de direction et ne me suivit pas. C'était déjà une déception ; j'avais fait pour le suivre un grand détour par des chemins presque impraticables pour des pieds de femme et je n'obtins pas la moindre récompense.

De la rue du Dôme, je fus chez Emma. Madame Wagner travaillait près d'elle. Je parlai de l'affiche qui portait le nom de *La Favorite* et elle me proposa d'y aller à sa place. J'acceptai avec reconnaissance, songeant également que les succès du soir me dédommageraient de l'entreprise manquée de l'après-midi. Vaine espérance, déception amère ! Monsieur Grass vint dès le premier acte, monsieur Grass ne trouva pas sa place accoutumée : la tête d'un autre assis devant lui me dérobait sans cesse la sienne. De son côté, il ne fit aucun effort pour se soustraire à ce paravent humain.

Pourquoi monsieur Grass, il y a quinze jours, ne prêta-t-il aucune attention à *Marco Spada* qui, pourtant, est un opéra nouveau, et fut-il si attentif à *La Favorite* qu'il doit savoir par cœur ? Cette froideur, cette indifférence m'étaient inexplicables. N'a-t-il pas songé à me chercher, ne m'a-t-il pas vue ? Je ne puis le croire, car une fois, il me tourna le visage et fit un mouvement de tête comme s'il me saluait ; il effleura sa moustache de sa main et lorgna longtemps de mon côté. Ses voisins le gênaient peut-être ou ma voisine, qui était Frédérique Baer, le dérangeait-elle ? Je me perds en conjectures. Pourtant au dernier acte, les lions désertèrent. Ils n'étaient plus que trois ; il changea de place, prit celle attitrée derrière la colonne. Je me flattai d'abord de l'idée que c'était pour me mieux voir, mais attente illusoire, il se cacha derrière ce pilier du salut et tant que dura le quatrième acte, ne daigna pas m'adresser un regard.

O bizarrerie du cœur humain ! En rentrant chez moi, je regrettais toutes les minutes que j'avais consacrées à regarder l'ingrat. Pourtant mon oreille était attentive si mes yeux furent parfois distraits. Aucun de ces beaux airs ne m'échappa et ils me bercèrent toute la nuit à tel point que je rêvai de monsieur Grass : je marchais avec lui dans une maison nouvellement construite. Nous manquions d'air constamment. C'était une réminiscence de la soirée : il m'avait fait étouffer par sa conduite inqualifiable.

Et je ne rougis point de retracer son nom sur chaque page de ce journal, de n'écrire pour ainsi dire que lorsque j'ai l'occasion de parler de lui.

Lundi 30 janvier

Et non, je ne rougis point : c'est pour parler de lui et rien que de lui que j'ouvre ce livre et que je saisis la plume, profitant d'un instant de solitude tandis que mon père va lire ses journaux, que la pluie tombe à grands torrents et qu'aucune visite importune ne viendra troubler ma rêverie.

O folie, ô dérision amère de l'âge qui s'approche ! Adieu dernier et pénible de la jeunesse qui s'en va ! Nous sommes au cœur de l'hiver ; le mauvais temps, mes ouvrages nombreux et pressés, mon goût du repos ne me permettent point de sortir beaucoup ni de chercher dans les visites des distractions que, dans le moment, je n'y trouverais pas. Je suis donc tranquille chez moi, seule, assise dans ma fenêtre devant ma chiffonnière, poussant mes aiguilles sans relâche. Mais quelque agiles que soient mes doigts, mon imagination fait des bonds encore plus rapides. Quand le soleil perce les nuages, que je vois une échappée de ciel bleu, quand je respire dans les airs je ne sais quel souffle ravivant et printanier, alors mille images riantes, mille souvenirs heureux viennent m'assaillir. Cet air pur et tiède me rend la mémoire des temps passés. L'été est là ; il fait chaud, je suis au Broglie avec ma chère madame Roederer (qui hélas ! ne m'y conduit plus), coiffée d'un chapeau de paille, un mantelet léger sur les épaules. Mes yeux se promènent avec satisfaction sur ces panaches rouges flottants des soldats qui exécutent de ravissantes symphonies, sur cette foule muette et attentive, mais le soleil, l'air, la musique et la foule ne me suffisent pas encore. Un fantôme se lève au milieu d'elles. Il ne m'inspire ni crainte ni épouvante ; je le cherchais, je m'attendais à ce qu'il soit là pour moi. Mais pourquoi sa bouche est-elle toujours muette et ses regards parlent-ils tant ? Il ne me dira jamais rien et pourtant, il me regarde et me suit toujours !... Et cet homme, qui est un grand artiste, je l'ai vu pendant deux longs étés me regardant sans cesse, me lançant des baisers par milliers, effleurant presque de ses épaules les rubans de mon chapeau et les pans de mon mantelet, me guettant au passage et nous croisant toujours. Et que de fois n'a-t-il pas suivi mes traces quand la musique avait cessé et que la nuit tombait, me suivant à dix heures du soir jusqu'à la porte de ma demeure, s'arrêtant devant chaque magasin où je m'arrêtais pour saisir, à la lueur du gaz, un trait de mon visage. Et tout cela devrait cesser ainsi ? Je ne puis parfois y croire. Sait-il qui je suis ? A-t-il appris mon nom comme j'ai su le sien ? Mystère inexplicable. Pourquoi dans cette salle de spectacle où je le revois parfois, joue-t-il tantôt l'indifférence, tantôt l'amour et l'admiration ? Où passe-t-il ses heures libres, qui a-t-il aimé, qui aime-t-il encore ? Il a eu pour moi un caprice passager, mais quel est l'objet de sa passion réelle ? Toutes ses pantomimes, toutes ses manières et ses manœuvres pleines de malice me font supposer que c'est un homme à bonnes fortunes et qui a la routine des aventures galantes. Sous cette enveloppe de vieillard, sous ces cheveux gris, sous ce pâle visage qui conserve néanmoins des traces d'une ancienne beauté, sous ce corps qui parfois me semble de glace bat un cœur chaud, sensible encore à l'amour. Est-ce aux pieds d'une reine de théâtre qu'il exprime ses feux ?

Mercredi 19 avril

Je n'en puis croire mes yeux : voilà deux mois complets que je n'ai touché à ce journal et pourtant, tant d'événements se sont succédé depuis. Il est vrai que le moteur véritable, la comète qui m'y attire n'a point fait depuis son apparition au ciel ; je n'ai pas vu monsieur Grass. Le carnaval passé l'a sans doute attiré à Venise, la semaine sainte à Rome… et quand je ne le vois point, j'ai l'imagination creuse et le cœur vide.

Vendredi dernier, vendredi saint, j'ai été voir avec Marie le saint-sépulcre à la cathédrale et, tout en parcourant d'un œil curieux toutes ces chapelles, toutes ces voûtes, toutes ces colonnes, toutes ces statues, j'invoquais le souvenir du statuaire dont je voyais les œuvres peut-être sans les connaître. En face de l'horloge, près de l'un des portails, est placée la statue de l'évêque Werner. Son attitude est noble, sa chevelure est comme celle du sculpteur. Ma pensée interrogeait la statue, mais la statue de pierre ne me répondait pas de quelles mains elle sortait.

O chère dame Roederer, que vous me manquez dans le moment ! Pardonnez si quelque intérêt personnel se mêle aux regrets de notre séparation, mais jamais elle ne m'a semblé si cruelle. Le printemps est magnifique. Depuis le 1er avril, une belle et joyeuse musique militaire résonne au Broglie. Le grand artiste, de retour de ses pèlerinages, a repris peut-être ses habitudes, et moi, malheureuse pour laquelle la musique, le Broglie et monsieur Grass sont toute l'existence, je suis condamnée à ne plus les revoir. N'est-ce pas mourir déjà tout en vivant encore ?

Mon beau-frère est revenu dans le mois des lilas. Il y a huit jours, car mardi soir nous étions au concert Jauch ma sœur et moi, elle en pompeuse toilette venant d'achever ses nettoyages, ses préparatifs et n'attendant son mari que pour le jeudi saint. Je rentrai après neuf heures avec ma servante quand je fus apostrophée devant ma maison par un inconnu de haute stature portant casquette et badine. Un cri perçant s'échappa de ma poitrine quand je reconnus mon beau-frère qui me serra la main, m'embrassa sur les deux joues et s'enfuit à toutes jambes pour rejoindre sa femme qui, dans le moment, regagnait sa maison sans s'attendre le moins du monde à ce revoir inespéré.

Dimanche 23 avril

Lorsque j'étais au beau milieu des tracas de ma lessive, quelqu'un vint de la part de mon oncle annoncer que sa femme était morte. La voilà donc dans un cercueil et sous terre cette femme belle et pleine d'esprit, ayant toutes les vertus, mais n'étant pas parvenue à laisser après sa mort une réputation sans tache tout aussi peu que de son vivant. Je ne voudrais point redire toutes les chroniques scandaleuses qui courent la ville sur les causes de cette mort, mais ce qu'il m'est plus important de noter, c'est le délire fiévreux que le veuvage de mon oncle cause à ma cousine Henriette Schneegans. Elle n'a pas craint de présider à cet enterrement ; c'est elle qui, la première, a fait à mon oncle une offre qu'il n'a jamais osé hasarder. Elle ne redoute pas de franchir chaque semaine le seuil de cette maison mal famée, ni de recevoir chez elle cet homme que, depuis huit ans, tout le monde, c'est-à-dire les honnêtes gens, fuient comme un lépreux. Chaque dimanche, il vient la voir accompagné de ses deux enfants qui ne sont pas peut-être les siens et ma chaste cousine finira par épouser cet aimable veuf qu'elle cherche depuis longtemps et qui est tout trouvé maintenant dans sa famille.

Jeudi 25 mai

Depuis le 12 février, jour de neige et de pluie, le soleil du bonheur ne s'est pas levé pour moi. Il est impossible qu'il soit à Strasbourg à moins qu'il n'y soit malade ; s'il sortait, s'il parcourait les rues, il ne pourrait avoir échappé à mes recherches quotidiennes. J'ai écrit à son sujet, il y a quatre semaines à peu près, une longue lettre à ma cousine Léonie qui s'est informée avec une sollicitude toute maternelle si la passion de sa cousine était sérieuse, et sur l'éloge pompeux que je lui ai fait du talent, de la figure, de la haute position sociale du sculpteur, je ne crois pas l'avoir désabusée. J'ai parlé à ma sœur de la lettre que j'adressais à ma cousine. Elle a eu la curiosité de la lire et j'ai eu l'imprudence d'autoriser son mari à en faire également la lecture. Sur ce, interrogatoire de sa part, confession de la mienne. J'ai bâti là-dessus des espérances rosées. Hélas ! mon beau-frère est du nombre de ces égoïstes heureux que les passions d'autrui ne touchent guère parce qu'ils sont trop occupés des leurs. J'ai sollicité d'être chaperonnée par lui au Broglie, à la musique où je lui ferai voir le statuaire. J'ai réitéré ma prière vingt fois : il a le temps d'aller en tout lieu possible excepté en celui-là. J'espérais qu'après l'avoir vu il irait un jour au café Adam pour faire plus ample connaissance ; l'été se passera, nous n'irons pas au Broglie, il se remettra en voyage sans avoir été au café Adam. Vantez-vous de l'avantage d'avoir un beau-frère !

Dimanche 25 juin

Un profond scélérat !... Monsieur Grass est un profond scélérat : telles sont les paroles qui depuis quatre jours me trottent toujours par la tête, tel est le jugement que madame Wagner a prononcé sur l'idole de mon cœur. Et je ne suis que trop convaincue de leur véracité. Ne l'ai-je pas pensé cent fois moi-même ? Monsieur Grass, avant que je ne sache son nom, ne me faisait-il pas l'effet d'un roué, d'un homme à bonnes fortunes, sûr du pouvoir je ne veux pas dire de ses charmes, mais de ses fascinations.

Mais que je parle donc de madame Wagner et de son jugement. Il était question d'un mariage et mon beau-frère, avec sa rouerie ordinaire d'amener les choses, cria du fond du canapé où il s'était étendu qu'on lui avait parlé d'une passion que monsieur Grass, le sculpteur, avait inspiré à une demoiselle Ehrhardt de Schilick. Je faillis pouffer de rire et me trahir. Heureusement, nous étions dans les ténèbres et moi établie dans l'embrasure de la croisée avec Emma qui me fit signe de me contenir. Si par malheur j'avais pu voir

monsieur Brandhoffer auquel je tournais le dos, j'aurais éclaté. Madame
Wagner, renversée dans son fauteuil, répondit :

« Une intrigue de monsieur Grass... oh ! il y en a bon nombre. C'est lui qui
avait des relations avec madame Lauer que j'ai vue aux eaux de..., qui ne
faisait que réciter George Sand, crier contre son mari qu'elle taxait de sot et
parler de monsieur Grass qui l'avait aimée avec tant de passion. Et hasard
singulier, l'après-midi, ma couturière Julie m'avait dit cette histoire de
madame Lauer et d'un monsieur Grass, mais elle ne savait s'il était question
de sculpteur. »

Madame Wagner termina en disant : « Monsieur Grass .est un profond
scélérat.

— Madame, ajoutai-je du plus grand sérieux du monde, il faut pourtant
que ce soit un homme séduisant », et elle reprit : « Mais oui, c'est un homme
très séduisant. »

Vendredi 7 juillet

Je l'ai vu !... A neuf heures du soir, une pluie tombante nous chassa du
Contades, mon beau-frère, ma sœur et moi, où nous avions été dans une
baraque voir les saltimbanques. Pour garantir mon chapeau, j'avais rejeté
dessus mon mantelet de soie. Ainsi capuchonnée, je trottais à côté d'Emma
au bras de son mari. Nous prîmes le trottoir du Broglie. L'air était doux, le
café Adam illuminé ; en dehors, sous une espèce de péristyle recouvert, il y
avait quelques petits groupes d'hommes qui causaient. Comme d'ordinaire,
je ne pus m'empêcher d'y jeter les yeux... O surprise, ô bonheur ! je vis
monsieur Grass rajeuni, embelli, engraissé, couleur de rose, en compagnie de
deux hommes que je ne connaissais pas. J'annonçai ma découverte à Emma
avec un cri de joie. Ses yeux d'aigle constatèrent ce que la perspicacité non de
mes yeux, mais le pressentiment de mon cœur avait tout d'abord trouvé. Mon
beau-frère eut la complaisance de vouloir retourner sur nos pas pour pouvoir
passer une seconde fois. Il eut la précaution d'abattre le mantelet que j'avais
sur la tête. Je lui expliquai la place qu'occupait le statuaire. Nous passâmes :
c'était bien lui. Un moment, je crus qu'il m'avait reconnue tant ses yeux noirs
perçaient à travers la balustrade qui entoure le café. Soit mauvaise volonté,
soit que je ne me sois pas exprimée clairement, monsieur Brandhoffer
prétendit ne l'avoir pas trouvé.

Je l'avais vu, c'était tout ce qu'il me fallait.

Dimanche 23 juillet

Une chaleur tropicale accable les pauvres humains. Nos soldats français
en guerre avec les Russes périssent par les chaleurs, la guerre civile déchire

l'Espagne, on se tue à Madrid comme des mouches. La reine Christine, pour la septième fois, est venue chercher un asile en France. Le choléra sévit dans le midi ; à Strasbourg, quelques individus ont été frappés.

Dans ma demeure règne une propreté exquise, ma servante est un modèle d'ordre qui me seconde en toutes choses. Toute cette semaine passée, nous avons rangé, épousseté, nettoyé, relavé, tout brille, tout reluit. Pour complément, je suis allée me baigner hier. Aujourd'hui, pour aller à l'église, j'ai revêtu la toilette la plus fraîche du monde de la tête aux pieds, et blanche et rose me voilà renfermée entre quatre murs, bâillant aux corneilles et ne sachant songer qu'à monsieur Grass. Mon beau-frère m'a dit sentencieusement l'autre jour en me reconduisant chez moi : « Il y a dans cette figure quelque chose d'infernal, de Bertram [197], de Méphistophélès ; cet homme est votre mauvais génie qui vous conduira au mal. » Ne l'ai-je pas dit cent fois moi-même quand je voyais ces yeux noirs attachés à mon visage, quand à la nuit tombante il suivait mes pas, que cet homme me faisait l'effet du démon guettant sa victoire. Il faut qu'en pareil cas je rende justice à la perspicacité et à la promptitude du jugement de mon beau-frère. Il ne l'a entrevu qu'un soir, l'a reconnu deux jours après, et en a fait un portrait d'une ressemblance si frappante et si saillante que je suis persuadée qu'il ne s'est pas trompé de figure et qu'il n'a pas pris un autre mortel pour le célèbre sculpteur.

Il y a huit jours donc, nous revenions de chez Lips ; en passant devant le café Adam, nous y vîmes monsieur Grass en compagnie d'un autre monsieur coiffé d'un chapeau de paille. Il adressait la parole à cet individu et son profil se dessinait sur l'embrasure de la croisée. Voici les paroles textuelles de monsieur Brandhoffer : « Teint espagnol, yeux très vifs, pas de type alsacien du tout, air noble, bien plus jeune que je ne le supposais. »

Le lendemain soir était la clôture de la foire. Pour en jouir une dernière fois, nous allâmes voir le cheval savant. Au détour d'une allée, ma sœur pousse une exclamation : « Le hérisson ! » s'écrie-t-elle. Effectivement, c'était lui. Il tenait sa canne aussi négligemment que ses pieds et mon beau-frère partit d'un éclat de rire en disant que s'il tenait bien le cigare, il tenait furieusement mal la canne et qu'il faisait meilleur effet assis. Le lendemain, il m'écrivit à ce sujet quelques mots au bas d'une lettre. Je vais transcrire cette phrase : « Hérisson me rappelle le brigand calabrais fumant sa cigarette appuyé sur son espingole, mais pour Dieu, qu'il reste appuyé sans marcher ! »

Vendredi matin, après avoir fait mon marché, je courus chez Emma. Elle s'empressa de me raconter que son mari avait rencontré la veille monsieur Grass hors la porte d'Austerlitz : yeux noirs et perçants, teint brun, cheveux noirs entremêlés de gris, cigare brûlant comme si c'était un charbon, canne mal tenue, pieds paresseux, chapeau mal brossé, pantalon mal fait, chaussures de même. Il n'y a pas à en douter, ce signalement ne s'applique qu'à lui, mais la remarque de mon beau-frère me paraît charmante : « Il a du feu dans la bouche. » Oui, effectivement, comme le prince des ténèbres il vomit le feu par la bouche et lance des dards par les yeux !

Mardi 2 août

O barbe grise, pourquoi raffolé-je de toi ? Jamais dans les beaux jours de mon adolescence où j'étais entourée des hommages insensés des hommes, jamais ni cheveux noirs ni cheveux blonds ne m'ont causé l'émotion que j'éprouve à l'aspect de la barbe grisonnante de monsieur Grass. S'il ne la possédait pas, je crois que, de ma vie, je n'eusse fait attention à lui. Si j'aime les barbes grises, celles-là en revanche ont de la sympathie pour les cheveux blonds ; hier encore, un monsieur à favoris gris, d'une figure aristocratique comme monsieur Grass, me regarda fixement sur le trottoir en disant très haut en passant près de moi : « Oh ! la jolie personne. » Et trente-deux ans et des rides !

Lundi 7 août

Le ciel, dans sa miséricorde, me dédommage de mes nuits d'insomnie et de mon existence solitaire par l'aspect d'une personne qui, plus que toute autre au monde, a l'air de s'intéresser à moi. J'ai vu monsieur Grass jeudi matin et soir, je l'ai revu hier et je me plais à croire que la passion qu'il a éprouvée pour moi il y a quatre ans n'est pas encore à l'état de cendres froides.

Je brode pour ma future nièce, ou neveu, une petite jaquette en piqué. Jeudi matin, je sortis donc pour soigner et l'étoffe et le dessin. Je passai par la rue du Dôme ; je jetai les yeux dans la rue Brûlée. Que vis-je ? monsieur Grass et sa barbe grise. Il me regarda fixement, j'en fis de même. Une file de voitures passait à côté de moi : c'était une noce. La fiancée était belle et parée ; dans la seconde voiture il y avait des bonnets de paysannes. J'espérais que monsieur Grass me suivrait peut-être, mais je n'osai regarder en arrière pour m'en convaincre. Devant le grand portail de la cathédrale il passa soudain à ma gauche, à pas de loup, la tête baissée, tenant un parapluie mal fermé, comme un larron pris en flagrant délit de vol. Je ralentis le pas, sa bouche resta muette, je franchis le seuil du magasin Preis ; il tourna le coin, passa presque sur la verrière et me jeta un regard malin.

Le soir, j'avalai mon café de bonne heure, je fis habiller ma servante, je m'habillai. Je pris mon courage à deux mains et le chemin du Broglie. Un regard sorti de la foule me tira du léger embarras dans lequel je me trouvais : c'était lui, habillé de noir, soigné, coiffé, le cigare à la bouche. C'était comme s'il voyait la Madone ; il était ému. Je fis quelques allées et venues, il me croisait, je n'osais lever les yeux sur lui. Etonnée de moi-même, et de ma hardiesse et de ma timidité, je réprimai à peine un léger sourire. Il se lassa sans doute de l'expression ironique de ma figure et disparut. Une fois, je fis avec ma bonne le détour sur le quai espérant qu'il m'y suivrait. Il n'en fit rien, il est moins hardi que je ne le suppose ou que je ne le serais à sa place.

Le remords et le ressentiment dans l'âme, j'écoutai un morceau, de la figure la plus morose du monde : celui pour lequel j'étais venue, et il doit s'en douter, avait disparu. Je changeai de place, je me rapprochai davantage du Broglie où je vis le déserteur derrière un groupe de soldats et me tournant le dos. Je pus contempler à mon aise ces épaules bien faites, cette tête gracieuse. Ma contemplation le secoua sans doute ; il tourna la tête une seconde, mais se remit aussitôt à regarder à droite. C'était trop pour l'avoir cherché une seconde fois. Je laissai monsieur Grass et la musique pour le Contades, tâchant d'oublier sous ce dôme de verdure l'ingratitude dont me payait celui pour lequel je suis en voie de me compromettre. Je ne pus pourtant choisir pour rentrer d'autre chemin que le Broglie. Je pris hardiment le trottoir pour braver son regard une dernière fois. J'y étais à peine que des regards lancés par deux yeux noirs vinrent s'accrocher à mes épaules, à mon visage ; c'était un repentant qui se promenait sous les arbres le plus noblement, le plus gracieusement possible. A peine l'eussé-je dépassé que je quittai le trottoir et me lançai sur le gravier. Je proposai à ma servante de refaire le même chemin pour respirer encore un peu d'air. Ainsi j'eus la chance de le rencontrer trois fois. Nous étions presque seuls dans cette allée ; l'obscurité me donna du courage : je lui tournai le visage chaque fois qu'il vint à moi. Il en fit autant et lança de violentes bouffées. A la dernière rencontre, deux hommes passèrent à ma droite ; il se glissa entre ces deux messieurs et moi et, sans me regarder, passa, mais de ses lèvres s'échappa un léger sifflement compréhensible seul pour mes oreilles. Il disait : « Je vous remercie bien. » Qu'il est noble, qu'il est beau, qu'il a le maintien élégant ! Dans cette demi-clarté, sous ces arbres qui étendaient au-dessus de moi une voûte protectrice, je ne me lassai pas de l'admirer.

Je rentrai chez moi, le ciel dans l'âme, et je jurai devant Dieu de n'aimer plus que cet homme-là, de m'attacher à ses pas et de ne le quitter qu'avec la vie. Et hier, je l'ai revu encore ! J'ai osé lui sourire, le regarder tendrement ; il était fou, il était dans l'extase, il semblait rivé au sol et ses yeux noirs ne pouvaient se détacher de moi. Une fois, il me jeta un regard si passionné et si conjurant que je fus sur le point de jeter un cri, que j'en rougis et que j'en tremblai. Sa toilette était des plus soignées quoique son tailleur l'habille parfois mal : il portait un paletot d'automne couleur souris à col de moire, un pantalon gris, des bottes brillantes. L'habit boutonné ne laissait voir que dessous la cravate une chemise fine de la plus éblouissante blancheur. Comme d'ordinaire, son chapeau était posé avec grâce sur ses magnifiques cheveux noirs parsemés de gris et bouclés avec soin, sa canne fidèle d'une main, le cigare de l'autre qu'il jeta après m'avoir aperçue.

Jeudi 10 août

Je suis furieuse contre l'idole de mon cœur. Je reviens du Broglie où j'ai été le chercher trois jours de suite. Ce soir, tout à l'heure, il avait une chance infinie dont il n'a pas profité, le maladroit ou plutôt l'homme orgueilleux et aristocratique. La pluie commençait à tomber ; nous étions abrités sous nos parapluies, lui comme moi, entourés d'une foule inconnue de juifs en majeure partie. Pour ses beaux yeux, je me suis promenée là pendant une heure, bravant les œillades des officiers et des étudiants, écoutant la musique que je n'entendais pas. Il est vrai, il se plaçait tantôt à ma droite tantôt à ma gauche ; une fois, il me suivit dans l'allée sablée du Broglie. Il était charmant, il était noble ; il avait un parapluie de la couleur du mien, il le faisait tourner de temps à autre pour se faire remarquer, mais il ne parla pas. Cet amour est-il si timide ou ce qui pire serait, plus indifférent que je ne le suppose ? Il faisait presque nuit ; je lui donnai dix fois l'occasion de me parler et il ne la saisit pas. Quand la pluie tomba plus fort, je quittai. Il me suivit, il marcha derrière moi le long du Broglie. Il me précéda dans la rue des Orfèvres : je suivis l'exemple qu'il m'avait donné, je marchai sur ses traces. Il levait les pieds lentement, négligemment. Je pris le trottoir de droite, lui celui de gauche ; au bout de la rue, je le regardai en signe d'adieu, espérant toutefois qu'il ferait route avec moi. Il n'en fit rien. Je volai sur le pavé, maudissant lui, le temps et ma condescendance et ma simplicité. Et dussé-je faire l'impossible, il faudra que cet homme me parle !

Lundi 28 août

Ma pauvre sœur est dans les douleurs de l'enfantement, souffrances que nous n'attendions que dans trois jours. Sa pauvre petite figure est défaite et contractée par la douleur et tout son corps est tremblant. Son mari est auprès d'elle, la serre dans ses bras et pleure avec elle à chaudes larmes. C'est un tableau déchirant ; je ne pouvais y tenir, la pauvre enfant elle-même m'engagea à la laisser. J'ai fait un tour dans la ville : mes nerfs et mon sang se sont calmés. Il faut espérer que Dieu aura pitié de cette nature délicate et ne lui imposera pas plus de souffrances qu'elle n'en pourra endurer. Hier au soir, nous étions encore si gais ensemble : mon beau-frère nous a régalées toutes deux de gaieté, de musique, de bœufs-taeck, de perdrix, de tarte, de vin rouge et de liqueurs, au jardin Kammerer, au Contades. Nous sommes rentrés à dix heures, riant comme des fous sous le plus magnifique ciel étoilé. Ce soir, je serai tante.

Mon beau-frère m'a promis d'accourir chez moi sitôt l'enfant au monde ; il me tarde qu'il vienne ! En l'attendant, je vais parler un peu du passé, de samedi, pour donner un autre cours à mes idées.

J'ai été témérairement coupable, je me suis fait un mal affreux. Le temps était beau, j'appréhendais que la ligne ne jouât au Broglie ; je fis préparer mon souper de bonne heure et je m'y hasardai seule comme je l'ai fait déjà bien des fois. Je n'arrivai pas pour six heures ; j'entendis un ravissant morceau du *Domino noir*, je fus le point de mire de gens étrangers, je vis en rougissant et en tremblotant des visages connus. Quelquefois, j'étais tentée de rentrer sous terre et pourtant, une force invisible me tenait rivée à ce sol : je ne pouvais quitter parce que je ne l'avais pas encore vu. Dans le premier intervalle, j'allai faire mon tour sur le quai. Quand je revins et que je passai près du théâtre, quelqu'un se dirigeait de mon côté et parut fort ému à mon aspect : c'était monsieur Grass qui semblait avoir deviné mon arrivée. Nous écoutâmes ensemble un morceau, lui à respectueuse distance, moi troublée au fond de l'âme et de plaisir et de remords.

La musique avait fini plus tôt que je ne le supposais. Sept heures sonnantes, les soldats descendirent l'estrade. Je restai là, immobile, pendant quelques minutes, ne voulant cette fois pas me mettre en mouvement. Voyant les musiciens partir, je cherchai des yeux monsieur Grass qui s'avançait lentement. Il me regarda avec les yeux les plus doux du monde, « doux comme une tartine de miel » dirais-je à mon beau-frère en lui racontant cette entrevue. Ses regards semblaient me dire : « Que faire maintenant ? » Je me retournai pour avancer. Lentement, aussi nonchalamment que possible, je pris la rue du Broglie, voulant lui laisser le temps de me rejoindre et, je le confesse à ma honte, ayant la secrète et coupable intention de me faire suivre par lui dans une rue déserte et d'écouter là ce que depuis quatre ans il veut me dire. Mais hélas ! sa bouche ne devait pas me confirmer ce que ses yeux ont l'air de me dire toujours ; il ne devina point mon plan ou ne m'en sut aucun gré. Bref, je n'osais plus regarder en arrière. Il ne paraissait ni à ma droite ni à ma gauche et pourtant, il me semblait qu'il était sur mes traces, le sol que je foulais semblait brûler derrière moi. Plusieurs personnes qui venaient vers moi me regardaient avec curiosité puis reportaient leur regard sur un objet qui me suivait. Lâche que j'étais, je n'osais tourner la tête ! Je ne sais si le battement de mes artères, que je croyais sentir se rompre, ou l'hallucination de mon esprit créèrent ce fantôme attaché à mes pas. Il est de fait qu'au milieu de la rue de la Nuée-Bleue, les pas cessèrent et que je respirai plus librement quoique je visse mon entreprise avorter. Je passai le pont, je m'arrêtai là : rien, je ne vis personne. Je fis quelques pas sur le quai, je regardai encore, personne ne vint. Je franchis le pont une deuxième fois et poussée sans doute par le génie du mal, je pris le quai qui aboutit au théâtre, bien décidée cette fois à me lancer à sa rencontre sous les arbres, au Broglie.

Il faisait sombre ; mes yeux étaient à demi-voilés par la fièvre tandis qu'ils plongeaient dans le lointain où je croyais voir marcher un individu tenant une canne. Monsieur Grass passait à côté de moi, droit, immobile, fier et en courroux, sans daigner tourner les yeux vers la malheureuse femme qui venait commettre une seconde faute en voulant réparer la première, celle de n'avoir pas regardé en arrière si, effectivement, il s'était donné la peine de la suivre. Que fis-je, imprudente ? Non contente de ce visage sévère, je remontai le Broglie une seconde fois... Je fus bien obligée de le redescendre une troisième. L'ingrat ! le cruel ! il ne daigna pas seulement tourner vers moi ce visage que je cherchais dans l'ombre ; toujours hautain, il eut l'air de ne point me voir. Pourtant, un sentiment l'animait encore : c'était une rage concentrée. Il m'aurait dit des injures que je ne m'en serais point plainte : je les aurais méritées par mon imprudence provocante. Il ne me dit ni injures ni paroles d'amour. Il m'avait rencontrée sous ces mêmes arbres, dans cette même allée, plusieurs fois avec ma suivante. Une fois, je crus qu'il allait se jeter à mes pieds ; l'aspect du tablier blanc de Caroline le retint. Et cette fois, j'étais seule, bien seule ; personne à notre droite, personne à notre gauche, le Broglie était encore désert. Et il n'a point parlé quand, pourtant, il me voyait venir à lui et me mettre à sa merci. Oh ! il ne m'a jamais aimée, sans cela il m'aurait su gré de ce sacrifice. Ne veut-il donc que me contempler à distance ? Lui ai-je ravi l'illusion ? Non, il n'est jamais venu au Broglie pour moi. Au spectacle, cette lorgnette, il la braquait sur une autre, ces baisers n'étaient pas pour moi !...

Adieu fantôme évanoui ! je me suis fait mal, je me suis préparée une nuit d'insomnie toute remplie de son image et, par ma faiblesse, je ne lui ai fait aucun plaisir. Voici mon souper. Mon beau-frère n'est pas encore venu. Chassons l'image funeste, mangeons et courons chez ma sœur.

Neuf heures du soir.

Un garçon blanc comme neige, à grands et gros yeux bleus, est couché dans son berceau et vous regarde d'un air hardi. Sa naissance a beaucoup fait souffrir sa mère. Son père a la tête perdue de bonheur. Mon neveu Hippolyte est né à huit heures du soir : il avait à peine dix minutes d'existence quand je le vis. Accoucheur et garde étaient encore occupés. J'allai embrasser ma sœur qui n'avait ni faiblesse ni défaillance, qui causait au contraire avec une volubilité extrême et qui, cette grande crise passée, me recommanda les chaussettes de son mari avant de me parler de ce fils si ardemment désiré.

Mercredi 30 août

Ma sœur va au mieux ; l'enfant crie et prend le sein de la mère. Je suis d'une sécurité parfaite de ce côté-là, mais j'ai un autre tourment : monsieur Grass a fait l'infâme, a fait le polisson et cet affront, c'est moi qui l'ai provoqué par ma promenade sous les arbres de samedi. Je rougis de le tracer sur le papier, mais il faut que cette histoire ait sa fin comme elle a eu son commencement. Le dénouement du roman n'est pas romanesque.

Mardi donc, après avoir quitté ma sœur dont j'admirai les beaux yeux brillants, j'allai chez ma tante Strohl avec laquelle je voulais faire une promenade.

« Où irons-nous ? » me dit-elle malicieusement. Je répondis d'un air résigné : « Partout où vous voudrez. » Elle eut l'amabilité d'ajouter : « Le Broglie, la musique et le hérisson te sortent par les yeux ! » et effectivement, elle m'y conduisit avec Cécile. L'artillerie jouait de jolis morceaux, mais quoique la musique fût commencée depuis longtemps, il n'y avait aucun indice du sculpteur.

« Je n'ai pas de chance quand je me trouve avec vous », dis-je à ma tante dont j'avais pris le bras droit, et Cécile, le gauche. Le dos tourné à l'édifice du théâtre, nous étions extasiées sur la beauté d'un morceau d'opéra. Personne ne songeait au hérisson, pas même moi, quand soudain, à l'autre bord, « un noir fantôme parut... »

Non, non, ce n'était pas aussi poétique. Nous étions donc là en ligne, ne songeant à rien, quand, soudain, monsieur Grass vint en personne nous raser à toutes trois les pieds de telle sorte que je ne sais comment il s'y prit pour ne pas marcher dessus. Je crus un instant que, pareil à Diane sortant tout armée de la tête de Jupiter, il tombait de l'épaule gauche de Cécile. Il nous avait aperçues par-derrière, il s'était approché à pas de loup de sorte que nous ne le vîmes que lorsqu'il passa sous notre nez, cigare à la bouche, habit noir, épaules tirées, yeux menaçants et provocateurs. Quand tout à coup je le vis devant Cécile, je devins muette de surprise et d'effroi. Il passa devant nous si près que son épaule enleva presque les gourmettes de nos chapeaux. Des éclairs jaunes sortaient de ses yeux noirs quand il me regarda : c'était une expression indicible d'effronterie, de rage et de haine. Il semblait me dire : « Me voici tout près, sous vos yeux, parlez !... »

Au moment où il avait passé, je regardais mes deux compagnes ; toutes deux se pinçaient les lèvres et rongeaient la canne de leur ombrelle. Rouge d'indignation, je faillis pouffer de rire. D'un commun accord, nous nous retournâmes toutes trois et nous fîmes quelques pas dans la direction du théâtre. La tante fit la remarque la plus juste quoique la moins poétique du monde. Elle dit que tout d'abord, elle l'avait pris pour un grand chien noir qui venait pisser contre sa jupe. Effectivement, il avait l'air d'une bête à l'affût. Elle ajouta qu'elle ne sait comment il s'y était pris pour ne point marcher sur son cor et trouva en troisième lieu qu'il m'avait lancé à moi, au visage, une immense bouffée de fumée qu'il m'avait réservée tout exprès. Je ne puis constater ce fait ; il me semble qu'il fumait également en passant devant elle et Cécile, mais au fond, elle peut bien avoir raison. Son dernier adieu devait être un affront. La tante me dit que de rouge que j'étais, je devins pâle après. Nous continuâmes d'écouter. Il avait pris sa route habituelle vers les canons. Je hasardai sur lui un seul regard : de jaune qu'il était, il devenait pourpre et ses regards haineux semblaient me dire : « As-tu compris ? » Son tour de gamin, la colère lui avait donné des jambes. Avec la vélocité d'un autre âge, il s'éloigna. Je le crus parti ; je redevins calme. Nous restâmes encore. Le morceau fini, je dis à ma tante : « Notre agresseur a disparu.

—Non, me répondit-elle, il était sur le trottoir, les yeux attachés sur toi. »
A la dernière polka, Cécile s'écria : « Filons, il vient du côté de l'estrade. »
Nous gagnâmes le rempart et je rentrai chez moi pour réfléchir à mon aise à
cet étrange dénouement.

Dimanche 10 septembre

Mes ouvrages, mes broderies que j'ai un peu négligés cet été me tiennent
lieu de la passion que la raison me commande de bannir. O fatalité ! fallait-
il qu'une bouffée de fumée éteignit un souvenir qui datait de quatre ans ? O
monsieur Grass ! que vous m'avez mal payé toutes les pensées, toutes les
pages que je vous ai consacrées et combien votre conduite odieuse à mon
égard me confirme-t-elle dans la résolution bien arrêtée de ne plus jamais
m'occuper d'un homme !... Ce n'est vraiment pas la peine !...

Dimanche 29 octobre

Je suis tante et marraine tout à la fois. Il y a huit jours, j'ai tenu sur les
fonts baptismaux le petit Hippolyte auquel, pour cadeau, j'ai donné un
couvert portant le chiffre de mon frère qui est aussi le sien. J'ai eu monsieur
Siegel pour parrain et ai été comblée de présents : cantique en chagrin, demi-
douzaine de gants jouvin, bonbonnière et bouquet. Ma sœur était marraine
également avec Emile Wagner pour l'enfant de Fanny Schneegans. Pour
célébrer cette double fête, on donna le même jour une soirée où l'on réunit les
amis des deux jeunes mamans. Avant le souper eut lieu un petit concert
improvisé ; après la collation l'on dansa pendant quelques heures. Les jeunes
gens firent les paresseux, les demoiselles des figures assez moroses de sorte
que pour la partie de danse, il n'y eut guère d'entrain. Je pris à toute cette fête
la part que l'on prend à ces sortes de réunions quand on a trente ans : j'y allai
sans illusion et sans émotion aucune et j'en revins sans déception. Je dormis
sur tout cela d'un sommeil léthargique et ce ne fut qu'en serrant le lendemain
dans leur écrin mes diamants et en soufflant sur mes dentelles pour les
redresser que je me souvins qu'elles s'étaient fripées sur le bras d'un
danseur. Mais cet événement de famille, tout intéressant qu'il pouvait être
pour mon beau-frère et ma sœur, est pour une âme vouée au péché un
événement passager.

Vendredi 3 novembre

Mon beau-frère a quitté Strasbourg à quatre heures pour un voyage de six
mois : voilà donc la jeune maman seule avec son fils. Ils ont passé chez moi la

soirée d'hier et pour bien terminer avant de nous séparer pour six mois, mon beau-frère et moi nous sommes disputés comme des chiffonniers, si bien que le soir je ne lui tendis pas ma joue à baiser et que je lui souhaitai le bon voyage de la façon la plus cavalière et la plus impertinente du monde. Il me quitta courroucé. Après cette vengeance, je n'en dormis pas mieux et aujourd'hui, tout le jour, je fus tourmentée par de violents battements de cœur. Il eut pourtant la complaisance de monter encore chez moi avant de quitter la ville et quoique je me fusse promis d'être cruelle jusqu'au bout, sa mine repentante et ses larmes me touchèrent. Nous nous embrassâmes fort tendrement pour des gens qui, la veille, avaient failli s'entre-déchirer. Dans six mois, le reverrai-je ? Que de changements peuvent arriver jusque-là !

Dimanche 26 novembre

J'ai fait un tour de promenade avec Emma et son fils. Nous avons été voir madame Siegel après avoir renvoyé le petit Hippolyte. J'ai reconduit la jolie femme chez elle et me voilà établie avec ma lampe et ma pendule fidèles, et avant d'avaler mon café, je vais tracer sur le papier : avant-hier à neuf heures et demie du matin, dans la rue des Orfèvres, j'ai miré mes yeux dans les siens : ils étaient doux, ils me sourirent et me semblèrent bleus.

Dimanche 17 décembre

J'ai pris froid ces jours derniers, non au cœur peut-être, mais à la tête ; je sens des grattements dans le cou et j'ai mal dans les tempes. Je suis dans un état de démoralisation profonde. Mon père me cause des chagrins. Ma sœur me réjouit l'esprit par de charmantes étrennes ; j'ai été les choisir avec elles. Elle y a réfléchi quelques jours et me donne dés en argent, jarretières élégantes, tour de cou, gants en cachemire.

Et moi, je réfléchis si le parti le plus sage à prendre pour me délivrer de tous mes soucis ne serait point de quitter patrie, famille et statuaire et d'aller chercher une place de gouvernante ou de dame de compagnie en pays étranger.

1855

Lundi 1ᵉʳ janvier

J'ai l'imagination couleur gris de fer comme le ciel. Ces époques de l'année qui sont des jours de réjouissance pour d'autres sont pour moi des instants d'ennui et de deuil : je ne puis que regretter et jeter sur l'avenir un regard douloureux. Que faire ? Que devenir ? Qu'entreprendre ? Je me le demande à toute heure et ne sais me donner de conseil à moi-même. Je ne prie plus Dieu, quoique je fasse à l'église acte de présence toujours, parce que je le juge inutile ; il ne veut point m'entendre. La divinité que j'implore, c'est vous statuaire et vous, cruel et implacable aussi, vous n'apparaissez plus et, juste ciel ! peut-être ne m'aimez-vous plus ? O cœur faible que j'avais condamné à ne plus jouer de rôle en ce monde, faut-il que tu te réveilles quand il est trop tard ?

J'ai achevé hier dans la journée les étrennes que je destine à mon petit neveu aux yeux intelligents et doux : petits souliers, petits bas rayés et chinés. Ma sœur est venue m'apporter les étrennes qu'elle m'a destinées et cette chère enfant a ajouté encore à tous ces jolis dons une paire de gants en fil d'Ecosse et un savon parfumé qui embaume tout.

Dimanche 21 janvier

Mon père, en travaillant l'autre jour, me dit en déposant sa plume, comme correspondant à ma pensée secrète, que l'été prochain nous aurions sur le Broglie la statue d'un préfet de Strasbourg, de Lezay-Marnésia [198]. « Les journaux annoncent, me dit-il, que monsieur Grass va se rendre à Paris pour faire le modèle et qu'il y sera coulé en bronze. D'ailleurs, me dit mon père, il y va tous les ans. Ces artistes n'en sont jamais au bout de leurs études et il faut que le nôtre reste toujours en relation avec les grands maîtres de Paris. »

Ce séjour à Paris, je le soupçonnais dès longtemps car de mars à fin mai, il n'y a jamais ombre de monsieur Grass à Strasbourg et sur le piédestal de la *Suzanne* était écrit : Paris, 1850 ! Quand il sera parti, plus de rencontres, plus de distractions si ce n'est des rêves et des souvenirs. Tandis qu'il taillera son préfet, je taillerai mes tabliers de cuisine pour ne pas perdre mon temps et pouvoir à son retour lui consacrer sans remords quelques instants. Insensée que je suis ! je parle de projets d'avenir et mon devoir serait de l'oublier.

Non, je ne le puis ; ces mille souvenirs, ces pages écrites de ma main, les battements de mon cœur, les extases de mon âme, tout me dit que le combat sera encore long, sera peut-être éternel. Ma propre volonté est trop faible : si Dieu ne vient à mon secours, je ne réussirai pas à bannir de mon esprit ces visions dangereuses et insensées. Oui, ce sont de véritables visions car partout, que j'aie les yeux ouverts ou fermés, que je sois à travailler ou à rêver, que ce soit dans la solitude ou au milieu de la société, il m'apparaît sans cesse, son image me suit partout. Dussé-je ne jamais le revoir, ce souvenir sera toujours vivant, éternel. Oui, je le sens, j'en suis intimement convaincue : sous mes rides, sous mes cheveux blancs, mon cœur aura conservé cet amour jeune et vivace. Centenaire, son aspect me ferait encore tressaillir. Que monsieur Grass se marie, qu'il en épouse une autre, qu'il ne fasse plus attention à moi, qu'il me renie, qu'il meure, je ne l'en aimerais pas moins. Je l'aimerai jusque dans l'éternité. Si j'osais croire à la métempsycose, je renaîtrais marbre pour ne le quitter jamais. Cette passion n'est pas ma première, mais ce sera ma dernière, après lui... plus rien. Comme j'ai lu naguère dans un auteur allemand : « La première comme la dernière passion a la qualité d'être insensée ! »

Héloïse, obligée par les circonstances d'entrer au couvent pour y oublier Abélard, disait que Dieu seul après lui était digne de posséder son cœur.

Dimanche 28 janvier

Il faut que je parle d'une histoire curieuse que ma cousine Henriette Schneegans vient de mettre sur le tapis. Jeudi dernier, je travaillais à une bourse pour mon père, soie verte et perles d'acier, et n'avançait pas, semblable à Luther qui, à la Wartburg, se crut un instant troublé par le démon au milieu de sa traduction de la Bible et lança l'encrier contre le mur. Cette réflexion, je la fis à ma sœur et à Henriette qui entrèrent chez moi en disant qu'elles allaient chez la tante Strohl et si je n'étais pas tentée de les accompagner. Sur ma réponse négative, elles s'y rendirent seules et Henriette me dit en sortant, en me regardant d'un air singulier : « Il se passe quelque chose... »

Il se passait effectivement quelque chose. Vendredi, Emma revint accompagnée par son bel enfant, me demanda en souriant si mon père avait déjà mis le pantalon neuf que nous avions acheté ensemble, puis me dit que celui qui nous l'avait vendu me demandait en mariage. Je ne compris pas d'abord. Elle m'entraîne dans la chambre voisine puis me dit : « Ce n'est pas une plaisanterie, je suis chargée d'une commission. Hier, Henriette est venue chez moi d'un air grave et compassé pour me dire que tu avais plu à ce monsieur Roederer chez lequel nous avons été acheter du drap, que quatre jours après, il était venu charger le père d'une affaire insignifiante pour avoir le prétexte de te revoir, qu'il t'avait vue travailler dans la fenêtre, qu'il était allé déclarer ses intentions à monsieur Preis, qu'il était revenu chez Papa ; que le soir même, il était retourné chez monsieur Preis pour savoir si on avait fait la commission. »

En définitive, je devais faire mes réflexions et donner hier, samedi, une réponse à Henriette. Bref, ma bonne petite sœur me dit la chose fort sérieusement. Un fou rire s'empara de moi parce que l'achat d'un pantalon gris était la cause de tous ces pourparlers. Quoique cette nouvelle ne me comblât nullement de joie, je ne rejetai par sur-le-champ cette proposition. Dans six mois peut-être, il me faudra quitter Strasbourg pour chercher mon pain et mon salut chez des étrangers ; si le parti est convenable, n'est-ce point providentiel ce mariage qui lève tous les embarras ? Mais une réflexion m'arrêta : monsieur Roederer ne m'a pas fait une impression agréable ; il m'a semblé un Strasbourgeois fieffé sur la rude écorce duquel viendraient se déchirer mes idées romanesques et l'exaltation de mon imagination. D'abord, je n'ai pas le goût du mariage ; irais-je en tenter les chances avec un homme si peu poétique, moi qui ai dans le cœur une idole si chère et dont tous les dehors sont si brillants ?

Hier donc, dans l'après-midi, Emma revint pour m'accompagner chez Henriette qui se tenait dans sa chambre à coucher comme une panthère en cage, ayant l'air tout d'abord de ne plus se souvenir du motif de notre apparition. Je débitai en riant et avec le plus magnifique calme toutes les réflexions que j'avais faites et dont la solution était que je ne savais me donner de conseil à moi-même. Un grand poids lui tomba de la poitrine : elle s'était imaginé sans doute qu'à son instar, je saisirais un mari à deux mains. Mon irrésolution la consola et elle eut presque la bienveillance de me conseiller d'y réfléchir encore. Pourtant, comme toujours, elle brouilla les cartes, parla d'elle quand il s'agissait de moi et m'avoua qu'elle avait cette commission depuis deux jours et qu'elle n'avait pas trouvé le moment de la faire, elle qui pareille à un cheval de poste bat le pavé chaque jour. La jalousie, l'envie ne lui avaient pas permis de venir chez moi.

Demain à deux heures, j'irai aux éclaircissements avec ma sœur chez monsieur Preis. Cette nouvelle m'a troublée pendant quelques heures ; j'ai repris tout mon calme et veux agir avec prudence. Ce qu'il m'importe d'éclaircir avant tout, c'est la manière dont se sont passées les choses. Si aucune commère ne s'en est mêlée, si monsieur Roederer a conçu ce projet à lui tout seul sans influence étrangère, je ne dirai peut-être pas non. Si le tout est une combinaison ou une machination, je me garderai bien de m'embarquer avec mes trente ans sur cet océan houleux que l'on nomme le lien conjugal, avec un homme qui ne m'inspire ni admiration ni tendresse. Je ne suis point heureuse, mais au moins, je suis libre. Scribe dit que des chaînes de fleurs sont toujours des chaînes. Quel est donc le poids des chaînes de fer ? Mon seul but dans ce mariage serait d'améliorer mon sort. Est-ce là l'homme capable de m'en donner un meilleur ? Pour tout au monde, je ne voudrais pas tomber de Charybde en Scylla !

Dimanche 4 février

Bérénice fuira-t-elle Rome et Titus ?...

Me marierai-je ou ne me marierai-je pas ? Grande et vaste question qui ne me cause ni insomnies ni troubles, mais qui pourtant, à tout instant, vient me pincer au coude. J'ai été avec Emma chez monsieur Preis ; les choses se sont passées ainsi : monsieur Roederer cherche à se marier, il ne peut pas épouser de femme sans dot puisqu'il faut de l'argent pour faire marcher son affaire. Il y a quelques jours, un de ses amis lui parla de moi comme d'un parti convenable. Le hasard voulut que je fus avec Emma dans son magasin pour faire l'achat en question. Quand il m'eut vue, il alla chez monsieur Preis lui dire de faire une demande en son nom, laquelle commission monsieur Preis donna à Henriette qui s'en acquitta tard ! Maintenant les autres ont fait leur devoir, c'est à moi de prendre une résolution. Monsieur Preis n'est ni pour ni contre à ce qu'il me semble. Il m'a dit en renfrognant le nez que l'individu avait quarante-cinq ans, qu'il ne le connaissait pas assez pour me le recommander, mais qu'on lui avait dit que c'était une bonne tête de négociant. Au moment où nous sortions du cabinet, il était là pour s'informer sans doute si la réunion chez Henriette aurait lieu. Il était convenu qu'on prendrait le thé chez elle et qu'il y viendrait sous un prétexte, combinaison que j'avais annulée le matin même par un ordre que j'expédiai à Henriette par ma bonne.

Je vais écrire maintenant les réflexions que j'ai faites là-dessus. Hier matin, vers onze heures, quand j'étais assise dans l'embrasure de la croisée en pèlerine rousse et velours noir, en peignoir d'indienne à carreaux, rapiécé de toutes parts, que la choucroute chauffait dans le poêle, absolument comme la première fois où monsieur Roederer vint chez mon père, j'entendis sonner. J'avertis Papa qui sortit, ramenant avec lui mon prétendant. Cette fois, je crois que je changeai de couleur, mes mains ne manièrent pas les aiguilles avec fermeté, et quand il fut parti, je redéfis un ruban posé de travers et des points trop longs. Etant persuadée qu'il me savait instruite de ses intentions, je ne me souciai guère de l'examen réciproque qui allait se passer. Il s'informa de ma santé et eut l'attention de m'adresser toujours la parole en français. Puis il parla à Papa de l'affaire dont il l'a chargé. Ils s'engagèrent dans une discussion politique et comme, dans le moment, mon père est affligé de sa maladie d'hiver, d'une ouïe un peu dure, ils se mirent à crier tous deux comme des enragés. Je levais de temps à autre les yeux sur eux en riant.

Monsieur Roederer venait m'interrompre toujours dans l'examen que je faisais de sa personne par un regard fixe et scrutateur qu'il jetait sur la mienne, si bien que nos yeux se rencontrant si souvent, le pauvre homme est, j'en suis persuadée, rentré chez lui tout radieux, convaincu de m'avoir fait une impression agréable et ne soupçonnant pas que ce sourire qui errait continuellement sur mes lèvres m'était arraché par le plaisant de la situation et que ce regard qu'il rencontrait si souvent s'arrêtait avec effroi sur sa perruque et sur son mouchoir qui me semblait trahir le tabac.

Non, non, non, fille de trente ans, ne t'y laisse pas prendre, laisse jouir des douceurs de l'hyménée celles qui ont eu la chance de se marier au sortir de l'adolescence ou qui n'ont pas les yeux assez clairvoyants pour en voir les revers, et dis-toi bien cela : on m'a recommandée à cet individu, il lui faut une dot, tout me semble plutôt ouvrage des hommes qu'ouvrage de Dieu. Pour épouser perruque, lunettes, tabatières, quarante-cinq ans et une position médiocre et incertaine, il faudrait une soif de mari que je ne possède heureusement pas. Je sais trop ce que c'est que les positions précaires pour risquer mes pauvres vingt mille francs que j'ai eu tout le mal possible à arracher des mains de mon père dans un commerce dont le résultat est encore incertain. Si monsieur Roederer m'offrait une position sinon brillante, du moins aisée, je la prendrais, lui par-dessus le marché comme un inconvénient indispensable, mais enchaîner mon existence à une position douteuse et à un homme qui ne m'inspire aucune sympathie, c'est ce qu'une fille sage et prudente ne risque pas.

Je crois être à bout de luttes. Décidément, je préfère le « tu l'auras » pour le « tiens ». Mon sort auprès de mon père est triste ; il est même affreux, mais fille libre vaut mieux que femme attachée sans amour. Puis une croyance superstitieuse se mêle encore à tout cela. Pendant tous ces débats, je me disais que si je rencontrais le statuaire, ce serait un signe augural que je dois refuser ce mariage ; si au contraire, je ne le vois point durant le temps qu'on me laissera pour réfléchir, je serais d'avis d'accepter. Mardi donc, au cours religieux de monsieur Leblois [199], auquel j'assiste pour la deuxième fois, une dame se trouva mal et fit par conséquent lever la séance un quart d'heure plus tôt qu'à l'ordinaire. Je ne crus pas que cet incident fâcheux pour elle me serait propice. Je quittai madame Schmid dans la rue des Orfèvres disant que je voulais faire une course encore avant midi. J'allai effectivement commander quelque chose ; d'instinct je pris, je crois, la place de la Cathédrale. Je m'engageais déjà dans la rue des Ecrivains quand apparut celui que je me suis posé comme l'oracle de mon sort avec ses yeux noirs et perçants sous ses cheveux gris, entortillé de son cache-nez gris. Il me reconnut aussitôt, me lança trois ou quatre regards auxquels lui n'attache apparemment aucune signification, mais qui, pour moi, furent le signal du congé de monsieur Roederer. Et il en sera ainsi.

Cette nuit, je l'ai vu en rêve, ce qui ne m'est jamais arrivé. O statuaire ! ô yeux noirs ! que j'ai eu tort de brûler ma raison à votre feu sinistre.

Mercredi 14 février

Il faut qu'au moins mon journal reste au courant de ma propre histoire et que je trace la suite de la demande en mariage qui a été faite à mon intention. Enfin, vendredi dernier, nous avons lâché le grand mot à mon père. C'était encore cette bonne tante Strohl qui a pris la parole en la présence d'Emma qui hésitait et balbutiait. Mon père, étonné d'abord, nous fit le reproche de lui avoir tu la chose aussi longtemps, puis ajouta que c'était une émotion particulière que les pressentiments ; que la visite de monsieur Roederer l'avait frappé parce que celui-ci n'avait pu s'empêcher de faire de ma personne un examen minutieux, ne prêtant presque pas d'attention à la conversation de Papa, que mon père, choqué de cette distraction, avait eu même l'intention de lui demander brusquement s'il était marié, mais que ma présence l'avait empêché de faire cette question. Il finit par ajouter qu'il s'abstenait de tout conseil, que c'était à moi seule de faire toutes les ré- flexions possibles, que de son côté, il ne prendrait que les informations que dicte la prudence paternelle. A son grand étonnement, je lui déclarai que pour n'éprouver aucune inclination pour cet homme, il faudrait qu'au moins la position m'offrit quelque chance de tentation, mais que ni l'un ni l'autre existant, j'étais presque décidée à refuser ce parti. Il me fit observer qu'il ne fallait point se presser, que monsieur Roederer avait sans doute aussi pris son temps et que rien ne m'empêchait de me réserver encore quelques jours pour me consulter avec mes amis, et ma sœur et mon beau-frère auquel sa femme a écrit à ce sujet.

Dimanche, je fus avec ma tante chez Emma et nous ne délibérâmes guère. Je ne savais à quel saint me vouer et l'après-midi se passa à dire des bêtises. Lundi, par une neigée violente, je vis apparaître au bas de notre escalier la jolie figure de ma sœur. Son apparition à une heure et demie à peine me fit augurer quelque chose d'extraordinaire. Effectivement, elle vint m'annoncer que monsieur Roederer avait été chez elle dans la matinée, qu'il lui avait dit qu'avant de renoncer à ses désirs, il voulait s'adresser encore une fois à elle. Il parla de sa position, de ses projets, de ses espérances d'avenir. Il lui donna beaucoup de détails sur l'état de ses affaires et la pria de l'annoncer à Papa pour quatre heures de l'après-midi. A trois heures, Papa rentra et mes mains se paralysèrent ; ce n'était certes pas l'émotion d'une femme qui attend impatiemment le bien-aimé de son cœur. Resterais-je ou ne resterais-je pas, voilà la grande idée qui m'agitait. Un instant, j'étais décidée à mettre mon chapeau et à fuir et laisser mon père dire à monsieur Roederer que tout était fini. Mais celui-ci me fit observer que ce procédé ne serait point délicat et qu'il serait plus convenable de le laisser arriver et de lui faire ensuite une réponse par écrit. Il ne vint pas : j'en fus quitte pour mon irrésolution sauf à la recommencer le lendemain.

Hier matin donc, une heureuse étoile me conduisit au cours de monsieur Leblois. Pendant ce temps, monsieur Roederer fut chez mon père s'entretenir longuement avec lui de sa position. Aujourd'hui, Emma est venue pour dire qu'il avait été chez elle de nouveau ce matin pour solliciter une entrevue avec moi, m'ayant manquée hier matin et désirant obtenir une réponse décisive cette semaine (il croit avec raison que ce sera le seul moyen de la lui faire obtenir), entrevue qu'Emma octroya en disant qu'elle passerait l'après-midi de jeudi chez moi et qu'il pourrait s'y rendre à trois heures. Que je n'oublie pas d'ajouter que lundi, quand il fut chez Emma, madame Wagner entra et le salua par son nom. Emma saisit l'occasion au vol pour instruire sa belle-mère du motif de la visite de monsieur Roederer qu'elle connaît depuis son enfance. Fanny survint, il se retira ; les deux dames furent instruites par Emma. Les dames communiquèrent la nouvelle à leur mari et, bref, lundi soir et hier encore, le père Wagner me parla avec bienveillance et intérêt de mes projets d'avenir et me conseilla de contracter le mariage qui se présentait. Il connaît monsieur Roederer comme un homme travailleur et loyal, comme une excellente tête de négociant.

Une lettre de mon beau-frère arrivée hier me déroute un peu : il a répondu avec une lucidité d'esprit dont je ne le supposais pas capable à tout ce qu'Emma lui dit relativement à ce mariage. Il connaît l'individu. Il me conseille d'agir avec prudence et lenteur ; la position lui semble médiocre et il trouve que c'est fâcheux quand il n'y a ni amour ni inclination. Ce sont absolument les raisonnements que je fais. Monsieur Wagner a ri aux éclats de ma répugnance à prendre mari : il trouve que je suis femme de caractère rare dans mon espèce car au total, la tête de la plupart des femmes tourne quand on leur parle d'un mari.

Papa vient de rentrer pour me dire qu'au bas de la lettre de ma sœur il a ajouté quelques lignes pour mon beau-frère, qui recevra en outre encore une missive de la part de monsieur Roederer qui a demandé à Emma l'adresse de son mari. Je croyais que tout dormait et les nouvelles démarches de monsieur Roederer ont de nouveau remué ce lac reposé. Je suis tracassée horriblement depuis trois jours ; j'en ai même perdu mon sommeil paisible. Pays étranger et mariage, voilà les deux mots que je jette dans la balance et aucun ne peut l'emporter sur l'autre ; ils montent et descendent en restant toujours de niveau. Si je suis les conseils de mes amis, je contracte ce mariage. Si j'écoute mes propres inspirations, je vais me placer à l'étranger. Le mariage en général et monsieur Roederer en particulier sont sans tentation pour moi : si j'en avais le goût, je saisirais à deux mains l'incident heureux qui me ferait sortir de l'ornière aride du célibat, mais je n'ai donné commission pour un mari à personne, pas même à Dieu car cette clause première dans toutes les prières de jeunes filles n'était jamais mêlée dans les vœux que j'adressais au ciel. J'interroge Dieu, je le prie ; il ne me répond pas. Ne trouvant en moi-même ni conseil ni idées arrêtées, j'espérais que la providence me viendrait en aide : vaine supplication, vain espoir, le ciel ne me parle pas. Désapprouve-t-il cette union qui n'est pas son œuvre ou veut-il éprouver mon courage ? Je n'en sais rien ; c'est à en devenir malade. Ma sœur est comme moi hors d'état d'opter dans cette circonstance grave et importante.

Je ne m'expatrierai que dans six mois peut-être ; jusqu'à cette époque un autre prétendant pourrait encore se présenter. C'est une attente hasardeuse à trente ans, mais ce serait encore possible et d'ailleurs, cela ne se réaliserait pas que je ne considérerais pas comme un grand malheur la nécessité de rester fille. La vie, pour moi, n'a guère d'importance et d'attraits, et puisque mes belles années se sont péniblement écoulées, je n'ai plus la prétention de demander à l'âge mûr un bonheur que la jeunesse seule peut accorder. L'idole de mon cœur ne sera jamais l'idole de mon ménage. Après tout, que me reste-t-il à gagner dans cet hymen ? Cet homme qui n'a pour moi pas d'amour n'aura pas non plus d'indulgence. J'aurai fait de mon côté le plus pénible sacrifice qu'une femme puisse faire sans l'avoir rendu heureux. Non, que Dieu éloigne de moi cette coupe ; j'ai tort de m'y brûler les lèvres. La raison, la cruelle, l'inflexible raison me dit « en avant», le cœur, l'âme, les entrailles me crient «arrête-toi». Quelle voix écouter ?... Et cependant, demain cet homme va venir, cet homme qui m'est indifférent et auquel un manque d'énergie de ma part va lier ma destinée à jamais. Ah ! quel ennui d'être demandée en mariage et d'être dans une position comme la mienne.

Dimanche 18 février

Suis-je cruelle ? Suis-je coupable ? Dieu me punira-t-il ? Mon sort est jeté : j'ai refusé cet époux qu'envoyaient sur mes pas un Dieu ou des amis obligeants, ou le penchant de cet homme même, ou sa cupidité.

Idole de mon cœur ! rêve de mes jours ! vision de mes rêves, est-ce votre image qui a prononcé l'arrêt de monsieur Roederer ? Non, je ne me disais pas le marchand de draps ou l'artiste, je me disais le marchand, ou l'étranger, ou la place de gouvernante. Les gens âgés et raisonnables me blâmeront, les jeunes filles et les imaginations exaltées auraient fait comme moi. Oh ! l'ardeur avec laquelle mon âme retourne au souvenir du statuaire depuis que ma lutte est finie et que le prétendant a eu son congé. Je m'aperçois avec chagrin que je ne suis pas encore guérie d'un fol espoir, que mon cœur nourrit encore une passion inutile. Il est loin, il est à Paris et toujours je vois briller l'éclat de ses yeux noirs, sans cesse il est auprès de moi.

Mais je retombe dans la rêverie et je voudrais raconter. Jeudi eut lieu la fameuse entrevue. J'en avertis mon père en le priant de ne pas revenir pour trois heures. Il sourit en entendant que je voulais débattre moi-même ma cause. Emma arriva une demi-heure avant monsieur Roederer. J'avais fait un peu plus de toilette qu'à l'ordinaire, non pas pour plaire, mais pour être convenable. Lui arriva sur l'heure ; il en avait fait autant : peine superflue. Le pauvre homme avait sollicité cette entrevue dans l'intention de me séduire ; présent, il me parut moins intéressant qu'absent et cet entretien dont il croyait sortir vainqueur fut la préface de son congé. Il m'avait à peine adressé la parole pendant dix minutes que son arrêt était prononcé. Sa personne me répugne, sa sagacité m'ennuie, sa conversation m'endort, il n'y a pas jusqu'à ses gestes qui me soient désagréables. Au fait, il se peut que je lui aie paru bête autant qu'il me semblait ennuyeux. Je lui tendis dans la conversation quelques pièges assez fins : il n'eut pas même l'attention de réfléchir au sens de mes paroles. Quoiqu'il me dît qu'il avait dans son cœur les éléments pour me rendre la vie douce et agréable, je ne pus m'empêcher de croire que l'aimant qui l'attirait à moi se définissait par le chiffre de vingt mille francs. Bref, il me fit de sa position le récit le plus détaillé, de son logement la peinture la plus séduisante. Il parla de salon et de chambre à coucher où il y a une alcôve où l'on peut facilement placer deux lits. Ce préliminaire me fit frémir : s'il m'avait offert appartement séparé, cela m'eût peut-être encore tentée, mais comme il voulait me placer dans son alcôve, je n'ai pas eu le courage d'accepter.

Après tout, je ne veux pas me moquer de lui : c'est un parfait honnête homme, il me semble. Je lui souhaite toute la chance et toute la réussite possibles, mais quant à moi, je n'aurais pas voulu me charger de faire son bonheur : cela m'eût été un trop pénible emploi. Hier, il était à Bischwiller, il avait dit jeudi qu'il serait absent. A deux heures, mon père se rendait à son domicile une missive en poche que j'avais lue, un congé en bonne et due forme. Sur le pas de la porte, il se retourna, me regarda en disant : « Faut-il la remettre ? » Je prononçai un « oui » plus ferme que je ne l'aurais prononcé à l'autel et tout fut fait.

Dimanche 4 mars

Comme toute chose a une fin et tout roman un dénouement, il faut que je fasse aussi celui de l'histoire de la demande en mariage de monsieur Roederer. Cette missive écrite de la main de Papa donna lieu à un échange de lettres auquel je ne m'attendais pas, mais qui fut pour moi une source de grande consolation si jamais, plus tard, je m'étais laissée aller aux regrets. Si cet axiome est vrai : « Le style, c'est l'homme », ma foi, le marchand de draps est bien l'homme le plus vulgaire, le plus incivil, le plus ignorant et en même temps le plus orgueilleux qui soit au monde.

Papa, dans la lettre qu'il lui écrivait, disait : « La personne la plus intéressée dans cette histoire ne peut se résoudre à contracter le mariage que vous avez bien voulu nous proposer, par des motifs qu'il est inutile d'indiquer. » A la lecture de la lettre que Papa me soumit, cette phrase m'étonna, mais comme j'ai une admiration profonde pour tout ce qu'écrit mon père, je ne crus pas qu'il serait nécessaire de corriger une phrase sortie de sa plume. Cette phrase, en effet, mit le feu à une poudrière. Monsieur Roederer fit une réponse des plus insolentes : il fait un appel à l'honneur de mon père pour savoir de lui quelle est la personne qui l'a si bien servi auprès de nous. « Parce que, ajoute-t-il, il voit bien que la calomnie a été dissoute avec le venin le plus subtil » (refusant de croire, dans son aveugle présomption, qu'il n'avait pas eu la chance de plaire). De plus, il dit bêtement et grossièrement, sans songer même dans son brutal ressentiment qu'il se trahissait par là, « que si votre demoiselle avait quelques écus de plus, moi, moi par contre, j'avais une position qui faisait compensation, de sorte que des deux parts il n'y avait pas de disproportion. »

Déplorable raisonnement! j'étais furieuse à la lecture de cette lettre insolente et d'une vulgarité effrayante, farcie de fautes d'orthographe et de diction, d'une écriture qu'on pouvait prendre ou pour la main incertaine d'un enfant ou celle d'un vieillard vacillant et quasi aveugle. En même temps que le contenu me mit en courroux, je bénis le hasard qui m'avait fait voir l'homme sans fard et sans perruque, à l'alliance humiliante duquel j'avais échappé. Je plaignis mon père de l'affront que je lui avais fait essuyer et je lui offris de saisir la plume à mon tour pour prouver à monsieur Roederer qu'il n'était qu'un rustre, un fat et un sot. Mon père me fit sentir que ce ne serait qu'une mission déshonorante et inconvenante pour moi. Il se remit à l'œuvre aussitôt et le lendemain vint de la part du prétendant éconduit une réponse aussi humble et aussi respectueuse que la première avait été impertinente et violente. Mon père avait refusé de me laisser lire sa lettre, mais il paraît, d'après le changement qu'elle opéra, qu'elle était majestueuse pour me servir de l'expression de ma sœur. Monsieur Roederer prodigua dans sa missive les mots de respect et de considération et alla même jusqu'à ajouter « qu'il était au regret de n'avoir pu inspirer la moindre sympathie à la personne à laquelle il aurait tant aimé unir son avenir. » J'aime bien cette union d'avenir d'un garçon de quarante-cinq ans !

Ces deux lettres sont des documents que j'aimerais volontiers faire passer des mains de mon père dans les miennes s'il y avait moyen.

Quelques jours après vint, de la part de mon beau-frère, une missive élégante et spirituelle à l'adresse de monsieur Roederer. Que je n'oublie pas de dire que celui-ci avait écrit à monsieur Brandhoffer trois pages de sottises que celui-ci nous avait retournées. Dans sa réponse à ce présomptueux solliciteur, il exagère mes qualités pour lui faire sentir qu'il a tort, avec ses moyens, de se croire si sûr de son fait. Papa écrivit à mon beau-frère pour le prier de faire une seconde lettre vu que l'affaire étant nulle, celle-ci n'avait plus d'objet. Voilà comment finit l'histoire. Le samedi 17 février, Papa écrivit le refus. Monsieur Roederer, ne revenant de Bischwiller que le lundi, répondit le mardi 20. La réponse de Papa, qu'il ne me laissa pas lire, fut expédiée, je crois, le même jour, et le lendemain nous reçûmes la dernière lettre de monsieur Roederer. Ma mémoire infidèle et rebelle à ce souvenir n'en a rien gardé et si je ne m'étais donné la peine de faire quelques notes, j'aurais oublié cette histoire, ces entrevues et cette correspondance beaucoup plus volontiers que la plus insignifiante des œillades de monsieur Grass.

Dimanche 18 mars

Quel ennui de changer de servante, de choisir entre huit pour obtenir ce qu'il y a de mieux, de courir de Ponce à Pilate pour les renseignements par un temps de neige et de boue, de tomber sur une fille enceinte après avoir consacré trois jours à faire un choix parfait et, sur l'avertissement reçu de la maternité prochaine, d'être obligée de recommencer ses pèlerinages. Voilà pourtant ce qui m'est arrivé dans la première quinzaine de ce mois. Ma servante me quitte parce que sa mère est malade, et moi qui déteste les changements comme les vieillards, j'ai peur du nouvel individu qui va se mettre sous mes ordres.

J'ai taillé avec l'aide de ma sœur trois pièces de toile ; il suffit que je me mette à faire du linge neuf pour qu'il tombe ou du ciel ou de l'enfer un obstacle qui m'empêche de travailler. Ma lessive est à la porte, ma tâche ne sera pas faite.

Mon beau-frère va revenir. Mon déménagement se fera si Dieu et mon père le veulent bien. L'exposition de Paris [200] commencera le 15 mai et durera six mois : monsieur Grass fera sans doute à Paris un séjour prolongé et si je pars en automne, comment ferai-je pour le voir une dernière fois ?

Dimanche 19 août

Après avoir tracé cette date, j'ai regardé à la dernière et me suis mise à compter sur mes doigts et voici ce que j'ai trouvé : il y a cinq mois jour pour jour que j'ai fait la dernière page et depuis ce long espace de temps, je n'ai pas eu le désir de charmer ma solitude par des notes intéressantes. Nul événement intéressant depuis ces cinq mois n'a marqué ma vie et pour reprendre une tâche abandonnée, le moment est mal choisi. J'ai bravement manié les aiguilles ; vingt-huit torchons neufs faits par mes mains ont augmenté ma lessive du printemps dernier et celle d'automne, qui est à la porte, se trouvera enrichie par quarante tabliers de cuisine que j'ai confectionnés avec un soin infini.

Une autre rude tâche m'attend au milieu de septembre : j'ai obtenu enfin de mon père la permission de changer de demeure. J'ai fouillé tous les quartiers de la ville avant la Saint-Jean déjà. N'ayant pas trouvé à mon goût, j'ai remis sagement cette partie de fête à un autre trimestre et j'ai loué maintenant au Bain Saint-Guillaume un logement dont la perspective m'enchante et que je me promets d'entretenir avec l'aide d'une femme de ménage.

Ma sœur, guidée par les utiles conseils de son mari, a eu l'heureuse inspiration de choisir Wissembourg pour son quartier d'automne et d'hiver, de sorte que je serai privée pendant six mois de mon petit neveu qui fait ma seule joie et dont les yeux bleus sont le seul phare de ma vie ténébreuse.

1er novembre, Bain Saint-Guillaume, n° 6

1er novembre, Bain Saint-Guillaume, n° 6

Labeurs, fatigues, souffrances, angoisses, tout s'efface, tout commence à s'oublier. Le moral se remonte, le physique se remet. Les ténèbres fuient, le soleil reluit, l'espérance est revenue avec l'amour de la vie. L'idole de mon cœur est revenue à ses pénates ; il m'a revue dimanche et aujourd'hui, et le tailleur de marbre a paru ému à mon aspect. Depuis le printemps dernier, je n'ai pour ainsi dire pas touché à ces pages et dans ma vie pourtant, j'ai barbouillé bien du papier pour noter des choses moins importantes que celles qui se sont passées dans ma famille et dans mon ménage. Rien ne me poussait à ce journal, rien ne me semblait la peine d'être tracé sur le papier. J'ai revu monsieur Grass et les événements reprennent de l'importance, ma vie n'est plus un aride désert ; il faut faire des notes.

Dimanche 4 novembre

O pauvres mains abîmées et crevassées, que vous m'inspirez de pitié ! Yeux noyés de fumée, que je vous plains ! Imagination vouée au pot-au-feu, que tu es tombée bas !

Le temps est pluvieux, je viens de rentrer chez moi et, quoique démoralisée, fatiguée, abasourdie au dernier degré, j'ai mis des gants jaunes pour cacher les crevasses de mes mains, j'ai saisi mon plus beau mouchoir garni de dentelles et, avec mon père, j'ai fait des visites d'adieu dans la maison que nous avons quittée. Décidément, je suis vouée aux âtres fumeux et aux courants d'air. Je suis tombée de Charybde en Scylla et pour couronnement de toutes mes fatigues et des dépenses imposées à ma bourse, je me demande tout bas si je n'ai pas fait une sottise. Ma sœur m'a envoyé un panier de fruits et du miel ; mon oncle, des raisins, des poires, des saucisses et des pommes de terre : jouissons de ces produits de la terre jusqu'à ce qu'elle nous offre asile un jour contre toutes les misères, tous les ennuis, tous les regrets et tous les amours malheureux.

Dimanche 18 novembre

Voici ma lampe en face de moi : c'est ma seule et unique compagnie pour la soirée. Le dimanche a été magnifique ; un air doux, la présence du soleil. J'ai fait avec mon père des visites dans la maison que nous habitons. Nous avons manqué nos plus proches voisins ; par contre, la dame du propriétaire était chez elle. Nous avons été reçus dans un salon meublé à la parisienne et tout en contemplant à la dérobée ces mille petits colifichets exposés avec assez de grâce, je me disais qu'une bonne Strasbourgeoise comme moi a une armoire fourrée de linge qui passera jusqu'à la troisième génération, des ustensiles de ménage fort utiles et fort lourds à garnir tout un grenier, une batterie de cuisine des plus étendues, mais ni dans ma chambre à coucher ni dans mon salon rien ne réjouit la vue, rien ne témoigne que l'habitante a du goût ou possède autre chose que des cuillers à pot et des casseroles.

Je me fais parfois l'effet d'une bête lancée dans une vaste arène, courant après un but qu'un brouillard cache à mes yeux. Le brouillard se dissipe, le but est visible, mais au moment où la malheureuse va l'atteindre, il s'échappe. Je suis bien plus sage en projets qu'en exécution et toujours des circonstances imprévues viennent se poser entre moi et mes travaux et m'empêchent de les exécuter. Ainsi finira ma vie sans qu'aucun de mes plans n'ait jamais été mené à bonne fin.

L'événement le plus récent, ce déménagement, par combien d'ennuis, de fatigues et de contrariétés n'a-t-il pas été marqué ! Tracas et fatigues, tout a été pour moi : mon père ne s'est occupé de rien, il a été d'une humeur massacrante pendant tout le temps du déménagement et m'a accablée de reproches et d'observations désobligeantes. Le voiturier a été de mauvaise foi : il a exigé un plus grand salaire que celui que je lui avais accordé et mon père, qui était présent, n'a pas jugé à propos de me défendre par une seule parole contre ce grossier fendeur de bois. Les menuisiers ont manqué d'énergie et d'habileté. Je leur ai payé généreusement à boire et par reconnaissance, ils ont fait une effraction dans la cave et ont bu quatre bouteilles de notre vieux vin qui s'y trouve depuis trente ans. En m'apercevant du larcin, j'en ai parlé au maître menuisier, à Friesé. Lui-même m'a donné le conseil de déduire le prix du vin sur la note que je lui paierais et, sur un chiffre que j'adoptai, indiqué pour ainsi dire par lui-même, il m'a fait la mine. J'ai dépensé infiniment d'argent pour avoir de l'ouvrage bossu, borgne et boiteux. Mon poêle avait l'air d'un soldat ivre qui perd son shako. J'obligeai le poêlier à le reprendre et à le recommencer, petit exercice qui dura huit jours. Ma servante m'aida en paresseuse ou plutôt ne m'aida pas, brisa une carafe, perdit une brosse le dernier jour et me laissa tout dans un désordre et une malpropreté impossibles à dire. J'ai eu des faux frais sans nombre et me suis échinée comme un pendu qui essaie de rompre sa corde. Maintenant que je suis installée complètement, j'en éprouve des regrets. Mon père est mécontent et mon âtre fumeux : je me ruinerai en bonnets et en fichus blancs que la fumée abîme. A force d'être dans le courant d'air et la fumée, je serai criblée de rhumatismes et je finirai par devenir aveugle. Quel doux avenir !

Dimanche 25 novembre

Aujourd'hui, l'aspect d'un nom chéri est venu frapper mes yeux. Je fouillais de vieux papiers pour trouver de quoi allumer mon feu quand, en jetant les yeux sur une brochure, le nom de monsieur Grass frappa mes regards. Replier le papier, le serrer comme une relique fut l'affaire d'un clin d'œil. Je viens de la lire : elle est de 1845, c'est un rapport du maire au conseil municipal. Il est question des fonds de l'Œuvre-Notre-Dame et des embellissements de la cathédrale. Monsieur Grass est nommé comme sculpteur de l'Œuvre. Le maire fait un rapport des travaux qu'il a exécutés, des statues dont il a orné l'intérieur de la cathédrale. Il est question d'une nouvelle commande pour laquelle il s'engage : le groupe du Jugement dernier [201] composé de treize figures, travail qu'il promet de livrer dans l'espace de trois ans. Dans ce rapport, il est taxé d'habile artiste. L'aspect de ce nom me réjouit le cœur d'autant plus que, depuis la Toussaint, je n'ai pas revu celui qui le porte. La passion pour monsieur Grass augmente à mesure que je le perds complètement de vue : autre sujet de chagrin.

Dimanche 2 décembre

Si je ne vous avais jamais connu, statuaire ! si vous ne m'aviez jamais aimée, car vous m'avez aimée, n'importe pour quel motif, je me sentirais moins malheureuse que je ne le suis, je ne me plaindrais pas peut-être de mon existence. J'ai manqué d'habileté, j'ai manqué d'adresse, j'ai manqué de courage. Le ciel, dans un moment de clémence, m'envoyait le bonheur et, maladroite, malheureuse que j'étais, je n'ai su le saisir. Et pourtant, quand je regarde en arrière, j'ai eu la chance de plaire comme peu de jeunes filles l'ont eue. Il y a quelques mois encore, je disais en riant à mon beau-frère que la plus illustre de mes conquêtes, je l'avais faite à vingt-sept ans. J'entendais par là les soirées passées au Broglie et au théâtre, et les pantomimes passionnées de monsieur Grass qui équivalaient à une déclaration en forme.

J'ai trente-trois ans ; je m'étais imaginé que monsieur Grass était au monde le seul homme, le dernier sans nul doute, qui eût fait attention à moi. Inspirer encore une passion, ce n'était plus mon rêve, plus même le calcul de mon amour-propre. Et il y a trois mois seulement, mes oreilles ont été obligées d'entendre l'aveu d'un amour que certes, je n'ai cherché nullement à inspirer. J'ai été effrayée de la déclaration d'un homme marié, attaché à une personne qui m'est chère et pour la conservation du bonheur de laquelle je donnerais tout mon sang. Je ne voulus y croire, je pris les premières paroles pour une plaisanterie, un effet de vin, un piège, mais protestations et serments me furent réitérés tant de fois que je finis par croire qu'on me disait la terrible vérité. Quand des baisers brûlants vinrent effleurer mes mains, mes cheveux, mes lèvres, j'eus la conviction que le langage était sérieux et mon âme frémit de crainte et d'horreur.

1856

Mercredi 30 janvier

Depuis huit jours, je garde ma chambre : je n'ai pas la force de quitter mon lit avant onze heures et pas la bonne volonté de m'occuper de quoi que ce soit. La fièvre violente qui m'a alitée n'est pas venue soudain comme un coup de foudre ; depuis longtemps elle me mine le corps, comme les regrets me minent l'âme, et à l'affaiblissement de mes forces, je sentais qu'une crise se préparait. J'ai beaucoup souffert, mais quoique souffrante, seule et isolée, j'ai tout lieu de rendre grâce à Dieu qui aurait pu rendre l'épreuve encore plus forte s'il n'avait eu pitié sans doute de mon isolement et de mes malheurs. Je souffre d'une névralgie depuis quelques semaines ; dans les derniers jours, le sang affluait si violemment vers ma tête et vers le cœur que mon médecin eut recours aux grands moyens et me fit poser quinze ventouses dans la nuque. Le quinquina, cet abatteur de la fièvre, acheva ce que les ventouses n'avaient pu faire complètement. Depuis quatre jours, mon sang circule avec calme dans mes veines, mais ma faiblesse est si grande que je ne puis m'occuper de rien. A côté de tout malheur, Dieu met une compensation. Ma femme de ménage est une perle et le seul être au monde sur les soins duquel je puisse compter. Sans elle, je ne pourrais me donner de repos et mon mal, qui est peut-être en voie de guérir, serait devenu fort grave si j'avais continué de faire mon ménage.

Quel sentiment plus amer que celui d'être obligée de se dire : j'ai été la garde-malade de mon père, celle de ma sœur et, malade à mon tour, personne ne s'intéresse à moi. Ma sœur est loin et ne témoigne l'intérêt qu'elle me porte que par des lettres assez rares. Mon père n'observe à mon égard que la stricte et froide politesse. J'ai eu des corvées de ménage comme on en a tant dans la vie ; il m'a fallu m'en tirer seule sauf à m'y briser la nuque. Quand je me trouve dans un embarras pénible, personne ne me prête secours et j'ai toujours été au secours de tout le monde. Ces pénibles réflexions que je fais depuis tout cet hiver de solitude, que j'ai faites dans mon lit, dans mes accès de fièvre, que je fais maintenant que mon sang est redevenu calme, me remplissent le cœur de fiel et d'amertume contre ceux qui sont mes plus proches sur la terre et je suis persuadée que si le sort ne me traite pas avec trop de rigueur, si je ne joue pas de malheur, ma vie serait moins pénible auprès d'étrangers qu'auprès des miens.

Jeudi 14 *février*

Grâce aux vésications que j'ai eu le bon esprit d'appliquer derrière mes oreilles, les douleurs dans la tête ont perdu de leur violence. Depuis quatre jours, je me risque dehors par le beau soleil et l'air doux dont nous sommes gratifiés. C'est ordinairement sur le quai et sur le rempart appelé la Petite Provence que je risque mes pas. Un épais bandeau sur la joue, le voile devant le visage, le mouchoir sur la bouche, je me promène au milieu des promeneurs en véritable solitaire. Après une course d'une heure, je rentre chez moi pour être seule encore, acquittée à l'égard de ma conscience pour avoir fait quelque chose pour ma santé, mais non ravivée par le soleil ni récréée pour avoir vu des visages humains.

Cette nuit vers deux heures du matin, une émotion des plus alarmantes me réveilla. J'éprouvai ce qu'on doit éprouver sur mer : il me semblait que lit, croisées, chaises, plancher, tout tournait avec moi. Une sueur froide me couvrit le corps. Je n'osai me remuer ; pourtant, il me fallait un verre d'eau sucrée et comme je n'avais pas de baguette magique, force me fut de l'aller chercher moi-même. Je glissai le long des meubles en m'appuyant, je le préparai en tremblotant, je l'avalai avec répugnance et j'attendis son effet avec anxiété. L'effet fut bon : une heure après, je m'endormis après avoir été convaincue que ce n'était pas encore le sommeil éternel.

Dimanche 8 *juin*

Quitterai-je ma ville natale ? Mon irrésolution est grande. Dans le temps, je suis allée aux conseils et j'en ai eu du regret : personne au fond ne peut se faire une idée nette et claire de ma position comme moi-même. Pourquoi consulter les autres ? Le plus sage est de suivre ses propres inspirations. J'attends depuis six mois une heureuse et lumineuse inspiration, mais la lumière ne se fait pas jour dans mon esprit. Invoquant le ciel sans en obtenir de réponse, depuis quelque temps j'abandonne mon sort au gré des événements. Faut-il voir le doigt de la providence dans l'événement d'hier ? Veut-elle m'indiquer par là la route qu'il me faut suivre et le plan que je dois adopter ? Non content de tous les sacrifices que je fais pour lui, mon père, dans ses coupables procédés, me fait encore payer ses dettes. J'ai très peu de fortune ; sans le secours de ma sœur, malgré toutes les privations personnelles que je fais, malgré le mal que je me donne, les travaux de servante que je m'impose, je ne parviendrais pas même à joindre les deux bouts. Payer encore des dettes avec de si minces revenus, cela est humainement impossible. J'ai été trop désintéressée jusqu'à présent, je ne songe pas qu'un temps viendra où mes forces, déjà épuisées, ne suffiront plus à ces rudes travaux, qu'après avoir travaillé comme une ouvrière à gages pendant toute l'année, les mains me restent vides et que j'ai usé ma jeunesse, ma santé et mon temps de la façon la plus pénible et la plus ennuyeuse sans m'être acquis la reconnaissance de personne. Si je pouvais, d'un bond, me séparer de ma famille, quitter ce ménage, ces armoires, ces hardes qui me retiennent comme des chaînes, si je ne tombais pas trop mal en pays étranger, peut-être dans ma vieillesse encore bénirais-je ce moment-là ?...

Lundi 21 juillet

Un poids m'est tombé sur le cœur. Cette émotion désagréable, qui me l'a causée ? ni plus ni moins que madame Boch, ma brave femme de ménage. Quand, mardi dernier, en récompense des services qu'elle avait rendus à mon père durant mon absence, je lui donnai ses honoraires que, selon mon avis et celui de quelques commères que j'avais consultées à ce sujet, je trouvais très honorables, madame Boch se regimba tout en ajoutant que c'était la première fois depuis qu'elle était à mon service qu'elle se plaignait de quelque chose. Argument fort éloquent du reste puisqu'il prouvait par son apparition même qu'il était on ne peut plus fondé. Sa demande, à son grand étonnement, m'étonna fort : « Dix francs le mois et la nourriture et vous en demandez douze ! Comptez-vous donc la nourriture pour rien ? » répliquai-je avec la dignité d'une reine outragée. Elle essaya de me prouver qu'elle les méritait bien. Je ne voulus pas entendre jusqu'au bout l'histoire de son mérite et je courus me plaindre à mon père de l'inconvenante prétention de la ménagère qu'il élevait aux nues. Il ne l'approuva pas toutefois. Ma résolution fut prise en une minute ; j'étais décidée à lui donner l'argent qu'elle réclamait en surplus et le congé. Mon père m'avertit de ne pas agir dans un mouvement de colère. J'attendis qu'elle vint me dire adieu comme de coutume et j'exécutai ce que j'avais projeté. Elle ne s'attendait pas à ce coup-là. Elle me suivit jusque dans ma chambre à coucher en protestant que je ne lui donnais pas le congé pour sa demande d'argent, mais que je lui cachais le véritable motif. Je lui répondis que mes moyens ne me permettaient pas d'employer une personne qui vendait ses services si chers. Quand elle m'eut quittée, je pleurai abondamment pendant une heure et sur son ingratitude et sur le nouvel ennui qu'un changement allait me donner.

Mardi 19 août

Que le temps est sombre ! c'est à peine si j'y vois pour tracer les caractères, et pourtant, il faut que j'écrive, que je m'occupe de toi, journal, mon vieil ami que je néglige si malhonnêtement. Hélas! ce n'est pas mauvaise volonté, ce n'est pas manque de temps car je suis toujours seule : le sujet me fait défaut, aucune inspiration ne me guide plus. Statuaire, depuis que je ne vous vois plus, le bonheur m'a fuie, un destin fatal s'attache à mes pas. Je vous ai rencontré deux fois et deux jours de suite pour ainsi dire, dans l'espace de huit mois, et un an s'est écoulé depuis cette unique rencontre. Je ne vous cherche plus puisque je suis persuadée que vous n'êtes plus à Strasbourg. Si vous y étiez, la providence aurait la charité de vous pousser parfois sur mon passage. Ma vie s'écoule sans intérêt et sans but.

« Tout le monde n'est pas né pour être heureux » : grande et mélancolique vérité que j'entendis dans mes jeunes ans, dans une auberge de village, à table d'hôte, sortir de la bouche d'un simple employé et qui me sert toujours de consolation quand je suis triste et démoralisée. Je ne sais ce qui me met les nerfs et le sang si fortement en branle. Ah! je le sais pourtant et n'ose le dire ; un autre jour peut-être aborderai-je ce chapitre-là.

Dimanche 31 août

L'air frais de ma fenêtre me fait un bien infini. J'ai fait des progrès en philosophie depuis trois ans : à cette époque, j'aurais pleuré d'être obligée de passer mon après-dîner seule ; je suis toute calme et ne m'ennuie pas. J'ai mon plan : je vais au Broglie écouter la musique et je m'établirai dans un fauteuil, mais ce n'est pas pour vos beaux yeux, monsieur Grass qui êtes de retour à Strasbourg depuis quelques jours comme l'annoncent les journaux. Depuis quelque temps, mes connaissances du cœur humain se sont développées encore davantage et je ne me soucie pas de courir au-devant d'une humiliation qui, d'abord, apparut sous les dehors séduisants d'une passion. Voici les lignes textuelles du *Courrier du Bas-Rhin* que mon beau-frère a eu la malice de m'envoyer par sa femme :

« Monsieur Grass, notre sculpteur distingué, est arrivé à Strasbourg de retour de Paris où il a achevé le modèle de la statue de Lezay-Marnésia qui sera élevée comme on sait sur une de nos places publiques. La statue est entre les mains des fondeurs et sera terminée dans quelques mois. Monsieur Grass a exécuté plusieurs autres œuvres d'art, entre autres deux superbes bas-reliefs en bronze pour le monument du général Abbatucci [202] à Huningue. » (*Courrier du Bas-Rhin*, 28 août 1856).

Vendredi 12 septembre

Je l'ai revu ce matin, j'ai passé auprès de lui ayant au bras un panier d'où s'échappaient, non des magnolias, mais du poireau et du céleri. Je m'arrêtai une minute en l'apercevant, n'osant avancer ; lui me fit l'effet de trébucher également. Il se cacha sous le bord de son chapeau gris et moi, sous mon ombrelle verte.

Samedi 13 septembre

Sept heures sont à peine sonnées et me voici déjà établie à la clarté d'une chandelle pour tracer quelques lignes et remplir ainsi le petit bout d'une soirée que je terminerai dès que la retraite, la musique militaire seront passées. Quel avant-goût déjà des soirées d'hiver, qu'il est triste de voir tomber la nuit à six heures déjà !

Mon beau-frère est parti lundi dernier. Le dimanche soir, il a réuni chez lui ses frères et sœurs et la soirée s'est passée gaiement. Il s'était proposé de ne pas songer trop à son départ. Quand on se sépara le soir, il pleuvait à verse. Mon beau-frère offrit de me reconduire, mais monsieur Adolphe Wagner protesta que cela ne le dérangeait nullement et ce fut sous sa sauvegarde que je regagnai mon cher Bain Saint-Guillaume. J'avais embrassé mon beau-frère, à l'imitation de ses frères et sœurs, qui, en me serrant la main, me dit qu'il viendrait encore nous faire ses adieux le lendemain. Le lendemain de bonne heure, je jugeai que le temps ne lui permettrait plus d'en rien faire. Je m'habillai promptement, je fis mon ménage lestement et j'arrivai tout juste pour faire la liste des effets qu'il emportait, placer encore quelques mouchoirs et quelques caleçons dans sa malle et courir faire l'emplette d'une poche pour ses éponges. Son frère était là, il voulait quitter ; il le retint, disant qu'il l'accompagnerait pour faire ses adieux à monsieur et madame Wagner. Je lui dis que j'allais partir ; il m'embrassa en souriant sur les deux joues. Pas une larme, pas un signe d'émotion. J'en fus si étonnée et si frappée en même temps que j'oubliai presque de rendre à monsieur Adolphe le salut qu'il m'adressa. Il m'avait dit, tandis que je rangeais les effets qu'il me tendait dans sa malle : « Chère fille, je songeais à vous tout à l'heure ; je serais venu au galop !... » Enfin... le voilà loin ; dans six mois, Dieu sait comment et où nous nous retrouverons.

Monsieur Grass est à Strasbourg, le journal a dit vrai : à cela, il n'y a rien d'étonnant, mais ce qui m'étonne davantage, c'est le calme que me laisse l'aspect de cet homme qui, il y a deux ans encore, remplissait mon âme et mon imagination tout entières. Que je narre donc l'anecdote telle qu'elle s'est passée. Lundi dernier, après avoir fait mon ménage, mis sur la table un passable dîner, je fis ma petite toilette de l'après-midi : je me coiffai la tête d'un bonnet noir qui ne me sied pas trop mal et je chaussai mes petits pieds, comme il plaît à dire à mon beau-frère, de souliers noirs que, jadis, je mettais au bal et que j'ai ornés de mes propres mains d'un nœud qui me paraît tout magnifique. J'étais établie dans ma fenêtre travaillant à ma dentelle, mon ouvrage de prédilection et de passion, et tout heureuse de mon bonnet noir, de mon tablier noir et de mes souliers noirs que j'aurais tant aimé faire admirer à n'importe qui, quand soudain on frappe à ma porte : une visite, deux dames, ménagères, commères et causeuses. La conversation roula sur le ménage, les vertus et les vices des domestiques. Quand ces dames m'eurent quittée, je me remis à ma croisée et à ma dentelle, travaillant avec ardeur pour rattraper le temps perdu quand, soudain, un regard parti de la rue vint m'atteindre. Un parapluie dans la main, un paletot d'hiver sur les épaules, un chapeau de jeune homme, un chapeau gris à larges bords, sur la tête, et sous le bord de ce chapeau un œil noir, perçant et méchant qu'il lance vers ma fenêtre, relance et lance encore : c'est monsieur Grass, c'est bien lui. Je me levai pour le suivre du regard ; il marchait lentement, négligemment, comme toujours. Point d'yeux doux ni de part ni d'autre, après une séparation de près de deux ans. Nous avions l'air de deux dragons furieux qui se défiaient du regard. Et mon beau-frère parti le matin même ! si j'avais eu un jour encore pour lui parler de cette fameuse entrevue...

Jeudi 25 décembre

Rien ne me porte à écrire : imagination, cœur, tout se tait, tout tarit. J'ai assisté hier à une fête de famille. J'en avais une toute petite chez moi. J'ai orné un sapin pour les beaux yeux et la jolie bouche de mon petit neveu qui a ouvert de grands yeux à l'aspect de cet arbre éclairé par des bougies. Son premier mot a été « bretzel » et il s'est mis à croquer cet objet à belles dents en faisant des gambades joyeuses dans la chambre et en présentant les ciseaux pour couper les objets qu'il convoitait tantôt à son grand-père, tantôt à sa mère, tantôt à sa tante. Hier, c'était chez madame Schneegans qui a eu l'obligeance de me faire inviter. Le *Hanstrap*, en la personne de monsieur Adolphe Wagner, est venu avec des verges à la main s'informer si les enfants étaient sages. Ceux-ci ont rempli la chambre de hurlements en promettant obéissance à leurs parents. Du cabinet, on passa dans le salon éclairé qui présentait un ravissant aspect avec son sapin chargé de bonbons et de bougies et sa longue table toute couverte de jouets. Les oncles firent cheva-liers, ce soir-là, les petits bambins, en leur faisant cadeau de shakos, d'épaulettes, de gibernes et de fusils. Pour la petite Fanny, il y avait une cuisine qu'elle se mit à balayer sur-le-champ en bonne petite ménagère, des poupées et un beau salon. Ajoutez à cela des corbeilles remplies de pains au lait, de pains d'épice, de pains de Souabe, le tout fait par la maîtresse de la maison, et la fête est complète.

Ne pouvant aller à l'église ce matin, j'y suis allée à trois heures. Elle était à la fois sombre et éclairée. Pourquoi, pendant ces jours de fête et surtout le soir à l'église, un sentiment de mélancolie et de mal du pays vint-il s'emparer de moi et pourquoi l'image, je ne dirai pas de qui, m'apparut-elle dans un temple protestant ? Malgré la sainteté du jour de Noël, il y a eu un vol dans notre maison. Après une visite domiciliaire chez le garçon qui prépare les bains, sur lequel on a eu des soupçons, le commissaire de police a découvert le voleur et le larcin : c'était la bonne même de la débitante de tabac qui, après avoir accompagné sa maîtresse à l'église à cinq heures du matin, est rentrée avant elle pour s'emparer de quelque cent francs enfermés dans la commode. Le commissaire, en la faisant fouiller, a trouvé l'or sur elle et l'a fait avouer qu'elle avait caché les pièces de cent sous dans le sable dans un petit corridor. La voleuse, qui du reste avait mauvaise conduite et allait être renvoyée, est en prison.

1857

Dimanche 11 janvier

Malgré mon amour pour le travail qui, aussi, ne me manque jamais, il me prend parfois des moments d'ennui d'imagination. Je ne vois guère de monde, je suis fort sobre de visites. Je ne suis plus au courant des nouvelles du jour. Je me demande parfois que penser ; cette question, je ne me la pose pas le samedi néanmoins : en ce bienheureux jour, je manie les balais toute la matinée. L'après-dîner, je fais ma toilette aux grandes eaux ; le soir, j'arrive épuisée sur ma chaise pour tremper mes pieds dans de l'eau tiède, et, la nuit, je me mets au lit, rêvant à mon dîner du lendemain. Eh bien ! c'est pourtant une belle chose que de faire la guerre à la poussière, de frotter ses meubles avec soin, de secouer le torchon par la fenêtre qui donne sur la rue au risque d'avoir un procès-verbal, pour apercevoir sous vos fenêtres, mais ne songeant pas à vous, un statuaire que je ne croyais plus à Strasbourg. Hier à une heure et demie, profitant d'un rayon de soleil et d'un sol sec, monsieur Grass passait le pont Saint-Guillaume, longeait le quai pour se rendre à la Robertsau, je suppose. J'ouvris largement mes volets, mais il ne songea pas à lever les yeux ni à regarder en arrière. Il marchait légèrement, lestement, comme un jeune homme, yeux et cheveux plus noirs que jamais, paletot d'hiver, pantalon sombre, cache-nez gris-clair posé avec grâce autour du cou. Enfin, c'était au moins une apparition et j'éprouvai pendant cinq minutes une légère émotion…

Lundi 9 février

J'ai fait la semaine passée une infraction à mes habitudes de retraite : j'ai été un peu dans le monde, j'ai troqué ma robe de laine pour une robe de soie. Il y a eu soirée samedi chez madame Fanny Schneegans, il y a eu soirée lundi chez madame Emma Brandhoffer et ces deux dames ont eu l'obligeance de m'inviter. Salon élégant chez toutes les deux, monde plus élégant encore : soie, dentelles, or et diamants chez toutes deux pour se réunir avec l'ouvrage, éclairage splendide, goûter brillant où thé, crèmes montées, bonbons des plus fins jouèrent leur rôle chez toutes les deux. Mais ô Alsaciennes ! vous savez vous parer, vous savez dépenser beaucoup d'argent pour vos ménages, vous savez offrir de magnifiques collations dans de la vaisselle plus magnifique encore, mais vous oubliez avant tout de parer vos esprits et vous ne possédez point l'art de savoir causer. Quelle insipide conversation de maris, de servantes, de nourrices et de nourrissons. Ces têtes élégantes, si savamment coiffées et ornées de dentelles et de fleurs, n'ont nulle grâce dans l'intérieur : ce sont des bulles de savon au soleil.

Dimanche 8 mars

Enfin voici un instant de calme et de repos, et je puis tracer sur le papier la fameuse rencontre de vendredi. J'ai vu le statuaire et, ce qui est plus étonnant encore, son aspect m'a émue, j'ai rougi et pâli. A cinq heures et quart donc, puisque ces rencontres datent dans mon existence il ne faut omettre aucun détail, je débouchais par la rue des Frères et j'entrais dans celle du Dôme avec l'intention toute ménagère d'acheter un pot pour cuire mon bœuf. Ayant à cet effet la mesure du pot dans la main, c'est-à-dire un petit cordon tricolore, dans la poche un moutardier que j'allais faire remplir et dans le manchon un demi-dévidoir que j'allais faire coller. De gros souliers en cuir, ma robe de stoffe rapiécée, mon vieux manteau hors de mode, l'unique à Strasbourg, mon chapeau brun d'une fraîcheur douteuse, me donnaient un air des plus humbles et des plus bourgeois. Heureusement un voile était baissé pour cacher dessous en partie ce que le public voyait et ce qu'il ignorait. Le statuaire tournait le coin de la rue des Hallebardes pour entrer dans la rue du Dôme au moment où je l'aperçus. Il faisait le chemin que j'allais faire et je le suivis. Sa mise était plus soignée que la mienne et pour cette raison, je ne me souciais pas de le dépasser. Port noble, chapeau posé aristocratiquement sur la tête, démarche passablement assurée, il était ganté de gants en cachemire gris, soin que je ne lui ai jamais vu prendre. Mais une chose me surprit et un pressentiment douloureux vint me traverser l'esprit : le grand artiste serait-il frappé de paralysie ? Pendant tout le chemin, son bras gauche pendu ne remua pas ; même les doigts et la main gardèrent la même pose. Sur la place au bout de la rue, un monsieur à barbe noire vint à lui, l'accosta en parlant très haut d'un air de très vive amitié. Je compris qu'il s'informait de sa santé car il s'écria d'un air très étonné : « Très bien ! » En s'approchant de monsieur Grass, il lui avait saisi les deux mains, mais le bras gauche ne bougea point. J'en avais assez entendu et assez vu et ne comptant plus sur le pouvoir de mes charmes, auxquels d'ailleurs en ce moment manquait le prestige de la toilette, je rebroussai chemin et j'allai acheter mon pot. Il a donc été malade, c'est pour cette raison qu'on ne le rencontre plus. Il y a quatre jours, je l'ai vu passer sur le pont, il me semble, si toutefois le cache-nez gris que je vis d'abord n'appartenait pas à un autre.

Mon beau-frère est de retour. Il est arrivé hier et il est venu nous voir ce matin. Mon père lui a fait l'observation que, pareil aux princes de l'Orient, il se faisait précéder par un cadeau. Effectivement, la bonne est venue nous apporter hier au soir, de sa part, des macarons de Nancy faits par des religieuses dans un couvent et qui sont tout ce qu'il y a de soufflé et de fin en fait de bonbons. Aujourd'hui matin, il m'a remis un carnet tout bourré d'aiguilles : c'est le plus utile cadeau que l'on puisse faire à une femme. Une chose m'afflige le cœur, c'est qu'il n'a point l'air d'être enchanté de son fils. Dit-il cela pour me mettre à l'épreuve ? Voici le jugement qu'il a prononcé sur le chéri : « C'est un joli enfant, mais ce n'est pas cet ange aux pieds duquel on voudrait passer sa vie. Il vous donne ses bras à baiser, ce qu'une petite fille ne fait pas et ce qu'un garçon ne devrait point faire. Il minaude, il tourne les yeux vers le ciel ; on voit qu'il a été sous les jupons des femmes. Il faudra donner à cette éducation un caractère plus mâle. Pour l'intelligence, il est fort en retard : il ne sait pas une fable par cœur, il ne sait pas répondre quand on lui adresse une question. Il a un détestable accent français et il est gâté parce qu'il ne sait pas obéir. »

Mardi 31 mars

Puisque je me sens les nerfs un peu en émoi, je vais prendre ce journal au lieu de prendre mon tricot. Ce n'est point que j'aie des notes intéressantes à faire : non, ma vie est un ouvrage à l'aiguille de longue haleine et outre les petits colifichets ou plutôt, pour me servir du terme technique, les objets utiles que je confectionne moi-même, mon imagination ne rêve guère autre chose. Mon bonheur actuel consiste dans la confection de six charmants petits béguins de nuit ; il me semble que je ne coure point le risque de perdre celui-là en me déplaçant et qu'il me suivra partout. Enfin, peut-être encore échapperai-je à un danger qui existe réellement, mais que ma philosophie ne veut point voir quoiqu'il grandisse de jour en jour. Une femme faible fuirait pour ce seul motif ; je compte trop sur ma force et sur ma glace, et si ce n'est Dieu, les circonstances pourront me punir en faisant valoir le droit du plus fort. Pourquoi ne point vouloir ajouter foi à ce qui parle si haut ? Je ne demande plus rien au monde, je me contente d'une des plus tristes parts de la vie. Le temps, la fatalité ont tout glacé et mis à mort en moi, mais malgré cela, mes trente-quatre ans ne sont pas encore une égide vénérable ; le diable en voudrait encore sa part : il me poursuit, il me tente, je le vois et n'y crois pas. Qui m'eût dit qu'avec tous mes ennuis, le sort voulait y joindre encore celui-là ? Il ne cessera de me poursuivre, ma destinée doit donc être bizarre.

Jeudi 21 mai

Le plus magnifique soleil, la plus accablante chaleur ; dans mon âme, la nuit, dans mon cœur, point d'espoir. Grand Dieu ! grand Dieu, que votre main est lourde, que vos épreuves sont longues. Je ne sais si avec l'âge, quand intelligence, force physique, tout commence à diminuer, les chagrins tombent plus pénibles sur le cœur qu'aucune illusion ne remplit et ne rajeunit plus, mais il me semble que de ma vie, je n'ai tant souffert. Un avenir épouvantable se dresse devant moi comme un abîme : position nulle et insignifiante dans le monde, solitude, abandon.

Lasse de travailler toujours pour le roi de Prusse, je veux enfin travailler pour mon propre compte. J'ai fait des démarches et, déjà, par l'entremise de Sophie Braunwald, l'on me propose une place de sous-maîtresse dans un pensionnat à Giessen dans les environs de Francfort, mais il faudrait partir bientôt. Liquider mon ménage, louer une mansarde pour le mobilier que je veux conserver, l'y mettre, prendre toutes les précautions à cause de ma petite fortune, mettre mon père en ménage ou en pension, tout cela fait et exécuté dans l'espace de six semaines serait un tour de force que mes forces ne me permettent pas d'exécuter. Cette place en question me conviendrait fort ; si elle m'échappe, à la grâce de Dieu, il s'en trouvera peut-être une autre. Enfin, si le ciel me seconde, mon sort va changer.

Dimanche 31 mai

Jeudi soir après mon souper et le départ de mon neveu, je passai ma robe et j'allai au Broglie, non dans l'espoir d'y trouver le statuaire qui est ou sous un ciel plus doux ou dans quelque eau rajeunissante, mais pour me rafraîchir l'âme aux sons de la musique. Je me promenais là solitairement, insensible aux regards de la foule, m'arrêtant tantôt près d'un arbre, tantôt près d'une colonne en pierre. La musique était divine ; un morceau de *Norma* me mit en extase. J'étais là depuis une demi-heure, appuyée contre un arbre, quand soudain une tête d'homme, mais pas une belle tête, s'avança tout près de mon chapeau. Je crus un instant que c'en était fait de mes roses.

« Vous aimez la musique, madame, me dit une voix sans mélodie.

— Oui, monsieur, répondis-je du bout des lèvres.

— Je vous ai déjà vue l'an passé (souvenir significatif). Elle est charmante : c'est du l'onzième. »

Pour le coup, la phrase finit mal ; je me sentis prise d'un rire fou, je fis un tour du côté du théâtre et revins regagner mon arbre. Mon interlocuteur avait disparu. Quatre maréchaux des logis placés en ligne devant moi, et qui avaient surpris le dialogue, me regardaient en souriant. Je vis de loin mon individu qui ne se rapprocha plus. J'ai eu tort de rire et de fuir. Qui sait ? il est proprement mis quoique sa tournure soit des plus ordinaires, il peut avoir des écus. Il me fait l'effet d'un boulanger ou d'un débitant de vins en retraite. « Je vous ai déjà vue l'an passé »… Qui sait, qui sait ce qu'il aurait encore ajouté ? Je n'ai pas si bonne mémoire que lui, je ne me souvenais pas de l'avoir jamais vu.

Lundi 3 août

Que j'ai les nerfs malades, que je voudrais mourir ! Maudit homme, maudit démon, maudit beau-frère ! Ah ! qu'il est humiliant d'inspirer une passion ou des désirs à un libertin dépravé, sans pudeur, sans religion et qui n'a pas de foi en l'innocence et la vertu d'une femme. O horreur ! que cet homme m'a bouleversé le sang et que je supplie le ciel d'exaucer toutes les imprécations que j'ai vomies contre lui.

Dimanche 16 août

Un grand pas est fait : j'ai été dénoncer mon logement au propriétaire. Dans six semaines, je me mettrai en voyage ; je n'y crois pas encore moi-même ! J'ai parlé hier à mon père, j'ai eu une discussion avec mon beau-frère qui m'a mis la bile en émoi. Pour éviter les cancans qui pourraient circuler sur les motifs de mon départ, il habitera avec ma sœur, arrangement qui me déplaît et que je combattrai tant que j'aurai la voix et la vie. Il m'est avis que les sacrifices ne portent pas toujours bonheur à ceux qui les accomplissent ni ne sont goûtés par ceux pour qui on les fait. Pour mon dévouement et mon abnégation de quatre années, je n'aurai pas même de voix délibérative dans le conseil et il faudra me soumettre à l'avis ou la sentence de ceux qui ont abandonné la barque au gré des flots. O malheureux sort que celui de pilote !

Mercredi 19 août

Hier, l'après-midi, est venu de la part de madame Hepp un petit billet. Je courus aussitôt à Schilick. Je la manquai : elle était en visite. J'y suis retournée ce matin. Selon elle et aussi selon moi, il se présente pour mon placement une occasion magnifique. Une demoiselle Thiébault placée à Brünn, capitale de la Moravie, dans un grand établissement, est chargée de ramener pour une maison riche en fortune et en enfants une gouvernante d'un caractère solide et ayant atteint la trentaine, chargée spécialement de la surveillance des enfants en l'absence de la mère, dame du monde recevant beaucoup. Mademoiselle Thiébault, retournant en Moravie à la fin septembre, ferait ma compagne de voyage. Quelle chance pour moi qui suis devenue si craintive ! Elle est souffrante de la fièvre et on ne pourra lui parler que dans une huitaine pour avoir de plus amples renseignements. Voilà le moment décisif qui approche et mon père n'est pas encore fixé. Mais cette fois, je tiendrai ferme : les phrases ne me retiendront plus comme il y a quinze ans et surtout les motifs ridicules.

Hier au soir, mon beau-frère m'a ramenée chez moi. Je m'y suis laissée prendre malgré toutes mes résolutions et mes griefs. Ce sera la dernière fois. Oh ! que les femmes sont faibles et que les hommes ont raison de le prétendre, mais ils devraient ajouter encore que rien n'est mauvais comme eux. Et que je sois du nombre des femmes faibles ! Que sont donc devenus mon orgueil, mon énergie, ma volonté de fer ?

Jeudi 27 août

J'ai l'âme toute rassérénée, le cœur tout réjoui. J'ai passé l'après-midi avec mon amour de neveu qui était joli comme un ange, gai comme un pinson et obéissant comme un agneau. Une cérémonie touchante et intéressante en même temps qu'un triomphe de gloire a eu lieu aujourd'hui dans le jardin de la préfecture. On a inauguré la statue du marquis de Lezay-Marnésia, par monsieur Grass. Il y a eu chant, musique, discours. Ce soir, il y a réception à la préfecture. Il y avait des estrades pour les invités, surmontées de drapeaux. La statue était couverte d'une toile grise, on a tiré la ficelle, le voile est tombé comme par enchantement et l'homme de bronze était là. Je me suis mise en campagne à trois heures déjà ; j'ai choisi une place à l'ombre où il n'y avait pas de foule et je pus voir tout à mon aise. Mais j'avais beau persuader mon neveu qu'il y avait là musique, statue, soldats, drapeaux, il avait vu chez moi un plat de crème et un de gâteaux, et il interrompait les plus belles fanfares en disant : « Le goûter nous attend. » Bref, il ne tint pas même bon jusqu'à la fin de la musique ; je fus obligée de quitter le rempart. Je m'approchai du grand portail de la préfecture, espérant voir le héros de la fête, mais je ne vis point monsieur Grass. Je fis encore une petite visite à la tante Strohl et enfin, nous rejoignîmes cette crème tant désirée. L'heureux enfant poussa un cri de joie en voyant la porte de ma maison. Il monta les deux escaliers avec une agilité toute particulière en recommandant à sa tante de se débarrasser de ses deux gants, de son mantelet et de son chapeau. En un clin d'œil, il débarrassa la petite table et s'y établit en rangeant les couverts, la serviette nouée autour du cou. La crème était fort de son goût : il en dévora trois assiettes pleines en me regardant avec des yeux brillants de reconnaissance et de satisfaction. Quel plaisir d'en faire à ce charmant enfant !

Mon beau-frère a accompagné lundi mon père au café Adam. Le lendemain, ma sœur me dit qu'ils avaient parlé au statuaire et que Papa l'avait interrogé sur sa statue. Monsieur Brandhoffer avait dit à Emma qu'il s'exprimait très bien, et quand à mon tour je voulus le questionner, il n'y a pas d'horreur qu'il ne débita sur le compte du sculpteur. Il en fait un monstre de vieillesse, d'infirmités et de malpropreté. Mauvaise langue ! méchant beau-frère !...

Lundi 26 octobre

Rue des Bouchers.

Des brouillards épais enveloppent la terre, la nature paraît triste. L'ennui et la tristesse règnent dans mon cœur. J'ai quitté mon Bain Saint-Guillaume dont je regrette l'air pur et la rue vivante. Ma sœur m'a donné asile ou plutôt la force des circonstances m'a mise ici. J'habite donc provisoirement avec ma famille, implorant le ciel de me conduire bientôt au lieu de ma destination. J'ai frappé à toutes les portes, j'ai donné commission à droite et à gauche. Je ne suis point encore placée et l'hiver s'approche à grands pas.

Le déménagement a été fait de manière violente. Que de choses abîmées, égarées ! J'ai vendu dans les derniers instants avec perte ; j'avais fait des affaires excellentes avec la même femme trois jours auparavant. J'ai eu des nuits d'insomnie et de battements de cœur atroces. Mon mobilier, mon linge sont sous clef et cadenas dans la maison Wallinger, ancienne auberge *A la Gerbe*, à côté de la brasserie de la Patrie, rue des Balayeurs. Le lundi après-midi, nous commençâmes à déménager. Le matin seulement, j'arrêtai mon petit logement, c'est-à-dire la petite chambre dans laquelle sont entassés mon linge, mon mobilier, mes armoires chéries. Chers objets, compagnons fidèles de toute ma vie, que je regrette de vous quitter ! Et encore, je n'ai pas de place, et je la désire. Ah ! que j'ai les nerfs malades de toutes ces alternatives et que je bénirais Dieu sur le sol étranger !

Mardi 24 novembre

Voilà tantôt un mois que je n'ai touché à ce journal et ce n'est pas faute de temps car je n'ai plus maintenant au pied la chaîne de mon ménage ; je suis libre, parfaitement libre, et mon intelligence est plus prisonnière que jamais. Hélas ! on a beau dire que les illusions finissent avec la jeunesse, non, elles durent toute la vie, seulement avec les années, elles changent de nature et d'objet. C'en était une grande de ma part de m'imaginer que je serais si vite placée. J'ai tout le temps de faire des réflexions amères, d'éprouver quelque chose comme des regrets, d'avoir peur de la nouvelle carrière que je vais m'imposer.

Quoique matériellement je ne manque de rien chez ma sœur, j'éprouve auprès d'elle un vide immense. Elle est une des causes principales de mon exil et trop heureuse d'être personnellement à l'abri d'une position ambulante, elle ne me sait aucun gré des sacrifices que j'ai faits pour le bien général et que je serai obligée de faire encore toute ma vie. Mon père, en philosophe et en comédien habile, ne fait semblant de ne s'occuper ni de ne s'intéresser à rien. Insensée que je suis, je demande de la sympathie aux miens ! Des âmes froides, des cœurs égoïstes sont-ils capables de sentiments ? Le caractère de ma sœur est aigri ; toute observation sortie de ma bouche est déplacée. Sa servante, son ménage, voilà sa préoccupation, voilà son sujet de conversation. Elle n'exige aucun service de ma part, je suis libre d'employer mon temps comme bon me semble. Je ne le fais guère : les agitations qui m'entourent, le caractère irritable de ma sœur m'énervent et m'abattent.

Dimanche 13 décembre

Je suis à compiler dans le moment une épître que j'adresserai à une placeuse de gouvernantes à Londres dont mademoiselle Marie Muller a eu l'obligeance de me procurer le nom. Madame Hornus, de Wissembourg, me fait également espérer une adresse d'agent en Allemagne. Je me suis mise en outre en relation avec une demoiselle Schmidt qui s'est adressée pour son compte à un agent à Liverpool. Quand j'aurai expédié toutes ces missives, j'irai, avec mes espérances, passer les fêtes de Noël et du jour de l'an à Wangen. Mon oncle est venu nous voir et m'a promis de venir me prendre la semaine prochaine, et je profite avec empressement de l'occasion pour faire encore un dernier séjour dans ce pays que j'aime tant.

Wangen, le 28 décembre 1857

Je suis depuis huit jours dans mon pays chéri et j'y suis heureuse et bien portante. Tout mon être est changé dans ces lieux ravissants. Chagrins, idées noires, effroi de l'avenir, cet air doux et vivifiant des montagnes emporte tout. Au lieu de m'épouvanter de l'avenir et des fonctions qui m'attendent en pays étranger, je n'éprouve que le regret de n'être pas encore au bout de ma carrière de gouvernante afin de pouvoir m'établir pour tout de bon dans ce petit paradis qu'on appelle terrestrement le Kronthal. Depuis que je suis à Wangen, le ciel semble y favoriser mon séjour ; jamais plus belle Noël, c'est une atmosphère de printemps.

1858

Dimanche 10 janvier

Nous venons de rentrer d'un tour de promenade ; nous avons bu le bon air à longs traits. Que j'adore cette contrée, que cet air des montagnes change tout mon être ! Et pourtant, il faut quitter ces lieux enchanteurs malgré l'hiver. Une lettre m'est arrivée de ma sœur qui m'annonce que mon beau-frère est reparti et, de plus, me parle d'une place à obtenir peut-être... On m'épouvante de toute part sur cette place de gouvernante. Moi-même je n'ai plus cet espoir et cette confiance qui m'ont fait prendre ma détermination. Les idées noires troublent mon sommeil : il me semble qu'au lieu de la tranquillité d'âme et d'une position agréable que je cours chercher en pays étranger, je ne trouverai que la mort. Sans asile, sans intérieur, je me fais l'effet d'un volant que le sort jette à droite et à gauche. L'indifférence des miens me tue et me torture.

Je croyais échapper au désagrément de voir mon beau-frère en me réfugiant à Wangen ; il a fallu qu'il m'y poursuive avec son persiflage. C'était un premier de l'an abreuvé de fiel. Le mercredi vint une lettre de ma sœur qui disait que son mari serait enchanté d'esquiver les cérémonies du premier de l'an en passant ce jour avec nous. Je répondis aussitôt au nom de mon oncle et de ma tante que leur visite nous ferait un plaisir infini. Mon oncle et moi, nous courûmes à Marlenheim par les brouillards pour remettre ma lettre au conducteur de la diligence : c'était l'expédient le plus prompt pour la leur faire parvenir. Le jeudi se passa en préparatifs : on chauffa le four, on fit des kugelhopfs et des gâteaux de pommes. Le vendredi matin, tandis que ma tante faisait le dîner, mon oncle et moi nous occupâmes des couverts : la table fut mise, le dessert préparé aussi coquettement que possible. J'avais fait dès le matin du feu dans une de mes chambres ; je m'habillai à la hâte et à peine avais-je achevé de ranger que j'entendis le roulement de la voiture. C'étaient eux. Je me précipitai à la rencontre de mon petit neveu. Emma, pâle et voilée, sortit la première, puis un petit paquet gris, au milieu duquel sortait une délicieuse petite figure, roula dans mes bras lancé par son père qui me saisit par la tête et m'embrassa sans que je ne lui adressasse la parole. A peine fûmes-nous installés que ce fut une pluie de cadeaux distribués par la main galante de monsieur Brandhoffer. Auguste reçut un livre ; mon oncle, des tablettes de bouillon, des *stolle* [203] ; la tante, ainsi que moi, un cornet de bonbons. Puis vinrent la lecture et le persiflage d'une lettre que j'avais écrite à Emma et celui de mes projets d'avenir. Quoique faisant la part de l'homme sans éducation et sans cœur, j'eus beaucoup de peine à contenir ma bile qui allait éclater ; ce persiflage de l'homme qui, par son manque de loyauté et de compassion pour mon sort, me pousse en pays étranger, me poussait à bout, et je vis avec joie s'avancer la nuit qui éloignerait de nouveau ce démon aux phrases mielleuses et sentimentales. L'unique satisfaction de ce jour ennuyeux pour moi fut l'aspect de mon petit neveu qui me fit le plus gracieux et le plus tendre accueil du monde. Je passai une nuit sans sommeil, suppliant le ciel de m'épargner semblable épreuve et semblable visite pour le printemps.

Mardi 26 janvier

Voilà demain quinze jours que j'ai quitté mon séjour de paix et de repos pour revenir me cloîtrer dans les murs de notre froid Strasbourg. Mon oncle a eu la complaisance de me ramener dans son char à bancs et ce fut avec un serrement de cœur inexprimable que je quittai ces lieux que je chéris comme si c'était le lieu de ma naissance. Ce chemin de Wangen à Marlenheim que j'avais suivi tant de fois, cette route qui conduit à Wasselonne, Nordheim situé sur une colline et que nous avions visité la veille, le cimetière de Marlenheim, son petit château habité longtemps par l'évêque Le Pappe de Trévern [204], tous ces souvenirs, je m'en séparais avec regret. L'air lourd et froid en nous approchant de la ville me tomba jusque dans l'âme. Ma sœur n'y était pas quand nous arrivâmes, mais survint bientôt avec son charmant enfant qui fit à sa tante un gracieux accueil. Mon oncle ne repartit que le lendemain, emportant force bagages. J'eus beaucoup de mal à me remettre à la vie d'agitation du ménage de ma sœur.

J'ai fait des visites, j'ai fait des démarches pour ma place ; aujourd'hui même, j'expédie une lettre pour Breslau dont toutefois je n'attends pas le moindre résultat. Madame Hepp, qui a pour moi la bonté et la sollicitude d'une mère, m'a procuré la connaissance de mademoiselle Schneider qui veut bien s'occuper également de mon avenir et m'indiquer les livres qu'il faut étudier pour l'enseignement de la jeunesse.

Dimanche 7 février

O lettres ! ô lettres ! et presque toujours sans succès, que vous me faites perdre mon meilleur temps. Quelle immense déception de n'être point musicienne ; je crois que je finirai par ne pas me placer du tout. Pâques approche, j'attends des nouvelles de Breslau, j'en attends de Waldheim. Une inspiration nouvelle m'est venue : je veux me préparer sous la direction de monsieur Frey [205]. J'aurais plus d'aplomb si, avant de prétendre donner des leçons, je m'étais faite écolière moi-même. Toutes ces attentes, toutes ces espérances me démoralisent parfois singulièrement. Quoique raisonnablement je n'aie rien à regretter et que je n'emporte de mon pays que des souvenirs tristes, j'ai peur, non des nouveaux devoirs que je vais m'imposer, mais d'être entourée d'êtres étrangers. J'ai peur d'une tombe sous le sol étranger.

Jeudi 18 février

Que la providence soit bénie, je viens d'échapper à une grande catastrophe et j'en suis quitte pour la peur. Il y a une heure, le tocsin sonna. J'ouvris la fenêtre, j'interrogeai les gens ; on ne pouvait me donner de renseignement. J'étais occupée à écrire, je reprends ma plume. J'avise dans la rue une vieille femme : elle me répond que le feu a pris à la brasserie Schutzenberger ; c'est à côté de la brasserie qu'est déposé mon mobilier, mon linge. Pâle et tremblante, je prends chapeau, clefs, manteau et descends dans la rue. Deux hommes viennent à moi ; je les interroge, je suis rassurée en apprenant que c'est un vieux bâtiment en face de la brasserie qui a été la proie des flammes. Je bénis le ciel qui m'a épargné cette épreuve encore avant mon départ. Ce serait me faire vider le calice jusqu'à la lie, ce serait exiger trop d'une créature humaine...

Point de réponse encore de Breslau ; je n'y compte plus. Par contre, monsieur Meissel m'a envoyé lundi un lourd papier contenant deux lignes farcies de fautes d'orthographe pour me dire que la place de gouvernante pour ses enfants était remplie. C'est un billet à la « cardinal de Richelieu » qui me coûte 1.10. Tous les Allemands ne sont pas également civilisés.

Lundi 22 février

Une inspiration m'a guidée mercredi dernier chez monsieur Frey, le pasteur, qui prépare une quantité de jeunes filles pour passer leur examen. Je lui demandai des leçons préparatoires ; il ne put que m'accorder trois leçons particulières par semaine. Il m'interrogea sur les études que j'avais faites et, tout en causant, me dit qu'on s'était adressé à lui pour une place de gouvernante vacante à Berlin, chez monsieur de Patow, qui a été ministre du roi de Prusse et qui cherche pour sa fille âgée de quinze ans une gouvernante excellant dans la composition et qui ferait la conversation avec la jeune fille. Monsieur Frey me donna une composition à faire : « la première lettre d'une

gouvernante en fonction depuis quelques jours », et à apprendre les premières pages de la grammaire Noël et Chapsal [206]. Je remis à monsieur Frey un
travail de huit pages. Je fus obligée de le lire moi-même ; je le fis d'une voix
mal assurée, j'attendais son jugement avec angoisse. Il me dit que c'était fort
bien et qu'il remettrait ma composition au monsieur qui était chargé de
procurer une gouvernante à cette famille. Aujourd'hui, j'ai appris que ce
n'était ni plus ni moins que monsieur Bruch et, sur l'invitation de monsieur
Frey, j'y allai cet après-midi. Monsieur Frey me lut une partie de la lettre que
monsieur Bruch lui avait adressée, dans laquelle celui-là dit : « J'ai été on ne
peut plus satisfait de la composition de mademoiselle Weiler. Si elle parle
aussi bien qu'elle écrit, la gouvernante de monsieur de Patow est trouvée. »

A deux heures donc eut lieu l'entrevue dont je me tirai moins bien que de
la composition. Après m'être convenablement présentée et étant assise sur le
canapé à côté de monsieur Bruch, je fus prise d'un violent battement de cœur
si bien que je me sentis pâlir et que j'eusse été incapable de répondre si
monsieur Bruch m'eût interpellée directement. Peu à peu, je me remis, mais
si ma composition ne m'avait précédée, monsieur Bruch, en bonne conscience, ne pourrait me recommander. D'où viennent donc cette timidité, ces
battements de cœur à trente-cinq ans ? Mille francs d'appointements, une
des premières maisons de Berlin, une jeune fille jolie, affectueuse mais
molle, dont il faudra partager la chambre. La famille va à la cour, voit le roi,
les ministres. La gouvernante ne sera pas de toutes ces présentations, mais
il n'est pas dit que lorsqu'il y aura réunion à la maison, elle sera exclue du
salon. Monsieur Bruch veut écrire ; si j'avais la chance de réussir, ce serait un
beau commencement. On paiera les frais du voyage pour aller, mais non pour
revenir si l'engagement réciproque n'est que de la durée de trois mois.

Que l'étude de la grammaire est aride et qu'elle me brise la tête. Ecolière
à trente-cinq ans, je ne me suis pas imaginé tout le mal que cela me donnera.
Patience, courage, pourvu que l'avenir m'indemnise du mal que je me donne
dans le moment.

Mardi 9 mars

J'ai lancé mercredi dernier l'épître qui doit décider de mon sort ; pas encore
de réponse, la peur commence à me gagner. S'il n'en était rien, si mon style,
mon écriture avaient déplu, que devenir ? Lundi 1er mars, un billet vint de la
part de monsieur Bruch m'avertir qu'il avait reçu une lettre de madame de
Patow, qu'il espérait que l'affaire s'arrangerait, mais qu'il désirait me parler
encore une fois. Je me rendis chez lui mardi matin et reçus l'adresse de
madame de Patow avec les conditions de la dame. Mercredi matin, je me mis
à l'œuvre et ce ne fut pas sans effort et sans battements de cœur que je mis
à la poste cette missive dont dépend mon placement.

Vendredi 19 mars

J'ai le cœur gros et il faut avant tout me soulager. Monsieur Frey s'est mis aujourd'hui de mauvaise humeur, je ne sais à propos de quoi, et m'a fort déroutée pendant ma leçon. Je lui avais fait une fable dont j'étais fort contente et il ne fut pas du même avis. Il commença par dire que cela ressemblait à une fable, puis en second lieu qu'elle imitait une fable de La Fontaine, et après, chercha ladite fable qui ne lui ressemblait pas plus qu'un éléphant à un écureuil ; il rangea de côté ce que je croyais mon petit chef-d'œuvre en fait de fables. L'étude de la grammaire n'irait pas mal s'il ne m'intimidait pas sans cesse. Bref, aujourd'hui, il est parvenu à me lasser des fonctions futures que j'aurai à remplir et j'ai éprouvé cet après-midi une crise de démoralisation bien prononcée.

Mais j'oublie que je suis engagée : aujourd'hui il y a huit jours, est venue de la part de monsieur de Patow la lettre tant désirée. Madame étant alitée depuis huit jours, l'ex-ministre jugea lui-même convenable de m'écrire et de rappeler à mon souvenir toutes les conditions au courant desquelles j'ai déjà été mise par monsieur Bruch. Cette lettre, en comblant mes espérances, ne me remplit pas de joie. Il y a un passage qui me semble avoir été mal interprété dans ma lettre : c'est comme si j'avais fait entendre à madame de Patow que les parents seraient exclus de la direction de la jeune fille. Puis on me fait comprendre que je ne devais pas compter sur des distractions sociales, que la plus grande partie de l'année se passait à la campagne où l'on était en rapport avec des parents, et qu'on tenait la jeune fille éloignée des grands cercles et que théâtres et concerts étaient rarement fréquentés par la famille. Bref, que je partagerai la chambre à coucher de la jeune fille, clause qui ne me sourit nullement. Le point le plus séduisant de la missive sont les mille francs d'appointements et les frais de voyage payés jusqu'à Berlin. Enfin, voilà une position en espérance : espérons que le sort me sera plus propice sous un ciel étranger que dans ma patrie et dans ma famille.

J'ai la fatale manie de m'acharner aux défauts du genre humain et cela me fera mal finir mon séjour en Alsace. Rappelons donc un souvenir plus gai : dimanche dernier, engagés par la famille Meyer, nous avons été au théâtre voir *Les Amours du Diable* [207]. C'est une pièce divertissante, tant par les propos heureux que par la jolie musique et la mise en scène qui est admirable. Je jetais de temps à autre un regard inquisiteur sur cette loge dont je ne voyais que la rampe et certaines têtes qui n'étaient point celle que je cherchais. Enfin la soirée se passa, il fallait bien en prendre mon parti ; nous étions placés trop à gauche pour pouvoir plonger du regard dans la loge entière.

En sortant du théâtre, il faisait sec sur le pavé et le ciel était plein d'étoiles. Nous marchions sur le large trottoir quand monsieur Meyer eut l'idée d'offrir galamment à Emma son bras gauche et à moi le bras droit. Au moment où je passais le mien sous celui de monsieur Meyer, j'aperçus à ma droite certain statuaire. Ce bras gauche que j'ai soupçonné une fois d'être paralysé pendait tout juste à mon côté. Je sortais de l'école du diable, une idée lutine me vint ; sitôt dit, sitôt fait : faisant semblant de trébucher, je heurtai rudement à deux reprises ce bras étendu. Le statuaire ne tourna pas même la tête et commença à fredonner. Emma avait lâché de nouveau le bras de monsieur Meyer pour tenir le mouchoir sur son œil malade et je continuai en causant avec monsieur Meyer à marcher sur le trottoir. Au-devant du café Adam, il me sembla être poursuivie par un regard inquisiteur et haineux. Je tournai la tête à gauche et rencontrai l'œil noir de monsieur Grass qui était à ma gauche et à mes trousses. Pourquoi nous avait-il suivis jusqu'au bout du trottoir au lieu de prendre par la rue de la Comédie le chemin de son domicile ? Le statuaire semblait jaloux ; c'est encore un sentiment !

Vendredi saint, 2 avril

Un mal de dents violent est venu m'assiéger lundi dernier, j'ai souffert le martyre pendant trois jours de tiraillements dans les tempes et les mâchoires. Le moral était plus frappé encore que le physique : mes leçons interrompues, une répétition de ma névralgie d'il y a deux ans, impossibilité de quitter Strasbourg. Grand Dieu ! que de sujets d'alarmes, ayez donc pitié de moi ! Par quoi ai-je mérité un sort si funeste ? Enfin, des vésicatoires derrière les oreilles, de l'eau sucrée à la fleur d'oranger m'ont rendu un peu de calme et de repos. Je souffre moins quoique mon enflure, suite des violents maux de dents, existe toujours. Aujourd'hui même, j'ai pu me remettre un peu à l'étude. De plus, j'ai passé par un déménagement : mon beau-frère est revenu jeudi saint à neuf heures du soir et il a bien fallu que je lui cède la place que j'occupais. Me voilà au troisième dans une chambre que madame Schoop a eu l'obligeance de me laisser. Ce changement, joint à mon indisposition, me tourmenta fort. Maintenant, me voilà établie ; j'ai fait remplacer par un lit le lit de sangles sur lequel je prenais froid chaque nuit et le temps passera si Dieu le veut.

Dimanche 11 avril

J'ai du bistre dans l'âme et mes maux de nerfs et de gencives que je croyais passés reviennent avec assez de violence. Mes préparatifs de toilette, mes leçons interrompues, le voyage prochain, le mauvais état de ma santé, tout attaque mon moral et trouble ma raison. Je supplie le ciel à toute heure de me la conserver pour mes fonctions futures. Ah ! mon beau-frère, que j'ai contre vous de sujets de ressentiment et que la comédie que vous jouez en ce moment à mon égard est maladroitement combinée pour un roué tel que vous. Mais soyez sur vos gardes, vous ne savez pas quelle femme fière et orgueilleuse vous offensez, et poussée à bout, je serais capable de beaucoup, même de troubler par l'aveu d'un secret, que vous faites semblant d'avoir oublié, la paix de votre ménage, car ma sœur, dans son aveuglement, ne se doute et ne s'est doutée de rien, et elle n'apprendra à apprécier sa sœur qu'au moment où il lui sera impossible de la revoir.

Jeudi 29 avril

C'est aujourd'hui l'anniversaire de mon jour de naissance. Je n'en dis rien à personne, que ne puis-je l'ignorer moi-même ! Ma sœur et mon beau-frère ont célébré mon jour de fête par le cadeau d'un magnifique buvard. J'étais presque humiliée d'un tel cadeau : de l'affection et de la sympathie me feraient beaucoup plus de bien. Enfin le moment du départ approche. Grand Dieu ! si je n'avais pas la chance de convenir ? Je viens de faire mes comptes avec effroi : que d'argent si ce ne devait être que pour trois mois. Mon sang est agité, mes nerfs en émoi. Pourtant, la source du mal est détruite grâce à mon beau-frère qui m'a traînée de force, pour ainsi dire, chez monsieur Lambert ; mes racines sont extraites et je puis au moins m'occuper de mes préparatifs. Si mon beau-frère était aussi poli qu'il est parfois complaisant, je n'éprouverais pas ces secousses pénibles dont il signale les derniers jours de notre réunion.

Dimanche de Pentecôte, 23 mai

J'écris encore cette date à Strasbourg. Madame de Patow m'a écrit, il y a dix-huit jours, que je pouvais compter encore sur quinze jours de séjour dans ma ville natale. L'excellente dame, qu'il me tarde d'avoir l'autorisation de mon départ ! La vie ici m'est lourde et pesante, ma sœur est froide comme elle l'est depuis longtemps, mon beau-frère a des procédés ignobles et m'inspire une soif de vengeance qu'il me tarde d'assouvir. Ah ! grand Dieu, que cette vie est une boisson amère ; bienheureux ceux auxquels vous faites grâce des trois quarts de la potion. Insensée que je suis ! au lieu d'être toute remplie de mes fonctions futures, je voudrais changer le présent. Je regarde sans cesse en arrière. Ni le voyage ni les relations nouvelles que je vais contracter, ni les pays que je vais parcourir, rien ne m'occupe : ma fatale imagination retourne aux jours qui ne sont plus et je voudrais faire revivre un passé dont ma rigide et sotte conscience ne m'a pas permis de jouir. A mon âge et avec l'expérience que j'ai, un pareil dénouement ne devrait, au fond, pas me surprendre et pourtant, fatalité, il me laisse au cœur une blessure profonde, peut-être incurable. O démons auxquels on donne le nom d'hommes !

Mes préparatifs sont à peu près tous terminés. Comme l'oiseau qui voudrait s'échapper de sa cage, je n'attends que le signal du départ. Fasse Dieu que le pays étranger soit pour moi le port du salut ! Je vais sortir un instant voir mon amie Caroline Gunther démoralisée comme moi, lasse de vivre comme moi et n'attendant plus en ce monde, comme moi, ni repos ni bonheur.

Zinnitz [208] *près Luckau, Prusse, lundi 7 juin*

Pays natal, je te salue de loin ! Séparée des miens par une grande distance, je ne les ai pas encore regrettés. Pourquoi m'ont-ils bannie ? Dieu seul, vous êtes mon refuge, aidez-moi, protégez-moi, donnez-moi la force de bien guider la jeune fille qui m'est confiée, accordez-moi sur la terre étrangère un attachement heureux.

La tête en feu, le désespoir dans l'âme, le corps brisé de fatigue, je quittai Strasbourg mercredi dernier à neuf heures du matin, accompagnée par ma sœur, mon neveu, mon père, mon beau-frère. A dix heures et demie, je m'embarquai à Kehl, chemin de fer première classe, et fis jusqu'à Francfort le voyage en compagnie de deux Anglais, mari et femme, qui se rendaient aux eaux de Hombourg. Arrivée à Francfort à quatre heures et quart, j'eus le temps de me faire servir à Westendhall un mauvais dîner que je payais très cher. Je me remis sur la *Weserbahn* et me trouvai en tête à tête avec un individu qui me dit plus tard qu'il était voyageur, mais dont les allures galantes et prévenantes m'alarmèrent fort au premier abord. Ce n'est pas qu'il fut irrespectueux : au contraire, il me titrait sans cesse de *gnädige Frau*, choisit le siège en face du mien quoiqu'il s'en trouvât quatre autres de libres, me proposa de me débarrasser de mon chapeau, le noua avec sollicitude au grillage du coupé, m'offrit un verre de vin à la première station. Je vis avec effroi venir les ténèbres ; mon individu capuchonna la lampe, étendit d'un côté ses pieds chaussés de pantoufles vertes, moi les miens de l'autre, et chacun dormit paisible. Vers trois heures du matin, le conducteur vint m'avertir que la seconde station était Halle, c'est jusque-là qu'allait mon billet. Je m'empressai de prendre mon billet pour Jüterbog, dormant quasi et dans un état de démoralisation, d'abattement, impossible à décrire.

Les beaux pays que j'avais parcourus ne m'avaient guère impressionnée. La végétation est magnifique depuis Kehl à Halle. Giessen, aux environs de Francfort, est pittoresquement situé. Tout en volant, je ne voyais guère, je songeais à mon petit neveu que j'avais vu pour la dernière fois pour long-temps sans doute, placé entre la haute taille de son père et le costume noir de sa mère, sur la route de Kehl, auquel j'avais fait du mouchoir un dernier signe d'adieu.

Ce n'est pas sans cause que mes bagages, ma malle noire, avaient été mon rêve noir pendant les derniers jours de mon départ. Au débarcadère à Jüterbog, on me fit les premières difficultés pour la charger sur le *Postwagen*. Arrivée au bureau de Jüterbog, on me déclara que ce que l'on appelle la *Königliche preussische Post* ne s'en chargerait pas, qu'il fallait, pour faire voyager cette malheureuse malle, un *Packwagen*[209] tout exprès et qu'aujourd'hui, on n'en prendrait pas. J'eus beau supplier, conjurer, on ne me donna pas même de conseils. Je demandai l'adresse d'un voiturier, on me la donna. Il me demanda un prix fou pour me conduire à moitié chemin à Dahme. Je fus chez un autre ; celui-ci ne voulait pas se mettre en route du tout. Bref, je fis le tour du village, je frappai à la porte de tous les voituriers possibles et je revins au bureau de poste, guidée par mon bon ange. En entrant dans le corridor, une malle noire de la dimension de la mienne réjouit mes yeux. J'entrai au bureau : un jeune homme beau comme les anges et tout aussi aimable, de la toilette la plus recherchée du monde, suppliait le maître de poste de lui accorder une voiture particulière et de reprendre le billet de diligence que, comme moi, il avait déjà pris. Je m'approchai du jeune homme et lui proposai de prendre la voiture à nos frais. Il consentit ; on nous amena un chariot de volailles dans lequel nous nous établîmes, prenant nos caisses pour des sièges, et voyageâmes ainsi avec des cahotements affreux, les roues et les pieds des chevaux enfoncés dans les sables, jusqu'à Dahme où s'arrêtait le jeune homme. Là, je fus obligée encore de reprendre une *Extra-post* et, plus pauvre de cinq thalers pour un trajet de six *Meilen*[210] et demi, j'arrivai à Luckau où m'attendait monsieur de Patow. En route, j'avais failli mourir ; je respirai de l'éther avant de m'approcher de Luckau pour faire au moins une présentation passable. L'accueil aimable et cordial de monsieur de Patow me mit tout à fait à l'aise. Dans l'espace d'une demi-heure, nous arrivâmes à Zinnitz où madame, vêtue de blanc, les deux jeunes filles, mon élève et une nièce de madame de Patow, me firent un gracieux accueil et m'attendaient sous la porte de la salle à manger. On me servit à dîner ; le laquais en livrée se tenait derrière ma chaise et ce ne fut sans un petit mouvement d'effroi que je mis mes mâchoires en mouvement. On fit un tour dans le jardin qui est magnifique et l'on me proposa de me coucher de bonne heure, ce que j'acceptai avec empressement.

Le lendemain de bonne heure, je rangeai mes effets, puis madame de Patow me prit à part et me donna ses avis et instructions. Je ne suis pas encore dans mon assiette ordinaire. Cette jeune fille, dont je dois corriger les fautes de français, était la compagne de jeux des princesses du sang ; sa cousine Clotilde me donne tous les détails intimes sur la vie des princes du pays et moi, vieille croûte roturière, je dois faire une éducation. Ma tâche parfois me paraît immense, parfois facile : tout me semble l'effet d'un rêve. Ce confort dont je suis entourée me fait du bien. Serai-je la personne qui soutiendra longtemps son rôle ?

Le surlendemain de mon arrivée, il y avait grand dîner de famille, un des frères de monsieur de Patow avec cinq filles dont l'une a épousé le frère de sa mère. Le chasseur et le laquais servaient à table ; c'était merveilleux. Le parc est superbe, le jardin vaste et aussi parfaitement tenu que l'intérieur de la maison. Sur les eaux, il y a deux cygnes royaux du jardin de Potsdam. Les deux jeunes filles m'ont fait monter dans une barque et promenée sur l'eau.

Les domestiques de la maison ont de bonnes manières ; les trois femmes, la femme de chambre, la cuisinière et la fille de service sont jeunes et jolies. La jeune fille, ma compagne, est la bonté et la douceur mêmes. Je suis parfaitement traitée, logée, nourrie, mais je ne sais quel sinistre futur m'attriste l'âme.

Samedi 12 juin

Mon élève vient de quitter notre salon d'étude : elle fait la douche de la fille du baron de Wasmer, piquante jeune fille aux yeux bleus et aux cheveux châtain foncé, dont l'esprit pétillant anime la maison. Rien de plus attrayant que ces histoires de bals et de cour qu'elle débite dans un langage français diffus, mais plein d'attraits dans sa bouche. Une maladie grave a atteint ses beaux yeux pleins d'animation ; elle porte parfois des lunettes et cette petite infirmité, à dix-huit ans, lui prête un charme de plus. Rien de plus gracieux que de voir cette taille frêle qu'un enfant de douze ans serrerait dans ses deux mains accompagner le mouvement de la rame qu'elle manie avec une dextérité remarquable.

Mon élève, Edwige de Patow, n'a pas les grâces enchanteresses de sa cousine quoique la nature ne l'ait pas traitée en marâtre du côté physique ni sous le rapport des facultés morales et intellectuelles. Edwige aime l'étude et les livres, et Clotilde les abhorre. Clotilde joue du piano avec la grâce et l'expression d'une walkyrie tandis qu'Edwige joue sans âme. Clotilde est coquette et sans cesse occupée de ses atours, tandis qu'Edwige ne met pas le moindre soin à sa mise. Edwige sait son français par principes, accompagné de grosses fautes ; Clotilde le massacre à pierre fendre. Clotilde est fluette, Edwige est grasse. Toutes deux ont des chevelures magnifiques, l'une blonde, l'autre châtain. Edwige a des yeux noirs, mais qui n'ont point l'expression ni la grandeur de ceux de Clotilde. C'est une excellente jeune fille de quinze ans, ayant d'elle-même la plus modeste opinion et de son esprit et de sa figure. Quoique forte, ayant des membres robustes, son teint mat et blanc n'indique pas de forte santé. Elle a été gâtée à l'excès par sa grand-mère qui voyait revivre en elle l'unique image d'une fille morte en la fleur de ses ans. Ses traits n'ont point de finesse et des dents fort gâtées à cet âge présentent un aspect pénible. Les études semblent lui sourire ; voyons si nous en ferons quelque chose. Elle sera un jour une des plus riches héritières du pays et c'est pour cette raison qu'on l'éloigne encore du monde jusqu'à ce que son éducation soit achevée.

Monsieur de Patow est la bonté même, véritable gentilhomme et par la politesse des manières et par la noblesse des sentiments. Il paraît porter cinquante et quelques années. Madame a l'air bien plus jeune ; elle a un air vulgaire, rien d'aristocratique ni dans sa figure ni dans sa tournure ni dans ses manières. Elle a beaucoup de jugement et une vivacité et une malice que je redoute fort. D'une des premières familles nobles de l'Allemagne, mais sans fortune, son alliance avec monsieur de Patow lui a donné une position dans laquelle elle peut mettre en pratique tous les ressorts de son esprit de domination, mais dans le fond, elle est bonne et j'espère que nous fraierons ensemble.

Il y avait ici, mardi, dîner de comtes et de comtesses. Diamants, volants, dentelles, je m'étais attifée de tout pour rivaliser ou l'emporter même sur les Prussiennes. On fit attention à mes atours français, on les admira même. Il y avait une comtesse de Linar, jeune et charmante femme qui m'adressa plusieurs fois la parole en assez bon français. Le chasseur et deux domestiques gantés de blanc servaient douze personnes. Je tâchais de faire bonne contenance quoique parfois je fus prise d'un rire fou en songeant que moi, roturière qui jusqu'à ce jour n'avait manié que les balais et les queues des casseroles, j'étais appelée à faire l'éducation d'une jeune fille qui a pour compagnes les princesses du sang. Ainsi change le destin ; pourvu que je soutienne avec gloire mon nouveau rôle et que Dieu me conserve la santé.

Mercredi 16 juin

Tandis que mon élève fait une composition, je vais écrire moi-même pour chasser le sommeil dont je suis sans cesse menacée. Ce calme de la campagne qui m'entoure me fait un bien infini : c'est à peine si je sens que j'ai des nerfs. Quand je songe à l'état fébrile dans lequel je me trouvais sans cesse à Strasbourg, il me semble être métamorphosée. Méchant, diabolique beau-frère ! que vous m'avez fait de mal et que je me promets bien de ne jamais vous revoir. Jusqu'à ce jour, je ne suis pas encore parvenue à bannir votre image de mes souvenirs, mais avec le temps, la force de volonté, l'éloignement, j'y parviendrai. « Vouloir oublier quelqu'un, c'est y penser », dit La Bruyère et je suis pour le moment convaincue de cette grande vérité. Quels sont les motifs qui vous ont poussé à m'écrire le premier ? Le remords... si votre âme mauvaise et perfide est capable d'en éprouver. Le papier est docile, les belles phrases s'y posent mollement ; les procédés honnêtes et loyaux en diffèrent en ce qu'ils obligent à des sacrifices qui en coûtent aux cœurs égoïstes. Enfin, dois-je me venger ? Pas pour le moment, je suis en des dispositions trop flegmatiques pour accomplir le serment que j'ai fait. Vivez en paix jusqu'à ce que l'occasion se présente d'appesantir sur vous ma main vengeresse.

Réfléchissons maintenant à ma position actuelle. Comment me va cette vie de gouvernante, rêve chéri et doré de mon adolescence ? Si je pouvais retrancher une douzaine de mes années, j'y trouverais plus de charmes et plus d'émotions. Remplir mes devoirs, augmenter ma fortune en ne touchant à mes intérêts, gagner un peu d'argent, rester séparée des miens jusqu'à ce que le fiel qui s'est amassé au fond de mon cœur ait perdu de son amertume, voilà ma devise.

Il règne dans la maison un confort simple mais choisi. Zinnitz est un *Rittergut*[211] que monsieur de Patow a acheté il y a quinze ans à une comtesse de Linar. La maison n'a qu'un étage, mais elle est vaste, a de beaux salons bien clairs, meublés élégamment pour une maison de campagne. Il y a fermier, bétail, vastes dépendances, jardin potager, verger, parc, bosquets, kiosque, charmille, pelouses de gazon. Sur les étangs dont ils sont les souverains se balancent deux cygnes dont le mâle est issu du jardin royal de Potsdam.

Dimanche 27 juin

Un festin s'apprête. Nous aurons aujourd'hui pour le dîner vingt-quatre couverts. Mes jeunes filles soupirent : les convives ne sont point de leur goût, surtout Clotilde. Il y aura beaucoup de dames, peu de messieurs, et de jeunes gens, point. Pour ma part, je désirerais que tout fût passé. Enfin je suis en possession de ma caisse depuis huit jours. Mes livres sont en fonction et je m'applaudis fort du choix que j'ai fait. J'appréhendais les premières leçons : l'histoire, la littérature m'épouvantaient fort. Enfin, les premiers essais n'ont pas été malheureux ; je crois qu'avec l'aide de Dieu, je m'en tirerai. Mon élève travaille avec zèle, mais s'endort parfois en classe, malgré tout le bruit que je fais. C'est encore une enfant, insouciante de sa mise, insouciante de son maintien, qui se roule sur les tas de foin, grimpe sur les chariots, bat et pince sa cousine en plaisantant. Sans avoir précisément de l'esprit, elle ne manque pas d'idées fort caustiques et lance parfois des observations dont on la jugerait incapable. A côté de son enfantillage, elle ne manque pas d'un certain sérieux. Elle connaît beaucoup de faits historiques, elle n'est nullement étrangère aux vertus et aux vices du grand cardinal ni à la politique adroite et fine du vieux Scarron. Ses devoirs fourmillent de fautes, mais elle sait les principes de la langue française et si elle se trompe, ce n'est point pour les participes dont elle sait les règles, mais bien pour les articles et les adjectifs.

Nous ne manquons pas ici de distractions. Jeudi il y a huit jours, on célébrait le mariage de la cuisinière Ernestine avec le jardinier Benath. Toute la maison s'était mise en fête. L'église était décorée de festons de fleurs et de feuillages, même les portes où devait passer le cortège. La fiancée, avec sa robe et son mantelet de soie noire, son col et ses manches de dentelle et sa jolie guirlande de myrte, avait plutôt l'air d'une demoiselle de bonne famille que d'une cuisinière. C'est d'ailleurs une fille d'une intelligence exceptionnelle et qui, en principes d'honnêteté et de décence, devrait faire la leçon à bien des demoiselles strasbourgeoises. Tant qu'elle fut promise, et je crois que ce fut pendant trois ans, elle ne se promena seule avec son fiancé ni ne lui accorda un quart d'heure de tête à tête. Ce fut ordinairement la femme de chambre, fille plus jolie qu'Ernestine encore, qui servait de chaperon et de gardienne.

Nous fûmes du café ; Ernestine en fit parfaitement et gracieusement les honneurs. Pendant le goûter, la fille d'honneur d'Ernestine, la femme de chambre Augusta attira l'attention du pasteur. Elle s'était parée d'une robe à trois volants dont le corsage décolleté laissait voir de blanches épaules. Une guirlande de roses était posée sur ses blonds cheveux et lui donnait l'air d'une marquise en rehaussant les charmes de sa jolie figure. Après le café, nous nous retirâmes. Le souper eut lieu à neuf heures, puis vinrent les musiciens. Les invités dansèrent dans le petit logement des nouveaux mariés tandis que les servantes du voisinage, accourues au son du fifre et du hautbois, battaient bravement de leurs pieds les dalles de la cuisine ayant pour cavaliers les *gnädige Fräulein* qui ne dédaignèrent pas de mêler leurs volants aux jupes qui se traînent sous les vaches dans les étables. Tout se passa le plus décemment du monde et à onze heures, musiciens et convives se retirèrent.

Mardi 29 juin

Dîner bien cuit et bien servi, jeunes demoiselles en toilette de bal, cols et bras nus ; il y en avait d'admirables. Heureux âge où la réflexion ne dirige pas la toilette et où l'on peut se dire : tout me va. Ces *Fräulein* sont généralement fort aimables et l'on me traite avec des égards auxquels je ne m'attendais pas. Enfin me voilà lancée dans cette carrière, beau rêve de mon adolescence et que, fatalité ! j'entreprends quinze ans trop tard. Si j'avais encore une seule des illusions de la jeunesse, mon ambition, ma vanité, mon esprit d'observation seraient infiniment flattés de me remuer dans ces hautes régions sociales. Maintenant, mon intelligence dort, mon imagination paresseuse ne va plus au-delà du moment présent et je suis obligée de faire des efforts inouïs pour voir et entendre.

Dimanche, on a fait des jeux, on est allé en bateau, tout le monde resta pour souper et quand, vers dix heures, les voitures vinrent enlever la société, je bénis Dieu de pouvoir gagner mon paisible gîte. Hier, nous étions en visite à Jehser. Les cinq cousines blondes de la blonde Edwige sont aimables, mais tant soit peu monotones. Aujourd'hui matin, nous avons assisté à une espèce de revue d'église à Gross-Mehsso [212]. Monsieur le *General-Superintendant* fait sa tournée et en pleine église, adresse ses exhortations à la commune. Monsieur Büchsel est prédicateur de Sa Majesté prussienne et fort avancé en piétisme ainsi que son royal auditeur [213]. Il y eut donc une exhortation générale. Les vices de la commune furent tancés vertement ; adonation à la boisson, à l'eau-de-vie, jurons, inconduite, naissance d'enfants illégitimes, tout fut mis sur le tapis. D'abord l'on vit sourire quelques femmes, puis vinrent les larmes quand il fut question d'ivrognes. Plus d'un ménage est affligé à ce qu'il paraît de ce fléau-là. Les maires des communes furent interpellés par le superintendant, l'un d'eux, grand flandrin qui s'était avancé comme un tambour-major raide et droit, s'énonçait assez bien et répondait assez intelligiblement et intelligemment. Il se plaignait surtout de ce que de tous les vols, celui des pommes de terre, que chacun cependant plantait, était le plus fréquent. La cérémonie dura trois heures. Quatre prédicateurs se firent entendre les uns après les autres : c'était d'abord le pasteur de la commune, monsieur Bluhn, puis un autre dont le sermon original charma tout le monde ; un troisième interrogea la jeunesse de la commune et leur fit dire en chœur le cinquième commandement, puis monsieur Büchsel interpella successivement maires, pasteur, et adressa ses exhortations principalement à la communauté féminine qui versa force larmes et n'en sera pas plus sage, car tant qu'elle vivra et existera, elle sera agitée par la fureur de se marier. Enfin, un cinquième pasteur termina par un chant dont il chantait la première strophe d'une voix admirable et que l'assemblée répétait en chœur. Nous revînmes en deux voitures. Le général Goetz, sa femme et sa fille sont en visite ici depuis dimanche et nous quitterons demain. Dans le moment arrive monsieur de Patow avec toute la sainte réunion.

Neuf heures et demie du soir.

Les ministres de Dieu ne se sont pas arrêtés longtemps avec les nobles dames. Après un tour de jardin, on leur a offert à souper. La plupart fatigués et rassasiés ou indisposés n'ont rien pris. La conversation fut très peu significative. Le *Landrat* [214] de Calau, grand personnage dans le pays par ses fonctions, par sa position avantageuse et par son célibat, vint se placer auprès de mademoiselle Agnès de Goetz et causa assez gaiement. Il me fit traduire en français une quantité de phrases qu'il débita, parla d'un projet à lui d'aller à Paris pendant six mois pour y apprendre la langue française ou, si ses fonctions ne lui permettaient pas de s'absenter, de faire venir de Lausanne ou de Paris une institutrice qui lui enseignât ce langage, objet de son ambition.

Dimanche 4 juillet

J'ai achevé tout à l'heure une longue lettre pour Strasbourg, toute remplie de recommandations égoïstes et intéressées. Je l'ai été trop peu jusqu'à ce jour, j'ai travaillé pour le roi de Prusse ; maintenant, je suis en Prusse et travaille pour mon propre compte. La vie humaine a des phases singulières : tantôt chenille, tantôt chrysalide, tantôt papillon, nous ne savons nous-mêmes laquelle de ces métamorphoses offre le plus d'avantages ni laquelle nous parons le plus. Je suis dans ma vie de papillon. Tout bas, avec effroi, je me demande si je n'avais pas plus de mérite quand j'étais chenille. Les mêmes motifs ont toujours guidé mes actions : prier, travailler, vivre honnêtement. Depuis quelques jours, une mélancolie tendre fait retourner mon esprit dans les parages de ma ville natale. Raisonnablement, que puis-je regretter ? Une famille, je n'en ai point. Je me suis sacrifiée pour eux ; ils n'ont rien voulu faire pour moi. Qu'ils vivent en paix ! J'en excepte mon adoré amour de neveu dont les beaux yeux bleus et la ravissante petite bouche seront jusqu'au bout du monde et de la vie présents à mon imagination. Le Broglie, la musique, le statuaire ? oui, perfide qui auriez pu me faire un sort, je songe à vous sur le sol étranger, je songe à vous quand le vent agite les cimes des peupliers, tremble sous mes fenêtres, quand la senteur des fleurs embaume les airs, quand les nuages du soir filent du côté de mon pays et je suis persuadée, traître, que vous ne vous apercevez pas même de mon absence...

Bientôt je me convertirai au piétisme. Monsieur Büchsel est si éloquent, la religion qu'il prêche est si belle. Nous avons passé hier, mes jeunes filles et moi, trois heures à l'église à Torno. C'était la même inspection qu'à Gross-Mehsso, église jonchée de fleurs et ornée de guirlandes, exhortation aux enfants, à la jeunesse, aux époux. J'ai trouvé le prédicateur adorable.

Dimanche 11 juillet

Le vent agite les tilleuls séculaires qui se trouvent à l'entrée du jardin, la pluie tombe par torrents. Ces jours-là étaient de beaux jours dans mon petit logement du Bain Saint-Guillaume. J'y pense souvent ; si jamais je retourne à Strasbourg, je m'y logerai encore, mais seule. J'ai le cœur gros, je ne sais au fond pourquoi. J'en ai déjà assez de la vie de campagne, je voudrais voir Berlin. Nous n'y serons qu'en novembre, on attend la neige et les glaces pour quitter Zinnitz. J'étudie beaucoup, presque davantage que mon élève. Je brode, je tricote, j'emploie bien mon temps. Mon élève me tend parfois des pièges. Ces deux jeunes filles sont généralement bavardes, rapporteuses ; il faut s'envelopper du manteau de la prudence et de la réserve, peser toutes ses paroles, mesurer toutes ses démarches.

Jusqu'à ce jour, c'est monsieur de Patow qui m'inspire le plus de sympathie. Il est d'une politesse exquise, simple dans sa mise comme dans ses habitudes, instruit, ayant beaucoup appris et ne faisant nul étalage de son savoir, ne dédaignant pas les plus humbles détails du jardinage ; personne ne soupçonnerait l'ancien ministre ou le député quand on le rencontre dans les allées de sa campagne une bêche ou un couperet à la main. Bon mari, bon père, frère généreux, il est le bienfaiteur de la famille entière et sa fortune est en partie sacrifiée aux plus généreux emplois. Quoique physiquement il ne soit pas particulièrement partagé, le calme, la sérénité, la noblesse d'une belle âme se lisent sur sa physionomie. De beaux yeux d'une couleur foncée, encadrés de cheveux gris, lui donnent un air tout à fait distingué. A cet air viennent se joindre encore des mains admirables de forme et de blancheur pour compléter le gentilhomme de naissance et de cœur. Madame de Patow est parfois vive, impatiente, mais bonne et affable dans le fond. Elle m'impose beaucoup moins que son mari, et quoiqu'elle ait parfaitement la malice et l'esprit naturel qu'il faut pour la vie ordinaire, je la trouve infiniment au-dessous de lui. Elle est fort habile et très prompte pour tous les ouvrages de femme et travaille partout, soit marchant, soit debout, avec un acharnement qui m'agace parfois les nerfs. Elle est fort coquette et fort minutieuse pour tous les détails de sa toilette et, avec ses bras ronds et potelés et ses magnifiques mollets, a l'air tout à fait appétissante.

Quatre heures de l'après-midi.

Nous venons de faire un tour de jardin. Le vent mugit, le ciel est sombre. Madame de Patow est couchée depuis hier matin. Nous avons soupé hier et dîné aujourd'hui dans le salon à côté de sa chambre à coucher. Malgré le vent, les jeunes filles voulaient manger de grosses groseilles sur les plates-bandes trempées d'eau ; il a bien fallu les accompagner et en prendre ma part. J'ai joué du piano ce matin, la marche de triomphe du *Kaiser Franz-Joseph*. Je veux devenir artiste, bas-bleu allemande, tout au monde pour oublier...

Mercredi 22 juillet

J'ai payé la semaine dernière mon tribut au changement d'air, d'eau et de nourriture. J'ai été malade à la suite d'un refroidissement d'abord, puis d'une indigestion violente provoquée par un bain de pieds pris trop tôt après le souper. La cuisinière Ernestine fut pour moi une garde-malade attentive. Une faiblesse extrême me contraignit de suspendre mes leçons pendant quatre jours. On fut très bon, très soigneux pour moi. Je crois que cette indisposition aura les plus salutaires effets, vu qu'elle m'a fait rendre toute la bile amassée auprès de mon aimable famille et principalement par les procédés d'exquise délicatesse de monsieur Brandhoffer. Je me promets bien de ne me faire en Prusse ni bile ni mauvais sang et ma disposition d'humeur est si heureuse dans le moment que j'envisage l'avenir avec plus de confiance que jamais.

Nous menons dans le moment une vie fort agréable à Zinnitz. Il y a mademoiselle Agnès de Goetz, personne laborieuse, sensée, aimable. Monsieur Léon de Wasmer, frère du lutin aux yeux bleus, monsieur de Dornberg, Hugo, esprit observateur de treize ans dont la censure n'épargne personne et frappe juste. Pour dimanche s'est annoncée madame la baronne de Günderrode dont je ferai la connaissance avec joie. Les promenades, les jeux, les ris, la bonne chère, compagnons chéris de la jeunesse ici présente ont fixé leur séjour à Zinnitz, et ils y resteront toute la durée de la belle saison.

J'ai écrit hier à monsieur Bruch une lettre que j'ai rédigée lentement et dont je ne suis guère satisfaite ; pourvu que le savant professeur soit indulgent. J'ai cent livres de moins sur la poitrine depuis que j'ai expédié cette missive.

Samedi 31 juillet

Monsieur et madame de Günderrode sont ici. Madame la baronne est intéressante ; elle a connu madame de Krudener et Lezay-Marnésia, le bien-aimé préfet du Bas-Rhin. Son mari, ses neuf enfants sont protestants ; elle est restée catholique, d'une ancienne noblesse de la Bavière. Elle doit avoir été fort belle dans sa jeunesse ; on n'en voit plus rien, elle est très vieillotte. Monsieur le sénateur de Günderrode me fait l'effet d'un parfait honnête homme. Il est grand, se tient fort droit malgré ses soixante-douze ans. Il nasille beaucoup et s'exprime un peu en commère. Monsieur de Patow était allé à Berlin, accompagné de sa séduisante nièce, pour ramener à Zinnitz les parents de sa femme. Nous les attendions dimanche. Le jardinier, qui fait aussi le métier d'ordonnateur des fêtes, avait préparé des lampions et des globes en couleur. Au haut de la maison flottaient les drapeaux anglais et prussien. Des festons décoraient la porte de la salle à manger avec cette inscription : « Langeweile hier [215] ». Mon élève et le jeune Hugo s'étaient revêtus du costume des paysannes de la Lusace, l'un tenant un panier de poissons, l'autre un panier de légumes. Nous étions toutes en habits de fête ; madame de Patow s'était parée comme pour un bal. La cuisinière apprêtait un dîner confortable : des poissons pêchés pourla première fois dans l'étang du jardin faisaient un des plats principaux. On devait arriver ou à six heures ou à huit, ou même le lendemain. C'est ce qui eut lieu : à neuf heures, nous mangeâmes pour notre souper deux plats du dîner. A neuf heures et demie la voiture qui était allée jusqu'à Luckau en revint vide. A dix heures, chacun fatigué d'attendre s'achemina vers son lit. A peine commencions-nous à nous déshabiller qu'on entendit sonner du cor.

« Ils reviennent avec la poste ! » et mon élève de sauter à moitié nue dans la salle à manger. Je lui jetai un manteau sur les épaules au moment où entraient les jeunes gens. Bientôt toute la maison fut réunie ; c'était une fausse alarme. Le lendemain de bonne heure, on apprit qu'un plaisant à l'auberge avait fait sonner la trompette au postillon qui passait. Le lundi, mêmes préparatifs, mêmes toilettes, mêmes travestissements. Cette fois, ce ne fut pas en vain. A quatre heures et quart la voiture franchissait l'avenue du jardin. Le dîner était fait, la table ornée de fleurs. L'on dîna gaiement, l'on causa et l'on retint au salon monsieur de Günderrode. Pendant ce temps monsieur de Patow, aidé du jardinier et de quelques manœuvres, accrochait au kiosque, aux arbres, aux ponts, à la treille les lampes en papier de couleur et de plus belles encore qu'il avait rapportées de Berlin. Le vent qui avait mugi avec fureur s'était épuisé pour la soirée comme par magie. Enfin l'on ouvrit les portes du salon : c'était superbe. Monsieur et madame de Günderrode pleuraient. On fit quelques feux de couleur. Tout le village avait envahi le jardin et admirait bouche béante.

Mercredi soir, les jeunes gens ont quitté Zinnitz. Monsieur Léon est bon et aimable, point fier de son titre de baron, du blason auquel, hélas ! ne se joint pas l'avantage de l'argent. Hugo, chevalier de treize ans à la chevelure et au cœur de feu, a fait époque dans les annales tendres de mes jeunes filles. L'une a dix-huit, l'autre quinze ans... et elles se disputaient cette horreur de garçon. Il voltigeait de l'une à l'autre, cependant la victoire fut à Clotilde.

Après s'être promenée pendant quelques jours au bras d'Edwige, il prenait la taille de Clotilde qui ne manquait pas de lui faire mille agaceries. Ah! mademoiselle Clotilde, que vous prouvez bien la vérité de cet adage : « A défaut de grives, on mange des merles. » Je ne vous crois pas sincère quand vous dites que vous ne vous marierez jamais. Vous êtes privée de vos adorateurs de Berlin ; un bambin de treize ans est votre point de mire. Vous vous enfoncez sentimentalement avec lui sous les marronniers touffus, vous appuyez votre jolie tête sur son épaule, vous lui serrez les mains et lui recommandez de n'avoir point d'accident quand il accompagne le chasseur. Je vous croyais plus difficile : tout vous suffit. Je me suis permis de la narguer quelquefois : elle en était furieuse et disait que ce n'était que son cousin, et quand les deux jeunes gens se furent embarqués, la comédienne, en présence de toute sa famille, prit son mouchoir, s'essuya le visage en disant qu'elle voulait effacer la trace des baisers d'adieu. Elle venait de prendre congé de son frère aussi ; certes, elle n'effaçait pas les baisers que je lui avais vu donner à Hugo le matin lorsqu'elle l'attira à l'écart dans la remise. Pour cadeau d'adieu, il lui laissa une bible. Il vaut, je crois, mieux qu'elle. Edwige se mourait de jalousie et était fort distraite. Fort heureusement pour nos études, le chevalier aux cheveux couleur de feu a quitté Zinnitz, promettant à Clotilde de songer à elle à toute heure. Ce petit bout d'homme faisait attention à tout ; il m'a fait compliment dimanche sur ma robe de droguet et mon bonnet rose en s'informant si c'était la coiffure habituelle des Alsaciennes.

Lundi 9 août

La famille va faire une visite à Käpenau, au château de la comtesse de Linar. Je serai seule avec mon élève, tant mieux : j'ai encore une leçon à donner, elle a son piano à travailler. Le reste de la soirée sera pris par une promenade dans la forêt. Je ne sais si j'ai perdu cet enthousiasme de la campagne et des forêts ou si la monotonie des plaines n'y prête pas : il m'est impossible de retrouver ces émotions délicieuses qui m'enivraient dans les bois à Gernsbach par exemple ou dans les Vosges, et même encore l'hiver passé à Wangen, dans le Kronthal. Est-ce le climat étranger ou effectivement, la Lusace n'a-t-elle ni air pur ni sites enchanteurs ?

Il y a eu grand dîner, il y avait hier huit jours. Le dîner était ce qu'il y avait de mieux : rôtis, friture, compotes, glaces, champagne, saint-péray, trois domestiques en gants blancs et en livrée, tout fut à merveille. Les convives, c'était ce qu'il y avait de moins divertissant. Je n'ai pas encore vu et entendu de gens gais en Prusse ; tout le monde est grave, j'en excepte cependant la séduisante Clotilde qui sait faire rire quand elle le veut bien et nous charmer avec ses yeux bleus ombragés par des cils et des sourcils noirs comme deux arcs, nettement dessinés, et deux nattes de cheveux couleur châtain, posées en couronne autour de sa tête mignonne. Mademoiselle Agnès de Goetz nous quitta le soir. J'ai fait la connaissance de sa sœur, madame de Huwald, veuve du *Rittmeister*, frère jumeau de notre *Rittmeister*. On faisait bien du bruit de sa jolie figure ; je n'ai pu souscrire à cette admiration-là. Quant à celle de son amabilité, de son grand cœur, elle est la digne sœur de mademoiselle Agnès. Cette dernière m'a dit, en nous promenant au jardin, qu'elle était toute résignée à ne se marier plus. Elle a trente ans, elle est encore jolie, elle a de l'esprit, de l'instruction, beaucoup de bon sens et de raison, un joli talent pour le piano, de l'habileté pour tous les ouvrages de femme. Il faut être plus riche et moins bien organisée pour trouver un mari. Hommes sots, vulgaires, stupides.

J'ai écrit à ma chère dame Hepp ; je me réjouis fort à l'avance de sa réponse. Ma famille ne donne aucun signe de vie, mon cher petit neveu n'est pas malade je suppose, on me l'eût mandé. Du reste, je ne suis inquiète que de mon mobilier et de mon linge. Avant quatre ans, je ne retournerai pas à Strasbourg ; tel est mon plan.

J'étudie, je travaille à l'aiguille, je me promène ; il n'y a que le piano que je ne puis aborder, ces dames sont toujours dans le salon voisin et je crains de les importuner. Madame de Günderrode est une charmante dame. Quelle mémoire ! elle sait toutes les histoires, toutes les intrigues de cour de l'Allemagne, elle a beaucoup lu et tout retenu. Ayant quatre sœurs aussi belles qu'elle, les *Fräulein* von Klosen, lancées dans la société d'élite de l'Allemagne et courtisées par les ducs régnants et par le roi de Wurtemberg actuel. Son père, général avant trente ans, était au service de France de Louis XVI [216]. Toutes nos soirées sont assaisonnées par ses récits. Monsieur de Patow, l'un des hommes les plus éminents de Prusse, est aussi extrêmement agréable dans la vie d'intérieur. L'homme, instruit et spirituel par excellence, ne dédaigne pas de clouer et de réparer les nattes qui couvrent le plancher de la salle à manger, de visiter, pour nous divertir, ses chaussettes et les torchons de cuisine, de découdre une garniture de sa femme, de faire la récolte de champignons que la cuisinière apprête avec beaucoup d'art. Hier, il était question d'un bas que je venais de finir ; c'est de la soie de Lyon, cadeau de monsieur Brandhoffer. Les dames l'examinèrent ; au moment où madame de Patow me le rendait, le célèbre ministre du roi de Prusse avança la main, l'étendit devant lui, et, des yeux et de ses magnifiques mains, en observa et en mesura toutes les proportions.

Mercredi 18 août

Point de nouvelles de Strasbourg. Comment vont mon linge, mes meubles, mon argent et mon cher petit Bibi ? Je lui ai écrit pour sa fête une lettre toute remplie d'écureuils, de hérissons, de cygnes et de toute sorte d'oiseaux. Je pense qu'il s'en réjouira, l'amour aux beaux yeux. Mon autre amour aux beaux yeux, mademoiselle Clotilde, est en deuil : elle a perdu il y a quelques jours une sœur aînée plus belle encore qu'elle-même, morte poitrinaire à l'âge de vingt ans. Cette mort nous privera sans doute de cette charmante jeune fille, car il est probable qu'elle retournera pour l'automne chez sa mère qui est veuve.

Dimanche, nous avons célébré son dix-neuvième anniversaire de naissance. Après l'église, madame de Patow prépara la table. Il s'y trouvait étalés un mantelet de satin bleu garni de dentelles noires, une paire de manches brodées de lilas, des gants, deux jupons très amples d'une fine étoffe, l'un uni, l'autre à volants, présents de madame de Patow. Une montre d'or, des fichus de matin en toile de lin, un tour du cou en dentelle noire, un tablier de soie noire garni de velours, don de mademoiselle Edwige. Dix thalers pour une robe, que lui avait donnés sa grand-mère, sonnaient dans sa poche. Madame de Günderrode, en arrivant, l'avait déjà gratifiée d'une pèlerine blanche et de manches pareilles, et de mouchoirs de batiste. Enfin une bretzel monstrueuse, œuvre de la cuisinière, et deux couronnes de fleurs, l'une offrande de la femme de chambre et de la cuisinière, au milieu desquelles brûlait une bougie qu'elle souffla elle-même selon l'usage consacré du pays. J'ajoutai humblement à toutes ces magnificences une dentelle tricotée et quelques étoiles à dévider de la soie que mon beau-frère m'a rapportées du bagne de Toulon.

Nous avons été hier au soir en voiture à Calau, chez monsieur le Landrath Merker qui occupe une belle position dans le pays (elle équivaut à celle de sous-préfet en France), habite une belle maison, a un joli mobilier, une sœur très aimable et s'obstine à rester célibataire au dépit secret de toutes les demoiselles à marier du pays. Mademoiselle Marie Merker viendra dîner à Zinnitz vendredi. Aujourd'hui, c'est le jour de réception des pasteurs ; trois saints hommes nous aideront à manger les perdrix que le fusil du beau chasseur a fournies à l'office. Je me sens pénétrée d'un bien-être infini. Cet air pur de la campagne, les promenades, le calme et le repos, l'absence de soucis sont salutaires à ma santé et chaque jour je bénis Dieu qui m'a inspirée, qui m'a protégée et guidée.

Vendredi 27 août

J'ai écrit à mon petit neveu pour sa fête. Pas de réponse. C'est un complot dont le chef est mon beau-frère. Je me suis adressée à ma bonne et légère tante Strohl : je lui dis que je suis en peine du dépôt que j'ai confié à ma sœur, qu'elle devait le surveiller ou rappeler Emma à ses devoirs envers mes intérêts. Bref, je termine en lui disant que si elle a lu *Paul et Virginie*, elle doit se souvenir qu'une femme délicate n'exprime sa pensée la plus chère qu'à la fin d'une lettre et je lui demande des nouvelles du statuaire. En aurai-je ? espérons !

Lundi 6 septembre

J'ai reçu la semaine passée une lettre de ma sœur dont le contenu m'a pétrifiée. Ce sont quatre pages de reproches. Elle se plaint de la monotonie de ma correspondance, de manque de politesse, de reconnaissance. Je ne lui ai écrit que deux fois et ma seconde lettre ne devait pas être considérée comme telle : un simple bulletin concernant les intérêts que je lui confie. Je me justifiai amplement en disant que je ne reparlerai plus de ce sujet. Affligée autant qu'irritée, je lui répondis d'un ton piqué. Elle ne me répondra pas ; voici déjà l'*amen* de la correspondance fraternelle. Je me serais plutôt attendue à la chute du ciel qu'à une bouderie de la part d'Emma et je n'aurais pas cru que ce silence de deux mois fut l'effet d'un mutisme.

La famille de Patow s'étonnait fort de me voir si longtemps sans nouvelles de chez moi ; elle s'étonna davantage encore de me voir un visage bouleversé et des yeux rouges après la lecture de la missive tant désirée. Nous revenions d'une promenade dans les bois. Mademoiselle Clotilde était retournée avant nous à la maison à cause de son chant et s'avançait à notre rencontre, les mains sous son manteau, en criant : « Mademoiselle Weiler ! » Ce fut mon élève qui devina ce dont il s'agissait. Elle fut bientôt sur mes trousses pour en savoir le contenu, car la curiosité la dévore. Il faisait très froid ce soir-là, on avait allumé un feu de cheminée dans un des salons du premier ; c'était comme à Paris. J'eus beaucoup de peine à prendre part à la conversation. Je crois que je ne m'en mêlai pas du tout car madame de Patow m'apostropha une fois en riant et en disant qu'elle était sûre que je méditais ma réponse. Enfin, oublions patrie, famille ! Je ne le puis. Ici, dans cette belle solitude, je regarde sans cesse en arrière ; je n'ai fait que broder pendant mes cinq jours de vacances et réfléchir au mal que l'on m'a fait. Ma vie est douce quoique monotone ; je n'ai nulle distraction. Le monde est bien bête, à tout prendre. J'en excepte monsieur de Patow qui est un homme adorable. Il a été si poli, si plein d'attentions. Sa femme est bonne aussi après tout, seulement je ne parviendrai jamais à lui enseigner un peu de politesse française. Elle est curieuse en diable et ne fait que m'épier. Ah ! les jeunes filles, si elles tâchaient d'apprendre au lieu de juger et d'observer ceux qui s'échinent pour elles. Elles en vaudraient dix fois plus.

Mercredi 15 septembre

Il y a eu à Jehser un événement sinistre : le frère de monsieur de Patow, malade depuis deux ans, est mort. L'enterrement a eu lieu vendredi dernier. C'était un immense cortège, toute la noblesse des environs en était. Trente voitures stationnaient dans le village et trois pasteurs tinrent des discours. Le cercueil, orné de guirlandes et de festons, était placé dans la grande salle du rez-de-chaussée et le premier sermon fut entendu là. Puis le cortège s'achemina vers le cimetière où les quatre branches de la famille ont leur sépulture. Les dames, têtes nues et toutes vêtues de noir, suivaient le cercueil, les messieurs fermaient la marche funèbre. Quand la bière fut placée sur la fosse, le pasteur du village fit l'éloge de son patron qui gisait devant lui dans sa demeure de bois. Après l'*amen* qui termina un sermon bien dit, mais trop long, le cercueil fut, non sans peine, descendu dans le tombeau et le pasteur de Lübben, ville où le défunt exerçait ses fonctions, s'en approcha. Quand il commença sa prière, toutes les dames s'agenouillèrent. L'orateur n'eut égard à son auditoire féminin qu'il tint longtemps dans cette humble posture. Je me levai, n'en pouvant plus. Le pasteur, le premier, jeta trois pincées de terre sur la bière, exemple qui fut suivi par toute la famille jusqu'aux enfants.

Je plaignis fort la pauvre madame de Patow ; chaque nouvel arrivant, et il y en avait plus de cent, faisait de nouveau couler ses larmes. L'émotion la plus profonde fut celle que lui causa l'arrivée de son fils aîné, Bernhard, l'officier. A l'occasion de cette triste réunion de famille, je revis celui que la voix du monde destine comme futur époux à mon élève, monsieur Bernhard de Patow, de Mallenchen [217], son autre cousin. Il est grand et fort beau. C'est une figure de chef de bandits, dans le genre de monsieur Bauby, mais aux traits plus fins. Il a de plus ce qui manque à l'Apollon de Strasbourg, une denture d'une magnificence extraordinaire.

Nous avons fêté dimanche, au lieu de vendredi 10, l'anniversaire du jour de naissance de monsieur de Patow. Quand nous revînmes de l'église, madame prépara la petite table dans le jardin près de la grande table. Elle était recouverte d'une nappe damassée et ornée de pots de fleurs. Une rose se trouva sous la table comme signe symbolique : « marcher sur des fleurs ». De la part de madame, son portrait et un porte-crayon en or ; de celle de sa fille, une brosse à habits, brodée en perles ; de sa nièce, un porte-lunettes en papier mâché ; de la mienne, une bourse en soie verte et perles d'acier qui, me dit sa fille, l'a beaucoup réjouit. Le dîner, plus splendide qu'à l'ordinaire, fut rehaussé encore par une bouteille de saint-péray dont monsieur de Patow me versa deux grands verres.

Demain, il y aura dîner, ce qui m'ennuie à l'avance, avec un monsieur et une madame de Latov qui sont venus se présenter hier. Elle doit avoir été une beauté il y a trente ans ; maintenant, c'est une chouette dont les paupières baissées ne supportent pas l'éclat du soleil. Cependant, elle est remarquable parce qu'elle est aïeule avant cinquante ans. Elle s'est mariée à seize ans, sa fille et sa petite-fille au même âge et cette dernière est déjà mère et comtesse. Je ne sais, mais vive la France pour la bonne tournure et les atours ! Tous ces comtes et les premiers du pays sont dix fois moins bien façonnés que nos commis dans les magasins de nouveautés. Ce sont des chapeaux, des redingotes, des pantalons, des chaussures à pierre fendre. Ces *Freiherren* [218] en habits noirs me rappellent les croque-morts alsaciens. Je faillis pouffer de rire lors de la funèbre cérémonie en entendant ces noms pompeux et en les voyant sur ces figures grotesques. Il en est de même des dames : pas de grâce, pas de goût, pas de dents soignées, pas de parfums. Et cependant, il n'y a que mariages d'inclination. Il faut tout le romantisme des Allemands pour poétiser et admirer de part et d'autre. Elles ont de jolis bras, les Allemandes, c'est une justice à leur rendre.

Ma tante Strohl m'a écrit : Léonie est allée s'établir à Gotha avec son mari. Elle n'est pas loin de moi. Le statuaire, me dit-elle, a quitté la ville. On a abreuvé son cœur de toute sorte de critiques à cause de sa dernière statue : le Préfet. Je n'en crois rien, je reconnais là mon beau-frère. Il a quitté Strasbourg le jour où elle m'écrit, le 8, et ne reviendra que dans six mois. Pourquoi ne passe-t-il pas les fêtes de Noël avec sa femme et son fils ?... J'ai écrit à mon oncle, j'ai écrit à ma sœur. Celle-ci ne me répondra de longtemps ou ne m'écrira peut-être plus.

« Je préfère, lui ai-je dit, renoncer à une correspondance qui n'est pour moi qu'une source d'ennuis. Rester sans nouvelles du pays natal, c'est une déception que je puis avaler comme tant d'autres. »

Vendredi 1er octobre

Têtes carrées ! bougres d'Allemands, chiens de Prussiens ! comme dit la romance. Père aveugle ! Madame la baronne, salope qui prétendez aux hommages et aux génuflexions quoique vous ne soyez qu'à la hauteur de la boue des rues ! Elève perfide qui ne joue que le rôle de mon espion, je te rendrai à l'avenir le bon service que tu m'as rendu hier ! Je n'ai presque pas fermé l'œil de la nuit à cause de ces gredins d'aristocrates qui ont la morgue de leur rang et les défauts de la plèbe. Allemands plus grossiers que le pain noir dont vous vous goinfrez et plus stupides que les chaussures mal faites que vous portez à vos gros pieds, que Voltaire a bien dit en vous souhaitant plus d'esprit !

Ma plume divague ; écrivons et narrons. Hier matin je quittai mon lit comme à l'ordinaire, me lavant, me coiffant, quand la cuisinière, qui fait la fonction de femme de chambre auprès de ma charmante élève, eut la fantaisie de remuer les lits avant que je n'eusse achevé ma toilette, c'est-à-dire qu'il me restait manches et pèlerine à mettre. Je suivis mon élève dans la salle à manger où je la trouvai, ainsi que sa mère, chuchotant et se taisant à mon entrée. Je me souvins d'avoir dit au moment où elle quittait notre chambre : «Ernestine est comme possédée depuis trois jours, elle ne nous laisse pas le temps d'achever notre toilette.» C'est ce que la sournoise répétait à sa mère et, l'entendant, je fus prévenue par madame de Patow qui me dit bonjour la première. Je répondis aussitôt, mais voyant ses yeux de lynx se fixer sur l'objet que je tenais sur le bras, j'ajoutai : «Ernestine ne me laisse pas achever ma toilette.» N'osant cependant jeter ma pèlerine sur les épaules en présence de l'illustre dame, je repris mon petit paquet et je rentrai dans ma chambre où je trouvai une atmosphère de poussière et de miasme. Je m'empressai d'ouvrir les fenêtres ; je le fis avec vivacité et bruit, ne songeant qu'à l'ennui que me causait Ernestine. Je déjeunai, je fis avec mademoiselle Edwige le tour du jardin et je me disposai, de la meilleure humeur du monde, à donner mes leçons quand la foudre vint tomber dans ma chambre en la personne de madame de Patow. Elle me reprocha de n'avoir pas dit bonjour la première, d'avoir fait ma toilette dans la salle à manger, d'avoir claqué la porte et les fenêtres, d'avoir été en fureur, de donner le mauvais exemple et, enfin, elle me dit de lui savoir gré de ne m'avoir pas humiliée en présence de la cuisinière. Je lui eusse su un gré infini si elle avait fait semblant d'ignorer tout puisque ce n'était pas à elle, mais à sa cuisinière, que j'en voulais. Bref, je me surmontai assez pour rester calme en sa présence, mais je lâchai après coup tout mon ressentiment sur mon élève qui avait préparé la sauce. Je lui dis qu'on n'avait qu'à lui chercher une autre gouvernante et que dans l'aristocratie, on faisait des cancans comme dans la plus petite bourgeoisie. Tout fut redit, comme je le supposais, la leçon à peine terminée. Comme de véritables dindes, on se sauva, s'enferma, s'appela réciproquement. L'après-midi, les dames furent en visite, je restai seule avec mon Judas qui fit la charmante. Le soir, monsieur de Patow revint de Lübben. Il n'était pas dix minutes dans la maison que déjà il fut instruit de la chose. Je lui demandai deux mots d'explication, il refusa en disant que le lendemain, on en parlerait avec plus de calme. Ce matin vers neuf heures, il se présenta chez moi. Il fit une mine d'ouragan en m'écoutant. La jeune espionne avait tout dit et même davantage, elle avait ajouté des mensonges. Il me jeta tout à la tête ; je me retournai comme un serpent et son front s'éclaircit quoique j'aie tous les torts et que madame ait raison. Enfin je m'y attendais. Cependant il sembla ne pas ignorer que son entourage était cancanier, car il ajouta que, dans sa maison, on jasait plus qu'il ne lui convenait. Mais sa fille ne ment pas, c'est une sainte ! Il levait presque la main au ciel. Pauvre digne homme, aveuglé et abusé, il n'a pas senti les cornes dont sa première femme l'a coiffé, il ne verra pas non plus celles que sa fille mettra à son gendre. Bref, si je savais autre chose, je quitterais. Que faut-il faire ? L'illusion est détruite, j'ai une espionne et pas une élève, j'abhorre cette masse de chair et cette grosse figure sotte et sournoise. Si je pouvais me confier à ma sœur. Hélas ! hélas !...

Vieille sotte irréfléchie que je suis ! je n'ai pas encore la rouerie du cardinal de Richelieu ni celle de Catherine de Médicis. Je verse et, après, il me faut boire.

Mercredi 12 octobre

La pluie tombe, j'ai un rhume hideux, je tousse comme un pensionnaire de l'hôpital. J'ai le mal du pays, j'ai peur de tomber gravement malade. Je désirerais voir mon neveu. Charmant enfant, toute la Prusse ne renferme pas autant d'esprit que cette ravissante jeune tête. Qu'ils sont heureux, ceux qui vivent auprès de tes beaux yeux ! L'orage s'est calmé, je suis sortie de la tempête ou triomphante ou marquée ; n'importe, je resterai, c'est ce que j'ai de mieux à faire.

Dimanche il y a huit jours, j'ai eu une discussion ou plutôt une explication avec madame de Patow et nous nous sommes quittées avec un serrement de main. Pauvre femme, je l'ai presque plainte : pendant trois jours, elle avait l'air tout démoralisé et quoique madame de Huwald, cet autre serpent, m'eût assuré que madame de Patow s'attendait à une explication de ma part, je l'ai fait languir pendant trois jours jusqu'à ce qu'enfin j'ai ouvert la bouche. O susceptibilité allemande ! que Voltaire a donc raison en leur reprochant de n'avoir pas d'esprit et qu'il est prudent de ne pas étaler en Allemagne le peu que l'on possède : ce sont des perles jetées aux pourceaux !

Ma sœur s'est ravisée, elle m'a écrit, mais sa lettre ne roule que sur cette malheureuse missive remplie de recommandations concernant mes intérêts et mes effets. Cependant, elle la termine par un salut amical : c'est un progrès. Je devrais lui écrire et je ne sais que lui dire. C'est réjouissant pour le cœur quand on en est arrivé à ce point-là !

L'ouverture des Chambres aura lieu le 19. Monsieur et madame de Patow iront à Berlin pour quelques jours : nous serons libres et seules.

Vendredi 15 octobre

Le moment d'aller à Berlin approche. Je ne me réjouis pas quoique, ici à la campagne, je m'ennuie souvent, n'ayant néanmoins aucun moment à moi. La campagne est belle encore ; les pins sont d'un vert immortel, le genièvre n'a pas changé, cependant des teintes jaunissantes attristent la vue et indiquent que la belle saison va finir. Je suis saisie souvent d'une mélancolie indéfinissable. Je n'ai jamais tant aimé la France que depuis que je l'ai quittée. Mon imagination rôde sans cesse dans ma ville natale et cela m'arrive partout, même quand je suis en société. Statuaire ! statuaire ! je songe à vous beaucoup. Vous m'avez oubliée, je n'en doute nullement. Ah ! que le monde est ingrat et que l'on devrait, si cela était possible, se hâter de descendre dans cette tombe dont on appréhende si fort le sombre réduit.

Madame de Günderrode m'a écrit une aimable lettre. Quoique je ne signe pas baronne de Weiler, en fait de style, je puis rivaliser avec les grandes dames de l'Allemagne et même parfois les surpasser. J'ai reçu hier une charmante lettre de Henriette Schneegans, la seule qui, depuis que je suis ici, m'a causé un véritable plaisir. Bonne cousine, elle m'est plus attachée que je ne l'ai cru. Elle me prêche la charité chrétienne et le pardon des offenses à l'égard de ma sœur, et elle a raison. Je veux tâcher d'oublier et de pardonner ; qui sait si je les reverrai tous les trois, ma sœur, mon beau-frère ou mon père ?

Vendredi 22 octobre

Ces huit jours de vacances, que me vaudront-ils ? Je le sais maintenant, je suis garde-malade. Mon élève est atteinte d'un érysipèle qui fait mine de la tenir longtemps. Les parents sont toujours absents, madame ne peut pas laisser seul à Berlin son mari qui a cinquante-quatre ans, mais elle laisse sa maison sous la direction de madame de Huwald, femme aux dehors aimables, qui fait le joli cœur avec tout le monde, mais qui est fausse comme un jeton. Grand Dieu, que je soupire après mon pays, qu'on est mal à l'aise chez des étrangers. Mon élève est menteuse et fausse. Son père, quoique homme d'esprit, est faible et aveugle ou ne veut pas voir. Madame est vulgaire de sentiments et sa nièce également menteuse. Il n'y a pas de distractions agréables ici. Mon passé n'est pas couleur de rose ; je ne sais parfois que penser.

Le prince de Prusse est régent [219]. Monsieur de Patow est fort de ses amis ; on dit généralement que le théâtre politique va se rouvrir pour lui, qu'il redeviendra ministre. Je ne m'en réjouis point. Si j'avais une autre position, je quitterais la maison. J'ai fait à mon élève la lecture du *Râmâyana* de l'Inde, c'est-à-dire d'un extrait : un vieux roi pleure l'exil de son fils Ramaque. L'équité lui a ordonné de le prononcer lui-même. Il se rappelle l'esprit, la beauté de son fils, et il meurt de chagrin en enviant ceux qui vivent dans l'entourage des charmes dont il est privé. Ainsi il m'arrive d'envier ceux qui jouissent de mon adorable neveu. Ah ! que ce petit enfant a infiniment plus d'esprit que toutes ces dindes dont je suis entourée. Je donnerais une partie de mon existence rien que pour le plaisir de l'embrasser une fois, de revoir cet adorable et mignon visage et pour entendre cette voix enchanteresse. Cher Mine-Mine, tu ne sauras jamais combien ta tante t'aime et que tu es l'objet de tous les soupirs qu'elle envoie quotidiennement du côté de la France.

Il y a de cela quatre semaines, monsieur de Patow eut l'attention de me donner un journal dans lequel je lus le testament de la duchesse d'Orléans [220]. L'attachement que toutes les princesses étrangères montées sur ce trône de France, où tant de fois l'infortune a été leur partage, ont eu pour ce beau pays, me toucha jusqu'aux larmes ; je sanglotais en lisant. Que j'aime mon pays depuis que j'en suis séparée et que je suis revenue de mon admiration pour ces sots et avares aristocrates !

Mardi 26 octobre

Je crois cependant que madame de Huwald est une bonne femme et qu'elle est plus sincère que je ne l'ai cru d'abord. Elle se fait beaucoup de mauvais sang pendant la maladie de sa cousine qui, au fond, ne vaut pas tous ces débats. Mademoiselle Clotilde est un chat comme sa tante ; c'est le même sang. Quelles canailles que ces deux baronnes, et mon élève n'est pas davantage. Par madame de Huwald qui s'est plainte à la cuisinière, celle-ci m'a fait des confidences (c'est une brave et honnête femme, et beaucoup moins commune que sa maîtresse) qui ont achevé de me faire connaître ce que je soupçonnais depuis longtemps : on est avare pour la nourriture et on compte les bouchées, monsieur est aveugle et ne voit que par les yeux de madame, et celle-ci, par ses caresses de courtisane, fait tourner cette tête grise et se fera un jour donner une partie de sa fortune. Vous êtes fine, madame la baronne, mais je lis à travers votre visage commun, et vos artifices sont même connus du dernier de vos domestiques. Si je m'écoutais, je quitterais cette maison dont je méprise les maîtres davantage que les valets. Pauvre honnête homme aveugle ! que je te plains d'être tombé dans les filets d'une pareille sirène. C'est elle qui a perverti ta fille qui, déjà, a toutes les dispositions vicieuses. Quel rusé diplomate que cette fille de quinze ans qui fait semblant d'adorer cette mère qui, cependant, la traite si mal et qui ne fait que la décrire devant tout le monde ! C'est une feinte, cela ne peut être que cela, mais elle est infernale. Demain, les beaux jours vont finir.

Jeudi 28 octobre

La saison devient de jour en jour plus mélancolique ; des teintes jaunâtres frappent les yeux partout. Nous quitterons bientôt, Dieu le veuille ! cette campagne où j'ai fait de si profondes expériences du cœur humain et où est tombé de mon esprit le prestige dont ma jeunesse inexpérimentée enveloppait l'aristocratie.

Nos illustres maîtres sont revenus hier soir, ramenant une jeune fille, amie d'Edwige, dont la figure est charmante et aussi distinguée que ses manières. Elle ne doit pas avoir été enchantée de la manière dont madame de Patow a traité sa belle-fille ni de la manière dont elle a fait la conversation. Elle est revenue chez elle comme un grenadier de la garde, mécontente de tous les soins qu'on avait donnés à sa fille, trouvant que madame de Huwald et moi nous avions exagéré l'état de la malade, grondant celle-ci de l'avoir été, se plaignant de ce qu'on avait usé du bois dans les poêles et de ce qu'on avait brisé une serrure. Madame de Huwald pleure sans cesse et veut partir aujourd'hui. Tout le monde a eu des cadeaux : madame de Huwald un chapeau, un joli sac, du papier pour écrire ; les jeunes filles, des coiffures et des tours de cou ; la cuisinière, du café, du sucre et du riz ; et moi, un ruban comme les jeunes filles, mais point de coiffure. Que les grandes dames savent généreusement reconnaître les bons soins ! Si mes étrennes sont à cette hauteur, je ne me réjouis pas à l'avance : je dépenserai tout autant à faire les cinq cadeaux que j'ai à donner.

Mercredi 3 novembre

Madame de Patow est une poissarde par les manières et par les sentiments. Hier soir, j'ai fait une observation pendant une lecture, j'ai défendu le peuple français ; elle a fermé le livre en fermant la bouche. Ce matin, elle ne m'a pas dit bonjour et elle me parle comme on parle à un chien. Je hais et je méprise cette femme et j'avise aux moyens de quitter. Aujourd'hui même, une dépêche télégraphique mande monsieur de Patow à Berlin. Peut-être la nouvelle dignité de son mari rendra-t-elle sa femme plus traitable. En attendant, que Dieu me protège, il me semble être dans la griffe du diable. Hideux visage ! hideuse âme !

Lundi 8 novembre

Le sort en est jeté : monsieur de Patow est ministre des Finances. La nouvelle est arrivée hier et nous partirons après-demain. Madame, depuis qu'elle est Excellence, est redevenue humaine. Elle a cru que je demanderais pardon ; halte-là ! madame la baronne, nous n'en sommes pas là. Cependant, elle a écrit à monsieur Bruch, j'ai vu la lettre sur son bureau hier matin. Que lui dit-elle ? Je ne serai plus longtemps sans doute au ministère. Qu'importe, je ne flatte pas une femme aussi médiocre et si peu digne d'être admirée. Cependant, je me réjouis de voir Berlin. Adieu Zinnitz, je ne te reverrai sans doute plus.

Berlin, vendredi 12 novembre

Enfin me voilà dans la capitale de la Prusse. Il en était temps ! quelques semaines de plus et je mourais d'ennui. Madame de Patow est toute métamorphosée depuis qu'elle reçoit comme madame la ministre. Elle s'est fait faire deux robes, elle s'est commandé un chapeau dans sa ville natale. Monsieur a engagé un cuisinier et trois domestiques mâles, madame deux servantes de plus. Les chevaux qui ont servi à la campagne seront remplacés par deux bêtes plus fringantes. Mademoiselle Clotilde a déjà la tête toute perdue d'orgueil. Je renais à la vie, enfin je rencontre des visages humains. Ma maudite imagination s'alarme toujours à l'avance de choses qui se passent assez naturellement. J'ai eu la fièvre de l'emballage, je ne pouvais me coucher la veille du voyage. Le voyage a été plus intéressant que je ne l'aurais cru. Le pays que nous avons traversé est monotone, sablonneux ; à gauche, cependant, il y a un grand lac dont mes compagnes de voyage ne surent me dire le nom. En arrivant ici, je fus frappée de la petitesse de notre local ; maintenant, je suis organisée avec mon exactitude habituelle et les leçons ont repris leur marche ordinaire. J'ai exploré la ville avec mon élève hier et aujourd'hui. Que Berlin est riche en monuments et en statues ! celle du grand Frédéric surtout est admirable. L'université, les musées, les palais des princes sont décorés de chefs-d'œuvre de sculpture. Nous avons fait l'inspection de tous les ministères, de tous les hôtels des ambassadeurs. Aujourd'hui, nous avons dépassé la porte de Brandebourg, surmontée de la statue de la Victoire traînée jusqu'à Paris et que les alliés sont allés lui reprendre. Nous avons circulé dans le parc qui est immense : c'est six fois notre Contades. A gauche du parc, il y a des maisons qui sont entourées de jardins et qui font l'effet de villas avec leurs pelouses et leurs jets d'eau. J'ai été étonnée de trouver tant de cheveux et d'yeux noirs ; je m'étais figuré que le type prussien était chevelure blonde et yeux noirs. Les hommes sont plus beaux que les femmes ; celles-ci n'ont pas de grâce dans leur tournure et pas d'élégance et de goût dans leur mise. Vive la France pour les modes, le goût et l'esprit ! Cependant, je veux apprendre l'allemand pour aller l'enseigner à Paris dans deux ans si Dieu le veut.

Mercredi 17 novembre

Je suis dans le moment fort préoccupée de mes toilettes d'hiver ; il me faut un manteau et après avoir couru tous les magasins de Berlin, je me suis définitivement décidée à le faire venir de France. Il n'y en a pas de noirs ici et ces mille couleurs des toilettes allemandes ne sourient pas à mon goût puritain. Que de toilettes bizarres l'on rencontre ici et qu'après tout je suis peu allemande. Madame de Patow nous a promis ce matin, au déjeuner, de nous envoyer au théâtre : belle perspective. Lundi déjà, elle nous a octroyé quinze *silbergroschen* [221] pour aller au musée qui est superbe davantage à mon avis comme édifice public que comme collection de statues et d'antiquités. Il y a des corps mutilés, des bras, des cuisses, dans une salle dont les tableaux représentent le Parthénon d'Athènes et le temple de Delphes. Mais ces débris ne sont malheureusement pas des originaux, ce sont des imitations en plâtre. J'ai admiré le groupe de Niobé, deux Vénus dont l'une est mutilée, Ajax et Patrocle, le taureau de Farnèse, groupe admirable où deux hommes veulent attacher à un taureau leur belle-mère. Les bas-reliefs du socle sont autant de chefs-d'œuvre de l'art. Deux lions étendus sur le sol, aux crinières formidables, aux figures et aux pattes expressives, portant sur leur socle le nom de Canova, imitation italienne. Les divinités égyptiennes se trouvent dans un temple égyptien dont les colonnes sont enluminées d'hiéroglyphes et de figures grotesques. Rien de plus affreux que la statue d'Osiris entre les jambes du bélier ou bouc monstre aux cornes d'or. Rien de moins royal que Sésostris et Memnon, assis sur leur trône comme des mannequins, avec leurs jambes raides, leur corne au front, leurs grandes oreilles et leur barbe en spirale qui a l'air d'un étau. Leurs tombeaux et leurs cercueils sont de lourdes masses comme leurs divinités et leurs pyramides ; tout est bloc, rien n'est grâce. J'ai songé au livre d'images de mon petit neveu en voyant la momie d'un ichneumon, celle d'un ibis et d'un rat. Les parquets sont de marbre, en mosaïque, ainsi que les escaliers dont les rampes sont des figures dorées. Six tableaux magnifiques, dont deux sont encore inachevés, décorent le grand vestibule. L'artiste s'appelle Kaulbach [222].

Dimanche probablement, je verrai l'intérieur des dômes que je ne vois qu'extérieurement. Je conduirai mon élève à l'église pour qu'elle entende la parole de Dieu. Que pense-t-elle donc quand elle marche ainsi dans les rues à mes côtés, rougissant quand les hommes la regardent et ayant l'air d'une masse inerte et sans idées ?

Mardi 14 décembre

C'est aujourd'hui la fête de ma charmante élève. Je lui ai donné une paire de mitaines tricotées et, tout en lui faisant mes félicitations, je me disais que c'était la première et la dernière fois. Madame m'a fait une fête à moi, dimanche dernier. Je n'ai pas dit encore que nous sommes établis au ministère des Finances et que dans ces beaux salons, les misères pleuvent sur moi. Dimanche, tandis que le monde chrétien va prier Dieu, madame la baronne prépara les propos insultants dont elle me gratifia au sortir du saint lieu. Elle avait fait un tour dans notre chambre, placé devant la table un fauteuil qui se trouvait à côté d'un buffet, mis dans l'embrasure de la croisée un séchoir qui se trouvait près de la commode. Elle entra au moment où je fermais le tiroir de ma commode et m'apostropha d'abord en allemand, puis se lança dans son élégant français. Elle me dit qu'elle, madame et maîtresse de maison, avait rangé ma chambre dans laquelle il n'y avait jamais que du désordre, qu'il était heureux que mademoiselle Edwige fût une si bonne fille pour rapporter les propos infâmes que je débitais, que je m'étais permis de dire que sa nièce était mieux meublée que nous, que je mettais la désunion entre deux jeunes filles qui s'aimaient tendrement. Quand j'ouvris la bouche pour me défendre, elle m'ordonna de me taire puisque je ne débitais que des mensonges.

« Des mensonges, madame, dis-je d'une voix de stentor, ce n'est pas moi qui en fais. » Elle me dit, hurlante comme une lionne et frémissante de rage, que je n'étais pas une gouvernante, qu'il était possible que je fus une bonne institutrice, je ne saisis pas le fin mot de ce raisonnement, et que j'étais libre de quitter la maison sur-le-champ.

« Très bien, madame, lui dis-je, je quitterai, mais dans trois mois.

— Vous étiez charmante quand vous entrâtes dans la maison et maintenant, vous êtes changée, c'est une autre personne. »

Je ne répondis pas à ce ricanement. Elle sortit hors d'elle, me menaçant encore sur le seuil. Cette scène acheva de m'inspirer pour cette femme un profond mépris. Je n'ai jamais aimé mon élève ; cette masse informe de chair, ce visage sournois m'ont toujours inspiré de la répulsion. L'idée d'être de nouveau jouée par cette pie-grièche de seize ans me révolta profondément et si je l'avais osé, je lui aurais administré une fameuse raclée. Après le dîner, je guettai monsieur de Patow, je le suivis dans le corridor quand il quitta la salle à manger et l'y fit revenir.

« Madame vient de me donner mon congé, lui dis-je, je ne lui conviens pas. » Il secoua la tête en souriant. « J'ai votre lettre dans laquelle vous posez la condition que réciproquement, on aurait à se dénoncer trois mois à l'avance.

— Vous avez ma parole, me répondit-il, que vous ne quitterez pas la maison avant trois mois, à moins que vous ne le désiriez. Ma femme, se hâta d'ajouter le pauvre homme, ne l'entendait ainsi que dans le cas où vous trouveriez votre position trop insupportable. »

On peut aller à l'école du mensonge ; que cette salope a le talent de se blanchir aux yeux de son mari ! Je n'ai pas versé une larme, cette femme ne les vaut pas, mais si je pouvais couper la langue à mon Judas, quelle satisfaction serait-ce pour moi.

Jeudi 23 décembre

Que d'événements depuis quelques jours. J'ai reçu le manteau que j'avais chargé ma sœur d'acheter et encore quelques autres objets de toilette. Mon amour de neveu m'envoie des cornets de bonbons et ma sœur a ajouté un ravissant foulard à franges et une coiffure noire à nœud bleu. Cette caisse m'est arrivée lundi et, le lendemain, je la retournai avec mes étrennes : une robe en poil de chèvre pour la mère, une en alpaga pour le fils, trois boîtes de soldats de plomb et quatre paires de bas de laine tricotées à la sueur de mon front. J'achevai le dernier lundi à minuit et demi, ce que je ne suis capable de faire que pour mon neveu dont la séparation me navre le cœur. Ma malle faite, je courus à la foire acheter quelques paquets de ce romanesque *Pfefferkuchen* [223] et les étrennes de mes amours expédiées, je m'occupai de celles de mes deux charmantes. Je ne donne pas à Judas le porte-monnaie ravissant que ma sœur m'a soigné : je le réserve pour une élève moins fausse et menteuse. Je leur ai fait des jarretières roses garnies de dentelles noires. Madame aura sa bourse. Ma sœur a eu la bonne inspiration de m'envoyer un saucisson fin ; pour rendre à ces cochons d'aristocrates galanterie pour avanie, je m'armai d'une assiettée de bonbons d'une main et du saucisson de l'autre, offris l'une aux dames et l'autre à monsieur de Patow au lieu d'un cadeau le jour de l'an. Il me remercia gracieusement, trouva fort élégante l'enveloppe de papier argenté et eut l'air un peu embarrassé. En général, depuis la scène abominable que madame m'a faite, il redouble de politesse à mon égard et décoche volontiers une petite flèche à l'adresse de sa femme en me regardant d'un air triomphant. Le fait est que madame m'a fait des excuses et qu'elle a mis le tout sur le compte de sa franchise. De quelle manière suis-je parvenue à lui si bien retourner l'esprit ? En disant que mon élève s'était acheté un cornet de dattes sous le prétexte d'en offrir à sa mère et à sa cousine et qui, mère et cousine, n'en avaient rien vu. L'esprit versatile et ordinaire de madame de Patow fut tout dérouté quand elle eut entendu les accusations dont je chargeais sa fille, accusations qui, pour le moment, lui semblaient plus monstrueuses encore que celles dont on m'avait souillée, moi.

Quand je songe qu'un coup d'éventail que le dey d'Alger donna à l'ambassadeur français fut la cause de la guerre d'Afrique, je ne suis point étonnée du tout d'être renvoyée par madame la ministre des Finances pour avoir été chercher une épingle dans un magasin et avoir trouvé plus joli que le mien le canapé de mademoiselle Clotilde. Je ne suis pas trop affligée, je trouverai autre chose ou mieux ou plus mal. Qu'est-ce que cela fait ? Au milieu de toutes ces misérables petites intrigues, je songe au grand cardinal et à ses triomphes. Je quitte et cependant, c'est moi qui remporte la victoire. J'ai lancé à la tête de ma respectable patronne une réflexion que son gros esprit n'eût pas été capable de faire et qui l'a profondément frappée. La jeune fille triomphe et elle pourra se vanter d'avoir mené par le bout du nez et sa mère et sa gouvernante.

Depuis, on m'a menée au théâtre : nous avons été au grand opéra voir *Flie und Floe*, magnifique ballet où le triomphe principal est au machiniste. Les costumes, les décors sont vraiment admirables. Monsieur m'a offert le bras pour aller à table et pour en revenir. On m'a fait voir la foire de Noël, monsieur et madame, toute la sainte famille y étaient, mais l'affront a été fait et j'ai le fiel dans le cœur. J'ai écrit mardi à madame de Huwald et hier soir, j'ai reçu sa réponse accompagnée d'un billet de la comtesse de Línar, son amie, à laquelle elle m'a recommandée et qui est dame d'honneur de la princesse Frédéric-Guillaume. Cette jeune comtesse m'invite à venir au palais à midi ou vers le soir. J'irai un de ces quatre matins.

Lundi dernier, j'ai été trouver, en conduisant mon élève à la leçon d'anglais, miss Coste, la gouvernante des Flemming. Je lui ai parlé de mes vicissitudes ; elle a éprouvé des échecs pareils et m'a consolée en me disant qu'il faut se moquer de cette race allemande, car de chagrin, on pourrait tomber malade et avoir besoin du médecin qui est coûteux. Cependant, elle ajouta qu'elle-même avait eu des moments de désespoir où elle se tordait dans son lit. Bref, j'en prends mon parti. La fête de Noël est demain, voyons si on me donnera quelque chose de convenable. Il y a des sapins partout, une animation extraordinaire dans tous les magasins. Ma sœur me promet le portrait de mes amours. « Deux fois déjà, écrit-elle, le singe a fait toilette, espérant que son portrait accompagnerait le petit *krisch* qu'il offre à sa tante, mais le temps couvert n'a pas permis que le portrait se fît. »

Samedi 25 décembre

Nous avons été chercher hier les étrennes chez les grands-mères et oncles. J'ai eu, de la bonne madame de Endell, un joli mouchoir de batiste brodé et de sa belle-fille, trois paires de gants et une pyramide de bonbons. A tout à l'heure la fête chez nous. Monsieur de Arnim, l'homme d'esprit, en sera : il est vieux, il a des cheveux blancs, il est boiteux, il a été ambassadeur en France et a reçu les confidences de Louis-Philippe [224]. J'ai été ce matin à l'église avec Judas : il a toujours l'air de prier de bonne foi.

Mardi 28 décembre

Les jours de fête sont heureusement derrière moi. Mes étrennes ont été plus belles que je ne m'y attendais ; on veut se montrer bon pour la fin. Madame m'a donné une robe de soie brune rayée sur brun en travers. C'est de la soierie de Berlin, non de Lyon, un peu chiffonnante et je crois qu'il n'y a pas de quoi faire une ample jupe. Monsieur m'a donné un sceau garni de cuivre jaune que j'ai aidé à choisir à la foire sans me douter, en le louant, qu'il serait pour moi ; de plus, du papier à lettres avec dessin. Mademoiselle Clotilde a ajouté à ces dons un petit étui contenant vingt-deux aiguilles. Judas s'est montré généreux par l'offrande d'un col brodé qu'il a acheté et d'un cache-nez en laine tricoté, œuvre de ses mains. J'ai parlé de mes étrennes à miss Coste et elle a fait la judicieuse réflexion que le sceau, qui est un fort joli cadeau, ne s'emporterait pas facilement.

Dimanche matin, j'ai fait ma présentation chez la dame d'honneur. Rien de princier dans ce palais qui est restauré à neuf. L'appartement des dames d'honneur ne rappelle pas celui de Catherine de Médicis ; c'est bien simple. La jeune comtesse fut charmante. Elle a vingt-cinq ans, dit-on, elle était vêtue d'une robe bleue écossaise. Une coiffure enfantine, des cheveux posés en couronne autour de la tête lui donnaient un air d'innocence et d'ingénuité ravissant. Elle m'écouta avec intérêt et bienveillance, me tendit cordialement la main et promit de s'occuper de mon placement.

Aujourd'hui, nous avons dîné chez la bonne grand-mère. Nous y retournerons demain. Après-demain, il y aura dîner de corps dans le ministère des Finances : quarante-deux *Räte* [225]; madame présidera ces quarante-trois hommes. J'ai reçu aujourd'hui une lettre de mon oncle de Wangen : il souffre d'une fluxion de poitrine. Je crains toujours de ne plus le revoir. Il m'annonce quelques mariages, celui de Marie Muller entre autres.

Vendredi 31 décembre

Madame de Patow est en veine de clémence à mon égard. Elle nous a envoyées, sa fille et moi, à l'académie de chant où de magnifiques transparents pris sur les tableaux des grands maîtres, paraissent les uns après les autres, accompagnés du chœur. Ce sont des scènes des saintes Ecritures. Quand nous en revînmes, j'entendis sonner les cloches du dôme et je proposai à Judas d'aller se recueillir le dernier jour de l'an. Il fut tout disposé d'aller dans le temple et courut avertir madame sa mère, mais la permission ne nous fit pas place parmi la multitude et nous ne parvînmes à nous frayer un passage. Nous nous arrêtâmes un quart d'heure pour écouter le chant. Je n'ai rien vu de l'intérieur du dôme ; une chose me frappa : on y entre par des galeries latérales qui me rappellent le théâtre de Strasbourg. Quand nous en revînmes, la voiture de la princesse de Prusse s'y rendait.

Il y a eu hier dîner pour les conseillers et subordonnés de monsieur de Patow ; ils étaient quarante-deux. Il y a eu neuf domestiques pour les servir, trois de la maison et six étrangers. Le cuisinier était dans ses grands feux depuis trois jours ; la veille il a travaillé jusqu'à une heure. Tout était fait avec art, la table pompeusement mise avec un surtout à fond de glace et trois vases dorés avec bouquets. Les trois Grâces soutiennent les fleurs de celui du milieu. On nous servit dans la chambre de mademoiselle Clotilde et nous nous régalâmes fort.

J'ai eu ces jours-ci un immense mal de pays après mon petit neveu. Que j'aimerais me mirer dans ces beaux yeux bleus et baiser ces mains mignonnes et blanches et ces pieds aristocratiques !

1859

Mardi 5 janvier

C'est aujourd'hui l'anniversaire du jour de naissance de madame. Quel quantième?... Dieu, ses parents, son mari et les registres de la mairie le savent ; pour les autres mortels, secret et mystère!... Sa mère, l'été passé, m'avait dit comment se suivaient ses enfants ; d'après mon calcul, elle a atteint sa quarantième année. Ses neveux et ses nièces sont persuadés, ou ne le sont pas, que la noble tante n'a que trente-quatre ans [226]. Je lui ai fait une paire de jarretières jaune orange de la plus belle étoffe qu'il me fut possible de trouver. Je les ai brodées de perles d'acier : elles faisaient un effet superbe.

Judas, qui ne perd aucune occasion de câliner, cajoler et de gagner sa belle-mère, lui a donné mouchoir, manches et col, corbeille fine garnie de nœuds de rubans comme l'agneau pascal. Mademoiselle Clotilde, *hochwohlgeborenes gnädiges Freifräulein* [227], a l'expédient le plus commode pour donner des présents : elle fait payer par l'oncle la moitié du cadeau qu'elle offre à la tante. Monsieur de Patow traite sa chère moitié en grand seigneur et lui donne les atours d'une princesse : robe de satin (70 thalers), mantelet de dentelle (120 th.), deux volants de dentelles blanches à 320 th. Glace ovale, bracelet, éventail, voilà pour les étrennes. Aujourd'hui, collier de perles à trois rangs avec fermoir de diamants (1000 th.).

Il y a soirée aujourd'hui ; je ne sais pas encore si j'en serai. Si on me permet d'en être, je mettrai ma croix de diamants pour faire voir à ces sots nobles que les bourgeois, quand ils ont de l'argent, peuvent rivaliser avec eux. Monsieur de Arnim sera là avec sa fille. J'irais volontiers pour ces deux intéressantes personnes. Peut-être aurai-je aussi l'occasion de glisser quelques mots à l'oreille de monsieur de Goetz ?

Dimanche 9 janvier

La fameuse soirée s'est passée sans moi. On a dîné chez la bonne Grand-Maman. J'ai fait pour revenir le trajet avec ces dames ; madame, prudemment et diplomatiquement, n'a pas parlé du tout de la soirée. En remettant le pied dans notre chambre, je quittai ma robe de soie. Judas fit l'étonné et demanda si cela ne m'ennuyait pas de me rhabiller après.

« Pourquoi ? dis-je en feignant l'étonnement.

— Pour la soirée.

— Madame votre mère ne m'a rien dit ; je ne sais si je dois paraître au salon. »

Elle ne m'offrit pas d'aller consulter sa mère (c'était un plan combiné sagement). Le lendemain, pour la forme, la mère me dit qu'il était entendu que j'en serais. Cela est facile à dire quand la chose est passée. Quand on veut vous mettre à la porte pour une épingle qu'on a été chercher dans un magasin sans permission et sans autorisation, on vous mettrait en prison pour paraître inopinément au salon.

Nous avons été nous promener au parc aujourd'hui. Le temps est froid et magnifique. La race berlinoise est belle, les jeunes gens surtout ont des figures distinguées, intelligentes et fines. Les femmes ont un teint de fraîcheur extraordinaire. On voit ici de magnifiques fourrures, des manteaux de velours à grands rabats de martre zibeline qui font un effet russe et princier. Quantité de patineurs se pressent au Thiergarten ; les dames même prennent part à ces évolutions et c'est un fort gracieux spectacle que de voir ces volants et ces manchons se balancer sur ce parquet glissant : c'est une danse en plein air.

Il est bruit ici de la Dame blanche, que les factionnaires, quelques domestiques et même, dit la chronique du jour, une des dames d'honneur, doivent avoir aperçue. Elle tenait d'une main un flambeau très pâle qui s'éteignit aussitôt ; l'autre resta brûlant. D'autres prétendent qu'elle portait un gant blanc et un gant noir. Le gant blanc annonce un événement heureux, la naissance d'un héritier sans doute, et le gant noir, un cas de mort dans la famille royale. Le prince de Prusse augure la mort du roi son frère et celle de l'impératrice de Russie, sa sœur [228]. La vieille princesse a défendu que l'on parlât de cette apparition à sa belle-fille [229] qui est à la veille d'accoucher.

Dimanche 16 janvier

Malgré le froid de janvier, nous avons de l'orage par-ci, par-là. Hier, madame est venue tomber dans notre chambre comme une grêle parce que nous n'avions pas été lui demander s'il fallait se promener ou non. Il faisait un temps à ne pas mettre un chien à la porte. Madame, pour me dire que j'aurais dû sortir, était jaune et violette. La jeune fille était présente ; je ne me gênai pas de dire à la mère : « Si vous désiriez que nous sortions, pourquoi n'en avez-vous rien dit ? » Elle m'a boudé jusqu'à aujourd'hui et moi, j'étais tentée de l'empoisonner. Je hais et je méprise cette femme pour son esprit de petitesse et de soupçons. Elle n'est grande dame que de nom et, du reste, ni son extérieur, ni ses manières, ni ses sentiments, ni son âme ne sont à la hauteur de sa position sociale. Aujourd'hui, j'ai fait une promenade avec ma charmante élève. A vingt pas du ministère, nous avons rencontré le baron d'Arnim dont la fille, madame de Busch, est à Berlin pour y passer l'hiver. Il m'a invité de venir avec mademoiselle Edwige voir ses petits-enfants en disant que c'était quelque chose d'extraordinaire. Je ne manquerai pas de me rendre à cette invitation. J'ai passé avant-hier une soirée avec miss Coste : nous avons babillé comme des pies.

On rencontre ici dans les rues une quantité de jolis jeunes gens qui ont des figures fort distinguées et fort intéressantes. La race n'est pas si usée que chez nous. C'est un témoignage à rendre aux Allemands ; s'ils ont moins de galanterie, ils ont plus de moralité. Cependant, je crois que je préfère la scélératesse française à la rigidité allemande, et l'esprit au *Gemüt*[230].

Dimanche 23 janvier

Le temps était superbe aujourd'hui ; j'ai été à l'église d'abord puis à la promenade avec mon élève. Enfin j'ai une idée de la vie des grandes villes : quelle foule, quelles voitures ! Nous voulions voir les petits-enfants de monsieur d'Arnim ; ils dormaient. Par contre, nous avons vu la mère qui est aimable, spirituelle, qui s'énonce parfaitement en français, mais qui n'est pas la beauté que mon élève m'a dépeinte. Madame de Busch n'est pas même une jolie femme. J'avais endossé ma robe de soie pour aller chez l'ex-ambassadeur et ministre. Il était silencieux et réservé et nous avions fait des frais en pure perte. Au parc, il y a plusieurs invalides qui jouent des orgues de Barbarie. Ces complaintes me transportent chez moi, au Contades. Ah ! qu'il me prend parfois un invincible mal de pays. J'écrivais naguère à ma tante Strohl qu'elle devait me donner des nouvelles de mon idole Mine-Mine d'abord, et d'une autre idole un peu plus avancée en âge. O statuaire ! je crois que nous ne nous reverrons plus.

J'ai fait des confidences l'autre jour à miss Coste. Elle m'a dit que l'idée lui était déjà venue l'autre jour que madame devait être un peu jalouse de son mari puisque les motifs pour lesquels elle me donnait mon congé n'en étaient point. Je finis par m'en persuader aussi quand je réfléchis à mille petites circonstances. Aujourd'hui, nous avons dîné chez l'excellente Grand-Maman, hier aussi : c'était grand dîner et je m'en suis donné à cœur joie. Pour toute distraction, je n'ai que cette réjouissance gastronomique. Ma santé se soutient et c'est là l'essentiel. Je puis supporter l'ennui et l'isolement, mais je prie Dieu de ne pas me laisser tomber malade en pays étranger.

Il était question aujourd'hui de l'apparition de la Dame blanche au château. La chronique scandaleuse dit que ce n'était ni plus ni moins que la maîtresse du prince Charles qui a profité de la superstition répandue pour s'introduire nuitamment au château. Le comte de Hatzfeldt, ambassadeur en France, est mort ici il y a quelques jours [231]. Sa femme, fille du maréchal de Castellane [232], est retournée à Paris le lendemain des obsèques pour chercher ses six enfants et les ramener à Berlin où elle doit vivre désormais. Elle a adressé à madame de Patow une lettre en bon allemand.

J'ai eu hier des nouvelles de chez moi. La fameuse caisse contenant les étrennes n'a été remise à ma sœur que le 16 et le port est si exorbitant que quoique j'aie à cœur de faire plaisir à mon neveu, je ne puis plus m'exposer à de pareils frais. Il est heureux de ses bas et de ses soldats et m'invite à venir voir sa parade. Cher enfant! que j'aimerais me rendre à ce souhait mais ce bonheur, hélas! et ce revoir sont encore loin de moi. J'ai parfois après cet enfant un mal du pays inexprimable!...

Jeudi 27 janvier

Un prince vient de naître [233]. Les estafettes l'ont annoncé, les canons le saluent et les maisons sont illuminées en son honneur. « Que me font les princes prussiens ? me disait miss Coste l'autre jour ; ces révérences qu'il faut leur faire dans la rue m'ennuient. » Je lui donnai l'utile conseil de faire comme moi, de se glisser derrière le dos de ses demoiselles et d'esquiver ainsi la révérence.

Il y avait bal dans la maison mardi ; c'est maintenant le jour consacré. J'ai eu l'avantage de voir toute la fête dans l'escalier et derrière une portière de la chambre où l'on rinçait la vaisselle. Vantez-vous de l'avantage d'être gouvernante d'un ministre quand vous jouissez de tels avantages ! La princesse [234] a honoré la fête de sa présence ainsi que le prince régent. Il y avait encore plusieurs princes du sang, entre autres le gros prince Adalbert [235] qui a épousé par la main gauche la danseuse de Paris, Thérèse Elssler, que l'on nomme madame de Barnim [236]. Le prince d'Augustenbourg [237] et ses trois filles, celui de Radziwill, tous les ministres et tous les ambassadeurs. Il y avait aussi la belle demoiselle de Seigneux, la fille de l'ambassadeur italien de Launay [238] qui a été demandée en mariage par Napoléon il y a une douzaine d'années : elle a été, dit-on, la maîtresse du marquis de Moustiers avec lequel maintenant elle est brouillée à mort parce qu'il lui avait promis, dit la voix du monde, de se faire séparer de sa femme, la comtesse de Mérode, pour épouser la blonde Italienne et qu'il n'avait pas tenu sa promesse. Ou le pape a refusé le divorce, ou le marquis a changé d'avis, bref, les tendres amants d'autrefois ne se regardent plus.

Mardi donc, on mit un tapis sur l'escalier, on le garnit de fleurs et l'on illumina les salons. J'appelle cela un bal à la chandelle ; deux lampes carcelles pour éclairer six salons, c'est bien de l'économie prussienne. Les lustres sont aux bougies, les candélabres au mur, sur les cheminées, aux bougies. On se balance dans les ténèbres. Après neuf heures, les invités se présentèrent. Je vis quelques belles toilettes, de fort allemandes et tapageuses ; rien ne brillait, absence presque totale de diamants, plus complète encore d'odeurs. O Paris ! tes fleurs et tes parfums sont inimitables dans leur genre. J'ai vu monter la princesse de Prusse, elle a un joli organe intelligible. Le prince arriva un quart d'heure plus tard et dit bourgeoisement à monsieur de Patow : « Ma femme est déjà ici. » De l'escalier, nous passâmes à la buvette, becquetant glace, petits fours, mayonnaise, salade et compotes. La musique et le souper, c'était à mon avis le plus beau.

Vendredi 4 février

Grand Dieu ! que le pain étranger est amer, que l'existence est triste quand on se trouve isolée dans le monde et cependant, malgré mes soupirs, je te bénis : mon indisposition a passé, heureusement. Le plus terrible de mes tourments serait de tomber malade dans ce pays barbare, au milieu de ces indifférents. La domestique a laissé ouverte une fenêtre par mégarde ; dimanche matin, je sentis un violent grattement dans le cou. Il me fallut passer deux heures dans une église glacée. Le lundi matin, je ne pouvais plus proférer une parole ; néanmoins, je donnai mes leçons à voix basse. Mardi matin, j'étais en transpiration, je dis à mon élève que je ne me lèverais pas. Soudain trois personnes viennent tomber dans ma chambre, arracher le lit, le transporter dans la pièce voisine parce que madame craignait pour sa fille la contagion d'une extinction de voix. Que je serai heureuse quand j'aurai quitté cette maison de fous.

Cette bonne miss Coste est venue me voir chaque jour. Elle a été pour moi chez monsieur Andrié, le pasteur de la colonie française ; il veut s'occuper de mon placement, mais il faut que je me présente chez lui et je ne puis sortir. Dimanche, j'ai passé la soirée chez une cousine de miss Coste, madame Sack, Suissesse d'origine. Elle a épousé un Allemand. C'est une femme charmante, beaucoup plus distinguée de manières et d'éducation que l'illustre descendante des Günderrode chez laquelle je sers. Elle a des pensionnaires : deux jeunes filles et un jeune officier de famille noble dont l'esprit, le mauvais français et les saillies m'ont beaucoup fait rire. C'était mon premier jour de gaieté depuis huit mois.

Dimanche 13 février

J'ai fait ma première sortie mercredi pour jeter deux lettres à la poste et je me suis promenée un peu toute seule. J'ai repris mes habitudes et mes leçons avec Judas. J'ai beaucoup cousu ces jours passés. Miss Coste, que j'ai été voir, me parle d'une place avantageuse à espérer. Que je bénirais Dieu si je l'obtenais ! mon existence est des plus intolérables. J'ai souvent pensé depuis à mademoiselle Vargniez qui me disait que, souvent, on tombait entre les mains de diablesses de femmes qui ne savaient de quelle façon vous tourmenter. J'en ai acquis la certitude. Ma baronne a les manières d'une poissarde, l'organe d'une jardinière, les membres d'un athlète, la tournure d'une cuisinière, la tête d'un taureau et l'expression de figure d'une hyène. La tête de Méduse ne me serait pas plus désagréable que ce *nec plus ultra* de la vulgarité. Aujourd'hui, elle m'a fait une scène au déjeuner parce qu'elle était furieuse de ce que j'avais osé dire que je n'irais pas à l'église. Après avoir élevé sa voix criarde au ton le plus aigu, elle me dit que, malade depuis quinze jours (je ne l'étais que six), et enfin rétablie, les embarras dans lesquels on s'était trouvé durant mon indisposition devaient finir, que c'était mon devoir de demander si je pouvais rester ou ne pas rester chez moi, que j'étais engagée pour conduire la jeune fille partout où celle-ci irait. (J'ai admiré la politesse dont elle a fait preuve entre ce flux de grossièretés, puisqu'elle n'a pas dit : vous êtes payée pour cela.) J'ai répliqué froidement et poliment, mais je ne puis m'empêcher de changer de couleur quand cette tigresse se met à hurler. Bref, nous avons dîné chez la bonne grand-mère et ne pouvant plus supporter la vue de cette femme, je me mis dans une chambre à part. Soudain, le dragon parut sous la porte avec des yeux étincelants de rage. Quand elle a l'intention d'être très impertinente, elle m'adresse la parole en allemand. « Je me trouve mal », dis-je laconiquement. Il fallut bien pousser la comédie jusqu'au bout. Craignant qu'elle ne m'accablât d'injures plus tard, je feignis d'être malade et je demandai la permission de rentrer. Je ne sais si elle fut dupe de mon stratagème.

Il y a du monde ce soir au salon ; les invitations ont été faites mystérieusement. Judas vient de me dire, l'œil à moitié clos comme toujours quand il ment, qu'elle ne s'attendait qu'à madame de Pommeresche et qu'il y avait plus de monde. Que m'importe ! je suis seule comme toujours, en face du mur bleu de ma chambre, avec mon journal et une tasse de thé que le valet est venu m'apporter dans ma chambre. Elle me fait l'effet d'un vampire, mon illustre patronne ; elle étouffe de graisse et tout ce qui l'entoure périt de maigreur et de misère.

Il y a eu bal mardi dernier. Je suis sortie de ma cachette pour voir un peu la fête : il y avait foule, on se serrait dans ces six petits salons, le couloir était sans cesse encombré d'hommes. Le lendemain à dîner, madame pesta contre les spectateurs ; j'en pris aussi ma part. Elle signifia à sa fille qu'une autre fois, elle ne verrait plus rien puisqu'elle avait été vue. Dans le courant de la soirée, j'avais vu une masse bleue à la face vulgaire et rouge tomber du salon plein de monde dans l'antichambre, l'éventail à la main comme le soldat tient son fusil, la tête baissée et rouge comme un taureau que les gladiateurs ont poursuivi jusque par-dessus les limites de l'arène : c'était madame qui levait sa patte de lion en invitant l'un des domestiques, par un geste impérieux, de faire évacuer la salle.

Quand le soir ces deux femmes se préparent pour le bal, je ne leur fais pas l'honneur d'aller les voir. Jeudi, on s'était préparé pour le bal de la cour. Ces bals de la cour sont toujours marqués par quelque événement. Lors du premier, le comte de Hatzfeldt, gendre du maréchal de Castellane, ambassadeur prussien à Paris, venait de mourir à Berlin où il était de retour depuis quinze jours. La seconde fête fut rehaussée par la naissance du jeune prince, la troisième attristée par la mort d'une dame de Kuster, femme d'un attaché à l'ambassade de Constantinople, fille d'un riche banquier de Vienne. Cette dame, mère de six enfants dont l'aînée est déjà mariée, arriva au milieu de l'assemblée, parée de diamants, en disant que de longtemps, elle ne s'était sentie si à l'aise, et expira cinq minutes après : une artère au cœur s'était rompue.

Lundi 27 février

J'ai arrangé une demi-douzaine de chemises, madame m'a écrit un billet insolent parce que je m'étais permis de faire quelques observations à la jeune fille ; elle ne me parle rien moins que de prison et d'échafaud ! J'ai porté un fameux coup à sa grosse malice en montrant le billet à la jeune fille tout en lui faisant jurer ses grands dieux de ne pas révéler à sa mère ce que je lui avais confié dans mon premier mouvement d'étonnement. J'étais sûre qu'elle ne manquerait pas d'avertir sa mère de tout ce qui s'était passé et que celle-ci serait morfondue de ce que toute l'histoire avait pris une pareille tournure. Bref, depuis, elle ne m'a pas adressé la parole, je dis bonsoir et bonjour, et je me garde fort d'en dire davantage. Je tâche de rester bien avec Judas qui fait la sainte-nitouche comme toujours et avec tout le monde.

Tous les jours, mes pieds battent le pavé de Berlin. Dans douze jours, je vais quitter et n'ai encore rien trouvé. J'ai laissé bêtement échapper une place dans un pensionnat d'Altenbourg pour attendre une réponse de la comtesse de Dresde qui, je le crains fort, se fera attendre éternellement. Madame Endell, la grand-mère, avait connaissance d'une place dont elle me parla trop tard ; par jésuitisme, elle fait semblant d'ignorer que je serai libre bientôt. Femmes prussiennes, type personnifié de la fausseté et de la duplicité ! Enfin il faudra bien avoir recours à une placeuse et lâcher dix écus. Toute ma vie n'est donc qu'un constant faux frais. Quand on a rendu aux autres des services que ceux-ci n'ont pas reconnus, faux frais ; quand on s'est échinée à se faire une position à soi-même et qu'on n'y parvient ou du moins sans y trouver de la satisfaction, faux frais. Pour passer à l'autre monde, il n'y a que les faux frais du cercueil : ce sont les mieux placés !

Nous avons eu dîner samedi. J'avais pour voisin un intéressant pasteur ; cheveux blancs et épais, yeux noirs vifs et perçants, sourcils noirs, nez fin et romain, lèvres minces, dents superbes, c'est une de ces figures comme on en trouve dans les biographies des hommes illustres. Tel je me présente Gall ou Lavater. Quand j'entrai, bien parée, dans la salle à manger, j'éprouvai une

frayeur qui me fit pâlir : une petite table à un couvert était dressée à part.
Pour le coup, si j'avais entendu madame de Patow m'assigner cette place,
j'aurais dit : « Madame, je puis tout aussi bien quitter la salle à manger tout
à fait .» Heureusement, je n'eus pas l'occasion de lâcher la réponse que je
méditais : on avait mis ce couvert pour la jeune fille pour n'être pas treize à
table.

Berlin, le 9 mars

Cette date, je ne l'écrirai plus longtemps, le moment du départ approche.
Je viens de compiler une épître qui doit décider de mon sort. Combien en ai-
je déjà écrites ainsi qui avaient le même but ? Le fait est que c'est par
l'entremise de monsieur Andrié, pasteur de la colonie française, que je suis
en chemin de me rendre en Pologne. Je suis à me torturer depuis deux jours :
il me semble que je vais entreprendre un voyage dans la lune. Voilà un avenir
tout autre que celui que je m'étais proposé. Je voulais rester en Allemagne
pour y apprendre et l'allemand et la musique. Tout est changé maintenant :
l'homme propose et Dieu dispose. J'ai souffert d'une démoralisation affreuse ; mes nuits sont pénibles, mon mardi-gras n'a pas été plus gai hier que mes
dernières années à Strasbourg. Ah ! mon Dieu, quelle pénible épreuve que
cette vie !

J'ai toujours aimé les Polonais, c'est un noble peuple. Qui sait, je serai
peut-être mieux chez le colonel de Reich que chez madame la ministre de
Patow. Cette famille est allemande également, il y a cinq enfants. Les
transes suscitées par les projets de guerre de l'empereur Napoléon sont
apaisées [239] ; les Prussiens étaient déjà en ébullition. En attendant, l'héritier
présomptif de la couronne est, se dit-on à l'oreille, paralysé des bras [240]. On
m'a jeté déjà souvent à la tête que notre prince impérial était aveugle et
sourd-muet. Ils n'auront qu'à jouer un jour la fable de l'aveugle et du
paralytique : la France grimpée sur la Prusse, ce serait plaisant. Samedi, on
a baptisé le jeune enfant royal qui avait d'illustres parrains et marraines ; on
avait choisi tout exprès le cinq, jour de fête du grand Frédéric; on lui a donné
quatre noms : Frédéric, Guillaume, Victor, Albert. Les parents reconnais-
sants ont fait insérer dans le journal quelques mots de remerciements pour
l'enthousiasme qu'avait excité la naissance de leur premier-né.

Dimanche 13 mars

Adieu ministère des Finances où je n'ai trouvé que misères et avanies.
Quoique le cœur me batte avec violence, j'espère quitter sans larmes et sans
émotion cette femme qui n'a de noble que le nom. Mon élève ne triomphe qu'à
moitié ; je serai remplacée, je ne sais par qui, je ne l'envie pas. Madame a cru

que je changerais de couleur en entendant cette nouvelle ; mon visage resta de marbre. Fausse et méchante jeune fille, tu n'as pas voulu comprendre que j'avais de bonnes dispositions à ton égard. Judas ! tu flétris tout.

Vendredi 18 mars

(Mansarde au troisième étage d'un hôtel garni.)

Il n'y a pas de place pour mon bras sur le guéridon où j'écris, il n'y en a que pour le cahier et la main. Triste contretemps que cette attente ; les lettres de Varsovie mettent un temps infini pour arriver. Je n'ai trouvé ce gîte que vendredi dernier et encore étais-je fort heureuse de trouver à si haut prix cette mauvaise petite chambre sale. Le gain du dernier trimestre va filer en un clin d'œil : quelle chance et que je fais bien les choses ! Je dépense un thaler par jour, je suis logée à l'étroit comme un chien dans un chenil, nourrie comme un pensionnaire de l'hôpital. Le jour, c'est la faim, la nuit, ce sont les punaises qui me tourmentent. Ajoutant à tous ces avantages le cauchemar des adieux insultants de madame, qui me fit verser encore des larmes d'indignation, qui avait si bien monté la tête à monsieur que celui-ci aussi ne put s'empêcher d'être mordant. Il y aurait de quoi larmoyer du matin au soir et du soir au matin si je ne prenais mon courage à deux mains en me disant qu'avec l'aide de Dieu, ces calamités passeront encore. Non, mes pressentiments ne m'ont jamais trompée : dans le premier temps de mon séjour dans ce cercle raide et froid, une voix me criait sans cesse que nous nous séparerions violemment. Tristes et curieuses expériences que j'ai faites dans le début de ma carrière ! Se peut-il qu'en fait de vices et des plus hideux défauts, les extrêmes se touchent et que c'est précisément dans les cercles les plus élevés que l'on retrouve les scélératesses de la plèbe ? Les jeunes filles ont été plus convenables que la mère, Judas m'a même dit qu'il s'informerait de moi ; je ne prendrai pas le même soin. Les beaux yeux de mademoiselle Clotilde étaient émus ; elle me dit gentiment adieu.

Hier, miss Coste est venue passer la soirée avec moi. J'ai été chercher avec elle, au clair de la lune, du pain, de la saucisse et du fromage. Ce repas de corps de garde, éclairé par une bougie, était excellent. Miss Coste, cependant, me confia que madame de Patow avait chargé mademoiselle Hélène de lui dire de ne point me recommander. Sales et faux Allemands ! Cette femme n'est pas de race humaine, elle est sortie de la queue du diable pour tourmenter le genre humain. Ah ! grand Dieu, que j'ai le loisir, dans ma chambrette, de repasser mon passé et d'envisager avec effroi l'avenir. Père coupable pour lequel je m'expose à tant d'avanies, m'en sauras-tu gré un jour ? Que cette parole de Brutus mourant est grande et vraie : « Vertu, tu n'es qu'un vain nom ! »

Jeudi 31 mars

J'ai fait un second déménagement depuis dix jours. Monsieur Andrié, qui me témoigne beaucoup de bienveillance, m'a donné l'adresse de l'une de ses compatriotes et je suis chez madame Esslinger mieux et meilleur marché qu'à l'hôtel, sauf la chambre qui est plus étroite encore. Je suis ici en compagnie de demoiselles de la Suisse, sans place comme moi et qui vont s'engager en qualité de bonnes. Nous serons débarrassées de l'une demain : c'est une présomptueuse et arrogante créature ; l'autre est convenable et gentille. J'ai été faire des démarches à droite et à gauche, j'ai lancé quelques épîtres, mais je suis toujours dans l'attente des réponses. Il se présentait une place à Berlin, je l'ai refusée définitivement hier. C'est chez un médecin juif, nommé Behrend, qui a un établissement orthopédique. Il offre deux cents écus d'appointements, mais j'ai craint de me tuer en gagnant ces deux cents écus. Il y a six leçons à donner par jour et outre cela, une quantité de fonctions fatigantes. J'y étais il y a huit jours : je m'étais annoncée par un billet pour quatre heures, le juif me fit faire antichambre pendant une heure et demie et arriva le morceau au bec. Il me prit par les épaules et me fit asseoir sur le sofa, et dans le cours de la conversation, croyant faire l'homme du monde, il me dit que d'après ma mise et ma manière de m'exprimer, j'avais l'air d'une dame comme il faut. Quoique, au fond, les manières de Behrend n'aient rien à démêler avec mes leçons, la position ne m'a pas tentée. Espérons et attendons, brodons et voyons un peu les curiosités de Berlin.

Nous avons été hier, nous trois pensionnaires, au musée qui est ravissant. Nous avons pu voir la galerie de tableaux ; rien de plus beau que le cygne de Léda. Ces temples grecs et égyptiens, ces tombeaux sont vraiment remarquables. Aujourd'hui, nous avons été au palais et nous en sommes revenues saisies d'admiration. Que de dorures, que de superbes fresques, que de statuettes ! Il y a de grandes glaces de Venise dont les cadres sont d'argent massif, qui datent encore du premier roi. La salle dite du roi a une espèce de buffet formé de grands médaillons dorés ; sur ce buffet se trouvent des aiguières magnifiques, plusieurs petits vases et un très grand à robinet, tous décorés de thalers de Prusse portant encore l'effigie des marquis de Brandebourg. L'un de ces surtouts a été offert à la reine de Prusse actuelle : il est d'argent incrusté de rubis, d'émeraudes et de brillants, et surmonté d'une statuette d'or massif. Le fauteuil royal date encore des margraves. Nous avons vu la fameuse salle blanche dans laquelle on danse et qui est contiguë à la chapelle : elle a une estrade où conduit un escalier de marbre pour ceux qui veulent voir la danse de loin. C'est dans cette salle blanche que se font les apparitions de la Dame blanche. Une autre salle avait une estrade pour la musique, d'argent massif. Le grand Frédéric, en guerre avec Marie-Thérèse, fit battre monnaie de cette estrade et la remplaça par une de bois recouverte d'une couche d'argent. Pour prouver à son peuple qu'après avoir fait la guerre, il lui restait encore un peu d'argent, il bâtit Sans-Souci.

La salle des festins qui contient deux cents convives est toute garnie des plus magnifiques tableaux. Il y en a un de Napoléon consul, gravissant le Saint-Bernard : il est de David. Blucher, ce diable enragé, l'a pris à Paris. Il y en a un autre de Napoléon empereur, celui de Charles Ier Stuart et de sa femme Henriette de France. Quel noble visage que celui de ce roi malheureux et surtout quel pied de roi ! Il y a Louis XIV, jeune adolescent à cheval, en costume romain. Louis XV enfant de douze ans, Marie-Thérèse, la reine Victoria, Blucher ayant à ses pieds le sabre, le chapeau et le manteau de Napoléon : il a la figure martiale et belle, ce grand scélérat ! Le grand margrave sur le champ de bataille, l'épée à la main ; à ses côtés tombe son fidèle écuyer qui venait de prier son seigneur de lui céder son cheval blanc sur lequel étaient dirigés tous les coups. Le serviteur s'affaisse, frappé en pleine poitrine.

Une salle est nommée celle des rois et des reines : là se trouve en grandeur naturelle le portrait de la fameuse reine Louise [241], fait à Mecklembourg. Il y en a un autre encore où on ne la voit que de profil, mais où les plus blanches épaules sont à nu. C'est une figure d'ange que celle de cette vertueuse reine. Le grand Frédéric, avec son nez pincé, sa sage et malheureuse épouse, son père, la reine qui a fait construire Charlottenbourg auquel elle a donné son nom, l'impératrice de Russie, fille de la reine Louise, le roi et la reine de Prusse actuels, tous les Hohenzollern sont là.

Un tableau moderne, mais d'une grande beauté et d'un intérêt puissant, représente la *Huldigung* [242] : sous le péristyle du palais se trouvent le roi et la reine et les princes du sang. Sur une estrade en face, les artistes (Meyerbeer), les femmes auteurs (madame Puhl), dans la foule le joaillier du roi, le fameux banquier Mendelssohn. Ce tableau est entouré d'un cadre magnifique ; au bas se trouve, en lettres d'or incrustées de pierres précieuses, cette inscription : « *dies ja ist mein* [243] ». Ces quatre mots ont coûté trois mille écus. Un vase superbe, cadeau de l'empereur Nicolas, ainsi que deux lustres ornent l'un des salons. Un lustre de cristal de roche a été consacré par l'histoire de l'Eglise : il éclairait la salle où Luther se défendit contre l'empereur.

La chapelle du château dans laquelle a été célébré le mariage de la princesse Louise avec le prince de Bade [244] est magnifique et remarquable. Les chaises sont de velours rouge à dossiers dorés, la table qui sert d'autel et les deux pilastres sont de marbre égyptien ; toute la chapelle est couverte de fresques : Jésus-Christ, les Apôtres, les réformateurs, tous les princes et princesses qui ont défendu les droits de l'Eglise. Les colonnes qui soutiennent les candélabres sont de Pompéi ou d'Herculanum. Il n'y a point d'orgue ; le chœur du Dôme le remplace.

Nous profitons de nos jours de liberté et nous menons vie de rentières. J'aimerais tout aussi volontiers descendre au tombeau, je ne vivrai jamais selon mon goût.

Mardi 6 avril

Aimables Suissesses, je passe avec elles d'heureux jours. Demain, ce sera fini, je m'embarque pour la Pologne si mon passeport est en règle. Vingt-cinq thalers pour le voyage sont arrivés de la part de madame de Reich. Ses exigences sont fort modestes : deux leçons par jour à donner à ses filles aînées et enseigner le français aux deux plus jeunes enfants. On m'accorde la latitude de m'exercer, avantage que je n'ai pas eu au ministère des Finances. J'appréhende mortellement de me mettre en route. Courage ! je ne suis pas venue au monde pour être heureuse.

J'ai vu l'opéra hier, je ne voulais pas quitter Berlin sans y être retournée. Les trois jeunes filles et madame Esslinger étaient toutes disposées, et probablement que nous irons ce soir encore voir *Roméo et Juliette* [245]. Avant-hier, nous avons été chez Kroll, au parc. C'est un établissement dans le genre de celui de Lips, mais beaucoup plus luxueux. Il y a une salle magnifique, pareille à celles que nous avons vues au palais. Les princes, le roi même, autrefois, honoraient ces réunions de leur présence ; le roi par popularité, les princes pour y trouver leurs maîtresses plébéiennes. La loge royale est en face de la scène. Nous avons eu pour nos quinze groschen concert d'abord : quatre morceaux exécutés par un excellent orchestre, puis un mauvais petit vaudeville, *Sachsen in Prussen*, mal rendu par un acteur sans intelligence et une actrice laide, vieille et maniérée. Pour la bonne bouche, nous avons entendu les sœurs Ferni, Caroline et Virginie, violonistes comme les sœurs Milanollo et d'un plus grand talent encore, dit-on [246]. Ce n'était pas mon avis ; j'ai des souvenirs fort doux du violon de Thérèse Milanollo. Je ne sais si c'était la patrie, les amis, un théâtre connu, des loges intéressantes qui m'ont fait trouver le violon de Milanollo si divin. Les sœurs Ferni sont italiennes, intéressantes sans être jolies, de bon air, bien mises. Elles étaient coiffées en bandeaux très courts et très relevés sur le front, robes blanches ouvertes sur des jupes blanches, fichus de dentelle noire à la Marie-Antoinette. Elles entrent, leurs petits violons sur le bras, se donnant la main et saluant l'assemblée avec grâce.

Hier à l'opéra nous avons vu *Les Deux Journées* : c'est un opéra-comique traduit du français, fort intéressant et qui se passe sous le règne de Maza-rin [247]. Les Allemands sont musiciens, ils ont des voix sonores et métalliques, mais ils ne chantent pas avec tant de goût que les Français et, surtout, ils ne sont pas acteurs. Le porteur d'eau, seul, avait l'intelligence de son rôle. Pour la clôture, il y a eu un ballet : *der Polterabend* [248]; costumes et danses ravissantes, rien de plus admirable que ces décors et cette machinerie. La loge royale est superbe, le plafond couvert de tableaux dont les sujets sont pris dans la mythologie. Le lustre est une merveille. Il faut y retourner ce soir pour *Roméo et Juliette*.

Jeudi 21 avril

Brest-Litovsk dans le gouvernement de Grodno.

Je n'ai pas encore trouvé ce qu'il me faut pour être heureuse ; hélas ! le trouverai-je jamais ?

Mon voyage a été des plus heureux et je suis arrivée au lieu de ma destination sans avoir été ni volée ni trompée dans ce pays de trompeurs et de voleurs. Je n'avais pas été gâtée en Prusse par les riches paysages, les beaux sites. En Pologne, il y a encore moins de pittoresque, autant de plaine, autant de sables et des maisons si petites et si basses que l'on ne conçoit pas qu'elles puissent servir d'asile à plusieurs individus. C'est aujourd'hui il y a quinze jours, à onze heures du soir, que j'ai quitté Berlin, la famille Esslinger et mes bonnes et aimables Suissesses. J'ai voyagé la nuit en compagnie d'une vieille et craintive Allemande qui fit la juste observation que le chemin de fer, la nuit, faisait l'effet d'un pays de féerie. J'avais pris mon billet jusqu'à Myslowitz qui est sur la frontière ; à Granica est la douane polonaise où nous eûmes à nous débattre avec les employés dont l'un, suffisant personnage, voulut obtenir trois livres et me les faire attendre à Varsovie. Je les lui pris sans façon des mains en disant qu'une institutrice n'était pas un personnage suspect. Ma robe de soie brune, cadeau de madame la ministresse, tomba aussi entre leurs mains sales : j'en fus quitte pour trois kopecks que je glissai entre les mains d'une espèce de savoyard polonais qui sauta de joie en disant : «*Branntwein, Branntwein* [249].» J'arrivai à Varsovie à minuit et demi. Je m'étais informée en route auprès d'une dame polonaise d'un hôtel ; elle me dit que celui de l'Europe était le plus avantageux, quoique le plus cher, puisque l'on y parlait français et allemand. Je fus très convenablement logée et le matin de bonne heure, je me mis à la recherche du domicile de monsieur Constantin Reich auquel on m'avait adressée. Cet aimable vieillard, qui cependant sentait fort le vin, prit une voiture, me conduisit à la police d'abord où j'allais reprendre mon passeport, puis à la poste, au *Rathaus* pour obtenir un passeport russe. Je voyais les employés rire du bout des dents et faire des plaisanteries sur le rôle de chevalier protecteur que jouait mon chaperon. Il me fit voir les principaux édifices de Varsovie ; le palais des rois est superbe, l'édifice du théâtre trois fois plus grand et d'un aspect plus grandiose que le grand opéra de Berlin, les palais des particuliers sont pompeux, les églises magnifiques, bâties dans le goût catholique. Monsieur Reich me fit entrer dans l'une d'elles pendant le service, il me fit admirer deux statues vraiment admirables, faites par un artiste polonais, le comte Schwronosky, qui est à Rome depuis quelques années et qui a fait cadeau à l'église des chefs-d'œuvre sortis de son ciseau. Je n'ai jamais rien vu d'aussi beau que cette statue de Jésus-Christ après la descente de croix, et celle de l'archange Michel tenant à la main la trompette du Jugement dernier.

Après avoir vu les curiosités de Varsovie, monsieur Reich me fit entrer dans un hôtel, sale comme tout ce qui se trouve sur la terre de Pologne, mais où je mangeai un bouillon et des côtelettes aux petits pois délicieuses. A trois heures, il me fallut encore accepter le café et des petits fours. Je me jetai sur mon lit à l'hôtel jusqu'à six heures, et à sept, je m'embarquai sur la diligence. Monsieur Reich vint encore me serrer la main et voir si l'on avait bien chargé mes effets. Je remerciai ce complaisant vieillard de toutes les attentions qu'il avait eues pour moi et lui dis que je m'empresserais de raconter à son frère combien il m'avait bien reçue et m'avait été utile. Ce ne fut qu'ici que j'appris qu'il n'est nullement parent de la famille avec laquelle je me trouve : il est roturier et mes patrons ont la particule.

Je m'étais imaginé que depuis Varsovie à Brest, il n'y avait que quelques lieues : c'est encore un voyage d'un jour. Illusion fatale ! et la correspondance est fort lente et difficile. Mon cœur s'attrista dans ce petit coupé où j'étais seule. Les guenilles des postillons polonais, ces maigres haridelles de poste, ce « brrr » sauvage et cosaque par lequel ils les maîtrisent, le silence de la nuit, la tristesse du pays, tout me sembla d'un fatal augure et il ne s'est que trop réalisé ce pénible pressentiment. Varsovie est pittoresque du côté où elle est baignée par la Vistule mais à mesure que l'on avance dans la Lituanie, la campagne s'attriste et l'aspect de la misère, des haillons et de la malpropreté afflige l'âme. Je voyageai en compagnie de deux galants Polonais dont l'un parlait français merveilleusement ; il me servit d'interprète dans toutes les gargotes où l'on se restaure par quelques mets dégoûtants. Nous prîmes, à cinq heures du matin, un assez bon café et le Polonais savait que j'étais gouvernante et que je me rendais chez la famille de Reich. Il me dit que je serais bien chez ces braves gens.

A cinq heures du soir, le dimanche, j'arrivais ici : l'aspect des sept enfants au lieu de cinq, celui de la chambre qui est la mienne et qui ressemble à un galetas me mit l'effroi dans le cœur. Dans l'alcôve de ma chambre blanchie, un lit pour deux enfants que l'on me laissa pour la nuit. Pour le coup, j'étais victime d'un guet-apens et le sang me monta au cerveau. Je me mis au lit avec un profond sentiment de dégoût, regrettant, à l'aspect de ce mauvais lit russe, le bon sofa sur lequel je reposais si bien chez madame Esslinger. Les enfants furent bientôt assoupis, ronflant et sonnant la trompette à élargir les murs. Quand je crus trouver le sommeil pour mon propre compte, je fus réveillée par un picotement affreux. Pour le coup, je crus avoir pris la gale dans ce galeux pays. Je visitai mon lit, je vis grimper le long du mur des punaises ; je fis la chasse et j'exterminai une trentaine de ces vampires en miniature et j'éteignis ma chandelle, croyant enfin avoir mérité de dormir. A peine eus-je la tête sur l'oreille que la petite fille de cinq ans sauta à bas de son lit et vint chercher certain vase déposé au chevet du mien. Avant que je n'eus fait grincer mon allumette, une odeur pestilentielle s'était répandue dans l'alcôve et un tas d'ordures était éparpillé devant mon lit à un centimètre de distance de mes pantoufles. L'aînée alla appeler la bonne polonaise, Uhlane, qui enleva les ordures et le petit cochon, et demanda du papier pour parfumer la chambre à la gouvernante allemande qui loge à ma droite. C'en était fait de mon sommeil et je passai le reste de la nuit dans une espèce de délire.

Le matin, je pris une mine d'ouragan et je déclarai que si l'on ne me débarrassait pas des enfants, je ne déballerais pas mes effets, que l'on ne m'avait nullement fait la condition de me les donner pour la nuit, et que si on me l'avait faite, je ne serais pas venue. Madame se rendit et fit enlever les lits. Je fis subir à ma chambre une métamorphose complète aidée par quatre Russes auxquels je commandais par signes, je fis jeter dans le corridor une commode vermoulue et une toilette crasseuse dont je ne voulais pas, je fis placer dans ma chambre mon armoire qui se trouvait dans le couloir aux pots de chambre des enfants. On enleva la cloison de l'alcôve, on graissa les ais de térébenthine, on recouvrit de drap les chaises dont l'étoffe pendait sur les pieds, on me mit à la fenêtre des rideaux par lesquels a passé la mitraille de Sébastopol, et une glace brisée en quatre, dont deux morceaux ont disparu, est le plus bel ornement de ma commode dont j'ai fait réparer la serrure. C'est à peine si j'y vois ma tête. Une sale soubrette passa un torchon humide dans l'armoire et dans les tiroirs de la commode ; j'y mis des journaux et sur ces papiers, mon linge et mes collets.

Les enfants que j'ai à surveiller principalement sont un garçon de sept ans, véritable démon, tapageur, menteur, désobéissant, et une fille de cinq ans assez gentille et rusée, tous deux sales, crasseux, morveux à l'excès. L'aspect de leur mouchoir seul fait tourner le cœur et perdre l'appétit, et il faut que je sois entourée de ces deux épouvantails toute la sainte journée, moi si difficile et si vétilleuse. Ma chambre, déjà si misérablement meublée, a l'aspect d'un chenil ; je n'ai pas sorti de la malle mes belles robes, elles prendraient un lustre de crasse. Enfin, que Dieu me donne la force, le courage et la santé pour passer ici six mois ! Mon voyage a vidé ma bourse, il faut que je gagne cent roubles pour aller plus loin. J'ai écrit à mes amis de Berlin, ils travailleront pour moi. Dans six mois, je replierai mes tentes et j'irai à la recherche d'un autre Canaan. Dieu m'éprouve tout en me protégeant sans cesse. Brest est un sale trou qui a une fort belle forteresse pittoresque et neuve. Soldats russes et juifs déguenillés, voilà ce que l'on rencontre : ce n'est pas la peine de se bien chausser pour avoir le pied fin !

Mardi 26 avril

J'ai cependant tort en disant qu'à Brest les belles toilettes sont inutiles : ces dames russes et polonaises ont des habitudes toutes françaises. J'ai été à l'église deux fois depuis que je suis ici et j'ai pu voir que les dames de tous les employés de la commission étalent, quand elles se réunissent pour un pieux usage, les plus somptueuses toilettes. Ce que l'on qualifie ici d'église est une salle se trouvant dans un des bâtiments attenant à la caserne : il y a des bancs, un orgue, un autel et une espèce de tribune qui remplace la chaire. L'antichambre de cette salle a une odeur de tannerie insupportable. Deux soldats russes font l'office du sacristain et font les préparatifs nécessaires quand le petit auditoire est déjà réuni. Le pasteur ne monte pas en chaire : il s'assied à un pupitre de musique et lit un sermon composé par un autre qui, chaque mois, vient prêcher une fois à la forteresse de Brest. L'orgue est joué par monsieur Scholz, précepteur des trois garçons de monsieur Spiegel, ingénieur, et les cantiques sont gros comme des bibles.

C'est aujourd'hui le dernier de nos jours de fête : Pâques en Russie et en Pologne se célèbre d'une manière toute particulière. Je trouve beaucoup de ressemblance entre les Pâques russes et notre premier jour de l'an. Les employés, les militaires se font réciproquement des visites, renouvellent leurs serments de fidélité et d'amitié, et s'embrassent à la russe : trois baisers. Le lundi, c'est le tour des dames. Tout le monde fait grande toilette dès le matin, les maîtres et les domestiques s'embrassent entre eux et l'on se fait réciproquement des souhaits et des félicitations. On dit que même l'empereur, ce jour-là, embrasse ses soldats et ses serviteurs. Toutes les dames avec lesquelles je me trouve ont été occupées à la cuisine pendant quelques jours ; on a fait des gâteaux de différentes espèces, on a fait rôtir du chevreuil et du veau, on a cuit un jambon, on a teint deux cents œufs. Depuis ces trois jours de fête, ces mets sont continuellement sur la table et quiconque vient faire une visite est invité d'y prendre part. Il y a de plus cinq bouteilles de liqueurs et de vins hongrois et l'on peut boire au choix. Depuis ces trois jours, l'on traîne d'une chambre à l'autre, ne faisant que boire et manger. Les domestiques ont eu leur table aussi : gigot de veau, jambon, grande volaille, plat de saucisses, grand fromage, beurre, œufs, eau-de-vie, pain, une demi-douzaine de gâteaux de la forme de miches rondes de six livres et un gâteau monstre comme une gigantesque terrine, le tout orné de branches de buis et aspergé d'eau bénite, et consacré par la bénédiction d'un prêtre à la face rubiconde, qui fait de l'eau bénite un usage plus modéré que de l'eau-de-vie.

Depuis quinze jours, il y a avec nous une dame Kuntz, femme d'un professeur ou instituteur, fervente catholique, quoique native de Königsberg, qui me fait sans cesse compliment sur mes toilettes, mes bonnets, ma figure et prétend que j'étais fort difficile dans ma jeunesse en mes goûts puisque avec quelques attraits qu'elle me trouve, je n'ai pas su accaparer de mari. Elle s'est imaginé tout d'abord que j'étais veuve et s'obstine encore à me nommer madame. Toutes les personnes raisonnables de la famille sont en soirée y compris mademoiselle Scherk, la gouvernante allemande. J'ai eu l'avantage de faire souper les enfants, je les ai fait coucher de bonne heure pour en être débarrassée, et maintenant que j'ai fini d'écrire et qu'un calme profond et inaccoutumé règne dans la maison, je vais en profiter pour trouver le sommeil dont j'ai grand besoin, car je me fatigue chaque jour mortellement.

Lundi 2 mai

Je crois que je m'habitue à ma position qui, dans les premiers jours, me paraissait si désespérée. Les punaises ne m'incommodent plus guère, je vois certaines malpropretés sans frémir, je tâche d'avoir autant de propreté que possible. Je suis chez de très braves gens : on n'écoute pas les commérages, on m'approuve pour tout ce que j'entreprends avec les enfants. Je les punis, je les récompense, je les promène comme bon me semble ; ce n'est pas cette odieuse censure et cette détestable suggestion de cette grosse vache de ministresse. Madame est charmante à mon égard. Hier il y avait concert : un artiste polonais qui jouait du piano devant un auditoire nombreux et élégant. Nous y étions, en brillante toilette, et le soir, en me retirant, je remerciai madame de l'agréable journée qu'elle m'avait procurée. Il y avait dans la maison une petite réunion, j'ai dansé : cela ne m'est pas arrivé pendant les dix mois que j'ai passés dans l'illustre maison des Patow.

Samedi, j'ai été en voiture avec les enfants à la forteresse faire visite à mademoiselle Isabelle Guinchard par l'entremise de laquelle je suis ici. C'est à tout prendre une bonne fille qui ne sait pas ce qu'elle veut, mais qui se donnera de la peine pour me placer ailleurs si je ne parviens pas à m'habituer. Il y a dans la même maison que mademoiselle Guinchard un professeur, ou précepteur, pour les leçons d'allemand qui s'appelle Scholz. Il a un faux air, mais en laid, de mon défunt cousin, Ferdinand Braun [250] : même suffisance de manières et affectation de langage. Il joue l'orgue à l'église et se mêle d'accompagner sur le piano les violonistes qui passent par Brest. Je crois qu'il fait un peu la cour à mademoiselle Isabelle qui est une assez jolie fille. Je les ai trouvés lors de ma première visite à boire du thé en tête à tête. Monsieur Scholz m'adressait la parole, s'éloignait, revenait en disant en assez lourd français : « Faites-vous des confidences. » Avec des manières fort triviales et un extérieur plus désagréable encore, il a l'air d'un homme qui se croit aimé ou bien vu des dames.

Mardi 10 mai

Je suis malade de corps et surtout d'imagination. Je fais sans cesse le poing à cette poissarde de Patow, je regrette de ne l'avoir pas citée devant la police et surtout de ne pouvoir retourner à Berlin pour l'insulter, la souffleter en public et la poignarder après en particulier. Cochonne, canaille, vachère ! Judas d'élève, jésuite en jupon !

J'ai reçu il y a quelques jours, à mon grand étonnement, une lettre fort amicale et fort bienveillante de mon beau-frère qui me donne toute sorte de conseils et me fait toute sorte de propositions.

Dimanche, nous avons été voir les jongleurs et les acrobates ; c'est encore un rouble qu'on a dépensé pour moi, on ne compte pas ici aussi mesquinement qu'au ministère des Finances.

(FIN DU SEPTIÈME CAHIER)

NOTES

1. Le premier cahier, intitulé *Journal d'Amélie*, compte 116 pages et se termine en juillet 1840.
2. Eugénie Stöber mourut de scarlatine le 5 décembre 1830 ; son oncle, le célèbre poète Daniel-Ehrenfried Stöber (1779-1835) récita sur sa tombe un poème, *Unserer Eugenia Stöber*, qui fut imprimé.
3. Jean-Népomucène Jauch, professeur de piano et compositeur, recevait ses élèves au 3, rue des Veaux ; il enseignait également à l'école normale.
4. Morceau extrait du *Fra Diavolo* de Scribe et Auber (1830).
5. Marie Cappelle (1816-1852), qui avait épousé en juillet 1839 le maître de forges Lafarge, fut accusée de l'avoir empoisonné en janvier 1840. L'affaire passionna la France entière. Jugée devant la cour d'assises de Tulle, madame Lafarge sera condamnée à la prison perpétuelle, puis graciée une dizaine d'années plus tard par Louis-Napoléon Bonaparte.
6. Monsieur Weiler se trompe : Anne-Marie Boeglin, de Stetten dans le Sundgau, condamnée à mort une première fois par la cour d'assises de Colmar, fut acquittée faute de preuves à Strasbourg à la suite d'une brillante plaidoirie de maître Lichtenberger.
7. Directeur d'une troupe lyrique italienne de passage à Strasbourg en été 1838, il devint le directeur de la troupe du théâtre de Strasbourg en 1840-1841.
8. Tresses en doubles bandeaux plats, les cheveux étant divisés sur le front.
9. La dentelle d'application (ou application) est une dentelle où les fleurs sont faites à part et cousues sur un fond de tissu.
10. Schilick, abréviation dialectale de Schiltigheim, commune limitrophe de Strasbourg. Sur les nouvelles attendues de Schilick, cf. *infra* le 15 et 20 août 1842.
11. Jacques-Germain Lambert, né à Blaye en 1796, chirurgien militaire, s'était installé à Strasbourg en 1834 comme docteur-médecin-chirurgien-dentiste. Il exerçait au 18, rue des Veaux.
12. Panache léger fabriqué avec des plumes de l'oiseau du même nom.
13. Paul Lehr (1787-1865) venait de publier, en janvier 1840, les *Fables et poésies choisies de Théophile-Conrad Pfeffel* dont sont extraits ces quelques vers (*Caton*, édition de 1850, p. 98-99).
14. Charlotte Buff (1753-1828) est la mère de Philippe-Charles Kestner, né à Hanovre, qui s'installa en Alsace et fonda en 1808 la fabrique de produits chimiques de Thann. Sa fille aînée, Caroline, née à Strasbourg en 1802, est probablement cette petite-fille dont parle Amélie.
15. Jean-Frédéric Bruch (1792-1874), pasteur à Saint-Nicolas, mais aussi à cette époque, doyen de la faculté de théologie de Strasbourg, directeur du Gymnase et fondateur, en 1832, de la Société des Amis des arts.
16. Le lundi de Pâques, avait lieu sur la place du Marché-aux-Herbes (place Gutenberg) un jeu traditionnel, connu depuis le XVe siècle, l'*Oschtereierpicke* : les jeunes gens s'affrontaient, un œuf dur à la main, en cherchant à casser l'œuf de leur adversaire. Cela donnait lieu à de véritables batailles rangées (d'après Gérard Leser, *A la quête de l'Alsace profonde*, p. 43).
17. Ferdinand Bonnard tenait un jardin-restaurant au Contades, parc public situé au nord de la ville.
18. Madame Roehrich, née Sabine Krieger, est la veuve du pasteur Jacques-Christian Roehrich (1768-1823) et la mère de Sophie, de Jacques-Christian Roehrich (1807-1885), pasteur à Illkirch de 1838 à 1885, chez qui elle reçoit Amélie Weiler, mais aussi de Timothée-Guillaume Roehrich (1802-1860), alors pasteur à Saint-Guillaume, connu pour ses travaux sur l'histoire du protestantisme alsacien.
19. Gustave-Adolphe Horning (1811-1880), alors vicaire à Balbronn, futur pasteur de Pfulgriesheim (1842-1880) est le beau-frère de Jacques-Christian Roehrich qui a épousé en janvier 1839 sa sœur Eléonore Wilhelmine Horning.
20. Frédéric-Théodore Horning (1809-1882), pasteur à Graffenstaden depuis 1836, futur promoteur, à partir de 1848, de la restauration luthérienne orthodoxe.
21. Tholuck, prédicateur ; Frédéric Charles Timothée Emmerich (1786-1820), professeur au Gymnase, au séminaire protestant et à la faculté de théologie ; Charles Christian Cuvier (1798-1881), historien et théologien, professeur à la faculté des lettres. Tous les trois sont des représentants du courant piétiste en Alsace.
22. Henri Guillaume Kienlen (1816-1876), profes-

seur-adjoint de lycée en 1838, pasteur à Colmar (1842-1858), puis à Strasbourg à Saint-Guillaume (1858-1876).

23. En français, divertissements.

24. Grand-maman Weiler est née Salomé Schneegans.

25. Jean-Baptiste Weiler (1747-1791), peintre de portraits sur émail, miniaturiste, pastelliste. Tableaux au musée de Strasbourg et à Versailles.

26. Georges Frédéric Strass, né à Wolfisheim en 1701, s'était installé à Paris en 1724 où il mit au point son fameux procédé de fabrication de fausses pierres en verre.

27. Le jardin Lips était une brasserie située « hors la porte des Juifs » au Contades : c'était le rendez-vous des opposants politiques au cours de la monarchie de Juillet.

28. Elles sont devenues plus tard les places Kléber et Gutenberg. Le récit de l'inauguration en juin 1840 des statues de Kléber et de Gutenberg a été publié dans *Saisons d'Alsace*, n° 109, 1990, p. 7-26 et n' a pas été repris ci-dessous.

29. Ce concert sera donné le 24 juin à 20 heures par la *Réunion musicale alsacienne*.

30. Gustave Steinheil, négociant à Strasbourg, est le père de son homonyme, né en 1818, futur industriel à Rothau, un des pionniers du christianisme social.

31. Ce sont les filles et la femme du pasteur Ungerer (1782-1849) qui exerça son ministère à Hangenbieten de 1824 à 1849.

32. Christian Auguste Jaeger (1817-1893), ordonné pasteur en 1842, ne se mariera qu'en 1846 avec mademoiselle Kohler, qui n'avait d'ailleurs que 16 ans au moment de cette rencontre.

33. Philippe Eugène Hatt, né le 17 juillet, est le fils de Philippe-Jacques Hatt, brasseur à *l'Espérance,* et de Caroline Huss, également fille de brasseur ; futur ingénieur-hydrographe de la Marine, décédé en 1915.

1841

34. Le deuxième cahier du Journal d'Amélie couvrant la période de juillet 1840 à septembre 1841 est perdu. On ne sait donc pas à quoi a échappé Amélie au cours de l'automne. Le troisième cahier, qui s'ouvre ici, compte 278 pages et se termine en mai 1843.

35. La famille porte le deuil de Grand-Maman Weiler, décédée le 8 août 1841.

36. Les omnibus tirés par des chevaux circulaient à Strasbourg depuis le début de 1840.

37. Nicolas Koechlin (1781-1852), industriel du textile et député du Haut-Rhin est le promoteur de la ligne Strasbourg-Bâle, première grande ligne ferroviaire sur le continent, qu'il a financée avec sa propre fortune.

38. Il s'agit ici de la grand-mère maternelle d'Amélie, Marie-Madeleine Faudel, née Braun.

39. Le pasteur Louis Meyer, né en 1809 à Montbéliard, avait fondé à Paris en 1833 la Société des Amis des pauvres ; il eut une grande influence sur les industriels Gustave Steinheil, Jacques-Christophe Dieterlen et Louis Fallot, promoteurs dans leurs entreprises du christianisme social.

40. Madame Lauth, née Caroline Kratz, veuve de Jean-Frédéric Lauth, avocat avoué décédé en 1827, était la propriétaire du logement occupé par les Weiler.

41. Elisa Hervé, « la reine du concert » du 20 février 1840, est morte à 20 ans de fièvre typhoïde. Elle était la fille de Charles Hervé, chef d'escadron d'artillerie et de Sophie Magnier-Grandprez.

42. Le pasteur François Henri Haerter (1797-1874) fut le promoteur du Réveil piétiste en Alsace et le fondateur de nombreuses œuvres charitables.

43. Maximilien Lauth, frère de Pauline, est un jeune avocat de 25 ans.

44. C'est-à-dire au château des Rohan.

45. Comme chaque année depuis 1830, une loterie de charité est organisée au profit des pauvres et les lots offerts par les donateurs sont exposés au palais des Rohan.

46. La fondation du Diaconat en 1842 à deux pas du domicile d'Amélie Weiler ne l'a pourtant pas incitée à confirmer cette vocation…

47. A aucun moment, Amélie n'indique la nature de l'opération qu'elle subit alors. Comme rien ne l'annonce, en dehors de l'alerte de l'automne 1840, il est probable qu'elle fut opérée en urgence.

1842

48. Victor Stoeber (1803-1870), futur professeur de médecine, est alors médecin-adjoint à l'Hôpital civil.

49. A noter qu'Amélie n'a rien écrit entre le 20 janvier et le 12 mars.

50. Charles-Frédéric Weiler possède un magasin d'huile au 22, rue des Serruriers.

51. Le 8 mai 1842 près de Meudon, plusieurs wagons du chemin de fer de Versailles s'encastrèrent dans les foyers des deux locomotives qui avaient déraillé et prirent feu immédiatement. Il y eut près de deux cents morts parmi les voyageurs pris au piège dans les wagons dont les portes étaient verrouillées.

52. Le maire Georges-Frédéric Schutzenberger, qui a rejoint le camp gouvernemental, se présente contre le député radical d'origine mulhousienne Edouard Martin (1801-1858), au grand dam du *Courrier du Bas-Rhin* qui, le matin de l'élection, exhorte les électeurs à « sauver l'honneur politique de l'Alsace». Mais c'est Schutzenberger qui l'emportera. Cette élection est un tournant dans la vie politique strasbourgeoise et annonce la victoire des forces conservatrices dans les années 1840.

53. Barbe taillée à la manière des « Jeune-France », groupe d'écrivains romantiques qui se signalèrent vers 1830 par leur excentricité et par leurs provocations, y compris dans le domaine vestimentaire.

54. Les Boigeol sont une famille d'industriels du textile qui s'installèrent à Héricourt au milieu du XVIIIe siècle, puis à Giromagny en 1820 où Ferdinand Boigeol (1800-1866) fit fortune.

55. Bastion de l'enceinte de Strasbourg situé derrière l'hôpital civil.

56. Alfred Renouard de Bussierre (1804-1887), banquier et industriel.

57. Ferdinand Braun (1812-1854), précepteur et futur professeur d'allemand à Paris, romancier et poète, auteur de diverses publications en français et en allemand. Il est le cousin germain de la mère d'Amélie.

58. La Société pour le patronage des jeunes libérés du département du Bas-Rhin était une œuvre charitable fondée vers 1820 dont le pasteur Emmanuel Braunwald est le vice-président en 1842.

59. Une marmotte est un foulard noué sur le devant de la tête.

60. Louis Prosper Auguste Eschbach (1814-1860), avocat strasbourgeois et professeur de droit.

61. Franz-Joseph von Buss (1803-1878), professeur de droit à l'université de Fribourg depuis 1833, député au Landtag badois de 1837 à 1846, appartenant à la tendance ultramontaine.

62. Charles Boersch (1811-1874) peut être considéré comme le plus grand journaliste du XIXe siècle en Alsace. Pour être comprise, son intervention doit être replacée dans le contexte des relations internationales de cette époque : la crise de 1840 provoqua une flambée nationaliste en Allemagne et en France dont l'Alsace fut l'enjeu.

63. Au sens figuré, un lion est une personne riche, d'une élégance extrême et originale.

64. Adrien de Lavalette (1813-1886), journaliste conservateur, fondateur de *L'Echo du Monde*, était au congrès le vice-président de la huitième section consacrée aux beaux-arts.

65. Marc-Antoine Jullien (1775-1848) était un vétéran des luttes révolutionnaires : jacobin de la première heure, proche de Robespierre, il fut ensuite impliqué dans la conspiration de Babeuf, avant de suivre Bonaparte en Italie et en Egypte. Journaliste de métier, il fonda *L'Indépendant* et *La Revue encyclopédique* qui devint l'organe des saint-simoniens. A partir de 1833, il participa régulièrement aux congrès scientifiques. Georges-Philippe Hepp (1791-1872), professeur de droit à Strasbourg depuis 1829, est le mari de madame Hepp qu'Amélie a rencontrée le 1er juillet. Quant au président du congrès, il s'agissait d'Arcisse de Caumont (1801-1873), archéologue normand, fondateur des Congrès scientifiques de France dont le premier se tint à Caen en 1833.

1843

66. C'est que Monseigneur André Raess n'a pas 36 ans, mais 48 : il est né en avril 1794.

67. Epouse de Louis Sers, préfet du Bas-Rhin de 1837 à 1848.

68. A l'origine, un pique-nique était un repas où chacun payait son écot ; ici, Amélie Weiler utilise ce terme comme équivalent de surprise-partie.

69. Picquet et Exel étaient deux marchands de soieries strasbourgeois, installés le premier rue du Dôme, le second rue des Hallebardes.

70. Amélie Weiler commence ici, le 4 juin 1843, son quatrième cahier. Il compte 320 pages qui couvrent une période de trois ans jusqu'en juillet 1846.

71. Probablement Mathias Richard (1793-1869), professeur de théologie protestante.

72. Etoffe de laine légère et non croisée, primitivement fabriquée à Barèges.

73. G. Julliard, marchand de nouveautés, place Gutenberg.

74. Johann-Peter Hebel (1760-1826), considéré comme le fondateur de la poésie alémanique, avait été l'ami du père d'Henriette, Jean-Daniel Schneegans et de Grand-Maman Weiler, sœur de ce dernier.

75. *Le Chalet*, opéra-comique d'Adolphe Adam, créé en 1834.

76. *Corinne ou l'Italie*, roman de madame de Staël (1807).

77. Maximilien Auguste Boymond (1808-1879), pianiste et clarinettiste, avait ouvert un cours au 2, quai des Pêcheurs ; futur chef de la musique de la garde nationale en 1848, puis professeur en 1855 à l'école de musique municipale.

78. Mathieu Frost, facteur de pianos, 87, rue du Vieux-Marché-au-Vin.
79. Claudine Dzyalinski, comtesse Potocka (1802-1836), est en réalité une héroïne du mouvement national polonais : elle se rendit célèbre en soignant au mépris de tout danger les blessés et les malades lors du soulèvement de 1830.

1844

80. Jean-Jacques Rieder (1778-1852), pasteur au Temple-Neuf de 1826 à sa mort, père d'Amédée Rieder, industriel haut-rhinois, fondateur de la papeterie Zuber-Rieder.
81. Fritz Pasquay (1826-1892), fils d'un industriel de Wasselonne.
82. Il s'agit de l'église Saint-Nicolas.
83. Edouard Goguel (1811-1889), docteur en théologie, en lettres et en philosophie, pédagogue et homme de lettres, dirigeait depuis 1833 un pensionnat situé 27, rue Sainte-Elisabeth.
84. Jean-Louis Himly (1789-1862), pasteur à Saint-Nicolas depuis 1819.
85. Frédéric Guillaume Edel (1787-1866), pasteur au Temple-Neuf de 1821 à sa mort.
86. Caroline Pichler (1769-1843), romancière viennoise, a publié en 1808 *Agathoclès*, roman historique qui est une apologie du christianisme des origines.
87. Scories ; elles proviennent des hauts fourneaux de l'entreprise De Dietrich.
88. Conrad Berg (1785-1852), professeur de musique et de composition, considéré comme le meilleur professeur de Strasbourg.
89. Célérité d'autant plus grande que l'autorisation préfectorale d'installer une machine à vapeur de 8 ch ne date... que du lendemain, c'est-à-dire du 19 octobre 1844 ! Charles-Frédéric Weiler exploitait au 6, faubourg National une fabrique d'huile et de garancine. Il n'y avait que deux huileries dans le Bas-Rhin, toutes les deux à Strasbourg, équipées de machine à vapeur (ADBR V M 162).
90. O. de Koenigsegg, colonel, commandant de la place de Strasbourg.

1845

91. Elle est morte des suites d'un accouchement.
92. Il s'agit de Jacques-Frédéric Arnold, architecte.
93. Etoffe légère se rapprochant de l'organdi.
94. Eugène Petitville (1815-1869), peintre strasbourgeois qui exposa à la Société des Amis des arts et fonda en 1842 un cours de dessin.
95. Une commère.
96. Frédéric Schulze (1789-1817), poète romantique allemand influencé par Novalis.

97. Le jardin Baldner était une guinguette, située au Neudorf, dont la rue Baldner conserve le souvenir.
98. Amélie n'est pas la seule à s'enthousiasmer pour Rachel. Dans *Le Courrier du Bas-Rhin* du 10 août, on peut lire : « Ce n'est pas seulement Strasbourg, c'est Colmar, c'est Mulhouse, c'est l'Alsace tout entière que l'arrivée de mademoiselle Rachel a mis en émoi. Nos murs fourmillent d'étrangers et de visiteurs. »
99. Randoux, pseudonyme d'Eugène de Boistally, est alors au début de sa carrière : né en 1822, premier prix de tragédie au Conservatoire, il débuta en 1843 à la Comédie-Française qu'il quitta en avril 1845 pour l'Odéon.
100. Opéra-comique de Boieldieu et Scribe datant de 1825.
101. Salomon Gessner (1730-1788), poète et peintre suisse, était considéré comme le maître de la pastorale ; ses bergères sont ici mentionnées comme des modèles de simplicité.
102. Ce sont des sortes de bretzels, faits de pâte briochée, que les parrains donnaient à leur filleul au jour de l'an (Cf. Albert Ritt, *Ainsi vécut Lingolsheim*, 1982, p. 229).

1846

103. Dimanche de la mi-carême.
104. La prédication de Lacordaire à Strasbourg pendant le carême entre 1er mars et le 26 avril 1846 fut un événement qui attira, selon Lacordaire lui-même, « juifs, protestants, catholiques, officiers, le préfet, et *tutti quanti* », et selon Monseigneur Raess « toutes les sommités scientifiques et littéraires de Strasbourg, sans distinction de culte... et beaucoup de personnes de distinction d'outre-Rhin ». Cf. A. Sidel, « Le Père Lacordaire à Strasbourg », *Revue catholique d'Alsace*, n° 45, 1930, p.670-677 et n° 46, 1931, p. 98-103.
105. Charles Wissand (1783-1856), professeur de dessin, aquarelliste et dessinateur strasbourgeois.
106. Il était courant d'ouvrir la saison lyrique avec les représentations de la troupe française et de la terminer avec celles d'une troupe allemande.
107. Emilie, née en 1826, est la fille de Jean-Jacques Lauth, brasseur, adjoint au maire ; son fiancé, né en 1817, meunier de son état, est le fils de Jean-David Lauth, meunier à Strasbourg ; le mariage aura lieu le 17 septembre 1846.
108. Propriétaire du logement occupé par les Weiler.
109. *Diane de Chivry* est un drame en prose de F. Soulié (1800-1847), auteur à succès de l'époque.
110. Cette journée marque le début du cinquième cahier du Journal d'Amélie qui compte 371 pages et se termine en mars 1850.

111. Ce séisme, qui a affecté le Rhin moyen, a été ressenti dans le nord de l'Alsace : à Jaegerthal, plusieurs vitres ont volé en éclat (cf. J. Vogt, « Les tremblements de terre en Alsace », *Revue d'Alsace* n° 107, 1981, p. 199).

112. Théodore Renouard de Bussierre (1802-1865), diplomate, historien, artiste, s'est converti en 1837 et fut l'instrument de la conversion retentissante à Rome d'Alphonse Ratisbonne (1812-1884) qui abjura le judaïsme en 1842.

113. Ce terme du dialecte strasbourgeois désigne la prèle (« queue de cheval », « herbe à récurer »), plante contenant de la silice qu'on utilisait pour frotter les parquets et récurer les casseroles.

114. Roman de Walter Scott (1821).

1847

115. L'inventaire des biens de Charles-Frédéric Weiler réalisé au moment de son mariage laisse apparaître un actif d'environ 310 000 F qui représenterait effectivement une fortune considérable s'il n'était grevé de 240 000 F de dettes commerciales (ADBR 7 E 57, 10, notaire L.F. Zimmer, liasse n° 109).

116. Publiée en 1843.

117. Jean Mantz (1826-1911) commencera sa carrière d'homme d'affaires au Havre chez son beau-frère avant de fonder à Mulhouse en 1856 avec Auguste Dollfus la filature de coton Dollfus & Mantz.

118. Cette passion avouée pour le linge qui côtoie dans « l'armoire aux trésors » les papiers hérités de Grand-Maman Weiler, parmi lesquelles les lettres de Johann-Peter Hebel, publiées en 1896, et les quatre tomes du journal est une remarquable illustration de cette culture féminine qui s'épanouit au XIXe siècle où se manifeste « la montée du souci de soi ». Voir à ce propos Alain Corbin, « Le grand siècle du linge », *Le temps, le désir et l'horreur*, Paris, 1991, p. 23-52.

119. A cet endroit, Amélie place elle-même un appel de note qui renvoie à un texte en bas de page écrit avec une écriture différente ; on le trouvera à la fin de la journée.

120. Au 37, faubourg de Pierre.

121. Mesdemoiselles Sémerau vendaient des fleurs artificielles, 6, rue des Orfèvres.

122. Le cimetière Saint-Gall est situé dans un faubourg de Strasbourg, à Koenigshoffen.

123. Adolphe Faudel est mort le 14 septembre d'une affection du foie, probablement d'une cirrhose.

124. La marquise de Simiane (1674-1737) est la petite-fille de madame de Sévigné et la fille de madame de Grignan.

125. D'après une quittance du 10 décembre 1847 retrouvée dans les archives de maître Zimmer, notaire des familles Faudel et Weiler, Amélie et Emma ont droit à 3/8e de la succession de leur oncle, le reste revenant à leur grand-mère (2/8e) et à Auguste (3/8e). Ni le testament, ni l'acte de partage ne figurent dans ces archives (ADBR 7 E 57, 10, n° 110).

126. Olivier, pâtissier, 47, place Kléber.

127. Jean-Claude Riebel, ferblantier-lampiste, 160, Grand-Rue.

1848

128. Dans une représentation au bénéfice d'un acteur, une portion de la recette lui était abandonnée par l'administration.

129. *Charles VI,* opéra d'Halévy créé en mars 1843.

130. Le partage de la salle en fonction de critères sociologiques ou politiques était une constante dans les théâtres de province au XIXe siècle. Il permettait aux groupes de se manifester en tant que tels et de prendre éventuellement le contrôle de la salle (Cf. Alain Corbin, *Le temps, le désir et l'horreur*, Paris, 1991, p. 64).

131. Fils aîné de Jules Roederer, également prénommé Jules, né au Havre le 15 mars 1848.

132. Littéralement « groin de truie ».

133. Le mot *Fuchs,* qui signifie renard, désigne également l'étudiant néophyte, le bizuth.

134. Son « soldat de deuxième classe ».

135. Benjamin-Constant Martha (1820-1895), ancien élève de l'Ecole normale supérieure, est alors professeur de rhétorique au lycée de Strasbourg. Il fera une brillante carrière au Collège de France et à la Sorbonne comme spécialiste des lettres latines.

136. Mademoiselle Darcy, marchande de mode, 5, rue du Dôme.

137. Le mariage est célébré dans les deux confessions : le chœur de Saint-Pierre-le-Jeune était à cette époque, et jusqu'en 1893, réservé au culte catholique.

138. On fêtait en réalité le deuxième centenaire de la réunion de l'Alsace à la France. Le monument commémoratif dont on avait posé la première pierre ne fut jamais construit.

139. *La Sirène,* opéra-comique en trois actes de Scribe et Auber créé en 1844.

140. Les débuts des acteurs, qui devaient en cette circonstance se faire accepter par le public, étaient une source fréquente d'agitation dans les théâtres : on en venait parfois aux mains (Cf. Jean-Pierre Chaline, *Les bourgeois de Rouen. Une élite urbaine au XIXe siècle*, Paris, 1982, p. 214).

141. Il s'agit de l'Asile du Neuhof destiné à l'éducation des orphelins et des enfants pauvres.

1849

142. Adolphe Eugène Kampmann (1815-1853), professeur au Gymnase de 1843 à sa mort.
143. Madame Weig, marchande de mode, 13, rue Mercière.
144. Il n'y a en effet plus de grand-duché depuis la révolution qui aboutit à la proclamation de la république le 12 mai et à la fuite du grand-duc Léopold. Mais ces événements se produisirent à contretemps, alors que tous les mouvements révolutionnaires européens étaient écrasés. La Prusse prêta main forte à Léopold et le rétablit sur son trône deux mois plus tard.
145. Ce qui signifie : partie remise n'est pas perdue.
146. On crut à Strasbourg au succès de Ledru-Rollin dans sa tentative de coup de force du 13 juin. Une certaine agitation se manifesta dans la journée du 14 : le professeur Emile Kuss tenta de prendre le contrôle de l'hôtel de ville et, le soir, la garde nationale fut réunie sur la place Kléber. C'est là qu'on apprit, par une dépêche partie de Paris à dix heures, que l'ordre y était rétabli. La garde nationale se dispersa et, à vingt heures, tout était fini.
147. Les partisans.
148. *Le Val d'Andorre*, opéra-comique d'Halévy créé en novembre 1848.

1850

149. Jean-Guillaume Baum (1809-1878), pasteur à Saint-Thomas depuis 1847, historien de la Réforme, futur époux (en 1860) de Mathilde Boeckel, fille du médecin Théodore Boeckel.
150. Ici commence le sixième tome du Journal d'Amélie : il compte 358 pages manuscrites et couvre une période de trois ans jusqu'au 25 mars 1853.
151. Louis-Frédéric Zimmer (1801-1867) est le notaire des familles Weiler et Faudel.
152. Alias madame Frédérique Weiler.
153. Les pierres du Kronthal ont servi à la construction de la cathédrale de Strasbourg.
154. C'est-à-dire Le Tasse.
155. La grande-duchesse Stéphanie (1789-1860) était une fille de Claude de Beauharnais, cousin germain du général de Beauharnais. Adoptée par Napoléon Ier, celui-ci la maria en avril 1806 au prince héritier de Bade, Charles, qui mourut en décembre 1818.
156. Ce terme désigne monseigneur Raess qui n'était plus coadjuteur depuis 1842, date à laquelle il fut nommé à la tête du diocèse.
157. « Oh ! le bon singe .»
158. François-Joseph Zimber, 15, Ponts-Couverts.
159. En réalité, Guidinetti, 5, rue du Dôme.

160. Il s'agit du futur empereur Guillaume Ier, prince de Prusse depuis 1840.
161. Madame de Bussierre, née Sophie Mélanie de Coehorn, était la fille du général de Coehorn (1771-1813), baron d'Empire.
162. Ferdinand de Durckheim-Montmartin (1812-1891) était un familier de Stéphanie de Bade et du prince-président qu'il connut lorsque, sous-préfet de la Somme, ce dernier était incarcéré au fort de Ham. Il fut nommé sous-préfet de Sélestat en 1849, puis préfet du Haut-Rhin en 1850.
163. La femme d'Edouard Kratz, maire de Strasbourg de 1848 à 1851.

1851

164. Térésa Milanollo, née en 1827, s'affirma comme une virtuose prodige et se produisit dans toute l'Europe avec sa sœur Maria. Mais le décès de cette dernière en 1847 à l'âge de 16 ans interrompit momentanément sa carrière jusqu'en 1851 où elle reprit ses concerts.
165. Valentin-Adolphe Sellenick (1826-1907) est alors au début d'une carrière internationale de chef d'orchestre, spécialisé dans la direction des formations militaires, et de compositeur.
166. Le pasteur Daniel-Théophile Schuler mourra des suites de cette attaque le 22 mai 1853. Né en 1785, il était pasteur à Saint-Nicolas depuis 1817, chanoine de Saint-Thomas depuis 1825 et président du consistoire. C'est le père du peintre Théophile Schuler.
167. Joseph Virion, coiffeur et parfumeur, 33, rue des Hallebardes.
168. Partie du rempart située entre l'actuel palais de justice et la poste centrale, correspondant pour une part au quai Jacques-Sturm.
169. G. Bindel était « crieur expert à la salle des ventes publiques ».
170. La fiche de consolation, devenue de nos jours le lot de consolation, peut aussi être comprise au figuré comme un adoucissement à un malheur.
171. « Mademoiselle Emma, venez me voir un jour à Augsbourg .»
172. « Comment est-ce possible ? Vous avez bien dit que vous reviendriez.
    — Je reviendrai, quand vous le voudrez .»
173. « Regrettez-vous que je m'en aille ?
    — Oui, je le regrette vraiment.
    — On m'aime. »

1852

174. Adolphe Monod (1802-1856) est par son don oratoire une des gloires du protestantisme français au XIXe siècle ; il a été professeur à la faculté de théologie de Montauban de 1836 à 1847.

175. Charles-Gustave Ungerer (1818-1892) est alors pasteur à Hangenbieten où il succédait à son père, décédé en 1849. C'est un représentant du libéralisme religieux. Pasteur au Temple-Neuf à partir de 1861, il se mariera en 1862 ; sa sœur, Sophie Concorde, évoquée ici par Amélie, avait épousé le pasteur Charles Christian Meyer en 1848.

176. Charles-Henri Boegner (1800-1881), pasteur, professeur au Gymnase de 1824 à 1869.

177. Au sens figuré, un lion était un jeune homme riche à l'élégance bizarre et aux mœurs légères.

178. Il inaugure la ligne Paris-Strasbourg.

179. Rachel connut un grand succès dans cette pièce de Scribe et Legouvé créée à Paris en avril 1849.

180. Raphaël Félix (1825-1872) est le frère de Rachel et son imprésario.

181. Jardin-restaurant situé sur le canal de l'Ill au Rhin à la Robertsau, faubourg de Strasbourg.

182. « Amour et amant, tout est perdu. » Citation extraite du drame de Schiller, *Marie Stuart*.

183. Simon Schwaederlé (1818-1895), violoniste virtuose, présenté à Paganini à l'âge de 13 ans, fut l'élève de Baillot à Paris, entra à l'orchestre de l'Opéra, puis devint premier violon solo à l'orchestre du théâtre de Strasbourg en 1854.

184. En 1852, de terribles inondations ravagèrent les villages alsaciens proches du Rhin.

185. Henri Vieuxtemps (1820-1881), violoniste et compositeur belge.

186. *Dom César de Bazan*, drame en 5 actes de Dumarin et Dennery (1844), inspiré du *Ruy Blas* de Victor Hugo.

187. Madame Montaubry, née Caroline Prévost, fille de la cantatrice Zoé Prévost, épousa en 1850 Achille-Félix Montaubry (1828-1898), jeune ténor qui n'en était encore qu'au début de sa carrière : lauréat du Conservatoire en 1846, il débuta en province et en Belgique avant de faire les beaux jours de l'Opéra-Comique à Paris de 1858 à 1868.

188. Jean-Jacques Bronner (1811-1891), pasteur à Saint-Nicolas en 1852 et 1853, directeur du collège Saint-Guillaume (1844-1873).

1853

189. *Robert le Diable*, opéra de Scribe et Delavigne, musique de Meyerbeer (1831).

190. Le titre exact est en réalité *Raymond ou le Secret de la Reine* : c'est un drame lyrique d'Ambroise Thomas créé en juin 1851.

191. *Le Prophète*, opéra de Scribe et Meyerbeer créé en 1849.

192. *Le Chalet*, opéra-comique de Scribe et Adam créé en 1834, d'après une pastorale de Goethe.

193. Auguste Goupil (1800-1837), chirurgien militaire, professeur agrégé à la faculté de médecine à partir de 1829.

194. Amélie commence ici le septième volume de son journal, le dernier qui ait été conservé. Il compte 417 pages jusqu'au lundi 2 mai 1859.

195. *Marco Spada*, opéra-comique de Scribe et Auber, créé à Paris un an plus tôt en décembre 1852.

196. Littéralement « Le hasard renouvelle le bonheur. »

1854

197. Personnage de la comédie de Shakespeare *Tout est bien qui finit bien* qui accumule les torts vis-à-vis de son épouse.

1855

198. Adrien de Lezay-Marnésia (1769-1814), préfet du Bas-Rhin de 1810 à sa mort accidentelle en août 1814, s'était attiré la reconnaissance de ses administrés par ses efforts en faveur du développement des campagnes et par son humanisme.

199. Georges-Louis Leblois (1825-1898), pasteur protestant nommé au Temple-Neuf en 1853, se fit remarquer par ses positions extrêmement libérales, voire hérétiques lorsque par exemple il nia la divinité du Christ en 1855. Il entendait réconcilier la science et la religion.

200. Il s'agit de l'Exposition universelle de 1855.

201. Le groupe du Jugement dernier occupe le tympan du portail droit de la cathédrale.

1856

202. Charles Abbatucci (1771-1796), général d'origine corse, mortellement blessé en 1796 en défendant Huningue face aux Autrichiens.

1858

203. Sortes de brioches vendues encore de façon très courante dans les boulangeries.

204. Monseigneur Le Pappe de Trévern, évêque de Strasbourg de 1827 à 1842, avait fondé à Marlenheim en 1834 une « Petite Sorbonne » où il accueillait des prêtres qui voulaient approfondir leurs études.

205. Charles-Frédéric Frey (1809-1879), vicaire de la communauté luthérienne française à l'église Saint-Nicolas, futur aumônier en 1866 de l'école normale d'institutrices.

206. La *Nouvelle grammaire française* de Noël et Chapsal, parue en 1823, connut, grâce à sa présentation méthodique et claire, un succès prodigieux au XIXe siècle avec plus de 60 éditions.

207. *Les Amours du Diable*, opéra-comique d'Albert

Grisar, créé en mars 1853 ; remanié et allégé, l'ouvrage fut transformé en opéra et rejoué sous cette forme en 1863.

208. Zinnitz est le nom du domaine de monsieur de Patow.

209. Un fourgon.

210. Lieues.

211. Domaine seigneurial.

212. Où monsieur de Patow possédait un autre domaine.

213. Karl Büchsel (1803-1889), premier prédicateur à la *Matthäuskirche* de Berlin depuis 1846.

214. Equivalent de sous-préfet.

215. « Déposez votre ennui ici ».

216. Le général de Closen (1755-1830) participa à la bataille de Yorktown et devint en 1791 l'aide de camp de Rochambeau ; démissionnaire le 4 août 1792, il fut nommé sous-préfet de Simmern (Rhin-et-Moselle) en 1803.

217. Mallenchen est le domaine paternel où est né monsieur de Patow.

218. Barons.

219. Guillaume Ier (1797-1888), prince de Prusse depuis 1840, devient le 7 octobre 1858 régent de son frère Frédéric-Guillaume IV qui sombrait dans la folie.

220. Hélène de Mecklembourg-Schwerin, veuve du duc d'Orléans mort en 1842, est décédée le 18 mars 1858 à Richmond en Angleterre.

221. C'est-à-dire un demi-thaler.

222. Wilhelm von Kaulbach (1805-1874), peintre d'histoire, directeur de l'Académie de Munich depuis 1849.

223. Pain d'épice.

224. Le baron Heinrich Alexander von Arnim-Sukow (1798-1861), ambassadeur à Paris en 1846, ministre des Affaires étrangères de Prusse de mars à juin 1848.

225. Conseillers.

1859

226. Madame de Patow, née le 5 janvier 1817, fête ses 42 ans.

227. Demoiselle de haute naissance.

228. Charlotte, épouse du tsar Nicolas Ier.

229. Victoria, fille de la reine Victoria, épouse du futur Frédéric III, empereur éphémère en 1888.

230. A l'âme, au sentiment.

231. Maximilien Friedrich von Hatzfeldt zu Trachenberg-Schönstein (1813-1859), diplomate en poste à Paris depuis 1838, y fit toute sa carrière et fut nommé ambassadeur en mai 1849.

232. Pauline de Castellane, mariée au comte de Hatz-

feldt depuis 1844, épousera en 1861 en secondes noces Napoléon-Louis de Talleyrand-Périgord, duc de Valençay.

233. Ce prince né le 27 janvier 1859 est le futur Guillaume II.

234. Augusta de Saxe-Weimar, femme de Guillaume Ier.

235. Adalbert de Prusse (1811-1873), cousin de Frédéric-Guillaume IV et de Guillaume Ier, est amiral, commandant en chef de la marine prussienne.

236. Madame de Barnim, née Thérèse Elssler, est bien une danseuse, mais une danseuse allemande, sœur d'une autre danseuse célèbre, Fanny Elssler.

237. Frédéric d'Augustenbourg (1829-1880), prétendant aux duchés du Schleswig-Holstein, servira quelques années plus tard de caution à Bismarck lors de l'invasion du Danemark.

238. Ou plutôt sa belle-fille : Edoardo Luigi Mario de Launay (1820-1892), ministre plénipotentiaire à Berlin depuis 1856, chargé d'obtenir l'appui, ou du moins la neutralité de la Prusse dans le conflit qui opposait le Piémont à l'Autriche, avait épousé la veuve de M. de Seigneux, née Hallwyl.

239. Il s'agit des projets d'intervention en Italie aux côtés du Piémont contre l'Autriche ; la guerre commencera en avril.

240. En réalité, Guillaume II est né avec un bras atrophié.

241. Louise de Mecklembourg-Strelitz, femme de Frédéric-Guillaume III, roi de Prusse de 1797 à 1840.

242. Le serment de fidélité, l'hommage.

243. « Ceci est bien à moi ».

244. Mariage célébré le 20 septembre 1856 entre Louise, fille de Guillaume Ier, et Frédéric de Bade, fils du grand-duc Léopold, régent depuis 1852 de son frère aîné Louis, puis grand-duc en 1856.

245. Opéra de Nicolas Vaccai créé à Milan en 1825.

246. Nées en 1840 et 1841, les sœurs Ferni, jeunes prodiges italiens, ont commencé leur carrière après avoir entendu les sœurs Milanollo.

247. Opéra de Chérubini, créé en 1800 à Paris, mais beaucoup joué en Allemagne au XIXe siècle sous le titre de *Der Wasserträger,* dont la traduction en français, *Le Porteur d'eau,* finit par l'emporter sur le titre original.

248. « Le charivari ».

249. « De l'alcool, de l'alcool ».

250. Cf. *supra* note ; Ferdinand Braun est mort à Paris le 17 juin 1854.

RÉPERTOIRE
DES FAMILIERS D'AMÉLIE WEILER

Sauf mentions contraires, les naissances, mariages et décès ont été enregistrés à l'état-civil de Strasbourg dont les actes sont conservés aux archives municipales.

ARNOLD

Famille d'architectes strasbourgeois ; **Jean-Frédéric**, né en 1815, fils de **Jacques Frédéric**, décédé en mai 1847, et de Catherine-Elisabeth Lichtenberger, épousa le 2 mai 1845 **Julie Lehmann**, née à Riquewihr en 1818, fille d'un capitaine d'artillerie décédé en 1833.

BOECKEL

Madame Boeckel (1805-1845), née Henriette Frantz, fille du pasteur Geoffroi Frantz, était la femme de **Théodore Boeckel** (1802-1869), premier d'une célèbre dynastie de médecins strasbourgeois, fils du pasteur Jonas Boeckel.
Julie Boeckel, née en janvier 1828 à Colmar, fille d'Edouard, frère de Théodore, négociant décédé en 1838, épousa le 15 juin 1850 **Louis-Auguste Cappaun**, né en 1825, négociant et fils de négociant.
Jean Preis, né en 1801, négociant qui avait épousé Caroline Boeckel, était le beau-frère de Théodore et d'Edouard. Au 2, place de la Cathédrale, le magasin Boeckel et Preis vendait de la mercerie, des dentelles, des rubans, des nouveautés.
Jean-Daniel Schneegans, grand-oncle d'Amélie, et Jonas Boeckel étaient beaux-frères, ayant tous les deux épousé une demoiselle Schwartz. D'autre part, *Boeckel et Preis* étaient partie prenante aux côtés de **Frédéric Weiler** dans la formation en 1837 de la société Gustave Goldenberg & Cⁱᵉ (cf. Pierre Vonau, *Monswiller Zornhoff, étude historique d'un site industriel*, Société d'histoire et d'archéologie de Saverne et environs, II-III, 1988, p. 9-14 et 47-48).

BOURDILLON

Ami Bourdillon, né en mai 1822 à Saint-Pierre-de-la-Martinique, se lança dans les affaires en 1843 en s'associant avec Philippe Lauth « pour la fabrication et l'épuration d'huiles et le commerce des produits du pays ». Le 31 janvier 1850, il épousa Elisabeth Gruber, née en 1827 à Haguenau, fille de négociant.

BRANDHOFFER

Emma Weiler, sœur d'Amélie, se maria le 20 août 1853 avec **Jean-Frédéric Brandhoffer**, commis-négociant. Né le 9 janvier 1819, il était le fils de Jean-Frédéric Brandhoffer, brasseur « A l'Autruche », place des Grandes-Boucheries, décédé en 1823, et d'Anne Barbe Rothenbach, née en 1799, qui épousa en secondes noces **Jean-Jacques Wagner** et mourut en 1834. Sa sœur aînée, Sophie Barbe, était depuis 1841, la femme de Théodore Siégel, horloger. **Jean-Frédéric** mourut le 8 août 1865 « d'une maladie de cœur » au 31, rue du Vieux-Marché-aux-Vins. Son fils **Hippolyte** est né le 28 août 1854.

BRAUN

Grand-Maman Faudel (1778-1851) est née Marie-Madeleine Braun ; elle était la fille de Jean-Georges Braun, aubergiste, et de Marie-Barbe Zabern. Elle mourut à Wangen, où s'était établi son fils Auguste, le 24 septembre 1851. Elle avait plusieurs frères et sœurs :
Marie, la mère de **madame Strohl** (cf. Strohl).
Jacques-Jonathan, aubergiste, puis employé à l'octroi, qui avait épousé Catherine-Dorothée Roederer, sœur de Jean-Daniel Roederer (voir ce nom) : il est le père du romancier **Ferdinand Braun** (1812-1854) et d'**Edouard Braun**, surnommé par Amélie Weiler **la Russie**, coloriste de son état, né en octobre 1808.
Georges-Louis, l'**oncle Braun**, qui s'était illustré au cours des campagnes napoléoniennes : major au bataillon des pontonniers, lieutenant-colonel d'artillerie, il fut nommé officier de la Légion d'honneur, chevalier du Mérite militaire et de l'ordre de Saint-Louis. A Wagram, il inspecta avec Napoléon les lignes la veille de la bataille et roula dans la boue avec lui ; sur la Bérésina, il construisit, sous les yeux de Napoléon lui-même et sous les ordres du général Eblé, un des deux ponts par-dessus les glaçons qui s'entrechoquaient (d'après une inscription manuscrite, de la main d'Hippolyte Brandhoffer, neveu d'Amélie Weiler, au dos d'une photographie ; seconde citation reprise de J.F. Piton, *Strasbourg illustré*, t. II, p. 7). Veuf depuis 1821 de Jeanne Wilhelmine de Becker qu'il avait épousée alors qu'il était en garnison à Wesel, il mourut à l'âge de 77 ans le 13 janvier 1850. Il était

l'un des deux parrains d'Amélie. L'un de ses fils, **Adolphe**, choisit également la carrière des armes. En revanche, **Louis**, né en 1815, était commis-négociant lorsqu'il épousa en janvier 1845 **Julie Friedel**, née en 1824, fille de Jean-Daniel Friedel, tanneur à Strasbourg. Ils eurent un fils, **Jules**, en février 1846.

BRAUNWALD
Sophie et **Henriette Braunwald**, filles d'Emmanuel Braunwald (1790-1864), pasteur à Saint-Thomas (1829-1859), président du consistoire de Saint-Thomas à partir de 1859.

BROISTEDT
Henri Victor Broistedt, courtier de commerce, né en 1814 de Henri-David Broistedt, négociant, et de Sophie Christmann (sœur de **madame Grün**) épousa le 9 novembre 1843 **Sophie Frédérique Grimmer**, née en 1822, fille de notaire.

BUCHERER : cf. ROEDERER

CAESAR : cf. HAEFFNER

CAPPAUN : cf. BOECKEL

DURRBACH
Frédérique Durrbach, fille de Geoffroi Durrbach (1790-1870), pasteur à Saint-Nicolas à partir de 1831 et écrivain marqué par le romantisme.

ECKEL : cf. HAEFFNER

FAUDEL
La mère d'Amélie, Marie-Madeleine, était la fille de Philippe-Jacques Faudel (1777-1836), surveillant des ouvriers du corps des pontonniers en 1800, cultivateur à la Robertsau l'année suivante, limonadier, puis cafetier comme son père au moment de son décès, et de Marie-Madeleine Braun (**Grand-Maman Faudel**) qui se sont mariés le 8 février 1800.
Elle était l'aînée de leurs quatre enfants : née le 9 novembre 1800, elle devint la femme de Jean-Daniel Weiler le 6 juin 1821 et mourut de tuberculose le 27 janvier 1842.
Elle eut trois frères, qui furent donc les oncles d'Amélie : Philippe-Jacques (1808-1825), **Adolphe** (1809-1847), commis-négociant et **Auguste**, cafetier, installé à Wangen. Ce dernier se maria le 26 août 1841 avec la fille d'un cultivateur de Wasselonne, Elisabeth Muller : ils eurent deux enfants, **Auguste**, né en janvier 1847 à Strasbourg et Adolphe en février 1850 à Wangen. C'est chez les des-

cendants d'Auguste qu'a été retrouvé le Journal d'Amélie Weiler.
Marie-Madeleine avait également un oncle, Frédéric Charles Faudel, limonadier, décédé en 1827 dont sont issus Frédéric Charles et Julie, née en 1806, qui épousa en 1825 Philippe Jacques **Weber** (voir à ce nom).

FRIEDEL : cf. BRAUN

GRASS
Philippe Grass, sculpteur, né à Wolxheim le 6 mai 1801, fut l'élève de Landolin Ohmacht à Strasbourg avant de poursuivre ses études aux Beaux-Arts à Paris. Il exposa au Salon à partir de 1831, puis entra à l'Œuvre Notre-Dame où il fut chargé de restituer les statues détruites pendant la Révolution. Il se rendit surtout célèbre par ses statues de Kléber et du préfet Lezay-Marnésia qui font toujours partie du paysage strasbourgeois. Il habitait rue Brûlée. Resté célibataire, il mourut le 12 avril 1876.

GRIMMER : cf. BROISTEDT

GRÜN
Madame Grün, née en 1797 Wilhelmine Christmann, a épousé en 1820 Charles Grün, cafetier, qui succédera à son beau-père comme farinier. **Charles**, né en 1824, et **Corinne**, née en 1828, sont leurs enfants. Cette dernière épousa le 11 juin 1850 Henri Wolf, né à Oberbronn en 1826, fils de notaire, lui-même licencié en droit.

GUNTHER
Sophie Gunther, née en 1821, fille du fabricant d'huile Jean-Nicolas Gunther, se maria le 31 juillet 1847 avec Jean Gustave Diehl, né en 1819, négociant. Sa sœur, **Caroline**, est née en 1823.

HAEFFNER
Pauline, née en 1822, fille de Frédéric-Guillaume Haeffner, négociant, et de Sophie Caroline Geck, épousa le 25 juin 1845 Edouard Caesar né en 1815 à Sobernheim (Bavière rhénane), négociant, fils d'un maître de poste.
Sa sœur **Mathilde,** née en 1824, se maria le 22 juillet 1843 avec François Eckel, né en 1814, commis-négociant, fils d'un propriétaire de Landau. Leur frère aîné, Edouard, était négociant.

HEPP
Madame Hepp, née Julie Victoire Albert, était la femme du professeur de droit Georges Philippe Hepp (1791-1872).

HORNUS

Né à Wissembourg le 15 octobre 1816, Gustave Philippe **Hornus** est l'un des trois fils de Georges-Philippe Hornus, sous-officier de hussards, puis orfèvre et bijoutier à Wissembourg, et de Julie Rosine Hierthès. Après des études au Gymnase protestant de Strasbourg, il devint docteur en médecine et s'installa à Wissembourg. Il épousa le 29 avril 1847 **Adèle Stammler** (cf. Stammler). En 1871, il opta pour la France et partit pour Lunéville où il devint premier adjoint au maire. Il mourut à Strasbourg en avril 1895.

JAUCH : cf. PFEIFFER

KOEHLER

Edmond (1820-1844), **Alphonse** (né en 1821) et **Mélanie** (née en 1826) sont les enfants de Jean-Louis Koehler, négociant, né à Ribeauvillé en 1785 et de Frédérique Emilie Strohl, sœur cadette de Philippe Strohl qui par son mariage était devenu le cousin germain des parents d'Amélie (cf. Strohl).

KNODERER

Pauline Knoderer, née en 1822, fille de Jean-Henri Knoderer, fabricant de cuir, et de Marie Eckert, épousa le 15 juillet 1847, trois mois après la mort de sa mère, Félix Langlois, un maréchal des logis au 5ᵉ régiment de lanciers, originaire de Saint-Cyr. **Charles**, né en 1821, est son frère aîné.

LEHMANN : cf. ARNOLD

LEMAIRE

Madame Lemaire, née Françoise Victoire Cextor, est l'épouse de Charles Eugène Prosper Lemaire, professeur au Collège royal au moment de son séjour à Strasbourg.

MARTHA

Louis-Victor Martha, né en 1817, fils d'huissier, épousa le 18 septembre 1844 Thérèse Eugénie Doss, née également en 1817, fille d'huissier.

PATOW

Le baron Erasme Robert von Patow, né le 10 septembre 1804 en Basse-Lusace, épousa le 29 octobre 1837 Amélie von Endell, fille d'un conseiller commercial auprès de l'administration centrale, qui lui donna une fille, **Edwige**, née le 14 décembre 1842. A la suite du décès de sa première épouse en août 1846, il se remaria le 20 octobre 1853 avec Ida von Günderode (**madame de Patow**), née en janvier 1817, fille d'un sénateur de Francfort.
Après des études de droit, le baron von Patow fit carrière dans la haute fonction publique prussienne. Député libéral, il devint ministre du Commerce dans le cabinet Camphausen en avril 1848, puis fut nommé en juin premier président de la province de Brandebourg. Le 6 novembre 1858, il prit le portefeuille des Finances dans le gouvernement du prince Guillaume : par ses projets fiscaux destinés à financer la réforme militaire du souverain, il fut à l'origine de la crise politico-militaire qui permit à Bismarck d'accéder au pouvoir en septembre 1862. Patow quitta son poste, mais continua à exercer des responsabilités publiques : il fut premier président de Saxe de 1873 à 1881. Il mourut en janvier 1890 à Berlin.
Sa fille Edwige était devenu en 1870 l'épouse de l'ambassadeur von Keubell ; elle mourut en 1882.

PFEIFFER

Laurette (née en 1819) et **Alphonsine** (née en 1827) sont les filles du négociant Joseph Antoine Pfeiffer et de Marie Barbe Schiffelé, décédée lors de la naissance d'Alphonsine. La famille est catholique.
Laurette se maria le 9 octobre 1848 avec Paul Hermann Auguste **Seeger**, né en 1819 à Goeppingen (Wurtemberg), fils d'un receveur des domaines, commis négociant employé par Charles-Frédéric **Weiler** (**oncle Fritz**). **Alphonsine** épousa le 18 novembre 1850 Maurice **Jauch**, né en 1823, professeur de musique comme son père, Jean Népomucène Jauch.

REIBER

Ferdinand Reiber, né en 1820, fils de Georges-Henri Reiber, cordier, et de Madeleine Salomé Roessel, épousa le 6 mai 1848 Emma Ott, fille du tanneur Frédéric Charles Ott et de Caroline Boeswillwald. Commis-négociant au moment de son mariage, il est le père de Ferdinand (1849-1892), auteur d'un livre fameux sur l'histoire de la brasserie à Strasbourg, *Etudes gambrinales*.

ROEDERER

Monsieur Roederer, Jean-Daniel Roederer (1786-1853), fils de Jean-Daniel Roederer, brasseur, et de Marie-Madeleine Pfeffinger, exploita de 1809 à 1845 un tissage de coton installé dans le château de Dettwiller, puis se tourna vers le négoce. De son mariage avec Julie-Adélaïde Werner (1795-1855), **madame Roederer**, il eut quatre enfants :
Jules Roederer (1816-1888) qui s'établit en 1840 au Havre, y fonda une maison de commerce, puis s'associa en 1846 avec Jean-Jacques Siegfried. Il devint une grande figure du négoce havrais, conseiller général, président du tribunal de commerce ;

c'était en outre un grand amateur d'art qui prati-
quait la peinture et la musique. Il avait épousé le
30 avril 1847 Emilie Mantz (1828-1899), fille de
Jean Mantz (1803-1880), industriel à Mulhouse, et
de Sophie Blech. Ils eurent six enfants. (Cf. Domini-
que Barjot, *Les patrons du Second Empire, Anjou,
Normandie, Maine*, Paris, 1991, p. 74-75.)
Julie Elisabeth qui épousa le pasteur Auguste Thellung.
Pauline qui épousa Albert Thellung, négociant à
Winterthur.
Emma, née à Paris en mars 1828, qui se maria le
21 novembre 1850 avec Jean-Chrétien **Bucherer,**
fils d'un boulanger, né en 1817 à Lahr et lui-même
négociant à Gernsbach (Bade). Ils eurent une fille
qui épousa Ernst Martin (1841-1910), professeur
de philologie et de littérature allemande à Fri-
bourg-en-Brisgau au moment de son mariage, puis
à Strasbourg à partir de 1877.

SEEGER : cf. PFEIFFER.

SCHNEEGANS
Grand-Maman Weiler est née Marguerite Schneegans : elle était la fille de Jean-Pierre Schneegans
(1744-1806), boucher, et de Marguerite Salomé Pfeffinger. Veuve de Jean-Daniel Weiler, boucher, décédé en 1809, elle mourut le 8 août 1841 à l'âge de
73 ans d'un hydrothorax à son domicile 15, place
des Orphelins.
Sa sœur Elisabeth est la **tante Lisette,** décédée le
23 janvier 1850 à 76 ans de pneumonie, au 15, de la
rue des Bouchers où vivait déjà son père.
Son frère, Jean-Daniel, est l'**oncle Schneegans,**
contrôleur des hospices civils et ancien directeur de
l'hospice des orphelins. Il mourut à 64 ans d'une
pneumonie le 18 janvier 1843. De son mariage avec
Caroline Schwartz (**madame Schneegans**), il eut
une fille, **Henriette** (1806-1888) cousine germaine
du père d'Amélie, qui resta célibataire. Ils habi-
taient 8, place Saint-Thomas.
Auguste, né en 1818, **Ferdinand,** né en 1820 et
Edouard, né en 1828, qui se maria en 1851 avec
Fanny Wagner (cf. Wagner) étaient des cousins
issus de germains d'Amélie Weiler.

STAMMLER
Adèle Stammler, née en 1826, est la fille d'Henri
Stammler, fabricant en tissus métalliques, et de
Frédérique Steinmetz, décédée en 1839. Elle devint
en 1847 madame **Hornus** (voir ce nom).
Sa sœur **Frédérique,** née en 1831, épousa le 7 janvier 1850 Gustave Edouard **Baer,** pharmacien, né
en 1823 alors que la famille portait encore le deuil
d'Henri Stammler mort le 6 novembre 1849.

Adèle et Frédérique avaient plusieurs frères et
sœurs parmi lesquels **Gustave,** né en 1825, poly-
technicien, et **Fanny.**
La famille Stammler habitait 26, place d'Armes,
l'actuelle place Kléber.

STÖBER
Madame Stöber, née Frédérique Charlotte **Rauschenbach,** est la veuve de Chrétien Théophile
Stöber qui s'est suicidé à Eckartsweyer (Bade) le
8 février 1837. Il était lui-même le fils du notaire
strasbourgeois Jean-Daniel Stöber et de Marie-
Salomé Ziegenhagen, et donc le frère du poète Daniel Ehrenfried Stöber (1779-1835). Madame Stöber
habitait au 28, rue Brûlée.
Leur fille, Eugénie, mourut en 1830 de scarlatine à
l'âge de 20 ans.
Leur fils, Théophile Edouard, avocat, né en 1814,
épousa le 20 décembre 1837 Léontine Mengin, fille
d'Emmanuel Mengin, avocat, ancien juge au tribunal des Douanes, décédé en 1821, et de Julie Volti,
devenue **madame Vallée** depuis son remariage
avec Bernard Vallée, propriétaire. Ceux-ci eurent
un fils et une fille, **Adèle.**

STROHL
Madame Strohl, née en 1804 Barbe Frédérique
Delarue, était la fille de Georges-François Delarue, chef de bataillon d'artillerie, commandant de
l'artillerie à Collioure, officier de la Légion d'honneur et chevalier de Saint-Louis, et de Marie
Braun. Par sa mère, elle était cousine germaine de
madame Weiler, mère d'Amélie. Elle épousa Philippe Strohl, né en 1796, marchand-fourreur à
Strasbourg au 52, Grandes Arcades. Leurs enfants
sont **Oscar,** né en 1828, **Léonie** (1829-1893), Cécile et Ernest.

WAGNER
Fanny Wagner née en 1828, fille de Jean-Jacques
Wagner, brasseur puis marchand de houblon, et
d'Anne-Barbe Rothenbach, veuve Brandhoffer,
épousa le 14 août 1851 Edouard **Schneegans,** agent
de change, né en 1824 de Valentin Schneegans,
avocat, décédé en 1849, et d'Elisabeth Cuntz, décédée en 1839. Fanny avait un frère aîné, Adolphe, né
en 1828.

WEBER
Julie Weber, née en 1826, était la fille de Philippe
Jacques Weber, négociant, et de Julie **Faudel,**
cousine germaine de la mère d'Amélie. Elle épousa
le 15 septembre 1845 Gustave-Adolphe Bergmann
(1816-1891), fils de Antoine Joseph Bergmann, po-
tier d'étain. Il fit une brillante carrière comme

président de sociétés, membre de la chambre de commerce, député au Reichstag (1877-1878) et conseiller d'Etat d'Alsace-Lorraine (1878-1891).

WEILER

Le frère d'Amélie Weiler, **Hippolyte**, né le 24 août 1825, mourut de tuberculose à l'âge de quatorze ans, le 4 octobre 1839.

Sa sœur **Emma**, née le 25 novembre 1826, devint madame **Brandhoffer** (voir ce nom) et mourut à Bâle le 6 novembre 1905.

Leur **père**, Jean-Daniel Weiler, né le 16 novembre 1790, décédé le 7 janvier 1871, était avocat depuis 1819, conseiller municipal de Strasbourg de juin 1840 à 1846. Il était le fils de Jean-Daniel Weiler, boucher, décédé le 27 avril 1809, et de Marguerite Salomé **Schneegans**. Il épousa le 6 juin 1821 Marie-Madeleine **Faudel.**

Leur oncle, Charles-Frédéric (**oncle Frédéric** ou **oncle Fritz**), frère du précédent, était né le 7 décembre 1794. Il se maria le même jour que son frère avec Victoire Gambs et fonda un établissement d'épuration d'huile en avril 1822. Veuf en mai 1826, il épousa en secondes noces le 7 juillet 1847 Anne Suzanne Sonntag (**Hannchen**), née en 1825 à Thiersheim (Bavière rhénane), fille d'un ouvrier en métaux, qui lui donna deux enfants. Veuf une nouvelle fois en 1854, il se remaria à Saint-Ingbert (Bavière) à 65 ans le 4 mai 1857 avec une parente de la disparue, Henriette Sonntag, âgée de 18 ans, qui lui donna trois enfants. Il mourut le 13 juillet 1868.

TABLE

Impression et finition Saint-Paul France S.A., 55000 Bar le Duc
Dépôt initial: août 1994 – Dépôt légal: septembre 1996 – N° 9-96-1165